Margaret E. Gredler

교수-학습의 이론과 실제

Learning and Instruction

Theory into Practice, 5/e

이경화 · 최병연 · 김정희 옮김

PEARSON
Merrill
Prentice Hall

아카데미프레스

Learning and Instruction:
Theory into Practice, 5/e

ISBN 0-13-111980-X

Printed in Korea

ISBN 89-91517-12-9

역자 서문

교수-학습과정은 교수자와 학습자가 서로 가르침과 배움을 주고받는 상호작용 과정이다. 교육이 인간행동 특성을 바람직한 방향으로 변화시키는 활동이라고 본다면, 그 바람직하다는 목표를 향해 어떻게 나아가게 할 것인가와 어떤 방법으로 변화시킬 것인가의 문제는 교수-학습의 중심과정이라고 할 수 있다.

교육을 통해 인간의 심성을 변화시키고, 인간의 학습능력을 증진시키는 일은 시대에 관계없이 개인과 사회의 생존에 매우 중요하다. 또한 학교교육에 대한 문제점이 끊임없이 제기되고 있지만, 고도로 발달된 공학사회에서 표출되고 있는 여러 가지 문제점을 해결하기 위해서는 학교교육을 더 강조하지 않을 수 없다. 이러한 교육의 중요성을 고려할 때, 학습자와 교수자가 교류하는 교수-학습과정은 교육의 핵심이 될 수밖에 없다.

10여 년 이상을 교수-학습에 관심을 가지고 연구하고 강의하면서 한 가지 숙제처럼, 의무처럼 늘 마음속에서 사라지지 않고 있었던 것은 '교수-학습의 이론과 실제'를 포괄할 수 있는 좋은 책이 없을까? 그런 책을 만들어야 하지 않나? 라는 생각이었다. 그런 생각으로 공부하고 연구해 오면서 Margaret E. Gredler의 『Learning and Instruction-Theory into Practice』 4판을 접하게 되었다. 그리고 이 책이야 말로 교수-학습을 설명하는 중요 이론을 공부하고 실제 교육현장에서의 적용점을 찾을 수 있는 책이라는 생각으로 번역을 시작하였으나, 번역을 모두 끝마치기도 전에 5판이 출판되어 번역을 새롭게 시작했다. 5판에서는 4판과는 달리 인간 두뇌에 대한 최근 연구, 인지모형과 학업동기 이론, 구성주의에 대한 다양한 주제 등이 포함되어 있다.

이 번역서 『교수-학습의 이론과 실제』는 교육의 중요성을 인식하고, 수업을 통해 학습자의 능력을 계발시키는 것이 가능하다는 믿음으로, 교수-학습 분야에 관해 공부하고 연구하는 연구자, 교사, 그리고 대학 및 대학원생들에게 이론과 실제에서 도움이 되도록 구성되어 있다.

제1장에서는 인간 삶에서 학습의 역할과 학습과 관련된 다양한 지식의 근원에 대하여 살펴보며, 이론이 학습과정, 교수설계, 그리고 교실상황 분석 등에 대한 정보를 개발할 때 어떠한 역할을 하는가에 대해서도 설명한다. 제2장에서는 1920년대에서 1950년대까지 가장 중심적인 학습의 관점이었던 행동주의에 대해서 논의된다. 행동주의적 관점은 학습을 행동의 변화로 간주하고, 연구자들은 행동의 변화를 유발시킬 수 있는 환경사태와 조건을 확인하려고 하였다. 그 후 1950년대 후반부터 1990년대까지는 사회와 학교의 변화에 따라 학습에 대한 새로운 역할과 이론과 연구에 대한 새로운 문제가 제기되었다. 제4장은 1950년대에서 1980년 중반까지 나타난 네 가지 주요 동향을 간략하게 설명한다. 제5장은 1990년대의 관심사인 뇌 영상 테크닉과 인지 신경과학 분야를 논의한다.

제6, 7장에 제시된 Skinner, Gagné 이론 그리고 제8, 9장에 제시된 인지적 관점에서의 학습이론들은 정보 또는 기술의 학습에 필요한 특별한 사태들과 조건 등에 역점을 두어 다룬다. 행동주의자의 전통을 계속 유지하면서, B. F. Skinner의 조작적 조건형성은 조작적인 행동의 복잡한 패턴과 관계있는 환경적인 사태들과 조건들을 설명한다. 이와 대조적으로, Robert Gagné는 인간 학습의 영역 안에서 발견된 다양한 일들을 분석했다. 그의 이론은 각 유형의 과제에 필수적인 인지과정과 학습자의 상태, 그리고 그러한 유형을 가르치는 데 필수적인 요소에 대해 상세하게 기술하고 있다. 인지적 관점은 학습자가 정보를 받아들이고 처리하며 후에 다시 상기시키는 방법에 관한 모델로 시작되어 문제해결과 학습관리를 위한 학습자 전략을 다룬다.

제10장 Jean Piaget의 인지발달이론과 제11장 Lev S. Vygotsky의 이론은 인간사고 발달을 각기 다른 관점에서 기술하고 있다. Piaget는 논리적 사고와 인지발달의 상위 형태로서의 추론에 관해 기술한 반면, Vygotsky는 인지발달은 개별 문화의 산물이라고 설명한다. 그는 논리적 기억, 자발적 주의집중, 범주적 지각, 그리고 심리적 기능의 상위 형태인 행동의 자기조직 등을 확인하였다. 또한 개인에 미치는 또 다른 형태의 사회적 영향에 대해서는 제12장 Albert Bandura의 사회인지 이론, 제13장 학업동기 모델과 이론 부분에서 설명하고 있다. 사회인지 이론에서의 주요 개념은 한 개인이 다른 사람의 행동과 그에 따른 사회적 결과를 관찰함으로써 학습한다는 것이다. 한편 기대

가치 모델, 목표지향성 모델, 귀인이론에서는 동기에 영향을 주는 개인 특성과 학습 환경에 대해 설명한다.

역자들은 지난 1년 반 동안 번역을 충실하게 해야 한다는 부담을 안고 늘 숙제 못한 학생처럼 지냈다. 여러 가지로 바쁘고 힘든 시간이었지만, 완역본이 나오고 보니 좀 부끄럽기는 해도 그간의 수고가 기쁘고 교수-학습이론을 공부한 사람으로서의 뿌듯함도 크다.

지난 시간 역자들의 노력에도 불구하고 저자의 의도를 충분히 전달하지 못한 부분이 있다면 그것은 전적으로 역자들의 미숙함과 연구 부족에 있음을 인정하며, 이 책이 교육 연구자, 교사, 대학 및 대학원생 등 교육학과 관련된 많은 사람들과 교수-학습이론을 강의하고 연구하는 선생님 및 후학들에게 조금이나마 도움이 되길 기대한다.

마지막으로 이 책의 출판을 흔쾌히 허락하고 도움을 주신 아카데미프레스 홍진기 사장님께 감사드린다.

2006년 새해를 맞이하며
이경화, 최병연, 김정희

저자 서문

새로운 천년이 시작되면서 학습을 지원해 주는 사태의 설계나 실행과 관련된 새로운 문제들이 제기되고 있다. 이러한 문제들에는 대중화되어 있는 텔레비전의 영향, 인간 두뇌에 대한 연구를 통해 제기된 의문점, 고도로 발달된 공학 사회에서 학교교육의 중요성 증가 등이 포함된다. 이번 책에는 인간 두뇌에 대한 최근 연구, 인지 모형과 학업동기 이론, 구성주의에 대한 다양한 주제와 Vygotsky의 문화-역사적 이론 등을 포함시켰다.

저자는 이 책의 집필과정에서 많은 제안을 해 준 Nevada 대학교의 Frank N. Dempster, California 주립대학교의 Stuart R. Ellins, Kansas 대학교의 Robert L. Hohn에게 감사를 전한다.

Margaret E. Gredler

차 례

Part I 서 론

Part II 주요 동향

Part III 학습과정 이론

Part IV 인지발달 이론

Part Ⅰ

서 론

인간의 학습능력은 개인과 사회 모두에 시사하는 바가 매우 큰 중요한 특징이다. 제1장에서는 인간 삶에서 학습의 역할과 학습과 관련된 다양한 지식의 근원에 대하여 살펴볼 것이다. 전통적인 지혜, 격언, 단편적인 자료 등을 사용해서 학습에 관한 지식을 확장할 경우에 발생하는 한계에 대해서도 논의할 것이다. 또한 이론이 학습과정, 교수설계, 그리고 교실상황 분석 등에 대한 정보를 개발할 때 어떠한 역할을 하는가에 대해서도 설명할 것이다.

1920년대까지만 해도 학습은 미국 심리학계의 주된 관심사였다. 1950년대까지 두 가지의 포괄적인 관점이 학습의 모든 과정을 설명하려고 하였다. 이 기간 동안 가장 중심적인 학습의 관점이었던 행동주의에 대해서는 제2장에서 논의될 것이다. 행동주의적 관점은 학습을 행동의 변화로 간주하고, 연구자들은 행동의 변화를 유발시킬 수 있는 환경사태와 조건을 확인하려고 하였다.

또 다른 관점인 형태심리학에 대해서는 제3장에서 논의될 것이다. 독일에서 시작된 형태심리학은 학습을 문제상황에 대한 갑작스런 지각의 재조직화라고 정의한다. 형태심리학자들은 학습의 과정을 통찰이라고 하였다.

제 1 장

교수-학습이론의 역할

> 자신을 변화시킬 수 있는 인간의 능력, 즉 학습능력은 인간이 갖고 있는 가장 독특한 특징이다. (Thorndike, 1931, p. 3)

인간의 학습능력은 다른 종(種)과 구별되는 특징이다. 신경과학 분야의 연구에 의하면 고차원적이고 목적 지향적인 행동에 반드시 필요한, 고도로 발달된 전뇌(前腦)를 인간만이 소유하고 있다(Goldberg, 2001). 고차원적인 목적 지향적 행동에는 목표 확인, 목적 설계, 계획 수립, 자원 조직, 결과 평가 등이 포함된다(p. ix).

유명한 인지발달 이론가인 Lev S. Vygotsky는 인간 지능의 세 가지 독특한 특징을 기술하였다. 첫째, 인간은 발견과 발명, 그리고 과거의 위대한 사상가나 과학자의 사고(즉 상속된 경험) 등을 배울 수 있다(Vygotsky, 1924/1979). 이러한 능력은 인간의 지식을 풍부하게 하고, 새로운 발견과 발명으로 과거의 성취를 더욱 발전시킬 수 있도록 해 준다.

둘째, 인간은 직접 경험하지 않고도 타인의 경험을 통해 장소와 사태(事態)에 대한 지식을 발달시킬 수 있다(사회적 경험). 즉, 인간은 자신이 베를린이나 화성을 직접 여행하거나 망원경을 통해 관찰한 적이 없다고 해도 다른 사람들의 경험을 통하여 베를린이나 화성에 대하여 알 수 있다(Vygotsky, 1924/1979, p. 13).

셋째, 인간은 환경에 단순히 순응하기보다는 환경을 인간에게 적합하도록 조절한다. 즉, 인간은 머릿속에 정신적 모형을 먼저 만듦으로써 환경을 자신에게 적합하도록 조절한다. 이러한 예는 이불을 만드는 것에서부터 건축을 하는 데에 이르기까지 매우 다양하다. 이처럼 정신적 모형(mental pattern)으로부터 만들어진 결과물의 창조를 반복된 경험(repeated experience)이라고 한다(Vygotsky, 1924/1979, p. 14).

1. 학습에 대한 연구가 왜 중요한가?

학습에 대한 연구는 적어도 다음과 같은 네 가지 측면에서 중요한 의미가 있다. 첫째, 학습은 각 개인에게 중요하다. 학습은 다양한 기술의 획득, 세상 속에서 살아가는 전략, 태도 및 가치 등과 관련이 있다. 학습은 유아가 엄마를 알아보는 유아기에서 시작되어, 다양한 영역에 대한 지식이나 직업 선택에 필요한 유능성을 획득하고 사회적 상호작용 방법을 습득하는 성인기까지 계속된다.

학습은 개인의 생활방식을 다양하고 풍요롭게 하는 데 도움을 준다. 학습을 통해서 가능한 여가 활동의 예는 바느질, 기본적인 집수리, 수상 스키, 글자 맞추기, 등산 등이다. 우리는 기술자가 요리를 매우 잘하고 대학 교수가 장미를 잘 가꾸는 사례를 쉽사리 볼 수 있다.

인간이 계속해서 학습할 수 있는 능력은 오늘날과 같은 정보화 시대에 특히 중요하다. 새로운 기술의 발달은 지식의 저장과 정보 및 지식의 전달 방법을 증가시켰다. 따라서 계속해서 학습할 수 있는 능력은 급변하는 인력 시장에 대처하고 정보에 접근할 수 있는 새로운 기회를 얻을 수 있다는 점에서 중요하다.

둘째, 사회적 측면에서 볼 때 사회 구성원들이 이룩한 발달은 학습을 통하여 다음 세대의 새로운 발견과 발명에 기여한다는 점에서 의미가 있다. 예를 들면 망원경, 컴퓨터, 전자 장치를 이용한 무인 탐사선 발사, 불치병 치료를 가능하게 하는 세포 분석 등이다. 다시 말해서 Vygotsky(1924/1979)가 말하는 상속된 경험(inherited experience)은 인간 발달에 필수적인 요인이다.

셋째, 학습은 특정 사회가 가치와 언어를 보존하고 특정한 문화를 발달시키는 데 필수적이다. 각 세대가 현재 학습된 것의 절반 정도밖에 학습할 수 없는 상황을 생각해 보자(Thorndike, 1931). 예를 들어 현재의 세대가 미적분을 학습하는 대신에 대수학만 배운다면 다음 세대는 산수밖에 학습할 수 없을 것이다. 그 결과는 명확하다. 인간이 이룩한 문명의 대부분은 다음 세대로 전달되지 못할 것이며, 그에 따라 문명 자체는 지구상에서 사라지게 될 것이다(Thorndike, 1931).

넷째, 개인과 사회 모두는 학습의 성공적 관리와 밀접한 관계가 있기 때문에 학습이 중요하다. 자기 주도적인 학습을 할 수 있는 개인들은 자신이 선택한 분야에서 전문적인 지식을 습득할 수 있을 뿐만 아니라 직업을 바꿀 수도 있고, 자신의 삶을 창조적이고 다양하게 할 수도 있다.

다른 한편으로 사회는 학습을 단지 우연(偶然)에만 맡겨 둘 수 없다. 일부 사회에서는 젊은이들에게 문화유산을 가르치거나 생산적인 성인 역할을 하도록 훈련시킬 필요가 있을 것이다. 초기사회에서 집단적인 지혜와 풍속은 각 구성원들에 의해서 보통 구전(口傳)으로 습득되었다. 그러나 기술사회에서는 이용 가능한 지식과 정보가 너무나 광대하여 한 개인이 모든 것을 배운다는 것은 불가능하다. 대신에 정규 교육제도가 광범위한 지식의 영역을 소개하여 개인들이 특정 분야의 전문가가 될 수 있도록 해 준다. 이러한 과정은 수년이 걸릴 뿐 아니라, 약사가 되기 위해서 화학을 공부하고, 교향악단의 지휘자가 되기 위해서는 음악이론을 공부해야 하는 것처럼 특정한 선행지식의 학습을 요구하는 경우도 있다.

또한 변화하는 환경은 학습을 성공적으로 계획하고 관리하는 데 있어서 새로운 도전이 되고 있다. 그것의 예는 기술공학에 대한 의존이 증가하고 있는 것에서 볼 수 있다. 기술공학의 발달은 온라인 수업을 가능하게 하고 인터넷을 통한 정보의 획득과 의사소통의 가능성을 열어 주었다. 그러나 이러한 발달은 정보의 진실성을 판단할 수 있는 학습자의 능력 계발, 무의미한 상호작용, 사회적 고립의 가능성과 같은 문제를 발생시키고 있다.

더욱이 지구온난화에 의한 홍수, 오존층의 파괴에 따른 피부암 발생의 증가와 같은 전 세계적인 문제는 학습자들에게 타인과 사회에 대하여 배울 것을 요구하고 있다(Sternberg, 2001, p. 271). 따라서 학습의 관리와 관련해서 우리가 알아야 할 것은 "모든 학생들이 자신들의 생각을 잘 활용하는 방법을 학습할 수 있도록 도움을 주어야 한다."는 것이다(Jackson & Davis, 2000, p. 11). 우리의 과제는 비판적 사고 기술(예: 증거를 활용해서 근거를 지지하고 평가하며, 반론을 검토하고 평가하기)과 그러한 사고의 가치를 가르치는 것이다(Kuhn & Udell, 2001).

마지막으로, 학습자들은 자신들이 살고 있는 사회적 맥락 내에서 의미를 구성한다. 사람들은 가족, 학교, 동료, 지역사회, 노동환경 등에서 발생하는 대인관계와 상호작용을 통하여 정보를 선택한다. 그런 다음 사람들은 선택한 정보를 자신의 선행지식에 연관시키고 분석하며 기억한다. 학습에 대한 이러한 견해에 따르면 인간의 지식은 개인이 상호작용하며 직면하고 있는 사회 환경과 공존(共存)한다. 이러한 관점에서 볼 때, 각각의 새로운 세대는 그 세대만의 새로운 사회를 건설한다(Meacham, 1993, p. 259). 그 결과 "민주주의 사회에 살고 있는 현재의 성인들은 그들의 다음 세대가 현 사회의 전통, 가치관, 관행, 희망 등을 재생산할 수 있는 사회를 건설할 것이라고 확신할 수 있는가?"와 같은 질문이 핵심적인 문제가 된다(p. 259). 예를 들면 가족 농장의 붕괴로 인하여 근심, 무기력, 두려움, 소외감 등으로 가득 찬 환경 속에서 성장하고 있는 미국

중서부의 많은 농촌 아동들이 어떻게 사회를 건설할 것인가? 혹은 6세 미만의 아동을 둔 가정 중 1/4이 최저 생계비 이하로 살아가는데 이들이 어떻게 사회를 건설할 수 있겠는가? Meacham(1993)에 따르면 이러한 질문과 유사한 질문은 학습에 대한 논의에 있어서 시사하는 바가 많다.

이 장의 나머지 부분에서는 학습에 대한 지식의 근원, 지식 발달에 있어서 연구와 이론의 역할, 학습이론의 기능 등에 대해 살펴볼 것이다. 또한 이 책의 구성에 대한 전반적인 개요도 제시할 것이다.

2. 학습에 관한 지식의 근원은 무엇인가?

각 세대는 자신들이 속해 있는 당대의 현실을 설명하려고 한다. 초기사회에서는 자신들의 생활 속에서 직면하게 되는 계절, 천둥, 번개, 기타 자연의 힘과 같은 불가사의를 설명하려고 하였다. 반면에 현대 문화는 지구상의 질병의 원인과 결과, 광범위한 오염의 영향과 대책, 그리고 생명 복제가 가져올 영향 등을 이해하기 위해 노력하고 있다.

각 세대가 이해를 추구하는 방법은 그 시대에서 이용 가능한 방법과 관계가 있다. 초기사회에서는 사건들을 체계적으로 분석하는 방법이 부족하였다. 대신 당시의 세계를 설명하기 위하여 다른 신념들을 개발하였다. 첫째는 민속 신앙과 신화였는데, 이것들은 '철학'이라는 논리적으로 추론된 설명에 의하여 점진적으로 사라져 갔다. 20세기에 들어서 경험적 연구와 형식적 이론들이 지식의 근원이 되었던 초기의 신념들을 대체하였다.

1) 민속 신앙, 전통적 지혜, 신화

민속 신앙은 관습이나 설화, 혹은 사람들 사이에서 구전으로 보존되는 이야기로 구성된다. 민속 신앙의 일부인 전통적 지혜는 종종 경험으로부터 나온 속담과 격언으로 구성된다. 이것의 예는 "매를 아끼면 자식을 망친다."이다. 그러나 이러한 정보는 다양한 방법으로 해석된다는 문제점이 있다. 따라서 이러한 속담은 교육적 지침이 되기에 부적당하다.

그러나 어떤 이들은 훌륭한 가르침이란 교수와 학습에 대하여 다른 사람들에게 알려 줄 수 있는 전통적 지혜로 구성되어 있다고 주장한다. 이러한 견해에 따르면 연구결과나 심리학보다는 숙련된 교사들로부터 더 많은 것을 배울 수 있다. 물론 숙련된 교사로부터 많은 것을 배울 수 있다(Hilgard, 1964). 그러나 잘 설계된 연구 결과를 바탕으로 이루어질 수 있는 교수의 개선 가능성을 무시하는 것은 "의사가 환자를 대하는 태도가 여전히 중요하기 때문에 의료 업무를 과학 이전 시대로 되돌리는 것"과 같다(Hilgard, 1964, p. 404).

여러 문화에서는 자연계와 인간계 모두를 다루는 강력한 신들에 대한 신화를 만들어 냄으로써 자연계에서 발생하는 사건들을 설명하려고 하였다. 예를 들면, 초기 그리스 사람들은 해양의 폭풍우는 바다의 신 포세이돈에 의해서 만들어지고, 번개는 제우스가 벌로서 내리는 것이라고 믿었다. 인간사에 있어서 사랑과 미의 여신인 아프로디테가 사랑의 관계에 영향을 주었고, 지혜는 아테나의 선물이라고 믿었다. 이러한 체계는 인간사의 일이 잘 진행되도록 하기 위하여 신들의 분노를 진정시키는 활동을 유발시켰다. 그러나 이러한 신화는 물질적 혹은 사회적 환경이 실제로 어떻게 작용하는가에 관한 사회의 지식을 발전시키지 못하였다.

2) 철학의 본질적 역할

초기의 신화는 철학으로 알려진, 논리적으로 일관된 신념 체계(belief system)에 의하여 점진적으로 대체되었다. 막연하게 만들어진 민속 신앙이나 신화와는 다르게 철학은 이성적 판단과 논리에 근거한 신념 체계로 구성된다. 철학의 목적은 인류와 우주 간의 관계를 설명하는 일련의 일관된 가치를 제공하는 데 있다.

철학은 먼저 실체의 본질을 설명하고, 실체와 관련해서 언급된 가정들과 모순되지 않는 진실과 미의 본질을 정의한다. 또한 일부 철학자들은 사회에서 인간이 수행하는 역할, 정신의 기능, 그리고 지식의 본질에 대한 견해를 펼쳐 나갔다. 이들이 갖는 의문은 "지식이란 무엇인가? 지식의 기원은 무엇인가? 안다는 것이 의미하는 것은 무엇인가?" 등이다. 이러한 의문에 대한 대답을 하기 위해서는 논리적으로 일관된 실체에 대한 철학자의 견해가 요구된다.

학습에 관한 초기의 견해들 중 하나는 그리스 철학자 Plato(기원전 417~327)에 의하여 전개되었다. 그의 철학(이상론)은 존재하고 있는 모든 것의 근본을 정신 혹은 마음으로 묘사하고 있다. 따라서 실체는 정신의 순수한 사고로 이루어진다. 그래서 인간의 지식은 인간이 태어날 때부터 불확실한 이미지의 형태로 정신 속에 존재하는 사고와 개념으로부터 도출된다. 그 결과, 학습이란 이처럼 인간이 태어날 때부터 갖고 있는 사고를 하나의 지식 체계로 발달시켜 가는 과정이다. Plato의 견해에 따르면 정신은 원이나 면과 같은 순수한 수학의 형태와 고전에 대한 연구를 통하여 발달된다.

학습에 대한 Aristotle의 주장은 그의 스승인 Plato의 견해와는 반대된다. Aristotle에 따르면 실체는 정신 속이 아니라 물리적 세계에 존재한다. 우주의 법칙은 본질적 사고가 아니라 사실상 관찰된 관계이다. 그래서 지식의 근원은 물리적 환경이고, 학습은 환경과의 접촉을 통하여 일어난다. Aristotle의 철학에서 인간은 감각적 경험의 이미지를 형성하거나 이미지 사이의 관계를 형성함으로써 지식을 습득하게 된다.

철학은 기원전 400년부터 19세기까지 인간의 마음에 대한 정보의 중요한 근원이 되었다. 비록 물리적 세계에 관한 실험이 16세기에 시작되었지만, 그 후 300여 년 동안 물리적 세계에 대한 연구 방법은 다음과 같은 이유로 정신활동에 관한 연구에 응용되지 않았다. 첫째, 정신과 같은 마음은 신의 선물로 간주되었다. 정신에 관한 연구를 수행하는 것은 '신의 선물'에 의문을 갖는 것으로 간주되었다. 둘째, 정신의 주요 작용은 우주, 즉 궁극적으로 실체와 연결되었다. 따라서 실체에 대한 철학자들의 설명이 이러한 일을 하는 데 반드시 필요하게 되었다.

그러나 철학을 사용해서 실세계에 관한 지식을 발달시킬 경우에는 두 가지 문제가 발생한다. 첫째, 철학은 학습의 본질과 같이 단지 일반적인 의문 사항을 다루기 때문에 정보가 제한적이다. 예를 들면, Plato에 따르면 학습은 마음속에 본래부터 갖고 있는 사고의 발달이다. 그러나 이러한 본질적인 사고를 확인하기 위한 방법들은 설명되지 않는다. 둘째, 철학은 논리와 이성을 이용하여 미덕, 사실, 지식, 학습과 같은 주요한 개념들에 관한 정보를 전개한다. 그 결과 논리적으로 모순되지 않는 정의(definition)만 도출될 뿐이다. 철학자들은 학습의 구성요소인 학습과정을 명확하게 설명하지 않는다.

3) 철학적 신념의 영향

초기의 철학적 신념은 다양한 방법으로 지식과 학습이론의 발전과 교육에 영향을 미쳤다. 첫째, 지식의 본질에 관한 초기 철학자들의 일반적 개념 중의 일부가 현대 이론에 반영되었다. 예를 들면, 대중 연설자들은 기억해야 할 아이디어의 이미지를 생생한 형태로 기억해야 한다는 Aristotle의 제안은 현재 외국어 학습에 이용되고 있다. 이와 비슷하게 초기 철학자들이 기술한 아이디어의 결합은 후기 행동주의 이론에서 찾아볼 수 있다. 그러나 행동주의자들은 아이디어의 결합 대신에 학습을 자극이라고 부르는 특별한 대상 혹은 사태에 대한 반응의 연결로 설명한다.

둘째, 지식의 기원에 관한 철학적 신념은 교육 실제에 영향을 미쳤다. 지식의 본질에 대한 신념은 20세기 초 학생들의 교육적 결정을 위한 주요 지표로 지능검사를 사용함에 따라 지능검사의 발달을 유발시켰다.

또한 지식의 기원에 대한 다양한 견해들은 선천성과 후천성 논쟁을 불러일으켰다. 수년 동안 이러한 논쟁은 지능이 본래 타고난 특질(Plato)인지 아니면 환경과 경험을 통해 발달(Aristotle)하는 것인지를 중심으로 전개되었다. 미국 철학자이자 심리학자, 그리고 교육자로 잘 알려진 John Dewey는 지식의 기원에 관한 논쟁은 교육 실제에 30년 주기로 각기 다르게 영향을 주었다고 주장하였다. 즉, 미국 교육의 추는 교육을 인간 내부로부터의 발달로 보는 관점과 무(無)에서 유(有)를 창조하는 것으로 보는 관점 사이에서 움직여 왔다(Dewey, 1939, p. 5). Dewey는 철학적 신념에 따라 지식의 기원을 보는 것은 문제의 핵심을 자동차의 백미러를 통하여 바라보는 것과 같다고 비판하였다. 대신에 자신의 생각이나 사상에 가치를 전달하는 요인은 그러한 사상이나 사고가 만들어 낸 결과물이다(Dewey, 1929).

철학적 개념은 Jean Piaget와 Lev S. Vygotsky가 제안한 인지발달 이론에 영향을 미쳤다. Piaget의 이론에서는 "지식의 본질은 무엇인가?" "식자(knower)와 실체 간의 관계는 무엇인가?"와 같은 철학적 질문에 대답하는 것이 그의 이론과 연구의 틀을 형성하는 데 필수적이었다. 그에 따르면 지식은 정적(靜的)인 객관적 실체가 아니다. 대신에 지식이란 환경에 적응하는 데 필요한 구조를 구성한다는 점에서 지능과 동의어이다(Bringuier, 1980, p. 3). 또한 학습자와 주변 세계의 관계를 미리 구체화시킬 수 없을 뿐 아니라 그 관계가 항상 변하기 때문에 학습자와 주변 세계는 개인의 인지구조에서 분리될 수 없다. 예를 들어, 유아는 사물을 자신의 입속에 넣어 보거나 그와 유사한 행동을 함으로써 세상을 배우는 반면, 연구자들은 구체적인 실험을 통하여 세상에 대한 정보를 발달시킨다.

Piaget와 대조적으로 Vygotsky는 독일 철학자 G.W.F. Hegel이 주장한 변증법적 변화(dialectical change)를 그의 이론에 반영하였다. 즉, 운동과 사태(正)는 반대의 힘(反)에 직면하게 된다. 그 결과 두 가지 요소가 결합된, 질적으로 새로운 현상(合)이 나타나게 된다. Vygotsky(1930/1966)에 따르면, 인지발달이란 인지적 기능 발달에서의 부조화, 특정 형태가 다른 형태로 변형되거나 질적으로 전환되는 과정, 그리고 어려움을 극복하거나 적응하기 위한 복잡한 처리 등을 특징으로 하는 복합 변증법적 과정(complex dialectical process)이다. 특히 원시적 혹은 자연적 인지작용은 범주적 지각, 논리적 기억, 개념적 사고(언어적 · 수학적 사고), 자발성 등과 관련이 있는 고차원적인 인지기능으로 변형된다.

요약하면, 철학은 실체, 사실, 아름다움, 그리고 지식의 속성에 관한 일련의 가치이다. 철학은 실세계의 원인과 결과에 대한 실험적 가정을 전개하지 않는다. 그러나 철학자들에 의하여 발전된 일부 개념과 사상은 현대의 학습이론가들의 사고에 영향을 주었다.

4) 연구 방법

16세기 중반 Galileo는 물리적 세계에 관한 지식을 발전시키는 새로운 방법으로 사물에 대한 실험을 도입하였다. Galileo와 관련해서 자주 인용되는 일화는 피사의 탑 꼭대기에서 재료는 동일하지만 무게가 다른 물체를 떨어뜨리는 것이다. 일화에 따르면 물체는 동일한 속도로 하강한다. 즉, Aristotle와 그의 추종자들이 주장하는 것처럼 하강 속도는 물체의 무게에 비례하지 않는다(Sharratt, 1994, p. 47).

실험은 물리적 환경에 관한 지식을 크게 확장시켰다. 신화적 신념과 증명되지 않은 격언은 신뢰할 만한 법칙과 원리들에 의하여 점진적으로 대체되었다. 연금술은 화학으로, 점성술은 천문학으로 각각 대체되었다.

(1) 심리학적 연구의 논리적 근거

거의 300년 동안 연구 방법은 자연과학에 한정되었다. 정신에 대한 연구를 행한다는 것은 신의 선물에 대해 의문을 제기하는 것으로 간주되었기 때문이다. 또한 인간의 정신이 궁극적인 실체와 조화를 이루는 적절한 지식적 기초가 철학이었기 때문이다.

19세기에 들어서 두 가지 사건이 정신작용에 관한 과학적 연구의 토대를 마련하였다. 하나는 1859년 Charles Darwin의 『종의 기원(Origin of Species)』 출판이었다. 그는 생물학적 종은 미리 설정된 집단이 아니라 변화하는 환경에 대한 생물학적 적응 능력에 따라 생존, 멸망, 그리고 변형된다고 주장하였다. 그의 이론은 정적(靜的)인 질서가 아니라 변화로 특징지을 수 있는 새로운 실체를 정의하였다. 한 가지 중요한 변화는 정신에 대한 새로운 관점이다. 즉, 만약 인간의 정신이 진화 과정의 일부분이라면 인간의 정신과 신의 정신 간의 정적인 관계는 더 이상 주된 문제가 되지 않는다.

두 번째 중요한 사건으로 정신작용에 관한 심리학적 연구의 기반을 마련한 것은 Hermann von Hehmholtz가 과학적 경험주의(scientific empiricism)의 개념을 도입한 것이었다. 의사, 과학자, 그리고 철학자인 von Helmholtz는 사고는 인간 경험의 산물이기 때문에 사고는 인간의 관찰과 분석의 대상이 된다고 주장하였다. 과학적 경험주의라는 용어는 주의 깊게 고안된 실험을 통하여 얻어진 사실의 축척과 관계가 있다. 그는 눈의 기능을 관찰하기 위하여 검안경(檢眼鏡)을 손수 발명함으로써 사고에 관한 실험의 유용성을 입증하였다.

살아 있는 세포를 활용한 감각에 대한 연구는 곧 정신에 대한 연구를 유발시켰다. 정신에 대한 연구는 Wilhelm Wundt에 의하여 이루어졌다. Wundt는 감각 작용에 대한 연구를 요약한 책을 출간한 것에 덧붙여서 1879년 Leipzig 대학에 첫 번째 심리학 연구 실험실을 설립하였다. 이 실험실에서는 초기에 반응시간, 감각, 청각, 주의력 등을 연구하였다. 미국을 포함한 전세계의 학자들이 Wundt 실험실에서 연구와 실험을 하기 위하여 몰려들었다.

그러나 정신은 창조주의 선물이라는 관점에서 정신활동의 핵심은 두뇌에 의해서 이루어진다는 관점으로의 변화는 즉각적이기보다는 점진적으로 이루어졌다. 19세기 말에 출판된 심리학 도서들은 인간은 창조주가 어떻게 개입하여 각 개인의 삶에서 특별한 정신적 사태를 만들어 내는지를 결코 예측할 수 없기 때문에 심리학은 정확한 과학이 될 수 없다고 지속적으로 주장하였다(Reed, 1997). 그러나 생리심리학에 대한 Wundt의 교재와 그의 실험실에는 서구 사상이 많이 반영되었다. 이러한 발달은 심리학을 이전의 철학과 분리시키고 실험적 학문으로 발전할 수 있도록 해 주었다. 1895년까지 미국에는 24개의 실험실이 있었고, 미국 심리학의 시조인 William James의 『심리학의 원리(Principles of Psychology)』(1890)를 포함한 여러 권의 도서와 세 종류의 전문 학술지가 발행되었다.

실험은 점차적으로 심리적 과정에 관한 지식 발달의 주요 기제가 되었다. 연구자들은 교육과정과 성취와의 관계와 같은 구체적인 변인을 연구하기 위해 양적 자료를 수집하여 가설을 검증하였다. 그 한 가지 예가 Edward L. Thorndike에 의해서 1920년대에 실행된 연구이다. 그는 Plato의 정신훈련(mental discipline) 개념을 연구하였다. 정신훈련 관점에 따르면 그리스어, 라틴어, 기하학 등과 같은 어려운 교과는 학생들이 더 명확하고 심도 있는 사고를 하도록 해 준다(Cox, 1997, p. 42). 즉, 정신을 훈련시켜 준다고 한다. Thorndike는 전통적 교육과정을 운영하는 학교에 다녔던 고등학생들의 성취와 직업학교를 다녔던 학생들의 성취도를 비교한 결과 유의미한 차이를 발견하지 못하였다. 그는 그리스어와 같은 특별한 과목에 대한 학습은 다른 영역에서의 지적 수행에 도움을 주지 못한다는 결론을 내렸다.

비록 감각에 대한 Wundt의 연구는 서구학자들의 관심을 사로잡았지만, 그의 연구는 또한 의도적 기억, 추론, 언어와 같은 고차원적인 심리적 작용을 연구하는 제2의 심리학을 지지하였다(Cole, 1996). 이러한 제2의 심리학은 개인의 정신에 집단정신이 강력한 영향을 미친다는 두 독일 학자의 주장에 근거를 두고 있다(Jahoda, 1993). Wundt는 Völkerpsychologie(민족 심리학)으로 명명된 제2의 심리학은 실험보다는 역사와 인류학적 방법이 요구된다고 하였다. 그의 목적은 개인이 속한 공동체에서 창조된 추론과 언어를 연구하는 것이었다. Wundt는 예술, 과학, 교양, 진보된 문명의 산물 등을 지칭하는 의미로 Kultur(문화)라는 용어를 사용하였다. Völkerpsychologie에 대한 Wundt의 초창기 연구들은 영어로 번역되지 않아 사람들의 주목을 받지 못했다(Jahoda, 1993). 그러나 고차원적인 심리 기능의 발전은 주로 문화와 관련이 있다는 그의 생각은 20세기 初 Vygotsky의 이론에 다시 등장하게 되었다.

(2) 그 밖의 연구 방법

최근 인류학적 방법과 실험적 조작을 하지 않고, 숫자가 아니라 언어의 형태로 제시되는 연구가 교육계에 등장하였다. 교실과 다른 맥락에 대한 관찰에는 언어를 녹음하고 사태를 기술하며 해석하는 내러티브와 현장 연구(민속지학적) 방법이 사용된다(Turner & Meyer, 2000, p. 75). 인류학과 사회학에서 유입된 그 밖의 방법으로는 미리 준비된 질문으로 이루어지는 구조화된 면접, 비구조화된 면접, 담화 분석(언어적 상호작용 분석) 등이 있다. 양적 방법과는 대조적으로 질적 방법으로 지칭되는 이러한 연구 방법은 특정한 사태와 설명에 대한 구체적인 정보를 제공해 준다.

이러한 연구 방법은 교육적 맥락에서 다음과 같은 세 가지의 역할 중에 하나를 하게 된다. 하나는 특정한 맥락에 대한 추론을 가능하게 하며, 이 추론은 다른 맥락에서 경험적으로 검증될 수 있다. 둘째로, 설정된 변인이나 구인을 다른 맥락에서 명료화시켜 준다. 예를 들어, 경험적 연구를 통하여 학생의 자기조절 학습 기술과 성취도 간의 상관관계를 파악할 수 있고, 교실 사태에 대한 관찰을 통하여 학생의 자기조절 기술을 발달시키는 데 영향을 미치는 교사의 특정 행동과 언어를 파악할 수 있다(Meyer & Turner, 2002; Perry, Van deKamp, Mercer, & Nordby, 2002). 즉, 질적 방법의 사용은 중요한 인지적·동기적 구인을 더 구체적으로 이해할 수 있도록 해 준다.

세 번째로 설계중심 연구의 중요한 요소가 된다(The Design-Based Research Collective, 2003). 수학과 과학 분야에서 설계중심 연구의 초점은 ① 설계, 실행, 분석, 재설계로 이루어지는 계속적인 순환과정을 통하여 학습 환경을 분석하고, ② 실제 맥락에서 학습 환경을 설명하는 방법을 설명하는 데 있다. 설계중심 연구는 경험적 연구를 통하여 개선될 수 있고, 이론을 더 잘 이해할 수 있는 복잡한 개입을 생성하기 위하여 이론에 의해 도출된 설계를 사용하는 것이다(p. 7). 예를 들어, 연구 결과에는 교재, 면접, 질문지 등과 더불어 학생과 교사의 상호작용을 담은 비디오 테이프가 포함될 것이다(Shavelson, Phillips, Towne, & Feuer, 2003. p. 6). 회고적 분석은 광범위한 종단적 자료를 체계적으로 연구하고, 상황에 적절한 학습을 설명하며, 학습을 지지하고 조직할 수 있는 방법을 만들어 낸다(p. 27).

(3) 주의점

20세기 초까지 경험적 연구는 생리적 과정에 대한 지식을 창출하기 위한 주요 기제가 되었다. 그러나 지식의 **유일한** 근원으로서 경험적 연구의 결과를 활용함에 따라 직면하게 되는 어려움은 자료 수집 자체가 중요한 현상에 대한 지식을 발전시킨다고 볼 수 없다는 것이다. Vygotsky(1993)는 '조화가 되지 않는 경험적 자료와 기법들'을 사용하려는 시도로부터 유발되는 교육적 혼란을 비판하였다.

또한 Suppes(1974)는 1920년대의 교육 연구를 '경험주의의 황금기'라고 언급하였다. 이 기간은 학교생활의 거의 모든 양상을 설명하기 위하여 설문, 조사, 연구가 활성화된 시기였다. 교육에 있어서 과학 운동이라고 하는 이러한 노력들은 1년 동안 학생들이 습득하는 라틴 단어의 숫자와 구구단을 배우기 위하여 소요된 시간의 양과 같은 주제에 대한 자료를 축적할 수 있었다. 그러나 광범위한 자료 수집은 교수와 학습의 기본 과정에 대한 이해에 기여하지 못하였다.

질적 연구가 가질 수 있는 한 가지 문제점은 연구자가 바로 자료 수집의 도구라는 것이다. 따라서 면접법을 사용할 때는 면접자의 지식과 기술이 문제가 될 수 있다는 것과, 관찰은 "편견이 개입될 수 있고 관찰자가 원하는 것만을 관찰한다는 비판의 대상이 될 수 있다"는 것에 주의해야 한다(Turner & Meyer, 2000, p. 75).

또한 설계-실험 접근에서 서술적 설명으로 이론과 설계를 수정하고자 할 경우에는 두 가지 문제점이 발생할 수 있다. 먼저 동일한 행위를 다른 관점에서 서술하는 설명, 즉 대립 가설이 어느 정도 배제될 수 있다는 것이다(Shavelson et al., 2003. p. 27). 즉, 서술적 설명 자체로는 설명의 진실성을 보장할 수 없다. 또한 현장 전문가나 연구자가 받아들일 수 있는 설명의 틀에 대한 설계-실험 연구자들의 진술이 타당하지 않은 경우가 있다. 따라서 설계-실험 연구자들은 자신의 설명과 대립 가설의 오류 가능성을 연구에 포함시켜야 하며, 연구자 자신이 설정한 가설의 검증력을 높여야 한다(p. 28).

(4) 요약

정신 기능에 대한 과학적 연구의 시발점이 된 두 가지 사건은 Darwin의 『종의 기원

(Origin of Species)』 출판과 von Hehmholtz가 **과학적 경험주의**라는 개념을 도입한 것이다. 1879년 세워진 Wundt의 심리학 연구 실험실은 중요한 연구 방법으로 통제된 상황에서 개인이 어떻게 반응하는가에 대한 연구를 촉발시켰다. 연구자들은 특정한 변인에 대한 양적 자료를 수집함으로써 가설을 검증하기 시작하였다. 최근 실험적인 조작을 하지 않고 언어의 형태로 자료를 수집하는 방법이 등장하였다. 즉, 언어, 활동, 사태, 해설, 녹음 자료 등이 여기에 해당된다. 또한 이러한 형태의 연구 방법에는 구조화된 면접, 비구조화된 면접, 개방형 관찰, 언어적 상호작용 분석 등이 포함된다. 이러한 방법의 실행은 ① 다른 맥락에서 경험적으로 검증될 수 있는 추론의 개발을 가능하게 하고, ② 설정된 변인이나 구인을 다른 맥락에서 명료화시켜 주며, ③ 설계중심 연구법이 출현하는 데 주요 요소가 된다.

실험적 연구 방법을 사용할 경우 직면할 수 있는 문제점은 의미 있는 틀이 없는 상태에서 자료를 수집한다는 것이다. 그러한 정보는 기본적인 학습의 과정을 이해하는 데 도움이 되지 않는다. 대조적으로 질적 연구는 연구자 자신이 자료 수집의 도구이기 때문에 현상을 왜곡해서 설명할 수 있다. 유사하게 설계중심 방법에서 서술적 설명을 사용할 경우에는 대립 가설을 배제시키는 이유를 연구 절차에 포함시키고 검증력을 높여야 한다.

5) 이론

학습에 관한 지식의 네 번째 근원은 이론이다. 이론이 잘 구성되기 위해서 필요한 충족 기준과 이론과 지식의 다른 근원 간의 차이가 중요하다.

(1) 일반적 기준

행동주의 이론가인 Clark Hull(1935)은 이론을 구성하는 데 필수적인 세 가지 기준을 밝혔다. 첫째, 이론이 다루게 될 현상에 관한 이론가의 기본적 신념과 관련된 일련의 명백한 가정들이다. 예를 들면, Robert Gagné(1972/1977)의 학습의 조건은 다음과 같은 세 가지의 가정을 바탕으로 하고 있다. ① 학습은 선행학습을 바탕으로 복잡한 학습된 능력을 점진적으로 습득하는 것이다. ② 모든 학습에 적용될 수 있는 단일한 특성은 없다. ③ 인간 학습에 대한 적절한 개념은 학습이 일어나고 있는 모든 다양한 상황, 즉 가정, 학교, 직업, 무역업, 군사훈련, 정보업무 등에 적용되어야 한다.

두 번째 기준은 주요 용어들이 분명히 정의되어야 한다는 것이다. 예를 들면, Gagné(1972/1977)의 이론에서는 능력(capabilities)이라는 용어가 핵심이다. 그는 능력을 인간이 습득한 기술, 지식, 태도, 가치로 정의하였으며, 이러한 것들은 학습의 결과물이다.

Hull(1935)에 따르면 기본적 가정과 정의가 하나의 이론을 위한 틀을 형성한다. 이론가들이 해야 할 다음 단계는 가정으로부터 측정 가능한 특정한 명제(원리)를 도출하는 것이다. 이러한 명제는 세 번째 기준이 되며, 이론의 본체를 형성하고 연구를 통하여 명제에 관한 자료를 수집하는 과정에서 측정된다. 예를 들면, Gagné(1972/1985)는 모든 학습에 적용될 수 있는 단일한 특성은 없다는 가정에 근거하여 인간 학습을 다섯 가지로 구분하였다. 이론의 원리들은 다섯 가지 인간 학습에 의해서 생성된 특정한 능력을 기술해 줄 뿐 아니라, 이러한 능력을 가르치고 평가하는 데 요구되는 사항을 설명하고 있다. 예를 들면, 연구 결과는 언어정보를 가르치는 데 사용하는 전략을 태도를 변화시키는 데 사용하는 것은 효과적이지 않다는 것을 보여 준다(Gagné, 1984).

생경한 이론(naive theory)과 과학적 이론을 구분하는 것이 중요하다. 예를 들면, 교사는 자신이 가르치는 학생들을 동기화시킬 수 있는 활동에 대한 '이론'을 개발할 수 있을 것이다. 그러한 이론은 자신의 학생에 대한 교사의 직관적인 이해가 반영될 것이고, 그가 교실에서 하는 행동의 지침이 될 것이다(Pintrich & Schunk, 2002, p. 7). 반면에 과학적 이론은 가정, 핵심 용어에 대한 정의, 확인된 변인 간의 관계를 언급한 가설 생성 등에 의해서 도출된다. 그런 다음 이론에 대한 가설이 경험적으로 검증된다.

(2) 학습이론

위에서 제시한 기준들은 모든 학문의 이론에 적용된다. 그러나 학습이론에만 적용되는 네 번째 기준이 있다. 즉, 이론은 학습과 관련된 사태에 내재된 심리적 역동성을 설명할 수 있어야 한다. 예를 들면, 예비 교사들은 학생을 칭찬하는 것이 중요하다는 이야기를 종종 듣는다. 그러나 Brophy(1981)는, 교사들은 "너희 반 정말 대단하다."와 같이 구체성이 없는 피드백이나 정답에 대해 지나치게 공개적인 칭찬을 하는 경향이 있는데 이러한 칭찬은 비효과적이며, 최악의 경우에는 역효과를 가져올 수 있다고 주장하였다. B. F. Skinner(1968)가 주장한 강화의 원리는 결과를 효과적으로 유발시킬 수 있는 요인과, 결과와 다른 환경사태 간의 관계를 다루고 있다. 교사들이 이러한 원리들을 잘 안다면 칭찬을 잘못 사용하거나 칭찬을 통하여 교사가 의도하지 않은 다른 행동을 유발시키는 오류를 피할 수 있을 것이다.

연구자와 현장 전문가가 이론을 평가할 때는 평가의 대상이 되는 이론이 전술한 네 가지 기준을 충족시키는가를 결정하는 것이 매우 중요하다. 그것은 상식적 지식을 단순히 언급한 것을 '이론'이라고 명명하지 않기 위해서이다(van der Veer & Valsiner, 1991, p. 2).

6) 이론과 다른 지식의 근원과의 비교

이론은 학습에 관한 다른 지식의 근원과 일부 공통점이 있지만 몇 가지 중요한 차이가 있다.

(1) 학습이론과 철학

첫째, 이론과 철학 모두 가설적 진술로 된 가정으로부터 도출된다. 그러나 이론과 철학은 〈표 1.1〉에서 볼 수 있는 바와 같이 세 가지 차이점이 있다.

철학과 이론은 목적, 명제의 수락 기준, 학습에 대한 진술의 본질에서 차이가 있다. 철학의 목적은 포괄적인 가치 체계로서의 역할을 하는 데 있다. 예를 들어, Plato의 이상론은 사상에 가치를 부여하고 Aristotle의 현실론은 감각 경험에 가치를 부여한다. 즉, 철학의 초점은 학습에 관한 진술을 하는 것에 있지 않기 때문에 철학에서 학습을 진술하는 것은 실체에 대한 철학의 정의와 지식의 정적(靜的) 특성에 의해 제약을 받는다. 예를 들어, 이상론은 학습을 정신훈련으로 기술한다. 그러나 이러한 주장을 실행하는 방법이 불분명하다.

대조적으로 이론은 지식의 정적 특성에 대한 정의에 의해 제약을 받지 않는다. 모든 이론은 학습과정의 핵심적 측면에 대한 기본적인 가정을 진술한다. 예를 들어, Piaget의 발달이론에서는 인지발달에 대한 기본적인 가정이 진술되어 있다. 그런 다음 학습에 대한 구체적인 가정들이 실험실이나 실세계의 맥락에서 검증된다.

이론이 다루는 실세계의 사태에 대한 예는 ① 논리적 추론이 필요한 문제에 연령이

〈표 1.1〉 철학과 이론의 차이

	철학	이론
1. 목적	포괄적인 가치 체계의 역할을 한다.	학습이 필요한 실세계의 사태를 확인한다.
2. 명제의 기준	자연과 실체에 대한 정의와 지식 간에 논리적인 일관성이 존재해야 한다.	연구를 통하여 검증이 가능해야 한다. 지식에 대한 정의에 영향을 받지 않는다.
3. 학습에 관한 진술의 본질	다양한 해석이 가능한 일반적인 권고 사항이다.	학습에 대한 구체적인 원리와 학습을 지지해 주는 사태의 확인이다.

각기 다른 아동들이 접근하는 방법(Piaget의 인지발달 이론), ② 학습상황에서 반응을 증가시키는 사태의 형태(Skinner의 조작적 조건형성), ③ 사고를 안내하고 조절하기 위하여 기호와 상징을 사용하는 아동과 청소년의 능력 발달(Vygotsky의 문화-역사적 이론) 등이다.

(2) 학습이론과 교수모형

Joyce와 Weil(1996)은 학습 환경을 기술하는 것이 교수모형이라고 정의하였다. 예를 들면, 협동학습(학생들이 공동 작업을 할 수 있도록 집단을 구성하는 방법)과 직접 교수법(목표, 활동, 점검, 피드백으로 구성된 방법)이다. 선행 조직자와 같이 구체적인 것이 있는 반면, 직접 교수법과 같이 상당히 일반적인 것이 있다. 더욱이 일부는 단지 특정한 영역과 연령에만 해당된다. 예를 들어 법률을 바탕으로 하는 모의재판과 같은 교수모형은 주로 중등학교 사회 과목에 적용된다. 이러한 수업에서 학생들은 공공정책과 관련된 지역사회의 문제를 다룰 수 있을 것이다(Joyce & Weil, 1996, p. 14). 그러나 이 모형은 어린 아동들에게는 적합하지 않다.

전술한 예에서 알 수 있듯이 교수모형은 학습과정에 관한 포괄적인 분석에서 도출되지 않고, 일부는 구체적인 상황과 관련되어 있다. 다시 말해서, 이론에서 도출된 교수 지침은 학습과 관련된 관리, 조직, 혹은 다른 사태들 대신에 학습과정의 양상에 관한 일련의 일관성 있는 가정을 반영하고 있다. 또한 이론을 통하여 도출된 교수 지침은 일반화할 수 있다는 점이 중요하다. 즉, 이러한 교수 지침은 특정 분야, 학년 수준, 학생의 연령, 학습 환경 등과 무관하다.

7) 요약

이론의 세 가지 필수적 기준은 ① 일련의 분명한 가정, ② 이론을 구성하고 있는 주요 용어에 대한 분명한 정의, ③ 가정으로부터 도출된 측정 가능한 구체적인 명제이다. 학습이론을 위한 네 번째 기준은 학습에 내재해 있는 심리적 역동성을 다루어야 한다는 것이다.

이론은 철학이나 교수모형과는 다르다. 철학은 가치 체계이다. 철학에 나타난 학습에 관한 진술은 실체와 지식의 정적 본질에 대한 철학의 정의에 의하여 제약을 받는다. 또한 실천 방법도 불분명하다. 교수모형은 교실수업의 일부 측면에 대한 조직, 관리와 관계가 있다. 대조적으로 이론은 지식에 대한 정의에 의해 제약을 받지 않는다. 구체적으로 이론은 학습이나 인지발달에 관한 가정을 만들어 내고 연구를 통하여 원리를 도출하며 학습을 지지하기 위한 구체적인 사태를 권고한다. 또한 원리는 각기 다른 분야, 학생의 연령, 학습 환경 등에 일반화가 가능하다.

3. 학습이론의 기능은 무엇인가?

학습이론의 기능은 다양하다. 여기에서는 일반적 기능과 구체적 기능으로 나누어 살펴보겠다.

1) 학습이론의 일반적 기능

Suppes(1974)는 이론의 네 가지 일반적 기능을 확인하였다. 즉, 이론은 연구 수행을 위한 틀로서의 역할, 구체적인 정보를 위한 조직된 틀의 제공, 명백히 단순하게 보이는 사태가 갖고 있는 복잡성 입증, 선행경험의 재조직 등의 기능을 한다. 다섯 번째 기능은 복잡한 사태에 대한 작업모형(working model)으로서의 역할을 한다.

(1) 연구를 위한 틀

이 기능은 이론이 측정 가능한 원리들로 구성되어야 한다는 필요조건과 관련이 있다. 즉, 훌륭한 이론의 필요조건은 구체적인 연구모형으로 옮겨질 수 있어야 한다는 것이다(Bronfenbrenner, 1993). 이론이 연구를 위한 하나의 틀이 되는 것은 어떤 사태를 이해하도록 해 주는 자료의 수집을 촉진시키기 때문에 중요하다. Suppes(1974)는 조직화된 틀이 없는 상태에서 단순히 자료를 수집하는 것은 벌거벗은 경험주의에 불과하다고 주장하였다. 정신은 벌거벗은 형태라고 할 수 있는데 벌거벗은 육체가 벌거벗은 사고보다 훨씬 매력적이다(Suppes, 1974, p. 6).

최초의 교육과학자. 교육심리학의 대부라고 할 수 있는 Edward L. Thorndike는 실험을 통하여 이론을 실제로 검증한 대표적인 인물이다. 그가 발표한 400권 이상의 저서와 논문에는 학교 교육과 관련된 다양한 실험과 평가는 물론 교육과정에 적용되는 최초의 학습이론과 학습의 법칙이 포함되어 있다. Thorndike의 공헌은 그의 학위논문인 「동물의 결합과정에 관한 실험적 연구(An Experimental Study of the Associative Process in Animals)」와 함께 시작되었다. 이 연구는 Thorndike의 학습이론의 주요 개념인 자극적 상황, 행동, 그리고 결과 간의 관계에 대한 최초의 실험적 분석이다. 이 연구는 행동에 관한 연구를 통하여 정신 사태에 관한 원리를 생성할 수 있다는 것을 보여주었다(제2장 참조).

(2) 지식의 구성

이론의 두 번째 기능은 특정한 정보와 관련된 조직된 틀을 제공하는 것이다. 예를 들면, 왜 어떤 학생들은 어려운 과목에서 'C' 학점을 받고 기뻐하는 반면, 또 어떤 학생들은 'B' 학점을 받고 낙담하는가? 아동들이 밤에 달이 자신과 함께 걷고 있다고 믿는 것과 같이 세상에 대한 생경한 신념을 가지고 있는 이유는 무엇인가? 단순히 규칙을 학습하는 것만으로는 아동들의 문제해결을 보장할 수 없는 이유는 무엇인가? 등이다. 이러한 의문들은 Bernard Weiner의 귀인이론, Piaget의 인지발달 이론, 그리고 Gagné의 학습의 조건에서 각각 논의된다.

(3) 복잡한 사태의 확인

이론의 세 번째 일반적 기능은 겉으로는 단순하게 보이는 사태의 복합성과 미묘함을 드러내는 것이다. 이 기능은 학습이론이 학습과 관련된 내적 사태의 역동성을 다룬다는 것과 연관이 있다. 어린 아동이 천장의 줄에 매달려 있는 공을 이용하여 플라스틱 인형을 쓰러뜨리려고 노력하는 상황이 하나의 예이다. 몇몇 아동들은 공으로 만들어지는 아치를 관찰하고 공 던지는 방법을 수정하여 성공적으로 인형을 쓰러뜨린다. 그러나 또 어떤 아동들은 공의 움직임에 대하여 얼토당토않은, 비논리적인 설명을 하려고 한다. 예를 들면 "줄이 너무 짧다." "줄이 너무 길다." 혹은 "그 공이 인형을 넘어뜨릴 수 있을 정도로 무겁지 않다."라고 이야기할 것이다.

일반적으로 성인들은 아동의 비논리적인 설명을 바로잡아 주려고 하는 경향이 있다. 그러나 Jean Piaget(1963)의 아동의 사고에 대한 광범위한 분석에 따르면, 이러한 비논리적 설명은 논리적 사고의 발전과정에서 나타나는 자연스럽고 필수적인 단계이다. 아동들이 구체적인 사물을 갖고 실행하는 반복적인 상호작용과 실험은 이후 단계인, 보다 더 논리적인 사고의 발달에 기여한다.

외관상으로 상당히 단순한 것으로 여겨졌던 또 하나의 사태는 어린 아동들이 Stanford-Binet 지능검사에서 종종 오류를 범한다는 사실이다. 그러나 1920년대에 Binet 연구소에서 일하고 있던 스위스의 젊은 심리학자 Piaget는 아동의 오답에 흥미를 갖게 되었다. 그는 지능검사에 대한 아동의 반응을 연구하기 시작하였고, 마침내 아동들이 자신의 세계를 설명하기 위하여 사용하는 방식을 밝혀 낼 수 있었다.

(4) 선행경험의 재조직

이론은 종종 기존의 원리와 이론을 재조직할 수 있도록 새로운 통찰을 제공해 준다. 예를 들면, 모델을 통한 학습은 한때 단순한 모방으로 간주되었다. 즉, 학습자는 즉시 모델의 행동을 흉내내고 그것을 행동으로 보여 준다. 그러나 Albert Bandura(1971)의 사회인지 이론은 모방이 즉각적으로 이루어지지 않는 경우가 있다고 한다. 즉, 관찰자는 모방한 행동을 며칠 혹은 몇 주 뒤에 실행하기도 한다. Bandura는 이러한 형태의 관찰학습을 설명할 수 있는 요인들을 확인하기 위해 지속적으로 연구하였다.

(5) 작업모형으로서의 이론

1920년대부터 1950년대까지 심리학자들은 모든 학습을 설명할 수 있는 '대 이론(grand theory)'을 개발하기를 희망하였다. 대 이론의 전형적인 예는 Newton 역학이라고 하는 고전 물리학이다. 이 이론은 물리학자와 그 밖의 학자들에 의하여 우주에 존재하는 물질적 힘의 활동을 설명하는 것으로 여겨졌다.

그러나 심리학자들은 학습에 대한 불변의 원리를 개발하는 데 실패하였다. 1940년대에 실험실 연구를 바탕으로 한 심리학자들의 연구는 비판의 대상이 되었고, 제2차 세계대전 동안 군인들을 훈련시켜야 한다는 실제적인 필요성과 고속 컴퓨터의 발전으로 인하여 결국 그들의 연구는 사라지게 되었다. 이러한 일들은 인간의 학습과 사고에 대해 의문을 불러일으켰고, 학습자가 새로운 정보를 처리하는 방법을 연구하는 이론의 발전을 가져왔다.

다시 말해서, 하나의 이론이 모든 시대에 걸쳐 적용될 수는 없다. 새로운 정보가 발견되고 새로운 의문이 변화하는 사회적 상황에서 제기됨에 따라 초기 이론들은 새로운 일반화를 추구하는 이론들에 의해 대체되었다. 따라서 특정한 시기의 한 시점에서의 일반화는 그 당시의 체계를 적절히 설명할 수 있었을지 모르지만, 어느 정도의 시간이 지나면 그것은 단지 역사의 한 페이지로 남을 뿐이다(Cronbach, 1975).

심리학에서만이 이론의 방향 전환이나 대체가 있는 것은 아니다. 예를 들면, 고전 물리학은 전체 우주에서 작용하는 물리적 힘을 **정확하게** 묘사하기에는 충분하지 않았다. 고전 물리학에서 시간은 영원한 것으로 취급되었다. Einstein이 상대성 이론을 발견함에 따라 시간은 상대적 변인으로 간주되어, 이전의 고전 물리학은 상대성 이론의 특별한 사례가 되었다. 고전 물리학은 지구에서 발생하는 활동에 관하여 매우 정확하게 설명했으며, 산업 혁명기의 인류 문명화에 기여하였다. 그러나 행성 간의 여행은 시간과 운동에 관한 보다 정확한 이론을 요구하게 되었다.

비슷하게 심리학에 있어서도 Ivan Pavlov에 의하여 수행되었던 반사에 관한 실험은 복잡한 행동의 학습을 설명해 줄 수 있을 것으로 처음에는 생각되었다. 오늘날 고전적 조건형성으로 불리는 그의 주장은 행동주의의 특별한 사례이다. 고전적 조건형성은 많은 정서적 반응을 설명할 수 있으나 복잡한 행동의 학습은 설명할 수 없다.

2) 학습이론의 구체적 기능

학습이론의 특징 중의 하나는 사태에 잠재하고 있는 심리적 역동성을 다룬다는 것이다. 그래서 학습이론은 형식적, 비형식적 상황에서 학습과 관련된 사태의 함축성을 이해할 수 있는 기제를 제공한다.

게다가 학습은 다양한 정신과정, 사회적 상호작용, 주변 환경과 정보 간의 상호작용 등과 관계가 있다. 이러한 수많은 사태를 적절히 설명할 수 있는 단일한 이론은 없다. 그래서 각각의 이론들은 이론가들이 정의하는 학습의 주요 특징을 기술하고, 그러한 특징들을 유도해 낼 수 있는 요인들을 확인하는 데 초점을 맞춘다. 예를 들어, Skinner의 조작적 조건형성은 행동의 변화를 가져오는 결과의 역할을 연구하였다. 대조적으로 Gagné의 학습의 조건은 각기 다른 기술과 태도의 학습에 필수적인 내적 정신 사태와 환경을 설명하였다.

학습 영역에만 각기 다른 이론이 동시에 존재하는 것은 아니다. Sfard(1998)는 동일체에 대한 다양한 이론은 문제에 대한 설명을 다르게 하는 화학이나 물리학과 같은 분야에도 존재한다고 주장하였다. 모순되는 것처럼 보이는 이론들을 동일한 기준으로 비교할 수 없는 경우가 있다. 즉, 어떠한 용어나 어떠한 법칙으로도 그러한 이론들을 설명할 수 없다. 예를 들면 유클리드 기하학, 비(非)유클리드 기하학과 같은 것이다. 학습이론에 있어서는 Gagné의 학습의 조건과 Vygotsky의 문화-역사적 이론이 그 예이다.

하나 이상의 학습이론이 중요한 것은 각각의 이론들이 다른 이론에서 설명하고 있지 않는 것에 대하여 통찰력을 제공해 주기 때문이다. 그래서 특정한 이론 하나에만 의존함으로써 나타날 수 있는 단점을 보완하기 위해 여러 이론을 이해할 필요가 있다. 학습이론은 특정 이론이 추구하는 목적과 관계없이 〈표 1.2〉에 제시된 구체적인 기능 중의 하나를 충족시킨다.

요약하자면, 학습이론은 교수설계와 평가, 그리고 교실수업에서 발생하는 문제를 진단하는 데 유용하다. 학습이론은 또한 교실 환경에서 특별한 이론을 측정했다는 연구

〈표 1.2〉 학습이론의 구체적 기능

기능	예
1. 교수설계를 위한 지침으로서의 역할	a. Robert Gagné의 학습의 조건은 외부 환경으로부터 정보가 유입되어 처리되고(약호화), 장기기억에 저장되는 과정과 일치하는 일련의 아홉 가지 구체적 단계를 기술하고 있다. b. Jean Piaget의 인지발달 이론은 논리적 사고의 계발을 촉진시켜 주는 교실 실제에 대한 통찰을 제공해 준다.
2. 교실에서 사용한 결과로 나타난 산출물에 대한 평가	이론들은 정보처리 원리, Skinner의 조작적 조건형성, Gagné의 학습의 조건, Bandura의 사회인지 이론을 포함하여 컴퓨터중심 수업을 평가하는 데 도움이 된다.
3. 교실수업과 관련된 문제의 진단	저성취자가 경험하는 어려움 중에는 낮은 자존감, 부적절한 학습전략이 종종 포함된다. Weiner의 귀인이론, Bandura의 사회인지 이론, 문제해결에 대한 관점, Vygotsky의 문화-역사적 이론 등이 이러한 문제를 다룬다.
4. 이론을 바탕으로 수행된 연구에 대한 평가	아동의 친사회적 행동을 사후검사를 통하여 검증한 연구가 있었다. 연구자는 아동들이 모델을 흉내내지 않는다는 증거를 바탕으로 Bandura의 이론이 특정한 사회적 상황에 적용되지 않는다고 주장하였다. 그러나 이론에 따르면 아동들이 학습한 모든 것을 그대로 실행하는 것은 아니다.

가 이론과 일치하는가를 결정하는 데 유용하다.

4. 이 책은 학습에 대한 지식을 어떻게 보고 있는가?

이 책의 주요 목적은 교실학습과 관련해서 초기 이론의 배경과 현재 논의되고 있는 학습이론에 대하여 고찰하는 것이다. 이를 위하여 먼저 행동주의와 형태주의 심리학을 논의한 다음, B. F. Skinner의 조작적 조건형성, Robert Gagné의 학습의 조건, 인지학습의 원리, Jean Piaget의 인지발달 이론, Lev Vygotsky의 문화-역사적 이론, Albert Bandeura의 사회인지 이론, 그리고 동기이론, 모형과 같은 7개의 현대적 관점에 대하여 논의할 것이다.

이 책에서 논의할 학습에 대한 7개의 관점 중에서 3개의 이론은 학습이론으로 분류되지 않는다. 그럼에도 불구하고 이러한 관점들은 교실 실제에 중요한 시사점을 제공해 준다. Jean Piaget은 유아기로부터 성인기까지 논리적 사고과정의 발달을 설명하였다. Lev Vygotsky는 아동들이 획득하는 사고과정의 본질과 수준을 결정하는 데 있어서 각 문화의 독특한 역할을 기술하였다. 반면 동기적 관점은 각 개인이 학습을 하도록 영향을 주는 요인을 다룬다. 이러한 이론들은 교수설계, 실행과 관련된 특별한 문제에 적용된다.

1) 실체에 대한 심리학적 모형

학습은 학습자의 발달 수준, 과제의 특징, 학습이 발생하게 된 맥락에 따라 달라지는 일련의 복잡한 과정이다. 이미 언급했듯이 학습의 과정에 포함된 모든 변인을 설명해 줄 수 있는 단일한 이론은 없다.

따라서 각각의 이론적 관점은 학습의 본질에 대한 하나의 가정이나 일련의 가정을 갖고 출발해서 그러한 가정들과 일치하는 일련의 원리들을 개발한다. 예를 들면, 학습을 결정하는 요인은 환경이라는 것이 행동주의의 견해이다. 이러한 이론들은 행동에 영향을 주는 다양한 환경에 대하여 설명한다([그림 1.1] 참조).

이와 대조적으로 인지이론가들은 학습자의 정신적 정보처리 과정이 학습의 변인이라고 주장한다. 따라서 이러한 이론들은 학습자의 사고와 내적 정신 구조를 변화시킬 수 있는 학습자의 정보처리 과정과 정보를 적용하는 방법을 강조한다.

그러나 상호작용주의자들의 견해는 행동, 정신적 정보처리 과정, 그리고 환경은 상호 연결되었다고 가정한다. 따라서 이들은 학습이 일어나는 동안 이러한 요소들이 어떻게 상호작용하는가를 설명한다. 마지막으로 Piaget와 Vygotsky의 인지발달 이론은 발달적 상호작용주의자적 관점을 택하고 있다. 이들은 인간의 사고는 환경과의 상호작용을 통하여 발달한다고 주장한다.

또한 7개의 현대적 관점은 이론의 주요 초점에 따라 분류할 수 있다. 예를 들어, 세 가지 이론은 학습에 핵심적인 기본 과정을 연구하고 있는데, 이 책에서는 학습이론으로 기술하고 있다(〈표 1.3〉 참조). 세 가지 이론 중에서 Skinner의 원리는 행동의 변화를 유발시키는 환경적 조건과 사태를 중요시하는 행동주의의 전통을 유지하고 있다. 인지이론은 형태심리학에서 시작된 정신적 사태에 관한 연구를 계속하고 있다. 한편, Gagné의 학습의 조건은 상호작용주의자 이론이다. 학습자의 인지처리 과정은 각기 다른 종류의 학습에 필수적인 특정한 환경적 사태들과 상호작용한다.

학습과정 이론과 대조적으로 Piaget와 Vygotsky의 인지발달 이론은 구체적인 정보들이 학습되는 방법에 대하여 기술하지 않는다. 대신에 각 이론가들은 인간 사고의 본질을 특정한 방법으로 정의하고 최고 수준의 사고를 계발하는 데 필요한 요구 사항을 기술하였다.

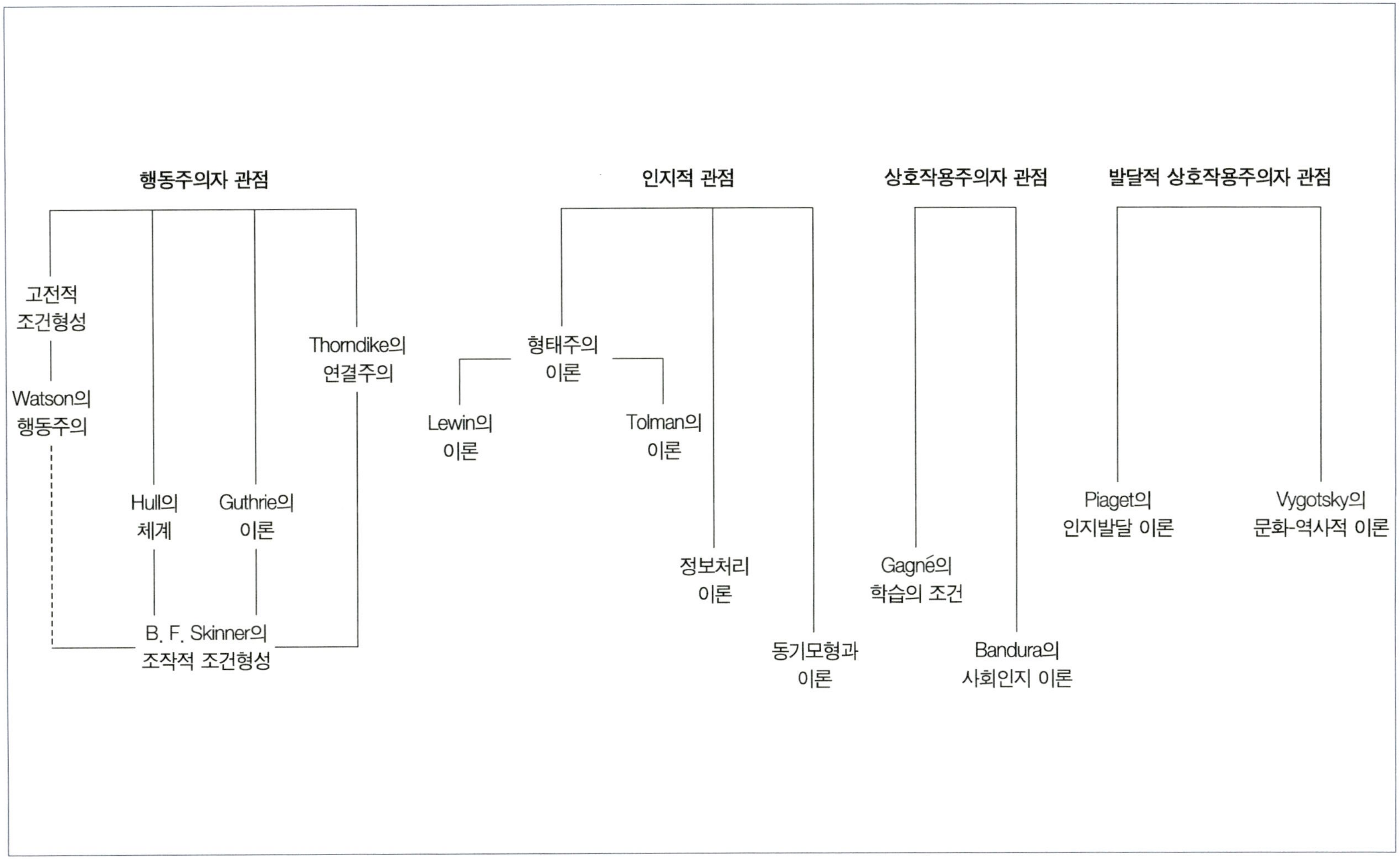

[그림 1.1] 학습의 핵심적 요인에 대한 심리학적 모형

〈표 1.3〉 현대 학습이론의 비교

이론	유형	초점
Skinner의 조작적 조건형성	학습과정	학습자의 행동을 유발시키기 위한 결과의 배열
Gagné의 학습의 조건	학습과정	정보처리 단계와 학습과제의 유형 및 교수 간의 관계
인지이론	학습과정	정보 획득, 기억, 개인의 학습관리, 문제해결의 과정
Piaget의 발달적 인식론	인지발달	유아기에서 성인기까지의 지능 발달
Vygotsky의 문화-역사적 이론	인지발달	고차원적인 정신 기능의 발달에 미치는 문화의 역할
Bandura의 사회인지 이론	사회적 맥락	모델의 영향과 행동에 대한 환경 및 개인적 요인
동기모형과 이론	사회적 맥락	성취-관련 행동에 미치는 영향

마지막으로 Bandura의 사회인지 이론과 동기적 관점은 사회맥락 이론이다. 즉, 이러한 이론들은 학습자의 능력에 대한 학습자의 신념에 영향을 미치는 요인을 기술한다. Bandura의 이론은 모델이 학습자의 행동 지각에 미치는 영향과 학습자가 자기 효능감과 자기조절 체계를 발달시키는 데 있어서 개인, 환경, 행동 요인 간의 상호작용적 역할을 상세하게 기술하고 있다. 동기적 관점은 목표 지향성, 흥미, 정서, 결과의 원인에 관한 귀인성향, 기타 성취와 관련된 행동에 영향을 미치는 요인에 대하여 논의한다.

2) 이 책의 구성

1920년대부터 1950년대까지는 학습이론 분야에 있어서 '대논쟁'의 시기였다고 할 수 있다. 이 기간 동안 2개의 포괄적인 관점이 모든 학습을 설명할 수 있는 하나의 이론을 개발하려고 하였다. 이 관점은 행동주의와 형태주의 심리학이다. 이 기간을 주도했던 행동주의에 대해서는 제2장에서 기술된다. 이 관점은 학습을 행동의 변화로 정의하고 연구자들은 그러한 변화를 일으킬 수 있는 환경적 사태와 조건을 확인하려고 하였다. 인지적 관점인 형태주의 심리학에 대해서는 제3장에서 기술된다. 독일에서 시작된 형태주의 심리학은 학습이란 문제상황에 대한 지각의 갑작스런 재조직이라고 주장한다. 형태주의 이론가들은 이러한 과정을 **통찰**이라고 명명하였다. 비록 이러한 이론들은 복잡한 학습을 설명하는 데 성공하지 못했지만 특별한 상황을 설명하는 데는 성공적이었다. 초기 행동주의는 정서적 반응을 연구하였고, 형태주의 심리학은 문제상황에 대한 시각적 지각을 연구하였다.

1950년대 중반에 이르러 하나의 포괄적인 학습이론을 개발하려는 시도는 쇠퇴하기 시작하였다. 고속 컴퓨터의 등장, 사회 환경의 변화와 같은 새로운 요인들이 심리학자들로 하여금 다른 문제에 관심을 갖도록 하였다. 좀 더 최근에는 구성주의라고 불리는 학습에 대한 철학적 접근이 등장하였다. 구성주의가 이론과 연구의 발전에 미친 영향에 대해서는 제4장에서 논의된다. 1990년대에 두뇌 이미지 기법이 발전함에 따라 인지신경과학의 잠재력에 관심을 갖게 되었다. 제5장에서는 이 분야의 연구에 대해 논의된다.

제6장에서 13장까지는 학습과 관련된 중요한 사태를 다루는 7개의 현대 이론적 관점에 대해 살펴본다. 행동주의의 전통을 유지하고 있는 B. F. Skinner의 조작적 조건형성에 대해서는 제6장에서 논의된다. 1930년대에 개발된 행동주의 원리는 실험실에서 교실로의 이동이 성공적으로 이루어져 1950년대 말에서 1960년대 동안 꽃을 피우게 되었다. Robert Gagné의 이론은 제7장에서 논의된다. Gagné의 학습의 조건은 구소련의 우주선 스푸트니크호 발사의 충격으로 나타난 1960년대의 교육과정 재설계 문제를 다루었다. 또한 학습 결과와 학습자의 정보처리 과정을 통합한 Gagné의 관점은 조작적 조건형성과 인지주의 이론을 이어 주는 교량 역할을 하였다.

제8장에서는 정보처리 이론이 논의되는데, 이 이론은 인간이 환경으로부터 정보를 수용, 처리 및 저장하여 필요한 경우에 인출하는 과정이 기술된다. 이 장에서는 학습의 보편적인 과정을 확인하기 위한 인지적 관점의 주요 요소에 대해 논의된다. 제9장은 초인지, 문제해결과 관련된 복잡한 인지과정에 대해 살펴본다.

제10장과 11장은 학습의 구체성보다는 인지발달에 초점을 맞춘 두 가지 이론에 대해 기술된다. 제10장에서는 아동기 초기에서부터 성인기까지 논리적 추론의 발달을 기술한 Jean Piaget의 이론이 기술된다. 제11장에서는 Lev Vygotsky의 문화-역사적 이론이 기술된다. 그는 개념적 사고, 논리적 기억, 자기 조직화된 주의집중 등을 포함한 고차원적인 심리적 기능의 발달에 대해 기술하였다.

제12장과 13장은 학습에 대한 인지적 관점을 넘어서 동기적 측면까지 다룬다. 제12장에서 Albert Bandura의 사회인지 이론은 타인의 행동에 대한 관찰을 통한 학습과 자신의 학습을 관리하는 학습자의 자기조절 체계의 발달에 관하여 기술된다. 제13장에서는 기대가치 이론, 목표 지향성 모형, 귀인이론 등과 같은 현대 동기이론과 모형에 대해 살펴본다.

이 책에서 살펴볼 현대의 학습이론들에 대한 논의에는 이론과 실제가 모두 포함된다. 학습(혹은 발달)의 기본원리가 논의된 다음, 교수 원리가 논의되었다. 각 이론이 교실에서 발생하는 사태와 어떠한 관련이 있고, 그러한 사례는 무엇인가에 대한 논의

〈표 1.4〉 현대 이론의 분석에 사용될 주제에 대한 개요*

주제	초점
학습(혹은 발달) 원리	
기본 가정	이론가가 제기한 학습에 대한 가정은 무엇인가? 학습에 대한 정의는 무엇인가? 학습을 행동의 변화, 인지구조의 변화, 혹은 일부 내적 과정으로 보는가?
학습(혹은 발달)의 구성요소	학습행위 각각에 나타나야 할 핵심적 요소는 무엇인가? 구성요소들은 서로 어떠한 관련이 있는가?
복잡한 학습의 본질	학습의 구성요소들이 문제해결 방법과 같이 복잡한 학습을 어떻게 설명하는가?
교수 원리	
기본 가정	학교 학습에 대한 이론가의 가정은 무엇인가?
교수의 구성요소	학습의 구성요소는 교실수업과 어떠한 관련성이 있는가?
복잡한 기술의 학습을 위한 교수설계	테니스 치는 방법이나 문제해결법의 학습과 같은 기술을 계발하기 위해 수업은 어떻게 설계되어야 하는가?
교육적 적용	
교실 문제	이론은 개인차, 인지과정, 학습의 사회적 맥락을 어떻게 설명하는가?
교실수업 전략의 개발	교수전략을 개발하기 위한 구체적 절차는 무엇인가?
교실수업의 예	

* Piaget의 인지발달 이론, Vygotsky의 문화-역사적 이론, 동기적 관점에서는 용어를 약간 바꾸었다.

는 '교육적 적용' 부분에서 이루어진다. 〈표 1.4〉에는 각 장에서 탐구할 질문들이 나열되어 있다.

'학습원리'와 '교수 원리' 부분은 동시에 논의되었다. 각 학습이론의 기본 원리를 먼저 설명한 다음, 그러한 원리를 교실수업에 적용하는 방법이 논의되었다. 이러한 순서로 논의하는 목적은 각 이론에 대한 이해를 명확하게 하기 위해서이다. 이론의 기본 원리와 그에 따른 적용을 동시에 논의하는 것은 독자들에게 오해와 혼란을 줄 수 있기 때문이다.

각 이론의 기본 가정은 학습과 교수 원리로 제시된다. 진공 상태에서 개발된 학습의 원리는 하나도 없다. 대신에 각 이론은 학습의 본질에 관한 기본적인 신념으로부터 도출되었다. 그러한 신념은 이론의 핵심이 된다. 예를 들어, 학습을 행동의 변화로 정의한 이론은 행동에 영향을 미치는 요인에 초점을 맞출 것이다. 정신 상태나 인지구조는 학습을 질적 처리의 관점에서 정의한 이론에서 강조하는 부분이다.

'학습의 구성요소'와 '복잡한 학습의 본질' 부분을 진술한 목적은 두 가지이다. 먼저 모든 학습행위에 제시되어야 할 기본 요소를 설명하는 데 있다. 학습의 구성요소는 모든 이론의 핵심이다. 예를 들면, Skinner의 조작적 조건형성에서 학습행위 각각의 구성요소는 ① 변별 자극, ② 학습자 반응, ③ 결과이다. 반면에 Bandura의 사회인지 이론의 구성요소는 ① 모델의 행동, ② 강화의 본질, ③ 학습자의 인지과정이다. 학습의 구성요소와 요소 간의 관계에 대한 이해는 이론의 교수적 적용을 분석하는 데 핵심이 된다.

기본적인 학습의 구성요소가 대수학 문제를 해결하기 위한 학습과 같이 복잡한 기술의 습득에 어떻게 작용하는가는 직관적으로 명확하지 않은 경우가 종종 있다. 따라서 '복잡한 학습(혹은 발달)의 본질' 부분을 포함시켜 이러한 상황을 논의하고자 하였다. 예를 들면, 조작적 조건형성에서 복잡한 기술 순서는 미묘한 강화인자를 다양한 방법으로 실행함으로써 학습시킬 수 있다고 본다.

마지막 부분인 '교육적 적용'에서는 먼저 이론을 교실 문제와 관련시킨다. 여기에는 개인차, 인지과정, 학습의 사회적 맥락 등에 대한 이론의 관점이 포함된다. 이론에 따른 교수전략을 개발하기 위한 구체적인 절차를 설명한 다음, 특정한 교과 영역과 관련된 사례를 제시하였다. 각 관점은 두 개의 장에서 논의되는 정보처리 이론을 제외하고 별개의 장에서 논의하였다.

이 책의 마지막 부분은 에필로그인데, 여기에서는 먼저 지금까지 논의한 현대 이론의 기본 구성요소를 서로 비교하고 이들의 주요 공헌에 대하여 살펴본다. 그런 다음 학습이론이 최근에 직면하고 있는 주요 문제에 대해서 논의하였다.

5. 생각해 볼 문제

1. 자기 주도적 학습은 개인의 삶을 다양하고 창의적으로 만들어 주기 때문에 개인에게 중요한 의미가 있다. 그러면 자기 주도적 학습이 사회에 중요한 이유는 무엇인가?
2. 1920년대에 자료를 수집하는 목적 중의 하나는 라틴어와 같은 특정 주제를 가르치는 데 소요되는 비용을 알기 위해서였다. Suppes에 따르면 이러한 종류의 연구가 갖는 문제점은 무엇인가?
3. 초임 교사들은 "학년이 끝날 때까지 미소를 보이지 말라."라는 말을 자주 듣는다.

이러한 말이 교실 현장에 거의 도움이 되지 않는 이유는 무엇인가?

4. 인간은 자신의 정신을 개선시키기 위해 위대한 도서를 공부해야 한다는 관점은 어떠한 철학과 일치하는가?

5. 7학년 학생으로 된 협동학습 집단에서 인쇄 자료와 인터넷을 이용하여 남미를 여행하는 데 사용할 수 있는 안내 책자를 만들었다. 이 책자에는 주요 사적지가 포함되어 있다. Vygotsky에 따르면 이것은 어떠한 학습경험인가?

참고문헌

Bandura, A. (1971). *Social learning theory.* Upper Saddle River, NJ: Prentice Hall.

Bringuier, J. C. (1980). *Conversations with Jean Piaget* (B. M. Gulati, Trans.) Chicago: University of Chicago Press.

Bronfenbrenner, U. (1993). The ecology of cognitive development: Research models and fugitive findings. In R. H. Wozniak and K. W. Fischer (Eds.), *Development in context: Acting and thinking in specific environ-ments* (pp. 3-44). Hillsdale, NJ: Erlbaum.

Brophy, J. (1981). Teacher praise: A functional analysis. *Review of Educational Research, 51,* 5-32.

Cole, M. (1996). *Cultural psychology*, Cambridge MA: Belknap Press of Harvard University Press.

Cox, B. D. (1997). The rediscovery of the active learner in adaptive contexts: A developmental-historical analysis of the transfer of training. *Educational Psychologist, 32*(1), 41-55.

Cronbach, L. J. (1975). Beyond the two disciplines of scientific inquiry. *American Psychologist, 30,* 116-127.

Dewey, J. (1929/1988). The quest for certainty. In J. A. Boydston (Ed.), *John Dewey: The later works, 1925-1953, Vol. 14.* Carbondale, IL: Southern Illinois University Press.

Dewey, J. (1939/1988). Experience and education. In J. A. Boydston (Ed.), *John Dewey: The later works, 1925-1953, Vol. 14.* Carbondale, IL: Southern Illinois University Press.

Gagné, R. M. (1972). Domains of learning. *Interchange, 3*(1), 1-8.

Gagné, R. M. (1977). *The conditions of learning* (3rd ed.). New York: Holt, Rinehart, & Winston.

Gagné, R. M. (1984). Learning outcomes and their effects: Useful categories of human performance. *American Psychologist, 37*(4), 377-385.

Gagné, R. M. (1985). *The conditions of learning* (4th ed.). New York: Holt, Rinehart, & Winston

Goldberg, E. (2001). *The executive brain: Frontal lobes and the civilized mind.* New York: Oxford University Press.

Hilgard, E. R. (1964). A perspective on the relationship between learning theory and educational practices. In E. R. Hilgard (Ed.), *Theories of learning and instruction: The sixty-third yearbook of the National Society for the Study of Education, Part I* (pp. 402-415). Chicago: University of Chicago Press.

Hull, C. L. (1935). Conflicting psychologies of learning: A way out. *Psychological Review, 42,* 491-516.

Jackson, A., & Davis, G. (2000). *Turning points 2000: Educating adolescents in the 21st century.* New York: Teachers' College Press.

Jahoda, G. (1993). *Crossroads between culture and mind.* Cambridge, MA: Harvard University Press.

James, W. (1890). *Principles of psychology*. New York: Henry Holt.

Joyce, B., & Weil, M. (1996). *Models of teaching*. Boston: Allyn & Bacon.

Kuhn, D., & Udell,W (2001).The path to wisdom. *Educational Psychologist, 36*(4), 261-264.

Meacham, J. A. (1993). Where is the social environment? A commentary on Reed. In R. H. Wozniak and K. W. Fischer (Eds.), *Development in context: Acting and thinking in specific environments* (pp. 255-267). Hillsdale, NJ: Erlbaum.

Meyer, D. K., & Turner, J. C. (2002). Using instructional discourse analysis to study the scaffolding of student self-regulation. *Educational Psychologist, 37*, 17-25.

Perry, N. E.,Van deKamp, K. L., Mercer, L. K., & Nordby, C. J. (2002). Investigating teacher-student interactions that foster self-regulated learning. *Educational Psychologist, 37*, 5-15.

Piaget, J. (1963). *The origins of intelligence in children*. New York: Norton.

Pintrich, P., & Schunk, D. (2002). *Motivation in education: Theory, research and applications* (2nd ed.). Upper Saddle River, NJ: Merrill/Prentice Hall.

Reed, E. S. (1997). *From soul to mind: The emergence of psychology from Eramus Darwin to William James*. New Haven, CT: Yale University Press.

Sfard, A. (1998). On two metaphors for learning and the dangers of choosing just one. *Educational Researcher, 27*(2), 4-13.

Sharratt, M. (1994). *Galileo: Decisive innovator*. Cambridge, MA: Blackwell.

Shavelson, R. J., Phillips, D. C., Towne, L., & Feuer, M. J. (2003). On the science of education design studies. *Educational Researcher, 32*(1), 25-28.

Skinner, B. F. (1968). *The technology of teaching*. New York: Appleton-Century-Crofts.

Sternberg, R. (2001). How wise is it to teach for wisdom? A reply to five critiques. *Educational Psychologist, 36*(4), 269-272.

Suppes, P. (1974). The place of theory in educational research. *Educational Researcher, 3*(6), 3-10.

The Design-Based Research Collective (2003). Design-based research: An emerging paradigm for educational inquiry. *Educational Researcher, 32*(1), 5-8.

Thorndike, E. L. (1931). *Human learning*. New York: Century.

Turner, J. C., & Meyer, D. K. (2000). Studying and understanding the instructional contexts of classrooms: Using our past to forge our future. *Educational Psychologist, 35*, 69-85.

van der Veer, R., & Valsiner, J. (1991). *Understanding Vygotsky: A quest for synthesis*. Cambridge, MA: Blackwell.

Vygotsky, L. S. (1966). Development of the higher mental functions. In A. N. Leont'ev, A. R. Luria, & A. Smirnol (Eds.), *Psychological research in the U.S.S.R., Vol. 1* (pp. 11-45). (Original work published 1931.)

Vygotsky, L. S. (1979). Consciousness as a problem in the psychology of behavior. *Soviet Psychology, 17*(4), 3-35. (Original work published 1924.)

Vygotsky, L. S. (1993). *The collected works of L. Vygotsky: VoL 2. The fundamentals of defectology (abnormal psychology and learning disabilities)* (J. E. Knox and C. B. Stevens, Trans.). New York: Plenum.

제 2 장

초기 행동주의자 이론

> 시대를 막론하고 과학이라는 것은 단순히 연구의 결과일 뿐이며, 연구는 효과적인 방법이 밝혀져 있고 특정 시기에 드러난 문제에 불과하다. 과학적 진보의 각 단계는 이전의 것에 의존하며 인간의 희망에 의해 더 가속화되지 않는다. (Boring, 1950)

의식을 연구하는 Wilhelm Wundt의 실험실은 철학으로부터 심리학을 분리시킴으로써 시작되었다. 이로부터 1년 후인 1875년 하버드 대학이 처음으로 심리학을 대학원 과정에 개설하였다. 1900년까지 24개의 실험실이 만들어지고 3개의 전문 학술지가 창간되었으며 미국 심리학회(APA)가 출범한 것은 미국 심리학의 급속한 발전을 보여 주는 예이다.

새로운 학문의 주된 문제는 연구의 초점과 심리학의 범위에 대한 것이었다. 다양한 관점에서 이러한 질문에 대한 대답이 제안되었으며, 각각의 관점은 새로운 학문의 주류가 되고자 경쟁하였다.

또한 심리학자들은 물리학과 화학처럼 심리학을 정교한 과학으로 발전시키고자 갈망했다. 그러나 초기의 주장들은 연구 방법이 명확하지 않았다. 이러한 것에 대한 돌파구로 Watson에 의해 행동주의(behaviorism)가 등장하였다. 1920년에서 1950년까지 행동주의는 심리학의 주류가 되었고 학습에 대한 연구의 주된 틀이 되었다.

1. 고전적 조건형성과 연결주의

행동주의에서 시작된 연구 방법은 반사(reflex) 혹은 고전적 조건형성(classical conditioning)이었다. 러시아 생리학자 2명의 독자적인 실험에 의해 밝혀지고 Watson에 의해 채택된 고전적 조건형성은 심리학자들이 추구했던 명확한 방법론인 듯하였다. 20세기 초에 실행된 또 다른 접근은 Thorndike의 연결주의(connectionism)였다.

1) 행동주의의 원리

심리학 내에서 발생한 다양한 주장에 덧붙여 미국 사회와 철학의 변화 또한 행동주의 연구의 기반을 마련하는 데 기여하였다(Leahey, 1992). 특히 산업화된 도시는 시골 사회를 변모시켰으며, 도시 이주자들은 새로운 기술을 배우고자 하였다. 또한 이 당시 등장한 실용주의는 구체적인 결과를 확인함으로써 아이디어의 타당성을 검증하려고 하였다(p. 312). 다시 말해서, 진리란 곧 '작동하는 것'이었다.

이런 맥락에서 Watson은 정신과정이나 상태에 관한 연구보다는 행동에 관한 연구를 제안하였다. 그의 목표는 심리학을 철학과 생리학 영역에서 분리시켜 심리학을 하나의 과학으로 만드는 것이었다. 결국 그는 모든 심리학자들을 통합할 수 있는 연구의 공통된 주제로 '행동'을 제안하였다(Todd & Morris, 1992, p. 1447).

1913년에 발표된 연구인 '행동주의자의 관점에서 본 심리학'에서 Watson은 행동 연구를 위한 사례를 만들었다. 그는 50여 년 동안 심리학은 자연과학으로서 그 위상을 확립하는 데 실패했다고 강조했다. 의식과 정신과정에 관한 연구를 너무나 많이 다루어서 심리학을 진부한 학문으로 만들어 버렸다(Watson, 1913, p. 174). 또한 인간의 의식이 연구를 위한 판단 기준이 될 때, 행동주의자들은 인간의 정신과정과 관련되지 않는 모든 자료를 무시하도록 요구했다. 그는 물리학과 화학 같은 다른 과학은 폐기되어야 하는 정보의 정도를 제한하지 않는다고 주장하였다.

따라서 심리학의 출발점은 모든 유기체들은 반응을 통해 주위의 상황에 순응해야 한다는 사실이 되어야 한다는 것이다(Watson, 1913). 특정한 자극 다음에는 특정한 반응이 뒤따르기 때문에 심리학자들은 자극으로부터 기인하는 반응이나 그 반대의 경우를 예견할 수 있어야 한다. Watson에 의하면 이러한 목표가 성취될 때 심리학은 객관적인 실험 과학이 될 수 있을 것이다. 또한 심리학은 교육자, 의사, 사업가 등에게 유용한 지식을 제공할 수 있을 것이다.

행동을 연구하는 데 흥미를 가진 후에, Watson은 러시아 생리학자 Bekheterev(종종 Pavlov의 연구라고 알고 있지만 아님[Boakes, 1934; Coleman, 1988])의 운동반사(motor-reflex) 연구를 발견했다. Bekheterev의 연구는 실험실 안에서 단순한 행동주의적인 반응을 성공적으로 다루었기 때문에 중요하다. 그 연구를 읽고 나자마자,

Watson은 현실 세계 안에서 행동주의적 통제가 가능하다는 것을 확신하게 되었다. 그의 예견은 틀렸지만, 그의 관점은 심리학자들에 의해서 이루어진 측정과 정밀한 연구 방법의 사용에 많은 영향을 미쳤다(Kratochwill & Bijou, 1987).

2) 기본 가정

행동주의라는 용어는 학습에 관한 세 가지 기본적인 가정을 공유하고 있는 몇몇의 이론을 의미한다.

1. 내면적인 정신적 사태나 사태의 언어적 재구조화보다는 관찰할 수 있는 행동이 연구의 초점이 되어야 한다.
2. 행동은 가장 단순한 요소, 즉 특별한 자극과 특별한 반응이라는 관점에서 연구되어야만 한다. 많은 연구자들은 반사, 관찰 가능한 정서적 반응, 그리고 운동 및 언어적 반응을 포함시키며 행동에 관한 반응의 예들을 조사하였다.
3. 학습의 과정은 행동의 변화이다. 즉, 특별한 반응은 특별한 자극의 발생과 연관된다는 것이다. 다시 말해서, 반응은 특별한 자극이 있을 때 일어난다.

3) 반사적 혹은 고전적 조건형성

Bekheterev에 의해 수행된 운동 반사 실험은 전기충격 자극과 연합된 다양한 시각과 소리에 반응하여 손가락을 신속하게 빼내는 '훈련된' 반응에 관한 것이었다(Murphy, 1949). 그러나 가장 잘 알려진 실험은 Ivan Pavlov의 연구 실험실에서 수행된 실험이었다.

외로운 과학자로 알려진 Pavlov가 비자발적인 반응, 즉 음식과 전혀 관계가 없는 소리를 통해서 타액분비 반응을 훈련시킬 수 있다는 것을 아주 우연히 발견하였다는 이야기는 오랜 기간에 걸쳐 전해 내려오고 있다. 그러나 Pavlov는 외로운 과학자라는 별칭과는 달리 여러 가지 실험을 수행하여 1897년부터 1936년까지 530편 이상의 연구 논문을 발표하였다. Pavlov는 실험실 책임자로서 연구 주제들을 공동 연구자나 학생들에게 제공하고 그들의 연구를 점검하였지만, 그 자신이 스스로 연구를 수행한 것은 드물었다(Todes, 1997; Windholz, 1997).

(1) Pavlov와 볼셰비키

Pavlov와 그의 가족, 그리고 그의 실험실은 볼셰비키 혁명(1917～1921)이 있었던 시대에 특히 어려웠다. Pavlov의 집은 여러 차례 수색을 당했고, 그는 장작을 구하러 다녀야만 했으며, 그가 일하던 의학 실험 연구소에서 정원 가꾸는 일을 하면서 가족을 부양했다. 1904년 소화 과정에 대한 연구로 받았던 노벨상 수상금은 몰수되었고, 그의 실험실에서 진행되던 작업들은 전기, 석유, 초의 부족으로 인해 거의 중단 상태에 이르렀다(Todes, 1995).

1920년 6월, 70세가 된 Pavlov는 정부에 다른 국가로의 이민을 청원하였다. 국제적으로 잘 알려진 과학자가 요청한 이민에 대해 심사숙고하던 정부는 Pavlov에게 특별한 지위를 수여했다. 그는 개선된 삶의 터전과 풍부한 식량, 그리고 대규모의 연구실을 후원받았다.

1920년대에 일어났던 흥미로운 사건은 Pavlov가 다양한 분야에서 일하는 과학자들의 학문적 위치를 박탈하려는 정부의 정책을 공공연하게 비판했다는 것이다. Pavlov는 그의 특별한 지위에도 불구하고 침묵하지 않았다. 그의 공적인 비판은 1930년대에 얼마간 줄어들었지만, 정부의 행동에 대한 그의 기본적인 비판은 계속되었다(Todes, 1995, p. 46).

(2) Pavlov의 실험실 연구

타액분비 반응에 관해 기본적으로 받아들여지는 신념은 다음과 같은 두 가지이다. ① 음식 촉감은 반응에 영향을 미치지 않는다. ② 음식과 동물의 감각기관 사이의 접촉은 침을 생산하는 데 필수적이다. 그러나 초기 실험에서 한 연구원은 개들은 축축한 음식보다 마른 음식에 더 많은 침을 흘린다는 것을 발견하였다. 한편 또 다른 연구원은 이러한 발견을 검증하는 과정에서 일정한 간격을 두고 마른 음식과 축축한 음식을 개들에게 가져다 준 결과 동일한 타액의 양이 분비된다는 것을 발견하였다(Windholz, 1997, p. 942). Pavlov는 음식을 보고 반응하는 것을 조건적 반사라고 불렀다.

또한 Boldyrev에 의해 계속해서 수행된 연구에서 타액분비 반사는 실제적으로 감각양식(보고, 듣고, 접촉함)으로부터 자극되도록(물건 또는 사건) 조건화될 수 있다는 것이 밝혀졌다(Windholz, 1997). 자주 사용된 실험은 동물의 혀에 고기가루를 놓기 전에 잠깐 소리굽쇠 소리를 들려주는 것이다. 그러한 실험을 몇 번 한 후에는 소리굽쇠 소리만으로도 타액분비 반응을 유도하게 되었다.

Pavlov의 실험실에서 진행된 연구는 두 가지 이유에서 중요하다. 첫째, 타액분비가 반사적이라는 것을 증명했다. 즉, 그것은 특별한 자극에 자동적으로 발생하는 자발적 반응이다. 둘째, 자극과 반응 간의 자연적인 관계를 바꾸는 것이 행동 연구의 획기적인 사건이 되었다. 단순한 반응을 조작함으로써 복잡한 행동의 원인을 발견할 수 있을 것이라는 가능성을 제공했다. 따라서 이러한 연구는 실험실에서 수행되는 연구가 새로운 지식을 발견하기 위한 잠재성이 있다는 것을 증명했다.

(3) 고전적 조건형성 패러다임

새로운 사태나 자극이 반응을 일으키는 힘을 획득하는 과정이 반사 또는 **고전적 조건형성**(classical conditioning)으로 알려지게 되었다. 고전적 조건형성 방법론에서 자연적으로 일어나는 자극과 반사반응은 무조건적이다. 다시 말하면, 자극과 반응이 훈련 없이 동시에 발생하는 것은 **무조건적 자극**(UCS)과 **무조건적 반응**(UCR)이라고 한다. 무조건적 자극은 무조건적 반응을 일으키게 된다. 예를 들면, 눈에 이물질이 들어가면 눈을 깜박이게 된다.

일정한 훈련이 수행된 이후에 반사반응을 일으키는 새로운 자극은 **조건자극**(CS)이다. 이전에는 무조건적이었던 반사는 훈련 후에 **조건반응**(CR)이 된다(〈표 2.1〉 참조).

고전적 조건형성의 발전은 실험실에서 정확하게 측정하고 연구할 수 있는 많은 변인들과 새로운 관계를 밝혀 냈다. 즉, 반응의 양이나 강도(크기), 자극과 반응 사이의 시간의 길이(잠복기), 그리고 자극을 유도하는 유사한 자극의 성향(자극의 일반화) 등이다. 예를 들면, 256의 소리 고저에 조건이 형성된 반사는 또한 255와 257의 소리 고저에도 조건이 형성된다는 것이다(Murphy, 1949).

고전적 조건형성과 관련된 세 가지의 관계는 **소멸에 대한 저항**, **억제**, **고차원적 조건형성**이다. 소멸에 대한 저항은 버팀이 되는 조건이 철회된 이후에 일정 기간 지속되는 반응의 성향이다. 억제는 외부 자극이 도입되어 반응이 감소되는 것을 의미한다.

반면에 고차원적 조건형성은 무조건적 자극(US) 대신에 처음에 조건형성을 위해 사

〈표 2.1〉 고전적 조건형성의 예

실험 전(자연적) 관계		실 험		실험 후(조건형성) 관계	
무조건적 자극	연합된 반사반응	짝지어진 자극	반사반응	조건자극	조건반사
고기가루	타액분비	고기가루 소리굽쇠	타액분비	소리굽쇠	타액분비
공기를 훅 붊	눈을 깜박거림	공기를 훅 붊 밝은 빛	눈을 깜박거림	밝은 빛	눈을 깜박거림
전기충격	손가락을 급히 빼냄	전기충격 사이렌	손가락을 급히 빼냄	사이렌	손가락을 급히 빼냄

용된 자극(CS1)과 짝을 지음으로써 또 다른 조건형성 자극(CS2)을 만드는 것이다. 예를 들어, Pavlov(1927)는 검정색 정사각형에 대한 타액분비 반응(CS2)을 이전에 짝을 이루었던 메트로놈 소리(CS1)와 짝을 이루어 조건을 형성하였다. 그러나 고차원적 조건형성의 한 가지 어려운 점은 형성된 관계가 장기간 지속되지 못한다는 것이다.

현재의 적용. Pavlov 학파의 연구는 행동주의 심리학의 토대가 되는 새로운 변인들을 발견했다는 것에 덧붙여 세 가지 중요한 업적을 남겼다. 첫째, 동물이 자연적 환경에서 생물학적으로 중요한 사태의 발생을 미리 알려 주는 단서에 대한 반응을 배우는 동물 생존기제에 관한 연구이다(Hollis, 1997). 예를 들면, 약탈자의 존재를 알려 주는 특별한 위치나 상태이다.

둘째, 1920년대 Pavlov의 연구는 동물 신경증과 부적응 반응에 적응하는 방법을 확인했다. 동물 신경증은 강력하게 조건화된 환경적 자극(반복되는 가벼운 전기충격과 같은)이 동물의 전형적인 반응들을 압도할 때와 불안 또는 신경질적인 반응들(울부짖고 조급하게 걷는 것과 같은)을 유발할 때 발전된다. 그러나 가벼운 전기충격과 같은 싫어하는 자극과 음식을 짝지어 제공하자 동물의 방어적 행동이 나타나는 대신에 타액분비가 일어났다. 역조건화(counterconditioning)로 불리는 이러한 발견은 동물 신경증에 관한 Pavlov의 연구와 함께 이러한 문제를 갖고 있는 사람들을 위한 임상적 행동치료의 기초가 되었다(Wolpe & Plaud, 1997).

셋째, 사람들의 다양한 반응을 알려 주는 약물반응 연구이다. Pavlov는 약물주사와 연관된 조건반응(CRs)은 또한 주사를 놓기 전에 나타나는 단서에 의해 유발된다는 것을 발견했다. Siegel(1991) 등에 의해 수행된 그 당시의 연구는 특별한 약(진정제, 알코올, 카페인)의 주사와 관련된 신뢰할 만한 단서는 특별한 약물에 대한 생리학적, 생물학적인 반응에 역행하는 일련의 조건반응(CRs)을 유발시킨다고 보았다. 그 결과로 몇 번의 투입으로 약물의 효과가 감소하는 약물 내성이 나타난다.

(4) Watson의 행동주의

Watson이 심리학에 기여한 것 중의 하나는 새로운 관점에서 연구의 결과들을 체계화했고, 다른 심리학자들이 그의 주장을 받아들이도록 설득했다는 것이다. Watson(1961a)의 관점에서 행동주의는 동물 행동의 조건화에 사용된 기법을 인간 행동 연구에 적용되어야 한다. 그러므로 그는 행동적 반응으로서 정신적 개념들을 다시 정의했다. 예를 들어, 사고는 '목소리를 내지 않는 언어'라고 하였다(Watson, 1924).

Watson 연구의 중요한 공헌은 고전적 조건형성 역할을 반사와 운동 반응을 넘어 정서적 반응으로 확장시켰다는 것이다(Rilling, 2000b). Watson은 그의 정서이론에서(Watson & Morgan, 1917) 성인의 정서적 삶은 영아기에 시작된다고 본 Freud의 관점에 동의했다. 그러나 그는 Freud의 정신분석적 방법에 대해서는 동의하지 않았다. 대신에 심리학자들은 실험실에서 수행되는 행동을 직접 관찰해야 한다고 주장하였다(Rilling, 2000b, p. 308). 더 나아가 그 이론은 유아의 사랑에 대한 반응은 물론 유아의 본능적인 정서반응인 공포에 대하여 구체적으로 기술하였다(Watson, 1928; Watson & Morgan, 1917). 예를 들어, 공포반응은 시끄러운 소음이나 유아에 대한 보살핌이 철회된 자연적 환경에서 관찰되었다. 공포반응은 발을 동동거리거나 움칫거리고, 호흡곤란을 일으키기 시작한다.

정서적 발달의 관점에서 특히 중요한 것은 Watson이 Freud가 제안한 전이(transference)의 개념을 수용했다는 것이다. Watson과 Morgan(1917)은 실험실에서의 공포반응은 고전적 조건형성을 통해 하나의 물체에서 다른 물체로부터 전이될 수 있다고 주장하였다(Rilling, 2000b, p. 308). 나중에 Watson(1928)은 성인의 복잡한 감정적 생활은 다양한 상황에서 세 가지 기본적 반응이 조건형성된 결과라고 하였다.

유아에 대한 조건화 실험. Watson의 11개월 된 Albert에 대한 유명한 실험은 자신의 정서이론을 검증하는 데 목적이 있었다(Rilling, 2000b, p. 309). 그 실험은 운동과 타액분비 같은 이전 연구를 세 번째 범주인 정서적 반응으로 확장한 것이었다(Watson, 1916b). 오늘날의 기준에서 볼 때 비윤리적인 이 실험에서 Watson과 그의 대학원 조교 Rosalie Rayner는 Albert가 몇 가지 부드러운 털에 공포반응을 조건화하도록 하였다(Watson & Rayner, 1920).

처음에는 Albert가 살아 있는 동물이나 물체(사람의 얼굴과 솜털)에 대해서 공포반응을 일으키지 않는다는 것을 확인하는 검사를 받았다. 그 후에 몇 번의 시도를 통해 흰 쥐가 Albert에게 주어졌고, Albert 뒤에서 실험실 조교는 망치로 철 막대를 두드려 큰 소리를 내었다. 흰 쥐와 큰 소리가 짝이 되어 첫 번째로 시도되었을 때, 아이는 공포심으로 심하게 뛰었다. 두 번째 시도에서 아이는 울기 시작했다. 8번째 시도하자 흰 쥐만 보고도 울고 몸을 오싹해했다.

5일이 지나자 공포반응은 흰 토끼를 보고도 나타났다. 아이의 블록 장난감 같은 털이 없는 물체에 대해서는 공포반응을 나타내지 않았다. 그러나 개와 물개가죽 털외투에 대해서는 가벼운 공포반응이 일어났다. 아이의 감정적 반응은 털이 있는 동물과 물체로 옮겨졌고, 그것은 한 달 이상 지속되었다.

큰 소리와 짝이 되지 않았던 토끼를 보고도 우는 Albert의 조건화된 정서반응은 Freud의 전이 개념을 증명한 것이었다(Rilling, 2000b). 후에 현대 행동주의 심리학은 흰 쥐에 대한 조건자극에 덧붙여서 토끼를 보고도 우는 반응을 자극의 일반화(stimulus generalization)라고 명명했다.

최근에 이 실험은 고전적 조건형성의 조건이 엄격하게 따르지 않았다는 비판을 받게 되었다. 큰 소음은 쥐의 제시와 짝이 되지 않았다. 대신에 소음은 Albert가 동물을 만지려고 손을 내밀었을 때 일어났다. 그러나 그 실험은 정서가 통제된 연구 방법에 따라 연구될 수 있다는 것을 증명했으며, 조건형성에 대한 연구를 촉진했다(Kratochwill & Bijou, 1987).

한편 Mary Cover Jones는 아동의 공포반응 배제 혹은 '무조건화'에 대한 연구를 개척하였다. 그녀는 아동들에게 공포를 제거하기 위하여 공포에 대해서 말하도록 하거나 소멸에 의지하는 것은 비효과적이라는 것을 발견했다(Jones, 1924). 대신에 계획된 프로그램이 요구된다. 다음과 같은 두 가지 성공적인 전략이 있다. ① 다른 아이들이 공포 대상을 받아들이는 것을 아이가 관찰하도록 한다. ② 음식을 먹는 것과 같은 흥미로운 활동을 하는 동안 공포를 일으키는 대상을 점차적으로 제시한다.

Watson의 예언. Watson(1913)은 '행동주의자 선언'에서 행동주의의 실제적인 목표를 전망했다(Logue, 1994, p.112). 그는 교육자, 물리학자, 저널리스트, 사업가들은 실험적으로 가능한 행동주의의 자료를 활용할 수 있다고 예측했다(Watson, 1913, p. 168). 몇 년 후 Watson(1924)은 조건형성에 대해 다음과 같이 주장하였다.

> 나에게 12명의 건강한 유아를 준다면 잘 만들어지고 내 자신이 구체화시킨 세계에서 그들을 키울 것이다. 나는 그들의 재능, 기호, 성향, 능력, 적성, 인종에 관계없이 내가 선택한 가장 특별한 유형의 전문가, 즉 의사, 법률가, 예술가, 상인 중의 하나가 될 수 있도록 훈련시킬 수 있다고 장담한다. (p. 82)

Watson은 고전적 조건형성을 정서적 반응으로 확장시키는 것에 덧붙여서 당시의 연구 결과를 새로운 관점에서 조직하였고, 다른 심리학자들이 자신의 주장을 받아들이도록 설득하였다. 그는 또한 심리학의 한 주제로서 학습의 위상을 높였다(Rilling, 2000a, p. 277).

Watson 연구의 특징이라고 할 수 있는 조건반응을 위한 실험의 단순함과 새로운 절차는 수많은 연구를 유발시켰다. 1920년대에 거의 대부분의 심리학자들이 행동주의자가 된 듯했으며, 아무도 서로의 주장에 동의하지 않았다(Boring, 1950). 행동주의라는 용어는 특별한 연구 방법, 객관적 자료, 그리고 심리학의 유물론적인 관점을 포함하여 여러 가지 발전을 유도하였다.

또한 Watson은 행동주의가 심리학을 동물학, 생리학, 물리화학 등과 같은 '진정한' 과학의 대열에 오르도록 했다고 주장하였다. 이와 같은 행동주의의 가능성에 대한 견해는 Skinner에 의해 1950년대에 되풀이되었다.

사실상 조건화된 반응은 복잡한 자발적인 행동에서는 나타나지 않았다. 그러나 그것은 심리학의 결론적인 개념이 그 시대의 일반적 과학 만능주의에 의존했기 때문으로 조건화된 반응이 복잡한 행동에도 나타날 것이라고 믿었다(Baars, 1986, p. 53).

조건화된 정서반응. 짝지어진 상황을 통해 긍정적이고 부정적인 반응들이 다양한 대상과 사건에 조건화될 수도 있다. 예를 들어, 병의 라벨을 붙이는 데 사용된 밀가루 반죽 냄새는 유명한 작가인 Charles Dickens의 불행했던 어린 시절의 아픈 기억들을 되살리게 했다(Ackerman, 1990). 그는 아버지의 파산으로 병을 만드는 곳에서 일을 해야만 했다.

또한 현재의 연구는 새로운 자극과 짝지어진 부모의 반응이 아동의 자극에 대한 접근 혹은 회피조건을 촉진시킨다고 한다. 예를 들어, 부모가 거미에 대하여 혐오반응을 일으키면 아이는 거미 공포증을 획득하게 된다는 것이다(deJong, Andrea, & Muris, 1997). 또 다른 연구에서 Gerull과 Roper(2002)는 새로운 자극(고무로 만든 뱀이나 거미)에 대한 어머니의 긍정적(행복/격려) 혹은 부정적(공포/혐오) 반응은 걸음마기 아기가 접근과 회피 반응을 형성하는 데 중요한 영향을 미치게 된다는 것을 발견했다.

어떤 상황에서 감정적인 반응들은 단 하나의 짝지어진 자극에 조건화될 수도 있다. 한 예로 까다로운 S자 형의 커브에서 커다란 트럭과 치명적인 사고를 간신히 모면한 자동차 운전자를 들 수 있다. 그는 맥박이 빨라지고, 손바닥에 땀이 나며, 혈압이 높아지는 것을 경험하게 된다. 며칠 후, 그는 S자 형의 커브가 있는 동일한 길을 운전해 갈 때 같은 생리적 반응을 경험하게 된다.

그러나 싫어하는 자극에 대한 고전적 조건형성의 '순수한' 실례를 자연적 환경에서 발견하기는 어렵다. 전형적으로 사람들은 감정을 유발시키는 자극에 사로잡히지 않는다. 어떤 상황에서 사람들은 만족스러운 결과를 산출하기 위해 그 상황을 회피하는 대신에 그 상황에 참여한다. 예를 들면, 털이 달린 물체(조건자극)에 대해 소리치거나 훌쩍거리는(조건반응) Albert의 공포반응은 다른 곳으로 기어가도록(도피행동) 했다. 자연적 상황에서 아이의 어머니는 대개 아이를 안아 주거나 위로할 것이다. 따라서 선택된 반응, 즉 멀리 기어가는 도피행동 뒤에는 어머니의 관심과 위로가 뒤따르게 된다.

고전적 조건형성의 긍정적인 실례는 과거 연애 시절에 유행했던 노래(조건자극)에 대해서 향수를 느끼는 행동(반응)이다. 그 노래는 사랑했던 사람에게 느꼈던 동일한 감정을 유발시키는 힘을 가지고 있다. 그러한 감정적인 이유들은 종종 개인이 의식하지 못한 채 일어나기 때문에 그 기원을 확인하기가 어려울 수도 있다.

(5) 교실에서의 고전적 조건형성

문학, 미술, 과학 등과 같은 과목에 대한 인식을 발달시키는 데 필수적인 단계는 각 과목과 관련된 학생의 긍정적인 초기 경험이다(Estes, 1989). 그러나 문제는 동일한 상황에 부정적인 감정 반응들이 관련되어 무관심하거나 피해버리는 소극적 도피행동을 유발시킬 수도 있다는 것이다.

긍정적인 반응들을 유도해 내는 한 가지 전략은 이미 세워진 관계들을 사용하는 것이다. 예를 들어, 지속적인 독서는 문학을 이해하기 위한 학습에 중요한 활동이다. 지속적인 독서를 유도하기 위해 교실 한쪽 구석에 카펫을 깔고, 커다란 소파 쿠션을 놓아 두어 매일 정규수업 시간에 포함된 자율학습 시간에 독서를 할 수 있도록 한다.

그러한 전략들은 특별한 상황과 활동이 부정적인 반응을 유발시킬 것으로 기대되는 상황에서 특별히 중요하다. 예를 들어, 아동들에게 익숙하지 않은 상황은 대체로 불안을 일으키게 된다. 학교에 입학한 첫날에 수학 활동과 같이 어려운 활동을 소개한다면 이는 수학에 대한 불안을 일으킬 수도 있다([그림 2.1] 참조). 긍정적 전략은 아동들이 학교에 도착했을 때 따뜻하게 인사하고, 그림이나 색칠하는 활동으로 첫날을 시작하는 것이다(Emmer, Evertson, & Anderson, 1980)([그림 2.1] 참조). 또한 아동들이 학교생활에 익숙할 수 있도록 처음 첫 주 동안에는 어려운 활동을 시키지 않는다. 잠재된 불안은 따뜻한 인사, 즐거운 활동과 함께 친숙하지 않은 활동들이 반복적으로 짝지어지므로 줄어들 수 있다.

4) 요약

반사적 조건형성은 Bekheterev의 운동반사 실험과 Pavlov의 실험실에서 수행된 타액분비 연구로부터 시작되었다. 개에 대한 초기 연구들은 마른 음식이 젖은 음식보다 더 많은 타액분비를 유도하고, 음식을 주는 거리를 멀리 하거나 가까이 하는 것 또한 타액분비를 유도한다는 것을 발견했다. 그 후의 연구는 타액분비 반응이 다양한 시각과 소

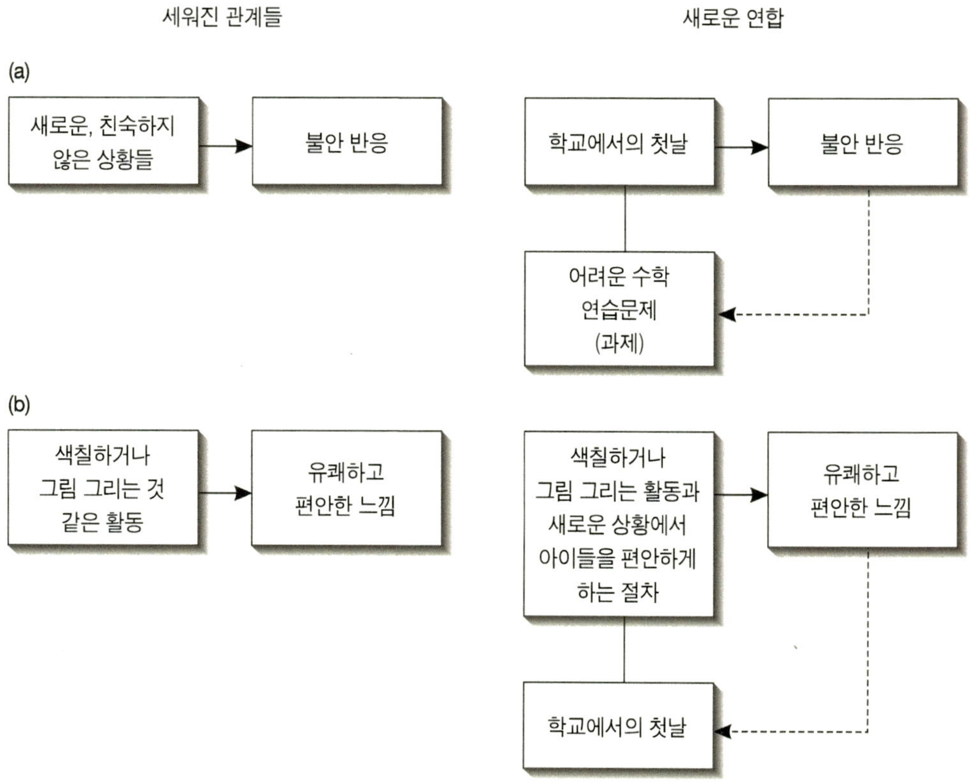

[그림 2.1] 고전적 조건형성 이론의 교실 적용

리에 반응함으로써 훈련될 수 있다는 것을 밝혀 냈다. 이 연구의 중요성은 타액분비가 반사적이라는 것과, 자극과 관련된 반사 간의 자연적 관계는 바꾸어질 수 있다는 것을 입증했다는 것이다.

반사가 새로운 자극에 반응하도록 훈련된다는 패러다임에는 반사를 자연적으로 유발시키는 자극과 함께 새로운 자극이 반복적으로 짝지어진다는 것을 포함한다. 덧붙여서 Pavlov 학파의 연구는 특별한 물체나 사태는 여러 가지 심리적 기능에서의 반응을 촉진할 수 있다는 것을 보여 주었다. 그것들 가운데에는 위험과 연합된 단서에 대한 동물의 반응, 역조건형성의 기초가 되는 연합, 약물 내성과 과도한 복용과 관련된 약물반응 등이다.

Watson은 정서반응에 고전적 조건형성의 개념을 적용했다. 그는 갓 태어난 아기들은 단지 세 가지 정서반응만을 가지고 태어나며, 성장하면서 다양한 상황에 대한 이러한 반응들의 조건형성에 의해서 성인의 복잡한 정서적 생활이 초래된다고 주장하였다. 아기 Albert를 데리고 실시했던 그의 유명한 실험은 몇 가지의 부드러운 털이 달린 물체에 대해 공포반응을 갖도록 조건화한 것이었다. 흥미롭게도 Mary Cover Jones는 재미있는 활동을 하는 동안 공포의 대상이 되는 물체를 점차적으로 제시함으로써 아이의 공포반응은 조건화되지 않는다는 것을 입증한 것이다.

Watson의 고전적 조건형성의 역할에 관한 예견이 실현되지 않았음에도 불구하고, 긍정적이고 부정적인 정서반응은 다양한 물체와 사건들에 조건화될 수도 있다. 예를 들어, 교실에서 교사는 긍정적 반응을 끄집어 내기 위해 이미 형성된 관계들을 활용할 수 있다.

5) Thorndike의 연결주의

Thorndike의 이론은 전형적으로 행동주의 이론으로 불리지만, 그의 연결주의는 두 가지 방향에서 고전적 조건이론과 차이가 있다. 첫째, Thorndike는 정신적 과정에 흥미가 있었고, 그의 첫 실험은 동물의 사고과정의 본질에 대한 정보를 제공하기 위해 고안된 것이었다. 둘째, 그는 반사 행동이나 비자발적인 반응 대신에 자발적인 혹은 자기 주도적인 행동을 연구했다.

Thorndike의 박사 논문이 1898년에 출판된 것은 북미의 행동 연구 분야에 있어서 획기적인 약진이었다(Galef, 1998). 그의 연구가 발표되기 전에 비교심리학 분야는 의문스러운 일화와 이야기들로 혼란스러운 상태였다(p. 1128). Thorndike(1911)는 "개들은 수백 번 길을 잃지만 아무도 그것에 대하여 주목하지 않고, 길을 잃은 이유를 과학 잡지사에 보내지 않는다. 그러나 한 마리의 개가 브루클린에서 욘커까지 스스로 길을 찾아오게 하면 그 사실이 즉각적으로 알려져 하나의 일화가 되어버린다."(p. 24)라고 주장하였다.

Thorndike는 호기심을 자아내는 일련의 행동에 의존하거나 동물의 그럴듯한 정신과정을 기술하려고 하기보다는 통제된 조건 아래서 실험이 이루어져야 한다고 주장했다. 실험에서 동물들은 우리에 갇혀 있거나 먹이가 걸쇠 걸린 상자에 놓여 있었다. 배고픈 동물이 해야 할 과제는 상자나 우리를 열고 먹이를 먹는 것이었다. Thorndike는 고전적 조건형성과의 차이점을 반영하기 위해 자신의 실험을 **도구적 조건형성**(instrumental conditioning)이라고 불렀다. 이 이론은 또한 **연결주의**로 알려져 있는데, 이는 연결이 특정한 자극과 자발적인 행동들 사이에 형성되기 때문이다.

(1) 실험 절차

Thorndike는 병아리, 개, 물고기, 고양이, 원숭이를 대상으로 실험했다(그가 하버드 학생일 때, 그의 하숙집 주인은 그가 방에서 병아리를 부화하는 것을 금지했다. William James는 Thorndike의 연구를 위해 자기 집 지하실을 제공해 주어 부인을 당황하게 하고 아이들을 흥분시켰다). 전형적인 실험 절차는 각각의 동물이 가두어진 장소에서 먹이에 도달하는 것이었다. 걸쇠가 달려 있거나 탈출에 효과를 줄 만한 메커니즘을 확인하기 위하여 미로 상자가 사용되었다([그림 2.2] 참조).

동물들은 우리에 갇혔을 때 종종 긁기, 물기, 손톱으로 긁기, 상자 벽 문지르기 등의 다양한 행동을 보였다. 동물들은 곧바로 혹은 잠시 후에 걸쇠를 풀고 먹이가 있는 곳으로 탈출했다. 반복된 감금은 탈출에 관계없는 행동을 감소시킬 뿐만 아니라 탈출 시간을 단축시켰다. 가장 극적인 변화는 원숭이를 통해 발견됐다. 한 실험에서는 바나나가 담긴 상자를 우리 안에 놓아 두었다. 원숭이는 걸쇠를 고정하고 있는 못을 푸는 데 36분이 걸렸다. 두 번째 시도에서 원숭이는 성공적으로 그 고정 장치를 푸는 데 2분 20초밖에 걸리지 않았다(Thorndike, 1911).

연속된 시도에서 나온 실험 결과는 더 빠른 탈출시간을 나타내는 학습 곡선으로 기록되었다. Thorndike는 이 자료로부터 탈출 반응은 점점 시행착오 학습에서의 자극 상황과 관련된다고 결론을 내렸다. 이러한 이유로 그의 이론은 **연합이론**(association

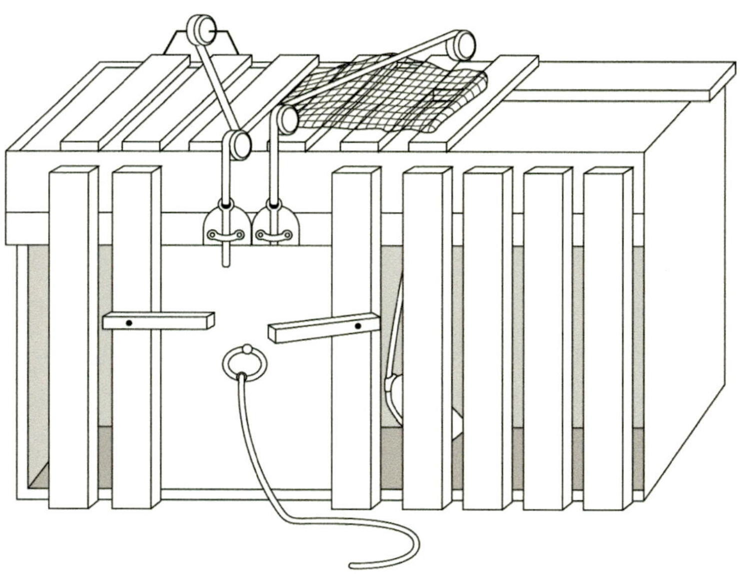

[그림 2.2] Thorndike 실험에 사용된 미로 장치

theory)으로 불린다.

(2) 학습 법칙

일련의 실험과정에서 정확한 반응은 점점 새겨지거나(stamped in) 강화되었다. 부정확한 반응은 약화되거나 사라졌다(stamped out). 즉, 문제해결에는 자극(문제)과 적절한 반응 간의 연결 혹은 연결 형성이 포함된다.

Thorndike는 이 과정을 설명하기 위해 세 가지의 주요 학습 법칙을 확인하였다. 그 세 가지 법칙은 효과의 법칙, 연습의 법칙, 준비성의 법칙이다. **효과의 법칙**(law of effect)은 반응 후에 따르는 만족스러운 상태가 자극과 행동 사이의 연결을 강화시키고, 반대로 반응 후에 따르는 불쾌한 상태는 연결을 약화시킨다는 것이다. Thorndike는 나중에 벌과 보상이 학습의 효과에 미치는 영향이 동일하지 않다는 이유로 이 법칙을 수정했다.

연습의 법칙(law of exercise)은 "연습이 완벽하게 만든다."라는 말 속에 함축되어 있다. 즉, 반복된 경험은 정확한 반응의 가능성을 증가시킨다. 그러나 눈가리개를 한 채로 선긋기를 하는 것과 같은 일의 반복은 만족스러운 상태를 가져다 주지 못하기 때문에 학습을 증진시키지 않는다(Thorndike, 1913b, p. 20).

준비성의 법칙(law of readiness)은 '만족스러운' 또는 '불쾌한' 상태를 지배하는 조건을 말한다(Thorndike, 1913a). 간단히 요약하면, 강한 충동에 따라 행동을 하게 되면 만족스럽지만 반대로 그 행동을 막거나 다른 조건 하에서 강요하는 것은 불쾌하다.

Thorndike의 관점은 즉시 받아들여지지 않았다. Galef(1998)는 Thorndike 논문에 대한 어떤 검토자는 "평소의 재치를 일시적으로 잃은, 굶주리고 공포에 질린 고양이와 개를 연구했기 때문에 동물들의 지력이 지나치게 과소평가되었다."라고 언급하고 있음을 밝혔다(Mills, 1899 in Galef, 1998, p. 1130). 그러나 Thorndike의 업적은 더 잘 알려지게 되었고, 비교심리학을 연구하는 연구소들이 설립되었다.

(3) 학교 학습에의 적용

Thorndike는 실험실에서 물리적 자극과 물리적 반응 사이의 관계를 조사했고, 그의 학습에 대한 해석은 이러한 행동주의 학습에 근거를 두었다. 그러나 그의 이론은 또한 정신적 사태로부터 얻은 내용을 포함한다. 따라서 그의 이론은 심리학의 초기 관점에 대한 관심과 '순수한' 행동주의 심리학의 중간 정도에 위치한다.

Thorndike는 인간의 정신적 생활을 정신적 상태와 각 유형 간에 연결된 운동으로 구성되어 있다고 기술했다(Thorndike, 1905, p. 12). 그의 관점에서 아이디어 사이의 연결은 '지식'의 주요 부분을 설명했다(Thorndike, 1913b, p. 19). 다시 말해, 학습의 과정은 단순히 연결의 과정이다. 즉, "마음은 인간 연결의 체계이다."(Thorndike, 1913b, p. 122) 이러한 연결 체계에는 9 × 5 = 45와 같은 구체적인 예와 곱셈식에 대한 연결을 포함한다. 또 다른 예는 1 × 1 = 1/2 × 2 = 1/3 × 3의 개념이다(Cox, 1997). 다른 예에는 Columbus와 1492 같은 사건과 시기, John과 파란 눈 같은 사람과 특징이 포함된다.

예를 들어, Thorndike가 제안한 수학을 가르치는 규칙은 자극과 반응 사이의 연결을 세우는 것을 필수 조건으로 삼는다. 예로서 ① 깨어져야 할 연결고리를 형성하지 않고, ② 다시 배운 것을 나중에 쉽게 행할 수 있는 방법으로 연결고리를 형성한다(Thorndike, 1922, p. 101). 그는 또한 인간 학습의 복잡성을 설명하기 위한 첫 번째 시도로 다섯 가지의 세부 법칙을 기술했다. 이러한 법칙들과 학교 교육에의 적용은 〈표 2.2〉에 요약되어 있다. 이 법칙들은 인간 학습을 설명하기 위해 연습과 효과의 법칙이 상호작용한다고 주장하였다.

자극과 반응 사이의 연결고리를 만드는 것에 강조점을 둔 연결주의는 특히 20세기 초반에 학교 교육에 많은 영향을 주었다. 당시 강조점은 정보와 구체적인 절차를 학습하는 데 있었다.

연결주의를 학교 교과목에 적용한 것은 Thorndike가 그의 삶을 통해 관심을 가졌던 부분이다. 즉, 그는 경험적 자료에 기초하여 교육심리학을 발전시킨 것이다(Beatty, 1998). Thorndike와 Woodworth(1901)에 의해 수행된 일련의 **학습의 전이**(transfer of learning)에 대한 연구는 특정 과제를 훈련시키는 것은 나중에 유사한 과제의 학습을 촉진시키지만, 유사하지 않은 과제를 학습할 때는 그렇지 못한다는 사실을 보여 주었다. 몇몇 행동주의자들은 이 연구 결과를 과제 훈련과 전이 사이의 동일한 자극 요소의 결과라고 해석했다. 그러나 Thorndike와 Woodworth(1901)는 자극과 관련된 유사한 정신작용이나 습관의 결과가 바로 공통 요소라고 보았다(Cox, 1997, p. 42).

학습의 전이에 대한 Thorndike 연구의 또 다른 측면은 어려운 교과목이 학생의 사고에 미치는 영향(정신훈련에 관한 연구)이었다. Thorndike는 삼각법, 물리학과 같은 교과목이 표면적으로 학생들의 사고 발달에 도움이 되는 것처럼 보이는 것은 훌륭한 사고가들이 이러한 과목을 수강하는 경향이 있기 때문이라고 주장하였다. 또한 학습자들은 어느 과목에서든지 나쁜 점수를 얻기보다는 좋은 점수를 얻으려는 선천적인 경향성이 있기 때문에 더 나은 사고가가 된다고 보았다(Thorndike, 1924, p. 98). 또한 Thorndike의 연구는 교육과정 구성자들이 정신훈련의 개념에서 벗어나 좀 더 유용한

〈표 2.2〉 Thorndike의 세부 법칙의 교육적 적용

법 칙	설 명	예
1. 복합적인 반응 또는 다양한 반응	자극을 처음 접했을 경우에는 다양한 반응이 일어난다.	• 외국어의 발음 • 테니스 기술 • 작문에서의 일관성
2. 태도, 기질 또는 상태	학습에 영향을 미치는 학습자의 조건. 여기에는 안정된 태도와 일시적인 상황 요인이 포함된다.	• 공 멀리 던지기 시합이나 야구 경기에서 공을 던져서 상대방 선수를 아웃시키는 것 • 덧셈이나 뺄셈 문제에 대한 교사의 설명
3. 상황의 부분적인 활동	자극 상황의 특정한 요소나 특징에 대해 반응하려는 경향성. 이것은 분석적 학습이라고도 한다.	• 모양, 색상, 숫자, 용도, 의도 등의 특성에 대한 반응 • 공간, 시간, 인과 등의 관계에 대한 반응
4. 유추에 의한 반응의 동화	상황 A에서 일어났던 반응이 상황 B에서 동일하게 일어날 경향성	• 한국인이 영어를 발음하는 것
5. 연결적인 변화	반응이 새로운 자극에 연결될 때까지 자극을 연속적으로 바꾸는 것	• 영어를 처음 배울 때 abcde는 abcdef 또는 abcdefg 등으로 계속해서 바뀐다.

출처: E. L. Thorndike(1913). 『교육심리학: 2권. 학습심리학』(pp. 19-31). New York: Teachers' College Press

목적을 위해 교육과정을 설계하도록 하는데 영향을 미치게 되었다(Cushman & Fox, 1938; Gates, 1938).

Thorndike는 「교육심리학 저널(Journal of Educational Psychology)」을 발간하였으며, 수학 검사와 쓰기 검사를 개발하였고, 50여 권의 저서를 포함하여 500여 편의 출판물을 남겼다(Dewsbury, 1998). Thorndike의 아들은 나중에 자신의 아버지가 일 중독자였다고 했는데, 이는 Thorndike가 다른 어떤 것보다도 자료를 분석하는 것을 즐겼기 때문이다(R. L. Thorndike, 1991).

요약. Thorndike는 동물의 정신적 생활의 본질을 파악하기 위하여 동물을 먹이가 가까이 놓인 우리 안에 가두었다. 그는 반복된 감금을 통해 점점 탈출 속도가 빨라지는 것을 관찰함으로써 정확한 반응이 먹이를 먹는 것, 즉 만족스러운 상태와의 연결을 통해 '새겨진다'고 결론을 내렸다(효과의 법칙). Thorndike는 인간의 정신적 생활을 생각들 간의 연결이라고 기술하면서, 인간의 학습을 더 심도 있게 설명해 주는 다섯 가지의 세부 법칙을 제시했다.

학교와 관련된 Thorndike의 연구는 경험적 자료를 사용해서 학습심리학을 발전시키고자 하는 그의 목표를 보여 준다. 그는 학습의 전이에 대한 연구를 통해서 특정한

과제에 대한 훈련은 유사한 과제의 학습만을 촉진한다는 것을 발견해 냈다. 또한 Thorndike는 그리스어, 라틴어, 기하학 등과 같은 어려운 과목의 학습이 사고 기술을 발전시키는 정신 연습의 형태로 작용하지 않는다고 주장하였다.

2. 실험실 연구의 부활(1930 ~ 1950)

Thorndike는 동료 심리학자들에게 연구에 적합한 연구실은 교실이며, 적절한 실험 주제는 학생이라고 충고했다(Shulman, 1970). 그러나 대부분의 경우, 1930년대에서 1950년대에 활동했던 이론가들은 Thorndike의 이러한 충고를 무시했다. 대신에 연구는 동물들을 대상으로 인공적으로 고안된 상황에서 이루어졌다. 즉, 쥐들은 미로를 달리고 상자 속에서 탈출해야 했고, 인간에게는 풀어야 할 퍼즐이 제공되었다.

이 시기에는 연구의 목표 또한 바뀌었다. 즉, 이 시기의 목표는 학습을 기술하고 예상하고 통제하는 것과 관련된 주요 주제와 연구 결과들을 통합시키는 것이었다(DiVesta, 1987, p. 207). 다시 말해서, 연구의 목적은 모든 학습을 설명할 만한 포괄적인 하나의 이론을 발전시키는 것이었다.

1) 행동주의의 정교화

1930년대에서 1940년대에는 계속해서 행동주의가 지배적이었다. 그러나 그것은 통합적인 이론도 아니고 행동 분석에 관한 접근법만도 아니었다. Freud의 정신분석학 이론의 영향을 받은 심리학자들은 사건과 반응 간의 관찰 가능한 관계를 넘어 그 이면에 대해서 좀 더 깊은 의미를 찾고 있었다. 여기에는 Robert Woodworth의 '역동적 심리학'과 William McDougall의 '목적적(hormic) 심리학'이 포함된다. Woodworth는 '충동(drives)'을 행동의 촉진자로 보았다. 예를 들어, 목마름에 대한 충동은 물을 마시러 가라는 기제를 활성화시킨다(Boring, 1963, p. 723). 반면에, McDougall은 목표 지향적인 것으로 확인된 본능(비행, 두려움, 재생산 등) 리스트를 개발하였다.

1930년대와 1940년대에 세 가지 이론이 출현했다. Clark Hull의 행동 체계, Edwin Guthrie의 근접 이론, 그리고 Skinner의 작동적 조건형성 이론이 이에 속한다. Hull과 Guthrie의 이론은 학습을 특정 자극과 특정 반응 사이의 연합적인 연결로 정의하기 때문에 **자극-반응 이론**에 토대를 두고 있다. 그러나 그들은 특정한 요인이 자극-반응 연결을 이루어 내는 데 있어 아주 중요하다는 것을 알아 냈다는 점에서 자극-반응 이론과 차이가 있다. Hull의 이론은 유기체 내의 과정, 특히 중재 요소를 강조했다. Guthrie는 자극과 반응 사이의 일시적인 관계는 학습에 있어 아주 중요한 요소라고 주장했다. 반대로 Skinner의 이론은 Thorndike의 효과의 법칙에 영향을 받았다. 그는 보상을 강화로 다시 정의했고, 행동 변화를 반응 결과의 함수로 기술했다.

2) 두 가지 자극-반응 이론

Hull의 행동 체계와 Guthrie의 근접 이론은 매우 대조적이다. Hull의 이론은 엄격하고 추상적이며 복잡한 데 비해, Guthrie의 이론은 비공식적이고 느슨하게 조직되어 있다. Guthrie의 저서에는 부모들과 교사들을 위한 실제적인 조언이 포함되어 있다.

(1) Clark Hull의 행동 체계

Hull의 이론은 자신이 이론의 개발 방법으로 추천한 가설 연역법을 엄격히 적용한 실례이다. 즉, 검증할 수 있는 명제가 명시적으로 언급된 가정들을 통해 도출된다. 그런 다음 통제된 실험을 통하여 명제의 사실 여부를 판단한다.

Hull(1943)은 진화론에 영향을 받아 행동은 유기체의 생존을 보장하기 위하여 기능을 한다고 주장했다. 따라서 그의 이론에서 중요한 개념은 생존에 꼭 필요한 생물학적 욕구, 욕구 충족과 관련이 있다. 욕구는 Hull에 의해서 배고픔, 목마름, 수면, 고통에서 벗어나 느끼는 안도감 등과 같은 '충동(drive)'으로 개념화되었다(1943, 1952). **충동 자극**으로 불리는 자극은 주된 충동과 연결되어 있으므로 행동을 동기화시킨다. 예를 들어, 치과 의사의 드릴 소리와 같은 고통과 연결된 자극은 두려움을 유발할 수 있으며, 그 두려움은 또한 행동을 동기화시킨다.

강화 역시 이 이론에 연결된다. 그러나 강화는 생물학적 상태이다. **충동 감소**(drive reduction)로 불리는 생물학적 욕구의 충족은 충동 자극과 그 반응 사이의 연결고리를 더욱 강화시킨다. 예를 들어, 동물이 미로를 찾고 난 후에 한 모금의 물을 주는 것은 목마름에 대한 충동 자극을 감소시킨다. 따라서 물은 목마름과 미로를 찾는 것 사이의 연결고리를 강화시킨다.

Hull은 그의 최종 이론에서 17가지의 가정을 133가지의 명제와 결합시켰다(Hull, 1952). 이러한 체계 안에는 인센티브, 일반화된 습관의 힘, 특정한 반응을 유도해 내는 자극의 힘 등과 같은 개념들이 포함되어 있다. 그러나 이론에 있는 검증 가능한 명제들은 종종 증명되지 않았다. 또한 Hill(1990)은 어떤 가정이 사용되었느냐에 따라서 그 이론은 서로 대립되는 예측을 낳기도 한다고 했다. 교육자들에게 더 중요한 것은 그의 이론은 연구실을 넘어서 일반화되지 못했다는 점이다. Hull의 체계는 1940년대에 지배적인 이론이었지만, 1950년대에 등장한 Skinner의 조작적 조건형성 이론에 의해 가려졌다(제6장 참조).

(2) Edwin Guthrie의 근접 이론

이 시기의 다른 이론과는 대조적으로 근접 이론(contiguity theory)은 주요한 학습의 원리와 관계가 있다. **근접 법칙**으로 알려진 이 법칙은 어떤 움직임에 의해 수반된 자극과의 결합은 다음에 똑같은 움직임이 나타날 때 그대로 일어나는 경향이 있다는 것을 말한다(Guthrie, 1952, p. 23). 움직임은 또한 초기 자극과 반응을 연결하는 다리가 될 수 있다. 예를 들어, 전화기의 벨이 울리는 것은 일어서서 전화기로 가서 수화기를 드는 것까지의 연속된 동작을 유발한다(Guthrie, 1935, p. 34).

그러나 강화는 학습에 있어서 필수적인 요소는 아니다. 대신에 마지막 움직임이 자극 상황을 변화시키고 다른 반응이 일어날 수 없기 때문에 학습이 일어나는 것이다. 예를 들어 퍼즐맞추기에서는 마지막 행위가 자극을 바꾼다(예: 퍼즐 완성). 유사하게, 수화기를 드는 것은 자극 조건(벨이 울리는 것)이 일어나지 않게 한다. 따라서 다시 똑같은 상황이 벌어졌을 때 똑같은 반응이 반복될 것이다. 강화는 새로운 반응의 습득을 방해함으로써 새로운 학습을 잊어버리는 것(unlearning)으로부터 단순히 보호한다(Guthrie, 1942, 1952).

습관 없애기. 습관은 이 이론에서 여러 가지의 다른 자극들과 연합된 반응이라고 정의된다(Guthrie, 1952). 연결의 숫자가 클수록 버릇은 더 강해진다. 그것은 많은 다양한 상황에서 반응이 신호로 작용하기 때문이다. 많은 다양한 신호들이 담배에 불을 붙이는 것을 유발시키기 때문에 흡연은 강한 습관의 한 가지 예가 된다. 여기에는 식사를 마치는 것, 잠시 차 마시는 시간을 갖는 것, 텔레비전을 보기 위해 앉는 것 등이 포함된다.

습관을 없애는 것은 신호들(자극과 반응을 유도하는 것) 사이의 연결을 깨뜨리는 것을 필요로 한다. 습관을 없애기 위해서 바람직하지 않은 반응을 유발하는 신호에서 다른 반응을 보일 수 있도록 연습해야 한다. Guthrie(1938, p. 62)가 제안한 세 가지 방법은 모두 반응의 수행을 막으면서도 바람직하지 않은 반응을 유발시키는 신호를 포함하고 있기 때문에 차이가 없다(〈표 2.3〉 참조).

Guthrie(1938)는 역치법은 어린 아이에게 새로운 음식을 먹도록 할 경우에 적합하다고 했다. 새로운 음식을 먹도록 했을 때 아이는 그 음식을 뱉어 낼지도 모른다. 그러

〈표 2.3〉 습관을 없애는 세 가지 방법의 요약

방 법	특 징	예
역치법	1. 아주 작은 강도의 자극을 제공한다. 2. 점점 자극의 강도를 늘려 나가고 그 정도를 언제나 '역치'(즉 반응을 유발할 수 있는 정도의 강도) 아래에 유지시켜야 한다.	말이 안장에 적응할 수 있도록 할 경우, 처음에는 얇은 담요를, 그 다음에는 더 두꺼운 담요를 덮어 준 다음 마침내 얇은 안장을 얹는다.
피로법	자극을 유도하는 가운데 반응을 소진하게 한다.	말이 발로 차고 강력히 저항하고 말 타는 사람을 던지려고 하는 것을 멈출 때까지 안장을 말에게 얹고 타라.
모순된 반응법	적합하지 않은 행동을 유발하는 자극 S^1과 적합한 반응을 유도하는 자극 S^2를 짝짓는다. S^2와 연결된 적합한 행동은 S^1과 연결된다.	큰 장난감 호랑이와 같은 두려운 물체와 어머니 같은 따뜻한 느낌을 유도하는 자극과 짝지음으로써 두려움과 회피를 극복하도록 하라.

므로 부모는 아이가 그 음식을 거절하지 않을 정도의 적은 양으로 시작해야 하고, 점점 그 양을 늘려 나가야 한다. 그러나 그 아이가 이미 한 음식에 대한 강한 거부감을 형성했다면 이 방법이 성공적이지 않을 수도 있다.

피로법은 특정 자극을 질려서 더 이상 재미없어질 때까지 제공해서 반응하도록 하는 것이다. 그러나 부모와 교사에게 이 방법은 실제로 적용하기 힘들다. 예를 들어, 수업 시간에 노트 필기하는 데 질려 있는 학생에게 방과 후에 한 시간 동안 칠판에 문장을 쓰도록 하는 벌을 주어서는 안 된다. 이러한 방법에 대해서는 조작적 조건형성 이론에서 더 자세히 설명되겠지만, 이 방법은 분노나 그 밖의 다른 바람직하지 않은 감정적 반응을 일으킨다.

그러나 모순된 반응법은 실제로 적용이 가능하다. 이 방법은 어떤 물체에 대한 두려움을 극복하는 데 적절하다. Mary Cover Jones가 즐거운 놀이를 하던 중 아이들이 두려워하는 대상을 제시하는 방법을 통해 아이들이 두려움을 극복하도록 한 것이 그 예이다.

벌의 사용. 벌이 효과적이기 위해서는 ① 벌이 부적절한 행동을 유발하는 자극 상황 가운데서 적절하게 주어져야 하고, ② 벌은 무언가 다른 것을 할 수 있도록 해야 한다. 매일 학교에서 집에 돌아오면 모자와 코트를 바닥에 던져 놓는 한 소녀의 예가 있다. 소녀의 어머니는 모자와 코트를 다시 그 소녀에게 주고 밖으로 다시 나갔다가 들어오게 해서 다시 모자와 코트를 갖다 걸도록 했다. 몇 번의 시도 끝에 코트와 모자를 걸어

놓는 반응은 집에 들어오는 자극과 연결되었다(Guthrie, 1935).

교육자들을 위한 제안. 자극과 반응을 적절하게 연결시키는 것은 교사들에게 주는 Guthrie의 충고의 핵심이다. 학생은 학습된 대로 행동하도록 이끌어 줘야 한다. 다시 말해서, 학생들은 수업이나 책에서 그들에게 특정한 행동을 하도록 하는 자극만을 배운다(Guthrie, 1942, p. 55). 따라서 학생들이 교과서나 노트를 단순히 많은 양의 정보를 암기하는 데에만 사용한다면, 책은 기계적 학습을 알려 주는 자극이 될 것이다.

교사는 학급을 운영하면서 순종하지 않아도 된다는 의미의 지시를 주지 말아야 한다. 소란스러움에 대해 조용히 하라는 요구는 파괴적인 행동에 대한 신호가 될 것이다.

3. 요약

20세기 초반에 새롭게 형성된 심리학 원리는 방향과 주된 초점을 찾고 있었다. 다른 이론들과 달리 Watson에 의해 주창된 행동주의는 새롭게 발견된 반사적 또는 고전적 조건형성 이론이었다. 왜 특정 반응이 특정 자극을 따라 일어나는지를 설명할 기제를 발견하려는 Watson의 주장은 곧 지배적인 관점이 되었다. 고전적 조건형성 이론에서 자극과 반사적 반응 사이에 생긴 새로운 연결고리의 출현은 이 패러다임을 정서적 반응이나 동물의 신경증과 역조건형성에 적용하도록 하였다. 그러나 고전적 조건형성은 복잡하고 자기 주도적인 행동들을 설명할 수 있는 기제를 설명할 수 없었다.

Thorndike의 연결주의 이론은 자발적인 행동에 대한 연구를 촉진시켰고, Skinner의 조작적 조건형성을 위한 발판을 마련했다. Thorndike에 따르면, 어떤 일에 대한 결과가 만족스러울 때 자극과 적절한 반응 사이의 연결이 발생한다. Thorndike는 또한 훈련의 전이와 정신훈련 개념에 대한 연구를 통해 학교 학습에 대한 연구 방법의 적합성을 설명했다.

Thorndike의 충고와는 반대로 신행동주의 이론은 연구실에서의 실험을 반복했다. 생물학적 욕구, 충동, 그리고 욕구 충족과 연관된 Hull의 행동 체계는 연구실 밖에서 일반화되지 못했다. Guthrie는 행위 안에 있는 움직임을 분석했다. 그러나 Guthrie는 적절한 연결을 만들어 내는 방법을 거의 제시하지 못했으며, 그 대신에 이미 자리잡힌 습관을 없애는 방법을 제안했다.

4. 교육적 적용

20세기 초반의 행동주의 이론과 신행동주의 이론은 연구 목표와 방법에 있어서 달랐다. 그 결과로 교육에 대한 제안을 하는 데 있어서도 행동에 대한 다른 관점을 취했다. 자극과 새로운 반응을 연결시키는 데 있어 자극 짝짓기에 의존하는 고전적 조건형성은 학교 환경에서 불안과 다른 부정적인 감정이 유발되지 않도록 하는 것이 중요하다는 것을 시사해 준다. 유치원이나 초등학교에서 처음 며칠 동안에는 긍정적인 감정을 유도할 수 있는 활동을 해야 한다고 제안한다.

반대로 Thorndike는 생각 사이의 연결을 형성하고, 부정확한 연결고리나 연결을 만들어 낼 수 있는 기회를 제공하지 말아야 한다는 것을 강조하였다. Guthrie의 근접 이론은 자극과 반응 사이의 연결에 초점을 맞춘다. 교실에서 중요한 것은 ① 학생들은 그들이 하는 것을 학습하고, ② 교사들은 자극이 잘못된 반응의 신호가 되어서는 안 된다는 것이다. 예를 들어, 교사는 자습을 시작할 경우나 점심 식사를 하기 위해 줄을 서는 것과 같은 지시가 있은 다음 파괴적인(방해가 되는) 행동이 뒤따르지 않도록 해야 한다. 그것은 이러한 지시들이 나중에 방해에 대한 신호가 될 수 있기 때문이다. 부정확한 반응을 했을 경우 벌을 사용한다는 것은 자극과 부정확한 반응 사이의 연합을 원상태로 돌려놓는다는 것을 의미한다. 다시 말해서, 학생들이 점심 식사를 하기 위해 줄을 서라는 지시에 순종하지 않는다면 교사는 학생들이 교사의 지시에 정확하게 반응할 수 있도록 학생들을 제자리로 다시 돌려보내야 한다.

5. 생각해 볼 문제

1. Thorndike의 연결주의와 고전적 조건형성 이론은 교실에 주는 시사점에서 어떠한 차이가 있는가?
2. 여름 캠프에서 거미 한 마리가 한 소녀의 얼굴에 떨어지자 여학생들은 동시에 비명을 지른다. 다음 날 밤 소녀들은 그 소녀가 종이를 접어서 거미를 찾으려고 하자 그녀를 무서워한다. 이 사건을 도표로 나타내고, 이러한 사건의 결과에 대해 추측해 보라.
3. 부정적인 반응을 유도할 수 있는 학교 활동들을 적어 보라. 이러한 반응에 대한 근본적인 이유는 무엇인가?

4. 2번 질문의 문제를 해결하는 데 Guthrie의 모순 반응법을 적용해 보라.
5. 아침 일찍 깨어나기 위해 커피에 의존하는 한 학생이 자신이 깨어나기 위해 점점 더 진한 커피를 마시고 있다는 것을 발견하였다. 고전적 조건형성을 통해 이 문제를 설명해 보라.
6. 1980년대에 컴퓨터 프로그래밍 기술을 가르치는 학자들은 이러한 학습이 엄격한 사고 기술을 촉진시킨다고 주장했다(Cox, 1997). 이러한 신념은 20세기에 반박된 개념들 중 어떤 개념을 반영하는가?

참고문헌

Ackerman, D. (1990). *A natural history of the senses*. New York: Random House.

Baars, B. J. (1986). *The cognitive revolution in psychology*. New York: Guilford.

Boakes, R. (1934). *From Darwin to behaviorism*. New York: Cambridge University Press.

Beatty, B. (1998). From laws of learning to a science of values. *Celebrating E. L. Thorndike: American Psychologist, 53*(1), 1145-1152.

Boring, E. G. (1950). *A history of experimental psychology* (2nd ed.). New York: Appleton-Century-Crofts.

Boring, E. G. (1963). *History, psychology, and science: Selected papers*. New York: Wiley.

Coleman, S. R. (1988). Assessing Pavlov's impact on the American conditioning enterprise. *Pavlovian Journal of Biological Science, 23*, 102-106.

Cox, B. D. (1997). The rediscovery of the active learner in adaptive contexts: A developmental-historical analysis of transfer to training. *Educational Psychologist, 32*(1), 41-55.

Cushman, C. L., & Fox, G. (1938). Research and the public school curriculum. In G. Whipple (Ed.), *The scientific movement in education. The thirty-seventh yearbook of the National Society for the Study of Education, Part II* (pp. 67-78). Chicago: University of Chicago Press.

deJong, P. J., Andrea, H., & Muris, P. (1997). Spider phobia in children. Disgust and fear before and after treatment. *Behaviour Research and Therapy, 35*, 559-562.

Dewsbury, D. A. (1998). Celebrating E. L. Thorndike a century after animal intelligence. *Celebrating E. L. Thorndike: American Psychologist, 53*(1), 1121-1124.

DiVesta, F. J. (1987). The cognitive movement and education. In J. A. Glover & R. R. Ronning (Eds.), *Historical foundations of educational psychology* (pp. 203-233). New York: Plenum.

Emmer, E., Evertson, C., & Anderson, L. (1980). Effective classroom management at the beginning of the school year. *The Elementary School Journal, 80*(5), 219-231.

Estes, W. (1989). Learning theory. In A. Lesgold & R. Glaser (Eds.), *Handbook of research on teaching* (pp. 1-49). Hillsdale, NJ: Erlbaum.

Galef, B. G. (1998). Edward Thorndike: Revolutionary psychologist, ambiguous biologist. *Celebrating E. L. Thorndike: American Psychologist, 53*(1), 1128-1134.

Gates, A. (1938). Contributions of research on the general methods of education. In G. Whipple (Ed.), *The scientific movement in education. The thirty-seventh yearbook of the National*

Society for the Study of Education, Part II (pp. 79-80). Chicago: University of Chicago Press.

Gerull, F. C., & Rapee, R. M. (2002). Mother knows best: Effects of maternal modelling on the acquisition of fear and avoidance behaviour in toddlers. *Behaviour Research and Therapy, 40,* 279-287.

Guthrie, E. R. (1935). *The psychology of learning.* New York: Harper.

Guthrie, E. R. (1938). *The psychology of human conflict.* New York: Harper.

Guthrie, E. R. (1942). Conditioning: A theory of learning in terms of stimulus, response, and association. In N. B. Henry (Ed.), *The psychology of learning: The forty-first yearbook of the National Society for the Study of Education, Part II* (pp. 17-60). Chicago: University of Chicago Press.

Guthrie, E. R. (1952). *The psychology of learning.* New York: Harper & Row.

Hill, W. F. (1990). *Learning: A survey of psychological interpretations* (5th ed.). New York: Harper & Row.

Hollis, K. L. (1997). Contemporary research on Pavlovian conditioning. *American Psychologist, 52*(9), 956-965.

Hull, C. L. (1943). *The principles of behavior.* New York: Appleton-Century-Crofts.

Hull, C. L. (1952). *A behavior system.* New Haven, CT: Yale University Press.

Jones, M. C. (1924). Elimination of children's fears. *Journal of Experimental Psychology, 7,* 382-390.

Kratochwill, T. R., & Bijou, S. W. (1987). The impact of behaviorism on educational psychology. In J. A. Glover & R. R. Ronning (Eds.), *Historical foundations of educational psychology* (pp. 131-157). New York: Plenum.

Leahey, T. H. (1992). The mythical revolutions of American psychology. *American psychologist, 47*(2), 308-318.

Logue, A. W. (1994). Watson's behaviorist manifest: Past positive and current negative consequences. In J. T. Todd & E. K. Morris (Eds.), *Modern perspectives on John B. Watson and classical behaviorism* (pp. 109-123). Westport, CT: Greenwood Press.

Mills, W. (1899). The nature of animal intelligence and the method of investigating it. *Psychological Review, 6,* 262-274.

Murphy, G. (1949). *Historical introduction to modern psychology.* New York: Harcourt, Brace, & World.

Pavlov, I. P. (1927). *Conditioned reflexes: An investigation of the physiological activity of the cerebral cortex* (G. V. Anrep, trans.). New York: Dover.

Rilling, M. (2000a). How the challenge of explaining learning influenced the origins and development of John B. Watson's behaviorism. *American Journal of Psychology, 113*(2), 275-301.

Rilling, M. (2000b). John Watson's paradoxical struggle to explain Freud. *American Psychologist, 55*(3), 301-312.

Shulman, L. (1970). Reconstruction of educational research. *Review of Educational Research, 40,* 371-396.

Siegel, S. (1991). Feedforward processes in drug tolerance. In R. G. Lister & H. J. Weingartner (Eds.), *Perspectives in cognitive neuroscience* (pp. 405-416). New York: Oxford University Press.

Thorndike, E. L. (1905). *The elements of psychology.* New York: A. G. Seiler.

Thorndike, E. L. (1911). *Animal intelligence.* New York: Macmillan.

Thorndike, E. L. (1913a). *Educational psychology: Vol. I. The original nature of man.* New York: Teachers' College Press.

Thorndike, E. L. (1913b). *Educational psychology: Vol. II. The psychology of learning.* New York: Teacher's College Press.

Thorndike, E. L. (1922). *The psychology of arithmetic.* New York: Croswell-Collier and Macmillan.

Thorndike, E. L. (1924). Mental discipline in high school studies. *Journal of Educational Psychology, 15,* 1-22, 83-98.

Thorndike, E. L., & Woodworth, R. S. (1901). The influence of improvement in one mental function upon the efficiency of other functions I, II, & III. *Psychological Review, 8*, 247-261, 384-395, 553-564.

Thorndike, R. L. (1991). Edward L. Thorndike: A professional and personal appreciation. In G. A. Kimble, M. Wertheimer, & C. White (Eds.), *Portraits of pioneers in psychology, Vol. 1* (pp. 139-151). Washington, DC: American Psychological Association.

Todd, J. T., & Morris, E. K. (1992). Case histories in the power of misrepresentation. *American Psychologist, 47*(1), 1441-1453.

Todes, D. P. (1995). Pavlov and the Bolsheviks. *History and Philosophy of the Life Sciences, 17*, 379-418.

Todes, D. P. (1997). From the machine to the ghost within: Pavlov's transition from digestive physiology to conditioned reflexes. *Commemorating Pavlov's Work: American Psychologist, 52*(9), 947-955.

Watson, J. B. (1913). Psychology as the behaviorist views it. *Psychological Bulletin, 20*, 158-177.

Watson, J. B. (1916a). The place of the conditioned reflex in psychology. *Psychological Review, 23*, 89-108.

Watson, J. B. (1916b). Behavior and the concept of mental disease. *Journal of Philosophy, Psychology, and Scientific Methods, 13*, 589-597.

Watson, J. B. (1924). *Behaviorism.* New York: Norton.

Watson, J. B. (1928). Chapter I. What the nursery has to say about instincts; Chapter II. Experimental studies on the growth of emotions. In C. Murchison (Ed.), *Psychologies of 1925* (pp. 1-37). Worcester, MA: Clark University Press.

Watson, J. B., & Morgan, J. J. B. (1917). Emotional reactions and psychological experimentation. *American Journal of Psychology, 28*, 163-174.

Watson, J. B., & Rayner, R. (1920). Conditioned emotional reactions. *Journal of Experimental Psychology, 3*, 1-14. (Reprinted in *American Psychologist* [2000], *555*, 313-317.)

Windholz, G. (1997). Ivan P. Pavlov: An overview of his life and psychological work. *Commemorating Pavlov's Work: American Psychologist, 52*(9), 941-946.

Wolpe, J., & Plaud, J. J. (1997). Pavlov's contributions to behavior therapy. *Commemorating Pavlov's Work: American Psychologist, 52*(9), 966-972.

제 3 장

형태주의 심리학: 인지적 관점

심리학의 일반적 이론들은 많은 정책을 담고 있어서 열성적인 지지자들에게 매력을 주지만 반대 세력에 의해 공격을 받기도 하는 정치 공약과 같다. (Hilgard, 1987, p. 416)

20세기 전반기의 학습에 대한 지배적인 관점은 행동주의였다. 행동주의는 초기 Watson의 영향으로 정치 공약의 특성을 일부 갖게 되었다. 그러나 행동주의가 전혀 도전을 받지 않은 것은 아니다. 행동주의의 반대되는 관점은 형태주의 심리학이었는데, 이 심리학은 아이러니하게도 심리학 내의 감각에 대한 연구의 반작용으로 등장하였다. 형태주의 심리학이 미국에 들어왔을 때, 형태주의 심리학은 행동주의에 대한 대응 세력이 되었다. 미국 심리학자들이 형태주의 심리학에 관심을 갖게 된 주요 원인은 행동주의의 구조와 Thorndike의 연결주의에 한정된 지적 풍토에 불만족하였기 때문이다(Hilgard, 1996).

1. 주요 개념

형태주의 심리학의 초점은 원래 지각의 경험에 있었다. 형태주의 심리학의 창시자인 Max Wertheimer는 시각과 실제 현상의 차이를 증명한 혁신적인 실험을 통하여 이 분야의 연구를 촉발시켰다. Wertheimer는 Kurt Koffka, Wolfgang Köhler와 함께 지각의 법칙을 발전시키고, 이것을 학습 및 사고와 관련된 개념에 적용하기 시작하였다.

형태주의 심리학은 등장한 지 10년 만인 1922년 미국에 소개되었다. 형태주의 심리학의 대표적인 3명의 이론가들은 1930년대에 미국에서 저술과 강의 활동을 하기 위하여 독일을 떠났다. 일반적으로 미국 심리학자들은 형태주의 이론을 학습의 주요 문제를 해결해 줄 것으로 보지 않고, 하나의 흥밋거리로 받아들였다. 그러나 형태주의 이론은 행동주의가 전성기를 이루는 동안 무시되었던 지각과 사회심리학에 대한 실험적 연구의 토대를 마련하였다(Baars, 1986, p. 71). 게다가 이 이론은 문제해결과 사고에 관한 새로운 질문을 제기하였다.

1) 형태주의 관점의 기원

형태주의 심리학은 Christian von Ehrenfels라는 독일인이 1890년 발표한 논문에 기초를 두고 있다. 그는 지각에는 경험을 구성하는 개별적인 감각적 요소뿐만 아니라 특질들이 나타난다고 주장하였다. 예를 들면, 동일한 멜로디가 다른 키로 연주될 때 음색의 감각(감각 요소)은 달라지지만 멜로디는 동일한 것으로 간주된다. 이 과정에 적용된 용어는 '형태(pattern)의 질'이라고 번역할 수 있는 Gestaltqualitat였다(Murphy, 1949, p. 226).

형태주의 심리학자들의 시지각(視知覺)에 대한 연구는 어떤 대상의 총체적인 특징은 단순한 요소라기보다는 전체로서 발견된다는 점과, 사람들은 종종 불완전한 시각을 좀 더 분명한 시각적 이미지로 전환한다는 점에서 지각 과정은 구성적이라는 것을 입증하였다(Lehar, 2003, p. 51). Max Wertheimer는 비엔나에서 독일로 휴가를 가는 도중에 지각에 대한 연구의 아이디어를 얻었다고 한다(Watson, 1963). 그는 갑작스런 예감에 사로잡혀 프랑크푸르트로 가는 기차를 타면서 장난감 스트로보스코프(stroboscope)를 구입하였다. 스트로보스코프는 사진을 빠르게 움직여서 사진이 움직이는 것과 같은 착각을 일으키는 기계로 영화가 발명되기 전에 매우 인기가 있었다.

Wertheimer가 연구를 시작할 당시, 무성영화 역시 고정적인 영상을 빠르게 보여 주어서 관객들이 움직임을 지각하도록 하는 기술을 사용하였다(Steinman, Pizlo, & Pizlo, 2000). 그러나 Wertheimer(1912)의 연구는 먼저 'a'를 제시한 다음 잠시 후(60~120 마이크로초)에 'b'를 제시하는 것과 같이 간단한 기하학적 도형을 연속해서 제시할 때 나타나는 지각에서의 미묘한 차이를 밝혀 주었다. 논리적으로 생각하자면 피험자는 이러한 실험에서 2개의 단순한 조명을 보아야 한다. 그러나 시간 간격에 따라 피험자는 다른 조명을 보았다.

Wertheimer(1912)의 새로운 발견은 **파이 현상**(phi phenomenon)이라고 하는 '순수한' 운동이었다. 다시 말해서, 시간 간격으로 인하여 피험자는 철자 'a'에서의 수직선이 철자 'b'의 오른쪽으로 '떨어지는' 것과 같은 현상, 즉 a와 b의 두 선이 서로를 향해 움직이고 있는 것을 보게 된다(Sekular, 1996, p. 1247). 그러나 두 선은 정지된 상태로 있었기 때문에 그 움직임은 '순수한' 혹은 '목적 없는 운동'이다(Steinman et al., 2000, p. 2260). 구체적으로 '파이'란 a와 b의 지각이라기보다는 다른 것이 제시된 것을 의미한다(Wertheimer, 1912, p. 186; Sekular, 1996, p. 1252에서 재인용).

그의 발견은 자극 형태(stimulus)와 '경험된 전체(experienced whole)'간의 관계를 입증해 주었기 때문에 중요하다. 즉, 자극 형태와 지각 간의 관계는 우연이 아니다. 대신에 둘 사이의 관계는 연구될 수 있고 범주화될 수 있다.

2) 기본 가정

형태주의 관점은 네 가지 기본 가정에 의해 지지된다(〈표 3.1〉 참조). 첫째, 행동주의자들의 주장과는 달리, 형태주의 이론가들은 오히려 '분자상의(molecular)' 행동보다 '질량상의(molar)' 행동을 연구해야 한다고 주장하였다. 화학적 과정들이 이러한 개념을 설명해 준다. 예를 들면, 공장에서 추출된 질산(HNO_3)은 은을 분해하는 데 사용된다(Köhler, 1929, p.180). 그렇다면 은은 질소, 수소, 산소에 반응한다고 할 수 있는가? 물론 아니다. 은의 효력은 제품의 화학적 조직에 의존하기 때문이다. 은의 효력은 개별 성분이나 개별 성분들의 총합에 대한 반응으로 이해될 수 없다.

둘째, 유기체는 자극의 조직이나 '분리된 감각 전체'로 반응한다는 가설이다. 이러한 가설과 관련된 또 다른 예는 하늘의 별을 집단으로 묶어 명명하는 것이다. '사냥꾼 오리온'과 같은 이름은 별들을 집단으로 지각했을 때 나타나는 특별한 이미지를 바탕으로 붙여진 이름이다. 이와 유사하게 구름의 형태는 종종 사람의 얼굴, 산, 혹은 기타 친밀한 물체로 지각된다.

셋째, 지리학적 환경과 행동적 환경 간의 차이는 개인의 지각에 관한 연구의 기초를 제공한다. 〈표 3.1〉의 예에서 볼 수 있듯이 개인은 지리학적 환경이 아니라 환경에 대한 자신의 지각에 반응한다.

마지막으로, 자극의 조직은 그 자체가 하나의 과정이며 이러한 과정이 개인의 지각에 영향을 미친다. Koffka(1935, p. 159)는 〈표 3.1〉의 예에서 다른 그림을 제시하지 않고 'a'만을 제시했을 경우, 'a'는 대각선을 가진 하나의 육각형이나 십자가 또는 별 모양이 들어 있는 하나의 평면 도형으로 보인다고 주장하였다. 그림 'a'는 대칭이 들어 있는 단순한 평면 도형이며, 그에 따라 눈에 잘 들어온다.

〈표 3.1〉 형태주의 이론의 기본 가정

가 정	예
1. 행동의 분자적 측면이 아니라 질량적 측면을 연구해야 한다.	1. 교실에서 행한 학생의 수행에 대한 강사의 발표(Koffka, 1935, p. 27)
2. 유기체는 고립되거나 독립적인 사태가 아니라 '분리된 감각 전체' 혹은 형태로 반응한다.	2. 11개의 점으로 된 기하학적 배열이 십자가 모형으로 지각된다. 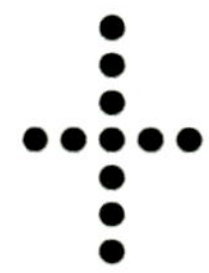
3. 사물의 본래 형태인 지리학적 환경은 사물이 지각되는 행동적 환경과 다르다. 행동적 환경은 개인의 주관적인 실체이다.	3. Koffka(1935, p. 29)는 말을 탄 한 남자가 눈보라를 뚫고 평야를 가로질러 여관에 무사히 도착한 이야기를 기술하고 있다. 여관 주인이 그 남자에게 어디에서 왔느냐고 질문을 했을 때, 그 남자는 여관에서 멀리 떨어진 한 방향을 가리켰다. 깜짝 놀란 여관 주인이 그 남자에게 호수를 가로질러 온 사실을 아느냐고 물어 보았다. 그 남자는 자신이 얇게 언 얼음 위를 말을 타고 건너왔다는 충격에 말에서 떨어져 죽고 말았다.
4. 감각 환경의 조직은 개인의 지각에 영향을 주는 구조 내의 역동적 상호작용이다.	4. 아래에 제시된 세 가지 그림은 가장자리가 동일하지만 각 선분의 관계로 인해서 다르게 지각된다. 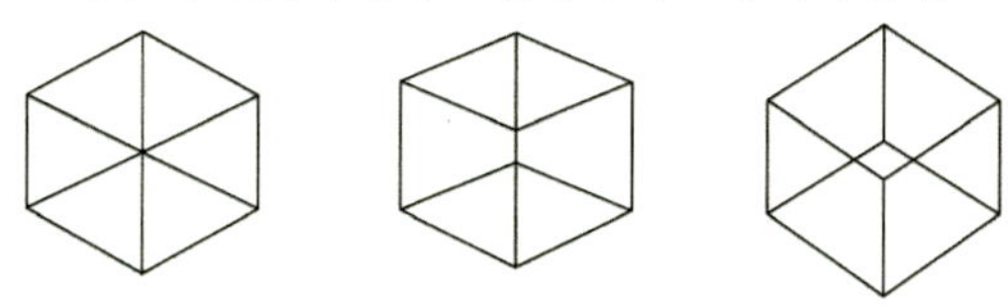 a b c

대조적으로, 'c'는 3차원적 입방체이다. 이 평면 도형은 매우 불규칙적이고 눈에 쉽게 들어오지도 않는다. 반면에 'b'는 2차원 또는 3차원 중 하나로 보인다. 이 도형은

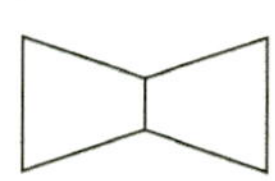

형태가 육각형의 꼭대기에 놓여 있는 모양이나 하나의 입방체로 보일지도 모른다. 그것은 2차원, 3차원적 모양이 'a' 'c'보다 'b'에서 더욱 균형 있게 보이기 때문이다. [그림 3.1]은 균형을 이루고 있는 지각의 장을 보여 주는 또 다른 예이다. 일반적으로 사람들은 이 그림에서 하나의 검은 말타 십자가 또는 하얀색 프로펠러를 볼 수 있을 것이다(Hartmann, 1942, p. 176).

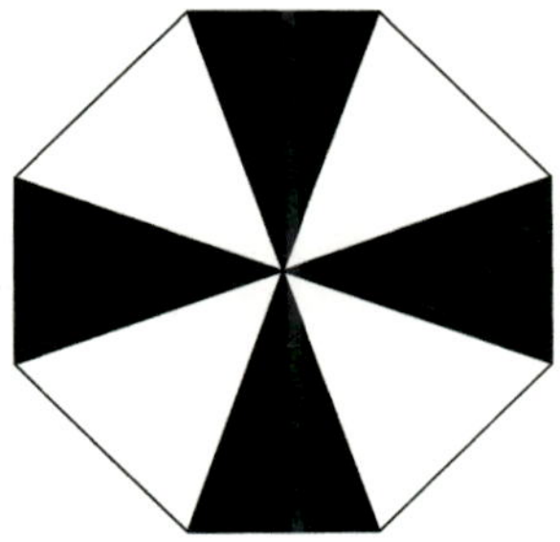

[그림 3.1] 지각의 장이 균형을 이루고 있는 기하학적 도형

물리학의 장 이론(field theory)을 심리학에 적용하려고 하는 형태주의 이론가들의 노력에 의해서 행동적 환경과 감각 능력의 역동적 조직에 대한 설명이 이루어졌다. 간단히 말해서, 장(場)이란 모든 요소들이 모든 다른 요소에 영향을 미치는 상호 관련이 있는 역동체이다. 심리학 이론에서 행동적 환경은 하나의 장이며, 〈표 3.1〉에서 볼 수 있는 바와 같이 각각의 조그마한 장이 작은 자극의 집단을 이룬다.

요약하자면, 형태주의 이론은 전체와 조직을 강조한다. 예를 들면, 개인들은 개개의 선분이 아니라 도형을 기하학적으로 완성하려고 반응한다. 또한 개인들은 특별한 방법으로 상황을 지각하기 때문에 기하학적 환경보다는 오히려 행동적 환경(지각된 장)을 연구해야 한다고 주장한다. 따라서 심리학 연구는 개인의 지각에 영향을 미치는 특정한 장에서 이루어지는 요소들의 역동적 상호작용을 파악해야 한다.

3) 지각 조직의 법칙

형태주의 이론가들에 따르면 심리학의 주요한 과제는 "사람들은 지리적 환경을 심리적으로 어떻게 지각하는가?"라는 질문에 답하는 것이다. 첫 번째로 형태주의 심리학은 관찰된 자극의 조직을 지각 과정이라고 정의한다. 다시 말해서, 관찰자들은 자극의 배열에 의미를 부여한다.

그리고 두 번째로는 전체적인 자극 속에 나타나는 요소들의 배열이 지각의 주요한 요소(Koffka, 1935)라고 정의한다. 예를 들면, 평행사변형에 분포된 11개의 점들은 4개의 변으로 된 도형으로 지각될 것이다. 다음 단계는 지각에 영향을 미치는 자극 배열의 특징을 결정하는 것이다. 이런 영향들은 '좋은 형태의 법칙(law of Prägnanz)'이라고 불리는 기본적인 법칙과 그에 따른 4개의 주요 법칙으로 기술된다.

좋은 형태의 법칙. **좋은 형태**(Prägnanz)란 핵심을 의미한다. Wertheimer에 의하여 소개된 이 법칙은 "심리적 조직은 지배적인 상황이 허용되는 한 항상 가장 좋다."라고 설명된다. 여기에서 '좋다'라는 말은 정의되어 있지 않다. 그것은 '규칙성, 대칭성, 유사성 등'과 같은 특징이 있다(Koffka, 1935, p. 10). 다시 말해서, 어떤 특별한 자극 집단에서 지배적인 조직은 가장 포괄적이며 가장 안정된 집단일 뿐만 아니라 우연성과 임의성이 없는 집단이다(Murphy, 1949). 한 가지 예는 몇 년 전에 인기가 있었던 퍼즐 그림이다. 선을 사용하여 풍경이 그려진 그림 속에 얼굴이나 물체와 같은 여러 가지 부분들이 숨겨져 있는 퍼즐 그림이다. 그러나 그림 속의 전체적인 구조는 풍경이고, 퍼즐을 맞추기 위해서는 숨겨진 그림을 찾아 내야 한다.

관련 법칙. 좋은 형태의 법칙과 밀접하게 관련된 이론 중의 하나는 구성요소 특성(membership character)의 법칙이다. 즉, 각 요소는 전체적인 내용 구조에서 차지하는 위치에 따라 특별한 특성을 나타낸다. 예를 들면, 풍경화 속에 나타난 특별한 색상의 가치는 미술가가 그 색상을 어디에 배치했느냐에 달려 있다(Murphy, 1949, p. 288). 유사하게 선을 사용하여 숲을 그린 그림에서 사람의 얼굴 모양을 찾기란 쉽지 않다. 그것은 얼굴을 이루는 선들이 숲을 구성하고 있는 나무 뿌리나 나뭇잎과 같은 형태를 띠고 있기 때문이다. 다시 말하면, 어떤 구성요소의 중요한 특성들은 대체로 특정한 체제와의 관련성에 의하여 정의된다.

구성요소 특성의 또 다른 예는 회색 배경에 붉은색 십자가가 그려진 그림이다. 피험자에게 20초 동안 십자가를 보도록 하면 피험자는 십자가의 가장자리에 초록색이 있다는 것을 지각하게 된다. 이 때 피험자에게 십자가의 한쪽을 찢어 내면 무슨 색이 나올 것인가를 예측해 보도록 한다. 가장자리가 초록색이기 때문에 초록색이라고 대답하는 것이 논리적으로 옳다. 그러나 형태주의자들은 그 색이 붉은색일 것이라고 정확하게 예측한다. 십자가는 십자가 내의 구성요소들이 십자가 전체 구조를 지지해 주도록 조직되어 있기 때문이다(Murphy, 1949, p. 288).

또한 이러한 예는 감각적 환경에 대한 조직의 역동성을 보여 준다. 즉, 감각적 영역은 개인적 자극에 특별한 영향을 미치는 힘을 포함한다. 십자가의 전체적 구조는 가장자리의 초록색보다 '좋은 형태'의 정도가 더 높다(Murphy, 1949). 그러므로 십자가의 전체적 구조가 더 우세하여 십자가의 한쪽 가장자리가 찢긴 것을 보완하게 된다.

Wertheimer(1938)는 지각에 영향을 주는 시각적 배경의 네 가지 중요한 특성, 즉 **근접성**(proximity), **유사성**(similarity), **개방성**(open direction), **간결성**(simplicity)을 확인

1. **근접성**: 2개의 선이 하나로 묶여 3개의 세트를 이루고 있거나 3개의 기둥이 있는 것으로 지각되는 경향이 있다.

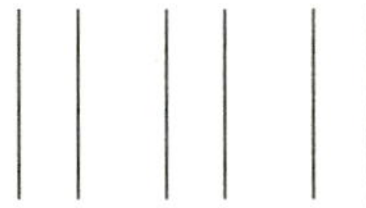

2. **유사성**: 글자들이 서로 같은 간격으로 배열되어 세로 줄의 묶음으로 지각되는 경향이 있다.

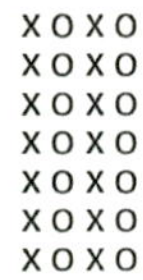

3. **개방성**: 밀폐된 원이 아니지만 밀폐된 완전한 원으로 지각된다.

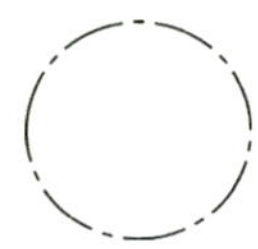

4. **간결성**(전체적 구조): 그림 (c)의 내부는 그림 (b)와 같은 정육각형이 있는 것으로 지각되기보다는 그림 (a)와 같은 전체적 구조가 포함되어 있는 것으로 지각된다.

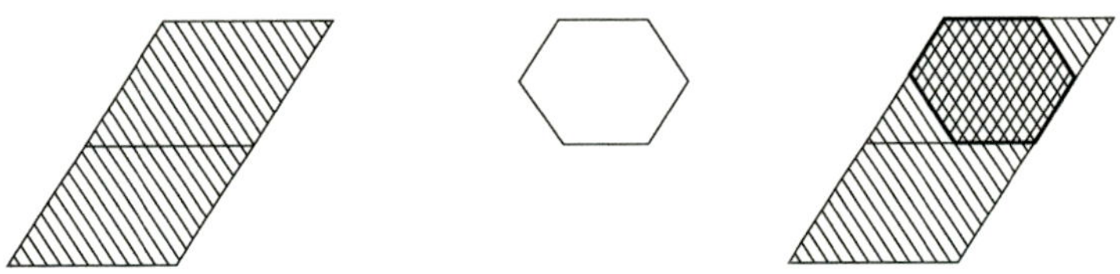

(a) (b) (c)

[그림 3.2] 지각 조직에 관한 주요 법칙의 예

하였다. 다시 말해서, 요소들 간의 가까움(근접성), 색깔과 같은 공통된 특징(유사성), 특정한 형태를 완성하기 위한 요소들의 경향성(개방성), 자극 요소들이 전체적으로 간단한 구조를 형성하는 것(간결성) 등이다([그림 3.2] 참조).

지각 조직의 법칙은 일반적인 '좋은 형태'의 법칙과 관련되어 작용한다. 다시 말하면, 심리학 사태들은 의미가 있고 완전하게 나타나는 경향이 있으며, 네 가지 특성은 완벽함에 영향을 준다.

Wertheimer(1938)의 지각 법칙에 대한 연구 이래로 지각에 영향을 미치는 시각 장에 대한 연구가 지속되었다. 예를 들어, Tse(1998, 1999)는 간파의 윤곽(the contour of penetration)에 대하여 기술하였다. 이것은 불완전한 시각적 투입이 완전한 것으로 지각되도록 하고 특정 이미지가 3차원이라는 착각을 유도하는 이미지에 담겨 있는 부드러운 곡선이다. 예를 들어 [그림 3.3]에서는 긴 못이 둥근 원을 관통하고 있는 것처럼 착각을 일으킨다.

[그림 3.3] 긴 못이 구를 관통하고 있는 것 같은 착각(Tse, 1998)

(1) 통찰 경험

학습에 대한 형태주의 이론의 가장 잘 알려진 공헌은 소위 '통찰(insight)' 경험이다. Wolfgang Köhler가 유인원을 대상으로 실험을 한 후 그의 실험은 인간에게 적용되었으며, 현대 인지심리학자들에 의해 연구가 계속되고 있다.

초기의 실험. Köhler는 제1차 세계대전 중에 카나리아 섬에서 학습에 관한 여러 가지 혁신적인 실험들을 수행하였다. 실험 상황은 기본적으로 두 가지 요소, 즉 동물들이 도달할 수 없는 곳에 음식을 놓아 두는 것과 음식물 근처에 놓아 두는 기구의 유형이 포함되었다. 만약 동물이 기구를 적절하게 이용한다면 그것은 동물이 음식을 얻는 데 도움을 줄 것이다. 가장 간단한 실험은 음식을 발판 근처의 천정에 매달아 놓는 것이다. 또 다른 실험은 우리 밖에 음식과 막대 혹은 나뭇가지를 놓아 두는 것이다. 좀 더 복잡한 실험 상황은 2개의 막대를 서로 연결해야만 음식을 획득할 수 있도록 하는 것이다.

Köhler(1928, 1929)는 동물이 문제해결을 위한 도구로 막대기나 나뭇가지를 지각했을 때 그 문제는 해결되었다고 주장하였다. 이런 현상은 형태주의 심리학에서는 **통찰**이라고 하였다. 따라서 Köhler는 학습에 대한 '자극-반응' 공식은 바뀌어야 한다고 주장하였다. 대신에 그는 학습 공식은 "자극－조직－반응의 배열이 조직의 결과와 관련되어 있다."고 주장하였다(Köhler, 1929, p. 108). 다시 말해서, 통찰적 행동은 미리 결정된 행동의 과정을 따름으로써 일어나지 않는다. 반면에 통찰적 행동은 조직과 재조

직의 과정을 미리 예상할 수 있도록 한다(Koffka, 1935, p. 628).

중요한 것은 **통찰**이라는 말이 다른 형태로 바꿀 수 없는 행동의 한 형태라는 것이다(Koffka, 1935, p. 628). 그러나 통찰은 설명이 되지 않는다. 통찰은 지각의 장에 대한 특별한 유형의 재조직화에 붙여진 명칭이다. 또한 통찰은 반드시 단일한 단계로 발생할 필요는 없다. 통찰은 때때로 2개 또는 그 이상의 단계가 요구되고, 각 단계는 통찰의 한 부분이 되는 경우가 많다(Koffka, 1935).

진자 문제. Norman R. F. Maier는 진자(振子) 문제를 사용해서 통찰의 과정을 조사하였다. 61명의 피험자는 한 번에 1명씩 천정에 매달려 있는 2개의 줄이 마룻바닥에 내려와 있는 방에 들어갔다. 방 안에 있는 2개의 줄 중에서 하나는 벽 가까이에 있고, 다른 하나는 방 한가운데에 있다. 피험자들이 해결해야 할 과제는 두 줄의 끝을 서로 묶어서 하나가 되도록 하는 것이다. 그러나 피험자가 한 줄을 한 손으로 잡으면 다른 줄을 다른 손으로 잡을 수 없다(Maier, 1931, p. 182). 피험자가 들어간 방에는 또한 막대, 둥근 탁자, 꺽쇠, 집게, 연결할 수 있는 줄, 책상, 의자 등과 같은 많은 물건들이 놓여 있다.

피험자가 방 안의 물건을 이용하여 문제를 해결할 수 있는 방법은 네 가지인데, 한 가지를 제외한 나머지 방법들은 해결책이 명백하다. Maier는 독창성이 요구되고 선행 경험과 거의 관계가 없는 어려운 해결 방안을 연구하였다. 세 가지의 명백한 해결 방안은 ① 하나의 줄에 무거운 물체를 묶어서 다른 줄 가까이에 놓아 두는 것, ② 연결할 수 있는 줄을 이용하여 하나의 줄을 길게 해서 다른 줄에 닿게 하는 것, ③ 하나의 줄을 잡고 막대를 사용하여 다른 쪽 줄을 잡아당기는 것이다. 어려운 해결 방안은 방 중앙에 있는 줄에 무게가 나가는 물체를 묶어 움직이도록 한다. 즉, 진자를 만드는 것이다. 이 때 다른 쪽 줄을 방 중앙으로 끌고 와서 시계추 모양으로 움직이고 있는 줄이 가까이에 왔을 때 줄을 잡아 묶는 것이다(Maier, 1931, p. 183).

이 실험에서 피험자들은 하나의 해결책을 찾으면 또 다른 해결책을 찾도록 지시를 받았다. 만약 피험자가 네 번째 해결책을 찾지 못하거나 10분 동안 신중하게 해결책을 찾으려다가 포기하려고 하면, 실험자는 창 쪽으로 걸어가면서 방 중앙에 있는 줄을 살짝 움직여 주었다(힌트 1). 그 후 몇 분이 지났는데도 네 번째 해결책을 찾지 못하면 실험자는 피험자에게 집게를 주면서 "이것을 사용해서 문제를 풀 수 있는 또 다른 방법이 있다."고 말해 주었다(Maier, 1931, p. 183).

실험에 참여한 61명의 대학생 중에서 24명은 힌트 없이 문제를 해결했지만, 14명은 모든 도움을 받았으나 문제를 해결하지 못했다. 도움을 받고 문제를 푼 23명 가운데 19명은 첫 번째 힌트를 받고 해결책을 찾았다. 흥미로운 것은 19명 중 16명의 학생들은 단번에 그 해결책을 알아차렸다는 사실이다. 반대로 7명의 학생들은 줄을 흔든다는 생각과 줄에 무게가 나가는 것을 달아야 한다는 생각을 통합하지 않았다. 그들은 줄을 던지면서 바람이 더 세차게 불기를 바란다고 말하거나, 줄을 끌어당길 수 있는 자석이 필요하다고 하였다(Maier, 1931, p. 186). 얼마 후에 피험자들은 무게를 활용해야 한다는 생각을 하게 되고, 줄의 끝에 집게를 매달았다. Maier는 통찰은 '전부 아니면 아무것도 아닌(all-or-nothing)' 경험이나 혹은 부분적 경험을 통해서 일어날 수 있다고 결론지었다.

통찰의 순서 분석. 통찰에 관한 연구의 어려운 점 중의 하나는 분명한 정의가 부족하다는 것이다(Schooler, Fallshore, & Fiore, 1995). 대부분의 인지심리학자들이 동의하는 통찰의 두 가지 특징은 ① 상황의 핵심과 본질을 명확하게 꿰뚫어 본다(Wertheimer, 1945/1959). ② 단계적 추론에 포함되어 있지 않은 무의식적 과정이 어느 정도 자동적으로 적용된다(Gick & Lockhart, 1995).

통찰에 관한 최근 연구는 문제의 재구조화에 초점을 맞추고 있다(Ohlsson, 1992). 사람들은 어떤 문제에 대한 선수지식을 갖고 있지만 그 문제를 해결하지 못하는 경우가 있다. 이러한 현상은 문제를 정확하게 해석하지 못했기 때문이며, 문제의 부정확한 해석은 해결책을 실행하는 데 필요한 적절한 기제가 작동할 수 없다는 의미이다. 문제의 재구조화는 통찰을 유도할 수 있는 핵심적 요소이다.

Ohlsson은 문제의 재구조화에는 재부호화, 정교화, 제약 타파와 같은 세 가지 기제가 작용할 수 있다고 주장하였다. 재부호화(re-encoding)는 문제를 구성하는 요소들에 대한 부정확한 해석을 수정하는 것을 의미한다. 예를 들어, Maier(1931)의 진자 문제에서 집게는 줄을 움직이도록 하기 위하여 사용될 수 있는 하나의 무게로 재부호화되어야 한다. 정교화(elaboration)는 문제에 지금까지 주목하지 못했던 정보를 추가시키거나 장기기억에서 정보를 인출하는 것과 관계가 있다.

제약 타파(constraint relaxation)는 문제해결자가 문제를 해결하는 과정에서 직면하게 되는 불필요한 제약을 제거하는 것이다(예: MacGregor, Ormerod, & Chronicle, 2001; Ormerod, MacGregor, & Chronicle, 2002; Smith & Blankenship, 1991). 예를 들어, 2개의 동전을 움직여 3개의 동전이 서로 정확하게 닿도록 하는 8개 동전 문제이다(Ormerod et al., 2002, p. 792). 문제해결자가 일반적으로 갖게 되는 불필요한 제약

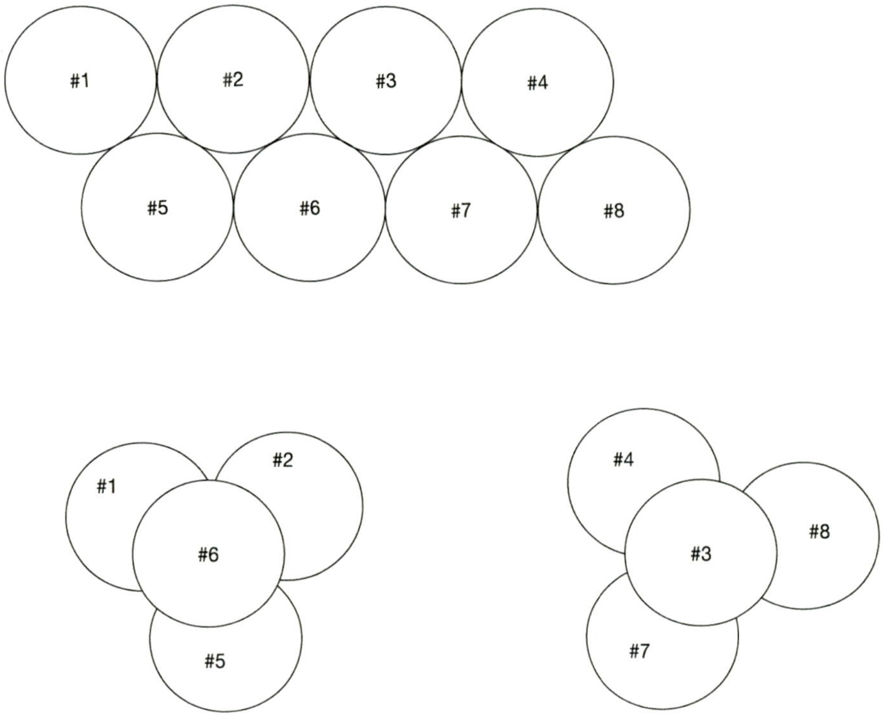

[그림 3.4] 8개 동전 문제의 해결책(Ormerod et al., 2002, p. 793)

은 동전은 2차원(왼쪽, 오른쪽 위, 아래쪽)에서 움직여져야 한다고 생각하는 것이다. 그러나 [그림 3.4]에서 볼 수 있는 바와 같이 2개의 동전을 다른 동전들 위에 올려놓으면 된다는 통찰이 필요하다.

문제의 재구조화를 훈련시키는 프로그램에서는 참여자들에게 전략을 가르쳐 주고, 제시된 문제에 대한 해결책을 적어 보도록 하였다. 그리고 해결책에 대한 피드백을 제공해 주고 토론을 하였다. 그 결과 문제를 전이시킬 수 있는 능력이 평균 60.77%인 것으로 나타났다(Ansburg & Dominowksi, 2000, p. 47).

또한 일부 연구자들은 갑작스런 문제해결책의 발견, 즉 '아하! 경험'을 확인하였다. 유명한 수학자나 과학자들과 관련된 일화들이 이런 관점을 지지해 주는 것 같다. Henri Poincare는 버스를 타는 과정에서 수학 함수를 발견하였으며, Alexander Fleming은 실험실 접시에서 번식하는 박테리아가 곰팡이 근처에서는 번식하지 못한다는 것을 우연히 바라보다가 페니실린을 발견하게 되었다(Seifert, Meyer, Davidson, Patalano, & Yaniv, 1995, p. 93).

다양한 학문 영역에서 나타나는 일부 창의적인 통찰은 정말로 이런 방식으로 일어날지도 모른다. 그러나 창의적인 인물에 대한 회고적 연구와 면접에 따르면 이들은 ① 부지런한 작업과 연구(정신적 준비), ② 규칙적으로 휴식을 취함(숙성), ③ 통찰의 순간(조명), ④ 아이디어를 정교화시키고 발전시키는 것(입증) 등과 같은 네 가지 특성을 갖고 있는 것으로 나타났다(Csikszentmihalyi & Sawyer, 1995; Hadamard, 1949; Wallas, 1926). 예를 들면, Poincare는 함수를 발견하기 전까지 몇 주 동안 외견상 아무런 진전도 없이 지나갔는데, 해변에서 잠시 휴가를 즐기는 동안 아이디어가 떠올랐고, 그 아이디어를 구체화시키는 데 어려움이 있었지만 통찰을 통하여 그의 생각을 완성했던 것이다(Gruber, 1981, 1995).

비록 통찰이 언제 발생할지 예측할 수 없을지라도 통찰을 유발시키는 장기간, 단기간 상황들은 파악할 수 있을 것이다(Simonton, 1995). 장기간의 준비에는 ① 방대한 양의 독서를 포함해서 다양한 문화를 접하도록 해 주고 지적 욕구를 자극해 주는 초기의 가정환경, ② 복잡한 의미와 평범하지 않은 연합과 상호 관련된 개인의 거대한 정보원의 개발, ③ 1명 이상의 멘터와 공동으로 수행하는 연구, ④ 특정 영역을 초월하는 지속적인 발전 등이 포함된다. 이러한 배경들이 공통점이 없는 학문들을 상호 연결시켜 특정한 학문 영역에서 큰 발전을 가져오는 계기가 된다.

일상생활에서의 준비 과정에는 앞에서 언급된 네 단계 중 첫 번째와 두 번째 단계가 포함된다. 먼저 가능성을 탐구하고 최종 상황을 받아들이는 것과 같은 예비 작업을 통하여 통찰에 바람직한 환경을 만들어야 한다. 또한 개인이 다른 활동에 초점을 맞추는 것과 같이 생각을 숙성시킬 수 있는 시간을 갖아야 한다(Simonton, 1995).

4) 요약

형태주의 심리학은 20세기 중반까지 행동주의를 반박하는 역할을 하였다. 형태주의 심리학자들은 분자적 행동보다는 질량적 행동을 연구해야 한다고 주장했기 때문에 학습에서 지각을 중요시했다. 특히 유기체들은 특별한 자극보다는 오히려 감각적인 전체에 대하여 반응하며, 감각적 환경에 대한 조직이 유기체의 지각에 영향을 미친다고 보았다. 형태주의 심리학자들은 시지각에 영향을 주는 요인들과 관련된 지각의 조직 법칙뿐만 아니라 통찰의 개념을 소개하였다. 초기 연구에서는 동물과 인간 피험자들에게 해결해야 할 새로운 문제를 수행하도록 요구하였다.

최근 통찰은 어떤 상황이나 문제의 핵심을 꿰뚫어 보는 무의식적 과정으로 설명된다. 어떤 문제에 대한 해결책을 갑작스럽게 떠올리는 것을 통찰의 특징으로 간주한 경우가 있었다. 그러나 연구 결과에 따르면 통찰이 일어나기 위해서는 문제에 대한 준비된 작업, 생각을 숙성시키는 시간, 그리고 아이디어를 발달시키기 위하여 정교화하는 과정이 필요하다.

2. 기타 형태주의의 발전

형태주의 심리학자들은 주로 지각의 과정에 관심이 있었지만 심리학의 다른 영역에도 그들의 개념을 적용하였다. 1930년대 중반까지 형태주의 심리학자들은 형태나 구조 이론이라는 관점에서 심리학 내의 주요 문제를 다시 정의하였다(Murphy, 1949, p. 293). 그들의 연구는 당연히 학습과 사고에 있어서 지각의 역할에 초점을 두었다. 여기에는 임의적(arbitrary) 학습과 유의미 학습(meaningful) 간의 구분, 문제해결에 대한 추가적 연구, Edward Tolman의 목표 지향적 행동, 그리고 Kurt Lewin의 동기이론 등이 포함된다.

1) 임의적 학습과 유의미 학습

Wertheimer는 구조와 전체의 개념을 적용하여 학습을 분석하면서 임의적이거나 무의미한 학습과 유의미한 학습을 구분하였다(Katona, 1967). 이러한 구분은 두 가지 방식으로 이루어졌다. 첫 번째로 몇 가지의 간단한 관계는 임의적이거나 무의미하다는 것이다. 예를 들어, John의 전화번호가 782-9031이라는 것은 하나의 사실이다. 우리는 전화번호를 통해서 John의 이름이나 특성을 알 수 없기 때문에 John과 전화번호와의 관계는 무의미한 관계이다.

그러나 몇 가지 간단한 관계는 유의미하다. 예를 들어, $(a+b)^2=a^2+2ab+b^2$이다. 만약 이런 방정식에서 한쪽 변의 값이 제시된다면 다른 쪽 변의 값을 구할 수 있다. 즉, 이 관계는 임의적이 아니라 유의미하게 연결되어 있다.

그러나 Wertheimer의 주장의 핵심은 특별한 관계의 성질이 아니다. 대신에 그는 근본적으로 교실에서의 무의미한 학습과 의미 있는 학습 간의 차이에 관심을 가졌다. 다시 말하면, 유의미한 구조들은 의미가 없거나 기계적인 방법으로 학습되어서는 안 된다는 것이다.

그는 학생들이 기준선에 2개의 수직선을 내려 그음으로써 평행사변형의 면적을 구

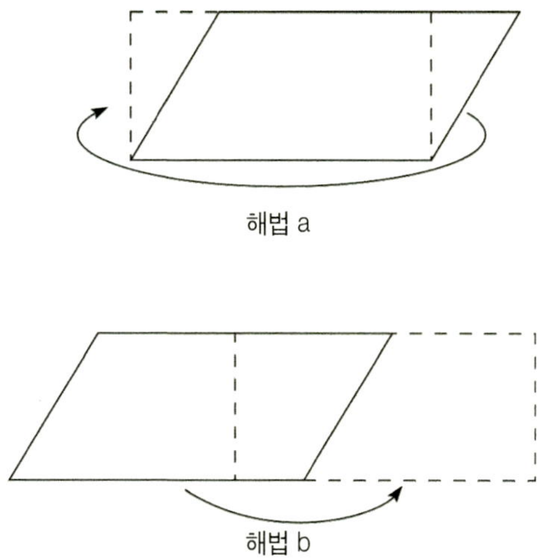

[그림 3.5] 평행사변형 문제에 대한 아동들의 해법

하고 있는 교실을 관찰한 적이 있었다. 그러나 학생들은 다른 형태의 평행사변형을 접했을 때 어떻게 면적을 구할지 몰라 당황하였다. 학생들은 그러한 형태의 평행사변형을 본 적이 없었다고 하였다(Wertheimer, 1945).

Wertheimer는 다른 집단의 아동들에게 먼저 직사각형의 면적을 계산하는 방법을 보여 주었다. 그런 다음 그는 아이들에게 평행사변형을 보여 주고, 면적을 구하기 위하여 직사각형에 관한 지식을 이용할 수 있는지를 물었다. 몇 번의 실패를 거쳐 몇몇 아이들은 평행사변형의 한쪽 끝에서 삼각형을 잘라 내어 다른 쪽 끝에 그것을 갖다 붙여서 직사각형을 만들었다([그림 3.5]의 해법 a 참조). 그 다음 그들은 방금 만든 직사각형의 면적을 구하기 시작하였다. 그러나 다른 아이들은 다른 방법으로 직사각형을 지각하였다. 그들은 평행사변형의 반을 잘라서, 반쪽의 하나를 반대로 하여 직사각형을 만들기 위하여 대각선 끝을 서로 맞추어 놓았다([그림 3.5]의 해법 b 참조). 문제해결은 아동이 직면한 장(場)을 어떻게 재조직화하느냐와 장의 재조직화에 대한 아동의 반응에 달려 있다.

Wertheimer는 형태주의 이론에 바탕을 둔 특별한 교육 방법을 제안하지 않았다. 그러나 이런 예제로부터 얻을 수 있는 시사점은 학생들이 문제의 관점을 재조직하는 데 도움을 줄 수 있는 지식을 제공해 주는 것이 문제를 해결하는 방법을 가르치는 데 있어 절대적으로 필요하다는 것이다. 유의미 학습에 대한 Wertheimer의 주장은 텔레비전 프로그램인 「Square One TV」의 'Mathnet'에서 분명하게 찾아볼 수 있다. 이 프로그램에서는 2명의 형사가 문제를 해결해 가는 과정을 보여 준 드라마의 형태를 모방하여 2명의 문제해결자가 형사들처럼 행동한다(Blau, 1990). 프로그램 구성에서 중요한 것은 형사들이 문제상황을 그림으로 그린다든지 유사한 사건을 해결한 방법을 떠올려 보는 것과 같이 여러 가지 문제해결 방법들을 사용한다는 것이다.

프로그램 시청자들을 대상으로 사전, 사후검사를 실시하고 그것을 통제 집단의 사람들과 비교했을 때, 문제해결의 기술에 차이가 있는 것으로 밝혀졌다. 시청자들의 문제해결 기술이 평균 46% 향상되었으며, 문제해결의 정교함과 완벽함도 평균 56% 향상되었다. 또한 프로그램을 개발하는 근거도 흥미롭다. 프로그램 개발자들은 8세에서 12세 사이의 아동들에게 문제를 제시하면 그들은 해결책을 즉각적으로 찾거나, 그런 문제를 본 적이 없다고 반응하는 경향이 있었다고 주장하였다.

2) 문제해결에 관한 연구

형태주의 이론가들은 문제해결에 영향을 미치는 지각의 요소들을 분석하는 연구를 지속적으로 수행하였다. 오늘날 교실에서 사용되고 있는 개념은 **훈련의 전이**(transfer), **문제 접근**, **기능적 정착**, **문제 배치** 등이다.

(1) 훈련의 전이

George Katona는 다양한 문제해결 방법이 문제해결 기술에 어떠한 효과를 미치는가에 관해 연구하였다. 그는 몇 개의 성냥개비를 움직여서 일정한 수의 사각형을 만들어 보도록 하는 일련의 실험을 실시하였다. 전형적인 예는 [그림 3.6]과 같이 3개의 성냥개비를 이동하여 5개의 정사각형을 만들도록 하는 것이다.

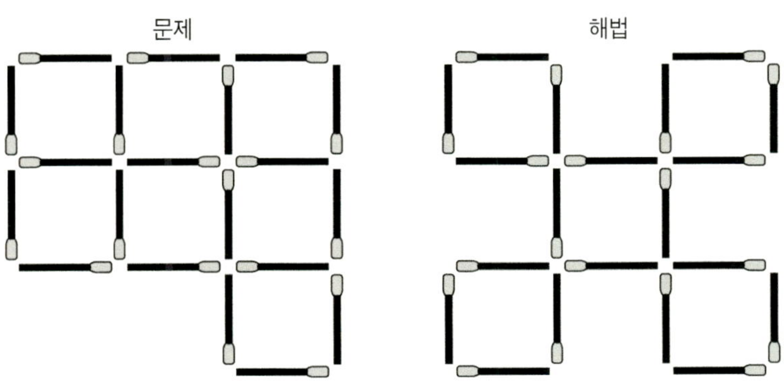

[그림 3.6] 성냥개비 문제: 성냥개비 3개를 움직여 5개의 사각형을 만드시오.(Katona, 1940)

그는 두 집단의 학생들에게 각기 다른 문제해결책을 가르쳤다. 첫 번째 집단에게는 단 한 가지의 방법을 사용하여 4개의 변형된 문제를 해결할 수 있는 방법을 가르쳐 주었다. 반면에 두 번째 집단에게는 소위 '안내된 발견' 방법을 사용하였다(Katona, 1940). 즉, 교사는 몇 개의 성냥개비를 움직여서 6개의 모양을 만들 수 있다는 것을 보여 주었다. 예를 들면, 3개의 성냥개비를 제거하여 중앙에 하나의 구멍을 만들 수 있다는 것을 설명해 주었다. 이런 방법은 몇 개의 성냥개비를 움직이는 것만으로도 중요한 변화를 일으킬 수 있다는 것을 설명함으로써 다른 문제를 푸는 데 힌트를 주려고 사용되었다. 다시 말해서, 이러한 문제들에 있어 중요한 구조적 원리는 하나의 성냥개비가 2개의 정사각형의 양면이 될 수도 있다는 것이다. 두 집단을 비교한 결과, 새로운 문제들에 대한 해결책의 양이나 질 모두 안내된 발견 집단에서 더 크게 나타났다.

(2) 문제 접근과 기능적 정착

Karl Duncker(1926)는 대부분의 이론들은 '제3의 요인'을 사용하여 문제해결을 설명하고 있다고 주장하였다. 즉, 연구자들은 문제상황과 해결책을 연결하기 위해 과거의 경험이나 모방과 같은 몇 가지 외생적 요인(extraneous factor)을 언급한다고 하였다.

Duncker는 몇 가지 독특한 문제를 해결하는 과정에서 나타난 피험자들의 프로토콜을 분석하였다. 그의 분석에 따르면 문제를 성공적으로 해결한 사람들이 보여 준 첫 번째 단계는 '갈등 요인 파악(comprehended conflict)'이었다. 다음 단계는 때때로 몇 번의 잘못된 시도를 거친 후나 실험자로부터 힌트를 얻은 다음 기본적인 어려움을 명확하게 확인하는 단계이다. 마지막 단계는 기본적 어려움을 다루는 문제해결의 단계이다. 그의 관점에서 그러한 해법은 생산적 사고의 사례들이다. 그는 이것을 **기능적 가치가 있는 해법**이라고 주장하였다.

예를 들어 〈표 3.2〉는 '엑스레이 문제'에 관한 것이다. 문제해결의 핵심은 광선이 너무 두껍다는 것을 알아차리는 것이다. 문제의 해법은 〈표 3.2〉에 설명되어 있는 것처럼 여러 가지 각도에서 얇은 광선을 쏘아 종양에 닿도록 하는 것이다.

〈표 3.2〉에서 볼 수 있듯이 성공적인 해법은 문제의 핵심에 이르는 것, 즉 기본적인 어려움을 확인하는 것이다. 다시 말하면, 생산적 사고는 문제상황에 대한 고찰과 사고 과정에서 나타난 명확성의 결여를 인식하는 것에 의하여 발현된다(Duncker, 1926, p. 702).

새로운 방식으로 상황의 요소들을 지각하지 못하는 학생들은 **기능적 정착**(functional fixedness)에 직면하게 된다(Duncker, 1945). 예를 들어, 몇몇 유인원들은 막대기를

〈표 3.2〉 기능적 가치가 있는 해법

문 제	갈등요인 파악	어려움	기능적 가치가 있는 해법
유인원은 우리 밖에 있는 음식을 원한다.	유인원은 음식을 잡을 수 없다.	유인원의 팔은 너무 짧다.	동물이 도구를 사용하여 음식물을 손에 넣는 다.
인간의 신체 내부에 있는 종양에 대한 엑스레이 치료가 필요하다.	종양 주위에 있는 세포가 해를 입기 때문에 엑스레이로는 치료할 수가 없다.	엑스레이 광선이 너무 두껍다.	엑스레이를 분산시켜 여러 각도에서 얇은 광선을 보낸다.

주: Duncker(1926)를 바탕으로 요약함.

도구로 사용할 수 있다는 것을 지각하지 못했고, Maier의 진자실험에 참여한 몇몇 피험자들은 집게를 새로운 방식으로 사용할 수 있다는 것을 알아차리지 못했다.

(3) 문제 배치

기능적 정착은 문제를 해결하는 데 있어 지각적 어려움의 한 가지 예이다. 이와 관련된 개념은 Abraham Luchins(1942)가 주장하는 **문제 배치**(problem set 혹은 Einstellung)이다. 주로 문제 배치는 사람들이 일련의 문제들을 동일한 방법으로 해결할 수 있다고 지각하는 문제해결의 경직성과 관계가 있다. 문제 배치에 대한 실험은 피험자들에게 용량이 각기 다른 3개의 물주전자를 제시하고 특정한 양을 측정하라는 것이었다. 각 문제의 해결은 어느 한 주전자에서 특정한 양의 물을 다른 주전자에 쏟아부으면 된다(〈표 3.3〉 참조).

이 실험에서 2번에서 6번까지의 문제는 배치 유도나 'E' 문제이다. 문제 7번에서 11번까지는 간단한 A－C의 방법으로 해결될 수 있기 때문에 테스트 문제이다. 7, 8, 9, 10, 11번 문제는 1번에서 6번까지 사용한 방법을 사용하면 올바르게 해결할 수 있을 것이다. 그러나 9번 문제는 B－A－2C 방법으로는 해결할 수 없기 때문에 소거(extinction) 문제이다. 9번 문제를 푸는 데 실패한 피험자들은 이전 방법을 사용하여 문제를 해결하는 것이 완전히 부적절하지만 이전 방법을 반복적으로 적용하려고 하기 때문에 경직된 행동을 하는 것으로 간주된다(Luchins & Luchins, 1959, p. 111).

Luchins는 피험자들은 1번에서 6번까지 사용한 방법을 7번에서 11번까지의 문제를 해결하는 데 적용한다는 것을 발견하였다. 1,039명의 피험자들 가운데 83%가 7번과 8번 문제에서 B－A－2C 방법을 사용했고, 그들 중 64%가 9번 문제를 해결하는 데 실패하였다(Luchins & Luchins, 1959, p. 110).

반면에 7번에서 11번까지의 문제만을 받은 970명의 피험자들 가운데 B－A－2C 방

〈표 3.3〉 물주전자 문제해결과 관련된 문제 배치(Luchins & Luchins, 1959)

	문제	해법
1. 제시된 과제	29g이 들어가는 물주전자 A와 3g이 들어가는 물주전자 B를 사용하여 20g의 물을 측정하라.	A물주전자에 물을 채워 넣은 다음, B물주전자에 세 번 쏟아붓는다. 29－(3×3)＝20 A－3B
2. 제시된 과제	21g이 들어가는 물주전자 A와 127g이 들어가는 물주전자 B, 3g이 들어가는 물주전자 C를 사용하여 20g의 물을 측정하라.	B주전자에 물을 채워 넣은 다음, A주전자에 세 번 쏟아붓는다. 그런 다음 A주전자에서 C주전자로 두 번 쏟아붓는다. B－A－2C 127－21－6＝100
3. 제시된 과제	A＝14, B＝163, C＝25를 사용하여 99g을 측정하라.	B－A－2C
4. 제시된 과제	A＝18, B＝43, C＝10을 사용하여 5g을 측정하라.	B－A－2C
5. 제시된 과제	A＝9, B＝42, C＝6을 사용하여 21g을 측정하라.	B－A－2C
6. 제시된 과제	A＝20, B＝59, C＝4를 사용하여 31g을 측정하라.	B－A－2C
7. 제시된 과제	A＝23, B＝49, C＝3을 사용하여 20g을 측정하라.	A－C*
8. 제시된 과제	A＝15, B＝39, C＝3을 사용하여 18g을 측정하라.	A＋C*
9. 제시된 과제	A＝28, B＝76, C＝3을 사용하여 25g을 측정하라.	A－C만 가능함
10. 제시된 과제	A＝18, B＝48, C＝4를 사용하여 22g을 측정하라.	A＋C*
11. 제시된 과제	A＝14, B＝36, C＝8을 사용하여 6g을 측정하라.	A－C*

주: * 표시는 B－A－2C로도 가능함.

법을 사용한 피험자는 1%도 안 되었으며, 5%만이 9번 문제를 해결하는 데 실패했다. 이처럼 특정한 방식으로 즉각 행동하도록 배치하는 것을 Einstellung라고 하였다(Luchins & Luchins, 1959).

연구자들은 전술한 실험을 약간 변형해서 초등학생에게 적용하였다. 즉, 처음 6개의 문제에 대한 해법을 쓰도록 한 다음, 7번에서 11번까지의 문제를 배포하기 전에 1번에서 6번까지의 문제를 수거하면서 7번에서 11번까지의 문제를 해결할 때는 6번까지의 문제를 해결하기 위하여 사용했던 방법을 적용하지 말라고 지시하였다.

비록 아동들은 주의사항을 들었지만 대부분 7번과 8번 문제를 풀지 못했으며, 이전 전략을 10번과 11번 문제에도 계속 적용하였다. 몇몇 아동들은 이전 방법들이 마음속에서 계속 떠올라 그것을 사용하지 않을 수 없었다고 하였다(Luchins & Luchins,

1959, p. 134).

문제를 해결하는 과정에서 무엇이 학습되었는가에 대한 다양한 대답을 찾을 수 있었다. 어떤 피험자들은 규칙의 일반화를 학습하며, 또 어떤 피험자들은 중간 크기의 주전자를 가지고 문제를 해결하는 것을 배우고, 또 어떤 피험자들은 가장 큰 주전자를 사용하여 문제해결을 시작하는 방법을 배운다. 따라서 문제해결에 대하여 융통성 없는 행동을 나타내는 이유는 하나가 아니라 매우 많다.

3) 요약

형태주의 심리학자들은 구조와 지각에 대한 연구를 학교 학습에 적용하였다. Wertheimer는 학생들이 어떤 상황이나 문제의 관련 구조를 배우는 데 작용하는 임의적(무의미) 학습과 유의미 학습을 구분하였다. 문제의 관점을 재구성하도록 도움을 주는 것이 유의미 학습을 촉진시킬 수 있다. Katona의 실험은 안내된 발견이 시각적으로 제시되는 문제에 담겨 있는 구조의 이해와 새로운 상황에 대한 전이를 촉진시킨다는 것을 입증해 주었다.

문제해결과 관련된 또 다른 이슈는 기능적 가치를 가진 해법을 찾기 위해 문제의 목표를 명확히 확인하는 것이며, 기능적 정착과 문제 배치 때문에 발생하는 어려움을 피하도록 하는 것이다. 기능적 정착은 새로운 방식으로 문제의 요소들을 볼 수 없다는 것을 의미하며, 문제 배치는 문제해결 절차에서 나타나는 경직된 행동을 의미한다.

4) Edward Tolman의 목표 지향적 행동

Tolman(1932)은 그의 이론을 형태주의 이론의 변형이라고 하면서 행동의 양적 측면을 연구하였다. 그의 연구에는 '미로를 달리는 쥐' '문제 상자에서 빠져 나오는 고양이' '저녁 식사를 위해 집으로 운전해 가는 사람' '시험지에 답을 표시하는 학생' 등이 포함되었다. 그의 이론은 목표 지향적 행동에 초점을 맞추고 있지만, Tolman은 환경에 의해서 지배된다는 의미에서 행동이라는 용어를 사용하였다. 예를 들어, 먹이를 찾아 미로를 달리는 쥐의 행동이다. 비록 쥐는 목적을 찾아 달리는 것처럼 보이지만, 쥐의 행동은 미로의 칸막이나 먹이와 같은 자극에 지배를 받는다.

(1) 학습의 과정

피험자들은 구체적인 자극-반응 연결 대신에 '기호 – 형태 – 기대'라고 하는 목표 달성에 필요한 중요한 사태를 학습한다. 예를 들어, Pavlov의 실험에 사용된 개는 종소리가 들릴 때까지 기다려야 음식이 나온다는 것을 학습한 것이다. Tolman에 따르면 피험자가 가설이라고 할 수 있는 특정한 기대를 가지고 학습상황에 직면하기 때문에 학습이 일어난다. 확증된 기대는 생존과 관련이 있다. 확증은 강화와 유사하다.

(2) 잠재학습

잠재학습(latent learning)이란 행동으로 나타나지 않고 있지만 이미 습득한 지식이다. 즉, 학습과 수행은 상호 교환적인 의미가 아니다. 후에 Albert Bandura는 학습과 수행 간의 이러한 구분을 그의 이론에 포함시켰다.

Tolman과 그의 동료들은 자극-반응 이론의 개념을 반박할 수 있는 다양한 독창적인 실험을 설계하였다. 한 실험에서 각기 다른 세 집단의 쥐들이 10일 동안 계속해서 미로를 달리도록 하였다. 첫 번째 집단의 쥐들은 미로를 통과할 때마다 음식을 획득할 수 있었지만, 두 번째 집단의 쥐들에게는 아무것도 제공하지 않았다. 세 번째 집단의 쥐들은 첫 10일 동안은 음식을 얻지 못했지만, 11일째에는 목표 상자에서 음식을 먹을 수 있었다. 실험이 끝나기 6일 전부터 세 번째 집단의 오류 비율이 급격하게 감소하였으며, 매일 도달할 때마다 음식으로 보상을 받았던 첫 번째 집단과 의미 있는 차이가 없는 것으로 나타났다(Tolman & Honzik, 1930).

Tolman(1932)은 이 실험에서 세 번째 집단은 11일째 되는 날 목표 상자에서 음식을 먹음으로써 학습되었다고 주장하였다. 즉, 미로를 달리는 것(수행)과 올바르게 미로를 달린 것에 대한 보상으로 음식을 받는 것은 학습에 반드시 필요한 요인이 아니다. 다시 말해서, 학습과 수행은 동의어가 아니다.

그러나 일부 행동주의자들은 음식을 획득할 수 없었던 쥐들에게도 강화가 제시되었다고 주장하였다. 즉, 쥐가 목표 상자에 이르렀을 때 목표 상자에서 쥐를 빼내어 주는 것이 쥐에게는 목표 상자까지 달려가는 강화자의 역할을 할 수 있다는 것이다. 이것은 또한 성공적으로 달리기를 마쳐도 음식을 획득하지 못했던 집단의 성공률이 약간 향상된 것을 설명해 줄 수 있을 것이다.

(3) 인지학습

Tolman(1932)은 피험자들이 환경에 대한 '인지지도(cognitive maps)'를 학습한다고 주장하였다. 반면에 행동주의자들은 반응이 학습된다고 주장하였다. 이처럼 전혀 다른 두 관점을 연구하기 위하여 '반응 학습자'와 '장소 학습자'라고 명명된 두 집단의 쥐를 비교하였다. 반응 학습자에게 보상으로 제공되는 음식을 매일 다른 장소에 놓아 두

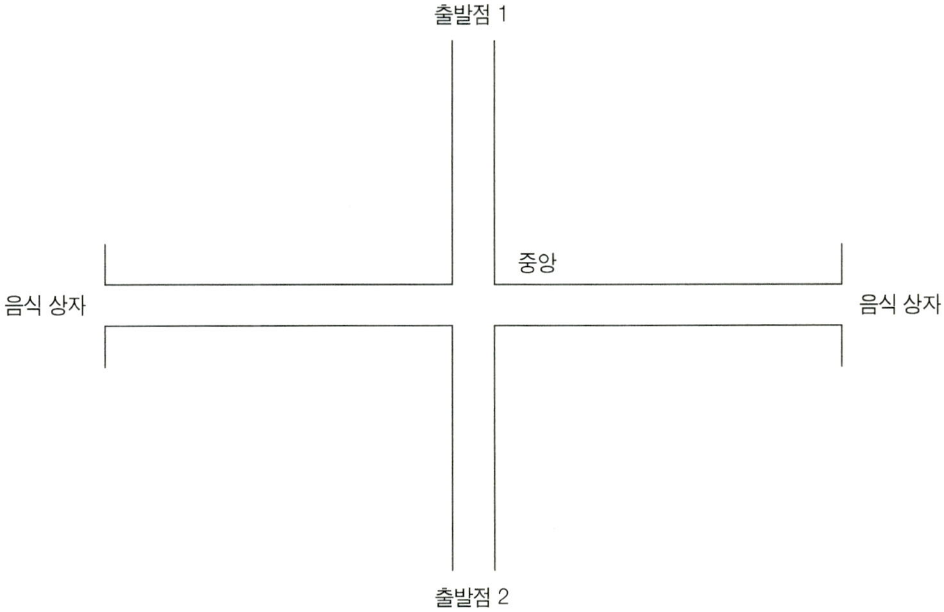

[그림 3.7] Tolman의 잠재학습 실험에 사용된, 각기 출발선이 다른 미로

었다. 이 집단의 쥐들은 항상 음식을 찾기 위해 한 방향으로만(좌측 혹은 우측) 방향을 바꾸어야 했다. 반면에 장소 학습자를 위해 제공되는 음식은 항상 동일한 장소에 놓아 두었다. 이 집단의 쥐들은 미로의 다른 지점에서 항상 출발해야 하기 때문에 음식을 찾기 위해서는 다른 통로를 찾아야만 했다([그림 3.7] 참조). 연구 결과 장소 학습자의 수행이 훨씬 우수했으며, 학습자는 환경에 대한 인지지도를 획득한다는 가설을 지지해 주었다(Tolman, Ritchie, & Kalish, 1946).

Tolman은 인지학습을 증명하기 위해 쥐를 사용한 것에 대하여 다음과 같이 주장하였다. "쥐는 실험을 실시하기 전날 밤에 횡청망청하지 않고 전쟁에서 서로 죽이지도 않으며… 정치, 경제, 심리학 연구도 하지 않는다. 쥐들은 훌륭하고 순수하며 즐거움을 준다."(Tolman, 1949, p. 166).

5) 사회심리학에의 적용

1930년대 초 형태주의 심리학자들은 사회집단 형성, 동기, 성격 등에 그들의 개념을 적용하기 시작하였다. Koffka(1935)는 지각에서의 장 조직에 관한 개념은 집단 형성에 적용될 수 있다고 주장하였다. Maier(1970)는 감독자와 종업원을 포함하여 작업장에서 어떻게 문제를 해결하는가를 연구하였다.

형태주의자들과 관련된 또 다른 이론가는 Kurt Lewin이다. 동기에 대한 그의 연구는 집단 역동성에 관심을 갖도록 하였다. 그는 각 개인이 처한 삶의 공간을 의미하는 상황을 분석하기 시작해서 행동에 영향을 미치는 심리적 요인의 상호 관련성을 분석하였다. 그의 이론의 기본 개념은 "시시각각으로 변화하는 전체적인 상황, 즉 순간적인 구조와 관련된 모든 종류의 심리적 사태(행동, 감정, 표현 등)를 결정해야 하는 심리적 행동(B), 사람의 상태(P), 심리적 환경(E)을 이해하고 예측하는 것, 즉 B= f(P, E)이다."(Lewin, 1933, p. 598) 다시 말해서, 행동이란 사람과 심리적 환경 간의 함수이다. 나중에 Albert Bandura는 사회적 맥락에서 학습을 분석하는 데 이 공식을 사용하였다.

Lewin(1942)은 또한 정보학습과 동기학습을 구분하였다. 그가 언급한 바와 같이 '경련을 일으키는 아동은 마음을 편안하게 하는 방법을 배워야 할 것'이라는 말은 영어와 공통성이 적은 '프랑스어 학습'과 매우 다르다. 따라서 우리는 이처럼 서로 다른 정보를 학습하는 과정에 동일한 법칙이 적용될 것이라고 기대해서는 안 된다(Lewin, 1936, p. 220). Lewin은 또한 지식학습과 동기학습을 구분하기 위하여 **인지구조**(cognitive structure)라는 용어를 사용하였다. 이 용어는 Tolman과 그 이후의 인지심리학자들에 의해 사용되었다.

3. 요약

20세기 전반기에 형태주의 심리학은 그 당시 심리학을 주도하고 있던 행동주의에 대한 인지적 반응으로서의 역할을 하였다. 형태주의 심리학의 주된 초점은 지각의 역동적 성질이었다. 형태주의 심리학자들은 행동주의의 분절적 요소에 대한 유의미한 대안으로 행동의 전체를 지각하는 것이 중요하다는 점을 강조하면서, 처음에는 시지각의 역동성을 설명해 줄 수 있는 여러 가지 법칙을 제안하였다.

피험자가 새로운 해법을 개발해야만 하는 인지적 문제상황은 해법을 '보기' 위해서는 자신의 지각을 재조직하는 것이 중요하다는 것을 보여 주었다. 형태주의적 관점에서 통찰이라고 부르는 개념은 특정 상황에 포함된 문제의 본질이나 구조의 핵심적 관계를 이해하는 것이다. 최근 이 용어는 특정 학문에서 새로운 발견을 했을 때 사용되기도 한다.

형태주의 심리학의 공헌에는 유의미 학습에서의 안내된 발견의 역할, 문제해결을 불가능하게 하는 형태, Tolman과 Lewin의 연구 등이 포함된다.

4. 교육적 적용

형태주의적 관점이 교육에 제기한 문제는 인간의 분명한 특성 중의 하나인 의미, 이해, 통찰이다(Wertheimer, 1991). 컴퓨터 프로그램은 문제에 대한 관련 정보를 추출하여 프로그램에 넣은 이후에야 비로소 인간의 문제해결을 모방할 수 있다. 컴퓨터는 이해된 문제만을 다룰 수 있다(Wertheimer, 1991). 컴퓨터 프로그램 개발자의 마음에만 조직, 사고, 이해가 들어 있다(p. 203). 따라서 교육은 이해와 재조직이 일어난 후에 발생한 단계보다는 조직이나 사고, 혹은 이해의 문제에 초점을 맞추어야 한다. 다시 말해서, 상황이나 문제에는 구조적으로 핵심적인 부분이 있는 반면 주변적인 요소들도 있다. 문제를 해결하기 위하여 학습에서 중요한 것은 구조적으로 핵심적인 요소를 이해하고, 그것을 주변적인 것이나 중요하지 않은 특성과 구분하는 것이다(Wertheimer, 1945).

형태주의적 관점은 학습에 대해 분명하게 정의된 원리가 부족하기 때문에 교실에 적용하기가 쉽지 않다. 대신에 형태주의 연구자들은 문제해결을 가르치는 데 필요한 일반적인 원리를 제안하였다. 첫째, 구체적이고 실제적인 상황과 관련된 문제나 학습과제를 제시해야 한다(Wertheimer, 1945). 예를 들면, 직사각형의 면적을 구하는 문제는 서로의 땅을 교환하기를 원하는 두 농부에 관한 이야기 형태로 제시할 수 있을 것이다(p. 272). 즉, 교사는 학생들이 다룰 문제의 합당한 상황을 제시해 주어야 한다. 그런 다음 필요할 경우 협동적 도움을 제공해야 한다.

둘째, 문제해결 과정에서 제공되는 도움은 절차를 단순히 반복하거나 그대로 답습하도록 해서는 안 된다. 대신에 교사는 학습자들이 문제에 대한 관점을 다시 조직하고 부적절하고 부정확한 관점(기능적 고착)을 극복하는 데 도움을 줄 수 있는 힌트와 같은 안내된 발견을 제공해야 한다. 교수의 목표는 학생들이 기능적 가치를 가진 해법을 발견하는 것이다. 즉, 기본적인 어려움을 다루는 해법은 문제에 의해 제기된다. 학습이 실제로 일어났는지에 대한 검사는 관련된 문제와 과제를 해결(전이의 원리)할 수 있는지의 여부를 통해서 가능하다(Cox, 1997; Wertheimer, 1945). 만일 학생들이 단지 일부 단계만 암기한다면 유사한 문제상황에 직면해서도 그것이 유사하다는 것을 인식하지 못하고, 따라서 문제를 해결할 수 없을 것이다.

셋째, 학생들이 일련의 단순한 단계를 학습함으로써 문제를 해결할 수 있는 진부한 문제를 제시해서는 안 된다. 이것은 문제 배치라고 알려진 어려움을 유발시킬 수 있다.

형태주의 이론가들이 제안한 문제 배치와 통찰이라는 개념은 현대 인지심리학자들에 의해서 계속 연구되고 있다. 문제 배치(스테레오 타입)는 적절한 기술을 가지고 있지만 하나의 전략만 사용하기를 고집하는 학습자에게서 볼 수 있다(Kaplan & Davidson, 1988). 그러나 생각을 숙성시키는 시간은 종종 비생산적인 연합을 약화시킨다. 또한 일부 연구자들은 학생들이 창의적인 해법을 요구하는 문제를 해결하는 과정에서 어려움에 직면했을 경우, 통찰을 유발시킬 수 있는 힌트나 자기 성찰의 시간을 제공하는 것이 바람직하다고 주장한다(Seifert, Meyer, Davidson, Patalano, & Yariv, 1995).

5. 행동주의와 형태주의 이론의 비교

초기 행동주의와 형태주의 이론은 학습에 관한 철학적 관점, 검증 방법, 실생활에의 적용 등에서 차이가 있다. Thorndike는 그의 습관 형성 이론을 학교 교과를 분석하는 데 적용하였고, Watson은 Albert의 공포반응을 조건화했으며, 형태주의 이론가들은 문제해결을 연구하였다.

이 기간의 이론들이 기여한 것은 고전적 조건형성을 정서적 반응에 적용한 것과 효과적인 처벌 방법을 제안한 것, 그리고 문제해결에서의 안내된 발견의 역할과 지각에서 조직의 중요성을 강조한 것 등이다. 그러나 1930년대 중반에 들어서 행동주의와 형태주의 이론은 모두 과도하게 확장되었다. 각각의 관점은 모든 학습을 설명할 수 있는 단 하나의 포괄적인 이론을 개발하려고 하였다(〈표 3.4〉 참조).

1940년대 초 행동주의와 형태주의적 관점 간의 갈등은 비생산적이라는 비판을 받았다. 이러한 비판은 두 가지 측면에서 제기되었다(McConnell, 1942). 첫째, 각 관점이 사용한 용어가 관점 간의 차이를 확대시켰다. 예를 들어 '통찰'이나 '연결'이라는 용어는 극단적인 학습의 과정을 기술한 것이다. 또한 이론가들이 기술한 학습의 과정에는 과제 곤란도라는 요인이 포함되어 있다. 과제가 너무 어렵다면 학습자는 상황의 관련성을 세울 수 없기 때문에 시행착오를 할 수 밖에 없을 것이다. 대조적으로 과거의 경험과 같은 요인이 작용하는 비교적 쉬운 과제에 대해서는 빠르고 정확하게 반응할 수 있을 것이다. 따라서 형태주의 심리학자들이 주장하는 통찰은 어떤 의미에서 동일 요소를

〈표 3.4〉 행동주의와 형태주의 이론의 비교

주요 특징	행동주의	형태주의 이론
기본 가정	학습은 요소 간의 결합을 형성하는 것이다.	개인은 통일되고 유의미한 전체로 반응한다. 따라서 학습은 감각 장을 조직하고 재조직하는 것이다. 전체는 요소와는 다른 발현적 속성을 가지고 있다. Tolman의 주장에 따르면 학습은 본질적으로 행동을 유도하는 인지지도를 습득하는 것이다.
전형적인 실험	(a) **시행착오**: 쥐의 미로 달리기, 동물의 우리 탈출 (b) **정서적 혹은 반사적 반응**: 함께 제공되는 자극	(a) **재조직**: 문제를 해결하기 위해서는 재구조화가 필요한 상황에 피험자를 배치한다. (b) 출발점과 보상 조건이 다른 미로를 동물들이 달리도록 한다.
학습 공식	(a) 자극－반응－보상 (b) 정서적 반응: 자극 1＋자극 2＝반응	자극－조직－반응의 형태

통한 전이라고 할 수 있을 것이다(McConnell, 1942, p. 26).

둘째, 실험적 맥락이 서로 다르기 때문에 학습을 각기 다르게 설명했을 수 있을 것이다. 과제는 정확한 반응을 하기 위하여 요구되는 발견의 양에 따라 분류될 수 있다. 예를 들어 기계적 학습(rote learning)은 단순한 조건형성 실험으로 설명되지만, 복잡하고 비구조화된 상황은 과거 경험에 대한 학습자의 재조직과 적절한 행동 양상의 발견을 필요로 한다(McConnell, 1942).

중요한 것은 Thorndike의 이론이 엄격한 행동주의적 관점이 아니라는 것이다. 그의 관점에서 아이디어 간의 연결은 지식의 주요 부분이 된다.

1950년대 후반에 이르러 모든 것을 포괄할 수 있는 이론을 개발하려는 관심이 퇴조하기 시작하였다. Hilgard(1964)는 이러한 경향을 고찰하면서 포괄적인 이론 간의 '대논쟁'이 이제는 종식되었다고 주장하였다.

6. 생각해 볼 문제

1. Katona(1940)는 임의적 혹은 무의미한 학습과 유의미 학습을 구분하였다. 그것의 예를 제시해 보라.
2. 수학 수업 중에 학생들은 조금씩 다른 방식으로 제시된 문제를 해결할 수 없다고

종종 불평한다. Wertheimer에 따르면 학생들이 어려워하는 이유는 무엇인가?

3. Katona(1940)는 '안내된 발견' 방법을 사용하는 것이 성냥개비 문제와 같이 특정한 문제를 해결하는 데 성공적이라고 한다. 형태주의 이론에 따르면 이러한 방법이 왜 효과적인가?
4. "130명의 학생들이 현장학습을 기다리고 있다. 버스 1대에 50명을 태울 수 있다면 몇 대의 버스가 필요한가?"라는 문제에 대해 학생들은 소수점을 사용하여 대답하는 것이 불합리하다는 것을 인식하지 못한 채 소수점을 사용하여 대답하는 경우가 종종 있다. Silver(1986)는 숫자를 특정한 크기로 나눌 것을 요구하는 교육과정 때문에 이러한 오류가 발생한다고 한다. 이 현상에 대한 형태주의 이론의 설명은 무엇인가?
5. 형태주의 심리학자들이 사용하는 통찰의 문제는 특정한 교과 영역에서 발생하는 통찰과 어떠한 차이가 있는가?

참고문헌

Ansburg, P. I., & Dominowski, R. L. (2000). Promoting insightful problem solving. *The Journal of Creative Behavior, 34*(1), 30-60.

Baars, B. J. (1986). *The cognitive revolution in psychology*. New York: Guilford.

Blau, E. (1990, March 26). Making math come alive on television. *New York Times*, p. C18.

Cox, B. D. (1997). The rediscovery of the active learner in adaptive contexts: A developmental-historical analysis of transfer of training. *Educational Psychologist, 32*(1), 41-55.

Csikszentmihalyi, M., & Sawyer, K. (1995). Creative insight: The social dimension of a solitary moment. In R. J. Sternberg & J. E. Davidson (Eds.), *The nature of insight* (pp. 329-363). Cambridge, MA: MIT Press.

Duncker, K. (1926). A qualitative (experimental and theoretical) study of productive thinking (solving of comprehensible problems). *Pedagogical Seminary, 33*, 642-708.

Duncker, K. (1945). On problem solving. *Psychological Monographs, 58* (Whole No. 270).

Gick, M. L., & Lockhart, R. S. (1995). Cognitive and affective components of insight. In R. J. Sternberg and J. E. Davidson (Eds.), *The nature of insight* (pp. 197-228). Cambridge, MA: MIT Press.

Gruber, H. E. (1981). On the relation between the "Aha! experiences" and the construction of ideas. *History of Science, 19*, 41-59.

Gruber, H. E. (1995). Insight and affect in the history of science. In R. G. Sternberg and J. E. Davidson (Eds.), *The nature of insight* (pp. 397-432). Cambridge, MA: MIT Press.

Hadamard, J. (1949). *The psychology of invention in the mathematical field*. Princeton, NJ: Princeton University Press.

Hartmann, G. W. (1942). The field theory of learning and its consequences. In N. B. Henry (Ed.), *The 41st yearbook of the National Society for Study of Learning, Part II. The Psychology of Learning* (pp. 165-214). Chicago: University of

Chicago Press.

Hilgard, E. R. (1964). Postscript: Twenty years of learning theory in relation to education. In E. R. Hilgard (Ed.), *Theories of learning and instruction. The sixty-third yearbook of the National Society for the Study of Education* (pp. 416-481). Chicago: University of Chicago Press.

Hilgard, E. R. (1987). Perspectives on educational psychology. In J. A. Glover & R. R. Ronning (Eds.), *Historical foundations of educational psychology* (pp. 425-429). New York: Plenum.

Hilgard, E. R. (1996). History of educational psychology. In D. C. Berliner & R. C. Calfee (Eds.), *Handbook of educational psychology* (pp. 990-1004). New York: Macmillan Library References.

Kaplan, C. A., & Davidson, J. E. (1988). *Hatching a theory of incubation effects.* (Tech. Rep. No. C.I.P. 472). Pittsburgh: Carnegie Mellon University, Department of Psychology.

Katona, G. (1940). *Organizing and memorizing.* New York: Columbia University Press.

Katona, G. (1967). *Organizing and memorizing: Studies in the psychology of learning and teaching.* New York: Hafner.

Koffka, K. (1935). *Principles of Gestalt psychology.* New York: Harcourt Brace.

Köhler, W. (1928). Chapter VII. Intelligence in apes; Chapter VIII. An aspect of Gestalt psychology. In C. Murchison (Ed.), *Psychologies of 1925* (pp. 145-195). Worcester, MA: Clark University Press.

Köhler, W. (1929). *Gestalt psychology.* New York: Horace Liveright.

Lehar, S. (2003). *The world in your hand: A Gestalt view of conscious experience.* Mahwah, NJ: Erlbaum.

Lewin, K. (1933). Environmental influences. In C. Murchison (Ed.), *A handbook of child psychology* (2nd ed., pp. 590-625). Worcester, MA: Clark University Press.

Lewin, K. (1936). *Principles of topological psychology.* New York: McGraw-Hill.

Lewin, K. (1942). Field theory of learning. In N. B. Henry (Ed.), *The psychology of learning: The forty-first yearbook of the National Society for the Study of Education, Part II* (pp. 215-242). Chicago: University of Chicago Press.

Luchins, A. S. (1942). Mechanization in problem solving: The effect of Einstellung. *Psychological Monographs, 54* (Whole No. 248).

Luchins, A. S., & Luchins, E. H. (1959). *Rigidity of behavior: A variational approach to the effects of Einstellung.* Eugene, OR: University of Oregon Books.

MacGregor, J. N., Ormerod, T. C., & Chronicle, E. P. (2001). Information processing and insight: A process model of performance on the nine-dot and related problems. *Journal of Experimental Psychology: Learning, Memory, and Cognition, 27,* 176-201.

Maier, N. R. F. (1931). Reasoning in humans II. *Journal of Comparative Psychology, 12,* 181-194.

Maier, N. R. F. (1970). *Problem solving and creativity in individuals and groups.* Belmont, CA: Brooks/Cole.

McConnell, T. R. (1942). Reconciliation of learning theories. In N. B. Henry (Ed.), *The psychology of learning. The forty-first yearbook of the National Society for the Study of Education* (pp. 371-401). Chicago: University of Chicago Press.

Murphy, G. (1949). *Historical introduction to modern psychology.* New York: Harcourt, Brace, and World.

Ohlsson, S. (1992). Information-processing explanations of insight and related phenomena. In M. T. Keane & K. J. Gilhooly (Eds.), *Advances in the psychology of thinking, Vol. 1* (pp. 1-203). London: Harrester.

Ormerod, T. C., MacGregor, T. N., & Chronicle, E. P. (2002). Dynamics and constraints in insight problem solving. *Journal of Experimental Psychology: Learning, Memory, and Cognition, 28*(4), 791-799.

Schooler, J. W., Fallshore, M., & Fiore, S. (1995). Epilogue: Putting insight into perspective. In R. J. Sternberg & J. E. Davidson (Eds.), *The nature of insight* (pp. 559-587). Cambridge, MA: MIT Press.

Sekular, R. (1996). Motion perception: A modern view of Wertheimer's 1912 monograph. *Perception, 25*, 1243-1258.

Seifert, C. M., Meyer, D. E., Davidson, N., Patalano, A. L., & Yariv, I. (1995). Demystification of cognitive insight: Opportunistic assimilation and the prepared-mind perspective. In R. J. Sternberg & J. E. Davidson (Eds.), *The nature of insight.* Cambridge, MA: MIT Press.

Silver, R. (1986). Using conceptual and procedural knowledge: A focus on relationships. In J. Hierbert (Ed.), *Conceptual and procedural knowledge: The case of mathematics* (pp. 181-198). Hillsdale, NJ: Erlbaum.

Simonton, D. K. (1995). Foresight in insight? A Darwinian answer. In R. J. Sternberg & J. E. Davidson (Eds.), *The nature of insight* (pp. 466-494). Cambridge, MA: MIT Press.

Smith, S. M., & Blankenship, S. E. (1991). Incubation and the persistence of fixation in problem solving. *American Journal of Psychology, 104*, 61-87.

Steinman, R. M., Pizlo, Z., & Pizlo, F. J. (2000). Phi is not beta, and why Wertheimer's discovery launched the Gestalt revolution. *Vision Research, 40*, 2257-2264.

Tolman, E. C. (1932). *Purposive behavior in animals and men.* New York: Appleton-Century-Crofts.

Tolman, E. C. (1949). There is more than one kind of learning. *Psychological Review, 56*, 144-155.

Tolman, E. C., & Honzik, C. H. (1930). Introduction and removal of reward, and maze performance in rats. *University of California Publications in Psychology, 4*, 257-276.

Tolman, E. C., Ritchie, B. F., & Kalish, D. (1946). Studies in spatial learning, II. *Journal of Experimental Psychology, 36*, 221-229.

Tse, P. U. (1998). Illusory volumes from conformation. *Perception, 27*(8), 977-994.

Tse, P. U. (1999). Volume completion. *Cognitive Psychology, 39*, 37-68.

Wallas, G. (1926). *The art of thought.* New York: Harcourt Brace & Jovanovich.

Watson, R. I. (1963). *The great psychologists* (4th ed.). Philadelphia: Lippincott.

Wertheimer, M. (1912). Experimentelle studien über das Schen von Bewegung. *Zeitschrift für Psychologie, 61*, 161-265.

Wertheimer, M. (1938). Laws of organization in perceptual forms. In W. Ellis (Ed.), *A source book of Gestalt psychology* (pp. 71-88). New York: Harcourt Brace.

Wertheimer, M. (1959). *Productive thinking.* New York: Harper. (Original work published in 1949.)

Wertheimer, M. (1991). Max Wertheimer: Modern cognitive psychology and the Gestalt problem. In G. A. Kimble, M. Wertheimer, & C. White (Eds.), *Portraits of pioneers of psychology* (pp. 189-207). Hillsdale, NJ: Erlbaum.

Part Ⅱ

주요 동향

초기 행동주의자와 형태주의 심리학자들은 각각 모든 학습을 설명할 수 있는 하나의 포괄적인 이론을 세우려고 노력했지만, 1940년대에 들어서자 시들하게 되었다. 또한 2차 세계대전 중에는 군인들을 효과적으로 훈련시키기 위한 프로그램 설계의 필요성이 중요한 과제로 새롭게 대두되었다. 그 후 1950년대 후반부터 1990년대까지는 사회와 학교의 변화에 따라 학습에 대한 새로운 역할과 이론과 연구에 대한 새로운 문제가 제기되었다. 제4장은 1950년대에서 1980년 중반까지 나타난 네 가지 주요 동향을 간략하게 설명한다. 제5장은 1990년대의 관심사인 뇌 영상 테크닉과 인지신경과학 분야를 논의한다.

제 4 장

이론과 연구에 미친 영향

> 이론은 소위 '세상'이라는 것을 잡는 그물이다. 즉, 세상을 합리화하고 설명하며 숙달한다. 우리는 그물망을 더 섬세하게 만들기 위해 노력한다. (Popper, 1968, p. 59)

20세기 후반에 일어난 사회적 변화는 이론과 연구에 몇 가지 영향을 미쳤다. 1950년대에는 소비에트 연방과의 냉전관계 속에서 팽배하던 패배의 두려움이 있었고, 1960년대에는 컴퓨터와 고속 정보처리가 등장했으며, 1980년대 초에는 학습에 영향을 미치는 개인적 요소와 사회적 요소의 중요성을 인식하게 되었다.

또한 1980년대 후반에는 일반적으로 구성주의로 불리는 다양한 철학적 신념과 교육적 신념이 나타났다. 이런 신념은 교과목의 성격이나 교실에서의 상호작용의 성격을 재개념화하였으며, 1990년대에 들어서면서 교육정책에 반영되었다.

1. 이론의 확장

1950년에서 현재까지를 세 시기로 나누어 설명할 수 있다. 첫 번째는 1950년에서 약 1975년까지로, 실험실 연구에서 수업과 관련된 연구로 전환된 시기이다. 두 번째는 1970년대 중반에서 약 1990년으로, 인지심리학의 부흥기이다. 세 번째는 1980년대 중반부터 현재까지로, 학습에서의 사회적・문화적・개인적 요소가 주목을 받게 된 시기이다.

1) 실험실에서 교실로 전환(1950~1975)

이 시기의 두 가지 주요 흐름은 교수심리학(instructional psychology)의 등장과 B. F.

Skinner의 행동주의의 영향이다.

(1) 교수심리학의 등장

2차 세계대전 시기의 군대 훈련에는 실험실에서 개발된 기존의 학습 개념으로는 설명하기 힘든 복잡한 과제를 포함하고 있었다. 공군 전투병, 무전병과 장비 수리병에 대한 훈련이 그 예가 된다(Gagné, 1962). 보다 명확히 말하면 강화, 분산된 연습, 반응 친숙성같이 그 당시 널리 알려져 있던 학습원리로는 성공적인 학습을 이끌어 내지 못했다(Gagné, 1962). 대신에 주제의 배열 순서와 과제 난이도를 고려해서 교수설계를 했을 때 학습 효과가 나타났다(Gagné, 1962). 이러한 개념은 후에 Robert Gagné의 학습의 조건이론의 기초가 되는 기술의 위계성으로 발전되었다(제7장 참조).

교수연구가 군대 훈련에서의 필요성에 의해 시작되긴 했지만 1950년 후반까지 관심을 받지 못하고 있다가, 1957년에 구소련이 스푸트니크호 우주선을 성공적으로 발사하는 사건이 일어나자 큰 관심을 받게 되었다. 미국 국민들은 냉전 적대국에게 기술적으로 패배한 것을 국가 교육 시스템의 실패로 받아들였다. 국제적인 권력 갈등이 커지면서 자유 사회의 학문과 기술 업적의 보호자로서 교육의 역할이 확대되었다.

스푸트니크호 발사는 미국의 교육과정을 개혁하는 데 필요한 막대한 자금을 모으는 발단이 되었다. 사실에 대한 암기식 학습은 사고 계발과 발견 학습 중심으로 대체되었다. 수학, 과학, 외국어 교과가 국가 안보를 위한 핵심적인 과목으로 설정되고 중점적으로 개발되었다.

교육과정 개발에 새로운 관심을 갖게 됨에 따라 교과내용 전문가, 심리학자, 사회과학자, 교육자들도 관심을 받게 되었다. '순수한' 실험실 연구보다 권위가 떨어지는 것으로 인식되던 교실학습에 대한 연구의 위치가 공고하게 되었다.

연구자들은 사고 기술을 위한 교육과정 재설계의 문제에 직면하고, 또 한편으로는 우주공학의 정밀성에 영향을 받아서 교수공학의 필요성을 인식하게 되었다. 그러한 교수공학은 학습이론을 교육 현장에 적용하도록 하였다(Bruner, 1964; Hilgard, 1980 참조). Jerome Bruner(1960)는 효과적인 교실수업을 설계하기 위한 원리를 설명하는 교수이론의 필요성을 주장하였다. Bruner(1964)의 관점에서 보면, 학습이론은 서술적인 반면에 교수이론은 처방적이다.

교육과정을 재설계하기 위한 노력의 결과는 원래 기대했던 것만큼 크지 않았다. 하지만 교수연구는 새롭게 주목을 받아 심리학의 새로운 영역으로 자리를 차지하는 결과를 낳게 되었다. 1969년에는 교수심리학(Gagné & Rohwer, 1969 참조)으로 소개되어 교육자, 교육과정 설계 팀, 심리학자, 사회학자 등의 관심을 통합시키게 되었다.

비록 교수이론이 교실에 적용시킬 수 있는 연구를 주도하지 못했지만, 학습이론가들은 교실수업에 대해 언급하기 시작했다. 교실에 적용시킬 수 있는 네 가지 이론이 이 시기에 주목을 받았다. 가장 유명한 것이 B. F. Skinner의 조작적 조건형성(제6장 참조)이다. 그 밖에 Robert Gagné의 학습의 조건(제7장), Jean Piaget의 인지발달 이론(제10장), 그리고 Jerome Bruner의 교육과정 개발의 인지적 접근이 있다.

(2) Jerome Bruner의 인지발달 관점

1960년대에 하버드 대학 인지 연구소(Harvard Center for Cognitive Studies)의 소장이었던 Jerome Bruner(1964)는 교육과정 설계에서의 인지발달 접근을 제안했다. John Dewey와 마찬가지로, Bruner는 지식인을 가설을 검증하고 일반화를 개발하면서 환경과 상호작용하는 문제해결자라고 정의했다. 그러므로 교육의 목적은 지적 발달이어야 한다. 게다가 교육과정은 질문과 발견 과정을 통한 문제해결 기술의 개발을 육성시켜야 한다.

Bruner는 인지발달의 정도를 세 수준 혹은 단계로 설명했다. 첫 번째는 지식을 행동으로 표상하는 **동작적**(enactive) 단계이다. 이 단계에 있는 아동은 그 절차를 설명할 수는 없지만 자신의 자세를 조정해서 평균대 위에서 평형을 유지할 수 있다. 두 번째 단계는 **영상적**(iconic) 단계로 영상을 시각적으로 요약할 수 있다. 이 단계의 아동은 평균대를 그림이나 표로 나타낼 수 있다. 가장 발달한 세 번째 인지발달 단계는 **상징적 표상**(symbolic representation) 단계로서 경험을 나타내기 위해 단어와 상징을 사용한다. 이 단계에 있는 학습자는 받침점, 저울대의 길이, 그리고 균형을 잡을 무게의 개념들을 사용하여 저울대의 조작을 설명할 수 있다.

그러므로 교과내용은 아동이 세상을 보는 방법, 즉 동작적으로, 영상적으로, 상징적으로 표현되어야 한다. 교육과정은 기술이 숙달되고 숙달된 기술이 더 강력한 기술을 숙달할 수 있는 기초가 될 수 있도록 설계되어야 한다(Bruner, 1966, p. 35). 따라서 개념 조직이라고 할 수 있는 교과내용의 기본 구조가 확인되어 교육과정 개발을 위한 기초로 사용되어야 한다. Bruner(1964, p. 33)는 이러한 방법으로 모든 교과목은 학습자의 발달 단계에 관계없이 지적으로 정직하게 가르치는 것이 가능하다고 주장하였다. 나선형 교육과정으로 불리는 이 조직은 Bruner가 개발한 사회 과목 교육과정인 'Man: A Course of Study'에 나와 있다.

Bruner(1961)는 발견학습을 '자신의 정신을 사용해서 스스로 지식을 획득하기'(p.

22)로 정의를 내리고 발견학습을 강조했다. 발견학습에는 새로운 정보의 획득이 꼭 요구되는 것은 아니며, 오히려 학생들이 새로운 통찰을 개발할 수 있게 하는 재조직이나 전환이 필요하다. Bruner(1961)에 의하면 발견학습의 장점은 ① 학생들이 전략적인 질문을 하고, 형식과 규정을 찾아 내고, 인내하는 능력이 증가하고, ② 성공적으로 과제를 완성하는 것에서 강화를 받게 되며, ③ 발견하기 위한 어림법(heuristics)을 학습하게 되고, ④ 기억을 효율적으로 사용하게 된다.

마지막으로, Bruner(1990)는 문화가 심리학의 중심적 개념이 되어야 한다고 주장했다. 개인이 문화에 참여하고 개인의 정신 능력이 문화를 통해 실현되기 때문에 문화는 개인 혼자만으로는 불가능한 인간 심리학의 발달을 가능하게 한다(p. 12). 특히 중요한 것은 Bruner(1990)가 '민속심리학(folk psychology)'이라고 말한 문화의 결정적인 특성이다. 간단히 말하면, 민속심리학은 사람들이 자신과 타인, 그리고 자신이 살고 있는 세상에 대한 관점을 조직하는 문화적으로 형성된 개념으로 구성된다(p. 137). 따라서 개인의 문화를 이해하지 않고는 그 개인을 이해할 수 없다.

(3) Skinner의 행동주의의 영향

다른 심리학자들과는 달리 B. F. Skinner는 심리학 분야 밖에서도 이름이 알려져 있다. 그는 2차 세계대전 후 유일하게 「Time」 잡지의 표지에 나온 심리학자이며, 1975년 미국 대학생들을 대상으로 한 조사에서 가장 유명한 미국 과학자로 선정되었다(Gilgen, 1982, p. 97).

Skinner는 1945년 「Ladies' Home Journal」에 air crib(공기 유아용 침대)로도 잘 알려진 그의 발명품과 baby tender(아기 지킴이)를 발표함으로써 처음으로 일반인들의 인기를 얻게 되었다(Rutherford, 2003, p. 2). 아기 지킴이는 Skinner의 둘째 딸을 위해 개발된 것으로, 아기가 거추장스러운 이불이나 담요 없이 잘 수 있도록 하기 위해 머리 부분을 플랙시 유리(Plexiglas)로 만들어서 온도와 습도가 조절될 수 있게 했다.

그는 또한 일반 지식인들을 위해 세 가지 책을 썼다. 『Walden Two』는 유토피아 사회에서의 삶을 묘사했고, 『Beyond Freedom and Dignity』는 그의 행동 관리 기법을 사회적 공학 기술에 적용시켰으며, 『Beyond Behaviorism』에서는 그에 대한 비판에 대답하고 그의 개념을 일상생활에 연관시켰다. 『Walden Two』에서 Skinner는 물리학이나 생물학의 발전만으로는 환경오염, 빈민가 생활의 위험, 인구 팽창, 핵전쟁 같은 문제에 대한 해결책을 제시하지 못한다고 주장했다. 대신에 사회의 발전을 위해서는 인간 행동에 대한 이해가 우선해야만 한다고 주장하였다(Dinsmore, 1992, p. 1456).

Skinner의 조작적 조건형성의 두 가지 중요한 교육적 적용과 임상적 적용은 프로그램 교수법과 행동 관리이다.

프로그램 교수법. 교육과정 개혁이 추진되고 있을 무렵, Skinner는 교실에서 사용할 수 있는 교수기계(teaching machine)를 개발했다. 이것을 개발한 목적은 교수를 더 효과적으로 하고 학습을 더 성공적으로 하도록 하는 것이었다(Rutherford, 2003, p. 7).

프로그램 교수법은 교사의 중재 없이 학습 속도를 독립적으로 조절할 수 있도록 구성되어 있다. 내용은 간단한 것에서 시작해서 어려운 것 순서로 되어 있고, 학생들은 계속해서 제시되는 미완성 문장에 반응하도록 되어 있었다. 제6장 말미에 형태소에 대한 프로그램 교수법이 예로 소개되어 있다.

프로그램 교수법을 구성하는 교수기계와 자료는 교육공학 운동의 한 구성요소가 되어 널리 사용되었다. 그러나 프로그램 교수법 운동은 약 1957년에서 1965년까지 10년도 지속되지 못했다. 프로그램 교수법을 사용해서 교육을 개선시키려고 했지만 프로그램 교수법은 세 가지 문제점이 있었다. 하나는 언론이 주로 제기한 문제로, 기계에 의한 교육의 비인간화에 대한 우려였다(Rutherford, 2003, p. 9). 두 번째는 교수기계가 인기를 얻게 되면서 그 기본적인 설계 원리를 이해하지 못하는 사람들이 비효과적인 프로그램을 산출해 낸 것이다. 세 번째는 교수기계의 사용이 불편하다는 것이었는데, 고속 컴퓨터가 등장하면서 교수기계는 결국 사라지게 되었다.

행동 관리. **행동 수정**(behavior modification)이란 용어는 1967년 「Psychological Abstracts」에 처음으로 등장했다(Gilgen, 1982). 행동 수정은 조작적 조건형성 원리에 기초한 행동 관리를 뜻하며, 구체적으로는 적절한 행동에 대한 강화물의 조작을 말한다.

1960년대와 1970년대에 행동 변화를 위한 프로그램들이 임상적, 제도적, 교육적으로 다양한 상황에 적용되었다. 학교, 기업체, 병원, 상담소, 형무소와 행정부처 등이 이에 포함된다. 그 프로그램들은 **응용행동 분석**(applied behavioral analysis), **행동 수정**, **연계성 관리**(contingency management) 등으로 불리었다. 어떤 프로그램들은 적절한 행동을 강화하기 위해 토큰을 사용했는데 토큰을 모아서 나중에 자신이 원하는 것으로 교환할 수 있도록 했으며, 이것을 **토큰 경제**(token economies)라고 하였다.

최근에는 인지에 대한 출판이 주요 심리학 간행물을 지배하고 있다. 하지, 행동 분석의 스승인 B. F. Skinner(Pierce, 1996)가 죽은 후에도 행동 분석은 계속적으로 번성하고 있으며, 행동주의 연구 방법은 연구자들이나 임상 전문가들이 인간 행동을 기술하고 연구하기 위해 계속적으로 널리 사용하고 있다(Robins, Gosling & Craik, 1999, p. 4).

2) 인지심리학의 등장(1975~1990)

심리학에서 행동주의가 정점에 이르러 있는 동안에, 연구는 관찰 가능한 반응의 분석과 그것과 관련된 환경적 조건에 중점을 두었다. 정신 사태에 대한 관심이 사라지지는 않았지만 정신 사태는 심리학의 주변에 머물렀다. 흥미 있는 것은 인지심리학이 부활하게 된 주요 원인과 지원이 다른 영역에서 나왔다는 것이다(Leahey, 1992, p. 314). 하나는 2차 세계대전에 시작된 의사소통 연구에서는 학습자를 복잡한 정보처리 체제로 간주하였다. 매우 복잡한 장비와 관련된 훈련 문제에는 인간 조작자의 지각, 판단, 의사결정 과정 등이 있다. 이미 기초 과학의 기본 개념이 된 **정보**(information)라는 용어가 심리학에서 주요 주제로 자리를 잡게 되었다.

두 번째로 중요한 영향을 미친 것은 고속 컴퓨터의 발달이다. 일정한 지시(논리적, 수학적, 혹은 자연 언어적)에 따라 움직이는 기계는 내적 과정을 관찰이 가능하도록 구체화시켜 주기 때문에 그러한 내적 과정에 대한 연구도 정당성을 갖게 되었다. 예를 들어, Newell과 Simon(1961)은 컴퓨터 작동을 적용시켜 인간의 문제해결 모델을 개발했다. 또한 컴퓨터가 상징을 처리하고 변환하고 정보를 저장하는 능력에서 인간 기억의 정보처리 모델을 유추해 냈다. Donald Broadbent가 1958년에 제안한 기억 모델에는 감각등록기, 단기기억, 장기기억이 포함되어 있다.

세 번째 영향은 심리언어학에서의 Noam Chomsky(1957)의 업적으로서, 그는 언어처리 과정을 '법칙 따르기(rule-following)'로 설명하는 것을 정당화시키는 데 공헌했다(Greenwood, 1999). Ulric Neisser(1967)의 저서 『인지심리학(Cognitive Psychology)』에 나타난 것을 보면, 1960년대 말까지 심리학은 인지과학으로서 영향력 있는 자신의 목소리를 갖지 못했다(Leahey, 1992, p. 314). 비록 Jerome Bruner를 비롯한 여러 사람들이 지각과 인지를 강조했지만, 정보처리 모델이 정신과정의 지배적인 관점이 되었다. Bruner(1990)는 인지심리학의 초점이 자신과 자신의 세계를 구성하고 의미를 부여하는 것이 아니라고 지적했다. 즉, '의미' 대신에 '정보', 그리고 의미를 구성하는 것 대신에 정보를 처리하는 것이 중심이 되었다.

어떤 논의에서는 이 기간을 인지혁명의 시기로 설명한다. 하지만 Leahey(1992)는 인지심리학의 도래를 혁명이라고 하기에는 부족한 점이 많다고 주장했다. 구체적으로 말하자면, 혁명이라고 부르려면 다음과 같은 조건을 충족시켜야 한다. ① 기존의 지배적인 세계관으로 설명이 되지 않는 변칙이나 문제가 위기를 일으키고, ② 출현하는 세계관이 그 문제에 대한 새로운 해결법을 제시하며, ③ 출현하는 세계관이 중요한 비판을 받아 타당성이 입증되고 다른 관점들을 새로운 아이디어로 전환시킬 수 있어야 한다. 이 조건들에 비추어 볼 때, 먼저 행동주의는 통일된 세계관이 아니었다. 행동주의자들 중에는 오직 행동만 연구해야 한다고 주장하는 사람들(예: Skinner)도 있고, 자극과 반응 간의 과정을 중재하는 매개 변인을 연구해야 한다고 주장하는 사람들(예: Hull)도 있었다.

둘째, 조건형성이 생물학적인 제한을 극복하지 못한다는 예외적인 상황에 직면했다고 해서 행동주의의 원리가 폐지되지 않았다(Greenwood, 1999, p. 2). 셋째, 행동주의가 생물학적 제한이나 다른 변칙들을 설명할 수가 없기 때문에 인지심리학이 출현하게 된 것이 아니었다. 그것보다는 심리학이 아닌 다른 분야의 발달이 새로운 가능성과 문제를 제시했기 때문에 인지심리학이 등장한 것이다. 즉, 인지심리학은 행동주의를 우회하고 이론적 중심과 설명의 정통한 대상으로 인지적 상태와 과정에 초점을 맞추었다는 것이다(p. 13). 다시 말해서, 심리학의 역사는 혁명이 아니라 연구의 관례에 대한 이야기이다.

3) 학습에서 사회적 · 문화적 · 개인적 요소의 등장(1980~현재)

학습에 대한 초기 연구들은 종종 실험실 상황에서 학습자에게 자극이나 과제를 제시했다. 그리고 이런 연구에서 추론된 결과를 교실과 다른 상황에 적용시켰다. 그러나 실험실과는 다른 자연 상황에서의 양상에 초점을 맞춘 관점들이 등장하기 시작했다. 이런 관점에 따른 이론 중에서 20세기 후반에 명성을 얻게 된 이론은 Lev Vygotsky의 문화-역사적 이론, Albert Bandura의 사회인지 이론, 그리고 기타 동기이론들이다(〈표 4.1〉 참조)

20세기 초에 Lev S. Vygotsky가 개발한 이론이 미국에는 최근에야 다시 소개되었다. 문화-역사적 이론으로 불리는 이 이론은 Bruner가 주장했던 관심사와 같은 관점을 가지고 있다. Vygotsky 이론은 학습의 성격을 결정하는 두 가지 광범위한 문화적 요소를 설명한다. 하나는 특정한 문화가 개발한 부호와 상징이 어떻게 그 문화의 구성원들의 사고에 영향을 주는가에 대한 설명이다. 또 하나는 개인 발달에서 개인이 속한 문화 속에 지식을 갖고 있는 구성원들과의 사회적 상호작용이 어떠한 역할을 하는가에 대한 설명이다.

Vygotsky 이론은 개인의 인지발달에 있어서 문화적 부호와 상징의 역할을 설명한다. 그러나 Bandura(1977)의 이론은 친사회적 행동과 반사회적 행동의 학습에서 모델

〈표 4.1〉 1950년에서 2000년까지의 주요 사건

연대	연도	사건	연도	사건
1950				
	1956	Broadbent의 인간 기억 모델		
	1957	소비에트 연방의 스푸트니크호 발사		
			1958	Newell과 Simon의 인공 지능
1960				
	1960~1969	교육과정 재설계	1960	Bruner가 교수이론 주창
	1960~1963	미국 교육계에 Piaget의 개념 소개됨	1961	Skinner가 교수기계의 중요성 기술
	1965	Gagné의 학습의 조건		
	1967	Neisser의 『인지심리학』 출판		
	1968	Skinner의 『교수공학』 출판		
1970				
	1970~1975	인간 기억에 대한 여러 가지 모델 제안	1970	Piaget가 심리학자들을 위해서 주요 개념을 요약함
			1971	Bandura의 사회학습이론이 소개됨
			1972	Weiner의 귀인이론이 소개됨
	1977	Gagné가 정보처리를 포함시켜 그의 이론을 확대시킴		
1980				
	인지 처리에 대한 연구가 주류			
	1984	상보적 교수법에 Vygotsky 개념 적용		
	1985	인지심리학이 전략 교수와 초인지 강조	1985	학습에서의 사회적, 문화적 요소들이 주요 관심사가 됨
1990				
	1990~1994	다양한 구성주의자 교육과정이 실시됨		
	1995	신경과학에 관심을 갖게 됨		
2000				
	동기이론이 교실에서의 학습을 설명함			

의 중요성을 분석하였다. 즉, 관찰자는 자연적인 상황에서 모델과 모델의 행동을 관찰함으로써 새로운 행동의 학습을 하게 된다. Bandura(1986)는 이후에 학습에 있어서 자기 효능감의 역할을 탐구했다. 구체적으로, 지각된 자기 효능감이란 노력을 해서 특정한 과제를 성공적으로 해낼 수 있다는 학습자의 믿음이다.

학습자의 자기 효능감은 도전적이거나 어려운 과제를 시도하는 개인의 동기에 영향을 준다. 동기이론들이 언급하는 다른 요소들로는 개인의 성공 기대, 개인이 부여하는 과제의 가치, 목적 지향과 성공과 실패에 대한 지각된 원인 등이 있다. 이런 이론들에

대해서는 제13장에서 논의된다.

(1) 요약

20세기 후반에 세 가지 흐름이 이론의 발전과 연구를 주도했다. 첫 번째는 교수심리학으로 2차 세계대전 중에 복잡한 과제를 훈련시킬 수 있는 교수설계의 필요성에 대한 반응으로 나타났으며, 스푸트니크호의 성공적 발사 이후에 시작된 교육과정 재설계의 일부로 계속되었다. 이 기간 동안에 Gagné의 학습의 조건, Piaget의 인지발달 이론, Bruner의 교육과정 개발 모델, 조작적 조건형성의 교실수업에의 적용과 행동 관리 등이 개발되었다.

행동주의에 대한 실망으로 1970년대 후반에는 두 번째 흐름인 인지심리학이 등장하게 되었다. 원래 목적은 '정신'을 다시 인간과학에 가져오는 것이었다. 하지만 커뮤니케이션 연구와 고속 컴퓨터 발달의 영향으로 인지 운동의 중심은 정보처리로 옮아갔다. 1980년대에는 초보자와 전문가 지식, 초인지와 같은 정보처리와 관련된 문제들을 연구하기 시작했다.

1980년대 초에 들어서면서 세 번째 흐름인 사회적 · 문화적 · 개인적 요소들이 학습 연구에 소개되었다. 이런 주제를 다룬 세 가지 이론은 Vygotsaky의 문화-역사적 이론, Bandura의 사회인지 이론, 동기의 인지/정서이론이다.

2 구성주의자의 신념

구성주의라는 용어가 요즈음 철학, 사회학, 교육학적 논의에 등장한다. 그러나 이런 학문들과 그 학문 내의 여러 학파들은 구성주의라는 용어를 여러 가지로 상황에 따라 다르게 정의하고 있다(Bredo, 2000, p. 128). 또한 구성주의는 과학적 지식의 구성, 아동 지식의 발달, 그리고 지식과 현실의 관계와 같은 문제들을 설명하기 위해 여러 수준에서 사용되었다(p. 128). 교육적 논의에서는 특정한 구성주의 개념을 기초로 한 교실 전략들이 제안되고 있다.

최근의 구성주의를 크게 두 가지 영역으로 나누어 설명할 수 있다. 하나는 역사적으로 축적되어 온 인간 지식의 학문 분야나 학문 조직의 성격이다(인식론). 즉, 물리학의 성격, 미적분학의 성격, 혹은 미국 역사의 성격은 무엇인가이다. 구성주의의 두 가지 영역 중 다른 하나는 교육적 실천에 대한 신념에 관한 것이다(교육적 구성주의)(Phillips, 2000a, p. 6). 이런 영역들에는 각각 중도적인 관점도 있고 극단적인 관점도 있지만, 특정한 철학적 지향과 교육적 실천의 성격에 대한 신념 간에는 관련성이 없는 것 같다. 예를 들어, Thomas Kuhn은 과학에 대해서는 구성주의자 관점을 가지고 있었지만 교수법에서는 구성주의를 반대했다(Matthews, 2000, p. 163). 다시 말해서, 지식의 성격에 대해서는 특정한 구성주의자의 관점을 받아들이면서도 교실수업에서는 구성주의와 다른 방법을 지지할 수 있다. 마찬가지로, 교실수업에 대해서는 구성주의를 주장하는 사람들도 구성주의를 정당화하는 방법이 다양할 뿐만 아니라, 철학적으로 구성주의자가 아닐 수도 있다(Phillips, 2000b, p. 18).

여기에서는 구성주의자들이 주장하는 지식의 본질에 대한 신념, 교육적 실천에 대한 신념, 그리고 구성주의의 양상에 대한 우려에 대해 살펴볼 것이다.

1) 지식의 본질

지식의 본질에 대한 구성주의자의 관점은 사회적 구성주의자(social-constructivist)의 관점으로 설명할 수 있다. 즉, 사회적 구성주의자들은 특별히 강조하는 점에 따라서 외적 실체가 신념을 형성하는 데 작용하는 역할을 크게 감소시키거나 아예 무시하기도 한다. 대신에 그들은 지식 생산에 있어서 사회적 과정의 중요성을 강조한다(Phillips, 1997, p. 85). 또한 과학과 수학에 대해 집중적으로 논의하며, 그 중에서도 과학에 더 초점을 맞추고 있다(Phillips, 2000a, p. 30). 물리학을 예로 들면, 사회적 구성주의자들은 물리학이 인간에 의해 어느 정도 구성된 것인지 혹은 외적 세계가 물리학에 반영된 정도를 설명한다.

Latour(1992)는 과학의 성격에 대해 어떤 관점을 가지고 있느냐에 따라 대략적으로 사회적 구성주의 집단을 세 가지로 분류했다. 보수적인 관점에서 보면 과학은 사회로부터 자유롭지만, 여전히 사회적 요소가 과학에 스며들고 있으며 과학의 발달에 영향을 미치고 있다. 이와 반대로, 진보주의자들은 사회적 관계가 지식을 '일부' 구성하지만 결국 자연이 '스며든다'(Latour, 1992, p. 276, Phillips, 2000a, p. 10에서 인용)고 말한다. 이 두 관점과는 달리, 가장 논쟁을 불러일으키고 과학과 과학 교육의 성격에 중요한 시사점을 제시하고 있는 관점이 급진적인 사회적 구성주의이다(Phillips, 1997a, 2000a, Slezak, 2000).

(1) 급진적인 사회적 구성주의자 관점

급진적인 구성주의는 다른 사회적 구성주의와 다르게 지식이 전적으로 사회적 관계에서 구성되는 것으로 본다. 〈표 4.2〉에 나타나 있듯이, 자연 세계에 있는 대상은 외적으

〈표 4.2〉 과학에 대한 급진적인 사회적 구성주의자의 전제

1. 자연계에 있는 대상은 현실적이거나 객관적인 것이 아니며, 독립적으로 이미 존재하는 것도 아니다. 대상은 우리의 의문에 의해 구성되는 것이다(Woolgar, 1988, p. 94).
2. 그러므로 과학적 이론의 아이디어들이 실세계를 설명하거나 기술하지 않는다. 대신에 그것들은 특정한 담화 공동체의 '수사학적인 업적'이다(Woolgar, 1988, p. 26). 즉, '지식은 자연을 있는 그대로 반영하려는 노력이 아니라 담화와 사회적 관습'이다(Rorty, 1979, p. 171; Gergen, 1994 참조).
3. 과학적 이론은 과학이 출현하는 사회적 환경을 반영한다. 과학적 이론이란 그 지역 상황이 가지고 있는 사회적인 힘, 관심사, 그리고 다른 역사적 양상들에서 나온 산출물이다(Woolgar, 1988, p. 95; Bloor, 1976 참조).

로 이미 존재하는 현실의 일부가 아니다. 대신에 대상은 탐구하는 과정에서 사람에 의해 구성된다. 다시 말해서 원자, 분자, 쿼크(quark, 역자 주: 하드론의 구성요소로 여겨지는 입자)는 인간이 구성한 것이다. 그것들은 사회의 힘, 관심, 지역 상황의 역사적인 특성의 산출물로서 사회적으로 만들어진 것이다(Woolgar, 1988; Bloor, 1976).

급진적인 사회적 구성주의(radical social constructionism)에서는 언어를 한 문화가 가지고 있는 지식의 축적이라고 말한다(Gergen, 1995, p. 23). 또한 언어가 가지고 있는 의미는 특정한 공동체의 사회적 상호 의존성을 통해 형성된다(Gergen, 1995, p. 24). 예를 들어, 분자라는 실체는 '계속되는 관계 상황 속에서만 그것을 의미하는' 단어를 통해 구성된 것이다(Gergen, 1995, p. 49). 다시 말해서, '과학적인 영역(scientific enclaves)'은 대상, 과정, 혹은 사태를 설명하기 위해 어떤 설정(configuration)을 선택하거나, 어떤 상황에 어떤 언어를 적용할지에 대한 합의를 이루어 냄으로써 '담화의 세계'를 형성한다(p. 50).

비판. 학자들은 급진적 사회 구성주의에 대해 몇 가지 중요한 문제점을 지적했다. 첫째, 사회 구성주의자의 관점은 과학의 산출을 둘러싸고 있는 피상적인 사회 현상(예: 제도 정치)의 효과를 설명하는 전형적인 사회학 연구를 초월한다(Slezak, 2000, p. 96). 대신에 사회 구성주의자 관점은 이론의 인지적 내용을 설명하려고 한다(Phillips, 1997, p. 93; Slezak, 2000, p. 96). 그러나 사회적 환경이 특정 이론에 포함될 내용을 결정한다는 주장이 암시하는 것은 만일 사회가 달랐다면 Issac Newton이 역입방체 중력법칙(inverse cube law of gravitation)을 명료하게 설명할 수 있었을 것이라는 비논리적인 추론을 이끌어 낸다(Slezak, 2000. p. 98).

두 번째, 급진적 사회 구성주의는 이론의 개발과 입증을 위한 기준으로 논리나 과학적 혹은 물리적인 증거에 의존하지 않는다(Phillips, 1997, p. 93; Matthews, 2000;

〈표 4.3〉 급진적 사회 구성주의의 과학 교육에 대한 시사점

1. 지식이 임의의 관습에 대한 합의만으로 되어 있다면, 교육은 보편화된 관심사와 일치하는 아이디어만 다루어야 한다(Slezak, 2000, p. 91).
2. 지식은 합의만으로 되어 있기 때문에 학생들의 논리적, 비판적 사고력을 계발하기 위해 노력할 필요가 없다(Slezak, 2000, p. 93).
3. 이론에 대한 논리, 증거, 그리고 다른 인정된 기준들은 이론의 지위와 관련이 없기 때문에 어떤 이론들은 오류나 신뢰성 여부를 판단할 수 없다(Slezak, 2000, p. 93). 그러므로 어떤 한 인종이 우수하다는 Hitler의 관점이 과학적 진리의 왜곡이라고 가르칠 만한 근거가 없다(Slezak, 2000, p. 94).
4. 증거와 이론 사이의 장벽이 교육정책을 확인하기 위해 이념, 집단 이기심, 혹은 단순히 '좋은 것이 좋다'고 하는 여지를 남긴다(Matthews, 2000, p. 169).

Slezak, 2000). 예를 들어, 경사진 평면을 굴러 내려가는 공이 Galileo와 그 후의 수많은 물리학자들에 의한 관찰된 방법으로 움직이지 않았다면 물리학의 내용은 사회적 환경에 관계없이 달랐을 것이다(Phillips, 1997, p. 95).

급진적 사회 구성주의에 대한 네 가지 비판은 과학 교육에 다음과 같은 시사점을 준다. 첫째, 만일 지식이 사회적 관습의 산출물이라면 아이디어는 사회적 합의에 대한 순응을 반영할 것이다(〈표 4.3〉 참조). 따라서 Albert Einstein의 빛, 물질, 에너지, 시간 간의 상대성 이론과 같은 개인적인 창의성이나 천재성이 이 틀에서는 설명될 수 없다.

둘째, 많은 사람들이 사회적 생존에 중요하다고 생각하는 독립적인 비판적 사고가 더 이상 필요하지 않다. 셋째, 특정한 이론의 오류나 신뢰성 여부를 평가할 수 있는 토대나 과학적 과정을 파괴하는 이론의 효과를 감소시키는 근거가 없다. 마지막으로, 아이디어를 받아들이는 기준으로 합의에 의존하는 것은 교육정책을 확인하는 데에 이념이나 집단 이기심이 작용하도록 한다.

요약. 지식의 성격에 대한 구성주의자의 관점은 지식 산출을 많이 감소시키거나 외적 실체의 역할을 무시한다. 어떤 관점은 과학적 지식의 발달을 사회적 요소와 자연의 영향의 혼합으로 간주한다. 따라서 많은 논의가 과학과 수학 분야에 초점을 맞추어 왔다.

급진적 사회 구성주의자의 관점에서 지식은 완전히 사회적 과정의 산출물이다. 대상은 사회적으로 가공된 것이고, 특정한 담론(덩이글, discourse) 공동체와 과학적 이론의 수사학적인 성취는 단순히 그것들이 출현하는 사회적 환경을 반영한다. 급진적 사회 구성주의자 관점은 지식 구성에서 언어를 강조한다. 다시 말해서 세상을 묘사하는 과제는 인지적 과정이라기보다는 언어적 과정이다.

학자들은 급진적 사회 구성주의에 대한 몇 가지 중요한 문제점을 지적했다. 하나는

만일 사회가 다르다면 특정한 과학자가 다른 이론을 개발했을 것이라는 비논리적인 결론을 내리도록 유도한다는 것이다. 두 번째, 논리적 추론과 과학적·물리적 증거가 어떤 이론의 인정 여부를 결정하는 기준이 아니라는 것이다. 과학 교육에서 만일 지식이 사회적 관습의 산물이라면, 교육은 유행하는 관심사에 따르는 아이디어만을 다루어야 할 것이다. 또한 학생들의 비판적 사고 기술을 계발시킬 필요가 없고 이론의 거짓이나 신뢰성 여부를 판단하기 위한 근거가 없으며, 교육정책이 집단 이기주의에 의해 결정될 수 있다는 것이다.

2) 교육적 구성주의

교육에서 구성주의가 출현한 배경에는 세 가지 중요한 요인이 있었다. 하나는 정보처리 이론에 대한 불만이었다. 정보처리 이론에 대한 비판으로는 ① 개인의 일상 능력이나 일상생활 속의 문제, 상황 등을 고려하지 않고 학습을 설명하면서 컴퓨터 은유를 '너무 많이 팔았다'(Bredo, 1994)는 점과, ② 학습의 전달(transmission) 모델(Marshall, 1996)에 문제가 있다는 것이다. 즉, 일부 구성주의자들은 정보처리 이론은 학습자를 기존의 지식을 받아들이는 수동적인 그릇으로 간주하다고 비판한다(O'Connor, 1998).

구성주의에 관심을 갖게 하는 데 공헌한 다른 두 가지 요소는 ① 학생들은 서로 관련이 없거나 상황과 무관한 기술을 습득하고 있어서 배운 것을 현실적으로 적용시킬 수 없다는 점에 대한 우려와, ② Vygotsky의 문화-역사적 이론에 대한 관심이다. Vygotsky 이론의 기본적인 전제는 문화적 상황, 특히 부호와 상징이 실체에 대한 아동의 관점을 형성한다는 것이다. 더구나 이런 상징들은 또한 자기 조정된 주의집중과 개념적 사고(언어적, 수학적) 같은 고등 인지기능을 계발하는 중요한 심리적 도구로 사용될 수 있다.

학문의 성격을 다루는 구성주의자들의 관점과 마찬가지로, 교육적 구성주의에도 일치된 하나의 관점이 있는 것이 아니다. 교육적 구성주의에는 여러 영역에서 다양한 이론적 관점이 있고 교실에 대한 생각도 다양하다. 그러나 교육적 구성주의자들이 공통적으로 가지고 있는 신념은 학습자란 자신의 지식에 대한 능동적인 구성자라는 것이다.

세 가지 중요한 교육적 구성주의로는 개인적 구성주의, 사회적 구성주의와 무철학적 구성주의가 있다.

(1) 개인적 구성주의

급진적 사회 구성주의와 마찬가지로, 개인적인 구성주의는 인간이 모든 지식을 구성한다고 주장한다. 즉, 합리적인 인간 지식으로는 실재(reality)에 접근할 수 없다(von Glaserfeld, 1995). 대신에 실재는 '우리가 일상생활에서 의존하는 사물들의 망과 관계'로 구성되어 있다(p. 7).

또한 급진적 사회 구성주의와 달리, 개인이 지식을 만들고 개념을 구성한다. 따라서 개인적으로 구성된 관점이 다른 사람의 관점보다 덜 '정확'하다고 말할 수 없다. 그러나 개인적인 관점은 여러 사람들이 합의한 규준(예: 지구는 태양 주위를 공전한다. 지구는 평평하지 않다.)에 얼마나 일치하느냐에 따라서 일부 판단될 수 있다. 개인적 구성주의는 또한 급진적 구성주의의 한 유형으로 분류되고 있으며(von Glaserfeld, 1991, 1995), 대표적인 지지자는 Ernst von Glaserfeld이다.

개인적 구성주의는 원래 Jean Piaget의 인지발달 이론에서 나왔다. 그러나 Piaget의 관점과 von Glaserfeld의 관점의 주요한 차이는 Piaget 이론은 외적 실재의 존재를 인정한다는 것이다. 더 나아가 Piaget 이론은 어린 아동, 학령기 아동과 청소년이 세상을 이해하기 위한 전략을 현실에 맞게 조절하는 사고의 변화에 초점을 두고 있다. 두 관점 간의 두 번째 중요한 차이점은 Piaget는 추론과 논리적 사고의 발달에 초점을 둔 반면에, 개인적 구성주의는 교실 과제에 초점을 두고 있다는 것이다.

그러나 최근에는 Piaget 이론의 두 가지 원리가 개인적 구성주의 관점에 의해 지지를 받고 있다. 그 두 가지 원리는 ① 학습은 개인의 마음속에서 일어나는 내적인 과정이다. ② 학습과정의 핵심은 개인의 사고가 도전을 받을 때 일어나는 인지적 갈등과 반성이다(더 상세한 내용은 제10장 참조). 교사의 역할은 Piaget 이론에서와 마찬가지로 각 학생들에게 적절한 사고 방법에 대한 모델을 개발하고, 아동의 사고방식에 도전을 줄 수 있는 상황을 고안하며, 학생들로 하여금 현재 자신이 가지고 있는 사고 양식 속에서 일관성을 탐색하도록 돕는 것이다(Confrey, 1985). 그러나 학생들에 의해서 이루어지는 재구성이란 특정한 주제와 관련이 있는 구체적인 정보를 의미한다.

학습과정에서의 강조점은 외적 실재에 대한 순응에 있지 않다. 대신에 "자신에게 맞고 유용한 스키마를 학습자가 스스로 구성하는 것"(Driver, 1995, p. 387)이 중요하다. 학습의 목적은 교사의 말과 행동을 정확하게 복사하는 것으로부터 학생이 자신의 경험을 바탕으로 교사의 말과 행동을 성공적으로 재조직하도록 하는 데 있다(von Glaserfeld, 1987, 1995).

또한 학습자는 '전통적인 과학'의 모델과 개념도 학습해야 한다(Driver, 1995, p. 395). 즉, 교사는 학생들이 경험을 통해 발견할 수 없는 과학의 전통을 소개해야만 한다. 교사는 전통적인 과학을 소개하기 위해 '객관적인 과학적 사고를 할 수 있도록 학생들의 추론을 이끌어낼 수 있는' 질문을 개발해야 한다(p. 397).

(2) 사회적 구성주의

사회적 구성주의자의 신념은 개인적 구성주의와 세 가지 점, 즉 지식의 정의, 학습의 정의, 학습의 소재에서 차이가 있다(〈표 4.4〉 참조). 즉, 사회적 구성주의자는 교실이란 지식을 개발하는 과제의 책임을 맡고 있는 공동체라고 본다. 더 나아가, 그들은 지식과 지식을 생산하는 활동을 분리해서 생각하지 않는다(Bredo, 1994; Dewey & Bentley, 1949). 그러므로 지식은 교류적(transactional)이다. 학습은 사회적으로 구성되며 공동 참여자들 간에 배분된다. 그런 상황에서 학습자의 역할은 스스로 발전하는 실습(practices) 시스템에 참여하는 것이다(Cobb & Bowers, 1999). 예를 들어 수학은 객관적인 지식으로 간주되는 것이 아니라, 개인이 다른 사람들과 공유하는 적극적인 구성으로 간주된다(Wood, Cobb, & Yackel, 1995, p. 405). 그러므로 몇 달에 걸친 교실학습은 학습자가 속한 공동체 내에서 스스로 발전하는 수학적 실습의 순서에 따라 분석될 수 있다. 예로서, 갓 입학한 1학년 학생들은 그 주에 남은 날들을 결정하기 위하여 여러 가지 계수법을 사용할 수 있으며, 2학기가 되면 세 자리 숫자 문제를 설명하는 방법을 논의할 수 있을 것이다(Cobb & Bowers, 1999).

사회적 구성주의는 개인과 공동체의 구체적인 관계, 학습목표의 성격, 그리고 언어의 역할 등을 어떻게 보느냐에 따라 그 형태가 다양하다. 예를 들어, 가장 뚜렷한 논지를 가지고 있는 한 형태의 사회적 구성주의자 관점은 "교실의 사회적 상황 속에서 일어나는 학생들의 수학적 발달을 설명하기 위해"(Cobb & Yackel, 1996, p. 176) 개발되었다. Paul Cobb(1994)에 의하면 이 이론은 개인적 구성주의 이론과 사회적 구성주의 이론의 협응으로 설명될 수 있다. 따라서 이 관점에서는 사회적 상황과 개인적 상황을 모두 고려하여 학습을 사회적(집단적) 관점과 개인적 관점으로 분석한다. 예를 들어,

〈표 4.4〉 사회적 구성주의자의 신념

지식에 대한 정의	학습자가 속한 특정한 교실이나 학습자가 참여하는 상황에서 나온 산출. 즉, 산출을 만들어낸 기회와 활동으로부터 분리할 수 없는 일련의 탐색을 통해 나타난 결과물(Bredo, 1994; Dewey & Bentley, 1949).
학습에 대한 정의	실습 공동체의 구성원이 되는 과정에서 사회적으로 공유되는 인지(Lave, 1991). 즉, 맥락, 지식, 의미를 구성하고 재조성하는 사회적 상호작용(Marshall, 1996).
학습의 소재	학습은 개인의 마음에 한정되지 않는다(Marshall, 1996). 즉, 참여자의 공동체 속에서 학습이 발생하며 공동 참여자들 간에 배분된다(Bredo, 1994).

사회적 규준(담화의 규칙)은 교사와 그의 2학년 학생들이 자신의 해결 방법을 설명하고 정당화하고, 다른 사람들의 설명을 이해하려고 하고, 제안된 대안들에 대해 질문하는 과정에서 서로 타협이 된다(Cobb & Bowers, 1999). 개인적 관점에서의 분석은 아동이 학교에서 일반적인 수학 활동을 하는 데 가지고 있는 수학에 대한 신념이나 자신의 역할과 타인의 역할에 대한 신념을 다룬다(p. 177).

이 관점은 교실에서의 수학 학습과 교수를 이해하기 위해서는 인지적 과정이나 사회적 과정 모두 고려되어야 한다는 신념에 기초한다(Wood et al., 1995, p. 401). 즉, 인지적 활동에 대한 설명과 사회적 과정에 대한 분석을 독립적으로 생각할 수 없다는 것이다. 또한 수학 학습과 교수는 사회적 과정에 영향을 받기 때문에 인지과정 이상의 것이다. 다시 말해서, 수학은 '사회적, 문화적 과정에 의해 제한을 받는 인지적 활동일 뿐만 아니라, 적극적으로 개인들을 인식하는 특정한 공동체에 의해 구성되는 사회적 현상'(p. 402)으로 보아야 한다.

Bredo(1994)가 신마르크스주의라고 말한 또 다른 관점은 Jean Lave(1991; Lave & Wenger, 1991)의 도제(apprenticeship) 관점이다. 최근 자본주의 사회에서는 찾아보기 힘든 개인이 기술을 연마하고 장인 정신을 깨우칠 수 있는 조건을 예로 들면서, Lave(1991)는 상황적 사회 실습(situated social practice) 혹은 상황학습(situated learning)에 대한 연구를 제안하였다. 마야족의 산파와 서아프리카의 재단사들이 실제적인 예가 될 수 있다. 그런 상황에서의 중요한 특징은 개인이 처음에는 주변적인 과제에 참여하다가 점차적으로 과제에 완전히 참여하게 된다. 즉, 점진적으로 공동체에 침수(immersion)되는 것이다. 또한 학습은 설명 없이 진행된다(Lave, 1991).

상황적 사회 실습에는 인간 인지의 두개골 안과 밖에 존재하는 엄격한 지식의 경계는 없다고 주장한다(Lave, 1991, p. 68). 대신에 안다는 것은 **실습하는 사람들과 관계를 유지하는 것**이다. 사회적 실습이 이루어지는 공동체의 사회적 조직과 정치적 경제 그 자체는 재생산, 변형, 변화의 과정이다(Lave & Wenger, 1991, p. 122). 전형적인 비형식적이고 단순한 기능을 다루는 도제 상황에서도 초보자가 특정한 영역의 지식을 개발하게 할 수 있도록 특별하게 설계된 사회적 활동이 가능하다(Ernst, 1995, p. 471). 이런 방법으로 이 접근은 형식적인 교육제도에 적용시킬 수 있다.

사회적 구성주의자는 자신들의 접근을 교실수업에 적용하면 발견학습의 대안이 될 수 있다고 생각한다(Wood et al., 1995, p. 404). 한 가지 차이점은 구성주의 수학 교사는 각기 다른 개념적 수준에 있는 학생들에게 개인적으로 의미 있는 상황들을 만들어 주는 것이다(p. 407). 아동들은 짝이나 소그룹 속에서 문제를 해결하는 자신의 방법을 개발한다. 교실에서 또한 필요로 하는 것은 ① 특정한 문제에 대한 자신의 접근을 설명하고 정당화하기, ② 다른 사람들의 설명에 귀 기울이고 이해하려고 애쓰기, ③ 다른 사람들의 설명에 대해 동의하는지 동의하지 않는지 혹은 이해 못하는지 말로 표현하기 등이다(p. 411). 이런 방법으로 아동들은 공동사회의 수학적 실습에 참여하고 공헌하게 된다. 즉, 그들은 짝수와 같은 개념을 2개의 똑같은 정수로 나머지 없이 나눌 수 있는 수라는 것을 스스로 구성한다(Ball & Bass, 2000, p. 217).

몇몇 교육자들(예: Packer & Goioechea, 2000)은 학습을 사회적 상황학습으로 보는 관점을 구성주의자라고 해서는 안 된다고 주장한다. 상황을 사회적인 상황으로 제한해서 보게 되면 사회적 참여, 관계와 활동 환경의 특성에 초점을 맞추게 되기 때문이다. 더 중요한 것은 사회적 상황학습에서는 지식이 질적으로 다르고 더 진보적으로 적절한 수준에서 구성된다는 점을 강조하지 않는다는 것이다(p. 227). 그러므로 이 주장에 따르면 사회적인 상황학습은 사회적 구성주의라기보다는 사회 문화적 접근으로 보는 것이 타당하다.

(3) 무철학적 구성주의

지식의 본질에 대해 아무런 가정을 설정하지 않는 구성주의자 접근은 무철학적(aphilosophical) 구성주의로 분류할 수 있다. 무철학적 구성주의에는 적어도 세 가지 하위 그룹이 있다. 그 중 하나는 "학생 중심의, 적극적이고 탐구적이며 진보적인 뜻으로 '구성주의자'라는 이름을 단순히 사용하는"(Matthews, 1997, p. 8) 교육자들이다.

다른 두 가지 하위 그룹은 구성주의를 학생이 글을 읽고 쓸 때 의미를 만드는 방법을 뜻하는 것으로 해석한다. 아마도 가장 잘 알려져 있는 것은 총체적 접근이며, 그 중에서도 특히 '총체적 언어(whole language)'가 널리 알려져 있다(Au, Mason, & Scheu, 1995; Poplin & Stone, 1992). 교사들은 학생의 학습 요구를 충족시키기 위해 학생을 자극하는 진정한 상황을 조성함으로써 학습을 위한 촉진자가 되어야 한다. 다시 말해서, 총체적 언어 접근에 포함된 신념은 문자로 표현하는 언어를 포함해서 모든 형태의 언어는 그것이 사용되는 상황에서 가장 쉽게 학습된다는 것이다. 그러므로 문식성(literacy) 개발은 기능적인 방법으로 언어를 사용하는 활동과 학생 개인적으로 진정으로 문식성을 개발할 수 있는 상황에 완전히 들어가는 것이 필요하다.

교실에 초점을 둔 세 번째 구성주의자 접근은 독자가 글을 읽거나 작가가 글을 쓰는 일을 '글을 읽거나 글을 쓰면서 의미를 만들고 조형하고 정교화하는' 것으로 기술한다(Spivey, 1995, p. 313). 예를 들어, 같은 텍스트라도 독자의 관점과 독자의 목적에 따라 다른 의미를 가질 수 있다. 글을 읽는 도중에 나타나는 구성적 과정에는 제시된 글과 관련된 내용을 선택하고, 조직하고, 독자의 사전지식에 연결시키는 일들이 포함된다(Spivey, 1987). 글을 쓰면서 작가는 글 속의 단서에서 독자가 찾을 수 있는 잠재적 의미를 고려한다. 즉, 작가는 독자가 무엇을 알고 있고 무엇을 알고 싶어하는가를 미리 생각하면서 글을 쓴다. 다시 말해서, 글을 쓰는 것은 마지막 텍스트에서 생성되는 의미에 초점을 두는 구성주의자 과정이다.

(4) 문제점

최근 몇몇 교육자들은 학생들이 집단 참여를 통해 지식을 구성하는 사회적 구성주의자 교실에 대해 우려의 목소리를 높였다. Howe와 Berv(2000)는 협력학습(collaborative learning)이 'A'음을 학습하는 것과 같은 과제에는 부적절하다고 주장하였다. Matthews(1997)는 학생들에게 지식을 전달하지 않고서 수백 년 넘게 인간 정신에 의해 만들어진 복잡한 개념적 스키마의 지식을 아동이 개발한다는 것에 의구심을 나타냈다(p. 12). 또한 그는 잠재적 에너지, 돌연변이, 선형 관성(linear inertia), 혹은 원자가 등과 같은 개념을 교사가 그림을 보여 주거나 설명을 해 주지 않는다거나 혹은 다른 개념들과의 관계에 대해 설명하지 않고서는 학생들이 스스로 의미를 구성할 수 없을 것이라고 주장했다(p. 13).

두 번째 우려는 능력이 부족한 학습자나 다른 문화에서 온 학습자들에게 어려움이 있다는 것이다. 구체적으로, 그들은 참여하기 위한 지식과 기술이 부족하기 때문에 참여 구조는 그들에게 장벽이 될 수 있다(Cobb & Bowers, 1999; Delpit, 1988). 마찬가지로, 명시적이라기보다 암시적인 수업으로 진행되는 참(authentic)과제에 의존하는 것은 학습에 어려움이 있는 학생들의 인지적 능력에 부담이 될 수 있다(Foorman, Francis, Fletcher, Schatschneider, & Mehta, 1998).

세 번째는 교실 안과 밖에서 제기되는 도전에 직면해 있는 교사들에게 부담이 된다는 점이다. Windschitl(2002)은 교사에게 갈등을 일으키는 점을 크게 네 가지로 나누어 설명하고 있다. 즉, 개념적(구성주의의 기초에 대한 이해), 교수법(용인된 학문적 아이디어에 충실하면서 스스로 생각하려는 학생들의 노력도 인정하기), 문화적(구성주의자 규범에 따라 신념과 실천을 전달하면서 각 학생의 지식과 경험을 활용하기), 정치적 갈등(책무성의 문제와 이해를 위한 수업과의 타협하기)이다(p. 133).

교사는 교실 내에서 발견의 요구와 효율적인 이해 간의 균형을 추구하고 학생의 활동에 개입할 시기와 개입 여부를 매순간 민감하게 판단해야 한다(Palinscar, 1998;

Perkins, 1999). 어떤 관찰자들은 교사들이 도전적인 질문을 하지 않는 경우가 있으며 (Howe & Berv, 2000, p. 38), 비논리적이고 일관성이 없는 것을 무시하고 있다고 지적한다(MacKinnon & Scarff-Seatter, 1997). 다시 말해서, 사회적 구성주의자 교실은 지적 기준과 협동해서 의미를 만들어 나가려는 책임성을 갖춘 담화 공동체를 만드는 교사의 기술을 필요로 한다(Green & Gredler, 2002). 관찰해 보면 학습과 성공의 기회는 사회적 규범과 지적 기준을 세우는 교사의 기술에 따라 다르다고 한다(Cobb & Bowers, 1999; Palinscar, 1998).

요약. 교육에서 구성주의가 출현한 데 공헌한 세 가지 중요한 요소가 있다. 그것은 정보처리 모델에 대한 불만족, 학생들이 실세계에 적용할 수 없는, 상황과 동떨어진 기술을 습득하고 있다는 데에 대한 우려, 그리고 Vygotsky의 문화-역사적 이론에 대한 관심이다. 교육과 관련된 구성주의에는 세 가지 유형이 있다.

개인적 구성주의는 모든 지식은 인간이 구성하는 것이라고 본다. 개인이 지식을 생산하고 개념을 구성하며, 각각의 관점들은 합의하에 용인된 규준에 따라 일부 판단될 수 있을 뿐이다. 교실 상황에서 개인적 구성주의는 두 가지 Piaget 원리를 지지한다. 즉, 학습은 내적 과정이라는 것과, 인지적 갈등과 반성은 자신의 사고에 대한 도전에서 나온 결과라는 것이다. 교사의 역할은 각 학생이 아이디어를 보는 방법에 대한 적절한 모델을 개발하고, 학생들로 하여금 자신의 아이디어에 대해 질문하고 숙고하도록 하는 상황을 고안하는 것이다. 이러한 활동의 목표는 학생들이 자신의 경험에 따라 지식을 성공적으로 재조직하도록 하는 것이다. 그러나 전통적인 과학의 개념에도 당연히 접근할 수 있도록 해야 한다고 주장하는 교육자들도 있다.

대조적으로, 사회적 구성주의자들은 지식은 교류적이라고 주장한다. 즉, 학습은 사회적으로 구성되고 공동 참여자들 간에 분배된다. 몇 달 간에 걸친 교실학습은 학습자 공동체 속에서 수학적 실습이 진화하는 것으로 묘사될 수 있다. 그러나 사회적 구성주의에는 학습을 사회적 관점과 개인적 관점 모두에서 분석하는 관점이 있다. 집단 활동으로는 질문과 설명을 함께 하면서 담화의 법칙을 협상하고 관점의 교환에 참여하는 것이다. 개인적 관점에서의 분석은 아동의 수학적 신념과 교실 활동에서의 자신의 역할을 설명한다.

또 하나의 사회적 구성주의자 관점은 도제이다. 즉, 안다는 것은 실천자들 간의 관계 속에 참여하는 것이다. 이 관점의 지지자들은 비록 전형적으로 단순한 기능을 다루는 도제 상황일지라도 특별하게 설계된 사회적 활동은 초보자가 특정한 영역의 지식을 개발하도록 할 수 있다고 주장한다. 그러나 일부 교육자들은 사회적인 상황학습 관점은 구성주의자라고 이름 붙여서는 안 된다고 주장한다. 한 가지 이유는 사회적 상황학습 관점에서는 지식이 질적으로 다르다는 것과 더 적절한 수준에서 구성된다는 것을 강조하지 않는다는 것이다.

세 번째는 지식의 본질에 대해 가정을 하지 않는다는 점에서 무철학적 접근이라고 할 수 있다. 그러나 어떤 교육자들은 이 접근이 학생 중심이고 진보적인 교육적 실천이라고 한다. 문식성에 대한 총체적 접근이나 작가들은 의미를 만들고 정교화한다는 관점은 독자와 작가들이 의미를 개발하는 방법에 중점을 둔다. 그러므로 문식성 발달은 언어를 기능적인 방법으로 사용하고, 학생들이 개인적인 의미를 가지는 활동에 완전히 참여할 것을 필요로 한다.

어떤 교육자들은 교실에서의 구성주의에 대해 다음과 같은 우려를 나타냈다. ① 어떤 학습에서는 협력학습이 부적절한 것같이 보이고, ② 능력이 낮은 학습자와 다른 문화에서 온 학생들에게 어려움이 있으며, ③ 교사에게 부담이 크다.

3. 생각해 볼 문제

1. 심리학에 있어서 문화의 중심성에 대한 Bruner의 이론적 근거는 무엇인가?
2. 소위 인지적 혁명은 혁명이 아니라는 Leahey의 논거는 무엇인가?
3. 개인적 구성주의가 Piaget와 일치하는 점은 무엇인가?
4. 교육에서 무철학적 구성주의와 사회적 구성주의자의 신념은 어떻게 다른가?

참고문헌

Au, K., Mason, J., & Scheu, J. (1995). *Literacy instruction for today*. New York: Harper Collins.

Ball, D. L., & Bass, H. (2000). Making believe: The collective construction of public mathematical knowledge in the elementary school classroom. In D. C. Phillips (Ed.), *Constructivism in education. Ninety-ninth yearbook of the Society for the Study of Education* (pp. 193-224). Chicago: University of Chicago Press.

Bandura, A. (1977). *Social learning theory*. Upper Saddle River, NJ: Prentice Hall.

Bandura, A. (1986). *Social foundations of thought and action: A social cognitive theory*. Upper Saddle River, NJ: Prentice Hall.

Bredo, E. (1994). Reconstructing educational psychology: Situated cognition and Deweyian pragmatism. *Educational Psychologist, 29*(1), 23-25.

Bredo, E. (2000). Reconsidering social constructivism. In D. C. Phillips (Ed.), *Constructivism in education. Ninety-ninth yearbook of the Society for the Study of Education* (pp. 127-157). Chicago: University of Chicago Press.

Bloor, D. (1976). *Knowledge and social imagery.* London: Routledge Kegan Paul.

Broadbent, D. E. (1958). *Perception and communication.* London: Pergamon.

Bruner, J. S. (1960). *The process of education.* Cambridge, MA: Harvard University Press.

Bruner, J. S. (1961). The act of discovery. *Harvard Educational Review, 31*, 21-32.

Bruner, J. S. (1964). Some theorems on instruction illustrated with references to mathematics. In E. R. Hilgard (Ed.), *Theories of learning and instruction. The sixty-third yearbook of the National Society for the Study of Education, Part I* (pp. 306-355). Chicago: University of Chicago Press.

Bruner, J. S. (1966). *Toward a theory of instruction.* Cambridge, MA: Harvard University Press.

Bruner, J. S. (1990). *Acts of meaning.* Cambridge, MA: Harvard University Press.

Chomsky, N. (1957). *Syntactic structures.* Berlin: Mouton de Gruyter.

Cobb, P. (1994). Where is the mind? Constructivist and sociocultural perspective on mathematics development. *Educational Researcher, 23*, 13-20.

Cobb, P., & Bowers, J. (1999). Cognitive and situated learning perspectives in theory and practice. *Educational Researcher, 28*(2), 4-15.

Cobb, P., & Yackel, E. (1996). Constructivist, emergent, and sociocultural perspectives in the context of developmental research. *Educational Psychologist, 31*(3/4), 175-190.

Confrey, J. (1985). Toward a framework for constructivist instruction. In L. Streefland (Ed.), *Proceedings of the Ninth International Conference for the Psychology of Mathematics Education, Vol. 1* (pp. 477-478, 483).

Delpit, L. (1988). The silenced dialogue: Power and pedagogy in educating other people's children. *Harvard Educational Review, 58*, 280-298.

Dewey, J., & Bentley, A. (1949). *Knowing and the known.* Boston: Beach Press.

Dinsmore, J. A. (1992). Setting the record straight: the social views of B. F. Skinner. *American Psychologist, 47*(1), 1454-1463.

Driver, R. (1995). Constructivist approaches to science teaching. In L. P. Steffe & J. Gale (Eds.), *Constructivism in education* (pp. 385-400). Hillsdale, NJ: Erlbaum.

Ernst, P. (1995). The one and the many. In L. P. Steffe & J. Gale (Eds.), *Constructivism in education* (pp. 459-486). Hillsdale, NJ: Erlbaum.

Foorman, B., Francis, D., Fletcher, J., Schatschneider, C., & Mehta, P. (1998). The role of instruction in learning to read: Preventing reading failure in at-risk children. *Journal of Educational Psychology, 90*, 37-55.

Gagné, R. M. (1962). The acquisition of knowledge. *Psychological Review, 69*, 355-365.

Gagné, R. M., & Rohwer, W. (1969). Instructional psychology. *Annual Review of Psychology, 20*, 381-418.

Gergen, K. J. (1994). *Realities and relationships: Soundings in social construction.* Cambridge, MA: Harvard University Press.

Gergen, K. (1995). Social construction and the educational process. In L. P. Steffe & J. Gale (Eds.), *Constructivism in education* (pp. 17-39). Hillsdale, NJ: Erlbaum.

Gilgen, A. R. (1982). *American psychology since World War II.* Westport, CT: Greenwood.

Green, S. K., & Gredler, M. E. (2002). A review and analysis of constructivism for school-based practice. *School Psychology Review, 31*(1), 53-70.

Greenwood, J. D. (1999). Understanding the "cognitive revolution" in psychology. *Journal of the History of the Behavioral Sciences, 35*(1), 1-22.

Hilgard, E. R. (1980). The trilogy of mind:

Cognition, affection, and conation. *Journal of the History of the Behavioral Sciences, 16*, 107-117.

Howe, K. R., & Berv, J. (2000). Constructing constructivism, epistemological and pedagogical. In D. C. Phillips (Ed.), *Constructivism in education. Ninety-ninth yearbook of the National Society for the Study of Education* (pp. 19-40). Chicago: University of Chicago Press.

Latour, B. (1992). One more time after the social turn. In E. McMullin (Ed.), *The social dimensions of science*. Notre Dame, IN: University of Notre Dame Press.

Lave, J. (1991). Situated learning in communities of practice. In L. Resnick, J. Levine, & S. Teasley (Eds.), *Perspectives on socially shared cognition* (pp. 63-82). Washington, DC: American Psychological Association.

Lave, J., & Wenger, E. (1991). *Situated learning: Legitimate peripheral participation*. New York: Cambridge University Press.

Leahey, T. H. (1992). The mythical revolutions of American psychology. *American Psychologist, 47*(2), 308-318.

MacKinnon, A., & Scarff-Seatter, C (1997). Constructivism: Connections and confusions in teacher education. In V. Richardson (Ed.), *Constructivist teacher education* (pp. 38-56). Washington, DC: Falmer Press.

Marshall, H. (1996). Clarifying and implementing contemporary psychological processes. *Educational Psychologist, 31*(1), 29-34.

Matthews, M. R. (1997). A bibliography for philosophy and constructivism in science education. *Science and Education, 6*(1-2), 197-200.

Matthews, M. R. (2000). Appraising constructivism in science and mathematics education. In D. C. Phillips (Ed.), *Constructivism in education. Ninety-ninth yearbook of the National Society of the Study for Education* (pp. 161-192). Chicago: University of Chicago Press.

Neisser, J. (1967). *Cognitive psychology*. New York: Appleton-Century-Crofts.

Newell, A., & Simon, H. (1961). *Human problem solving*. Santa Monica, CA: Rand.

O'Connor, M. G. (1998). Can we trace the "efficacy of social constructivism"? In P. D. Pearson & A. Iran-Nejad (Eds.), *Review of Research in Education, 23* (pp. 25-71). Washington, DC: American Educational Research Association.

Packer, M. J., & Goioechea, J. (2000). Sociocultural and constructivist theories of learning: Ontology, not just epistemology. *Educational Psychologist, 35*(4), 227-241.

Palinscar, A. (1998). Social constructivist perspectives on teaching and learning. *Annual Review of Psychology, 49*, 345-375.

Perkins, D. N. (1991). What constructivism demands of the learner. *Educational Technology, 31*, 19-21.

Perkins, D. (1999). The many facets of constructivism. *Educational Leadership, 57*(3), 6-16.

Phillips, D. C. (1997). Coming to grips with radical social constructivism. *Science and Education, 6*(1-2), 85-104.

Phillips, D. C. (2000a). An opinionated account of the constructivist landscape. In D.C. Phillips (Ed.), *Constructivism in education. Ninety-ninth yearbook of the National Society of the Study of Education* (pp. 1-16). Chicago: University of Chicago Press.

Phillips, D. C. (2000b). Constructivism as an epistemology and philosophy of education. In D. C. Phillips (Ed.), *Constructivism in education. Ninety-ninth yearbook for the Study of Education* (pp. 17-18). Chicago: University of Chicago Press.

Pierce, W. D. (1996). Behavior analysis is alive and well. *Contemporary Psychology, 41*, 461.

Poplin, M. M., & Stone, S. (1992). Paradigm shifts in instructional strategies: From reductionisn to holistic constructivism. In W. Stainback & S. Stainback (Eds.), *Controversial issues confronting special education* (pp. 153-180). Boston: Allyn & Bacon.

Popper, K. (1968). *The logic of discovery*. New

York: Harper & Row.

Robins, R. W., Gosling, S. D., & Craik, K. H. (1999). An empirical analysis of trends in psychology. *American Psychologist, 54*(2), 117-128.

Rorty, R. (1979). *Philosophy and the mirror of nature.* Princeton: Princeton University Press.

Rutherford, A. (2003). B. F. Skinner's technology of behavior in American life: From consumer culture to counterculture. *Journal of the History of the Behavioral Sciences, 39*(1), 1-23.

Slezak, P. (2000). A critique of radical social constructivism. In D. C. Phillips (Ed.), *Constructivism in education. Ninety-ninth yearbook of the National Society for the Study of Education* (pp. 91-126). Chicago: University of Chicago Press.

Spivey, N. N. (1987). Construing constructivism: Reading research in the United States. *Poetics, 16*, 169-192.

Spivey, N. N. (1995). Written discourse: A constructivist perspective. In L. P. Steffe & J. Gale (Eds.), *Constructivism in education* (pp. 313-366). Hillsdale, NJ: Erlbaum.

von Glaserfeld, E. (1987). Learning as a constructivist activity. In C. Janvier (Ed.), *Problems of representation in the teaching and learning of mathematics* (pp. 3-17). Hillsdale, NJ: Erlbaum.

von Glaserfeld, E. (1991). *Radical constructivism in mathematics education.* Dordrecht, The Netherlands: Kluwer.

von Glaserfeld, E. (1995). A constructivist approach to teaching. In L. P. Steffe & J. Gale (Eds.), *Constructivism in education* (pp. 3-15). Hillsdale, NJ: Erlbaum.

Windschitl, M. (2002). Framing constructivism in practice as the negotiation of dilemmas: An analysis of the conceptual, pedagogical, cultural, and political challenges facing teaching. *Review of Educational Research, 72*(2), 131-175.

Wood, T., Cobb, P., & Yackel, E. (1995). Reflections on learning and teaching mathematics in elementary school. In L. P. Steffe & J. Gale (Eds.), *Constructivism in education* (pp. 401-422). Hillsdale, NJ: Erlbaum.

Woolgar, S. (1988). *Knowledge and reflexivity.* Newbury Park, CA: Sage.

제 5 장

인간의 뇌

> 인간의 뇌는 우리가 알고 있는 천지 만물 중에서 가장 복잡한 자연적인 시스템이다. 뇌의 복잡성은 난해한 사회적 구조와 경제적 구조의 복잡성을 아마도 능가할 것이다. 인간의 뇌는 과학의 새로운 개척 분야이다. (Goldberg, 2001, p. 23)

인간 뇌에 유래 없는 관심을 갖도록 한 몇 가지 사건이 있었다. 하나는 미국 의회 의결에 의해 1990년대가 뇌의 해로 제정된 일이다. 두 번째는 1970년대와 1980년대의 신경생물학 연구 결과가 1990년대에 교육정책에 반영된 것이다. 세 번째는 뇌를 다루는 신경영상(neuroimaging) 기술이 인지 과제 연구에 많이 적용된 사건이다. 뇌에 대한 연구의 진전은 마치 DNA 구조의 발견이 유전학 연구의 돌파구가 된 것과 같이 뇌에 대한 의문을 풀 수 있을 것이라는 기대를 갖게 했다(Damasio, 1994, p. 260).

마음의 기능을 담당하는 뇌를 이해하기 위해서는 미시적 수준과 거시적 수준의 조직을 이루고 있는 수십억 개의 신경세포들의 활동과 그것들에 영향을 미치는 뇌의 국지적(local), 전체적(global) 기능에 대해 이해할 수 있어야 한다. 게다가 각 신경세포의 활동은 0.1초 사이에 일어난다. 다시 말해서, 마음/뇌 수수께끼(뇌의 활동에서 나오는 마음의 구성)는 하나의 답을 가지고 있는 것이 아니라 여러 가지 답을 가지고 있다(Damasio, 1994). 답을 얻기 위해서는 인간 뇌의 여러 수준의 구조와 기능을 설명하는 다양한 기술이 요구된다. 신경영상 기술의 사용을 통하여 새로운 발견들이 급속하게 축적되고 있다. 그러나 잠정적으로 문제가 되는 것은 뇌에 대해 새롭게 밝혀진 내용들이 제대로 분석되기도 전에 새로운 사실들이 홍수같이 쏟아지고 있다는 점이다(Damasio, 1994, p. 258).

미디어 보고와 논평(Thompson & Nelson, 2001 참조)이 많이 나오고 과학자를 비롯한 많은 사람들이 논의를 하게 됨에 따라 뇌에 대한 관심이 폭발하게 되어 더 문제를 복잡하게 만들게 되었다. 이런 폭발적인 관심이 결과적으로는 뇌 연구에서 얻은 결과가 교육 실천을 개선하거나 질을 향상시킬 수 있는 방법을 제시할 수 있을 것인가에 대한 의구심을 낳게 했다(OECD, 2002, p. 69). 뇌 기반 연구를 발표하는 사람들 중에는 자신들이 주장하는 근거가 되는 뇌 연구가 사실 부족하다는 것을 교사들에게 언급하지 않는 사람들이 있다. 연구 결과에 근거하지 않고 뇌 기반 교수 전략을 주장하는 사람들도 있다. 게다가 뇌 연구의 활용성에 대한 큰 기대감이 많은 신화를 만들어 내는 결과를 초래했다.

제5장의 목적 중의 하나는 인간 뇌의 조직과 발달에 대해 소개하는 것이다. 또 하나는 뇌 연구와 관련된 인지적 문제점과 교육적 문제점을 논의하는 것이다.

1. 조직과 발달

첫 번째로 논의하는 것은 뇌의 기본적인 구조, 즉 미시적 구조에 관한 개관이다. 그리고 나서 거시적 구조인 뇌의 다양한 영역에 대해 논의한다.

1) 미시적 구조에 대한 개관

구조적, 화학적 성분들이 뇌의 미시적 조직을 구성한다. 뇌 구조는 전달의 기본 단위인 신경세포와 신경세포를 지지해 주는 교세포(glial cell)로 되어 있다. 교세포는 또한 뇌와 척수를 일상생활에서 부딪치거나 삐걱거리는 것으로부터 보호하는 액체를 생산한다. 인간 뇌의 대뇌피질은 100억～200억(약 10^{10}) 개의 신경세포를 가지고 있으며 5～10배의 교세포를 가지고 있다(Blinkov & Gleser, 1968).

뉴런의 세 가지 구성요소는 세포체, 축색(뉴런의 '꼬리'), 수상돌기이다. 뉴런은 각 뉴런이 수용기와 전달기의 역할을 하는 회로로 연결되어 있다.

축색과 수상돌기는 뉴런들 간의 전달 '선(wire)'이다. 각 축색은 시냅스로 알려진 미세한 틈을 통해 연결된 뉴런의 수상돌기에 신호를 전달한다. 그러나 축색, 시냅스, 수상돌기로 형성되는 구조는 말끔하게 구성된 회로의 한 세트가 아니다. 대신에, 그것은 수많은 뉴런들에서 나온 가지들이 서로 엉켜 있는 '밀림'을 닮았다(Changeux, 1985, p. 54). 많은 뉴런들은 뇌의 특정한 영역에서 상대적으로 국지적인 회로 내에서 소통한다(Damasio, 1994, p. 30). 그러나 다른 뇌의 다른 부위와도 소통한다. 뇌 속에서 신경회로를 이루는 축색의 길이는 거의 수백 마일에 이른다(Damasio, 1994, p. 259).

신경이 활동을 시작하면 전류는 시냅스의 축색돌기로 전달된다. 이러한 활동을 '점화'라고 부른다(Damasio, 1994, p. 29). 이 점화 시간은 약 10/1,000초 정도이며, 뇌는 수백만 개의 다양한 회로에 점화 패턴을 생산하게 된다(p. 259).

전형적으로, 전류가 시냅스에 도착할 때 신경전달 물질이라고 알려진 화학적 전달물에 의하여 미세한 틈을 넘어 전달된다. 이 과정은 1/10만 초 이내에 처리된다. 수용 뉴런에 대한 신경전달 물질의 효과는 아마도 수용 뉴런의 활성을 증가(흥분)시키거나 활성을 감소(억제)시키는 것이다. 뉴런의 기능은 "서로 엇갈리게 꼬인 수십억 개의 뉴런으로 구성된 거대한 거미망을 생각하게 한다. 그것은 수십억 개의 전기적 충격이 시간적으로 교차하면서 수많은 화학적 신호의 배열에 의해 폭발하는 것이다."(Changeux, 1985, p. 126)

비록 그 작용에 대해서는 아직 잘 모르지만 과학자들은 50개 이상의 신경전달 물질을 확인했다(Fischbach, 1992). 뇌에서 발견된 주요한 신경전달 물질 중의 하나가 세로토닌(serotonin)이다. 세로토닌에는 약 열네 가지 유형이 있고, 거의 모든 인지와 행동에 영향을 준다(Damasio, 1994, p. 76).

신경전달 물질이 지각, 인지, 기억과 정서에 미치는 복잡한 역할을 이해하기 어려운 이유 중의 하나는 같은 신경전달 물질의 효과가 그 화학 물질이 뇌의 어느 부위에 작용하느냐에 따라 다르고, 수용 뉴런의 수용기의 성격에 따라서도 다르다는 점이다. 예를 들어, 도파민을 생산하는 뉴런의 퇴화는 파킨슨병을 일으킨다. 하지만 뇌의 다른 부분에서의 도파민 과잉은 정신분열증과 함께 일어나는 환각을 일으킨다(Hockenbury & Hockenbury, 1997).

태아기 동안에 신체적 상해, 어머니의 영양 부족, 어머니에 의한 건강에 해로운 물질 섭취 등과 같은 요소들이 구조적 문제와 기능적 문제를 야기한다. 한 가지 예가 심한 알코올 섭취이다. 다른 하나는 여드름 치료약인 아큐탄(accutane)이다. 연구자들은 어머니가 약을 복용하는 도중에 부주의로 잉태된 아이에게서 심한 정신, 신체, 행동 장애가 나타난다는 상세한 보고를 하고 있다(Rafshoon, 2003).

다른 동물들과는 달리, 인간의 뇌는 태어난 후에 오랫동안의 발달을 거친다(Changeux, 1985, p. 242). 예를 들어, 뇌의 대뇌피질(목표 설정이나 평가와 같이 집행 기능을 하는 영역)의 발달은 다른 영장류보다 인간에게 있어서 약 4배 정도 길다(Johnson, 1997, p. 59). 또한 태어날 때 30g이던 뇌가 20세가 되면 1,350g 정도로 커진다(Blinkov & Gleser, 1968).

뇌를 언급할 때 '성장'이란 용어는 세포체를 세포체의 표적(target)에 연결하는 신경섬유가 길어지고 가지를 치는 것을 말한다(Changeux, 1985, p. 212). 생의 초기 몇 달과 몇 년간 뇌의 많은 부분에서 뉴런은 '급격한' 성장을 한다. 즉, 뉴런은 축색을 표적 뉴런 외에 다른 뉴런에도 뻗친다(Nowakowski & Hayes, 2002, p. 74). 이 성장은 수상돌기와 시냅스 수의 극적인 증가와 함께 한다. 예를 들어, 시각피질과 청각피질의 시냅스는 4~12개월 사이에 어른 수준의 150%에 달하는 최대 밀도 수준에 도달한다(Huttenlocher, de Courten, Garey, & Van der Loos, 1982; Huttenlocher, 1990, 1994a, b; Johnson, 1997).

시냅스 발달의 급성장은 시냅스의 소멸과 감소의 시기를 거쳐서 성인 수준에 도달한다(Changeux, 1985, pp. 216-219, 227-229). 그러나 이 감소하는 시기는 뇌의 피질 부위에 따라서 다르다. 시각적 입력을 처리하는 뇌의 영역인 시각피질에서의 시냅스 감소는 약 1세에서 시작해서 약 10세에 끝난다(Huttenlocher, 1994a, p. 143). 시냅스 감소는 정보를 통합하고 해석하는 뇌의 영역인 전방피질(frontal cortex)에서는 좀 느리다. 이 영역에서의 시냅스 감소는 7세에서 청소년기 사이에 일어난다(p. 143). 다른 동물들에서도 시냅스 발달의 급성장 후에 시냅스 감소가 일어난다는 연구 보고들로 미루어 볼 때, 이 현상은 일반적이라고 볼 수 있다.

이런 구조적인 발달 이외에 뉴런 간에 서로 전달을 돕는 화학적인 신경전달 물질도 발달상의 흥망성쇠(상승과 하락)를 겪는다(Johnson, 1997, p. 37). 이러한 신경전달 물질에는 글루타민산과 세로토닌이 있다(Benes, 1994).

연구자들은 시냅스의 과잉 생산이 중요한 기능을 한다고 말한다. 첫째, 그것은 생명의 복잡성에 대처하기 위해 필요한 수많은 시냅스를 재프로그램하는 데 요구되는 유전적 하중(genetic load)을 감소시킨다(Chugani, Phelps, & Mazziotta, 2002, p. 112). 즉, 유전자의 양적인 수를 가지고 수십억 개의 뉴런과 그 시냅스의 정확한 구조와 소재를 결정하기에는 부족하다(Damasio, 1994, p. 108). 둘째, 전적으로 유전자에 의해서 결정되는 뇌는 융통성이 없을 것이다. 가능한 조작의 수는 제한될 것이고, 뇌의 구조는 사회적 환경이나 문화적 환경에 따라 변하지도 않을 것이다(Changeux, 1985, p. 278).

더 나아가, 뇌는 태어나면서부터 '영구 전자회로(hard wired)'라고 주장했던 초기 이론들은 더 이상 지지를 받지 못했다. 몇 년에 걸쳐 쥐를 대상으로 한 여러 연구에 의하면 훈련과 경험이 뇌를 변화시킨다고 한다(예: Krech, Rosenzweig, & Bennett, 1960; Holloway, 1966; Greenough & Volkmar, 1973; Turner & Greenough, 1985). 좀 더 최근에는 같은 유전자를 가지고 있는 일란성 쌍둥이에 대한 신경영상 연구를 통해서 일란성 쌍둥이들의 피질 부위에 놀랄 만한 차이점이 있다는 것을 밝혀 냈다(Johnson, 1997, p. 38).

최근의 지배적인 관점은 구조적 가소성(structural plasticity)의 관점으로서, 뇌의 발달은 유전자와 환경 간의 복잡하고 다양한 상호작용의 영향을 받는다는 것이다(Johnson, 1997; Oyama, 1985). 특히 중요한 것은 구조적 가소성은 생의 초기에 국한되지 않는다는 것이다. 쥐와 인간을 대상으로 한 연구들은 자극적인 환경이 전 생애에 걸쳐서 대뇌에 변화를 일으킨다고 지적한다(예: Bennett, Diamond, Krech, & Rosenzweig, 1964; Black, Isaacs, Anderson, Alcantara, & Greenough, 1990; Greenough, 2002; Nelson & Bloom, 1997; Riego, 1971). 예를 들어, 대학교 졸업생들과 고등학교 중퇴생들의 부검 연구는 대학 졸업생들에게서 40% 정도 더 많은 시냅스 연결을 보고했다(Jacobs, Schall, & Scheibel, 1993). 그러나 정신적으로 자극적인 삶을 살지 않은 대학 졸업생들은 수상돌기의 연결이 더 적었다.

또한 전 생애에 걸친 인지적 자극이 알츠하이머병의 증상을 약화시키는 효과가 있다고 보고하는 연구도 있다. 교육을 더 많이 받은 사람들의 부검 결과를 보면 비록 뇌세포는 손상을 입었더라도 그 증상이 덜 심각했다는 것을 보여 주었다(Albert et al., 1995; Katzman, 1993; Snowdon et al., 1996; Stern, Gurland, & Tatemichi, 1994).

요약하면, 뇌의 미시적 구조의 기본 조직은 뉴런과 뉴런을 지지하는 교세포이다. 기본적인 전달 체제는 뉴런의 축색에서 전류를 내려 보내고, 시냅스를 통해 표적 뉴런의 수상돌기에 전달하는 것이다. 화학적 시냅스에서 신호는 신경전달 물질에 의해 전해지며, 수용 뉴런에서의 효과는 억제 혹은 흥분이다. 뇌는 출생 후에 외상(trauma)이나 병 없이 지속적으로 사용하면 전 생애에 걸쳐 계속 발달한다. 생의 초기에 뇌의 어떤 영역은 수상돌기와 시냅스의 수가 극적으로 증가한다. 이런 급상승은 시냅스 소멸과 감소의 시기를 지나 성인 수준에 도달한다. 비록 초기 이론은 뇌는 '영구 전자회로'라고 주장했지만, 연구에 의하면 유전자와 환경 간의 복잡하고 다양한 상호작용이 뇌 발달에 영향을 준다. 더 나아가, 전 생애에 걸친 구조적 가소성이 정신적으로 도전적인 활동을 하는 사람과 그렇지 않은 사람들 간의 뇌 해부에서의 차이로 밝혀졌다.

2) 거시적 조직

뇌 조직의 거시적 수준에서 뉴런은 신경핵이나 피질 부위의 점착성 조직으로 구분할 수 있으며, 각각은 수백만 개의 뉴런으로 구성되어 있다(Goldberg, 2001, p. 29). 또한 신경핵과 피질 부위는 서로 연결되어 뇌의 기능을 집행하면서 시스템과 시스템의 시스템을 형성한다(Damasio, 1994, p. 28). 뇌의 구조를 피질하부와 피질로 나누어 볼 수 있다.

(1) 피질하부 구조

피질하부는 뇌의 피질 아래에 있는 특정한 소재를 말한다. 진화론을 바탕으로 뇌 발달을 설명하는 연구자들은 피질하부 구조는 피질이 발달하기 전 수백만 년 전에 발달했으며, 몇 가지 유기체의 복잡한 행동을 관리한다고 말한다(예: Changeux, 1985; Goldberg, 2001; Johnson, 1997). 피질하부는 시상, 시상하부, 편도체, 소뇌 등 네 가지로 구성되어 있다. 각각은 왼쪽과 오른쪽 짝으로 나누어져 있다. 따라서 그것들은 뇌의 좌반구와 우반구의 일부이다. 뇌간 뒤에 붙어 있는 소뇌를 제외하고 피질하부 구조는 뇌 깊은 곳에 위치해 있다.

간단하게 말하면, 시상은 뇌의 다른 부분으로 정보를 보내는 역할도 하고 감각 정보들을 통합하기도 하는 많은 신경핵들의 집합체이다. 대조적으로 시상하부는 유기체의 내적 상태(예: 음식물 섭취, 체온)를 감시한다. 작은 아몬드 모양을 하고 있는 편도체는 유기체의 생존에 결정적인 역할을 하는 외부 세계와의 상호작용을 규제한다. 구체적으로, 그것은 생사가 관련된 절박한 상황에서 그 상황을 빠르게 전인지적이고 정서적으로 판단하게 한다(Goldberg, 2001, p. 13).

마지막으로, 소뇌는 근육 조정, 미세한 신체적 운동, 그리고 평형을 담당한다. 그러나 소뇌가 복잡한 계획을 담당한다는 연구 보고도 있다(예: Grafman et al., 1992).

(2) 피질

피질하부 구조와 마찬가지로 피질 부위 또한 좌반구와 우반구로 되어 있다. 진화적 관점에서 보면 피질은 종(種) 발달 후기에 나타났다(Changeaux, 1985; Goldberg, 2001; Johnson, 1997). 초기에는 기억에 결정적인 역할을 하는 해마와 정서에 영향을 주는 것으로 보이는 대상피질이 발달한다(Goldberg, 2001, p. 31).

그런 다음에는 여러 겹과 주름을 가지고 있는 담요와 유사한 신피질이 나타난다. 포유동물의 신피질은 약 3～4mm의 얇은 천 같으며, 신피질은 뇌의 피질하부 구조를 덮고 있다. 피질하부 구조와 신피질 사이에 뇌량이 있다. 뇌량은 피질의 좌반구와 우반구를 연결하고 있으며, 'C'자 모양을 한 섬유질 다발이다.

신피질은 영장류, 특히 그 중에서도 인간의 뇌에 잘 발달되어 있다. 예를 들어, 고양이의 피질은 약 100cm^{2}인 반면에 인간의 신피질은 약 2,400cm^{2}이다(Johnson, 1997, p. 28). 이렇게 큰 넓이로 신피질에 주름이 생긴 이유는 좁은 두개골의 공간에 들어가기 위해 주름이 만들어지기 때문이다. 만일 인간 뇌가 육면체 모양으로 되어 있다면 신피질의 표면은 700cm^{2}일 것이다(Changeux, 1985, p. 45). 따라서 두개골에 들어가기 위해 표면에 주름이 생겼고, 신피질의 2/3는 열(fissure) 안에 깊이 숨어 있다(p. 45).

신피질은 네 가지 주요 엽으로 구성되어 있다. 각각은 다른 유형의 정보를 처리하는 데 관여한다. 머리의 뒤쪽에 있는 후두엽은 눈으로부터 입력을 받아들이는 반면에, 청각피질(귀 바로 위에 있는 측두피질의 일부)은 청각 정보를 받아들인다([그림 5.1] 참조). 후두피질과 측두피질의 나머지 부분은 전전두피질과 수용기 간의 시각적 자료와 청각적 자료의 정보를 처리하고 연결하는 역할을 한다. 후두엽과 측두엽 위와 뒤에 있는 두정엽은 촉감을 처리한다. 한쪽 귀에서 다른 쪽 귀에 걸친 두정엽 앞쪽의 넓은 스트립은 체성 감각피질이다. 체성 감각피질은 감각에 대한 정보를 받아들인다.

전두엽(이마 뒤)은 자율 운동을 관제하는 1차 운동피질(뒤쪽의 넓은 스트립)과 전전두엽으로 구성된다. 전전두엽은 목표 설정, 계획, 대안들에 대한 평가, 그리고 정서적 표현과 통제에 중요한 역할을 한다.

요약하면, 뇌의 네 가지 피질하부 구조는 시상, 시상하부, 편도체, 소뇌이다. 그것들은 생존에 핵심적인 유기체의 중요한 기능을 감시하고 유지하는 데 관여한다. 대조적으로, 피질 구조는 대부분 여러 유형의 정보를 처리하고 통합하거나 문제를 해결하는 데 관여한다.

2. 인지적 문제와 교육적 문제

뇌와 관련한 인지적 문제와 교육적 문제에는 뇌 구조와 기능의 연관성, 뇌 연구 결과에 대한 잘못된 해석, 그리고 인지신경과학의 역할이 있다.

1) 뇌 구조와 기능의 연관성

수년에 걸쳐서 뇌의 구조와 뇌가 실행하는 기능 간의 관계는 연구자들 간의 논쟁거리가 되어 왔다. 초기에는 뇌의 각 부분이 특정한 기능을 담당하고 있다고 보는 뇌 센터(brain centers) 개념이 우세했다. 이후에는 뇌의 특화 영역 관점이 나왔다. 가장 최근의 관점은 뇌 시스템 관점이다.

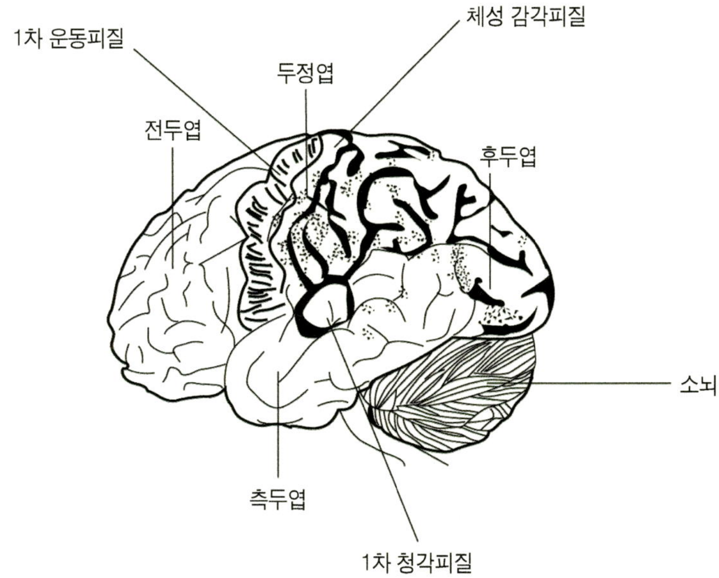

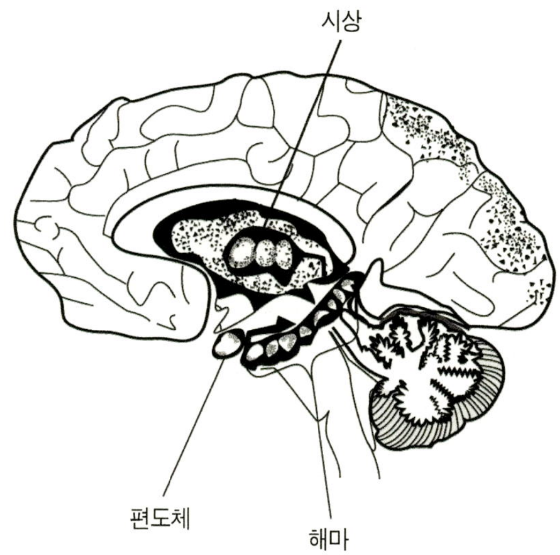

[그림 5.1] 뇌의 주요 구조

(1) 뇌 센터

1700년대 초 Franz Joseph Gall은 뇌는 여러 개의 기관으로 되어 있고, 각 기관은 특별한 심리적 기능을 가지고 있다고 소개했다. 그의 한 젊은 동료가 골상학이라고 이름붙인 이 관점에 의하면 뇌 기관은 두상(두개골의 융기)으로도 확인될 수 있다고 한다.

Gall의 관점은 몇 가지 잘못된 점이 있지만, 인간 뇌에서 특화하는 문제를 제기했다는 점에서 당대에 비상한 관심을 모았다(Damasio, 1994). 이 관점으로부터 뇌의 각 부분이 말하기나 듣기와 같은 독립적인 기능을 담당하고 있다는 '뇌 센터' 아이디어가 나오게 되었다.

뒤에 나타난 두 가지 발견이 뇌 센터의 개념에 대한 믿음을 강화시켰다. 첫째, 19세기 말 프랑스 신경 해부학자인 Pierre Paul Broca가 문어와 구어를 이해하지만 말하기에 어려움이 있었던 환자의 부검에서 왼쪽 전두엽의 아래 부분에 손상이 있는 것을 발견했다. 문제는 음절 하나밖에 말할 수 없는 것(Changeux, 1985, p. 19)에서부터 명사와 동사의 부정사형만 사용하기까지 다양하다(p. 120).

몇 년 후에 독일 신경과 의사인 Karl Wernicke가 왼쪽 측두엽의 특정한 영역에 손상을 입으면 구어나 문어의 의사소통을 이해 못하게 된다는 것을 발견했다. 또한 환자는 무의미한 음절로 말하고 의미 있는 문장을 구성할 수가 없었다(Changeux, 1985, p. 121). 이런 뇌 영역은 각각 브로카 영역, 베르니케 영역이라고 불리게 되었다.

뇌 센터로서의 이런 영역에 대한 개념의 문제점은 ① 말하기와 말 이해하기에는 뇌의 다른 영역들도 관여한다는 점과, ② 뇌 손상이 또한 다른 영역에 영향을 줄 수도 있다는 점이다(Goldberg, 2001, p. 53). 다른 근거를 바탕으로 한 확증적인 자료 없이 뇌 손상 환자로부터 얻은 자료를 기초로 해서 정상적인 뇌의 기능을 추론하기에는 다소 의문이 남는다(p. 53).

(2) 뇌의 전문 영역

뇌의 왼쪽 반구에서 브로카 영역과 베르니케 영역이 확인된 후로 언어가 뇌의 우반구보다 좌반구와 더 관련이 있다는 연구들이 나왔다. 초기 문헌에서는 우반구를 종종 '침묵하는 반구' 혹은 '마이너 반구'로 소개하였다(Goldberg, 2001, p. 43).

후속 연구들은 뇌의 기능에 있어서 각 반구의 역할을 탐구하기 시작했다. 그러나 미디어에서는 특정한 연구의 결과를 지나치게 단순화하거나 일반화시켜서 보도했다(Coren, 1993). 예를 들어, 한 심리학자가 대학생들이 왼쪽 귀로만 들은 멜로디는 기억하는데 오른쪽 귀로만 들은 멜로디는 기억하지 못했다고 보고했다. 이에 대해 미디어에서는 뇌의 오른쪽이 음악적 능력을 담당하고 음악가들은 우뇌가 발달해 있으며, 이러한 연구를 통해 왼손잡이 음악가가 많은 이유를 알 수 있다고 부정확하게 보도했다.

반구 활동의 차이점에 대한 다른 추론들 역시 연구에 의해 지지를 받지 못했다. 그 중에는 분석적인 사람들은 좌뇌가 발달했고 창의성은 우뇌와 연결되어 있다는 것들이 있다. 반구 우위성에 대한 이런 믿음은 경제협력개발기구(OECD)(2002, pp. 69-77)의 지원을 받은 인지신경과학 포럼에서 '신경신화(neuromythologies)'라고 확인했다.

또한 언어와 좌반구 사이의 밀접한 관계는 앞으로 더 연구되어야 할 과제이다(Goldberg, 2001, p. 41). 첫째, 한 반구의 기능을 언어를 집행하는 것으로, 또 다른 반구의 기능을 공간적 처리와 관련된 것으로 묘사하는 것은 직관적으로 판단해도 타당하지 않다. 신장이나 폐 같은 신체 기관도 쌍으로 되어 있지만 같은 기관의 기능이 각각 다른 것은 아니다.

둘째, 반구들 간의 생화학적 차이와 구조적 차이가 각 반구가 가지고 있는 기능의 차이를 나타내는 증거로 사용되어 왔다. 그러나 언어를 가지고 있지 않는 오랑우탄, 고릴라, 침팬지의 뇌도 좌반구와 우반구로 나누어져 있는 것을 볼 수 있다(Goldberg, 2001, p. 42).

Goldberg(2001)는 좌뇌와 언어 간의 연관성에 대하여 또 다른 현상의 특별한 사례라고 주장하였다. 구체적으로, 반구의 차이는 인지적 새로움과 인지적 일상성과 관련이 있을 수 있다(p. 43). 즉, 반구 간의 관계는 역동적일 수 있는데, 새로운 과제는 우반구가 담당하고 과제가 일상화되면 좌반구로 통제권이 이동된다(p. 46). 이 관점을 지지하는 연구들은 다음 세 가지를 지적했다. ① 음악적인 지식이 없는 사람들은 음악을 주로 우반구로 처리하는 반면에, 훈련된 음악가들은 주로 좌반구로 처리한다(Berer & Chiarello, 1974). ② 다양한 과제에 대한 PET 영상을 보면, 새로운 과제를 제시하면 우반구의 뇌의 혈류가 활성화되고 그 과제를 두 번째로 제시하면 활성화가 감소하는 것으로 나타났다(Martin, Wiggs, & Weisberg, 1997). ③ 잘 모르는 얼굴은 주로 우반구에 의해 처리되고, 낯익은 얼굴은 좌반구에 의해 처리되었다(Marzi & Berlucci, 1977). 다시 말해서, 새로움-일상성 개념이 인지 과제에 있어서의 반구의 관련성을 설명할 수 있다(Goldberg, 2001).

(3) 뇌 시스템 개념

최근의 관점은 뇌의 각 영역이 비교적 독립적인 기능을 담당하고 있으면서 상호작용을 하는 '시스템'을 구성하고 있다는 것이다(Damasio, 1994, p. 15). 다시 말해서, 뇌의 어느 독립적인 한 장소가 시각, 언어, 사회적 행동이나 다른 복잡한 능력을 담당하는 것이 아니다.

상호 관련성은 신피질이 6층의 뉴런으로 구성되어 있으며, 그것들 중에는 뇌의 다른 영역들과도 소통하는 것도 있다는 것을 나타낸다. 1층부터 3층에 있는 뉴런은 다양한 피질 영역을 연결하는 수평적 결합을 형성한다. 4층에서 6층까지는 피질하부 영역과의 연락을 담당한다. 4층은 피질하부 영역으로부터의 축색의 종말점이며, 5층과 6층은 그것들의 축색을 피질하부 영역으로 보낸다.

뇌 시스템 기능의 예로 감각 자료의 처리를 살펴보자. 전자현미경을 사용한 뇌 조직(tissue) 연구에 의하면 감각기관(눈, 귀 등)의 축색은 뇌의 피질하부 영역, 주로 시상의 핵에서 끝난다고 한다. 그러면 시상의 뉴런은 더 분석하기 위해 자료를 적절한 피질 구조(예: 후두, 두정, 측두)의 4층에 전달한다. 5층과 6층의 특정한 피질 구조는 정보를 적절한 피질하부 구조로 돌려보낸다. 감각 정보 이외에 운동 활동에 대한 정보도 시상에 있는 한 특별한 신경핵으로부터 피질에서 수용되며, 피질도 또한 그 피질하부 영역으로 정보를 보내기도 한다(Changeaux, 1985, p. 54).

Pavlov의 공포 조건형성에 대한 신경과학 분석도 자극의 유형에 따라 그 경로가 다르다는 것을 보여 준다. 조건화된 자극이 청각적일 때 투입의 경로는 청각시상과 청각피질에서부터 외측 편도체(LA)의 외측 신경핵으로 가서 공포반응의 표현을 통제하는 중심 편도체로 간다(LeDoux, 2000, p. 163). 그러나 공포반응이 긴장과 충격이 함께 제시되는 공간에서 수행되는 상황적 공포 조건형성은 해마와 편도체가 관련하는 다른 경로를 따른다(p. 163). 다시 말해서, 통합적인 대뇌 기능은 독립적인 하나의 센터나 하나의 신경전달 물질이 담당할 수 없다. 통합적인 대뇌 기능은 "여러 가지 전기적·화학적 활성 상태가 통합되는 '운송역(transit stations)'의 시스템이라 할 수 있다." (Changeux, 1985, p. 204)

요약하면, Gall에 의해 각 기관이 특별한 기능을 담당하고 있는 여러 기관으로 구성되어 있다는 뇌의 관점이 소개되었다. 뇌 센터 개념은 언어 생성에 결정적인 역할을 하는 브로카 영역과, 구어와 문어의 상징을 해석하는 데 중요한 역할을 하는 베르니케 영역의 발견으로 강화되었다. 그러나 다른 뇌 영역들도 이런 과제를 처리하는 데 관련되어 있다. 즉, 반응하기 위해 입력된 정보를 처리하는 구조도 관련이 있고, 계획과 통제를 실행하는 전전두피질도 관련이 있다. 최근에는 여러 가지 피질과 피질하부 영역이 집행에 참여한다는 뇌 시스템 관점이 우세하다.

2) 뇌 연구의 부적절한 적용

1990년대에 나타난 뇌 연구와 교육정책을 연결시키려는 움직임은 주로 1970년대와 1980년대에 수행된 동물 연구를 기반으로 하고 있었다(Bruer, 1998a, 1998b). 정책 입안자들은 신경과학의 연구 결과를 교육에 적용시켜서 3세 이하의 아동들에게 풍부한 환경을 제공해야 한다는 근거로서, ① 이 연령이 뇌 발달에 있어서 결정적인 시기이다, ② 가장 중요한 학습 기회가 5세 이전에 일어난다, ③ 뇌 발달에 좋은 영향을 미치기 위해서는 풍부한 환경을 제공하는 것이 가장 중요하다고 주장했다(Begley, 1996; Newman, 1997; Shore, 1997 참조). 유아와 어린 아동들에게 풍부한 환경을 위해 Mozart 음악을 들려주는 것과 색 모바일을 보여 주는 것들이 소개되었다.

그와 같은 경험을 유아와 아장아장 걷는 아이에게 제공하는 것은 사회성 발달을 포함하여 여러 가지 면에서 좋은 영향을 미칠 수 있다. 그러나 아장아장 걷는 아이와 유치원 아동에게 그런 자극을 제시하여 교육적인 효과를 보려는 시도는 신경생리학적 연구 결과에 의해 지지를 받지 못하고 있다(Bruer, 1997, 1998a, 1998b, 1999; Schoenfeld, 1999). 이와 관련이 없는 동물을 대상으로 한 세 가지 형태의 연구가 초기 아동발달에 잘못 적용되었다.

첫 번째 예는 '예민한 시기' 혹은 '결정적 시기'라고 불리는 개념(Bateson, 1979)인데, 그것은 어떤 경험이 발달에 중요한 영향을 미칠 수 있는 창문을 여는 짧은 기간을 뜻한다. 그러나 대부분의 연구는 시각적 움직임이 없는 어두운 환경에서 길러졌거나(Cynader & Chernenko, 1976), 태어나서 첫 3개월 동안 눈을 봉한 고양이 새끼 연구(Bruer, 1997 참조)를 대상으로 했다. 시각적으로 차단된 고양이들은 그렇지 않은 고양이들보다 시각피질당 시냅스의 수가 적었다(Cragg, 1975). 그러나 후속 연구에 의하면 새끼고양이들은 감각 박탈 후에 훈련과 치료를 하면 거의 정상 기능을 되찾는 것으로 나타났다(Daw, 1995).

두 번째는 생후 시냅스 성장이 폭발하는 시기와 그 후 시냅스 감소와 가지치기 시기를 기록한 연구이다. 신경신화(neuromyth)라고 일반적으로 널리 알려진 믿음은 적절한 시기에 '풍부한' 학습 환경을 제공하면 시냅스가 감소하는 것을 줄일 수 있으며, 그리하여 지능 발달과 학습 잠재력을 촉진시킨다는 것이다(OECD, 2002, p. 73). 그러나 앞에서 설명했듯이 시냅스가 급성장한 후에 감소하는 것은 일반적이며 자연적인 발달이다.

이와 관련된 시각으로서 특정한 발달기간 동안에 일어나는 'phrenoblysis', 즉 전체 뇌의 성장 급등 관점이 있다(이 관점에 대해서는 Greenough, Black, & Wallace, 1987 참조). 비록 이 관점의 지지자는 '전체 뇌 급등'에 맞도록 교육을 변화시킬 것을 제안했지만, 연구 결과는 그것을 지지하지 않는다(Marsh, 1985).

세 번째 연구 유형은 ① 복잡한 환경에서 자라는 쥐들, ② 2마리가 음식과 물을 제공받는 환경에서 함께 자라는 쥐들, ③ 1마리가 음식과 물을 제공받는 환경에서 자라는 쥐를 비교했다(Greenough, Hwang, & Gorman, 1985; Greenough & Volkmar, 1973; Turner & Greenough, 1985). 복잡한 환경에서는 탐구하고 놀이를 할 수 있는 다양한 물건들이 갖추어져 있는 큰 우리 속에 약 12마리의 동물이 함께 살게 했다. 연구 결과는 복잡한 환경에서 자란 쥐들에게서 시각적 시냅스 연결의 수가 더 많은 것을 발견했다(Greenough et al., 1987, p. 197). 그러나 그 연구는 아동들을 위한 조기 교육적 중재를 도입하는 것을 지지하지 않았다. 대신에 심각하게 결핍된 환경이 나쁜 영향을 미친다는 것을 보여 준 루마니아 고아원 연구 결과와 일치한다(O'Connor, Bredencamp, & Rutter, 1999 참조).

더구나 '복잡한'이란 용어는 일반적으로 개인의 가치 시스템에 따라 선택된 활동을 뜻하는 '풍부한'이란 용어와는 다르다(Bruer, 1997). 다른 어떤 어린이 프로그램보다 「Sesame Street」가 좋은 프로그램이라거나, 미국 'Hootie and the Blowfish' 밴드의 음악보다 Mozart 음악이 좋다는 것이 아니다. 다시 말해서, 신경과학은 그런 선택을 지지하지 않는다(Bruer, 1997, 1998a).

요약하면, 정책 입안자들은 태어나서 3세 혹은 5세까지가 뇌 발달의 결정적 시기이며, 특별한 경험이 그 시기에 제공되지 않으면 학습 기회를 잃게 된다고 주장한다. 그러나 고양이의 시각 박탈 연구, 시냅스 소멸 후에도 조기 개입으로 시냅스 성장이 가능하다는 보고서, 그리고 복잡한 환경과 취약 환경에서 자란 쥐의 비교 연구들은 이러한 믿음을 지지하지 않는다.

3) 인지신경과학의 역할

비교적 새로운 학문인 인지신경과학의 목적은 뇌 속의 신경활동과 인지적 행동 간의 연결을 설명하는 것이다(Kosslyn & Shin, 1992). 이 학문의 출현에 큰 영향을 준 것은 인지 과제나 행동 과제를 해결하는 동안의 뇌 활동을 감시할 수 있는 신경영상 방법의 발달이다(Sarter, Bernston, & Cacioppo, 1996). 이것은 천체의 세부적인 탐색을 가능하게 만든 망원경의 발견의 중요성과 유사하다(Goldberg, 2001). 신경영상 방법들은 구체적인 인지과정과 관련한 뇌의 특정한 영역에 대한 정보를 제공할 수 있다(Gur & Gur, 1991). 예를 들어, 소뇌의 어떤 부분이 문제해결에 중요한 역할을 하고(Kim, Uqurbik & Strick, 1994), 8세에서 10세 아동이 공간적 기억 과제를 하는 동안에 전전두피질의 영역이 활성화된다는 것을 알 수 있다(Truwit et al., 1996).

신경영상 방법은 획기적이지만 그것의 효능에 대해서는 논쟁의 여지가 있다. 또한 어떤 연구들은 꽤 단순한 인지 과제를 사용한다. 그 예로는 단어나 문장 읽기, 물건 이름 대기, 단어가 구체적인지 추상적인지 확인하기, 간단한 덧셈 등이 있다. 여기에서는 인간 학습의 개념화를 위한 인간 뇌에 대한 최근의 연구 방법과 연구의 가능성에 대해 논의한다.

(1) 최근의 연구 방법

초기에 뇌를 연구하는 방법으로는 병이나 사고로 뇌 손상을 입은 개인에 대한 사례 연구와, 동물의 뇌를 외과적으로 시술하고 그 결과 나타나는 행동의 변화를 관찰하는 방법이 있었다. 뇌 손상 환자들을 대상으로 한 연구는 앞에서 언급했듯이, 뇌의 어떤 부분에 손상을 입고 기능에 이상이 생기면 그것과 연결된 손상을 입지 않은 다른 영역의 기능까지도 저해할 수 있다는 문제점이 있다. 동물을 대상으로 한 뇌 연구는 그 연구 결과를 인간 뇌에 적용하는 데에 제한점이 있다.

더 최근에는 이전의 연구와 달리 뇌에서의 전기활동의 변화, 대뇌 신진대사나 뇌의 혈류를 측정하여 뇌 활동의 '지도'를 만드는 방법을 사용한다. 〈표 5.1〉에 요약되어 있듯이 여기에는 뇌전도(EEG), 양전자 방출 단층촬영법(PET), 기능 자기공명 영상법(fMRI) 등이 있다. MR 스캐너의 등장 이후로 뇌 영상을 사용한 논문의 수가 기하급수적으로 증가하게 되었으며, "자료를 시각적으로 매력적인 여러 가지 색깔의 '뇌 영상'으로 보여 줄 수 있게 되었다."(Fitzpatrick & Rothman, 2002, p. 806) 색으로 부호화된 영역은 과제를 수행하고 있는 상태에서의 시그널 강도와 비교 혹은 통제 상태에서의 시그널 강도 간에 통계적으로 유의미한 차이가 있는 것을 나타낸다.

〈표 5.1〉에 나타나 있듯이, EEG는 자극 제시나 활동과 관련한 전기적 활동을 측정할 수 있다(Johnson, 1997, p. 13). 그러나 특정한 전극에서 기록된 전기적 부호는 그것을 생산한 뇌의 영역을 정확하게 반영하지 않을 수 있다. 대신에 그것은 국부적(local) 활동과 신경망을 통해 그 전극까지 진행되어 온 과정의 활동을 모두 나타낸다.

양전자 방출 단층촬영법과 기능 자기공명 영상법은 신경영상 기법이라고 하지만 신경활동을 직접적으로 측정하는 방법이 아니다(Gabrieli, 1998). PET와 fMRI는 국부 대뇌 신진대사나 혈액 산소 공급에 변화가 일어나는 것이 뇌 활동과 관련이 있다는 가정에 기초한다. 그러나 혈액의 변화와 신경활동 간에 어떤 연관이 있느냐 하는 문제가 앞으로 밝혀져야 할 것이다(Fitzpatrick & Rothman, 2002, p. 807).

〈표 5.1〉에서 볼 수 있듯이, PET를 사용하는 연구에서는 일반적으로 2개의 영상을

〈표 5.1〉 신경영상 기법의 비교

기법	특징	장점	단점
뇌전도 (EEG)	두피 위의 전극이 전기 및 뇌파 활동을 기록하고 일정 시간의 전기활동을 측정할 수 있다.	해가 없다.	1. 뇌 활동의 정확한 장소를 확인하기가 어렵다. 2. 변인들을 처리하는 과정과 연관된 두개골의 두께와 세포 밀도에 있어서의 개인차가 혼재 요인이 되어 자료 해석이 힘들다(Byrnes, 2001, p. 21).
양전자 방출 단층촬영 (PET)	포도당이나 산소 같은 방사성 동위원소가 혈관에 주입된다. 통제 상태와 과제 상태에서 뇌 속에 있는 그 양을 측정하고 서로 간의 차이를 구한다. 자료는 표준 뇌 공간으로 전환된다. 피험자들의 자료를 가지고 평균을 구한다.		1. 뇌 활동을 간접적으로 측정한다. 2. 값이 비싸다. 3. 방사성 동위원소가 필요하다. 4. 평균값과 표준 공간에 대한 전환치로서 사람들의 뇌의 차이점을 다룰 수 있는가? 5. 산만하게 조직된 회로는 구분할 수 없는 약한 신호를 일으킬 수 있다.
기능 자기공명 영상법 (fMRI)	피험자를 자성을 띤 튜브 안에 들어가게 한다. 자장이 머리 위로 지나간다. 가장 많이 사용되는 신호인 혈중 산소 수준(BOLD) 영상이 신진대사의 변화와 관련된 핵 MR 신호의 밀도에서 일어나는 변화를 측정한다.	1. 해가 없다. 2. 방사능과 관련이 없다. 3. MR 스캐너보다 싸고 더 쉽게 구할 수 있다. 4. PET 스캐너보다 더 선명한 상을 보여 준다.	1. 신경활동을 간접적으로 측정한다. 2. 피험자가 요란한 관 속에 있는 동안에 인지 과제가 완성된다. 3. 4번과 5번은 PET 스캔과 마찬가지이다.

비교해서 그 차이를 조사한다(Raichle, 1994). 영상의 차이는 그 과제와 유일하게 연관이 있는 정신작용을 하는 뇌 영역을 나타내는 것으로 본다(Sarter et al., 1996, p. 16).

방법론에 대한 한 가지 문제점은 여러 영상에 나타나는 특정한 뇌 활성화 영역을 나타내는 위치를 표준 뇌의 위치로 전환하는 것이다. 그 표준이란 프랑스의 신경 방사능 연구자인 Talairach와 그의 동료들에 의해 개발된 정위 방법(stereotaxic[1]) 뇌 지도이다(Raichle, 1997, p. 20; Talairach & Tournoux, 1988). 이 방법은 여러 사람들을 대상으로 해서 얻은 자료로 표준을 제시할 수 있었고, 뇌의 역할이 국재화(local)되어 있다는 것을 뇌 손상 연구에서 보여 준 것보다 더 인상 깊게 보여 주었다(Byrnes, 2001, p.

1) (해부) 정위(正位) 방법의(에 의한) (뇌 수술이나 연구를 위해 뇌를 3차원적으로 검사하는 방법이나 장치)

21). Marcus Raichle(1997)은 그 문제점들에 대해 개인차를 뛰어넘는 일반적인 조직 원리가 있다고 설명한다(p. 24). 예를 들어, PET 연구에서 보면 전두피질에서의 신진대사 활동이 피질의 모든 다른 영역에서보다 늦게 나타나고, 10대 초반까지는 적어도 계속 발달하는 것으로 나타났다(Nelson, 2002, p. 163).

또한 자료 분석을 위해 사용되는 통계 소프트웨어 패키지의 특성이 보고되는 정보에 영향을 줄 수 있다. 구체적으로, 소프트웨어는 통계적으로 의미 있는 차이를 확인한다(예: 통제 상태와 과제 상태 간의 차이). 예를 들어, 연구의 설계에 따라 fMRI 연구에서 획득한 같은 신호가 어떤 사람에게서는 통계적으로 유의미하고 다른 어떤 사람에게서는 유의미하지 않다(Fitzpatrick & Rothman, 2002, p. 807). 어떤 통계 패키지는 두 과제에 모두 공통적인 영역을 제외시키기 때문에 뇌 기능의 국재화를 지지하도록 편향되어 있을 수 있다(p. 812). 예를 들어, 한 논문에서는 두 언어를 말하는 이중 언어 피험자에 대한 뇌 활동 지도에서 활성화되는 영역이 각각 다르다는 것을 보여 주었다. 이것은 각 언어를 담당하는 뇌의 영역이 다르다는 관점을 지지하는 것으로 해석될 수 있었다. 그러나 그 자료를 자세히 검토해 보면, 각각의 언어를 담당하는 영역이 독립적으로 존재한다기보다는 언어를 만들어 내는 과정에서 조금 차이가 있다는 것을 알 수 있다.

뇌의 특정한 영역에서 특정한 인지과제를 처리한다는 것을 증명하기 위해 신경회로가 활성화되는 것을 보여 주어야 하는데 신경회로 조직 분포가 복잡하게 확산되어 있어 활성화된 신호가 약해서 탐지되지 않는 경우가 있어 이것을 확인하기가 어렵다(Sarter et al., 1996, p. 16). 마지막으로, 신경영상 방법은 두 가지 핵심적인 질문에 대한 해결책을 제시해야 한다. 하나는 뇌 활동이 국재화되어 있다는 주장을 하려면 정확하게 국재화되는 것이 무엇인가에 대한 답을 해야 한다(Sarter et al., 1996, p. 15). 즉, 인지기능은 종종 감각-지각 분석, 학습, 그리고 기억 처리 같은 다중 처리를 한다. 각 처리 과정은 뇌의 다른 영역에서의 다른 신경활동과 관련될 수 있다(p. 15). 따라서 정신활동의 인지 모델은 이런 기능을 지지하는 복잡한 뇌 시스템, 신경활동과 정확하게 일치하지 않을 수 있다. 이런 일치의 부족은 뇌-행동 관계를 이해하기 위한 노력을 더 복잡하게 할 수 있다(p. 15).

이 질문에 대한 대답이 복잡한 또 하나의 이유는 여러 연구에서 여러 가지 과제들이 사용되었다는 것이다. 즉, 과제에 대해 너무 광범위하게 이름을 붙여서 여러 연구들을 일반화시킬 수가 없다. 한 가지 예로 '의미적 의사결정(semantic decisionmaking)'과 같은 과제를 들 수 있다(Gernsbacher & Kaschak, 2003, p. 108).

연구자들이 설명해야 할 두 번째 질문은 뇌의 여러 다른 영역에서도 과제를 처리하는 것이 확인되는데 이것이 의미하는 것은 무엇인가, 즉 다양한 인지 과제를 처리하는 뇌의 미시적 구조의 역할을 아직 설명하지 못하고 있다.

뇌 연구의 가능성. Fitzpatrick과 Rothman(2002)은 많은 연구자들이 fMRI 방법에 너무 흥분하여 fMRI 신호가 신경이나 정신적 처리 과정에 대해 무엇을 설명해 줄 수 있고 무엇을 설명할 수 없는지에 대해 생각해 보지 못했다고 말한다(p. 806). 이런 문제에도 불구하고, 잘 설계된 연구들은 인지발달과 학습의 4개 영역에 대한 뇌 연구의 가능성을 엿볼 수 있게끔 한다.

우선 인지발달 원리와 학습장애 원리를 설명할 수 있다. 한 예는 인지신경과학에서 개발한 정보로서 Jean Piaget의 전조작적 사고에 대한 설명을 더 확고하게 해 준다. 간단하게 설명하면, 전조작기의 아동은 소위 '보존성' 문제를 성공적으로 해결하지 못한다. 높고 가는 물통에 들어 있는 물을 짧고 넓은 물통으로 옮겨 부을 때, 아동은 첫 번째 물통의 높이에만 주목하기 때문에 첫 번째 물통의 물이 더 많다고 말한다. 혹은 짧은 물통의 폭에만 주목하기 때문에 폭이 넓고 높이가 낮은 물통의 물이 더 많다고 말한다. 전조작기 아동은 두 가지 다른 지각(두 물통 속의 물의 양)을 동시에 처리할 수 없고 서로 관련을 시킬 수 없기 때문에 직관적인 판단을 할 수밖에 없다.

전전두피질(DL-PFC)에 상해를 입은 환자에 대한 연구에서도 환자들이 Piaget 과제와 비슷한 문제에서 같은 종류의 실수를 하는 것을 발견했다(Price, Daffner, Stowe, & Mesulam, 1990 참조). 더 나아가, 그러한 문제를 해결하는 인지발달을 가능하게 하는 DL-PFC가 성숙함에 따라 신경전달 물질 도파민의 수준이 증가된다는 것을 보여 주는 연구들도 있다(Luciana, Depue, Arbisi, & Leon, 1992; Simon, Scatton, & LeMoal, 1980 참조).

그 외에, 한 연구에서 페닐케톤뇨증(PKU) 치료를 받는 아동들이 직관적으로 행동하는 것을 저지하고 두 가지 규칙을 동시에 생각해야 하는 것을 요구하는 Piaget 유형의 과제에서 어려움을 가지고 있는 것을 발견했다(Diamond, 2002). 짧게 말하면, PKU는 유전적인 신진대사 장애로서 치료하지 않으면 심각한 뇌 손상과 정신지체를 일으킨다. 그러나 초기에 식이요법과 함께 지속적으로 치료했을 때, PKU 아동은 IQ 측정에서 정상 범위에 들었다. 그럼에도 불구하고, 그들은 전조작적 사고와 관련이 있는 특정한 인지적 결손이 있다. 또한 이런 아동은 DL-PFC에서의 도파민 수준이 낮다고 한다(p. 478). 다시 말해서, 그 연구는 Piaget 유형의 과제에서 DL-PFC의 역할, 도파민의 중요성, 그리고 PKU 치료를 받는 아동에서의 특정한 인지적 결함을 지적한다.

인지신경과학이 공헌할 수 있는 인지와 학습의 세 번째 영역은 바로 정보처리 원리이다. 예를 들어, 모델들은 자동 처리와 통제된 혹은 의도적인 처리 같은 두 가지 처리 수준을 확인하였다. 즉, 어떤 활동은 충분히 연습이 되어서 의식적 통제를 필요로 하지 않는다. 그러나 다른 것들은 의도적인 처리를 필요로 한다.

Raichle(1994)은 신경영상을 사용하여 의도적 처리와 자동적 처리에서의 신경의 차이를 보여 주었다. 그는 피험자들에게 40개의 명사를 하나씩 1.5초 동안 제시하고 동사를 만들라고 했다(의도적 처리). 그리고 나서 15분 동안 9회 연습을 한 후에, 피험자들은 뇌 활동의 두 번째 영상이 촬영되는 동안 열 번째 그 과제를 반복했다. 재미있는 것은 두 가지 영상이 자동적이든 자동적이 아니든 구두 반응을 생성하는 것은 몇몇 광범위하게 독립된 뇌 활동의 영역과 함께 두 가지 다르게 배분된 신경 처리를 나타낸다는 것이다(p. 342). 게다가, 전전두피질은 각 명사에 대한 동사의 초기 선택에 있어서 중요한 역할을 했다. 그러나 그것은 과제의 연습된 수행에서는 관계가 없었다. 이 연구 결과는 전두엽에 손상을 입은 환자들이 환자 자신이 자유롭게 선택하는 과제를 완성하지 못한다는 다른 연구 결과와 일치한다. 다시 말해서, 전두엽은 피험자가 그 상황을 이해하고 결정하는 과제에서 중요한 역할을 한다(Goldberg, 2001, p. 80).

연구에 의해 밝혀진 또 하나의 개념은 자신의 과거 삶 속의 사건을 기억하는 것과 관련되는 일화적 기억이다. 이 과제에는 ① 과거로 돌아가기, ② 사건이 발생한 주관적인 시간 인식하기(자동 인식 능력), ③ 자기(self) 감각 등이 포함된다(Tulving, 2002, p. 2). 일화적 기억이 의미적(서술적) 기억과 다르다는 관점을 지지하는 근거로는 의미적 기억과 일화적 기억이 완전한 뇌 손상 환자들에 대한 임상 연구(Kapur, 1999; Wheeler & McMillan, 2001)가 있고, 의미적 기억과 일화적 기억의 인출 영역이 다르다는 것을 주장한 연구들에서 나온 PET 자료를 분석한 결과이다(Lepage, Ghaffar, Nyberg, & Tulving, 2000).

인지신경과학이 적용될 수 있는 네 번째 영역은 인지 능력을 유지하기 위한 평생학습의 역할이다. 이 장의 앞부분에서 보고한, 알츠하이머병을 예방하기 위한 방법으로 평생에 걸친 인지적 도전의 중요성을 지적한 연구를 회상해 보라. 아마도 가장 극적인 예는 미네소타 주의 Mankato에 있는 노트르담 교육 수도회(School Sisters of Notre Dame)일 것이다(Goldberg, 2001, p. 208). 여기의 수녀들은 수명이 길 뿐만 아니라 알츠하이머병도 없었다. 이 현상은 수수께끼, 카드놀이, 최근 정책 문제에 대한 토론 등 인지적으로 도전적인 활동을 하는 평생 습관에서 그 원인을 찾을 수 있었다. Mary

수녀는 101세에 죽기 직전까지도 인지 과제에서 훌륭한 수행을 보였다. 그러나 그녀의 뇌 부검에서는 신경섬유 조직에서 많은 엉킴이 있었고 알츠하이머병의 플라크(plaque)가 나타났다(p. 208). 한 가지 추론은 자신의 마음을 혹사(taxing)하는 평생 습관을 개발하는 것이 예방적인 효과를 가져와서, 뇌의 기능이 쇠퇴하는 변화에도 불구하고 충분한 신경 연결이 인지 활동을 수행하도록 할 수 있었다는 것이다.

3. 요약

인지적 과제나 행동적 과제를 수행하고 있는 뇌 활동을 감시할 수 있는 신경영상 기법의 발달이 인지신경과학 분야의 출현에 큰 공헌을 했다. 초기에는 뇌 활동을 연구하기 위해 뇌 손상을 입은 환자들의 사례를 연구하거나 동물의 뇌를 외과적으로 수술하는 방법을 사용했다.

새로운 방법들이 나와서 전기활동의 변화(뇌전도, EEG), 뇌 신진대사(양전자 방출 단층촬영, PET), 혹은 혈액 산소 공급(기능 자기공명 영상, fMRI)의 변화에 기초한 뇌 활동의 지도를 만들 수 있게 되었다. 이러한 방법의 단점으로는 기록된 전기활동(EEG)의 정확성 문제, 혈액 변화와 신경활동 간의 연관, 표준 뇌 영상을 기준으로 해서 영상 공제(image subtraction) 기법을 사용하여 데이터를 전환하는 문제, 자료를 분석하는 통계 패키지의 잠정적인 문제점, 그리고 신호를 방출하고 있지만 그 신호가 약해서 탐지하지 못하는 문제점(PET와 fMRI)이 있다. 또한 인지기능은 종종 다중 처리를 하기 때문에 인지 모델들이 복잡한 뇌 시스템과 신경활동을 정확하게 일치시켜 설명하지 못할 수도 있다. 다시 말해서, 국재화되어 있는 세밀한 처리의 문제는 아직 밝혀지지 않았다. 그리고 새로운 방법들을 사용하여 다양한 과제를 담당하는 뇌의 영역들은 알 수 있지만, 신경활동들이 어떻게 일어나는지에 대해서는 알 수 없다.

이런 단점에도 불구하고 잘 설계된 연구는 인지발달과 학습의 네 가지 영역에 대한 유용한 정보를 제공하고 있다. 여기에서 네 가지 영역이란 인지발달, 학습장애, 정보처리와 평생학습에 대한 원리이다.

4. 생각해 볼 문제

1. 가까운 미래에 새로 개발된 뇌 영상 기술로 뇌에 대한 상세한 정보를 얻는 것이 왜

어렵다고 전망하는가?

2. 뇌와 관련하여 '성장'은 무엇을 의미하는가?
3. 유전적인 '영구 전자회로' 관점에 반대되는 뇌의 '구조적 가소성' 관점을 지지하는 정보로는 어떤 것이 있는가?
4. 뇌의 피질하부 구조와 피질 구조의 중요한 차이점은 무엇인가?
5. 시냅스 발달에 대한 연구는 '초기 결정적 시기' 개념을 어떻게 반박하고 있는가?

참고문헌

Albert, M. S., Jones, K., Savage, C. R., Berkman, L., Seeman, T., Blazer, D., & Rowe, J. W. (1995). Predictors of cognitive change in older persons: MacArthur studies of successful aging. *Psychology of Aging, 10*(4), 578-589.

Bateson, P. P. G. (1979). How do sensitive periods arise and what are they for? *Animal Behavior, 27*, 470-486.

Begley, S. (1996). Your child's brain. *Newsweek, 127*(8), 55-62.

Benes, F. M. (1994). Development of the cortico-limbic system. In G. Dawson & K. W. Fischer (Eds.), *Human behavior and the developing brain* (pp. 176-206). New York: Guilford Press.

Berer, T. G., & Chiarello, R. J. (1974). Cerebral dominance in musicians and nonmusicians. *Science, 185*(150), 537-539.

Bennett, E. L., Diamond, M. C., Krech, D., & Rosenzweig, M. R. (1964). Chemical and anatomical plasticity of brain. *Science, 164*, 610-619.

Black, J. E., Isaacs, K. R., Anderson, B. J., Alcantara, A. A., & Greenough, W. T. (1990). Learning causes synaptogenesis, whereas motor activity causes angiogenesis in cerebellar cortex of adult rats. *Proceedings of the National Academy of Science* (USA), *87*, 5568-5572.

Blinkov, S. M., & Gleser, I. I. (1968). *The human brain in figures and tables: A quantitative handbook.* New York: Plenum Press.

Bruer, J. T. (1997). Education and the brain: A bridge too far. *Educational Researcher, 26*(8), 4-16.

Bruer, J. T. (1998a). Brain science, brain function. *Educational Leadership, 56*(3), 14-18.

Bruer, J. T. (1998b). The brain and child development: Time for some critical thinking. *Public Health Reports, 113*, 389-397.

Bruer, J. T. (1999). *The myth of the first three years: A new understanding of early brain development.* New York: The Free Press.

Byrnes, J. P. (2001). *Minds, brains, and learning.* New York: Guilford.

Changeux, J. P. (1985). *Neuronal man.* New York: Pantheon.

Chugani, H. T., Phelps, M. E., & Mazziotta, J. C. (2002). Positron emission tomography study of human brain functional development. In M. H. Johnson, Y. Munakata, & R. O. Gilmore (Eds.), *Brain development and cognition* (pp. 101-128). Malden, MA: Blackwell.

Coren, S. (1993). *The left-hander syndrome: The causes and consequences of left-handedness.* New York: Vintage Books.

Cragg, B. G. (1975). The development of synapses in kitten visual cortex during visual deprivation. *Experimental Neurology, 46*, 445-451.

Cynader, M. & Chernenko, G. (1976). Abolition of direction selectivity in the visual cortex of the cat.

Science, 193, 504-505.

Damasio, A. R. (1994). *Descartes' error: Emotion, reason, and the human brain.* New York: Putnam.

Daw, N. (1995). *Visual development.* New York: Plenum Press.

Diamond, A. (2002). A model system for studying the role of dopamine in prefrontal cortex during early development in humans. In M. H. Johnson, Y. Munakata, & R. O. Gilmore (Eds.), *Brain development and cognition: A reader* (pp. 441-493). Malden, MA: Blackwell.

Fischbach, G. D. (1992, September). Mind and brain. *Scientific American, 267*, 24-32.

Fitzpatrick, S. M., & Rothman, D. L. (2002). Meeting report: Choosing the right MR tools for the job. *Journal of Cognitive Neuroscience, 14*(5), 806-815.

Gabrieli, J. D. (1998). Cognitive neuroscience of memory. In J. T. Spence, J. M. Darley, & D. J. Foss (Eds.), *Annual Review of Psychology, 49* (pp. 87-115).

Gernsbacher, M. A., & Kashak, M. P. (2003). Neuroimaging studies of language production and comprehension. *Annual Review of Psychology, 54*, 91-114.

Goldberg. E. (2001). *The executive brain: Frontal lobes and the civilized mind.* New York: Oxford University Press.

Grafman, G. J., Litvan, I., Massaquoi, S., Stewart, M., Sirigu, A., Hallett, M. (1992). Cognitive planning deficit in patients with cerebrellar atrophy. *Neurology, 42*(8), 1493-1496.

Greenough, W. T. (2002). Brain adaptation to experience: An update. In M. H. Johnson, Y. Munakata, & R. O. Gilmore (Eds.), *Brain development and cognition: A reader* (2nd ed.) (pp. 213-216). Malden, MA: Blackwell.

Greenough, W. T., & Volkmar, F. R. (1973). Pattern of dendritic branching in occipital cortex of rats reared in complex environments. *Experimental Neurology, 40*, 491-504.

Greenough, W. T., Black, J. E., & Wallace, C. S. (1987). Experience and brain development. *Child Development, 58*, 539-559.

Greenough, W. T., Hwang, H. M., & Gorman, C. (1985). Evidence for active synapse formation, or altered postsynaptic metabolism, in visual cortex of rats reared in complex environments. *Proceedings of the National Academy of Sciences* (USA), *82*, 4549-4552.

Gur, R. C., & Gur, E. R. (1991). The impact on neuroimaging on human neuropsychology. In R. G. Lister & H. J. Weingartener (Eds.), *Perspectives on cognitive neuroscience* (pp. 417-436). Oxford: Oxford University Press.

Hockenbury, D. H., & Hockenbury, S. E. (1997). *Psychology.* New York: Worth Publishers.

Holloway, R. L. (1966). Dendritic branching: Some preliminary results of training and complexity in rat visual cortex. *Brain Research, 2*, 393-396.

Huttenlocher, P. R. (1990). Morphometric study of human cerebral cortex development. *Neuro-psychologia, 28*, 517-527.

Huttenlocher, P. R. (1994a). Synaptogenesis in human cerebral cortex. In G. Dawson & K. W. Fischer (Eds.), *Human behavior and the developing brain* (pp. 137-152). New York: Guilford.

Huttenlocher, P. R. (1994b). Synaptogenesis, synapse elimination, and neural plasticity in human cerebral cortex. In C. A. Nelson (Ed.), *Threats to optimal development: The Minnesota Symposia on Child Psychology, Vol. 27* (pp. 35-54). Hillsdale, NJ: Erlbaum.

Huttenlocher, P. R., de Courten, C., Garey, L. G., & Van der Loos, H. (1982). Synaptogenesis in human visual cortex—evidence for synapse elimination during normal development. *Neuroscience Letter, 33*, 247-252.

Jacobs, B., Schall, M., & Scheibel, A. R. (1993). A quantitative dendritic analysis of Wernicke's area in humans. II. Gender, hemispheric, and environmental factors. *Journal of Comparative Neurology, 327*, 97-106.

Johnson, M. H. (1997). *Developmental cognitive neuroscience.* Cambridge, MA: Blackwell.

Kapur, N. (1999). Syndromes of retrograde amnesia: A conceptual and empirical analysis. *Psychological Bulletin, 125*, 800-825.

Katzman, R. (1993). Education and the prevalence of dementia and Alzheimer's disease. *Neurology, 43*, 13-18.

Kim, S. G., Ugurbik, K., & Strick, P. L. (1994). Activation of a cerebellar output nucleus during cognitive processing. *Science, 265*, 949-951.

Kosslyn, S. M., & Shin, L. M. (1992). The status of cognitive neuroscience. *Current Opinion in Neurobiology, 2*, 146-149.

Krech, D., Rosenzweig, M. R., & Bennett, E. L. (1960). Effects of environmental complexity and training on brain chemistry. *Journal of Comparative Physiological Psychology, 53*, 509-519.

Lepage, M., Ghaffar, O., Nyberg, L. & Tulving, E. (2000). Prefrontal cortex and episodic memory retrieval mode. *Proceedings of the National Academy of Sciences* (USA), *97*, 506-511.

LeDoux, J. E. (2000). Emotion circuits in the brain. *Annual Review of Neuroscience, 23*, 155-184.

Luciana, M., Depue, R. A., Arbisi, P., & Leon, A. (1992). Facilitation of working memory in humans by a D2 dopamine receptor agonist. *Journal of Cognitive Neuroscience, 4*, 58-68.

Marsh, R. W. (1985). Phrenoblysis: Real or chimera? *Child Development, 56*, 1059-1061.

Martin, A., Wiggs, C. L., & Weisberg, J. (1997). Modulation of human medial temporal lobe activity by form, meaning, and experience. *Hippocampus, 7*(6), 587-593.

Marzi, C. A., & Berlucci, G. (1977). Right visual field superiority for accuracy of recognition of famous faces in normals. *Neuropsychologia, 15*(6), 751-756.

Nelson, C. A. (2002). The ontogeny of human memory: A cognitive neuroscience perspective. In M. H. Johnson, Y. Manakata, & R. O. Gilmore (Eds.), *Brain development and cognition: A reader* (pp. 151-178). Malden, MA: Blackwell.

Newman, F. (1997). Brain research has implications for education: Is first grade too late? *State Educational Leader, 15*, 1-2.

Nowakowski, R. S., & Hayes, N. L. (2002). General principals of CNS development. In M. H. Johnson, Y. Munakata, & R. O. Gilmore (Eds.), *Brain development and cognition* (pp. 57-82). Malden, MA: Blackwell.

O'Connor, T. G., Bredenkamp, D., & Rutter, M. (1999). Attachment disturbances and disorders in children exposed to early severe deprivation. *Infant Mental Health Journal, 20*(1), 10-20.

Organisation for Economic Co-operation and Development (2002). *Understanding the brain*. Paris: Author.

Oyama, S. (1985). *The ontogeny of information*. Cambridge: Cambridge University Press.

Price, B. H., Daffner, K. R., Stowe, R. M., & Mesulam, M. M. (1990). The compartmental learning disabilities of early frontal lobe damage. *Brain, 113*, 1383-1393.

Raichle, M. E. (1994). Images of the mind: Studies with modern imaging techniques. *Annual Review of Psychology, 45*, 333-356.

Raichle, M. E. (1997). Brain imaging. In M. S. Gazzaniga (Ed.), *Conversations in the cognitive neurosciences* (pp. 15-33). Cambridge, MA: Massachusetts Institute of Technology.

Rafshoon, E. (2003, April 27). What price beauty? *Boston Globe Magazine*, 15-17, 19-23.

Riego, W. H. (1971). Environmental influences on brain and behavior of old rats. *Developmental Psychobiology, 4*, 157-167.

Sarter, M., Berntson, G. G., & Cacioppo, J. T. (1996). Brain imaging and cognitive neuroscience. *American Psychologist, 51*(1), 13-21.

Schoenfeld, A. H. (1999). Looking toward the 21st century: Challenges of educational theory and practice. *Educational Researcher, 28*(7), 4-14.

Shore, R. (1997). *Rethinking the brain: New insights into early development*. New York: Families and Work Institute.

Simon, H., Scatton, B., & LeMoal, M. (1980).

Dopaminergic A10 neurons are involved in cognitive functions. *Nature, 286*, 150-151.

Snowdon, D. A., Kemper, S. J., Mortimer, J. A., Greiner, L. H., Weksten, D. R., & Markesbery, W. R. (1996). Linguistic ability in early life and cognitive function and Alzheimer's disease in late life: findings from the Nun Study [see comments]. *Journal of the American Medical Association, 275*(7), 528-532.

Stern, X., Gurland, B., & Tatemichi, T. K. (1994, April 6). Influence of education and occupation on the incidence of Alzheimer's disease. *Journal of the American Medical Association, 271*(13), 1004-1007.

Talairach, J., & Tournoux, P. (1988). *Co-planar stereotaxic atlas of the human brain.* New York: Thieme Medical.

Thompson, R. A., & Nelson, C. A. (2001). Developmental science and the media: Early brain development. *American Psychologist, 56*(1), 5-15.

Truwit, C. L., Le, T. H., Lim, J. C., Hu, X., Carver, L., Thomas, K. M., Monk, C., & Nelson, C. A. (1996, June). *Functional MR imaging of working memory task activation in children: Preliminary findings.* Paper presented to the American Society of Neuroradiology, Seattle, WA.

Tulving, E. (2002). Episodic memory: From mind to brain. *Annual Review of Psychology, 53*, 1-25.

Turner, A. M., & Greenough, W. T. (1985). Differential rearing effects on rat visual cortex synapses, I. Synaptic and neural density and synapses per neuron. *Brain Research, 329*, 195-203.

Wheeler, M. A., & McMillan, C. T. (2001). Focal retrograde amnesia and the episodic-semantic distinction. *Cognitive and Affective Behavioral Neuroscience, 1*, 22-37.

Part Ⅲ

학습과정 이론

세 가지 이론은 정보 또는 기술의 학습에 필요한 특별한 사태들과 조건 등에 역점을 두어 다룬다. 행동주의자의 전통을 계속 유지하면서, B. F. Skinner의 조작적 조건형성은 조작적인 행동의 복잡한 패턴과 관계있는 환경적인 사태와 조건들을 설명한다. 비둘기가 공굴리기를 배우는 것과 아이들이 읽기를 배우는 것이 그 예이다. Skinner의 분석에는 행동의 변화, 혐오스러운 결과에 대한 감정적인 부산물과 학생 개개인의 능력에 따른 교수법에 대한 구조에 영향을 미치는 다양한 종류의 결과가 포함된다.

이와 대조적으로, Robert Gagné는 인간 학습의 영역 안에서 발견된 다양한 일들을 분석했다. 그는 각각의 특별한 실행에 반영된 다섯 가지의 주된 형태의 능력을 구분했다. 그의 이론은 각 유형의 과제에 필수적인 인지과정과 학습자의 상태, 그리고 그러한 유형을 가르치는 데 필수적인 요소에 대해 상세하게 기술하고 있다.

인지적 관점은 학습자가 정보를 받아들이고 처리하며 후에 다시 상기시키는 방법에 관한 모델로 시작되었다. 현재 인지이론과 연구는 또한 문제해결과 학습 관리를 위한 학습자 전략을 다룬다.

제 6 장

B. F. Skinner의 조작적 조건형성

아기는 딸랑이를 흔들고, 아이는 바람개비를 가지고 뛰어다니며, 과학자는 사이클로 트론(자기공명 가속기)을 작동한다. 그리고 모든 것은 결과에 의해 한층 더 강화된다. (Skinner, 1968b, p. 153)

B. F. Skinner의 원리는 Pavlov의 모델에 의해 지배되었던 1930년대에 행동주의의 새로운 장을 열었다. Skinner는 '단서' 또는 '충동 자극'이 '움직일 수 없는 힘'처럼 모든 행동을 야기한다는 자극-반응(S-R)의 견해에는 동의하지 않았다(Skinner, 1966b). 대신 그의 연구는 아기의 움직임이든 과학자의 움직임이든 간에 변화하는 행동의 중요한 사태는 행동에 의해 일어나는 결과라고 주장했다(Skinner, 1953). 우연히 딸랑이를 흔들자 새로운 소리가 나는 것을 보게 된 아이는 곧 몇 분 동안 장난감을 흔들게 된다. 이와 유사하게, 과학자는 세포 분석을 위해 슬라이드에 착색을 하는 효과적인 방법을 발견한다. 그런 다음 과학자는 기술을 완성하게 하기 위해 저녁 시간과 주말 내내 실험실에서 보내기 시작한다. 아기와 과학자의 행동에서 빈도수가 증가한 것은 각각의 행동으로 생긴 결과에 의해 영향을 받은 것이다.

Skinner의 분석은 얼핏 보기에는 아주 간단한 원리인 것처럼 보이지만, 그는 이 연구에 50년 이상을 보냈다. 교사가 특정한 학생이 특정한 일을 스스로 할 수 있을 때까지 도움을 주는 행동을 지연시키는 상황을 생각해 보자(Skinner, 1968b). 학생이 실망하는 모습을 보이면 교사는 재빨리 그에게 도움을 준다. 불안해하고 초조해하는 학생은 어려운 문제를 포기함으로써 어른들의 관심과 도움을 유도할 수 있었다. 부주의한 교사의 반응은 바람직하지 못한 행동을 더욱 강화시킬 것이고, 그러한 행동은 반복해서 발생할 가능성이 많다.

Skinner의 연구는 반사 능력과 다른 행동들 사이의 차이점에 대한 분석과 함께 시작되었으며(Skinner, 1935), 곧 그의 조작적 조건형성의 원리가 연구되었다(Skinner, 1938, 1953). 그 후에 그는 교실에서의 교수법, 교수기계의 개발(Skinner, 1961)과 함께 학교 장면에 관심을 갖기 시작하였다(Skinner, 1968a, 1968b, 1973). 그의 교육에 대한 논평에는 마이크로컴퓨터 교육을 위한 추천 사항도 포함된다(Skinner, 1984, 1989b).

1980년대에 Skinner는 자신의 개념들을 인간 조건의 다양한 측면에 계속해서 적용시켰다. 그의 연구는 자연적 선택과 조작적 조건형성의 유사성과 차이점의 분석(Skinner, 1981, 1987), 노화의 분석(Skinner & Vaughan, 1983), 문화와 문화의 발전에 대한 설명(Skinner, 1981, 1987, 1989b), 그리고 규칙이 지배하는 행동의 상세한 분석(Skinner, 1987) 등이다. 그의 연구 주제는 크게 과학 철학, 행동 이론, 자연 상황에 원리를 적용시키는 시스템으로 요약될 수 있다(Kratochwill & Bijou, 1987, p. 138).

1. 학습원리

Skinner는 일찍이 John Watson(1913)의 주장에 동의했다. 즉, 심리학은 행동에 관한 연구만을 통해 과학이 될 수 있다.

1) 기본 가정

Clark Hull과 같이 Skinner는 행동 연구를 위한 엄격한 절차를 세웠다. 그러나 Hull과는 달리 그는 연구의 준거로 이론을 사용한다는 것을 믿지 않았다. 대신에 조작적 조건형성의 초석은 행동과학의 본질과 학습된 행동의 특징들에 대한 Skinner의 신념이다.

(1) 행동과학의 본질

Skinner(1953)에 의하면 모든 과학의 목표는 환경에서의 자연스러운 사태들 사이의 합법적인 관계를 발견하는 것이다. 그러므로 행동과학은 물리적인 조건들 또는 환경적인 사태들과 행동 사이의 합법적이거나 '기능적인' 관계를 반드시 발견해야 한다. 문제는 독립변인(조건이나 사태) 속에서 어떤 변화들이 종속변인인 행동의 변화를 이끄는지를 결정하는 것이다. 예를 들면, 어떤 학생은 학업에 참여하도록 하고 또 어떤 학생은 숙제를 하지 않도록 하는 사태나 조건은 무엇인가이다. 한 학생은 '동기가 유발되었고' 다른 한 학생은 '동기가 유발되지 않았다'라는 설명은 Skinner의 견해에서 문제에 대한 해답이 아니다.

행동이란 복잡하고 다양하기 때문에 행동과학의 발전은 어렵다(Skinner, 1953). 게다가 행동은 일시적이고 유동적이며 변화해 나가는 과정이다. 과학자의 임무는 행동의 질서와 통일성을 발견하는 것이다(Skinner, 1953).

중요한 것은 이론이나 내부 상태에 대한 토론이 행동 연구를 위한 근거로 사용되어서는 안 된다는 것이다(Skinner, 1950, 1966b). 이론들은 하나의 진술을 다른 관점에서 설명함으로써 인위적인 질서와 법칙성의 세계를 만든다. 결과는 아직 발견되지 않은 법칙적인 관계들이 불분명하다는 것이다. 더구나 이론은 명확성을 위한 탐색을 끝내도록 함으로써 과학자들의 호기심을 방해할 것이다(Skinner, 1950).

내적 상태에 대한 문제. 어떤 정신적인 상태나 감정에 의해 행동이 유발된다는 설명에는 적어도 세 가지 문제점이 있다. 첫째, 그러한 설명들은 상태 그 자체를 설명하는 것과 같이 또 다른 문제를 일으킬 뿐이다(Skinner, 1963a). 예를 들면, 만약 불안이 시험을 엉망으로 치르는 것에 대한 설명으로 제안된다면 무엇이 불안을 유발시키는가?

둘째, 상태들에 대한 강조는 행동을 단순히 지시자나 정신적, 생리적인 활동의 징후로서 다룬다(Skinner, 1966b, p. 213). 행동을 단순히 과정(예: 학습 혹은 성숙), 상태(경계), 추동, 정서, 또는 이용 가능한 심리적 에너지 등의 지시자로 간주할 때 행동은 '2차 분류변인'이 된다.

셋째, 문제와 해결책의 근본을 찾아 내려는 연구의 방향을 전환시키게 된다. 예를 들면, 경제에서 '신뢰가 결핍된 소비자'로 불리는 문구는 경제 성장의 회복에서 하나의 문제점으로 기술된다. 그러나 사람들은 자신의 돈이 쓸모 있게 쓰이지 않을 때 소비를 적게 하려고 계획하고, 줄어든 소비는 신뢰의 부족으로 설명된다. 따라서 신뢰를 회복시키려는 정부의 움직임은 실제로 소비자의 구매를 회복시키는 데 사용되는 행동, 즉 행동을 변화시키는 것이다.

비슷한 상황은 한 개인이 다른 새로운 도시로 이사를 갔을 때 경험하는 허탈감(의기소침)이다. 문제는 익숙한 일련의 행동들이 이제는 쓸모없는 것이 된다는 것이다(Skinner, 1987, p. 155). 익숙한 가게, 식당, 극장, 그리고 친구들은 더 이상 존재하지 않고, 새로운 일련의 행동들은 반드시 습득되어야 한다. 이것이 끝났을 때 우울함은 사라질 것이다.

교실에서 읽기 기술이 부족한 학생은 학교 성적 역시 좋지 않을 것이다. 그 학생은 학교에서 자발성이 부족한 경우에 흔히 말하는 것처럼 자존감이나 자아개념이 부족하다고 낙인찍힐 것이다. 그러나 문제는 학생들의 내적인 심리상태가 아니라 읽기 기술의 부족이다(Belfiore & Hornyak, 1998, p. 186).

실험적 분석. 행동을 연구하기 위해서 연구가는 반드시 통제된 상황 속에서 관찰될 수 있는 사태들을 조정해야 한다. 이러한 과정은 행동의 실험적인 분석으로 불린다(Skinner, 1953, 1968b). 환경적인 조건들을 통제하기 위해서 Skinner는 주의가 산만하지 않은 실험 공간을 고안했다. 레버나 열쇠, 또는 디스크(자기 디스크 기억 장치) 등과 같은 하나 이상의 반응 장치를 포함한 방음이 되는 어두운 공간을 사용했다. 실험실에는 강화물(예: 음식이나 물)을 제공하는 장치들도 있다. 때때로 빛이나 확성기 또는 가벼운 충격을 전달하기 위한 장치 등과 같은 다른 자극들이 사용된다. 공간은 적절한 반응 후에 강화물들이 즉시 전달되도록 자동화되어 있다. 그리고 자동화된 장치들은 반응의 빈도수를 기록하였다.

또한 집단보다는 개별 피험자의 행동이 기록되었다. Skinner에 따르면 집단 평균은 분명한 행동양식을 제공하지 않는다. 예를 들면, 평균 68.33이라는 점수는 평균이 산출되는 데 포함된 3개의 점수(55, 60, 90)에 대한 정보를 거의 제공하지 않는다.

Skinner 실험의 첫 번째 대상은 쥐였으나 나중에는 비둘기가 사용되었다. 이러한 대상들을 통해 얻어진 정보는 또한 모든 유기체와 환경 간의 상호작용에 대한 정보로 활용되었다. "비둘기를 병적인 도박꾼으로 만드는 강화 스케줄은 상당한 효과를 갖고 있는 경주장과 룰렛 테이블에서 발견될 것이다."(Skinner, 1969, p. 84) 따라서 실험실에서의 이러한 과정들에 대한 연구는 인간 행동에 응용이 가능한 것으로 간주된다.

(2) 학습의 정의

Skinner의 관점에서 학습은 행동의 변화이다. 실험 대상이 학습을 할 때는 반응이 증가하고, 학습이 되지 않을 때는 반응하는 비율이 떨어진다(Skinner, 1950). 그러므로 학습은 반응이 일어날 가능성이나 확률의 변화로 정의된다.

반응이 일어날 가능성은 측정하기 어렵기 때문에 대신에 반응의 비율이나 빈도수가 측정된다. 미래에 수행이 발생할 확률이 정확하게 동일하지는 않지만, 이것은 행동 변화를 분석하는 첫 단계이다(Skinner, 1963b). 또한 반응 비율은 실험실에 있는 비둘기의 행동에서 교실에 있는 학생들의 반응에 이르기까지 다양한 행동에 적용될 수 있다(Skinner, 1963b).

요약하자면, 여섯 가지의 가설이 조작적 조건형성의 토대를 형성한다.

1. 학습은 행동의 변화이다.
2. 행동 변화(학습)는 환경적인 상황이나 조건 속에서의 변화와 기능적으로 관련이 있다.
3. 만약 행동의 특성과 실험 조건이 물리적인 조건에서 정의되고, 신중하게 통제된 조건 하에서 관찰된다면 행동과 환경 사이의 합법적인 관계가 결정될 수 있다.
4. 행동에 대한 실험적 연구에서 도출된 자료는 행동의 원인에 대하여 수용할 수 있는 유일한 정보원이다.
5. 개별 유기체의 행동은 적절한 자료원이다.
6. 환경과 상호작용하는 유기체의 역동성은 모든 종(種)에서 발견된다.

(3) 요약

John Watson과 마찬가지로 Skinner는 심리학은 행동에 대한 연구를 통해서만 과학이 될 수 있다고 믿었다. 모든 과학의 목표는 환경의 자연 현상들 사이의 합법적인 관련성을 발견하는 것이다. 그러므로 행동과학은 환경적인 상황과 행동 사이의 합법적인 관계를 발견해야 한다.

행동과학을 발전시키는 데 있어서 중요한 것은 이론과 내적 상태에 대한 논의가 배제되어야 한다는 것이다. 이론은 질서정연한 인위적인 세계를 만들고, 내적 상태를 사용한 설명은 설명되어야 할 다른 논제들을 끄집어 낸다. 또한 행동은 단순히 내적 상태의 징후로 간주되어 2차적 변인이 된다. 셋째, 내적 상태에 대한 의존은 문제와 해결책 둘 다를 확인할 수 있는 연구에 대한 관심을 다른 곳으로 전환시켰다.

연구자는 행동을 연구하기 위해서 행동과 관찰 가능한 사태들을 통제된 장소에서 조작해야 한다. 행동적인 특성과 실험적 조건들은 물리적 관점에서 정의되고, 유기체의 행동은 연구자들이 행동의 변화 과정, 즉 '학습'을 확인해 가는 과정을 돕는다.

2) 학습의 구성요소

조작적 조건형성 원리의 발전은 Pavlov의 고전적 조건형성(무조건자극과 조건자극을 결합하여 조건자극만으로 반응을 유발할 수 있을 때까지 이를 반복 행하는 조건형성) 분석과 함께 시작된다. Skinner에 의하면(1938), Pavlov의 모델은 망치로 무릎을 두드렸을 때 나타나는 무릎 반사와 같은 특별한 자극과 이미 관련된 그러한 반응들로 제한된다. Skinner는 이러한 조건반사를 **유도된 반응**(elicited responses) 또는 반응 행동으로 설명했다. 조건형성의 방법으로 이러한 반응들은 자극적인 대체물을 요구하기 때문에 Skinner는 Pavlov의 모델을 **S형 조건형성**이라고 했다.

그림을 그리거나 노래를 부르는 것과 같은 복잡한 행동을 분석해 보면 이러한 행동들은 특별한 자극(상황 또는 조건)에 의해 유도되어 나오는 것이 아니라는 것을 보여준다(Skinner, 1935). 이러한 행동은 **방출된 반응**(emitted responses)이라 불렀다. 게다가 나타난 반응은 개체에 영향을 끼치고, 그것에 의해서 미래의 행동을 바꾸는 다른 종류의 결과를 창출하는 환경에 영향을 미친다. 예를 들면, 노래를 부르는 것은 칭찬, 박수 또는 돈과 같은 결과들을 만들어 내는 환경을 '조작한다.' 따라서 이러한 행동들을 **조작적**(operants)이라고 부른다(Skinner, 1935).

Skinner의 견해에서 보면(1953, 1963b) 조작적인 행동을 이해하는 열쇠는 Edward Thorndike의 효과의 법칙이었다. 구체적으로, 동물의 탈출 행동은 음식이 나오도록 했고, 유사한 감금의 상황에서 탈출 반응은 반복적으로 나타났다. Thorndike의 연구는 행동 변화의 원인 중에서 행위자가 수행한 행동의 효과를 포함하고 있다는 점이 중요하다. 그러므로 목적, 의도, 기대와 같은 개념은 미래의 행동을 설명하는 데 필요가 없었다(Skinner, 1963b, p. 503).

Thorndike가 오해를 불러일으킬 수 있는 용어를 사용했지만, 효과의 법칙은 행동 변화에 있어서 세 가지 필수적 구성요소를 확인했다(Skinner, 1953). 그것들은 반응이 일어나는 상황, 대상의 반응, 결과에 대한 강화이다. 학습의 이러한 세 가지 구성요소는 변별적인 자극(S^D), 반응(R), 그리고 강화하는 자극($S^{reinf.}$)으로 설명된다. 학습상황의 배열은 (S^D) − (R) − ($S^{reinf.}$)이다.

(1) 변별 자극

반응이 강화될 때 끊임없이 나타나는 모든 자극은 **변별 자극**이다. 예를 들면, 우리 속에 감금된 동물이 빗장을 풀 때 반복적으로 강화를 제공하면 그 동물은 빗장에만 반응을 하고 우리 속의 다른 물체는 무시해 버린다. 여기에서 빗장은 변별적인 자극이다. 강화된 반응과의 관련을 통해 변별 자극은 행동의 실마리로서 역할을 한다.

자극이 행동적 단서가 되는 과정은 빨간 열쇠를 부리로 쪼는 비둘기의 행동이 여러 차례 강화되는 실험에서 증명되었다(Skinner, 1953). 부리로 열쇠를 쪼는 도중에 제시된 색깔이 초록색으로 바뀌게 되면 비둘기는 더 이상 열쇠를 쪼지 않았다. 그 과정은 전형적으로 변별이라 불린다. 그러나 유기체는 특정한 상황에서 단순히 더 자주 반응한다(Skinner, 1989a, p. 128).

물론 행동의 변화는 이전에 제시된 자극과 관련시키지 않고도 설명될 수 있다(Skinner, 1953). 그 하나의 예는 전형적으로 변별적인 자극(S^D) 없이 비둘기가 목을 펴는 것이다. 다른 행동들과 마찬가지로, 비둘기가 목을 펴는 행동은 계속되는 강화에 의해 증가할 것이다. 그렇지만 목을 펴는 것이 단지 신호가 켜질 때만 강화된다면, 결과적으로 행동은 신호가 켜질 때만 일어날 것이다(Skinner, 1953, p. 107).

변별 자극의 역할. 반복될 우연성은 변별적인 자극에 의해 최대화된다. 일상의 삶 속에서의 행동을 통제하는 예는 빨간색과 초록색 신호등, 멈춤 표시 등이다(Skinner, 1953). 또한 "연필을 꺼내라." "소금 좀 건네주세요."와 같이 말로 하는 명령도 포함된다. 그러나 신호, 말로 하는 지시 사항, 그리고 다른 변별적인 자극은 조작적인 행동을 자동적으로 유도하지는 않는다. 오히려 조작적 행동은 특별한 반응에 대한 사전(事前) 강화의 결과로 행동적 통제를 획득한다.

인간의 행동을 위한 변별 자극은 환경적인 사태들에 제한되는 것은 아니다. 많은 상황 속에서 개인들은 그들이 반응할 수 있는 변별적인 자극을 구성한다. 사람들은 결단을 내리고 기대나 의도를 발표하고 계획을 세울 때, 그러한 자극들을 구성한다(Skinner, 1963b, p. 513). 그러나 스스로 자극을 만들어 자신의 행동을 통제하는 가장 효과적인 방법은 계획표를 만들거나 게시판에 결의문을 붙이는 것과 같이 반드시 일정 기간 가시적인 형태로 제시되어야 한다는 것이다(Skinner, 1963b).

또한 공통된 특징을 갖고 있는 두 가지 또는 그 이상의 다른 자극들은 특별한 반응을 통제할 수 있을 것이다. 빛이 있는 막대와 빛이 있는 디스크를 부리로 쪼는 비둘기의 반응과 아이들이 *p*, *P*, p를 구분하는 것이 그 예이다. 이러한 과정을 Skinner는 **자극 일반화**(stimulus generalization)라고 알려진 **유도**(induction)라고 하였다.

(2) 요약

복잡한 행동을 이해하는 열쇠는 표출된 반응과 관련이 있는 상황과 과정을 이해하는 것이다. 이러한 반응은 Pavlov의 방출된 반응과는 달리, 특별한 자극과 자동적으로 관련된 것은 아니다. Skinner의 견해에서 보면 그 해답은 Thorndike의 효과의 법칙이었다. 즉, 방출된 반응들은 개체에 영향을 끼치고, 그것에 의해 미래의 행동을 바꾸는 다른 종류의 결과를 낳는 환경에 영향을 미친다. Thorndike의 패러다임으로부터 유래된 Skinner의 학습의 세 가지 구성요소는 변별 자극(S^D), 반응(R), 강화된 자극($S^{reinf.}$)이다.

변별 자극은 반응이 강화되었을 때 지속적으로 나타나는 모든 자극을 말한다. 변별적인 자극들은 강화된 반응과의 반복되는 관련을 통해 반응을 위한 행동의 단서가 된다. 행동을 통제하는 변별 자극의 예는 "연필을 꺼내라." "소금 좀 건네주세요."라는 것을 포함한다. 변별 자극은 종종 환경적인 상황과 언어적 진술이다. 그렇지만 사람들은 또한 목록, 계획표와 같이 스스로 변별 자극을 구성한다.

(3) 강화의 필수 원리

강화의 필수적인 원리들은 강화의 역동성과 행동 결과의 역할에 영향을 미치는 요소들을 포함한다.

강화의 역동성. Thorndike의 실험은 어떤 결과들은 행동 변화에 영향을 미친다고 설명했다. 그러나 Thorndike는 **보상**, **만족**, **시행착오 학습**이라는 용어를 강조했으며, 이러한 용어들은 행동적인 특성을 기술하지는 않는다. 게다가 보상은 행해진 서비스를 위한 보상(Skinner, 1989b, p. 92) 또는 손실을 상쇄시키고 일종의 희생을 상쇄시키는 보상(Skinner, 1963b, p. 505)을 암시한다.

Skinner는 보상을 **결과에 대한 강화**와 **강화**라는 용어로 대체하였다. 강화(reinforcement)란 어떤 행동을 강력하게 하는 행동의 결과를 의미한다. 강화 이전에 즉시 일어나는 특별한 반응은 과거가 되어 버린다. 그러나 유기체는 특별한 결과에 의해 변화되고, 나중에는 변화된 유기체로 반응한다(Skinner, 1989b, p. 64).

조작적 조건형성의 두 가지 주된 과정은 (행동의) **변화**와 **결과에 의한 선택**이다. 다른 말로 하자면, 결과로 인해 강력하게 되는 것에 의해서 다른 행동들이 행해진다. 예를 들면, 쥐가 우리 구석을 냄새 맡고 천장을 쳐다보는 행동은 먹이가 나오도록 하지 않는다. 중요한 결과들은 이러한 행동에 수반되지 않기 때문에 쥐의 행동의 빈도는 점점 줄어든다.

또한 중요한 것은 모든 행동 결과가 강화물이 되는 것은 아니라는 것이다. 쥐가 최근에 먹이를 먹었다면, 음식이 나오는 것으로 레버를 누르는 행동을 증가시키는 것은 아니다. 특별한 사태가 강화되는지를 결정하는 직접적인 테스트가 필요하다(Skinner, 1953, p. 73). 우선 선택된 반응의 빈도수가 관찰되고, 특별한 사태가 그러한 반응에 의해 즉각적으로 나타난다. 결과에 대한 반응 빈도가 관찰된다. 만약 반응 빈도수가 증가된다면 선택된 사태는 특정한 상황에서 강화된다.

강화가 특별한 방법으로 행동을 바꾸는 데 효과적이기 위해서는 적절한 반응이 즉시 나타나야 한다. 실험실에서 레버를 누르는 행동은 즉시 먹이 알갱이를 생기게 한다. 비슷하게 아기가 딸랑이를 힘차게 흔들기 위해 움직일 때, 아기는 소리에 의해 즉시 강화된다.

때때로 행동은 우연히 강화된다. 그러한 우발적인 사태는 미신적인 행동을 낳는다(Skinner, 1953, p. 85). 우연히 강화된 무작위의 행동은 빈도를 늘리고 우연한 강화를 다시 받게 할 것 같다. 실험실에서의 미신적인 행동은 비둘기에게 매 15초 간격으로 음식을 제공함으로써 나타났다. 강력하게 되었던 행동은 음식이 배달되었을 때 일어났던 행동이었다. 비둘기들은 뽐내며 걷고, 날갯짓을 하고, 공굴리기를 하고, 긁어모으는 듯한 행동을 했다(Skinner, 1948).

무작위 행동은 또한 자연스러운 상황에서 강화된다. 예를 들면, 버스를 기다리는 사람들은 버스가 오는 방향을 쳐다본다. 그리고 나서 왔다 갔다 하고, 자기 시계를 몇 번이나 쳐다본다. 이러한 행동이 버스가 도착하도록 하는 것은 아니다. 그러나 이러한 모든 행동들은 버스가 나타남으로써 강화된다(Skinner, 1989a). 버스(또는 기차)를 다시 기다릴 때, 그는 왔다 갔다 하고 계속해서 자기 시계를 확인할 것 같다.

강화는 반응하는 비율을 증가시킨다. 그러나 강화된 결과의 제거는 비율을 줄인다. 결과에 대한 강화가 없게 되어 감소된 행동의 비율을 **소멸**이라고 한다(Skinner, 1938, 1963b). 만약 강화가 완전히 없어진다면 행동은 점차적으로 멈춰질 것이다. 또한 일상생활에서 강화의 중요한 기능은 행동의 소멸을 방지하는 것이다.

행동 결과의 역할에 영향을 미치는 요인. 적어도 세 가지 사태, 즉 개인의 과거 강화 역사, 개인 기술의 레퍼토리, 개인의 유전적 특징 등이 강화물의 기능에 영향을 미친다.

앞에서 언급했던 것처럼, 음식은 최근에 음식을 먹었던 쥐의 행동을 강하게 하는 것 같지 않다. 그러나 만약 음식을 박탈당했던 쥐의 경우에는 음식이 강력한 강화물이 될 것이다. 마찬가지로, 어떤 일정한 기간 동안 부모의 사랑과 애정을 받지 못한 아이를 상상해 보라. 거의 모든 형태의 부모의 애정이 비록 너무 사소한 것이라 해도 강화될 것 같다.

개인의 행동적 레퍼토리의 중요성은 기술이 점점 더 복잡해짐에 따라 새로운 강화의 유관성이 나타나기 시작한다는 것이다(Skinner, 1987, p. 59). 예를 들면 연구가, 작가, 또는 학생이 마이크로컴퓨터를 작동하는 것을 배울 때, 다른 종류의 강화 유관성이 작동되기 시작한다. 기계를 작동하고, 문제를 해결하고, 텍스트를 빨리 편집하는 데 성공하는 것들도 이러한 예에 포함된다.

개인의 과거 강화 역사와 특별한 기술의 레퍼토리는 한 인간의 일상생활의 산물이다. 그러나 정신력의 차이와 같은 유전적인 특징들 또한 강화될 것 같은 결과의 종류에 영향을 미친다.

또한 현재 세대는 적어도 초기 인간들로부터 네 가지 종류의 강화, 즉 과식, 설탕과 소금의 맛, 성적인 접촉, 공격적인 행동의 결과에 대한 민감성을 물려받았다.

초기 인간들은 어렵고 위험한 환경에서 살았고, 특정한 행동들은 생존에 의해 강력하게 강화되었다. 음식이 발견될 때마다 한 번에 가능한 한 많이 먹는 것과 특히 영양가 있다고 했던 달콤한 몇 가지의 음식을 먹는 것 등도 포함된다(Skinner, 1987, p. 174). 그러나 서구 문명은 음식을 풍부하게 공급해 주었으며, 많은 사람들은 오늘날 종종 과식과 과다한 양의 설탕과 소금의 섭취로 인해 건강 문제에 부딪친다.

또한 출산과 관련된 성적인 접촉과 약탈자에 대항한 공격적인 행동은 강한 '종(種)'과 무사들의 생존을 이끌었다. 현재 그들의 후손에게 직면된 문제는 과잉 인구와 침략의 결과에 의해 강화된 민감성이다.

(4) 요약

하나의 강화된 사태는 행동을 강하게 하는 행동적 결과이다. 즉, 그것은 반응 빈도를 증가시킨다. 복잡한 행동을 일으키는 강화를 포함하는 두 가지의 주된 과정은 행동의 다양화와 결과에 의한 선택이다. 많은 행동들이 행해지지만 단지 몇 가지만 강하게 된다. 즉, 그것들은 강화의 결과에 의해 선택된다.

행동 결과가 효과적이기 위해서는 특별한 환경에서 반응하는 속도를 증가시켜야 한다. 또한 적절한 반응에 결과가 즉시 수반되어야 한다. 만약 특별한 반응에 대한 강화가 없어진다면 행동의 소멸 또는 중지가 일어날 것이다.

자극이 강화물로서 역할을 하는 정도에 영향을 미치는 세 가지 요소는 개인의 과거 강화 역사, 개인의 기술 레퍼토리, 개인의 유전적 특징이다. 유전된 특징은 정신적인 능력이나 음식, 설탕, 소금의 맛과 같은 강화물에 대한 민감성이다.

(5) 강화의 범주

강화의 세 가지 광범위한 분류는 1차적인 또는 2차적인 강화물, 일반화된 강화물, 그리고 긍정적 또는 부정적 강화이다.

1차, 2차(조건형성된) 강화물. 사회가 더욱 더 복잡해져 갈수록 다양한 종류의 사태들은 강화물로서의 기능을 할 수 있다(Skinner, 1989a). 그 예는 중역 전용 화장실의 열쇠를 갖는 것, 올림픽 메달을 따는 것, 인터넷에서 정보를 찾는 것 등이다.

어떻게 그러한 상황들이 강화물이 되는가? 그 과정은 **1차 강화물**로 알려진 작은 자극들과 함께 시작된다(Skinner, 1953, 1963b). 적절한 상황들 속에서 1차 강화물은 특별한 훈련 없이 행동의 빈도수를 증가시킬 수 있는 자극이다. 그것은 또한 종의 생존에 필수적인 것이다. 1차 강화물은 음식물, 주택, 성적 접촉 등이다.

행동을 강하게 하는 또 다른 사태는 **2차(또는 조건형성된) 강화물**이다. 2차 강화물은 이미 행동을 강화하는 사태들과 연합해서 강화의 힘을 얻는다. 실험실에서의 전형적인 예는 음식이 배달되기 바로 전에 일어나는 소리이다. 음식과의 반복된 연합(1차 강화물)을 통해 소리는 강화의 힘을 갖게 된다. 일상생활에서 유아가 먹는 음식은 웃음이나 요람에 태워 흔들어 주는 것과 연합된다. 이러한 방식으로 애정이나 다른 사람들에게 인정을 받는 것은 2차 강화물이 된다.

또한 여러 사태들은 잘 체계화된 2차 강화물과 연합되어 강화의 힘을 얻을 것이다. 예를 들면, 여러 대회에 출전하여 수상한 트로피와 메달은 사회적인 승인과 같은 2차 강화물과 연합하여 강화된다.

조건형성된 강화물은 복잡한 인간 행동의 발전에 중요한 역할을 한다. 첫째, 행동이 단지 1차 강화물에 의해 강해졌다면 인간의 행동적인 레퍼토리는 음식물, 수면, 주택, 성적인 접촉 등을 가져오는 행동에 제한될 것이다.

둘째, 조건형성된 강화물은 복잡한 행동의 초기 단계들과 미래의 결과들 간의 간격을 줄여 준다. 예를 들면, 사람들은 부나 명예를 위해 기사나 책을 쓴다고 한다. 그러한 것들은 보상물이다. 그러나 그것은 강화물이 될 만큼 바로 발생하지는 않는다. 책상 앞에서의 강화물은 이해하고, 어려운 문제들을 해결하고, 문제에 답하고, 요점을 암시하는 문장의 출현이다."(Skinner, 1986, p. 109) 이러한 조건형성된 강화물들은 궁극적인 출판이나 찬사보다는 매일 글을 쓰는 행동을 지속시킨다.

일반화된 강화물. 일부 2차적 강화물들은 단 하나의 1차적 강화물과 연결되어 있기 때문에 특별한 상황에 제한된다. 예를 들어, 음식과 연합된 소리는 실험실에서만 기능을 한다. 그러나 다른 것들은 다양한 상황에서도 발견되는데, 이것들이 **일반화된 강화물**이다. 애정, 인정, 관심과 같은 다른 개인들에 의해 제공된 강화물들이 그 예이다(Skinner, 1953). 미소, 칭찬, 동료들의 동의는 많은 사회적인 상황 속에서 강화물로서의 역할을 하는 승인의 모든 표현이다.

돈은 또한 음식물, 음료, 주거지 등과 같은 1차 강화물들과 관련되어 있기 때문에 일반화된 강화물로 알려져 있다. 그렇지만 돈은 강력한 강화 역할을 하는 재화와 서비스로 교환이 이루어질 때만 강화되는 것이라고 Skinner(1987, p. 18)는 말한다. 더 중요한 것은 돈은 단지 성과급이나 일한 분량대로 지급받는 삯일에 대한 보수로 지불될 때만 구체적인 일의 행동을 강하게 한다. 그와는 대조적으로, 일한 만큼 정해진 시간의 대가로 지불된 돈(시급 또는 주급과 같은)은 특별한 행동들을 강화하지 않는다(Skinner, 1987, p. 19). 대신에, 돈의 실제 기능은 어떤 상황에서 노동자가 잃어버릴지도 모르는 생활수준을 설정해 주는 것이다(Skinner, 1987).

종종 지나치게 되는 하나의 강력한 일반화된 강화물은 물리적인 환경의 성공적인 조작에 의해 제공되는 강화물이다. 공예, 예술적 창조, 볼링과 테니스처럼 기술을 요하는 스포츠 등과 같이 기술에 의존하는 활동에 사람들이 참가하려는 경향성이 일반적인 강화물의 역할을 할 것이다(Skinner, 1953, p. 79). 그와 비슷하게, 비디오 게임을 하는 것은 "아무도 정말로 PacMan(일본 Namco 사의 TV 게임, 미로 속에서 괴물을 피하면서 PacMan에게 먹이를 먹게 함)이 화면상에서 모든 작은 음식을 게걸스럽게 먹는 것에 신경을 쓰지 않는다. 실제로 화면이 깨끗해지자마자 게임을 하는 사람은 먹을 수 있는 더 작은 것들로 화면을 다시 채운다. 강화의 역할을 하는 것은 바로 게임에서의 승리이다."(Skinner, 1984, p. 24)

정적, 부적 강화. 1차적, 2차적 강화물의 범주는 사태들이 강화의 힘을 얻는 방법을 말한다. 그러나 강화물은 또한 결과를 강화시키는 특성에 따라 범주화시킬 수 있다. 앞에 언급한 바와 같이, 어떤 행동들은 새로운 대상이나 사태의 출현에 의해 일어난다. 레버를 누르면 음식이 나오고, 정확하게 색깔을 파악하면 인정을 받는다. 새로운 자극이 더해지는 이러한 상황들은 **정적 강화**로 정의된다(Skinner, 1953, 1989b).

그와는 반대로, 일부 행동들은 상황을 배제하거나 상황을 회피하는 결과를 낳는다. 예를 들어, 쥐는 전기가 흐르는 바닥을 통해 약한 충격에 노출된다. 벽에 기대거나 벽을 만지면 전기가 흐르지 않게 된다. 벽을 만지는 반응은 전기충격을 없애므로 빈도수가 늘어난다(강하게 된다). 상황으로부터의 회피나 도피를 제공하는 특정한 행동은 일반적으로 증가한다. 이러한 형태의 강화를 **부적 강화**라고 한다(Skinner, 1989b, p. 127). 구체적으로 말해서, "부적 강화물은 행동을 강화하는 자극을 **축소** 혹은 **철회**하는 것을 의미한다."(Skinner, 1953, p. 171). 일상생활에서 볼 수 있는 예는 일부 차에서 엔진을 켤 때 나는 시끄러운 소리이다. 이것은 운전자들로 하여금 시끄러운 소리를 멈추기 위해 안전벨트를 매도록 하려는 의도이다.

부적 강화는 또한 도피행동을 강하게 하기 때문에 도피 조건형성이라고 한다. 친구들도 사귀지 않고, 학교생활을 제대로 못하는 소년을 예로 들어 보자. 며칠 뒤에 그는

〈표 6.1〉 정적 강화와 부적 강화

변별적인 자극	반응	결과	결과의 종류	강화의 종류
커피 메이커	일단 재료를 기계 속에 넣고 버튼을 누른다.	재료는 한 잔의 커피가 되었다.	대상의 행동은 새로운 자극을 낳았다.	정적
부모는 아이에게 자기 방 청소를 하라고 잔소리를 한다.	대상은 2주 동안 매일 자기 방을 청소할 것이다.	잔소리를 그만 하는 것.	대상의 행동은 변별적인 자극의 철회에 의해 나타난다.	부적

배가 아프다고 말하고 학교를 결석한다. 다음 월요일 아침에 그는 수업에 참가할 만큼 좋아지지 않았다고 주장한다. 도피의 행동을 강화하는 이러한 일련의 사태들은 부적 강화의 한 가지이다. 이러한 행동을 학습한 순서는 학교(변별적인 자극), 학교를 빠지려는 꾀병(도피 반응), 학교를 피하는 것(강화)이다.

정적, 부적 강화의 이러한 유사성과 차이는 〈표 6.1〉에 나타나 있다. 정적 강화의 결과는 새로운 자극이 더 생겨나는 것이다. 반대로 부적 강화의 결과는 변별적인 자극으로부터의 도피 또는 배제이다.

행동 분석에서 **기쁘다** 또는 **불쾌하다**라는 용어는 정적이고 부적인 강화물을 구분 짓기 위한 토대로 사용되어서는 안 된다(Skinner, 1953). 예를 들면, 전형적으로 즐겁고 또는 만족스러운 것으로 여겨지는 칭찬은 종종 정적 강화물로 취급된다. 그러나 급우들의 눈치를 살피는 한 남학생이 있다고 가정해 보자. 교사의 칭찬은 학생들이 피하려고 하는 혐오 자극이다. 그 학생에 대한 교사의 관심과 반감은 수업 방해와 같은 변별 자극이다.

감정의 부작용. 행동을 통제하는 부적 강화의 사용은 주체의 도피나 행동 회피를 수반하는, 바람직하지 않은 감정의 부산물들을 이끌어 낸다(Skinner, 1953, 1989b). 초조함이나 공포라고 불리는 감정이 여기에 포함된다. 예를 들어 초조함에 따른 일련의 반응에는 위(胃)의 변화, 얼굴이 창백해지는 것, 혹은 고혈압 등과 같은 내부 근육의 조건반사를 포함한다.

이러한 감정적인 반응은 도피 반응을 수반하기 때문에 혐오 자극이 나타나는 상황에 조건형성을 한다. 예를 들어, 기수에게 채찍질을 당한 말은 채찍을 보게 되면 난폭해질 것이다. 또한 숙제를 하지 않은 것에 대해 혼난 적이 있는 아이는 부모가 집에 올 때면 초조해할 것이다.

상호작용의 예. 많은 상황에 있어서 정적 강화와 약한 부적 강화물은 동일한 행동을 강화하는 역할을 한다. 예를 들면, 실험실에서 장시간 연구하는 과학자는 실험적 상황을 조종하거나 새로운 사실들을 종종 발견함으로써 긍정적으로 강화될 것이다. 또한 다른 사람들과의 '잡담'은 그 강도가 강하지는 않지만 혐오스러운 자극이 될 것이다. 만약 과학자가 실험실에서 연구를 하기 위해 파티 장소를 떠난다면, 파티장을 빠져 나가는 것은 부적 강화물로서의 역할을 하는 것이다.

2명 또는 그 이상의 사람들 사이의 상호작용에서는 변별적인 자극, 반응, 강화물을 결정하기 위해 신중한 분석이 필요하다. 예를 들면, 아이는 부모가 손님들을 접대할 때마다 울기 시작할 것이다. 부모는 손님이 편안하게 즐길 수 있도록 하기 위해서 일시적으로 방해하는 아이에게 주의를 돌릴 것이다. 그러한 상황에서 아이의 방해는 부모의 주의를 끄는 **혐오 자극**이 된다[그림 6.1]. 그들의 관심은 그러한 방해를 없앨 것이다(혐오 자극의 철회). 아이의 방해를 없애는 것은 부모에게는 부적 강화물로서의 역할을 한다. 그러나 어른의 관심은, 특히 만약 더 길어진다면 아이가 우는 것과 징징거리는 것에 대한 정적 강화로 작용할 것이다.

(6) 요약

강화는 크게 세 가지로 분류할 수 있다. 하나는 1차적, 2차적인 강화물이다. 1차 강화물은 적절한 상황에서 특별한 훈련이 없이도 행동의 빈도수를 늘릴 수 있는 것들이다. 예를 들면 음식물, 주거지, 성적 접촉 등이다. 2차 혹은 조건형성된 강화물은 이미 강화물로서 역할을 하는 사태들과의 관련을 통해 강화하는 힘을 얻는 것이다. 예를 들면 유아가 젖을 먹을 때 수반되는 미소와 사회적인 승인이다.

두 번째 범주는 다양한 상황에서 역할을 하는 강화물로서 일반화된 강화물이라고

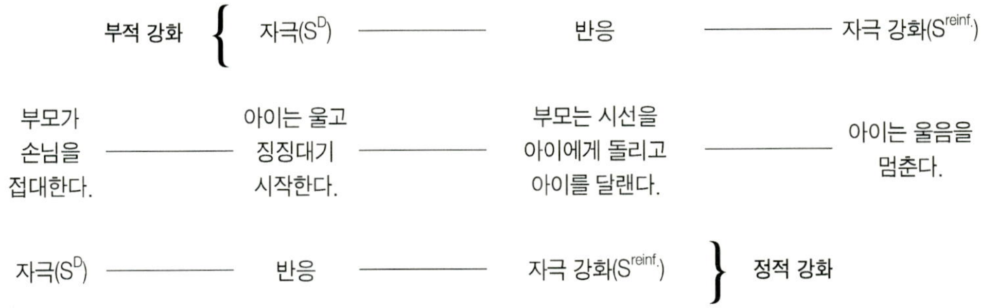

[그림 6.1] 부모와 아이의 상호작용에 대한 분석

한다. 관심, 인정, 애정이 그 예이다. 종종 간과되는 하나의 강력한 일반화된 강화물은 물리적인 환경에 대한 성공적인 조작이다. 스포츠 활동, 기술 활동, 취미 생활은 이러한 일반화된 강화의 기능을 할 것이다.

세 번째 범주인 긍정적이거나 부적인 강화는 강화하는 결과의 본질과 관련된다. 정적 강화에서 반응은 새로운 자극을 낳는다. 예를 들면, 레버를 누르는 것은 먹이 알갱이를 나오게 한다. 대조적으로, 부적 강화는 변별적인 자극의 철회나 축소와 관련된다. 시끄러운 소리를 멈추게 하기 위해 안전벨트를 매는 것은 그 한 예이다. 부적 강화의 또 다른 조건은 혐오 자극으로부터 도피하는 행동이 강화되기 때문에 도피에 조건이 형성되는 것이다. 부적 강화와 관련된 하나의 문제는 바람직하지 못한 감정적 반응들이 대상의 도피 또는 회피의 행동을 수반한다는 것이다. 여기에 포함되는 것은 초조함과 공포심이라 불리는 감정들이다.

많은 상황들 속에서 정적 그리고 가벼운 부적 강화는 행동을 강하게 하기 위해 작용한다. 또한, 긍정적이고 부적인 강화는 개인 간의 상호작용 속에서 작동한다. 변별적인 자극, 반응, 강화물을 결정하기 위해 신중한 분석이 필요하다.

(7) 처벌

처벌이라는 용어는 일반적으로 많이 사용되는 단어들처럼 다양한 의미와 관련이 있다. 전형적으로 처벌은 개인이 특별한 행동을 멈추도록 하기 위하여 원하지 않는 결과를 개인에게 부과하는 것으로 본다.

행동은 두 가지의 다른 방법에 의해 처벌될 수 있을 것이다. 한 가지 형태의 처벌은 정적 강화물의 제거를 의미한다(Skinner, 1953, 1968b). 예를 들면, TV를 보는 특권을 없애는 것이다. 다른 형태의 처벌은 상황에 맞는 부적 강화물을 추가하는 것이다. 자신의 방에 들어가 "나는 교실에서 떠들지 않을 것이다."라고 50번을 쓰는 것이 한 가지 예이다.

처벌과 부적 강화는 모두 혐오스러운 자극을 포함하기 때문에 때때로 혼돈된다. 그러나 두 가지의 주된 차이점이 있다. 하나는 혐오 자극에 대한 개인의 관계이다. 부적 강화에서 개인은 혐오스러운 상황에서 성공적으로 빠져 나가고 혐오스러운 상황을 피할 것이다. 둘째, 행동에 대한 영향력이 다르다. 부적 강화(성공적인 도피나 혐오스러운 상황에서의 회피)는 특별한 행동을 강하게 한다. 대조적으로, 처벌은 단지 일시적으로만 행동을 제압한다. 예를 들면, 가구에 낙서를 한 것에 대해 벌을 받은 아이는 며칠 뒤에 침실 벽에 낙서를 할 것이다.

또한 효과의 면에서 처벌은 강화의 반대적인 의미가 아니다(Skinner, 1953). 적어도 처벌의 네 가지 바람직하지 못한 효과가 있다. 첫째, 이미 말했던 것처럼 처벌은 단지 일시적으로만 행동을 제압한다. 그것은 영구적인 해결책이 아니다. 둘째, 처벌은 또한 좌절, 분노, 죄책감과 같은 바람직하지 못한 감정적인 반응을 가져온다. 셋째, 원하지 않는 행동 외에도 모든 행동에 대해 처벌을 받게 될 것이다. 받아쓰기 시험에 낮은 점수를 주거나 기말 보고서에 빨간색으로 실수한 부분에 대해 처벌을 가할 수 있을 것이다. 그러나 학생들에게 처벌로 간주되는 것은 또한 학생들이 답안지나 보고서를 작성하는 데 들인 시간과 노력이다.

그러나 처벌과 관련된 주요 단점은 처벌이 긍정적인 행동을 유발시키지 않는다는 것이다(Skinner, 1953, 1968b). 학업에 대한 관심은 무관심에 대하여 처벌한 결과로 나타난 것이 아니다(Skinner, 1968b, p. 149). 그와 비슷하게 학생들은 문법이 약한 것에 대해 처벌을 받음으로써 올바른 연설법을 배우지는 않는다.

처벌을 사용하지 않는다면 다른 대안은 무엇인가? 첫째, 처벌이 필요한 상황을 피하는 것이다. 예를 들면, 교실에서 소리치는 학생들을 처벌하는 것을 피하려고 한다면, "누가 숙제를 했니?"와 같은 질문을 해서 큰 소리가 나올 수 있는 상황을 없애는 것이다. 또한 학생들에게 분명한 의미를 전달하려는 목적을 가지고 하는 수업은 잘못된 행동을 할 수 있는 기회를 거의 주지 않는다. 수업 방해와 혼란은 수업 자료가 없어졌거나 불분명한 방향 제시 등으로 발생한다.

둘째, 바람직하지 않은 행동과 양립할 수 있는 행동을 강화하는 것이다. 예를 들면, 우리가 협동을 강화할 때 경쟁적인 행동을 억압한다(Skinner, 1968b). 달리 말하면, 만약 학생이 제자리에 앉는 행동을 해서 강화를 받았다면 그 학생이 자리를 떠난 것을 가지고 처벌할 필요는 없을 것이다.

요약하자면, 부적 강화와 처벌은 혐오 자극을 포함한다. 그러나 처벌은 일시적으로 행동을 멈추게 하는 반면에, 부적 강화는 도피행동을 강하게 한다. 처벌의 단점은 부적 감정의 반응, 처벌받은 행동과 관련된 행동의 처벌, 긍정적인 행동을 유발시키지 못하도록 하는 것, 그리고 처벌된 행동이 단지 일시적으로 억압된다는 것이다.

(8) 문화적 풍습과 조작적 조건형성

Skinner(1981)는 개인 행동을 조건형성하는 데 필수적인 과정은 두 가지의 다른 수준에서 작동된다는 것을 주장했다. 하나는 이미 논의한 바와 같이 모든 종(種)들의 생물학적인 진화이며, 다른 하나는 문화의 발전이다.

구체적으로 문화 또는 일련의 사회적인 풍습들은 집단에 의해 유지되는 유관성(contingency)으로 정의된다(Skinner, 1989b, p. 52). 한 예로 추수감사절에 가족들 또는 친구들과 어울리는 미국의 관례이다. 이러한 휴일을 경축하는 것은 좋은 음식과 애정, 단결력, 그리고 다른 사람들의 승인과 같은 사회적 강화에 의해 정적으로 강화되는 것이다. 그것은 또한 일로부터 도피할 수 있다는 측면에서 부적 강화의 효과도 있다.

문화적인 관례에서 강화 유관성은 집단 구성원들의 행동을 형성한다. 또한 사회적인 관례는 구성원들이 젊은 구성원들의 행동을 형성시킬 때 전달된다. 예를 들어, 젊은 부모들은 그들의 부모와 같은 의식을 계속할 때 그들의 아이들의 참여를 강화한다.

또한 문화와 정부는 종종 혐오 조건의 이용, 부적 강화, 혹은 바람직하지 못한 행동에 대한 처벌 등을 통해 구성원들을 통제하기도 한다. 시민들은 벌금을 피하고 감옥에 수감되는 것을 피하기 위해 주로 법을 지킨다(Skinner, 1989b, p. 53).

그러나 일부 문화적인 관행은 조작적 조건형성을 통해 가능한 유관성을 없앤다(Skinner, 1987). 예를 들어, 가족들은 음식을 먹기 위해 농사를 짓고, 옷을 만들기 위해 천을 짜는 등의 일을 더 이상 하지 않는다. 비록 일부 혐오스러운 결과들은 다른 사람들에게 재화와 서비스에 대한 대가를 지불함으로써 피한다고 하더라도, 완성된 제품에 대한 자부심과 같은 강화를 위한 기회 또한 상실된다. 게다가 현대 사회에서 직업 전문화의 정도는 강화의 기회를 줄인다. 비록 사회가 분업을 통해 이득을 보지만, TV 세트의 전자회로의 일부분을 담당하는 조립생산 라인의 노동자는 완제품으로부터의 강화를 직접적으로 경험하지 않는다.

서구 문명화의 또 다른 문제는 '흥미로운, 아름다운, 맛있는, 재미있는, 흥분되는' 것으로 설명되는 사물들의 풍요로움에서 비롯된다(Skinner, 1987, p. 231). 여기에는 아름다운 그림, 아름다운 음악, 그리고 흥미로운 오락거리도 포함된다. 그러나 그런 아름답고 흥미로운 것들에 쉽게 접근함으로써 유일하게 강화되는 행동은 보는 것과 듣는 행동이다. 그러나 이것은 강화를 받는 다양한 범위의 행동들과 비교해 보면 인간 행동의 단지 하나의 작은 예이다(Skinner, 1987, p. 24). 달리 말해, 즐거움을 주는 강화물에 대한 쉬운 접근은 '강화제가 개인을 유지시키거나 종(種) 혹은 문화의 생존을 발전시키는 것과 유관성이 없는' 상황을 만든다(Skinner, 1987, p. 24).

3) 복잡한 학습의 특성

효과의 법칙은 반응과 결과의 일시적인 관계를 구체화한다(Skinner, 1953, 1963b). 그러나 그것은 탁구공을 가지고 노는 비둘기나 컴퓨터를 가지고 일하는 인간과 같은 복잡한 행동의 습득을 설명하는 것은 아니다. 대신, 새롭고 복잡한 패턴 혹은 행동의 '지형학'은 복잡하고 미묘한 강화의 유관성에 의해 발생한다. 예를 들면, 아이는 행동의 약간 예외적인 상황의 강화를 통해 허리를 펴고, 서고, 걷고, 움직이는 것을 배운다(Skinner, 1953). 후에 이러한 동일한 과정은 정상적인 성인의 행동 레퍼토리에서 발견되는 다른 모든 행동뿐만 아니라 노래하고, 춤추고, 게임을 하는 개인의 학습과 관련이 있다(Skinner, 1953, p. 93).

(1) 행동 조형

복잡한 행동의 습득은 조형(shaping)의 결과이다(Skinner, 1954, 1963b, 1989b). 이 조형의 과정에는 변별적인 자극과 반응에서의 미묘한 변화를 위한 강화의 아주 신중하게 고안된 프로그램이 포함된다. 한 예로 비둘기에게 볼링을 가르치는 것을 들 수 있다(Skinner, 1958). 계획된 최종 행동은 비둘기가 부리로 나무로 된 공을 세게 쳐서 모형 레인에 있는 장난감 핀을 쓰러뜨리게 하는 것이다.

조형 과정은 공에 접근하는 반응에 강화를 제공함으로써 시작된다. 그런 다음 강화는 비둘기 부리가 공에 닿을 때까지 보류된다. 부리가 공에 접촉하여 강화를 제공한 후에는 행동이 정교화될 때까지(즉 비둘기는 공의 옆을 스치듯 때린다.) 강화를 다시 보류한다. 첫 번째 강화 반응의 절차는 의도했던 행동과 좀 차이가 있는 유사한 반응에 강화를 제공하고, 점차 다음 반응에서는 세련되어 가는 반응에 강화하는데, 이것을 **연속적 근접 강화** 혹은 변별 강화라고 한다(Skinner, 1953, 1968b, 1989b). 조형은 복잡한 행동의 계속적인 특성에 민감하고, 지속적인 **변별 강화**에 의해 복잡한 행동의 유용성을 보여 주기 때문에 효과적이다(Skinner, 1953).

조형의 중요성은 자연적인 상태에서는 의도한 최종 행동이 발생할 가능성이 거의 없는 복잡한 행동을 일으킬 수 있다는 것이다(Skinner, 1963a). 복잡한 행동은 **프로그램**이라 불리는 일련의 변화하는 유관성에 의해 구체화된다(Skinner, 1963b, p. 506). 이 프로그램의 각각의 단계는 또한 행동의 배열에 있어서 다음 단계를 취하도록 유기체를 준비시키게 반응을 불러일으킨다.

조형은 퍼즐, 상자, 미로, 기억 드럼(학습할 사항이 주기적으로 제시되는 회전식 장치)에 의해서 발생하는 행동 수정과는 다르다. 그러한 상황에서 유기체는 문제상황에 던져지고, 시행착오를 통해 성공적인 행동을 찾아 내야 한다. 그렇지만 적절한 반응의 실행은 우연히 일어나고, 무선적이고 부정확한 반응이 또한 일어난다.

(2) 강화 유관성

일반적으로 즉각적인 물리적 환경 속에서 작용하는 행동은 지속적으로 강화된다(Skinner, 1953, p. 99). 일어나고 걷는 것이 그 예이다. 그렇지만 행동의 대부분은 쓰기와 같이 단지 간헐적인 강화를 발생시킨다.

실험실에서 간헐적인 강화는 다른 스케줄이나 스케줄의 조정에 의해 정확히 전달될 것이다(Ferster & Skinner, 1957 참조). 스케줄은 ① 유기체 밖의 시스템이나 ② 행동 그 자체에 의해 통제될 것이다(Skinner, 1953, p. 100). 전자는 시간에 의해 측정될 수 있고, 이를 **간격 강화**(interval reinforcement)라고 한다. 유기체가 나타내는 반응의 수에 의해 결정되는 후자는 **비율 강화**(ratio reinforcement)라고 한다〈표 6.2〉.

고정 스케줄이 사용될 때 비율 또는 간격 강화의 시간은 확정적이다. 전형적으로 반응은 강화 후에 즉각적으로 감소하고, 그리고 나서 점차적으로 반응 비율이 증가한다. 반응 속도의 감소는 다양한 스케줄을 사용함으로써 피할 수 있다. 강화의 제공은 불확실해지고, 반응하는 비율은 더 일정하게 된다.

특별한 반응에 대한 간헐적인 강화는 오랜 기간 동안 행동을 유지시킬 수 있다. 하나의 특별히 효과적인 스케줄은 **변동 비율** 스케줄이다. 처음에는 강화가 빈번히 제공되지만 점차 강화의 제공은 감소된다. 예를 들면, TV 프로그램이 농담과 이야기로 강화를 제공하지 않는다면 흥미는 떨어지게 된다. 그러나 시작부터 그 프로그램을 좋아하는 사람은 오랜 기간 동안 계속해서 그 프로그램을 시청할 것이다(Skinner, 1966a, p. 164).

(3) 부정적 유용성의 개념

변동 비율 스케줄은 강화가 자주 제공되지 않으면 소거될 수 있는 행동이 소거되지 않

〈표 6.2〉 비율 강화와 간격 강화 스케줄 비교

비율 강화	간격 강화
강화는 유기체에서 나타난 반응의 수를 바탕으로 제공된다.	강화는 경과된 시간을 바탕으로 제공된다. **예**: 책읽기, 극장에 가기, TV 시청(Skinner, 1966a)
고정: 반응의 증가되는 수는 강화를 발생시킨다(예: 매 15번째 반응). **예**: 성과급제, 일한 분량대로 보수를 받는 것	**고정**: 강화는 일정한 시간 간격에 따라 정확한 반응에 제공된다(예: 매 15초마다).
변동: 강화는 다양한 수의 정확한 반응에 전달된다(예: 매 5번째, 8번째, 3번째 등). **예**: 슬롯머신, 룰렛, 경마, 다른 도박성 게임의 보상	**변동**: 강화는 다양한 시간 간격에 따라 적절한 반응에 전달된다(예: 매 10초마다, 4초마다, 7초마다 등).

도록 하기 때문에 유용하다(Skinner, 1989b, p. 77). 예를 들어, 헌신적인 예술가와 과학자의 행동은 때때로 예측할 수 없는 강화에 의해 유지된다.

그러나 일부 상황에서 변동 비율의 스케줄은 유기체에게 장기적인 손상을 입힐 수 있다. 예를 들어, 빠른 속도로 원반을 쪼는 변동 비율에 의해 강화된 비둘기는 부리가 부어오를 때까지 쫄 것이다. 그와 유사하게 충동적인 도박꾼은 룰렛 테이블에 돈을 걸거나 슬롯머신 게임을 함으로써 주기적으로 강화된다. 물론 매일 이기는 게임은 한층 효과적인 것이 된다. 그러나 그것이 자주 일어나는 것은 아니기 때문에 결국 도박꾼은 돈을 모두 잃고 말 것이다. 이처럼 변동 비율의 스케줄이 유기체에게 장기적인 피해를 주는 상황은 **부정적 유용성**의 하나이다(Skinner, 1987, p. 24).

부정적 유용성의 관점에서 볼 때, 변동 비율 스케줄에 의해 유지되는 도박은 중독의 한 가지 형태이다. 또 다른 형태의 중독은 처음에는 물질이 긍정적으로 강화되는 데 사용되지만, 결국에는 '금단 증상'으로 알려진 물리적인 상태에서 빠져 나오려고 물질을 사용할 때 발생하는 것이다(Skinner, 1989b, p. 76). 장기적인 조건은 부정적인 유용성의 한 가지이다. 즉, 개인의 신체적이고 감정적인 상태가 꾸준히 악화되는 반면에 신체적인 징조로부터의 도피하기 위하여 점점 더 많은 양의 물질이 요구된다.

(4) 규칙 지배적 행동

조형으로 알려진 과정은 점진적으로 더 정확한 행동을 수행하기 위해 변화하는 강화의 유관성에 유기체를 노출시킨다. 이러한 방법을 **유관성에 지배된 행동**(contingency-governed behavior)이라고 한다(Skinner, 1969).

그러나 인간 학습자들의 모든 행동은 결과에 반응하도록 직접적으로 노출시킴으로써 획득되는 것은 아니다. "안전 속도를 지키고 안전벨트를 매고 운전을 함으로써 심각한 사고를 피할 수 있기 때문에 그렇게 운전을 하는 사람은 거의 없다."(Skinner, 1953, p. 168) 대신에, 사람들은 종종 다른 사람들이 그들에게 하라고 말하는 것을 한다. 즉, 그들은 충고를 따른다(Skinner, 1987, p. 21). 일반적으로 "만약 당신이 Logan 공항으로 가는 길에 Sumner 터널 가까이의 교통 체증을 피하고 싶다면 McGrath 고속도로를 이용하라."는 것과 같은 언어 형태의 지시나 충고를 따른다(Vaughan, 1987, p. 260). 그러한 지시는 듣는 사람의 행동 목록을 바꾸는 언어로 된 자극이다. 그러한 행동은 **규칙 지배적**(rule-governed)인 것으로 알려져 있다(Skinner, 1987).

비형식적인 충고뿐 아니라 규칙이 지배하는 행동은 교훈, 속담 그리고 문법과 철자의 규칙과 같은 형식적인 규칙에 의해 얻어질 것이다. 또한 법, 성문화된 과정들과 일치하는 사회의 법적, 윤리적, 종교적인 관행을 포함한다. 이러한 규칙과 법은 두 가지 면에서 문화에 아주 중요하다. 첫째, 그것은 다른 사람의 경험을 통해 개인적인 이득을 돕는다. 둘째, 그것은 또한 지속적으로 집단에게 명령하고 비난하도록 한다(Skinner, 1989b).

왜 개인은 충고나 규칙을 따르는가? 주된 이유는 과거의 충고가 특별한 결과들을 낳기 때문이다. 예를 들어 만약 비슷한 행동이 제대로 조립된 기계를 만들어 낸다면, 우리는 기계의 한 부분을 조립하는 지시사항을 따른다(Skinner, 1987, p. 180).

또한, 부모들이 지시 사항과 규칙을 지킨 것에 대하여 정적 강화물을 제공할 때 아이들은 정적 강화물을 제공받기 때문에 부모의 지시를 따르고 규칙을 지킬 것이다(Skinner, 1989b, p. 80).

규칙 지배적 행동과 유관성에 지배된 행동은 두 가지 점에서 다르다. 하나는 행동은 유관성에 지배된 상황 하에서 좀 더 효과적으로 행해진다는 것이다. 예를 들면, 차를 운전하는 것을 배울 때, 운전을 가르치는 교수자의 지도에 대해 학습자의 반응 절차는 미숙하고 원활하지 못하다. 능숙한 행동은 초보 운전자가 자신의 행동의 결과를 경험하는 유관성에 지배된 상황 하에서 획득된다.

두 번째 차이점은 단지 즉각적인 반응 결과만이 앞으로의 반응 발생의 가능성을 바꾼다는 것이다. 그러나 규칙 지배적 상황에서는 반응의 가능성이 정해지지 않을 것이다(Skinner, 1953, p. 147). "예를 들어, '일의 지연은 시간을 뺏기는 것이다.'라는 것을 배운다고 해도 우리는 내키지 않는 과제의 연기를 덜할 것 같지는 않다."(Skinner, 1989b, p. 41)

행동을 변화시키려는 노력에 따르는 특별한 문제는 흡연에 대한 경고와 같이 발생할 수 있는 반대의 결과에 기초를 둔 충고이다. 심장마비나 폐암으로 죽는 통계적인 유관성의 결과로 담배를 끊지는 않는다. 즉, 통계적인 예측은 규칙 지배적 행동을 형성하는 데 비효과적이다.

(5) 요약

일련의 복잡한 행동의 습득은 조형으로 알려진 과정에서부터 시작된다. 조형 과정은 반응에 있어서의 미묘한 변화를 강화하는 일련의 변별 자극을 구성한다. 조형은 변별 강화를 통한 복잡한 행동의 발달을 설명한다. 그것은 또한 자연적인 상태에서는 의도한 최종 행동이 발생할 가능성이 거의 없는 행동을 유발한다. 실험실에서 강화는 여러 스케줄에 의해 전달될 것이다. 만약 강화가 시간에 따라 전달된다면, 그 스케줄은 간격 강화로 불린다. 그러나 강화 스케줄이 유기체에 의해 나타난 반응 수에 의해 결정된다면 비율 강화이다. 각각의 스케줄에 대한 타이밍은 또한 고정되거나 변동될 것이다.

변동 비율 강화의 한 가지 장점은 가끔씩 일어난다는 것이다. 헌신적인 예술가와 과학자들의 행동이 그 예이다. 그러나 변동 비율 스케줄이 유기체에 장기적으로 피해를 주는 것을 부정적인 유용성으로 불린다. 도박에 대한 중독이 한 가지 예이다.

특별한 행동을 실행해서 강화를 받아 학습된 반응은 유관성에 지배된 행동이라고 한다. 그러나 모든 행동이 결과에 반응하기 위해 직접적으로 노출됨으로써 습득되는 것은 아니다. 대신에 개인들은 충고, 지시사항 또는 변별 자극을 만들어 내는 지시사항을 따른다. 그러한 지시사항은 듣는 사람의 행동의 레퍼토리를 바꾼다. 개인들이 과거에 언어로 된 지시를 순종한 것에 대해 강화되었기 때문에 행동의 변화가 일어난다. 규칙 지배적이라고 불리는 그러한 행동은 두 가지 측면에서 유관성에 지배된 행동과는 다르다. 하나는 행동은 유관성에 지배된 상황 속에서 더 효과적으로 행해진다는 것이다. 다른 하나는 규칙이 지배하는 상황에서 반응이 발생할 가능성은 결정되어 있지 않다는 것이다.

2. 교수 원리

Skinner는 자신의 아이들이 학교에 들어가자 교육에 관심을 갖기 시작하였으며, 1950년대에는 교실에 조작적 조건형성을 적용하기 시작하였다. 그는 단계적 교육을 위한 기술, 교수기계로 불리는 교육 도구, 교실수업 기법을 고안하였다. 그는 또한 교육의 문제에 대하여 집필을 하기도 하였다.

1) 기본 가정

학습과 과학의 본질에 대한 가정은 실험실에서 개발된 조작적 조건형성 원리를 통해 설정하였다. 이와 유사하게 Skinner의 학교 교육과 교실학습에 대한 신념은 그의 교수 방법을 위한 요소들을 구성하였다.

(1) 교육의 본질

모든 문화의 번영이 교육에 의존하기 때문에 교육제도는 매우 중요하다. 문화는 다음 세대에 기술, 신념, 관습을 전수하는 데 교육보다 강한 역량을 발휘하지 못하며, 이러한 책임은 교육의 몫인 것이다(Skinner, 1953).

그러나 현대의 교육은 이러한 임무를 수행함에 있어 세 가지의 문제점에 직면하고 있다. 하나는 교육이 인위적인 사태 내에서 이루어지고 있다는 것이다. 즉, 학교는 학생들이 미래의 세상을 준비하도록 하는 곳이다(Skinner, 1989b, p. 87). 교육자들은 교실에 실생활을 적용시키려 노력하고 있다. 예를 들면, 몇 가지 식물을 이용하여 식물학을 가르치는 것이다(Skinner, 1989b, p. 88). 문제는 세상의 너무나 적은 부분만이 12년의 학교 교육 기간 동안 학생들에게 주어질 수 있을 뿐이라는 것이다. 학교는 세상에서 발견되는 매우 적은 자연적 강화에 접근하기 때문에 교육자들은 초기 학습과 추후 실생활 상황과의 차이를 극복하기 위한 강화 상황을 고안해야 하는 과제에 직면하고 있다.

두 번째로, 공교육은 1명 이상의 학생들에게 개인 교수를 동시에 제공하기 위해 설립되었다는 점이다(Skinner, 1989b, p. 85). 그러나 학생 수가 25명이나 30명에 다다르면 개별적인 주의력이 약해지게 된다. "학급이나 학교가 커질수록 교사들은 더 나쁜 문제들에 직면하게 된다."(Skinner, 1989, p. 86).

세 번째 문제는 위의 두 문제로부터 발생하는 것이다. 학생들은 사태들을 경험하기보다는 그것들을 읽고 듣는 그룹에 포함되어 있기 때문에 개인적으로는 당장 또는 가시적으로 성공을 경험할 수 있는 것을 좀처럼 할 수 없다는 것이다(Skinner, 1987, p. 91).

이러한 세 가지 문제에 직면하여 학교는 혐오 통제(aversive control)의 사용에 의지하고 있다. 그 결과 학생들은 하지 않았을 때의 상황을 피하기 위해 우선 그들의 과제를 끝내게 된다(Skinner, 1968b, 1989b). 더구나 교육제도는 다시 러시아의 스푸트니크호 발사에 따른 반작용으로 비판에 직면하였다. Skinner(1987)는 전국우수교육위원회(National Commission on Excellence in Education)의 보고서에서 미국의 학교들이 몇 가지 분야에서 다른 나라의 학교에 비해 취약하다는 것에 대해 언급하였다. 당시에 제시된 해결책은 수업 및 수업일수 연장, 장학금 기준 강화, 교사의 급여 인상 등이었다.

이렇게 제시된 해결책은 러시아의 스푸트니크호 발사에 따른 1960년대 커리큘럼 개혁에서 권고된 것들과 같았다. 즉, 모든 제안에서 기본적으로 누락된 것은 가르치는 것 자체가 개선되어야 한다는 것을 지적하고 있지 않다는 것이다(Skinner, 1987, p. 114). 하지만 Skinner의 관점에서는 책임져야 할 것에 대한 기본적인 절차를 분석하기 전까지는 어떠한 제도도 개혁과 개선을 이룰 수 없다.

(2) 교실 맥락에서의 학습

교육적 맥락의 구체적인 특징은 실험실과는 다르게 나타난다. 그럼에도 불구하고 행동 변화의 역동성은 동일하다(Skinner, 1968b, 1987). 실험실에서 '배고픔'과 같은 내부적인 상황은 관찰 가능한 조건 또는 사태로 재규정되었다. 교실에서는 '준비도'로 불리는 상황이 이미 학생의 행동 레퍼토리에 있는 일련의 기술로 정의된다.

교사가 동시에 20~30명의 학생을 맡고 있을 때, 교육에 몇 가지 문제들이 발생한다. 정적 강화가 드물고, 행동과 강화 사이의 시간이 너무 길며, 일련의 근접성을 통해 아동들이 최종 행동에 도달하도록 유도하는 프로그램이 부족하다(Skinner, 1954).

이러한 문제들을 해결하기 위해서는 엄선된 자극과 강화 프로그램이 필요하다. 기본적인 산술에 따르면 각각의 학생들이 기술을 습득하기 위해서는 약 50,000번의 강화가 필요하다(Skinner, 1968b). 교사는 요구되는 강화를 모두 제공할 수 없기 때문에 컴퓨터와 같은 기계나 다른 공학적 기술이 교실에 도입될 필요가 있다. 이러한 보조 도구들의 적절한 적용은 교사들에게 학생 개개인의 의견을 듣고 말하는 데 보다 많은 시간을 할애할 수 있도록 해 준다(Skinner, 1987).

요약하면, 교육공학에 대한 Skinner의 접근 방법을 다음의 세 가지 가정에 의해 지지된다. 첫째로, 행동에 대한 실험적인 분석은 또한 교실에 적용된다. 둘째로, 교실에서의 행동 레퍼토리들은 다른 행동들과 같은 방법으로 조형될 수 있다. 셋째로, 행동 반응을 위한 많은 강화를 제공하기 위해서는 공학이 필요하다.

2) 교수의 구성요소

Skinner(1989a)는 수업은 말하는 것 이상이라는 점을 강조하였다. 수업은 반응이 최초로 일어났을 때 발생하고 그 때 강화된다. 따라서 효과적인 교수설계는 두 가지 중요한 이슈, 즉 변별 자극의 선택과 강화의 사용에 대해 관심을 가져야 한다.

(1) 자극의 선정

교실수업에서 자극의 선정은 두 가지 주요 관점을 포함한다. 하나는 자극 변별과 자극 일반화가 보다 복잡한 언어 행동의 학습을 위한 중요한 사전 조건이라는 것이다. 예를 들면, 변별에 있어서 학생은 언어적으로 'p'를 r이나 d, b 등이 아닌 p로 반응하는 것을 반드시 배워야 한다. 이 때 반응은 P와 같은 다른 형태의 자극에 대해서 강화되어야 한다.

교실에서는 "이 그림을 봐." 또는 "연필을 꺼내세요."와 같은 다양한 언어 자극이 변별 자극으로서 직접적으로 학생의 주의를 모을 수 있다. 그러나 바람직한 교실 운영을 위해서는 비언어적 자극 또한 이용할 수 있으며, 그에 따라 언어적 지시를 줄이는 것이다. 예를 들면, 한 교실에서 교사가 색깔 명찰을 사용하였다. 특정 색깔은 그 학생이 그 날 보고해야 할 과제나 학습 집단을 의미하였다. 이러한 기법으로 교사는 혼란 없이 쉽게 학급을 운영할 수 있었다. 또한 자습 과제에 도움이 필요한 학생은 각 과제 폴더에 있는 붉고 작은 깃발을 세웠다. 그 깃발이 교사의 행동에 대한 변별 자극으로 작용하였고, 손과 팔을 흔들어서 선생님을 부르는 일이 없어졌다(Becker, 1973).

또 다른 중요한 고려사항은 자극 통제(stimulus control)의 전이이다. 예를 들면, 학생들이 정확한 단어를 말하도록 도와 주기 위해 단어와 관련된 그림을 사용할 때 그 그림은 학생의 반응을 통제하는 자극인 것이다. 한 예로, 깃발 그림은 학생이 깃발에 대해 네 글자의 단어 'flag'로 반응하도록 유도한다. 그러나 암시를 통한 반응의 유도는 학습이 아니다(Skinner, 1968b). 단어 자체가 학생의 반응을 통제하기 위해서는 반드시 점차적으로 그림을 없애도록 해야 한다. 다시 말하면, 자극 통제의 전이는 정확한 반응을 알려 주는 계획된 힌트들을 점차적으로 없애서 학습자가 자극이나 다른 사태에 대해 적절한 반응을 하도록 한다.

자극 통제에 대한 전이의 실패는 마이크로컴퓨터 교수에서 발견된 주요한 실수 중의 하나이다(Vargas, 1986). 예를 들면, 학생들이 타이핑해야 할 단어들을 지속적으로 반짝거리게 하는 프로그램은 학생들에게 스크린의 내용보다는 깜빡이는 무언가에 대처하도록 가르치는 것이다.

(2) 강화의 제공

강화가 효과적이기 위해서는 정확한 반응에 강화가 즉시 제공되어야 한다. 교실에서 있을 수 있는 두 가지 형태의 강화는 자연적 강화물(natural reinforcers)과 인위적 강화물(contrived reinforces)이다.

자연적 강화물. 비혐오적 피드백을 제공하는 맥락에서 이용 가능한 사태들은 자연적 강화물로 불린다(Skinner, 1954). 예를 들면 기계 장난감, 그림, 가위로 자르기와 같은 놀이이다. 여기에는 무언가를 설명하기 위한 적절한 단어를 찾아 내거나 일시적인 혼란을 풀고 활동의 다음 단계로 가기 위한 기회를 갖는 것들도 포함된다(Skinner, 1958, p. 380). 더불어 읽기를 학습하는 아동은 도구가 이해될 때 강화된다.

David Premack(1959)의 연구는 아동이 선호하는 활동은 아동이 덜 선호하는 활동에 참여하도록 유도하는 강화의 역할을 할 수 있다는 보여 주었다. 기계 장난감으로 그림을 그리는 놀이를 좋아하는 아동의 경우, 장난감을 가지고 노는 시간이 예술 활동에의 참여를 강화하기도 할 것이다.

연구에 따르면 우선순위가 높은 학문적 활동이 다른 학문적 활동들을 강화하기도 한다. Gallant, Sargeant, 그리고 Van Houten(1980)은 읽기와 수학 과제를 정확하게 완료하면 과학실험과 같이 학생들이 선호하는 과목을 할 수 있도록 하였다. Moreno와 Hovell(1980)은 스페인어를 사용하는 10대에게 영어로 대답할 수 있도록 하기 위하여 어학실에 가는 것을 강화물로 사용하였다. 그러나 학생들은 중요한 교육방법에의 접근이 허용되기 때문에 학문적 활동을 이용하는 데는 주의를 기울여야 한다.

인위적 강화물. 많은 상황에서 자연적 강화물만을 사용하는 것은 행동을 변화시키는 데 불충분하다. 예를 들면, 어떤 재화의 부산물이 돌이킬 수 없는 환경오염을 가져온다면 사람들은 그러 종류의 재화를 적게 사용하여야 한다(Skinner, 1989b, p. 118). 그러나 이러한 상황은 행동에 즉각적인 영향을 미치기에는 너무 간접적이다. 인위적 상황이 과소비 행동을 바꾸기 위해 필요하다.

교육에서 인위적 강화물은 종종 학습의 초기 단계와 자연적 강화물이 기능할 수 있는 상황 사이의 간격을 메워 주기 위해 필요하다. 읽기와 쓰기를 가르치는 것은 정보를 얻기 위한 읽기나 재미삼아 읽기와 같은 자연적 강화물에 의존하여 진보된 문화를 생산하는 행동이 매우 많다는 것을 보여 준다.

미국의 몇몇 학습센터에는 학생들이 카세트 레코더의 지시를 듣고 학습지에 대답하는 시스템이 마련되어 있다. 매직잉크 효과는 즉시 그들의 행동이 옳은지 그른지를 나타내 준다. 비록 단어나 문장, 반작용 현상에 대한 올바른 반응들 사이에 자연적인 상황이 존재하지 않는다 할지라도 아동들은 읽기를 빨리 배운다(Skinner, 1987, p. 176). 또한 계획된 강화물로는 언어적 설명, 금별, 단축수업, 자유시간 등이 있다.

인위적 강화물의 단계적 제거. 인위적 강화물 이용을 계획함에 있어서 중요한 점은 점차적으로 반응과 강화물 간의 비율을 늘리는 것이며, 인위적 강화물을 다른 강화물과 연결시킴으로써 점차 자연적 강화물로 대치시킬 수 있도록 한다. 예를 들어 하루에 한 시간 정도 열심히 글을 쓰는 활동에 대해 특별한 강화를 주는 것, 특히 며칠에 한 번씩 완성한 몇 페이지의 글에 대해서 언어적 강화를 주는 것은 개개인들에게 유창하고 유능한 글쓰기를 개발시키는 노력을 유지할 수 있도록 해 준다.

또한 중요한 것은 의미가 통하는 문장을 쓰고, 질문에 대해 답하는 행동이나 행동을 강화시키기 위해 중요한 관점을 명료화시키는 것과 같은 행동에 특별한 대우를 하지 않거나 제거하는 것이다(자연적 강화물).

또한 초기에 교사는 교실에서 발생하는 사회적으로 적절한 행동들에 대해 토큰과 같은 구체적인 강화물을 제공할 수 있다. 그러한 토큰은 나중에 자유시간과 같은 다른 것으로 바꿀 수가 있다. 중요한 점은 재인에 대한 긍정적 피드백의 형태로서 언어적 권고를 토큰과 연계시킨다는 것이다. 또한 교사는 학생들에게 스스로 적절한 행동에 대해 검토하도록 하면서 점차 토큰을 제거시켜 나간다.

인위적 강화물을 효과적으로 이용할 수 있는 방법은 ① 복잡한 행동 발달의 초기 단계에서 이용하는 것이며, ② 내적 혹은 비자의적 자극으로 전이시키는 것을 포함하여 변별 자극을 사용하도록 계획하고, ③ 자연적 강화물을 활용하며, ④ 행동이 발달하고 자연적 강화물이 기능을 발휘함에 따라 인위적 강화물을 점차적으로 제거하는 것이다. 세 번째 단계는 존경받는 교사가 활용할 수 있다. 즉, 교사는 학생이 완성한 몇 개의 문단을 읽어 주면서 잘 된 점이나 향상된 부분을 언어적으로 지적해 줄 수 있을 것이다.

강화의 시기. 강화의 효율성에 있어서 특히 중요한 것은 강화 자극을 전달하는 시기이다. 중대한 원칙은 쓸데없는 간섭을 하지 않는 것이며, 학생이 잘하기만 한다면 아무런 주의도 주지 않고 그가 말썽을 부리기 시작할 때만 관심을 주는 것이다(Skinner, 1968b, p. 180). 교사의 관심은 종종 교실 내에서 강화의 기능을 하기 때문에 주의 깊지 않은 교사는 관심을 끌려는 학생이나 뽐내려는 학생을 강화하게 될 것이다. 나아가서 학문적 활동으로 관심을 받지 못하는 일부 학생들은 비학문적 행동이 강화물을 만들어 내기 때문에 비학문적 행동에 참여할 것이다(Belfiore & Hornyak, 1990, p. 187).

또 다른 예는 단축수업이다. 학생들이 떠들거나 방해할 때 수업을 마쳐버린다면 단축수업은 부적절한 행동을 강화할 것이다. 교사는 조용하고 분주할 때 수업을 마쳐야 한다.

또한 강화의 잘못된 시기는 화려한 색상의 매혹적인 학습 교재를 사용할 때 발생한다. 화려한 색상, 그래픽 영상과 같은 혁신적인 자료는 학생들이 그 자료를 보도록 유도하는 일시적인 효과만 있다(Skinner, 1968b, p. 105). 컴퓨터 역시 학생들의 관심을 끌기 위해 이러한 기법들을 사용해 왔다(Vargas, 1986).

문제는 학생들이 시청각에 의한 학습을 하지 않는다는 것이다. 효율적인 교육이 이루어지기 위해서는 학생들이 이전에 보았던 상황에 직접 참여해야 한다. 마찬가지로 매력적인 학교 건물은 보이는 곳에 오도록 하는 행동을 강화하고, 화려한 교실은 단지 그 곳에 들어오도록 행동을 강화한다(Skinner, 1968, p. 105). 비록 직접 참여가 중요하더라도 훌륭한 수업은 학생이 특정한 페이지를 읽고, 설명을 듣고, 문제를 푸는 것과 같은 활동을 한 **이후**에 그 학생을 강화하는 것이다.

강화를 계획할 때 중요한 것은 강화의 남용을 피하는 것이다. 어떤 연구 결과에 따르면 교사의 질문에 대한 바른 대답에 과도한 칭찬을 하는 것이 역효과를 가져온다고 한다(Brophy, 1981).

혐오를 사용한 통제의 문제점. 수업 통제를 위해 종종 혐오 자극과 정적 강화를 없애는 방법이 모두 이용된다. 정부는 문제를 일으키는 개인들의 행동을 억제하기 위해 처벌을 이용한다. 그러나 학생에게 공부를 하지 않는 것과 같은 이유로 벌을 주는 것은 다르다(Skinner, 1989b, p. 88). 첫째, 교육의 목표는 행동을 강화하는 것이지 억제하는 것이 아니다. 둘째, 부적 강화와 처벌로 혐오 자극을 사용하는 것은 원치 않는 부작용을 낳을 수 있다. 망각, 무관심, 무단 결석, 예술 문화 파괴뿐만 아니라 집중을 하지 않으면서도 교사를 쳐다보는 것과 같은 미묘한 형태의 행동들이 도피행동으로 나타난다(Skinner, 1968b, p. 97). 감성적인 부작용에는 무감정, 불안, 노여움, 원한 등이 포함되는데, 이러한 감정들은 모두 학습을 방해하는 반응이다.

혐오를 사용하여 통제하는 것과 관련된 세 번째 문제는 처벌이 정적 행동을 만들어 내지 않는다는 것이다. "우리는 좋지 않은 것을 벌해서 좋은 발음을 만들어 내거나 미숙함을 벌해서 숙련된 움직임을 만들지 않습니다."(Skinner, 1968b, p. 149)

공식적인 징계는 작은 행동에 대하여 점잖은 훈계의 형태일 때 효과적으로 사용될 수 있다(Skinner, 1968b, p. 101). 예를 들면, 구두끈을 묶는 것을 배우는 아동에게 끈을 잘못 잡고 엉뚱한 방향으로 묶은 것에 대한 가벼운 징계는 받아들여질 만하다. 그러한 징계는 학습자에게 적은 가능성으로부터 정확한 반응을 선택할 수 있는 기회를 제공한다.

(3) 요약

효과적인 교육은 반응을 변화시키는 변별 자극과 강화의 주의 깊은 선택을 요구한다. 자극을 선택하는 데 있어서 교실에서의 중요한 고려사항은 자극 변별과 자극 일반화가 복잡한 언어 행동을 배우는 데 중요한 필수조건이라는 것이다. 또 하나의 중요한 이슈는 자극 통제의 전이이다. 단서와 적절한 반응에 관한 신호를 주는 사태들은 점차 줄여서 학습자에 대한 자극이나 다른 사태들이 적절한 반응이 나타날 수 있도록 영향을 주도록 해야 한다. 다시 말하면, 암시(prompting)에 의한 반응은 학습에 도움이 되지 않을 수 있다. 교실에서 변별 자극의 범위는 교사의 지시와 신호, 색상으로 된 자료, 인쇄된 문자들처럼 다양하다.

교사는 자연적 강화물이 여의치 않거나 원하는 효과를 낼 수 없는 상황일 때에는 인위적 강화에 의존해야 한다. 정확한 대답을 확정해 주는 것이 그 예이다. 강화를 제공할 때 주의할 것은 인위적 강화를 현명하게 이용하고 남용을 피하며, 적절한 행동이 나타나면 강화가 제공된다는 것을 인식시키는 것이다. 혐오를 통한 통제는 부정적인 감정과 회피 행동을 동반하기 때문에 가능한 피해야 한다. 더구나 처벌은 적절한 행동을 발생시키지 않는다.

3) 복잡한 기술의 학습을 위한 교수설계

복잡한 기술의 개발은 운에 맡겨져서는 안 된다. Throndike 실험의 문제점 중 하나는 동물이 우리 안에 갇혀 있고 탈출의 올바른 방법을 '발견'하도록 한 것이다(Skinner, 1953). 유사한 상황이 '배정 및 시험(assign and test)'의 시행 혹은 학생들에게 부수적인 기술을 가르쳐 주지 않고 기말 보고서를 요구하는 것과 같이 학교 환경에서도 일어나고 있다. Skinner는 이러한 상황을 **최종적 유관성**에 학습자를 넣는 것으로 묘사하였다. 이 상황은 학습자가 시행착오를 통해 성공에 필요한 복잡한 기술이나 일련의 기술을 발견하도록 방치하는 것이다.

(1) 인간 행동의 조형

교실에서 복잡한 기술을 개발하는 데는 비둘기가 탁구를 치고 볼링을 하도록 가르치는 것과 동일한 주요 요소들이 포함된다. 주요 요소는 반응 유도, 행동의 미묘한 개선이나 정교함에 대한 강화, 암시나 힌트를 점차 줄임으로써 자극 통제의 전이를 제공하는 것, 강화를 계획하여 반응에 대한 강화의 비율을 점차 늘리고 자연적 강화물이 행동을 유지할 수 있도록 하는 것이다.

새로운 외국어 단어 발음을 배우는 것을 생각해 보자. 예를 들어, 교사는 일반적으로 물체나 그림을 들어 보이고 그 단어나 문장을 발음하면서 학생들에게 그 단어들을 반복해서 발음하도록 유도한다. 처음에는 발음이 정확하지 않아도 강화가 제공된다. 이후에는 발음이 약간이라도 향상될 때까지 강화가 억제된다. 교사는 학생들이 어려운 음절이나 소리를 발음하도록 지속적으로 유도하고, 발음이 개선되었을 때 강화를 제공한다. 그 때 암시는 점차 없앤다. 수업은 학생이 새로운 물체나 그림을 도움 없이 정확히 구별할 수 있을 때 완료된다.

교실에서 행동 조형의 첫 단계는 학습될 행동을 명확히 정의하는 것이다(Skinner, 1989, p. 122). 예를 들면, 어떤 수학 교사는 학생들이 논리 추론을 가르치려고 한다. 이것만으로는 수업 계획을 세우는 데 도움이 되기에는 너무 모호하다. 그러나 글로 된 문제에서 지시사항을 파악함으로써 그 문제가 무엇을 묻고 있는지를 확인할 수 있다.

두 번째 단계는 학습자의 출발점 기술을 알아 내는 것이다(Skinner, 1987). 이 단계는 어떠한 누락된 기술도 수업에 포함되어야 하기 때문에 중요하다. 세 번째 단계는 주의 깊게 위계화된 프로그램이다(Skinner, 1987). 한 가지 유혹은 너무 빨리 마지막 산출물로 이동하는 것이다(예: 최종 유관성). 그러나 잘 설계된 프로그램은 작은 단계들을 거치고 큰 성공적 행동을 보장한다(Skinner, 1987, p. 125).

단계적 수업의 목적은 더욱 세련된 혹은 복잡한 행동에 대한 일련의 강화, 필요한 경우에는 인위적 강화를 제공하는 것이다. 그러나 강화가 프로그램되어 결국 그 환경의 자연적 강화물들이 활동하기 시작하고, 그 활동이 학생을 강화하기 시작한다. 예를 들면, 읽기를 배우는 데 있어서 매직잉크 효과가 초기 성공을 나타낼 수 있지만, 나중에 문장이 이해되고 질문에 대답하거나 문제를 풀었을 때는 학생이 강화를 받게 된다. 읽기 행동은 개인이 즐거운 마음으로 읽는 단계에 도달했을 때 강화를 시작한다.

종종 조형은 소리, 단어 또는 색깔을 변별하는 것과 같이 매우 특별한 기술에 한정되는 것처럼 보인다. 그러나 Glaser(1990)는 자기 조정(self-regulatory) 기술을 개발하기 위한 대표적인 수업 프로그램에서 조형의 요소를 발견하였다. 모든 프로그램은 학생들의 성공을 보장하고 오류를 최소화할 수 있도록 설계되었다. 더불어 Brown(1994)은 조작적 조건형성이 교수적 도움 중지 단계(fading)와 도움 단계(scaffolding)를 발전시켰다고 언급하였다. 현재 상보적 수업(reciprocal teaching)으로 불리는 이 프로그램은 계속적 접근과 지지의 점진적인 감소를 이용하였다. 이 수업의 목표는 학생들이 자신의 독해를 점검하는 것을 배우게 하는 것이다. 첫째, 교사는 상황을 구축하여 학생들이 할 수 있는 것만을 할 수 있도록 한다. 교사의 지원적 단서(supporting cues), 구체적 점검, 빈번한 피드백은 학생들의 기술을 향상시킨다. 학생들이 이 절차에 숙련되면 교사는 이해를 점검하는 절차를 점차 생략한다. 즉, 지원적인 암시를 하지 않는다. 한편 이 절차는 프로그램 학습에서 소멸(vanishing)로 불린다. 몇 주 후에 학생들은 도움 없이 자신의 독해를 점검하고 인쇄된 문자로부터 의미를 성공적으로 파악하게 되어 강화된다.

학기 초에 교사들이 초등학교 교실에서 새로운 일과와 절차를 가르치는 기술은 또한 조형의 요소들을 결합한 것이다. 교사들은 학기 초 몇 주 동안 단계적으로 격려와 함께 사물함, 연필깎이, 화장실 사용법을 가르치는 데 많은 시간을 할애한다(Doyle, 1986; Emmer, Evertson, & Anderson, 1980). 효율적인 학급 관리자는 적절한 행동을 하도록 암시를 주고, 주의 깊게 교실을 점검하며, 적절한 행동에 대해 강화를 제공하고, 작은 실수가 발생했을 때 학생의 행동을 고쳐 준다.

(2) 교수기계와 컴퓨터

교수기계는 위계적 수업과 즉각적 결과를 강화하도록 설계되었다(Skinner, 1989b). 기계적 장치의 중요성은 기계가 정확한 반응에 대해서만 강화를 준다는 것이다. 프로그램화된 수업이 책의 형태로 적용될 때, 학생들은 미리 살펴볼 수 있고, 프레임을 건너뛰고, 자신의 위치를 잃어버릴 수도 있다. 첫 번째 교수기계는 1954년에 개발되었고, Skinner(1989b)는 교수기계를 컴퓨터의 기계적 예측으로 묘사했다.

초기의 기계적 교수기계는 정확한 대답에 대한 확인, 새로운 자료로 넘어갈 수 있는 기회, 장치를 작동할 수 있는 기회 등의 형태로 정답에 대한 유관적 강화를 제공했다. 그 기계는 학생이 실수를 하여도 꾸짖지 않는 참을성이 많은 개인 교사의 기능을 담당하며, 학생들은 자기만의 속도로 학습하는 것이 가능했다.

현재의 교수기계는 이어폰과 음성 피드백이 장착된 데스크톱 모델이다. 현재 전국에 흩어져 있는 400개의 Skinner 학습 센터에서 독서와 수학에 대한 교정 작업을 제공하고 있다. 이들 학습센터에서는 초기 교수기계의 개정판을 사용하고 있다(Skinner, Green, 1984에서 인용).

Skinner(1989b)는 컴퓨터가 이상적인 교수기계라고 생각했다. 그러나 컴퓨터가 반복 연습을 제공하거나 대단위 수업에서 교사가 가르치는 방법과 동일한 방법으로 가르치는 데 사용되는 경향이 있다고 말했다. 이와 대조적으로 컴퓨터는 '현실(real life)'의 경험을 교실에서 체험할 수 있게 해 줄 수 있다. 예를 들면, 원자력 발전소에서의 융해를 컴퓨터에서 시뮬레이션할 수 있다.

컴퓨터의 또 다른 장점은 컴퓨터가 잠재적인 강화물의 범위를 확장하고 다양한 반응에 대한 적합한 피드백을 제공하도록 프로그램될 수 있다는 것이다. 잠재적인 강화물에는 스크린 디스플레이를 변화할 수 있는 기회, 간단한 게임을 할 수 있는 기회, 자신만의 게임을 개발할 수 있는 기회 등이 있다. 수학적 능력을 가르칠 수 있는 일단의 게임은 판타지 게임에 게임을 끼워 넣는 것이다(예: 샌프란시스코에서 보물찾기). 그리고 아동들에게 문제 유형, 게임의 부분, 게임의 수준 등을 선택할 수 있게 해 준다. 그 게임은 말로 하는 칭찬과 게임의 캐릭터가 문제를 해결하는 데 도움을 주는 아이템과 같이 인위적 강화물을 사용한다(Azar, 1998).

그러나 Skinner는 현란한 그래픽으로 '너무 생생하고 화려하게' 만들어진 컴퓨터 프로그램이 종종 학생들에게 해가 될 수 있다고 경고한다. 프로그램이 애니메이션과 컬러 그래픽으로 학생들의 관심을 끌려고 할 때, 사실은 학생들의 주의를 학습으로부터 분산시킬 수도 있다(Skinner, Green, 1984에서 인용). Skinner에 따르면 배울 수 있는 것을 찾는 것과 성공의 단계를 높이는 것을 경험하는 것에 대한 대체물은 없다고 한다.

(3) 요약

교실에서의 조형 행동은 먼저 학습될 행동을 명확하게 할 것을 요구한다. 두 번째로는 학습자의 출발점 기술이 확인되어야만 한다. 그리고 나서 그 과제물은 성공적으로 수행될 수 있도록 단계별로 주의 깊게 프로그램화되어야 한다. 초기에 교육적 지원을 제공하고, 점차 그 지원을 축소하거나 없애는 프로그램은 조작적 조건형성의 기법을 사용하고 있다. 효과적인 교실의 관리자는 행동을 가르치는 적합한 방법을 사용한다.

교수기계로 알려진 기계 장치는 프로그램된 과제물을 가르칠 목적으로 Skinner가 개발한 것이다. 컴퓨터는 교실에서 현실을 체험할 수 있게 해 주고, 사용될지 모르는 잠재적 강화물의 범위를 확장시켜 주기 때문에 교수기계의 발전된 형태이다. 그러나 컴퓨터 프로그램이 애니메이션과 현란한 그래픽으로 학생들의 관심을 끄는 것은 학생들이 오히려 학습에 집중을 할 수 없도록 하기 때문에 지양되어야 한다.

내재적 · 외재적 동기 논의에 대한 조작적 분석. 1970년대 초기, 이전에 자발적으로 참여했었던 활동에 참여하는 유아원 아동들에게 주는 보상 효과를 탐색하는 두 가지 실험이 있었다(Lepper & Greene, 1973, 1974). 자유선택 시간에 매직 마커(marker)로 그림을 그린 아동들은 세 집단, 즉 기대된 보상을 받은 아동, 기대하지 않은 보상을 받은 아동, 보상을 받지 못한 아동으로 나누어졌다. 아동들을 개인적으로 실험실에 불러서, 다음 주에 학교를 방문할 중요한 사람에 대해 그림을 그릴 것인지를 물었다. 기대된 보상 조건에 배정된 아동들에게도 그림에 대해서 금빛 별과 빨간 리본으로 장식된 훌륭한 아동상을 받게 될 것이라고 말했다. 기대되지 않은 보상 조건에 배정된 아동들에게는 6분 동안 색칠을 한 후에 훌륭한 아동상을 받게 될 것이라고 말했다. 보상이 없는 그룹에 배정된 아동에게는 6분 후에 실험자로부터 감사의 말을 듣게 될 것이라고 말했다. 6분이 지나자, 보조 진행자는 교실로 돌아온 각각의 아동들에게 감사의 말을 전했다. 사후의 관찰에서 매직 마커로 그리는 것이 기대된 보상 조건에 있는 아동들이 사용한 자유 선택 시간의 평균 비율이 다른 두 집단의 아동들이 사용한 것보다 훨씬 적았던 것으로 나타났다.

연구자들은 보상의 제공이 활동에 대한 아동의 흥미를 훼손시켰으며, 학교에서는 금빛 별 혹은 특별한 혜택과 같은 보상을 사용하는 것을 피해야 한다고 하였다(Lepper & Greene, 1973, p. 136). 이후 문헌에서는 '외재적 동기'라는 용어를 인위적 강화물과 동일시했고, 외재적 동기는 내재적 흥미와 동기를 훼손시킬 수 있기 때문에 학교 관계자들에게 내재적 동기에 주목하도록 촉구했다(Deci & Ryan, 1990). 이러한 제안은 심리적 필요가 학습을 촉진시킬 수 있다는 내재적 동기의 이론에서 기인한 것처럼 보인다.

첫째, 조작적 조건형성 관점에서 학생의 그리기 활동에 대하여 보상을 제공하는 것은 실험이 시작되기 전에 실험 조교와 학생 간의 계약이 된다. 둘째, 실험 전에 색칠하기에 보내는 자유 시간에 관한 자료가 없으므로 실험 전과 후의 그리기 시간의 증감에 대한 결론을 내리기 어렵다. 셋째, 그 사례는 단 한 차례의 실험을 통해 나타난 결과인 반면에, 행동 변화는 일반적으로 한 가지 이상의 변별 자극－반응－결과 순서를 포함한다. 더욱이 외적 보상에 관한 연구의 계속적인 분석 결과는 부정적 효과란 보상 제시의 실패 혹은 그 행동이 보상과 직접 관련되지 않았을 경우에 발생한다는 것을 보여주었다(Cameron & Pierce, 1994a, 1994b).

넷째, 관찰 가능한 강화물의 부재에서 집행되는 지속적인 행동은 내적 변별 자극 혹은 자연적 강화물의 통제 하에서 발생된다. 마지막으로 교사는 학생들이 이미 흥미를 확인한 활동들에 대해 구체적인 강화물을 제공하는 것도 피해야 한다.

3. 교육적 적용

1920년대 Watson의 행동주의처럼 Skinner의 방법론은 각광을 받았다. 그러나 급속한 인기로 인해 그 원리를 다양한 측면에서 잘못 적용하는 사태를 초래하기도 했다. 1950년대에 나타난 많은 행동 관리 프로그램은 조작적 조건과 기타 다른 방법(Kazdin, 1989)의 결합이었다. (자발성과 다른 원리를 결합시킨 자기 점검 프로그램에 대한 논의는 Belfiore & Hornyak[1998] 참조). 예를 들면, 많은 프로그램은 **타임아웃**(time-out)과 반응 비용 과정을 사용한다. 타임아웃은 짧은 기간 동안 강화를 제공하는 상황에서 개인을 제거하는 것이며, **반응 비용**(response cost)은 나쁜 행동을 할 경우 강화물을 상실하게 하고 벌금을 내게 하는 방법이다. 두 기법 모두 강화물의 상실을 사용하므로 처벌의 형태를 띤다(Becker, 1973; Kazdin, 1989). Skinner에 따르면 처벌의 사용은 피해야 한다.

또한 언어적 행동으로 되어 있는 많은 개별화된 자료들은 프로그램 수업의 자극-반응-피드백이란 형태를 복사하였지만 내용은 그대로 사용하지 않았다. 빈 공란이 있는 문장의 형태로 나누어진 교재는 언어적 행동을 형성하지 못했다. 이처럼 열악하게 개발된 프로그램에 대한 교육자들의 환멸과 형편없는 교수기계로 인해 프로그램 수업 방식은 급속도로 쇠퇴하였다. 또한 교실에서 행동 관리를 위해 개발된 토큰 경제(token economy) 프로그램은 때때로 사소한 행동에 집중하게 하여, 방법론은 단지 제한적으로 적용되어야 한다는 주장을 낳았다.

읽기 학습을 위해 1960년대에 상업적으로 개발된 프로그램인 DISTAR는 학업이 부진한 아동들에게 지속적으로 성공을 거두고 있다. 지금은 SRA Reading Mastery로 알려진 이 프로그램은 학생의 기술 수준에 따라 교수되는 매우 구조화된 스크립트(script) 프로그램이다(Foorman et al., 1998).

1) 교실 문제

B. F. Skinner는 학습을 행동 변화와 관련이 있는 요인의 측면에서 다룬다. 그러므로 교육에서 중요한 것은 행동 변화를 이끄는 자극 혹은 행동에 대해 논의하는 것이다.

(1) 학습자의 특성

Skinner 학파의 준거에서 볼 때, 학습자의 특성은 학생을 학습상황으로 들어오도록 하는 특정 행동이고, 그것은 새로운 행동의 획득에 영향을 줄 수 있다.

개인차. Skinner(1953)에 따르면 학생 행동에서의 개인차는 생물학적 유전 요인과 강화의 특별한 역사로부터 초래된다. 예를 들어, 정신지체아의 행동은 유전적 요소의 결함 때문이다. 그러나 계획된 프로그램으로 새로운 기술을 개발할 수 있다(Skinner, 1968b).

Skinner(1968b)의 관점에서는 개인이 강화의 유관성을 경험하지 못한다면 다양한 숙련된 행동을 획득하는 데 실패하게 된다. 그 한 예가 '리듬'이다(Skinner, 1958). 숙련된 타이피스트나 음악가와 같은 사람들은 미묘한 타이밍을 만들어 내는 강화물의 영향 하에 있게 된다. 그러나 경력의 선택, 예술적 관심, 스포츠 참여 등에 영향을 미치는 기술들은 일반적으로 계획되는 것이 아니다. 그럼에도 개인차를 만들어 내는 중요한 기술은 훈련될 수 있다. 간단한 기계로 먼저 어린 아동이 동일 음을 치도록 가르치고, '리듬 감각'을 구성하는 더욱 미묘한 리듬 패턴을 반복하게 가르칠 수 있다.

수업을 실시하는 기계적인 장치는(Skinner, 1968b) 개인에게 필요한 강화를 제공하고, 교육제도와 성적을 산출하지 않는 교실에서 발생하는 문제를 교정할 수 있다. 이러한 환경에서 대규모 집단의 학생들은 동일한 속도로 진도가 나가고, 평범하거나 평균적 학생을 대상으로 산정된 기준이 동일하게 적용된다. 그러나 한 번에 30~40명의 학생을 가르치면서 개개의 학생에게 가장 적합한 속도로 진도를 나가게 할 수 있는 교사는 있을 수 없다(Skinner, 1987, p. 124). 이와는 대조적으로 새로운 기술, 예컨대 컴퓨터는 서로 다른 출발점 기술을 조정할 수 있고, 자기 보조(self-paced) 수업을 제공할 수도 있다.

학습 준비도. 조작적 조건형성 구조에서 '준비성'은 학생이 학습 환경에 가져오는 행동 레퍼토리이다. 특정 기술의 결함은 주의 깊게 설계된 프로그램을 사용하여 교정될 수 있다.

연령 혹은 성숙 수준으로 해석되는 '준비성'의 개념은 교수설계와 관련된 Skinner 이론에서 인정하는 개념이 아니다. 생활 연령은 중요한 기술의 존재와 부재를 결정하는 데 도움이 되지 않는다(Skinner, 1953, p. 156). 또한 발달에 관한 연구가 특정한 연령의 아동들이 학습하는 정도를 나타낼지도 모른다. 그러나 그러한 연구는 어떤 사태에 적절한 스케줄에 맞추어진 아동들의 지적 발달의 범위를 나타내 주지는 않는다(Homme, deBaca, Cottingham, & Homme, 1968). 예를 들어 어떤 아동이 특정 대상에 대하여 변별적으로 반응한다면, 계획된 유관성 관리는 연령과 상관없이 체계적인 방법으로 아동의 읽기 수준을 향상시킬 수 있다.

동기 유발. 관심, 열정, 인식, 헌신으로 묘사되는 행동은 동기 부여의 기술을 포함하고 있다. 부지런하고 열심히 공부하는 학생, 좋은 책 읽기를 즐기는 사람, 그리고 연구실에서 오랜 시간 일하는 과학자는 모두 동기가 부여된 것이다(Skinner, 1968b).

눈에 띄는 강화의 부재 속에서 지속되는 그러한 행동은 강화의 특정 역사의 결과이고, 자연적 유관성의 결과는 아니다. 아동들은 결과로 나타나는 수확에 의해 강화되기 때문에 씨를 심는 것을 실제로 배우는 아동이 없듯이, 우리는 재미있는 책을 읽기를 즐기기 때문에 읽는 것을 배우지는 않는다(Skinner, 1968b, p. 154). 그러한 장기적인 자연적 유관성은 '헌신적인' 행동을 개발하고 유지하는 데 불충분하다. 그 대신에 헌신은 변동 비율 강화가 점진적으로 증가된 상황에 노출된 결과이다. 개인은 먼저 그 활동에 관여함에 따른 즉각적인 보상을 받는다(Skinner, 1968b). 그리고 강화는 그 행동 자체가 부차적인 강화의 힘을 획득할 때까지 점차 확장된다(즉 비율을 늘린다). 아이러니컬하게도 동일한 강화 스케줄은 강박관념에 사로잡힌 도박가와 헌신적인 과학자 모두를 만들어 낸다(즉 변동 비율 스케줄). 그러나 과학자만이 사회에 '기여한 사람'이라고 평가된다(Skinner, 1963b).

(2) 인지과정과 교수

내부 혹은 정신적 사태는 행동으로 확인할 수 있는 범위에서만 조작적 조건형성 패러다임에 포함된다. 따라서 학습의 전이는 Skinner의 공식에서 제외된다. 그러나 행동적으로 규정된 '학습방법' 기술과 문제해결을 배우는 것은 포함된다.

학습의 전이. Thorndike와 Woodworth의 실험에서 실험 과제와 이전에 학습한 과제 간의 유사성 정도에 의해 부분적으로 야기된 학습 과제에 대한 학생들의 수행을 설명했다. 따라서 특정 기술을 훈련하는 것, 즉 피아노 연주를 학습하게 되면 다른 악기의 연주에 도움이 되는 것으로 알려졌다. 그러나 Skinner(1953)에 따르면 전이는 단순히 직접적으로 강화하지 않고 행동을 강화하는 것으로 보인다. 사실 많은 반응이 공통의 요소들, 즉 동일한 근육 조직의 사용과 같은 요소들을 가지고 있다. 예를 들면, 도구와 기계를 조작하는 기술은 일단의 다른 반응들의 일부분이 될 수 있다. 따라서 '전이'는 단순히 '어디든 발생하는 공통 요소'의 강화이다(Skinner, 1953, p. 94).

'학습방법' 기술의 학습. Skinner(1953, 1968b)에 따르면 일반적으로 '사고'로 알려진 과정은 종종 특정한 자극에 대하여 특정 방법으로 행동하는 것을 의미한다. 아동들이 자극적인 특성에 반응할 때, 아동들의 반응은 그러한 자극의 통제 하에 놓이게 된다. 그 예로서 3면으로 된 평평한 물체를 삼각형으로 식별하는 것을 들 수 있다. 아동들의 식별은 그 물체의 통제 하에 놓인다. 그러한 상황에서 '추상 개념의 형성'으로 학습을 설명함으로써 획득되는 것은 거의 없다.

그러나 일반적으로 사고로 확인된 특정한 행동은 분석되고 가르쳐져야 한다(Skinner, 1968b). 그러한 행동은 환경을 바꾸거나 학습자를 바꾸면 효과적인 반응이 가능해지기 때문에 준비된 반응이라고 한다. 따라서 준비된 반응은 '행동에 영향을 주는 행동'으로 규정된다(Skinner, 1966b, p. 216). 준비된 반응은 은밀하다. 즉, 그 반응은 개인적인 사태이고, 관찰할 수 없다.

또한 자극에 대한 효과적인 반응의 가능성을 증가시키는 자기 관리 행동이 있다. 여기에는 ① 특정 문제 검토하기, 혹은 자신에게 조용히 얘기함으로써 수학 문제의 답 계산하기, ② '마음의 눈'으로 특정 문제나 상황을 시각화하기(즉 은밀한 관찰)(Skin- ner, 1968b)가 포함된다.

준비된 반응의 다른 자기 관리 행동은 자극에 유의하기, 중요한 부분에 밑줄 긋기, 중요한 것을 기억하기 위해 기억술이나 다른 단서 사용하기, 문제상황에서 요인들을 다시 배열하여 해답이 나올 수 있도록 하기 등이다.

문제해결 수업. 실제 '문제상황'에서 유기체는 즉각적으로 박탈을 감소시키거나 혐오자극을 제거시킬 수 없다(Skinner, 1953, p. 246). 예를 들어, 방이 너무 더운데 창문을 열 수 없다면 문제가 된다(Skinner, 1968b). 우리가 상황을 바꾸어서 가능한 해답이 나온다거나 박탈 또는 혐오스러운 자극이 다른 방법으로 감소되면 그 문제는 해결된다. 창문을 열 수 있는 다른 방법을 찾거나 방의 온도를 내릴 수 있는 다른 방법을 찾게 되는 것이다(Skinner, 1968b).

공식적으로 문제해결은 '변인을 조종해서 해결의 가능성을 높여 주는 어떠한 행동'으로 정의된다(Skinner, 1953, p. 247). 어떤 문제의 '어려움'은 개인이 문제를 해결하는 데 필요한 반응 레퍼토리의 이용 가능성에 달려 있다. 만약 즉각적으로 이용 가능한 반응이 없다면 그 문제는 어렵다. 개인은 반응(해결)의 가능성을 극대화하기 위하여 상황을 바꾸어서 적절히 반응해야 한다. 이를 위해 취해야 할 조치로는 문제를 주의 깊게 검토하고 문제를 명백하게 하기, 문제의 구성을 재정비 혹은 재분류하기, 그 문제와 해결된 다른 문제들의 유사점 찾기 등이 포함된다. 예를 들면, 철자 바꾸기 놀이 참가자는 논리적인 순서로 글자를 재배열하여 글자의 세트로부터 단어를 만들 수 있는 기회를 극대화한다.

개인들은 자극을 조작하고 행동에 대한 강화를 받아들여 효과적으로 문제를 해결하는 것을 배워야 한다. 문제상황을 효과적으로 조작한 것에 대한 강화는 문제에 대한 위험이 시행착오적 반응의 발생을 감소시킬 것이다.

(3) 학습의 사회적 맥락

다른 사람의 중재를 요구하는 강화물은 **사회적 강화물**(social reinforcers)로 불린다. 여기에는 주목, 승인, 애정 등의 정적 강화물과 반대, 모욕, 경멸, 비웃음 등의 부적 강화물이 포함된다.

정적, 부적 강화물 모두를 포함하는 사회적 강화물은 행동의 수정과 유지에 사용되어 왔다. 그러나 사회적 맥락에서 자극, 반응, 강화물 사이의 관계는 역동적이고 상호

호혜적이다. 예를 들어서, 장난감이 거의 없는 방은 그 곳에 있는 두 아동이 이기적인 행동을 형성할 수 있는 완벽한 상황이다(Skinner, 1958).

교실의 행동은 또한 정적, 부적으로 강화하는 교사와 학생들을 포함하는 활동이며 복잡한 유관성의 산물이다(Skinner, 1968a, p. 252). 만일 한 학생이 교사의 질문에 대답한 것에 대해서 동료 학생으로부터 비난받지 않고 교사로부터 강화된다면, 그 학생은 가능한 한 자주 대답을 할 것이다. 만약 교사가 손을 든 학생에게만 물어 본다면 그 학생은 손을 들 것이다. 이와 비슷하게, 옳은 대답에 의해 강화된 교사는 손을 든 학생에게 질문을 할 것이다. 그러나 틀린 대답에 의해 강화된 교사는 혐오 통제를 실행하려 한다. 그리고 교사들은 보통 손을 들지 않은 학생에게도 질문을 한다(Skinner, 1968a).

따라서 행동을 고치기 위해 교실 환경을 설계하려면 사회적 맥락의 상호 호혜적인 강화의 특징을 고려해야 한다. Brigham(1978, p. 266)은 아동들과 교사가 서로 긍정적인 피드백을 해 줌으로써 강화하도록 학습하는 특수 교육을 받는 아동들에 대해서 설명하였다. 아동들의 행동이 바뀜에 따라서 환경도 바뀌고 환경을 다루는 데 능숙해졌다. 더군다나 아동들이 교사의 사회적 강화의 원천이 되었기 때문에 아동들의 행동이 교사의 환경을 또한 바꾸었다.

(4) 다른 관점과의 관련성

학습에 대한 인지적 접근과는 달리, 조작적 조건형성은 지식 혹은 내부 상태보다 행동을 설명한다. 즉, 학습의 증거는 행동의 변화이다. 게다가 교실 담화(구성주의)에 대한 언어적 공헌, 대상의 조작(Piaget 이론), 혹은 다른 사람으로부터 받은 강화의 관찰(Bandura의 사회인지 이론) 등과 같은 학생들의 행동은 그것이 새로운 행동이 아닌 한 학습의 지표가 아니다.

조작적 조건형성이 다른 이론적 관점과 관련 있는 부분은 복잡한 행동을 개발하기 위해 사용하는 강화이다. 예를 들면, 문제해결 단계에 대한 아동의 설명에 대한 강화와 다른 사람들의 전략에 각각 귀기울이기(급진적 구성주의와 인지이론), 학업 과제에 대한 지속성 개발(Weiner의 귀인이론), 자신의 학습에 대한 점검(인지이론) 등이 포함된다. 더욱이 상보적 수업은 학생이 의도한 행동에 근접하도록 강화하고, 학생들의 반응에 대한 단서 제공을 점진적으로 철회한다.

조작적 조건형성은 요구된 행동의 사전지도가 없는 상태에서 아동 집단에게 개방형 문제 혹은 과제를 제시하는 것을 지지하지 않을 것이다. 이 실천사항은 시행착오 학습에 도움이 되며, 핵심적 행동의 획득을 보장하지 않는다. 그리고 부정확한 반응의 학습을 재촉할 수 있다. 더군다나 그룹에 있는 모든 아동이 적당한 반응에 대한 강화를 받을 수 있다.

2) 교실수업 전략의 개발

교실의 교사는 Skinner의 공학(technology)을 두 가지 방법으로 사용할 수 있다. 하나는 교실의 상호작용에서 강화를 사용하는 것이고, 다른 하나는 개별화된 교수 자료의 개발이다.

(1) 정적 교실 환경의 개발

Skinner 기술의 중요한 적용은 정적인 교실 환경을 개발하는 것이다. 이 목표는 광범위한 행동 수정 프로그램의 실행으로부터 구분된다. Skinner(1973)는 토큰 경제와 같은 명백한 접근이 소란스러운 교실에 정말로 필요하다고 주장하였다. 교사는 하나의 간단한 변화, 즉 학생의 실패보다는 학생의 성공에 반응함으로써 처벌에서 정적인 강화로 전환시킬 수 있다(Skinner, 1973, p. 15). Skinner의 관점에서는 학생들의 잘못을 지적하는 대신에 잘하고 있는지를 지적하면 그 결과가 교실 분위기를 개선시키고, 더욱 효과적인 수업이 된다.

Skinner가 개발한 기술은 다음 단계를 사용해서 교실에 적용할 수 있다.

단계 1: 현재의 교실 환경을 분석한다.

1.1 교실에서 현재 강화를 받은 학생들은 누구인가? 강화를 받고 있는 바람직하지 못한 행동은 무엇인가? 예를 들면, 아동들이 지식을 보여 줄 기회를 갖도록 하기 위하여 도움 주기를 보류하고 있다가 아동들이 실망을 표출할 때 도움을 제공하는 것은 실망에 대해 강화를 제공하는 행동이 될 수 있다(Skinner, 1968b, p. 252).

1.2 현재 교실에서 사용되는 행동 중 어떤 것이 처벌인가? (Skinner의 처벌의 정의를 기억하라. 정적 강화물의 제거 혹은 개인이 탈출을 꿈꾸는 혐오 자극의 도입)

1.3 처벌의 빈도는? 처벌을 받은 행동은 억압되고 다른 관련 행동은 나타났는가?

단계 2: 잠재적인 정적 강화물의 목록을 개발한다.

2.1 학생들이 선호하는 행동은 무엇인가? (학생들은 자신이 좋아하는 것을 목

록으로 작성할 수 있다. 어린 아동들은 그림으로 구분할 수 있다.)

2.2 단계 1.2에서 규정된 처벌받은 행동 중 어느 행동이 강화물로 사용될 수 있었는가? 예를 들면, 동료 학생과 얘기하는 것을 처벌받았다면 덜 선호되는 행동, 즉 조용히 자습을 마치는 것 등을 강화물로 종종 사용할 것을 고려한다.

2.3 자연스러운 배경에서 관찰한 행동 중 어느 행동이 다른 행동을 위한 정적 강화물의 역할을 수행하는가? 예를 들어서, 전날 밤 방영된 좋아하는 TV 쇼의 줄거리를 이야기하느라 아동들이 수업을 계속 방해하기 때문에 수업에 어려움이 있다는 교사를 생각해 보자. 그런 환경에서는 TV 프로그램에 대해 이야기하는 시간을 10분에서 15분 정도 주는 것이 잠재적인 강화물이다.

단계 3: 교실에서 해야 할 행동의 순서를 선택한다. 여기에는 변별 자극과 강화를 포함시킨다.

3.1 단계 1.2에서 파악된 처벌받은 행동의 어느 것이 정적 행동의 형태로 재구성될 수 있는가? 예를 들면, 지각에 대한 처벌 대신에 일찍 등교하는 것에 정적인 강화물을 사용한다. Becker(1973)는 싸움을 하는 것에 대해 처벌을 사용하는 대신에 싸우지 않는 조건으로 1분간의 휴식을 줄 것을 제안하였다.

3.2 단계 1.1의 학생들의 행동 중에서 자주 발생하는 것은 어떠한 행동인가? 예를 들면, 제시간에 필요한 자료를 제출함으로써 학습의 독립성을 준다든지, 수업 중간에 관련된 자극에 주목하는 것 등이다.

3.3 초기에 사용되는 변별 자극은 무엇인가? 어느 자극이 행동 통제로 사용되는가? 예를 들면, '이제 시작할 시간'이라는 언어적 표현이 벨 소리와 같은 신호로 대체되는 것이다.

단계 4: 행동의 순서, 즉 일화를 기록하고 필요시 변화를 준다.

4.1 교실 행동을 위한 규칙이 명확하고 일정한가?

4.2 강화물을 얻는 방법이 명확하고, 강화물은 개선된 행동에 대해서 제공되는가?

4.3 모든 아동이 행동의 변화에 따라 강화물을 얻을 수 있는 동등한 기회를 가지는가? 고도의 기준을 충족해야 강화물이 제공되어 극소수의 아동들만 강화를 받을 수 있는 행동을 할 수 있고, 다른 아동들은 교실에서 강화물

을 얻을 수 있는 수단을 가지지 못하면, 그러한 아동들은 소란스러운 방법으로 관심을 얻으려고 할 것이다(Resnick, 1971).

4.4 처음 행동의 변화에 대해 일정한 간격을 두고 강화물이 제공되거나(비율을 늘리기) 다른 강화물이 제공되는가?

(2) 프로그램 수업

언어적 행동을 개발하기 위한 프로그램은 아무 지식도 없는 상태에서 하나 혹은 그 이상의 기술을 숙달하도록 설계되어야 한다. 다음은 Skinner식 프로그램 혹은 단답형 프로그램을 개발할 때 고려할 사항이다.

단계 1: 획득될 최종 행동의 성격을 확인하고 학습할 과제물을 분석한다.

1.1 최종 행동의 성질은 무엇인가? 그것은 변별적 기술, 즉 색깔의 이름을 배우기인가? 혹은 덧셈의 올리기와 같은 규칙 적용인가?

1.2 그 기술을 얻기 위해 배워야 하는 용어나 정의는 무엇인가?

1.3 학습 중에 학생이 대답해야 하는 예의 유형은? (예: 색깔 영역, 간단하고 복잡한 덧셈 문제)

단계 2: 초기의 순서 프레임과 대답에 대한 반응을 개발한다.

2.1 반응을 유도하기 위해 첫 번째 프레임에 들어가야 할 정보는 무엇인가?

2.2 학생에게서 기대할 수 있는 반응(행동)의 논리적인 순서는 무엇인가?

2.3 단순한 것에서 복잡한 것으로 진전하는 변별 자극의 어떤 순서가 자극 통제의 전이를 위해 제공될 수 있는가?

단계 3: 프레임의 순서를 점검하고, 필요하면 다시 배열한다.

3.1 순서는 단순한 것에서 복잡한 것으로 진전되는가?

3.2 자극은 순서에 따라 점차 사라지는가?

3.3 학생은 사소한 내용보다 의미 있는 내용에 반응하는가?

단계 4: 소수 학생에게 수업을 실행해 보고, 필요하면 수정한다.

4.1 프레임 중 어려움을 느끼는 학생이 있는가? 만약 있다면 그 프레임은 다시 작성되어야 할 필요가 있다.

4.2 학생들이 프레임 중 프레임의 일부만을 읽고서 정답을 찾기 위해 경쟁한 적이 있는가? 그러한 프레임은 부적합한 것이거나 사소한 정보를 물어 보는 것일 수도 있다.

4.3 그 프로그램은 사후검사의 숙달 기준에 적절한가?

3) 교실수업의 예

다음 프레임은 '형태소' 개념을 고등학생이나 대학교 신입생들에게 가르치기 위하여 개발되었다. 이 프레임의 최종 목표는 학생이 **형태소**를 구분할 수 있고, 자립 형태소(free morpheme)와 의존 형태소(bound morpheme)를 구분하는 데 있다.

(1) 교실수업 사례에 대한 논의

Skinner는 원래 교수기계로 알려진 기계적 장치에 프로그램된 수업을 개발했다. 그러나 Skinner(1984)는 그 수업을 실행하기 위해 컴퓨터를 활용할 것을 권했다. 형태소를 변별하여 학생을 가르치는 부분적인 프로그램은 [그림 6.2]에 제시되었다. 프로그래밍의 형태는 학생이 해답을 쓰거나 만들기 때문에 **구조화된 반응**이다. 형태소에 대한 간략한 소개(수업 목적 포함) 이후에 화면과 컴퓨터의 반응은 다음과 같이 프로그램되어 있다.

> **언어학의 한 측면은 단어를 의미를 가진 최소 단위로 분석하는 것이다. 그 같은 단어 부분의 학습은 l__________의 학습 영역이다.**

정답에 대한 컴퓨터 피드백: 정답은 언어학입니다. 잘했습니다. 계속해서 다음 프로그램으로 넘어가십시오. 여러분이 정답을 입력하면 스크린에 답이 나타나게 됩니다. 틀린 답일 경우 다시 시도해 보라는 지시를 받게 될 것입니다.

오답에 대한 컴퓨터 피드백: 죄송합니다. 틀린 답입니다. 다시 문제를 풀어 보세요.

첫 번째 항은 필수적으로 학생이 자극에 있는 기본적 정보를 복제 또는 반복하는 것을 포함하여야 하기 때문에 여기서는 문제를 그대로 다시 따라 쓰는 것이다.

정답에 대한 신호나 표시가 점진적으로 사라져 학습자 내에 있는 자극 또는 다른 원문 상에 있는 자극이 적절한 반응을 만들어 낸다(프레임 15 참조).

학생들이 아무 지식이 없는 상태에서 능숙한 상태로 이끌기 위하여 프로그램 수업을 설계할 때는 주의를 기울여야 한다. [그림 6.2]에 나와 있는 형태소에 관한 예들을 살펴보자. 프레임 2와 3에서는 정의를 제시하고, 뒷부분에서는 의존 형태소와 자유 형

1. 언어학의 한 측면은 단어를 의미를 가진 최소 단위로 분석하는 것이다. 그 같은 단어 부분의 학습은 l__________의 학습 영역이다. (linguistics: 언어학)
2. 의미를 지니는 가장 작은 단어 단위는 형태소이다. 단어 'unhappy'에서 'un' 부분은 'not'의 의미를 지닌다. 그러므로 'un'은 m__________이다. (morpheme: 형태소)
3. 어떤 단어는 단 1개의 형태소 또는 의미를 지닌 단위로 구성되어 있다. 예를 들어 cat이다. 이 경우, 이 단어를 구성하는 형태소는 _______이다. (cat)
4. 어떨 때 형태소는 기존의 단어에 더해지기도 한다. 예를 들면, 글자 's'가 그렇다. 어떤 단어에 더해졌을 때, 's'는 '1개 이상'을 의미한다. 이 상황에서 's'는 _______이다. (morpheme: 형태소)
5. 물론, 어떤 글자는 'slide'에서의 's'처럼 아무런 의미도 지니고 있지 않다. 이 경우 's'는 형태소가 _______. (아니다)
6. 어떤 단어는 2개 또는 그 이상의 형태소로 구성되어 있다. 'biology'의 예에서 이 단어는 'bio-'(생명)와 '-logy'(에 관한 학문)를 포함한다. 그러므로 biology는 _________로 구성되었다. (2개의 형태소)
7. 단어 'morpheme' 자체도 다음과 같이 분석할 수 있다. 'Morph-'=단위 또는 형태와 '-eme'='작다.' 전체 단어는 ________ 로 구성되었다. (2개의 형태소)
8. 접두사와 접미사는 의미를 지닌 단위로 자주 기능하는 단어 부분이다. 'preview'에서 'pre'(전 또는 앞)가 그 예이다. 이 예에서 접두사는 또한 _________이다. (형태소)
9. 앞의 예 'unhappy'에서 'un' 부분은 형태소로 구분할 수 있다. 이것은 u___________이기 때문에 이 접두사는 형태소이다. (unit of meaning: 의미를 지닌 단위)
10. 언어는 두 가지 형태의 형태소를 포함하며, 그 중 하나는 '자유 형태소'이다. 그것은 혼자 있을 수 있으면서 단위의 최소 단위로 구성되었다. 예를 들면, 단어 'cats'에서 'cat' 부분은 ____________이다. (자유 형태소)
11. 어떤 단어는 단지 자유 형태소만으로 구성되었다. 'cowboy'는 2개의 자유 형태소로 구성되었다. 그것은 ________와 ________이다. (cow, boy)
12. 다른 형태의 형태소는 '의존 형태소'이다. 이것은 의미의 단위이지만 혼자서는 있을 수 없다. 예를 들어 'cats'에서 형태소 's'는 _______________이다. (구속 형태소)
13. 단어 'cats'에서 문자 's'는 '의존 형태소'이다. 왜냐하면 그것은 의미의 단어이지만 혼자서 있을 수 있다/없다. (없다)
14. 어떤 단어는 단지 의존 형태소만으로 구성되었다. 'biology'의 예에서 이 단어는 'bio-'(생명)와 '-logy' (에 관한 학문)로 구성되어 있다. 이 단어는 2개의 ___________를 포함한다. (의존 형태소)
15. 'cats'와 같은 기타의 단어는 의존 형태소와 자유 형태소 모두로 구성되어 있을 수 있다. 'unhappy'에서 이 단어는 ________의 자유 형태소와 ________의 의존 형태소를 포함한다. (1개, 1개)
16. 형태소의 학습은 어휘력을 쌓는 수단이 될 수 있다. 우리가 예에서 학습하였듯이 '-logy'는 '에 관한 학문'을 의미한다. 더 나아가 'psycho-'는 형태소로 마음 또는 정신적 삶을 의미한다. 그러므로 'psychology'는 2개의 __________에 기초하여 '마음 또는 정신적인 삶에 관한 학문'을 의미한다. (의존 형태소)

[그림 6.2] 형태소를 소개하는 프레임

출처: Terry L. Norton, Winthrop College

태소에 대한 정의로 이어졌다.

특정 기술을 가르치기 위해 여러 가지 간단한 프로그램 수업을 실시하게 되면 두 가지 장점이 있다. 특정한 결함을 교정하기 위한 활동이 제공된다. 학생들은 특정 기술이 부족하기 때문에 수업에 참여할 수 없는 경우가 있다. 그러나 결함의 지속은 문제를 더욱 복잡하게 만들 뿐이다. 위의 예에서 학생은 처음에 일반적으로 사용되는 형태소를 분간하지 못하면 복잡한 단어의 의미를 분석할 수 없을 것이다.

두 번째 장점은 그 같은 교재가 개별화 수업을 하는 교사들을 보조해 줄 수 있다는 것이다. 특정한 학년에 필수적인 능력이 부족한 채로 들어간 학생은 해당 수업이 어려울 것이고, 이 때 교사는 다른 학생들을 다른 프로그램으로 지도하고 있는 동안 이 교재를 이용하여 어려워하는 학생의 과제 수행을 도울 수 있을 것이다.

(2) 이론의 재고

John Watson에 의해 수립된 전통은 B. F. Skinner의 조작적 조건형성의 원리로 계속 이어졌다. 심리학이 과학이 되기 위해서는 행동에 관한 연구가 심리학적 연구의 초점이 되어야 한다. 다른 S－R 이론과 다르게 Skinner는 Pavlov의 고전적 조건형성 모델과 Thorndike의 도구적 조건형성에 의해 제기된 모순을 피하였다. 그는 방출된 반응 또는 조작적 행동과 관련이 있는 반응의 형태와 분석된 조건 모두를 포함하는 패러다임을 제안하였다〈표 6.3〉.

Skinner의 분석은 실험실과 교실 모두에서 나타나는 행동적 변화의 역동성에 적용할 수 있는 간단한 원리를 제안해 주었다. 반응 비율의 증가로 나타나는 학습은 (S^D)－(R)－($S^{reinf.}$)으로 묘사되었다. Skinner는 실험 동물을 퍼즐 상자나 미로에 넣는 일반적 실행에 대하여 유기체를 '최종 유관성'에 넣는 것으로 묘사하였다. 다시 말해, 동물은 도피하거나 음식을 찾기 위해 가라앉거나 수영을 해야만 한다. 대신 적절한 절차는 주의 깊게 구축된 자극－반응－강화의 순서를 통해 동물의 행동을 다듬는 것이다. 적절한 반응으로의 접근은 간헐적 스케줄에 따라 비둘기가 탁구를 하는 것과 같은 행동 레퍼토리를 획득할 때까지 강화된다.

Skinner는 교실에서 '배정과 시험'이 이루어지는 관행을 인간 학습자를 최종 유관성에 놓이게 하는 것이라고 말하였다. 대신 자극에 참석하고 적절한 학습 행동을 실행하는 것과 같이 복합된 행동을 강화하는 방법을 제안하였다. 처벌은 원하지 않는 감정적 부작용을 만들어 내고 의도한 긍정적 행동은 만들어 내지 않기 때문에 사용하지 않아야 한다.

〈표 6.3〉 Skinner 이론의 요약

기본 요소	정 의
가정	행동의 변화는 환경 조건과 사태의 함수이다.
학습	행동의 변화는 증가된 반응의 빈도로 나타난다.
학습 결과	새로운 반응(행동)
학습의 구성요소	$(S^{D}) - (R) - (S^{reinf.})$
복잡한 학습을 위한 교수설계	일련의 복잡한 반응을 개발하기 위하여 자극-반응-강화의 순서로 설계한다.
교수설계를 위한 주요 문제	자극 통제의 전이, 강화의 시기, 처벌 회피
공학(technology)에 대한 분석	
단점	1. 복잡한 상황과 관련된 공학이 불완전하다. 성공적인 분석은 공학자의 기술에 달려 있다. 2. 반응 빈도를 사용하여 복잡한 행동을 측정하기가 어렵다.
교실에의 응용	1. 준비도나 동기 유발과 같은 상태 분석 2. 혐오적 교실 실제와 상호작용적 교실 상황에 대한 분석 3. 개별화된 학습 자료: 교수기계, 마이크로컴퓨터

Skinner의 분석에는 조건의 역할, 자연적 강화물, 정적·부적 강화물, 인위적 강화물 등이 포함되어 있다. 언어적 행동을 위해 프로그램된 학습의 개발 역시 포함되어 있다. 초기 학습능력과 학습 비율의 개인적 차이는 프로그램화된 교재를 사용함으로써 해결될 수 있을 것이다.

단점. Skinner의 제안을 적용하는 데는 두 가지 주요 문제가 있다. 하나는 복잡한 인간 행동의 실험적 분석을 위한 기술이 불완전하다는 것이다. 어떤 학생들은 목적과 단계가 확실하게 제시되는 매우 구조화된 상황에서는 잘 반응한다. 그러나 또 어떤 학생들은 스스로 탐구하고, 외부적 지시를 받지 않고 생각을 연결시킬 수 있는 기회가 제공되었을 때 더욱 강화된다. 다양한 잠재적 강화에서 이러한 것들의 차이를 구별하는 절차가 아직 개발되지 않았다.

두 번째는 교실에서 반응 빈도를 학습의 척도로 색깔 말하기나 두 자리 수 더하기 등과 같이 간단한 행동에는 적용할 수 있지만, 질병 진단이나 세금 계산과 같은 복잡한 행동에서는 학습의 척도로 반응 빈도를 사용하는 것은 도움이 되지 않는다.

교실 실제에 대한 기여. 교실에서의 세 가지 주요 기여에 대해서는 〈표 6.3〉에 기술하였다. 첫째, '동기 유발이 되지 않음'과 같은 상태를 나타내는 조건과 행동을 찾는 것이 적절한 행동을 확인하는 중요한 단계이다. 둘째, 현재의 교실에서 나타나고 있는 여러 가지 문제들은 일관성과 지속성이 없는 강화의 사용 때문이다. 변별 자극, 반응, 강화의 측면에서 교실 문제를 분석하는 것이 문제를 시정하는 중요한 단계이다. 셋째, 프로그램된 학습 자료가 적절하게 설계된다면 교실에서 개인차를 극복하는 방법으로 사용될 수 있다.

4. 생각해 볼 문제

1. Skinner는 정부가 혐오적 상황을 처벌과 부적 강화물로 사용하고 있다고 말하였다. 예를 들어, 주차 금지 지역에 주차를 했을 때 벌금을 내게 하는 것과 "세금을 내고 벌금을 피하라."는 지시이다. 각 예에서 결과의 형태를 파악한다.
2. 일요일에 단어 맞추기 퍼즐에 빠져 있는 사람을 설명하는 데 적용될 수 있는 가장 적절한 강화 개념은 무엇인가?
3. Good과 Power(1976)는 교실에서 아동을 다섯 종류로 구별하였다. 세 종류가 아래에 간단히 기술되어 있다. 각 형태에 효과적인 잠재적 강화물은 무엇인가?

   ___ a. 성공적: 교사로부터 지시 또는 칭찬이 필요 없다

   ___ b. 사회적: 과제 지향적이라기보다는 사람 지향적이다.

   ___ c. 의존적: 교사의 지시와 뒷받침을 필요로 한다.
4. 교사는 의존적인 학생의 어떤 행동에 강화를 제공해야 하는가? 이런 종류의 학생들에게 바람직하지 않은 강화는 무엇인가?
5. 인터넷 사용에 대한 걱정 중의 하나는 식사와 수면을 규칙적으로 하지 않고, 대면적 상호작용의 기회가 없이 많은 시간을 채팅에 보낸다는 것이다. 조작적 조건형성 중 어느 개념이 이러한 현상을 설명하고 있는가?

참고문헌

Azar, B. (1998). Research-based games enhance children's learning. *APA Monitor, 29*(8), 18, 20.

Becker, W. D. (1973). Application of behavior principles in typical classrooms. In C. E. Thoresen (Ed.), *Behavior modification in education: The seventy-second yearbook of the National Society for the Study of Education, Part I* (pp. 77-106). Chicago: University of Chicago Press.

Belfiore, P. J., & Hornyak, R. S. (1998). Operant theory and application to self-monitoring in adolescents. In D. Schunk & B. J. Zimmerman (Eds.), *Self-regulated learning: From teaching to self-reflective practice* (pp. 184-202). New York: The Guilford Press.

Brigham, T. A. (1978). Self-control: Part II. In A. C. Catania & T. A. Brigham (Eds.), *Handbook of applied behavioral analysis* (pp. 259-274). New York: Irvington.

Brophy, J. (1981). Teacher praise: A functional analysis. *Review of Educational Research, 51*, 5-32.

Brown, A. L. (1994). The advancement of learning. *Educational Researcher, 23*(4), 4-11.

Cameron, J., & Pierce, W. D. (1994a). Reinforcement, reward, and intrinsic motivation: A meta-analysis. *Review of Educational Research, 64*, 363-423.

Cameron, J., & Pierce, W. D. (1994b). Reinforcement, reward, and intrinsic motivation: The myth continues. *The Behavior Analyst, 24*, 1-44.

Deci, E. L., & Ryan, R. M. (1990). A motivational approach to self: Integration in personality. In D. Diensthier (Ed.), *Nebraska Symposium on Motivation* (pp. 237-288). Lincoln, NE: University of Nebraska Press.

Doyle, W. (1986). Classroom organization and management. In M. C. Wittrock (Ed.), *Handbook of research on teaching* (3rd ed., pp. 392-431). Upper Saddle River, NJ: Merrill/Prentice Hall.

Emmer, E., Evertson, C., & Anderson, L. (1980). Effective classroom management at the beginning of the school year. *The Elementary School Journal, 80*(5), 219-231.

Emmer, E. T., Evertson, C. M., Sanford, J. P., Clements, B. S., Worsham, M. E. (1984). *Classroom management for secondary teachers*. Englewood Cliffs, NJ: Prentice Hall.

Ferster, C. B., & Skinner, B. F. (1957). *Schedules of reinforcement*. New York: Appleton-Century-Crofts.

Foorman, B. R., Francis, D. J., Fletcher, J. M., Schatschneider, C., & Mehta, P. (1998). The role of instruction in learning to read: Preventing reading failure in at-risk children. *Journal of Educational Psychology, 90*(1), 37-55.

Gallant, J., Sargeant, M., & Van Houten, R. (1980). Teacher-determined and self-determined access to science activities as a reinforcer for task completion in other curriculum areas. *Education and Treatment of Children, 3*(2), 101-111.

Glaser, R. (1990). The reemergence of learning theory within instructional research. *American Psychologist, 45*(1), 29-39.

Good, T., & Power, C. (1976). Designing successful classroom environments for different types of students. *Journal of Curriculum Studies, 8*, 1-16.

Gottfredson, D. C., Gottfredson, G. D., & Hybl, L. G. (1993). Managing adolescent behavior: A multiyear, multischool study. *American Educational Research Journal, 30*(1), 179-215.

Homme, L. E., deBaca, R., Cottingham, L., & Homme, A. (1968). What behavioral engineering is. *The Psychological Record, 18*, 424-434.

Horner, R. H., & Suqai, G. (2004). School-wide positive behavior support: An alternative approach to discipline in schools. In L. Bambara & L. Korn (Eds.), *Positive behavior support*. New York: Guilford.

Kazdin, A. (1989). *Behavior modification in applied settings* (4th ed.). Pacific Grove, CA: Brooks/Cole.

Kratochwill, T., & Bijou, S. (1987). The impact of behaviorism on educational psychology. In J. Glover & R. Ronning (Eds.), *Historical foundations of educational psychology* (pp. 131-157). New York: Plenum.

Lepper, M. R., & Greene, D. (1973). Undermining children's intrinsic interest with extrinsic reward: A test of the "overjustification" hypothesis. *Journal of Personality and Social Psychology, 28*(1), 129-137.

Lepper, M. R., & Greene, D. (1974). Effects of extrinsic rewards on children's subsequent intrinsic interest. *Child Development, 45*(4), 1141-1145.

Moreno, R., & Hovell, M. (1980). Teaching survival English skills and assessment of collateral behavior. *Behavior Modification, 6*(3), 375-388.

Premack, D. (1959). Toward empirical behavior laws. I. Positive reinforcement. *Psychological Review*, *66*(4), 219-233.

Resnick, L. (1971). Applying applied reinforcement. In R. Glaser (Ed.), *The nature of reinforcement* (pp. 326-333). New York: Academic Press.

Skinner, B. F. (1935). Two types of conditioned reflex and a pseudotype. *Journal of General Psychology*, *12*, 66-77.

Skinner, B. F. (1938). *The behavior of organisms*. New York: Appleton-Century-Crofts.

Skinner, B. F. (1948). "Superstition" in the pigeon. *Journal of Experimental Psychology*, *38*, 168-172.

Skinner, B. F. (1950). Are theories of learning necessary? *Psychological Review*, *57*, 193-216.

Skinner, B. F. (1953). *Science and human behavior*. New York: Macmillan.

Skinner, B. F. (1954). The science of learning and the art of teaching. *Harvard Educational Review*, *24*(2), 86-97.

Skinner, B. F. (1958). Reinforcement today. *American Psychologist*, *13*, 94-99.

Skinner, B. F. (1961). Why we need teaching machines. *Harvard Educational Review*, *31*(4), 377-398.

Skinner, B. F. (1963a). Behaviorism at fifty. *Science*, *140*, 951-958.

Skinner, B. F. (1963b). Operant behavior. *American Psychologist*, *18*, 503-515.

Skinner, B. F. (1966a). Contingencies of reinforcement in the design of a culture. *Behavioral Science*, *11*, 159-166.

Skinner, B. F. (1966b). What is the experimental analysis of behavior? *Journal of the Experimental Analysis of Behavior*, *9*(3), 213-218.

Skinner, B. F. (1968a). Teaching science in high school—What is wrong? *Science*, *159*, 704-710.

Skinner, B. F. (1968b). *The technology of teaching*. New York: Appleton-Century-Crofts.

Skinner, B. F. (1969). *Contingencies of reinforcement*. New York: Appleton-Century-Crofts.

Skinner, B. F. (1973). The free and happy student. *Phi Delta Kappan*, *55*, 13-16.

Skinner, B. F. (1981). Selection by consequence. *Science*, *213*, 501-504.

Skinner, B. F. (1984, February). In J. O. Green, Skinner's technology of teaching. *Classroom Computer Learning*, pp. 23-29.

Skinner, B. F. (1986). Programmed instruction revisited. *Phi Delta Kappan*, 103-110.

Skinner, B. F. (1987). *Upon further reflection*. Upper Saddle River, NJ: Merrill/Prentice Hall.

Skinner, B. F. (1989a). The origins of cognitive thought. *American Psychologist*, *44*(1), 13-18.

Skinner, B. F. (1989b). *Recent issues in the analysis of behavior*. Upper Saddle River, NJ: Merrill/Prentice Hall.

Skinner, B. F., & Vaughan, M. (1983). *Enjoy old age*. New York: Norton.

Suqai, G., & Horner, R. H. (2002). The evolution of discipline practices: School-wide positive behavior supports. *Child and Family Behavior Therapy*, *24*, 23-50.

Thorndike, E. L., & Woodworth, R. S. (1901). The influence of improvement in one mental function upon the efficiency of other functions: I, II, and III. *Psychological Review*, *8*, 247-261, 384-395, 553-564.

Vargas, J. S. (1986). Instructional design flaws in computer-assisted instruction. *Phi Delta Kappan*, *64*, 738-744.

Vaughan, M. (1987). Rule-governed behavior and higher mental processes. In S. Modgil & C. Modgil (Eds.), *B. F. Skinner: Consensus and controversy* (pp. 257-264). New York: Falmer.

Watson, J. B. (1913). Psychology as the behaviorist sees it. *Psychological Bulletin*, *20*, 158-177.

제 7 장

Robert Gagné의 학습의 조건

> 인간의 희망, 포부, 태도, 가치뿐만 아니라 모든 다양한 영역에서 나타나는 인간의 기능, 진가, 이성은 일반적으로 학습이라고 불리는 사태에 따라 발달 정도가 크게 달라질 수 있다. (Gagné, 1985, p. 1)

Robert Gagné의 학습의 조건은 이론의 초점을 실험실에서 교실로 이동시켰다. 그는 제2차 세계대전 당시 군인 교육을 담당하면서 실제 세계에서 전문 지식을 개발하는 데 중요한 조건이 무엇인가에 대하여 주로 관심을 가졌다.

그는 항공심리 프로그램을 수행하면서 레이더 조작관, 비행사, 폭격수를 포함해 광범위한 계층의 인간 기능을 사실적으로 분석하기 시작하였다. 그는 후에 공군의 무기 시스템 개발 계획의 일환으로 인간-기계 시스템 분석, 무기 시스템에 필요한 훈련 진단 등에 대한 연구를 수행하였다(Gagné, 1987b, 1989).

Gagné가 군인 훈련과 관련된 과제를 분석하면서 정의한 세 가지 교수 원리는 ① 최종 과제를 수행하는 데 필요한 일련의 구성요소들을 가르칠 것, ② 각각의 구성요소들을 충분히 숙달하도록 할 것, ③ 최종 과제로 전이가 잘 이루어질 수 있도록 구성요소들을 순서적으로 배열할 것이다(Gagné, 1962a, 1962b).

Gagné는 그러한 분석 절차가 군대에서 성공적이었고, 그것을 학교 학습에도 적용할 수 있다고 확신했기 때문에 수학 문제의 해결 과정을 분석하기 시작했다. 학생들을 관찰한 결과, 그는 일부 아동들이 성공하지 못한 것은 약분(約分)하는 것처럼 절차에 관한 지식이 부족했기 때문이라는 것을 알게 되었다(Gagné, 1987b, p. 398). 최종 과제의 하위 구성요소를 확인함으로써 **학습위계**(learning hierarchy), 즉 선수 기능의 누가적인 발달과 같은 개념이 만들어졌다(Gagné, 1968a, 1968b). 학습위계를 확인하는 데 적용된 다양한 연구 방법들은 적절하게 파악된 선수 기능을 숙달하면 더 복잡한 능력을 학습할 수 있다는 것을 보여 준다(Airasian & Bart, 1975; White, 1974 참조).

학교에서는 무엇이 학습되는가에 대한 해답을 찾기 위해 다양한 영역에서 연구가 수행되어 이 분야의 많은 발전에 기여했다. 여기에는 다섯 가지 독특한 학습 영역의 확인, 학습된 능력의 다양성, 각 영역을 학습하는 데 필요한 내적 상태와 정보처리 단계, 그리고 교수를 위한 지원 조건 등이 포함된다. 또한 교수설계의 지침에는 매체 선택의 기준이 포함된다.

수행해야 할 과제를 구성요소에 따라 분석하고 필요한 선수 기술을 규명하는 Gagné의 주장은 다양한 분야의 교수 프로그램 개발에 핵심이 되고 있다(Griffin, Case & Siegler, 1994; Jonassen, Tessmer, & Hannum, 1999 참조). 또한 Gagné의 체제적 설계의 원리는 교수설계와 연구를 통합하는 하나의 틀이 되고 있다(Bannon-Ritland, 2003 참조).

1. 학습원리

Gagné(1974a, 1977a)에 따르면 포괄적인 학습이론 개발의 핵심은 인간 학습의 복잡한 본질을 설명할 수 있는 요소를 규명하는 것이다. 이러한 관점은 일반적으로 실험실 연구를 바탕으로 학습과정을 설명한 다음, 그 결과를 인간 학습에 적용하려고 했던 초기의 학습 연구와 대조된다. 그러나 Gagné는 인간의 다양한 수행과 기능을 분석하여 그것을 바탕으로 학습원리를 제안하였다.

1) 기본 가정

Gagné 이론의 기본 가정은 인간 학습의 독특한 특성과 학습의 다양성을 설명하는 데 있다.

(1) 인간 학습의 본질

Gagné의 학습 개념에는 몇 가지 요소가 포함된다. 핵심 요소는 학습과 발달의 관계, 학습의 누가적 특성이다.

심리학자들이 학습과 관련해서 갖는 관심사 중의 하나는 학습으로 인한 변화와 성숙이나 성장으로 나타나는 변화를 구분하는 것이다. Gesellian 모형이라고도 하는 성장 준비(growth-readiness) 모형에 따르면 학습이 효과를 내기 위해서는 특정한 성장 패턴이 먼저 일어나야 한다는 것이다. 이 모형은 신체적 성장이 정신적 성장과 매우 밀접하다고 본다. 예를 들어, 영구치가 나면 읽기 교수를 시작하기에 적합한 발달 연령이 되는 것이다(Gredler, 1992 참조).

반대로 Gagné의 모형은 학습이 먼저 일어나야 한다고 본다. Gagné(1968a)에 따르면 학습은 개인의 발달에 중요한 요인이 된다. 성장에 의해서 만들어진 폭넓은 변수 내에서 "학습의 누가적 효과로부터 행동이 발달한다."(Gagné, 1968a, p. 178)

학습의 두 가지 특성은 발달에서 학습의 중요성을 설명해 준다. 하나는 인간 학습이 단편적 정보를 단순히 획득하는 것이 아니라는 것이다. 대신에 인간 학습의 많은 부분이 다양한 상황에서 일반화된다. 예를 들어 덧셈은 임금과 공제액 산정, 가정에서의 지출액 결정, 세금 계산과 같은 상황에서 응용된다.

학습이 발달에 기여하는 또 다른 중요한 점은 학습된 복잡한 기술은 선행학습을 바탕으로 하고 있다는 것이다. 다시 말하면, 인간 학습은 **누가적**(cumulative)이다. 다시 덧셈을 예로 들 수 있다. 수를 더하는 기능은 장제법(12 이상의 수로 나누는 법)을 학습하는 데 도움이 된다. 아동들은 나눗셈을 배울 때 덧셈을 모두 다시 배울 필요가 없다. 대신 덧셈은 새로운 기능에 통합된다.

요약하면, 지적 발달은 "학습된 능력의 복합적이고 흥미로운 건물로 생각할 수 있다."(Gagné, 1968a, p. 190) 이런 학습된 능력은 더 복잡한 기능을 학습하는 데 도움이 되고, 또한 다른 상황에도 일반화되어 적용된다. 그 결과 이전보다 지적 능력이 더 발달된다.

(2) 학습의 다양성

Gagné에 따르면 이전 이론들은 인간 학습의 본질에 대해 제한된 관점을 택하고 있다. 초기 이론에 나타난 아이디어의 대부분은 개가 음식을 보고 침을 흘리거나, 사람이 다른 단어와 짝을 이루는 단어나 음절을 회상하는 것과 같이 구체적인 상황과 관련되었다(Gagné, 1984, p. 388).

어떤 이론은 학습에 대한 실험실 연구를 통해 생겨났다. Pavlov, Thorndike, Hull, Skinner 등의 이론이 여기에 포함된다. 그러나 Gagné(1977a)에 따르면 이런 모형들은 복합적인 기능과 능력을 학습하는 인간의 능력을 설명하지 못한다. 그 중 어떤 이론은 인간 학습의 하위 구성요소들을 설명하지만, 이런 하위 기능들이 학습의 주요한 목표가 되는 것은 아니다. 신호 학습(Pavlov의 모형), S－R 연합, 사슬형 기능(chainlike skills)이 그 예이다. 신호 학습은 좋아하는 인형이나 멜로디로 인해 발생하는 행복한 느낌과 관련된다. 사슬형 기능은 단추 누르기, 조이기, 출력, 쓰기, 언어적 순서 암송 등과 관련된다.

Gagné(1977a)는 S－R 모형이 인간 학습의 특징을 설명하는 데 사용됨에도 불구하고 순수한 S－R 학습의 예를 찾는 것이 쉽지 않다는 것을 발견했다. 그런 S－R 학습은 더 연속적인 학습에 신속히 통합된다. 예를 들어, 알파벳은 곧 단어를 소리내어 읽는 일의 일부가 된다.

S－R 모형과 마찬가지로, 형태주의 심리학자들은 '통찰' 경험을 사용하여 학습의 본질을 설명하려고 하였다. 그러나 형태주의 이론가들은 피험자가 새로운 관계를 볼 때 학습이 일어난다고 주장하지만, 통찰의 과정은 무의식적으로는 일어나지 않는다(Gagné, 1977a). 대신에 통찰의 과정은 선행학습이 새로운 상황에 전이되는 것에 영향을 받는다. 아동들은 통찰을 통하여 특정한 관계를 이해한다. 무게와 중력 간의 관계가 그 예이다(Gagné, 1977a, p. 14). 그러나 형태주의 이론의 중요한 문제는 그것이 모든 학습을 설명하지 않는다는 것이다. 예를 들어, 외국어를 말하고 읽는 것의 학습에서 통찰이 반드시 포함되는 것은 아니다.

이 분석은 학습이 단지 하나의 과정이 아니라는 것을 보여 준다(Gagné, 1970, 1972). 단어 결합 학습뿐만 아니라 형태주의 이론가들이 제안한 문제해결 학습도 하나의 학습과정이 다른 학습과정에 적용되지 않는다. 통찰로 결합학습을 설명할 수 없을 뿐만 아니라 자극 요소의 짝으로 문제해결 행동을 설명할 수 없다(Gagné, 1977a). 그러므로 모든 학습에 적용될 수 있는 단일한 원리는 없다.

하나의 설명으로 모든 학습을 기술하려는 시도는 학습원리의 발달 과정에서 나타난 오류이다. 마찬가지로 심리학이 수학, 과학, 컴퓨터 수리 학습의 원리와 같이 구체적인 교과목과 관련된 학습원리를 개발해야 한다는 시각 또한 잘못된 것이다(Gagné, 1984). 예를 들어, 만약 읽기와 수학 또는 사무 관리 과정과 항공기 유지 보수 과정 간의 유사성을 탐색하지 않는다면 일반적이고 중요한 원리를 간과하게 될 것이다(Gagné, 1984, p. 333).

또한 인간 학습의 적절한 개념은 단순히 실험실이나 학교에서 발견된 학습에 국한되어서는 안 된다. 대신 적절한 관점이 석수나 목수, 우주 비행사, 정치가, 주부, 타자수 등에게도 적용되어야 한다(Gagné, 1984, p. 378). 따라서 학습이 일어나는 다양한 상황과 환경에 일반화시킬 수 있는 학습원리를 규명해야 한다.

(3) 학습의 정의

인간의 학습능력은 거의 무한한 행동 패턴을 만들어 낼 수 있다(Gagné, 1977a). 이런 다양성 때문에 어떤 하나의 특징으로 단어의 정의, 작문, 신발끈 묶기와 같은 다양한 활동의 학습을 설명할 수 없다(Gagné, 1972, p. 2). 그러므로 학습이론이 해야 할 일은 인간 학습의 복합성과 다양성을 조화시킬 원리를 확인하는 것이다.

만약 인간 학습이 실제로 복합적이고 다면적인 과정이라면, 그것을 어떻게 정의할 수 있을까? 첫째, 학습은 인간이 사회 구성원으로 적절하게 기능을 하는 데 필요한 기제(mechanism)이다(Gagné, 1977a). 학습이 중요한 이유는 그것이 인간이 습득하는 모든 기능, 지식, 태도, 가치와 관계가 있기 때문이다. 그러므로 학습은 Gagné(1972, 1977a)가 **능력**(capabilities)이라고 정의한 다양한 종류의 행동을 유발한다. 그것이 학습의 결과이다.

둘째, 이런 능력은 ① 환경적 자극과 ② 학습자의 인지적 과정을 통해 인간이 습득하는 것이다. 다시 말해, 학습자는 수동적이지 않다. 공식적으로 정의하자면, 학습은 새로운 능력을 얻기 위해 필요한 정보처리의 여러 단계로 환경적 자극을 이동시키는 인지적 과정이다(Gagné & Briggs, 1979, p. 43).

(4) 요약

Gagné에 따르면 포괄적인 학습이론 개발의 핵심은 인간 학습의 복잡한 본질을 설명하는 것이다. 첫째, 성장이 학습을 결정한다는 성장 준비 모형과는 달리, Gagné는 학습이 발달의 중요한 요인이라고 주장했다. 둘째, 인간 학습은 누가적이다. 그것은 특정 기능을 학습하는 것이 더욱 복잡한 기능을 학습하는 데 도움이 된다는 뜻이다. 그 결과가 무한히 증가하는 지적 기능이다.

셋째, 인간 학습은 복합적이고 다양하다. 인간 학습은 S－R 연합이나 형태주의 이론가들이 설명한 통찰 경험으로 기술할 수 없다. 사실 인간 학습에 대한 정확한 설명은 석수나 목수, 우주 비행사, 정치가, 주부, 타자수에게도 적용되어야 한다. 학습의 원리는 학습이 일어나는 다양한 상황과 환경에 일반화되어야 한다. 다시 말해서, 학습은 능력이라고 불리는 다양한 행동 유형을 유발한다. 학습은 환경 자극을 능력으로 전이시키는 인지적 과정이다.

2) 학습의 구성요소

Gagné에 따르면 학습이론에서 중요한 구성요소는 인간 능력의 다양성을 설명하는 데 있다. 또한 이론은 그 능력이 획득되는 과정을 설명해야 한다.

(1) 학습의 틀

Gagné의 주장에서 중요한 것은 경험의 범위와 복합성을 반영한 학습의 범주나 유형을 확인하는 것이다. Gagné(1984, p. 2)에 따르면 인간 학습을 설명하는 범주는 최소한 다음과 같은 네 가지 기준을 충족해야 한다.

1. 각 범주는 학습을 통해 일어나는 인간 수행의 공식적이고 독특한 종류를 나타내야 한다.
2. 각 범주는 다양한 인간 활동에 광범위하게 적용되어야 하고, 지능이나 나이, 인종, 사회 경제적 지위, 학급, 학년 등으로부터 독립적이어야 한다.
3. 각 범주에서 요구하는 교수 처치, 선수조건, 그리고 학습자가 갖추어야 할 사항 등이 달라야 한다.
4. 각 범주의 학습에 영향을 주는 것으로 확인된 요소는 범주 내의 다른 과제에 일반화되어야 하지만 다른 범주로 일반화되어서는 안 된다.

Gagné는 이러한 기준을 충족시키는 다섯 가지 유형의 학습된 결과, 즉 언어정보, 지적 기능, 운동 기능, 태도, 인지전략을 확인하였다(Gagné, 1972, 1977a, 1985). S－R 연합이나 통찰 경험과는 달리, 이러한 범주 중에서 특정한 범주에 적용되는 원리가 다른 범주에 적용되지 않는다. 또한 결합이나 통찰과 다르게 이러한 범주들은 인간 학습의 범위를 보여 준다.

다섯 가지 범주는 학습의 결과를 나타낸다. 이러한 범주들은 개인이 학습을 함으로써 습득하는 기능이나 능력이다. 또한 Gagné(1977a, 1985)는 새로운 기능을 획득하기 위해 필요한 내적 상태를 확인했다. 이것은 **학습의 내적 조건**(internal conditions of learning)이라고 한다.

그러나 새로운 기능이나 능력을 획득하기 위한 조건이 개인 내부에 모두 있는 것은 아니다. 학습자와 외부 환경 간의 특정한 상호작용 또한 중요하다. 그러므로 학습의 세 번째 구성요소는 내적 학습과정을 지원하는 데 필요한 환경적 자극이다. 이런 환경적 지원은 **학습의 외적 조건**(external conditions of learning)이라고 불린다(Gagné, 1974b, 1977a, 1985). 이것은 또한 교수사태라고 불리고, 학습을 지원하기 위해 설계된다(Gagné, 1977a, 1977b, 1985)[그림 7.1]. 이것은 교수 원리 부분에서 더 구체적으로 살펴볼 것이다. 여기에서는 학습 결과의 유형과 각 범주의 중요한 내적 조건에 대

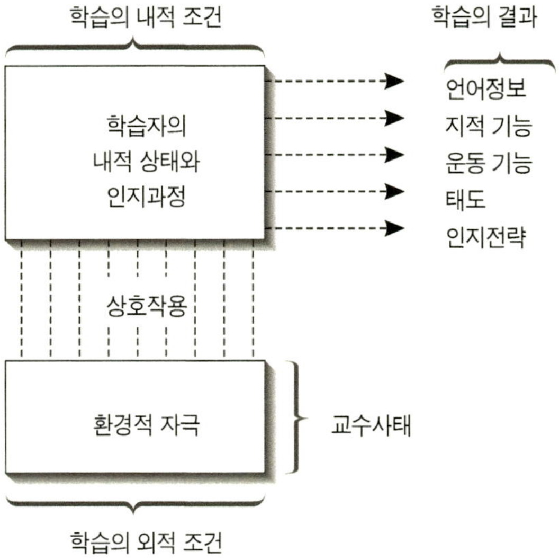

[그림 7.1] 학습과 교수의 핵심적 구성요소

해 논의할 것이다.

(2) 학습의 다양성

1960년대에 교수 목표를 정의하려는 노력은 다양한 행동 유형이 학습을 통해 획득된다는 인식을 갖도록 했다. 그런 노력은 지속적으로 교수에 필요한 것이 무엇인지를 보여 주는 행동 범주의 정의와 함께 시작되었다(Gagné, 1965a, 1965b). 그러나 체계적이고 포괄적인 방법으로 인간 학습의 다양성을 설명하는 것은 어려운 일이었다. 실험실에서 확인된 학습과 교실에서 배운 행동을 일치시키려는 접근도 있었다(Melton, 1964). Gagné(1972)는 교과목과 관련해서 '인지적 학습' '기계적 암기학습' '발견학습' '구체적 학습과 상징적 학습'과 같은 범주가 사용된다고 주장했다. 그러나 이런 학습 범주가 다른 상황에는 일반화되지 않는다는 것이 어려운 점이다. 어떤 사례들은 특정한 맥락에서는 기계적인 암기학습으로 분류되고, 또 다른 맥락에서는 개념적 학습으로 분류될 수 있다(Gagné, 1972).

다섯 가지 **학습 유형**이 〈표 7.1〉에 요약되어 있다. 학습 유형이 학습자의 다양한 수행을 예측할 수 있기 때문에, 이것을 능력이라고 부른다(Gagné & Briggs, 1979, p. 51). 예를 들어, 지적 기능을 획득한 사람은 상징을 사용해 환경과 상호작용할 수 있다. 작문, 두 자리 수의 합, 색깔 파악 등이 모두 지적 기능이다. 반대로 언어정보를 학습한 학생은 지식에서 중요한 포인트와 정의를 고쳐서 말하거나 바꿔 설명할 수 있다.

〈표 7.1〉 다섯 가지 학습 유형에 대한 개관

학습 유형	능 력	수 행	예
언어정보	저장된 정보의 인출 (사실, 명칭, 담화)	특정한 방식으로 정보를 진술하거나 전달하기	애국심의 정의를 자신의 말로 설명하기
지적 기능	개인이 환경의 개념화에 반응할 수 있게 하는 정신작용	상징을 사용해 환경과 상호작용하기	빨강과 파랑 구분하기, 삼각형의 넓이 계산하기
인지전략	학습자의 사고와 학습을 지배하는 실행상의 통제 과정	효율적으로 개인의 기억, 사고, 학습을 관리하기	기말 과제를 작성하기 위해 노트 카드를 개발하여 활용하기
운동 기능	일련의 신체적 움직임을 순서적으로 수행할 수 있는 능력과 '실행 계획'	일련의 순서에 따라 신체적 행동을 수행하기	신발끈 묶기, 접영으로 수영하기
태도	사람, 사물, 사건에 대한 긍정적 혹은 부정적인 성향	사물, 사건, 사람을 향하거나 멀어지기 위한 개인적 행동 선택	전시장을 방문하기로 결정함, 록 콘서트를 보러 가지 않기로 함

소금의 구성 성분 말하기와 지레 받침점 정의하기가 그 예이다. 그러나 정보를 진술하는 능력 그 자체가 사람이 새로운 방식으로 그 정보를 응용할 수 있다는 것을 뜻하지는 않는다. 다시 말해서, 지레 받침점을 정의할 수 있다고 해서 그 사람이 지레 받침점의 다른 사례를 파악하거나 그것을 다른 방식으로 활용할 수 있다는 의미는 아니다.

언어정보. 이 범주에서 나타나는 능력은 ① 명칭과 사실, ② 산문 또는 시와 같이 의미 있는 관련성 선택, ③ 조직된 지식의 획득이다. 언어정보(verbal information)는 무엇인가를 '선언'하거나 '진술'하는 능력을 의미하기 때문에 **서술적 지식**(declarative knowledge)이라고도 한다(Gagné, 1984, 1985). 예를 들어, 사물이나 사물의 종류에 대하여 언어적 반응을 일관적으로 하거나 장미나 호랑이와 같이 '이름'을 붙이는 명칭 학습이다.

학습자가 사실을 학습하게 되면 두 가지나 그 이상의 사물 또는 현상 간의 관계를 구두로 혹은 글로 진술할 것이다. "Columbus는 1492년에 아메리카를 발견했다."와 "직사각형에는 4개의 선이 있다."라는 문장이 그 예이다. 국기에 대한 맹세나 Hamlet의 독백을 회상하는 것은 사실을 회상하는 것보다 특정 단어와 문장을 더 길게 본래대로 회상하는 것이다.

더 큰 지식 체계 또한 정보로써 학습된다. 창조에 관한 성서 이야기와 지역 조례의 내용이 그 예이다. 수행은 다른 형태의 언어정보와 약간 차이가 있다. 대개 수행은 학습된 정보를 요약한 것을 바꿔 설명하거나 보고하는 것이다.

요약하면, 언어정보에 대한 학습 결과의 본질은 ① 제시된 단어를 글이나 말로 순차적으로 진술하는 것과 ② 주제와 소재를 포함해서 언어적 자료를 조직적으로 재구성하는 것으로 정의될 수 있다(Gagné, 1984). 언어정보 학습의 내적 조건에는 이미 존재하는 조직화된 지식(David Ausubel은 이것을 '인지구조'라고 함)과 새로운 정보를 처리하는 전략(약호화)이 포함된다.

지적 기능. 지적 기능의 핵심적인 특징은 그것이 상징을 사용한 환경과의 상호작용과 관련된다는 것이다. 단순히 정보를 진술하거나 말을 바꿔 설명하는 대신, 학습자는 다양한 현상에 대해 의사결정을 한다. 지적 기능에는 말하기, 쓰기, 읽기 등과 관련된 규칙을 활용하는 것뿐만 아니라, 저녁 뉴스를 분석하는 것과 같은 일상적인 기능도 포함된다. 수학에서 지적 기능은 계산, 문장으로 제시된 문제의 해석, 문제의 해법 증명 등에 적용되는 규칙을 사용하는 것이다(Gagné & Briggs, 1974, p. 24).

또한 지적 기능은 원자력 발전소의 기술자나 컴퓨터 프로그래머와 같은 직업에서도 발견된다. 다시 말해 지적 기능은 인간이 사회의 구성원으로 기능하게 하는 능력이다.

그러나 사실 정보와는 달리 지적 기능은 단순히 그것을 듣거나 발견한다고 학습되는 것은 아니다(Gagné, 1977a, p. 11). 정보와 지적 기능의 가장 주요한 차이는 **사실을 아는 것**(knowing that)과 **방법을 아는 것**(knowing how) 간의 차이이다(Gagné, 1974b, p. 55). 학생들은 정수를 더하는 방법이나 주어와 동사의 일치를 포함해서 셀 수 없이 많은 기능을 배운다(Gagné, 1974b). 각각의 기능은 다양한 상징을 사용하여 환경과 상호작용한다. 이러한 상징에는 숫자, 문자, 단어, 그림 도표 등이 포함된다.

다른 네 가지 학습 유형과는 달리, 지적 기능은 네 가지 별개의 기능을 포함하고 있다. 즉, 변별학습, 구체적이고 정의된 개념학습, 규칙학습, 고차원적인 규칙학습(문제해결)이다. 이런 기능들은 학습의 위계 부분에서 논의될 것이고, 〈표 7.3〉에 요약되어 있다. 지적 기능을 위한 학습의 내적 조건에는 ① 선수 기능의 회상, ② 새로운 학습과 다양한 방법으로 상호작용, ③ 다양한 상황과 맥락에 새로운 기능을 적용하는 것 등이 포함된다.

운동 기능. 어느 면에서는 모든 수행이 '운동'이다(예: 무엇인가를 진술하기, 버튼을 누르거나 무엇인가를 지적하기)(Gagné, 1984). 그러나 새로운 학습을 나타내는 범주를 정의하는 것은 던지기, 밧줄 돌리기, 타자기 사용하기, 또는 전에 해 보지 않은 다른 활동들과 관련된다. 여기에는 단추를 잠그거나 말하는 목소리를 조절하는 것과 같이 이른 시기에 이미 학습한 간단한 기능들이 포함된다(Gagné, 1977a). 저학년 시기의 중요한 운동 기능(motor skill)은 그리기, 단어나 상징 쓰기, 줄넘기, 균형잡기 등이다. 이후의 운동 기능에는 테니스와 농구, 다른 스포츠와 관련된 특정 기능을 학습하는 것 등이 포함된다.

이 모든 기능의 공통점은 활동의 유연함과 정확성, 타이밍을 발달시켜야 한다는 것이다(Gagné, 1977a, 1985). 초보자와 전문가의 수행은 이러한 면에서 차이가 있다.

운동 기능의 학습에는 세 단계가 포함된다. 첫 번째 단계는 연속적인 움직임, 즉 실행 순서를 학습하는 것이다(Gagné, 1984). 두 번째 단계인 연습은 기능의 모든 부분들이 서로 잘 맞춰지게 한다. 마지막으로 지속적인 연습은 수행의 유연성과 타이밍을 향상시킨다. 오랜 기간 동안 지속적으로 연습하면 기능이 자동화된다. 다시 말해서, 운동경기에서 관중의 함성 소리와 같은 잠재적인 방해 활동 속에서도 기능이 실행될 수 있다.

다른 능력과 구분되는 운동 기능의 특징은 운동 기능은 연습을 통해 향상된다는 것이다. 환경과 피드백하면서 기본 동작을 반복하는 것이 이 기능을 학습하는 데 필요한 핵심이다. 그로 인해 부정확한 수행과 정확한 수행의 차이를 알려 주는 운동 감각적 신호를 파악하게 된다(Gagné, 1977a, p. 19).

태도. 개인이 어떤 일에 대하여 취할 행동의 종류에 영향을 주는 능력이 태도(attitude)이다. 다시 말해서, 태도는 행동을 조절하는 내적 상태를 의미한다(Gagné, 1984). 일반적으로 태도에는 세 가지 측면이 있다고 본다. 하나는 인지적 측면으로 아이디어나 가정이다. 두 번째는 정서적 측면으로 아이디어에 수반되는 감정이다. 세 번째는 행동에 대한 준비도나 경향성과 관련된 행동적 측면이다(Gagné, 1985, p. 222).

그러나 중요한 특징은 태도가 구체적인 행동을 결정하지 않는다는 것이다. 대신에 참여할 것인가의 여부에 대한 행동의 종류만을 결정한다(Gagné, 1977a, p. 231). 예를 들어, 학생들은 독서나 예술 창작 활동에 대한 태도를 발달시킨다(Gagné & Briggs, 1979, p. 86).

현대 사회에서 다양한 기관과 개인이 태도를 확립하고 수정하려고 한다. 이에 가장 큰 영향을 미치는 매체가 텔레비전이다. 텔레비전의 상업적인 면이나 드라마와 같은 면 모두가 일상생활의 다양한 문제에 대한 태도에 영향을 미친다(Gagné, 1984).

학습의 다른 범주와는 다르게 태도를 학습하는 것과 관련된 구체적인 조건이 아직 확인되지 않았다. 그러나 분명한 것은 어떤 일을 하라고 말하는 것이 학습을 촉진시키지 못한다는 것이다(Gagné, 1984). "유해한 약물을 가까이하지 말라."라는 표어를 읽는 것이 학습자의 태도에 어떤 영향을 미칠 것이라고 기대되지는 않는다(Gagné, 1974a).

감정적인 호소나 설득력 있는 논리를 통해 태도를 형성하려는 시도 역시 비효과적인 것으로 나타났다. 그러나 중요한 요소가 인간 행동에 대한 Bandura(1977)의 이론에서 나타난다(Gagné, 1984, 1986). 모델이 훌륭하고 강력하며 신뢰할 만하다고 여겨질 때 학습이 가장 효과적이다(Gagné, 1986). 모델이 어떤 행동을 선택한 것에 대하여 강화를 받을 경우 모델의 행동에 대한 모방이 가장 쉽게 일어난다.

미래에는 텔레비전을 통한 모방 효과를 포함해서 공학에 대한 연구가 중요하게 고려되어야 한다(Gagné, 1986). 다양한 시청자들과 모델의 관계, 모델이 나오는 맥락의 중요성, 시청자에게 보내지는 메시지의 본질 등이 그 예이다(Gagné, 1986, p. 4).

인지전략. Gagné(1972)는 정보처리 이론과 인지이론이 광범위하게 발전하기 이전에 학습에 핵심이 되는 또 다른 범주를 확인하였다. 인지전략(cognitive strategy)이라고 부르는 이 범주에는 학습과 기억, 사고 관리를 통제하는 능력이 포함된다. 이런 기능을 지칭하는 다른 용어로는 **전략 지식**(Greeno, 1978)과 **실행 통제 과정**(executive control processes)이 있다. 전략 지식은 또한 Skinner(1968)의 자기 관리 행동(self-management behavior)과 Rothkopf(1970)의 수학적 행동(mathemagenic behaviors)과 유사하다(Gagné, 1977a, 1985). 최근에 인지 이론은 이런 전략을 **초인지**(metacognition)라는 용어로 사용한다. 초인지는 또한 학습 과제와 학습능력에 대한 사람의 지식을 포함한다. 반면에 Gagné의 인지전략은 기능을 설명한다.

내용과 직접 연결되는 언어정보나 지적 기능과는 달리, 인지전략의 대상은 학습자 자신의 사고과정이다. 인지전략은 학습자가 자극에 주의를 집중하고 기억을 하기 위해 정보를 약호화하는 방식과 저장된 정보의 크기(덩어리)에 영향을 준다. 이것은 또한 학습자의 탐색, 인출 전략, 학습자의 반응 구조에 영향을 준다. 또한 학습자가 학습과 사고과정에 적용할 관련된 언어정보와 지적 기능을 선택할 수 있게 한다(Gagné, 1984).

인지전략은 세 가지 수준으로 정의된다. 하나는 과제 구체적 전략이다. 예를 들어, 하나의 범주로 묶음으로써 일련의 그림을 기억하라고 아동들에게 말하는 것이다(Gagné, 1984). 장비를 수리하는 것과 같이 어떤 상황에서는 구체적인 전략이 특히 중요하다. 사용하기 전에 검사의 잠재적 이점과 어려움을 고려하는 것이 예이다(Twitchell, 1991).

두 번째 수준은 다양한 과제에 적용할 수 있는 일반적 전략이다. Greeno(1978)가 설명한 일반적인 문제 접근 전략이 한 예이다. 그가 제안한 전략에는 구조적 탐색, 문제의 폭 축소, 문제의 분류 등이 포함된다.

인지전략의 세 번째 수준은 '전략을 선택하기 위한 전략', 즉 실행 전략이다(Gagné, 1980a). 예를 들어, 성공적으로 문제를 해결하는 것은 전략을 바꾸거나 해결책에 빨리 도달하기 위해 각 전략을 고려하는 학습자의 능력과 관련이 있다. 최근 연구는 학습자가 사용할 수 있는 인지전략을 검토하고, 선택하고, 거부하며, 문제해결 단계에서 최고의 전략을 탐색할 수 있게 하는 전략들을 어떻게 재빨리 획득할 수 있는지를 아직까지 증명하지 못했다(Gagné, 1980a, p. 89). 일반적으로 보면 오랜 기간 동안 다양한 상황에서 적용해 보고 반성적인 사고를 하는 것이 효율적인 실행 전략을 발달시키는 핵심이다.

연구 결과에 따르면 학습이 부진한 학생들에게 집중적인 전략 훈련이 필요하다는 것을 보여 준다(Brophy, 1988). 성취도가 낮은 학생들은 기계적인 암기나 비효율적인 전략에 의존하는 경향이 있다. 그들은 또한 자신의 학습을 조직하지 못하고, 이해하지 못한 내용은 건너뛰어버리는 경향이 있다(p. 262).

(3) 요약

Gagné가 설명한 학습의 틀은 ① 다섯 가지 학습 유형, ② 내적 조건이라고 부르는 인지적 처리 단계, ③ 학습의 외적 조건이라고 부르는 학습에 대한 환경적 지원으로 구성된다. 다섯 가지 학습 유형은 언어정보, 지적 기능, 운동 기능, 태도, 인지전략이다. 학습된 수행이 독특하게 나타나는 각각의 범주는 특성이 서로 다르고 다양한 상황에 일반화되며, 다양한 교수 처치를 필요로 한다.

언어정보는 명칭, 사실, 유의미하게 관련된 과제의 선택, 조직된 지식으로 설명된다. 지적 기능은 상징을 사용하여 환경과 상호작용하는 것이다. 운동 기능은 옷을 입는 것과 같은 단순한 기능과 테니스, 농구 등의 스포츠와 같은 복잡한 기능으로 구성된다. 반면 태도는 직면한 상황에 대한 행동을 선택하는 것에 영향을 주는 상태이다. 다섯 번째 유형인 인지전략은 학습과 기억, 사고를 관리하는 통제 능력으로 이루어진다.

(4) 학습의 내적 조건

다섯 가지 학습 유형은 학습에 대한 Gagné의 틀 속에 포함되어 있는 하나의 구성요소이다. 또 다른 핵심 요소는 각 학습 유형의 내적 선행조건과 내적 학습과정이다. 이런 인지과정은 다섯 가지 학습 유형에서 다소 다른 방법으로 실행된다.

내적 학습 조건은 ① 획득하려는 특정 능력에 필요한 학습자의 내적 상태와 ② 학습과 관련된 인지과정이다. 내적 상태는 새로운 학습에 영향을 미치는 선행학습 기능과 태도로 구성된다.

내적 선행학습 요소. 학습에 필요한 두 가지 내적 상태는 **핵심적 선행학습 요소**와 **지원적 선행학습 요소**이다(Gagné & Briggs, 1979; Gagné, Briggs, & Wager, 1988). 지원적 선행학습 요소는 학습 결과의 종류와 상관없이 학습을 촉진하는 능력이다. 학습에 대한 자신감 있는 태도가 그 예이다. 예를 들어, 언어정보는 새로운 연합을 학습하기 위하여 의미 있는 맥락적 정보를 필요로 한다.

반면에 핵심적 선행학습 요소는 새로운 학습에 통합되는 특별한 기능이다(Gagné & Briggs, 1979, p. 106). 즉, 핵심적 선행학습 요소는 그것이 학습될 때 더 복합적인 기능에 포함된다. 세 각을 가진 기하학 도형과 네 각 이상의 도형을 변별하기 위한 학습이 그 예이다. 나중에 이런 변별 능력은 삼각형을 구분하고 명명하는 능력의 일부가 된다. 반면 운동 기능 학습은 연속적 단계에 대한 지식과 복합적인 기능일 경우에는 관련된 부분적 기능에 대한 지식이 필요하다.

학습된 능력의 핵심적 선행학습 요소는 그 기능을 우선 학습되어야 하는 하위 기능으로 분석함으로써 얻어진다(Gagné et al., 1988). 예를 들어, 독일어에서 명사 앞에 관사를 쓰는 용법을 알기 위해서는 성과 수(단수 또는 복수)를 파악할 수 있는 능력이 필요하다. 그것이 최종 과제의 일부가 되는 구성요소 기능이다.

학습의 9단계. 인지심리학에서 발달은 학습하는 동안 여러 가지 방법으로 환경과 상호작용하는 학습자의 인지과정을 뜻한다. 이 과정에는 환경적 자극에 대한 개인의 지각, 자극을 기억할 부호로 전환하는 것, 그리고 후에 저장된 정보를 회상하는 것이 포함된다. 또한 **장기기억**과 **작동기억**(working memory)이 중요하다. 우리의 모든 기억과 학습이 저장되는 기억 체계는 장기기억이다. 반면 작동기억은 환경의 자극에 반응한다. 또한 그것은 정보를 유지하는 능력이 일시적이기 때문에 **단기기억**이라고도 한다.

Gagné(1977a, 1985)는 학습을 분석할 때 인지과정이라는 개념을 응용하였다. 그는 학습에 매우 중요하고 반드시 순차적으로 실행되어야 하는 과정의 아홉 가지 단계를 정의했다. 아홉 가지 단계는 **학습의 단계**(phases of learning)라는 용어로 사용된다(Gagné, 1985). 이 책에서는 학습 단계를 이해하기 위해 아홉 가지 단계를 ① 학습의 준비, ② 획득과 수행, ③ 학습의 전이와 같이 세 단계로 범주화했다. 이런 단계가 중요한 것은 그것들이 다양한 학습 유형에서 서로 다른 방법으로 작용하기 때문이다(〈표

〈표 7.2〉 학습의 9단계 요약

설 명	단 계	기 능
학습의 준비	1. 주의집중	자극에 대한 학습자의 주의집중 유도
	2. 기대	학습자에 학습목표를 주지시킴
	3. 관련된 정보와 기능을 작동기억으로 인출	선행 능력에 대한 회상 제공
획득과 수행	4. 자극 특성에 대한 선택적 지각	중요한 자극을 작동기억에 일시적으로 저장
	5. 의미론적 약호화	자극과 관련 정보를 장기기억으로 전이
	6. 인출 및 반응	저장된 정보를 개인의 반응 생성자로 돌려보내 활동을 유발시킴
	7. 강화	학습목표에 대한 학습자의 기대 확인
학습의 전이	8. 인출 단서	이후의 회상 능력에 대한 추가 단서 제공
	9. 일반화	학습을 새로운 상황에 전이하도록 격려함

7.2〉 참조).

(5) 학습 단계의 실행

학습의 준비는 학습 과제의 단계를 설정하는 것으로서, 일반적으로 이 단계의 실행에는 극히 짧은 시간이 요구된다. 그러나 획득과 수행은 새로운 능력을 학습하는 데 중요한 '핵심 사태'이다. 학습된 기능의 복합성에 따라 이 단계는 많은 시간을 필요로 한다. 마지막으로 학습의 전이는 장기기억으로부터 새로운 기술을 인출하는 것과 새로운 맥락에 일반화시키는 것을 포함한다. 학습의 전이는 새로운 기능을 획득한 후에 며칠이 걸린다.

학습의 준비. 학습의 첫 번째 단계는 주의집중, 기대, 장기기억으로부터 관련된 정보와 기능을 인출하는 것이다. 이런 활동들은 학습의 단계를 이룬다. 우선 학습자는 관련된 자극에 '참여'하거나 이해하고, 학습에 대한 기대를 형성한다. 자극은 말이나 인쇄된 단어, 그림이나 동영상, 사물 또는 인간 모델이다. 학습을 지원하기 위한 자극의 선택은 후에 교수사태의 선택 부분에서 논의된다.

학습자의 기대가 중요한 것은 학습목표가 타인에 의해 설정되었든, 자신이 선택한 것이든 학습목표를 획득하기 위한 학습자의 구체적인 동기를 나타내기 때문이다 (Gagné, 1985, p. 78). 기대는 학습자가 목표를 달성하도록 유도하기 때문에 학습자가 정보처리의 하위 단계에서 적절한 산출물을 선택할 수 있게 한다. 예를 들어, 만약 학습자가 전자회로의 저항을 발견하려는 학습 기대를 갖고 있다면 그 기대와 관련된 것은 처리되지만 그렇지 않은 것은 무시된다(Gagné, 1985, p. 78).

학습자의 기대 다음에는 새로운 학습에 중요한 역할을 하는 이미 학습된 능력을 장기기억으로부터 인출하는 과정이 따라온다. 예를 들어 '삼각형'의 개념을 학습할 때, 아동들은 먼저 다른 기하학적 도형과는 다른 세 변을 가진 도형을 회상해야 한다(변별학습).

획득과 수행. 선택적 지각, 의미론적 약호화, 인출과 반응, 강화로 알려진 네 단계는 학습의 핵심이다. 첫 번째 단계인 **선택적 지각**에는 불과 몇 초만이 소요된다. 이 단계에서 학습자는 물리적 자극을 지각할 수 있는 특징으로 변환하고, 작동기억에서 이런 특징을 간단히 인출해서 약호화한다.

다음 단계인 약호화는 자극의 특성이 개념적 틀이나 의미 있는 틀로 바뀌어 장기기억에 저장되는 과정이다. 이 과정은 중요하고 결정적인 학습의 단계이다(Gagné, 1977a, p. 66). 이 단계가 없으면 학습은 일어나지 않는다.

저장된 부호는 개념, 가정, 또는 유의미한 구조이다(Gagné & White, 1978 참조). 예를 들어 '삼각형'의 개념을 학습할 때, 아동들은 전형적인 삼각형의 예를 약호화한다. 그러나 운동 기능을 학습할 경우 학습자는 기능의 시각적 이미지와 수행에 필요한 구성요소의 실행 경로를 약호화한다.

학습의 핵심 사태는 새로운 학습의 수행과 확인으로 끝난다. 학습자는 장기기억으로부터 새롭게 저장된 부호를 **검색**하고 **반응**을 보인다. 만약 아동이 삼각형의 개념을 학습한다면, 그 아동은 다양한 크기와 색깔, 질감을 가진 삼각형의 예를 파악할 것이다. 운동 기능에서는 아동이 육체적 수행을 통해 학습한 것을 증명해 보인다.

그 다음 단계는 학습목표 달성에 대한 피드백이다. 피드백은 환경으로부터 제공되거나 수행에 대한 학습자 자신의 관찰 결과에서 유발된다(Gagné, 1977a). Gagné(1985, p. 79)에 따르면 피드백의 중요성은 Estes(1972)의 **강화** 개념에서 찾아볼 수 있다. 즉, 목표의 달성 여부를 확인해 주는 피드백은 학습자의 학습을 강화한다. 피드백은 학습자의 기대를 확인함으로써 강화의 힘을 갖게 된다.

학습의 전이. 학습의 전이를 제공하는 것은 두 가지 이유에서 중요하다. 한 가지 이유는 새로운 학습이 한두 가지의 사례나 상황에 국한되지 않는다는 것이다. 대신 학습자는 다양한 새로운 상황에 능력을 일반화할 수 있어야 한다. 일반화 가능성은 **측면 전이**(lateral transfer)로 알려져 있다(Gagné, 1985). 예를 들어, 학습자는 도형을 보고 삼각형을 지적할 수 있을 뿐만 아니라 종이에 삼각형을 그릴 수 있어야 한다.

둘째, 여러 맥락에 새로운 학습을 적용하는 것이 중요한 이유는 학습자에게 새로운 능력을 발달시키기 위해 장기기억을 탐색하는 데 사용할 수 있는 추가적인 단서를 제공하기 때문이다.

인출과 일반화를 위한 추가적 단서는 곧 바로 획득되지 않을 수도 있다. 최초의 학습과 전이의 기회에는 하루 이틀 간의 지연 기간이 있다(Gagné, 1974b).

요약하자면, 학습에 필요한 인지과정에는 환경의 물리적 자극을 새로운 능력으로 전환하는 아홉 가지 단계가 포함된다. 아홉 가지 학습 단계는 다섯 가지 학습 유형에서 서로 다른 방식으로 일어난다.

(6) 요약

학습의 내적 조건은 특정 능력을 학습하는 데 필요한 학습자의 내적 상태와 학습과 관련된 인지과정으로 구성된다. 두 가지 종류의 내적 상태는 핵심적 선행학습 요소와 지원적 선행학습 요소다. 핵심적 선행 조건이 새로운 학습의 일부로 통합되는 특정 기능인 반면, 지원적 선행 조건은 학습을 촉진한다.

학습의 인지과정은 아홉 가지 단계의 정보처리로 구성되어 있는데, 일반적으로 학습의 준비, 획득과 수행, 학습의 전이와 같이 세 단계로 분류될 수 있다. 각 단계는 새로운 능력을 학습하는 데 매우 중요하다.

3) 복잡한 학습의 본질

Gagné의 학습 분석에는 복잡한 학습을 나타내는 두 가지 능력의 구조, 즉 **절차**와 **학습 위계**가 포함된다.

(1) 절차

순차적으로 또는 단계적으로 실행되어야 하는 다양한 행동을 절차라고 한다(Gagné, 1985, p. 262). 절차의 예는 수표 쓰기, 수표장 결산, 주차, 타이어 교체 등이다.

절차는 운동 기능과 지적 기능을 모두 포함한다. 예를 들어, 병렬 주차를 할 때 운동 기능에는 정확하게 자동차의 자리잡기, 특정 방향으로 느린 속도로 후진하기, 핸들을 정면으로 돌려 두기가 있다(Gagné, 1977a, 1985). 지적 기능에는 정확한 접근 방향 정하기, 다른 차와의 배치 정하기 등이 포함된다. 절차를 학습하는 것에는 기본적인 개념과 규칙을 학습하는 것뿐만 아니라 불연속적인 운동 기능을 수행하기 위한 학습도 포함된다.

주차나 타이어 교체와 같은 절차에는 전체 순서를 구성하는 단계적인 행동의 학습이 요구된다. 그러나 다른 절차에서는 절차의 어느 순간에 대안적인 단계를 결정할 필요가 있다. 이런 종류의 절차는 때때로 **조건적 절차**(conditional procedure)라고 한다. 그런 절차에서 한 단계의 결과는 다음 단계에서 이루어지는 선택의 단서를 제공한다(Gagné, 1977a, p. 271). 예를 들어 수표장을 결산할 때, 먼저 수표가 순서대로 되어 있는지를 확인해야 한다. 만약 순서대로 되어 있지 않다면 다음 단계는 발생한 날짜대로 수표를 정리하는 것이다.

(2) 학습위계

절차는 운동 기능과 지적 기능으로 이루어진다. 반면 학습위계는 지적 기능만을 조직한 것이다. 누가적 학습 개념은 **학습위계**(learning hierarchy)라고 하는 일련의 기능을 통해 나타난다. 학습위계는 각 기능이 다음 상위 기능을 학습하는 데 기초가 되는 일련의 하위 기능이나 능력이다. [그림 7.2]는 정수의 뺄셈을 학습하기 위한 하위 기능을 보여 준다. 예를 들어, 기능 VII처럼 한 자리만 빌려 오는 뺄셈은 여러 자리에서 빌려 오거나 연속적으로 빌려 오는 기능 VIII, IX, X의 선행학습 요소이다. 다시 말해서, 타당한 위계에서 만약 하위요소가 학습되지 않으면 상위요소를 학습할 수 없다고 할 때, 두 기능은 서로 연관성이 있는 것이다(Gagné, 1977a, 1985).

학습위계는 특정한 **기능에 대한 심리적인 구조**이기 때문에 학습위계를 이해하는 것이 중요하다. 학습위계는 정보의 논리적 순서나 언어화된 지식이 획득되는 방법을 설명하는 것도 아니다(Gagné, 1968b). 지적 기능 내에서는 네 종류의 독립적인 심리적 능력, 즉 **변별학습**, **개념학습**(구체적인 개념과 정의된 개념), **규칙학습**, **고차원적 규칙학습**(문제해결) 등이다. 이런 기능의 각각은 다음 상위 수준의 기능 습득을 위한 핵심적인 선행학습 요소이다. 각 기능은 〈표 7.3〉에 요약되어 있다.

학습위계에는 최소한 두 가지 중요한 함의가 있다. 하나는 교육과정은 내용이 아니라 '과정'을 반영하여 설계되어야 한다는 것이다. 'Science－A Process Approach'의 개발 과정에서는 과학의 성과를 언어화하는 것보다는 분류, 측정, 예언과 관련된 기능을 강조하였다(Gagné, 1968b).

두 번째 함의는 선행학습 요소에 관심을 갖게 됨으로써 보상교육(remedial education)의 필요를 많이 줄일 수 있다는 것이다. 보상교육이 필요한 때는 어떤 기초적인 기능이 학습되지 않은 경우이다. 보상교육을 받고 있는 학생들을 관찰해 보면, 대개 잘못된 법칙을 사용해서 기초적인 연산 문제를 풀려고 하는 것을 알 수 있다. 유사하게

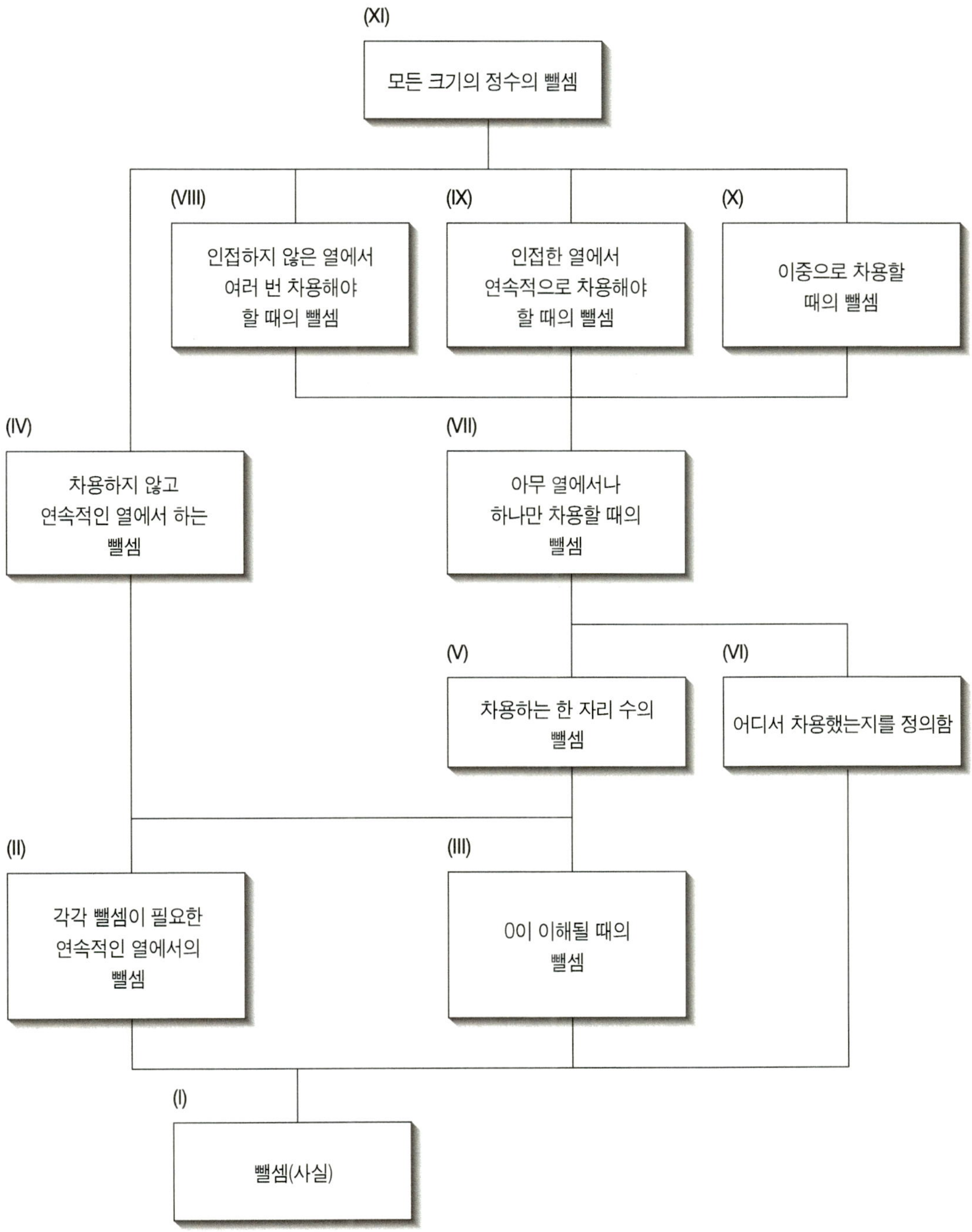

[그림 7.2] 정수 뺄셈에서의 학습위계

〈표 7.3〉 단순한 것부터 복잡한 것에 이르는 지적 기능 요약

기능의 종류		설 명
변별학습		아동이 모양, 크기, 색과 같이 사물을 구분짓는 특징에 다양하게 반응한다.
개념학습	구체적 개념	아동이 사물이나 사건을 일련의 개념군으로 파악하며, 삼각형과 같이 구체적인 사례를 직접 접함으로써 학습한다.
	정의된 개념	구체적인 사례로 학습할 수 없으며, 자유나 애국심과 같이 분류 법칙을 학습함으로써 습득한다.
규칙학습		학생이 관계를 보여 주는 수행으로 특정 상황에 반응할 수 있다. 예를 들어, 학생은 숫자를 더함으로써 5+2, 6+1, 9+4에 반응한다.
고차원적 규칙학습 (문제해결)		학생이 문제를 해결하기 위해 하위 규칙을 조합한다. 가장 효과적인 학습전략은 안내된 발견이다.

글을 잘 읽는 것과 잘 읽지 못하는 것의 차이는 핵심적인 선행학습 기능을 갖고 있느냐의 여부에 달려 있다(Gagné, 1982).

요약하면, 복잡한 학습에 포함된 구조는 절차와 학습위계이다. 절차는 순차적으로 실행되어야 하는 활동이고, 운동 기능과 지적 기능으로 이루어진다. 반면 학습위계는 각 기능이 다음 상위 기능의 핵심적인 선행학습 요소가 되는 조직화된 지적 기능이다. 지적 기능은 변별학습, 개념학습, 규칙학습, 고차원적 규칙학습(문제해결)이다.

2. 교수 원리

Robert Gagné는 "어떤 요인들이 교수에서 차이를 만들어 낼 수 있는가?"라는 질문의 관점에서 인간 학습에 영향을 미치는 조건에 대한 분석의 틀을 잡았다(Gagné, 1985, p. xiii). 이러한 견해는 아동들의 경험이 그들의 발달에서 주요한 역할을 한다는 깨달음에서 유래되었다. 주위 환경에 대한 학습의 이러한 의존성은 학습자가 처해 있는 상황이 그들에게 많은 영향을 미치기 때문에 사회에 많은 책임이 있다는 것을 의미한다(Gagné, 1985, p. 1). 이러한 상황들은 위대한 예술가나 과학자가 되도록 해 주거나 인간의 지적 발달을 억제할지도 모른다(Gagné, 1977a, p. iv).

이 이론이 발달하게 됨에 따라 학습원리가 교수 원리에 적용되는 것은 특별한 설명이 필요하지 않다. 〈표 7.3〉에 나타난 다섯 가지의 학습 유형은 학교 학습의 결과로 나타나는 능력들이다. 이와 유사하게, 다섯 가지 각 유형의 핵심적인 내적 상태는 학교

학습에 중요한 선행학습 요소이다. 결국 학습의 아홉 가지 각각의 단계는 교실수업 중에 특별한 사태의 형태로 나타난다.

1) 기본 가정

교수의 중요성은 학습에 관한 Gagné의 논의에서 중요하게 고려해야 할 문제이다. 그러므로 교실학습에 대한 그의 가정에는 교수와 교수설계의 본질이 포함된다.

(1) 교수의 정의

학습은 교수 활동이 있거나 없거나 일어난다(Gagné, 1987a, p. 400). 그러나 각각의 학습과정은 학습자의 외적 사태에 의해서 어느 정도 영향을 받을 수 있다. 이러한 사태들이 학습을 지원하도록 진지하게 계획되었을 때, 이를 **교수사태**(instructional event)라고 한다. 교수의 중요한 특성은 이러한 외적인 사태가 학습자의 내적인 통제 과정의 맥락에서 일어난다는 것이다. 그러므로 외적 사태는 학습을 산출하지 않는다. 대신에 학습자의 내적 처리 과정을 단지 도와 줄 뿐이다(Gagné, 1974a).

교수의 두 번째 특성은 하나의 단일한 목표를 가지고 있지 않다는 것이다. 대신에, 교수는 학습의 정보처리 과정의 다른 단계에 상응하는 몇 가지 기능을 한다. 즉, 어떤 단계에 적당한 외적 사태는 다른 단계에 부적당하거나 연관이 없을 수도 있다(Gagné, 1974a). 예를 들어, 주의집중을 자극하는 교수사태는 학습의 전이를 제공하는 사태와는 다르다.

셋째, 교수에 대한 정의는 기능이나 학습되는 기능의 맥락에서 이루어져야 한다. 예를 들어, 언어정보를 위한 교수는 운동 기능을 위한 교수와 동일하지 않다. 그러므로 "이것은 좋은 수업인가?"라는 질문에 대한 대답은 나올 수 없다. 대신에, "이러한 수업은 학습(언어정보, 지적 기능, 운동 기능, 태도, 인지전략)에 좋은가?"라는 질문이 가능하다(Gagné, 1974a).

(2) 교수설계의 본질

Gagné 주장의 핵심은 단순히 가르치는 것에 있기보다는 교수 자체에 있다. 그의 의도는 개인의 학습에 직접적으로 영향을 미치는 모든 사태를 다루는 것이다(Gagné & Briggs, 1979). 교수 활동은 가르치는 것에 덧붙여 인쇄 자료, 그림, 텔레비전, 컴퓨터와 기타 매체에 의해 이루어질 수 있다. 이러한 구체적 항목에 대한 교수설계와 개발은 **교수 체제 설계**(instructional system design)라고 하는 보다 광범위한 틀의 핵심적인 요소이다(Gagné, 1987a, p. 400).

Gagné는 교수설계와 관련된 다섯 가지 가정을 제안하였다(Gagné & Briggs, 1979). 첫째, 교수는 학생 개인의 학습을 용이하게 하도록 계획되어야 한다. 비록 학생들이 하나의 집단을 구성하여 수업을 하지만 학습은 개인 내에서 일어나는 경우도 종종 있다. 그러므로 학습자들의 요구는 집단을 구성하기 전인 교수의 계획 단계에 반영되어야 한다.

둘째, 즉각적인 단계나 장기적인 단계 모두 교수설계 안에 포함된다. 교사 혹은 교수설계자는 하루의 교수를 계획하지만, 교수는 교육과정의 더 넓은 범위 안에서 일어나는 것이고, 이것 또한 계획되어야 한다.

셋째, 교수는 아무렇게나 계획되어서는 안 될 뿐 아니라 교육 환경만을 제공해서도 안 된다. 이러한 과정은 개인의 능력을 불완전하게 발달시킬 수 있다. 즉, 인간의 발달에 가능한 한 많은 영향을 미치기 위해서는 교수 활동이 체계적으로 설계되어야 한다(Gagné & Briggs, 1979, p. 5).

넷째, 교수는 체제적 접근을 통해서 설계되어야 한다. 체제적 접근으로 교수를 계획한다는 것은 계획 단계에 투입되는 정보, 데이터, 이론적인 원리 등을 활용할 수 있는 구성요소의 조직과 연속적인 선택을 의미한다(Gagné et al., 1988, p. 15). 개발 과정의 각 단계에서 의도하는 결과는 최종 산출을 하게 될 사람들이 본래 설정한 목표를 근거로 확인된다. 마지막 단계로 산출물은 교수 활동을 개발하는 동안과 개발 과정이 완료된 시점 모두 실세계에서 검증되어야 한다.

체제적 접근을 활용하여 교과과정과 교수를 설계하고자 할 때는 먼저 요구 분석을 한 다음 목표 진술을 계속 개발하며, 교수를 개발하기 위하여 단계적으로 설계해 나간다. 자료를 개선하기 위하여 교수의 효과성에 관한 경험적인 증거를 수집한다. 교수의 목표에 도달할 때까지 실행과 개정을 계속해 나간다.

마지막으로 교수설계는 어떻게 인간이 학습하는가에 대한 지식으로부터 개발되어야 한다(Gagné & Briggs, 1979, p. 5). 이러한 다섯 가지 가정은 Gagné의 교수에 대한 정의와 일치한다. 본질적으로 교수는 학습의 정보처리 과정에 상응하는 몇 가지의 기능을 가지고 있다. 교수에 대한 의사결정은 학습될 기능에 맞추어져야 한다.

2) 교수의 구성요소

다양한 능력의 종류와 학습 요구 조건에 대한 분석은 Gagné에 의해 결합되었다. 그의 이론의 토대는 학습의 다섯 가지 다양성이다. 이것은 특별한 수업을 통해 학습할 능력을 확인하는 데 참조의 틀이 된다. 교수의 결과는 수행목표의 형태로 먼저 나타난다. 교수는 학습의 9단계를 지원하는 아홉 가지 교수사태를 이용하여 계획된다.

(1) 수행목표 설계

학습의 다섯 가지 모든 다양성은 학교 학습의 중요한 결과를 반영한다. 운동 기능은 체육과 무용, 그리고 학교의 다른 과목의 하위 요소에서 발견된다. 쓰기 활동에 포함된 신체적 기능이 그 예이다. 반대로, 인지전략과 태도는 기대되는 결과를 포함한다. 본질적으로 이는 학습자의 관리 전략을 발달시키고, 학습에 대해 긍정적이고 자신감 있는 태도를 기르도록 한다.

교과과정의 내용은 주제에 관계없이 거의 정보의 학습, 지적 기능의 획득과 관계가 있다. 이러한 두 가지 학습에 관한 수행목표는 모든 교육과정에 나타난다.

교수활동에서 수행목표의 기능은 학습되어야 할 능력을 명백히 진술하는 것이다. **이해한다**, **파악한다**, **평가한다**라는 말은 습득되는 기능이나 태도를 분명하게 연결시켜 줄 수 있는 좀 더 정확한 용어로 대체되어야 한다. 수행목표를 예로 들면, "학생은 언어로 표현된 문제를 해결함으로써 양수와 음수의 덧셈을 설명할 수 있다."이다(Gagné et al., 1988, p. 124).

다섯 가지 학습의 다양성은 수행의 다른 단계를 나타내기 때문에 사용되는 동사 또한 달라질 것이다. 예를 들어, **진술한다** 혹은 **정의한다**라는 말은 언어정보의 목표 진술에 적합한 동사이다. 그러나 이러한 동사는 학습자의 의사결정과 교과목과의 상호작

〈표 7.4〉 다양한 학습능력의 수행목표 진술에 적합한 동사

능력	동사
언어정보	진술한다, 정의한다, 바꿔 쓴다
운동 기능	실행한다, 수행한다, 활동한다, 발음한다
태도	선택한다, 자유롭게 선발한다, (선호하는 활동을)고른다
인지전략	고안한다(전략)
지적 기능	
변별	선택한다(같은 것과 다른 것)
개념	확인한다(예시), 분류한다(범주)
규칙	설명한다, 예견한다, 유추한다
고차원적 규칙	생성한다(문제해결), 해결한다

용을 요구하는 지적 기능에는 적절하지 않다. 대신에, 지적 기능의 수준에 따라 **선택한다**, **분류한다**, **설명한다**, **해결한다**와 같은 동사가 적절하다. 예시 동사를 나열한 〈표 7.4〉를 참조하라.

수행목표를 사용해서 학습되는 능력을 진술하는 것은 학교 환경에서 ① 교수의 요구를 파악하고, ② 검사 방법을 결정하는 것과 같은 두 가지의 중요한 기능을 한다. 능력에 따라 가르치는 방법과 평가 방법이 달라진다. 본질적으로 언어정보는 학생들에게 정보의 특별한 항목을 정의하거나 진술하는 것을 요구하는 것에 의해 평가될 수 있다. 그러나 지적 기능의 평가는 학생들이 ① 상징을 사용하여 자극이 제시된 상황과 상호작용하고, ② 교수에서 사용된 상황과는 다른 새로운 상황에 반응할 것을 요구한다.

(2) 교수사태 선택

교수를 계획하기 위한 지침으로 아홉 가지 교수사태를 확인하였다. 아홉 가지 교수사태는 학습 중에 학습자의 인지적 과정을 지원하는 기능을 한다. 예를 들어, "오늘 우리는 야구선수의 타율을 계산하는 방법을 배우게 될 거예요(목표 진술)."라고 말하는 것은 학생들이 목표와 그에 따라 수행해야 할 사태(학습을 하기 위한 기대)의 중요한 요소를 형성하는 데 도움이 된다. 마찬가지로, 실마리를 주는 것은 장기기억에 새로운 학습을 저장하고 약호화하는 것을 촉진할 수 있다. 〈표 7.5〉는 아홉 가지 학습 단계에 따른 교수사태를 나열한 것이다.

학습을 위한 준비. 새로운 것을 학습하는 첫 번째 세 가지 교수사태는 학습자의 주의 획

〈표 7.5〉 학습 단계와 교수사태의 관계

설명	학습 단계	교수사태
학습을 위한 준비	1. 주의집중	특이한 사태, 질문, 혹은 자극의 변화를 통해 학습자의 주의 획득하기
	2. 기대	학습자에게 목표 알려 주기
	3. 관련된 정보와 기능을 작동기억으로 인출	선행학습의 회상 자극하기
획득과 수행	4. 자극 특성에 대한 선택적 지각	변별적 자극 제공하기
	5. 의미론적 약호화	학습 안내하기
	6. 인출 및 반응	수행 유도하기
	7. 강화	정보적인 피드백 제공하기
학습의 전이	8. 인출 단서	수행 평가하기
	9. 일반화	

듯, 학습목표 제시, 선행학습 회상이다. 학습자의 주의집중은 질문을 유도하거나, 특이한 사태를 제시하거나, 혹은 아동의 특별한 흥미를 유발시킴으로써 가능하다. 예를 들어 지구의 공기에 관한 수업을 시작할 때, "여러분은 우리가 매일 마시는 공기 중에 황산 성분이 들어 있다는 것을 알았나요?"와 같은 질문을 할 수도 있을 것이다(Gagné & Driscoll, 1988, p. 73). 교사는 "오늘 우리는 왜 나뭇잎의 색깔이 변하고 나무에서 떨어지는지 배우게 될 것입니다." 혹은 "우리 모두 어떤 물방울을 첨가하면 액체의 색깔이 왜 변하는지 알아보겠습니다."라고 할 수 있을 것이다. 처음 질문에 대한 대답이나 특이한 사태에 대한 반응은 학습자에게 새로운 목표를 알려 주는 역할을 한다(사태 2).

특히 초등학교 학생들에게 목표를 알려 주는 것의 중요성이 과소 평가되어서는 안 된다. Peterson(1988)의 연구에 의하면 초등학생 중 대다수는 학습해야 할 기능이나 개념이 무엇인지를 결정하지 못한다. 일반적으로 초등학생들은 자신들의 목표, 특히 자율학습의 목표가 과제를 끝마치는 데 있다고 하였다(p. 323).

다음으로 학생들에게 새로운 학습의 단계를 준비시키기 위해서 선행조건(사태 3)의 회상을 자극해야만 한다. 식물은 어떻게 영양분을 만드는가와 같이 관련된 정보, 개념, 규칙이 요구될 것이다. "여러분은 …을 기억하고 있습니까?" 혹은 "어제 우리가 배운 것 중 무엇이 이 질문에 대한 대답을 찾는 데 도움이 될까요?"와 같은 질문이 회상을 자극한다.

자료와 목표 또한 회상을 자극한다. 직선을 재는 도구로 아동들에게 길이가 다른 막대기를 제공했다고 가정해 보자. 그리고 그들에게 상자의 높이를 재기 위해 막대기를 사용하도록 생각해 보라고 한다(Gagné & Briggs, 1979, p. 167). 아동들이 막대기를 사용해 상자의 높이를 재도록 하는 것 자체가 숫자세기를 회상하도록 자극한 것이다.

획득과 수행. 학습의 핵심적 단계는 선택적 지각, 의미론적 약호화, 인출과 반응, 강화이다. 이러한 4단계는 또한 특별한 교수사태에 의해 이루어진다. 네 가지 교수사태는 구별되는 자극 제시, 학습 안내, 수행 유도, 피드백 제공이다.

자극의 특성이나 교수 중에 학습자가 상호작용하게 되는 상황은 처음에 제공된다. 그 다음에는 필요에 따라 실마리나 자극이 구체적인 상황과 더불어 학습자에게 제공된다. 이러한 활동은 학습을 안내해 준다. 학습자와의 의사소통은 특별한 방향으로 학습자가 생각하도록 유도해서 교수사태가 가르치고자 하는 주제에서 벗어나지 않도록 해야 한다(Gagné & Briggs, 1974, p. 129).

학습을 안내해 주는 것은 중요한 교수사태이다(Gagné, 1980b). 첫째, 학습 안내는 학습자가 새로운 능력을 나중에 적절히 회상하도록 약호화시키는 데 도움을 준다. 둘째, 학습을 안내해 주는 것은 손쉬운 학습과 어려운 학습, 상대적으로 효과적인 학습과 비효과적인 학습 간의 차이를 만든다(Gagné, 1980b, p. 61).

새로운 기능에 대한 학습자의 수행을 유도해서 약호화가 효과적으로 이루어지도록 한다. 피드백은 강화와 더불어 필요한 수정 사항을 알려 주거나 목표 성취 여부를 확인시켜 준다.

특히 중요한 것은 이러한 교수사태가 다른 종류의 학습에 유연하게 적용되어야 한다는 것이다. 예를 들어, '원'에 대한 개념을 위한 수업에는 다양한 색깔과 크기의 원이 제공되어야 할 것이다(자극 제시). 줄이나 끈으로 만들어진 예도 사용될 수 있을 것이다(Gagné & Briggs, 1974, p. 129). 또한 아동들에게 손으로 원을 만들어 보도록 할 수도 있을 것이다.

그런 다음 다른 기하학적 도형을 포함해서 여러 가지 예를 아동들에게 제시할 수 있을 것이다. 아동들은 각각의 그림을 잘 살펴보고 어떤 것이 원을 나타내는지 맞힌다. 교사는 원에 대한 특성에 관한 실마리를 소개한다(학습 안내 제공하기).

교사의 도움으로 몇 개의 원을 확인한 다음, 아동들에게 새로운 도형이나 그림의 예를 들도록 한다(수행 유도하기). 틀린 예를 말했다면 교사는 이미 알려 준 예로 원의 특성을 다시 비교하며 설명한다(정보적 피드백 제공하기).

반대로, 만약 학습목표가 학생들이 규칙을 발견해 내는 것이라고 한다면 핵심적 교수사태는 어느 정도 다르게 실행되어야 할 것이다. 예를 들어, '소수'의 규칙을 찾는 과제를 수행한다고 해 보자. 여기에서 규칙은 이러한 숫자들은 한 요인에 의해서만 나누어진다는 것이다(그 자신의 수와 숫자 1).

교사는 우선 학생들에게 다양한 요인을 말해 보라고 요구할 수 있을 것이다(예: $4 = 2 \times 2$, 4×1). 그리고 나서 1부터 15까지의 연속된 숫자를 적고 그 숫자들의 모든 특징을 적어 보도록 한다(변별적 자극 제시). 다음으로 어떤 수의 요인이 어떻게 달라지는지 대답해 보도록 한다(학습 안내 제공). 그러나 이것은 학생들이 그 수 자체와 1로 나누어지는 수를 발견하는 데 충분하지 않다. 그 다음에 학생들에게 3, 5, 7과 4, 8, 10이라는 숫자 사이에는 어떤 차이가 있는지를 질문한다(Gagné & Briggs, 1974, p. 129). 학습에 대한 안내는 학습자가 소수를 발견할 때까지 계속된다.

인출과 전이. 수업의 결론적인 부분은 인출과 전이를 촉진하기 위해 새로운 학습을 평가하는 것이다. 평가를 할 경우, 학습은 단지 몇 개의 예시에 국한되지 않는다는 것을 확실하게 알려 주기 위하여 새로운 상황이나 예시를 학생들에게 제시해야 한다.

수업은 파지와 전이를 촉진시켜 줄 수 있는, 구체적으로 설계된 자극을 제시하는 것으로 종결되어야 한다. 이러한 단계는 처음 학습이 진행된 이후 하루 혹은 그 이상의 기간을 둔 복습의 형태가 될 수 있다(Gagné, 1974b). 예를 들어, 만약 학생이 미국 국회의 **입법권**에 관해 학습했다면, 복습을 할 경우에는 주나 도시 단위의 **입법권**의 의미를 포함시킬 수도 있을 것이다(Gagné, 1974b. p. 116).

요약하면, 교사와 교수설계자는 언어적 진술, 질문, 목표, 도표, 그리고 다른 자극을 학습자의 내적 처리 과정을 자극시키기 위해서 선택한다. 이러한 자극은 아홉 가지 교수사태의 요구를 충족시키기 위해 선택된다.

다양한 학습에의 적용. 아홉 가지 교수사태 각각은 학습과정의 특별한 단계를 지원한다. 그러나 이러한 사태들은 다섯 가지 학습 결과에 모두 동일하게 적용되는 것은 아니다. 〈표 7.6〉은 다섯 가지 학습 결과와 관련된 학습의 외적 조건(교수사태)을 보여주고 있다.

〈표 7.6〉에서 볼 수 있는 바와 같이, 교수사태에 필요한 구체적인 요구 사항은 학습의 준비, 핵심적 사태, 학습의 전이에 따라 달라진다. 예를 들어 태도 학습을 시작할 경우, 교사는 학생들에게 학습목표를 알려 주지 않고 우선 바람직한 행동을 하는 모델을 존경하도록 유도해야 한다. 반대로 지적 기능을 소개할 경우에는 학습할 새로운 기술의 하위요소인 선행학습 요소 , 변별, 개념, 규칙 등을 회상하도록 자극해야 한다.

또한 교수사태는 엄격히 순서를 지켜서 실행되어야 하는 것으로 간주되어서는 안 된다. 예를 들어, 복잡한 개념을 가르칠 경우에는 개념에 대한 예시를 파악할 수 있도록 핵심적인 교수사태를 두세 번 정도 반복해야 할지도 모른다. 이 장의 후반부에 이러한 교수학습 계획의 예를 제시하겠다.

비록 교수사태가 교사나 다른 매체 중심 수업을 위해 개발되었어도, Flynn(1992)은 이러한 교수사태를 4학년 협동학습 환경에서 관찰했다. 교사는 무대를 만들었고(학습을 위한 준비), 교수의 핵심 사태는 소집단 내의 구성원들과의 상호작용 과정에서 일어났다. Flynn(1992)은 집단 상호작용이 핵심적 사태를 수행할 수 있는 기회를 제공해 주기 때문에 9단계의 교수사태 모형은 일제식 수업보다는 협동학습에 더 효과적이라고 주장하였다.

요약하자면, 교수사태는 다양한 학습 결과에 내재되어 있는 수행목표를 성취하는데 사용된다. 교수사태는 학생의 유형과 학습될 정보, 기능, 전략, 태도 등에 따라 다르

〈표 7.6〉 학습의 다섯 가지 다양성에 관한 독특한 외적 조건

	학습을 위한 준비	핵심적 교수사태	학습의 전이
언어정보	정보 구조에 새로운 내용을 관련시킨다.	• 약호화를 위해 유의미한 맥락적 정보를 제공한다. • 정교화, 심상, 혹은 다른 약호화 단서를 제공한다. • 학습된 정보의 전체적 구조를 학습할 수 있도록 지식의 구조를 제시한다.	효과적인 인출과 일반화를 위한 단서를 제공한다.
지적 기능	선행학습 기능을 회상할 수 있도록 한다.	• 구체적인 예와 규칙을 다양하게 제공한다. • 다양한 방법으로 실례와 상호작용할 수 있는 기회를 제공한다. • 새로운 상황에서 평가한다.	전이를 촉진시키기 위해서 다양한 맥락과 상황을 사용한다.
인지전략	필요한 지적 기능의 회상을 유도한다.	• 과제 구체적이라면 전략을 설명한다. 과제 일반적이라면 전략을 입증해 준다. • 지원과 피드백으로 전략을 실행할 기회를 제공한다.	전략 사용에 익숙하지 않은 문제를 제공한다.
운동 기능	학습할 기능의 수행을 보여준다. 만약 적당하다면 부분 기술의 회상을 자극한다.	• 하위 기술을 실행하고 정신적 연습을 제공한다. 올바른 피드백과 함께 기능을 반복한다.	새로운 물리적 환경에서 기능을 실행할 기회를 준다.
태도	학습자에게 직접적으로 목표를 제시하지 않는다. 학습자가 모델을 존중하도록 한다.	• 모델에게 긍정적인 행동을 하고, 학습자를 강화시킬 수 있는 존중받을 만한 모델을 제공한다. 학습자가 행동을 할 때, 강화를 제공한다.	학습자에게 행동할 수 있는 기회를 제공하고 강화한다.

게 적용된다.

(3) 교수매체의 역할

매체라는 말은 전형적으로 컴퓨터 보조 수업, 텔레비전, 비디오, CD/DVD 녹화기, 그리고 기타 유사한 도구를 연상시킨다. 그러나 교수매체는 또한 교사의 음성이나 책, 그리고 실제 사물을 포함해서 수업 내용을 전달할 수 있는 모든 물리적인 수단을 말한다(Gagné & Briggs, 1979; Reiser & Gagné, 1983).

매체를 선택하는 전형적인 방법은 매체의 형태를 결정한 다음 교수를 계획하는 것이다. 그러나 이러한 접근은 두 가지 이유에서 단점이 있다. 첫째, 매체 활용에 관한 연

구에 의하면 모든 학습자와 학습 결과에 효과적인 단일한 매체는 없다(Gagné et al., 1988, p. 204). 그러므로 교수를 위해 컴퓨터, 텔레비전이나 다른 매체를 임의적으로 선택하는 것은 학습자의 특성이나 특별한 전달 체계의 효과성에 영향을 미칠 수 있는 과제의 다양성과 같은 요소를 무시하는 것이다. 예를 들어, 컴퓨터 보조 수업은 어떤 학습자에게는 지적 기능을 학습할 때 일대일로 상호작용하는 기회가 될 것이다. 또한 컴퓨터 보조 수업은 유치원이나 초등학교 1~3학년 아동들이 반드시 숙달해야 할 기본 기능을 습득하는 데 필요할 것이다(Twitchell, 1991). 상호작용식 비디오디스크는 지적 기능과 인지전략을 가르칠 수 있다. 예를 들어, 하버드 법대에서는 거주자와 집주인 간의 소송을 연구하는 데 적용할 수 있는 상호작용식 비디오디스크를 개발하였다(Miller, 1990). 텔레비전이나 영화는 이러한 기능을 할 수 없지만 언어정보의 학습에 요구되는 유의미한 맥락을 제공해 줄 수 있다.

둘째, 매체의 임의적인 선택은 핵심적인 교수사태를 누락시키는 결과를 가져온다. 영화나 오디오테이프는 내용을 제공해 줄지 모르나, 학습을 안내하거나 학생들의 반응을 살펴보고 피드백을 제공하는 것과 같은 교수사태를 배제시킬 수 있다(Gagné et al., 1988, p. 199). 또한 몇 가지 경우를 제외하고 학교 교실에서 사용될 수 있도록 개발된 많은 컴퓨터 자료들이 수업에 부적절하다. 예를 들어, '시뮬레이션'이라고 명명된 컴퓨터 프로그램의 대부분은 경쟁적인 게임식이거나 애니메이션이 포함된, 단순히 반복되는 연습이다(Gredler, 1986). Reiser와 Gagné(1983)가 개발한 매체 선택 모형은 다른 모형들과 마찬가지로 우선 적절한 선택의 범위를 정한 다음 선택의 폭을 좁혀 가는 것이다.

먼저 학습 결과의 본질과 학습자의 특성을 고려해야 한다. 예를 들어, 지적 기능을 가르치는 매체로 컴퓨터, 텔레비전, 비디오를 선택할 수 있다. 이런 매체가 선택되면 학습자의 연령, 독해와 같은 학습자의 중요한 특성을 고려해야 한다. 글을 읽지 못하는 학습자에게는 텔레비전이 교수매체로 사용될 수 있을 것이다.

다음 단계는 매체가 요구되는 교수사태를 제공할 수 있는가를 제고해 보는 것이다. 마지막 선택은 비용, 집단의 크기, 실행의 용이성과 같은 실제적 요소를 바탕으로 이루어진다.

매체 선택 모형은 교수를 위한 다양한 형태의 매체에 대한 생각의 폭을 넓히는 데 유용하다. 매체는 동일한 수업 내용을 유사한 집단에 여러 번 반복해서 수업을 해야 할 경우에 특히 유용하다.

(4) 요약

다섯 가지의 학습 결과에 대한 아홉 가지의 교수사태의 적용은 학습 결과에 따라 수업 역시 달라야 한다는 것을 보여 준다. 정교화, 심상, 정보를 약호화하는 방법은 언어정보의 학습에 핵심적인 사태이다. 그러나 이 방법은 지적 기능의 학습에는 적당하지 않다. 지적 기능을 학습하는 학생들은 다양한 예시나 상황과 상호작용해야 한다. 반대로 태도의 변화는 존중받는 모델이나 긍정적인 행동에 대한 강화에 영향을 받는다.

또한 교수사태를 활용해서 교수를 계획할 때 주의할 점은 교수사태가 일련의 경직된 순서가 아니라는 것이다. 교수사태가 확인된 다음에 매체가 선택된다. 즉, 텔레비전이나 컴퓨터 같은 매체를 먼저 선택하는 것이 아니라 교수를 먼저 설계해야 한다. 매체는 특별한 교수사태의 요구에 알맞도록 선택되어야 한다.

3) 복잡한 기능을 위한 교수설계

학습될 각각의 능력을 수행목표의 형태로 정의하고 적절한 교수사태를 선택하는 것은 교수설계에서 중요한 단계이다. 그러나 또한 중요한 것은 인간 학습은 누가적 특징이 있다는 점이다. Gagné(1977a)는 복잡한 기능을 위한 수업 방법에 대하여 기술하였다. 전술한 바와 같이 간단한 것에서 복잡한 것으로 조직되는 두 가지 형태의 능력은 절차와 학습위계이다. 절차와 학습위계를 위한 교수 계획은 약간 다르다.

(1) 절차를 위한 교수설계

복잡한 기능을 위한 교수를 개발하는 첫 단계는 가르쳐야 하는 기능을 결정하는 것이다. 절차 속에 포함되는 각각의 개별적 단계를 먼저 확인한다. 예를 들어, 타이어 교체와 관련된 절차에는 바퀴 커버를 제거하고 바퀴를 들어올리기 위해 잭을 사용하는 것이 포함된다(Gagné, 1977a, p. 360).

운동 기능은 가르쳐야 할 부분 기능으로 분석된다. 예를 들어, 차를 후진하는 기능은 평행 주차에 필수적인 단계이다. 커브에서 너무 가깝거나 멀리 가지 않고 적절한 지점에 차를 세우는 것은 차를 후진하는 데 필요한 부분 기능이라 볼 수 있다.

어떤 절차에서는 대안적인 단계 간의 선택이 요구될지도 모른다. 예를 들어, 통장과 수표 기록을 맞춰 보는 단계는 수표에 번호가 매겨져 있는지를 보는 것이다. 만약 번호가 매겨져 있다면 수표는 숫자순으로 정돈해야 하며, 그렇지 않다면 수표를 날짜순으로 정돈해야 한다(Gagné, 1977a, p. 262). 양쪽은 모두 수업에 포함되어야 한다.

기능이나 부분 기능이 확인되면 각 기능의 형태가 파악된다. 그런 다음 기능이나 부분 기능에 관한 수행목표가 수립되고 그에 따라 교수 활동이 계획된다.

(2) 학습위계를 위한 교수설계

학습위계를 설정하는 일은 쉽지 않다(Gagné & Briggs, 1974, p. 112). 하위 기능을 올바르게 확인하는 것은 정보의 항목을 확인하는 것이 아니라 정신적 조작의 요소를 확인하는 것이다(p. 113).

지적 기능을 위한 핵심적인 선행학습 요소는 **학습과제 분석**(learning task analysis)이라는 방법으로 결정된다(Gagné & Briggs, 1979). 이것은 본질적으로 질문식 접근법이며, 가르쳐야 할 복잡한 기능에 적용된다. 이 방법은 현재의 기능 학습에 필수적인 더 단순한 기능은 무엇인가를 질문한다. 선행학습 요소를 즉시 확인하는 데 있어서 중요한 것은 바로 **핵심적**이라는 단어이다. 학습될 기능과 관계없는 더 간단한 기능들이 많이 확인될 수도 있을 것이다. 선행학습 요소 기능은 학습이 어려움 없이 빠르게 진행된다면 학생들에 의해 회상되어야 한다.

[그림 7.2]에 있는 '뺄셈할 때 윗자리에서 수를 가져오는 것'이라는 기능이 예가 될 수 있다. 선행학습 요소 기능은 '0이 이해될 때 뺄셈하는 것(가져오기)'이다. 윗자리에서 수를 가져올 필요가 없는 한 자리의 뺄셈을 배우는 데에는 한 자리 숫자에서 0을 빼는 것을 배우는 것이 필수적이다.

학습 과제 분석의 중요성은 화씨 온도를 섭씨 온도로 바꾸는 사례로 설명할 수 있다(Gagné & Briggs, 1974, p. 113). 어떤 이는 선행학습 요소를 'C=5/9(F−32)라는 것을 아는 것'이라고 할지 모른다. 그러나 이러한 진술은 정보의 항목이다. 반대로, 선행학습 요소 기능은 '방정식을 풀면서 알려지지 않은 변수의 수적 가치를 발견하는 것'과, '변수를 위한 하나의 수적인 가치를 산출하기 위하여 방정식에서 변수의 수적 가치를 대체하는 것'이다(p. 113).

질문식 절차에 의해 확인된 각각의 기능은 다음의 더 간단한 선행학습 요소를 결정하기 위해 또 다시 질문을 제기한다. 질문에 의한 이러한 분석은 논리적으로 특별한 학습자 집단에 이르기까지 반복된다. 논리적으로 최종 지점은 학생들이 이미 학습한 선행학습 요소 기능이다. 이러한 기능들은 교수의 단위나 교육과정의 전체 능력으로 확인된다.

가르쳐야 하는 각각의 기능은 능력의 형태에 의해 범주화되고 수행목표의 형태로 기록된다. 관련 있는 언어정보와 태도 역시 확인되어 수행목표로 기록된다. 각각의 목표에 대한 수업은 전술한 교수사태를 활용해서 개발된다.

3. 교육적 적용

하위 과제와 선행조건 기능의 개념을 활용하여 실행된 프로그램이 몇 가지 있다. 예를 들어, 읽기에 미숙한 사람들을 대상으로 한 'Reading Recovery'라는 프로그램은 활자에 대한 기본적인 개념의 이해가 성공적인 읽기 수업의 핵심이라는 것을 발견하였다. 이 프로그램의 기본적인 개념 가운데에는 책의 표지 확인, 인쇄물에 포함된 메시지 확인 등이 들어 있다(Clay, 1999). Griffin, Case, 그리고 Siegler(1994)는 도심에 거주하고 있는 저소득층 가정의 아동들이 정규 수학 교육을 시작하는 데 중요한 핵심적인 선행학습 요소를 가지고 있지 못하다는 것을 발견했다. 그들은 또한 간단한 덧셈 문제에서도 부적절한 전략을 사용하였다. 중산층의 아동들이 학교에 입학하기 이전에 획득하는 능력인 수를 세고, 양을 재고, 숫자를 대입하고, 큰 수와 작은 수를 짝을 지어 구분하는 것을 저소득층 가정의 아동들은 알지 못하고 있었다(p. 37).

1) 교실 문제

학습을 분석하는 Gagné의 접근은 교수의 필요성이라는 관점에서 기인한다. 그 결과 그의 연구는 교실 문제를 다루고 있다.

(1) 학습자 특성

개인차, 준비도, 동기는 체제적 교수설계와 교사 모두에게 해당되는 문제이다. Gagné (1974b, 1980a), Gagné와 Briggs(1979)는 이 문제를 교수설계와 수업의 관점에서 논의했다.

개인차. 교수의 효과성은 학생들의 몇 가지 개인차에 영향을 받는다. 개인차에는 인지전략과 학습 속도에서의 차이가 포함된다. 그러나 특히 중요한 것은 학생들의 초기 능력이다(Gagné, 1974b)(준비도 부분 참조). 초기 능력(entry capability)이란 교수가 시작될 때 사용되어야 하는 원재료이다(Gagné, 1974b, p. 125). 이러한 초기 능력은 새로운 과정이나 단원의 시작 혹은 새 학년의 시작과 같이 교육과정 안에서 몇 개의 시작점을 통하여 다루어질 수 있다.

수업에서 개인차를 고려하는 방법은 소집단 교수, 개인 교수, 자율학습(Gagné, 1974b), 그리고 개별화된 교수 체제 등이 있다(Gagné & Briggs, 1979). 개별화된 교수 체제의 장점은 25명 혹은 그 이상의 학생이 있는 교실에서 교수 활동을 개별 학생들의

요구에 일치시킬 수 있는 수업 체제라는 것이다(Gagné & Briggs, 1979, p. 261)

준비도. Gagné(1968a, 1977a)는 발달적 준비도를 개인의 관련 능력으로 보았다. 준비도는 성장 준비도 모형이 주장하는 바와 같이 학습이 일어날 수 있기 전에 어떤 성장 변화가 일어나야만 하는 성숙의 문제가 아니다(Gagné, 1968a). 준비도는 Piaget (1970)가 주장한 것과 같이 논리적 사고의 점진적 내면화의 문제도 아니다. Gagné에 의하면 이러한 두 모형은 인간 발달에서 학습에 영향을 미치는 부차적인 역할을 한다고 주장하였다. 학습은 누가적인 특성이 있기 때문에 새로운 학습을 위한 준비도는 핵심적인 선행학습의 이용 가능성을 의미한다. 전술한 바와 같이 준비도는 지적 기능의 위계에서 저차원적인 기술, 핵심적 규칙, 개념, 부분 기능 등이다.

동기. 효과적인 교수설계에는 학생들의 동기를 확인하고, 그 동기를 교육목표를 성취하는 생산적인 활동으로 옮기는 통로를 만드는 것이 포함된다(Gagné, 1977a, p. 287).

비록 하나의 특성으로만 종종 취급되지만, 동기는 일반적이고 구체적인 형태 모두를 포함한다. 일반적인 동기 상태의 예는 David McClelland(1965)의 성취동기와 R. W. White(1950)의 능력동기이다(Gagné, 1977a). 구체적 동기에는 보상동기와 과제동기가 있는데, 이 둘 모두 강화 유관성을 잘 활용함으로써 발달시킬 수 있다. 다른 아동과의 공동 작업, 학교 과제의 충실, 숙달과 정확성 등에 대한 강화는 보상동기를 발달시킬 수 있다(Gagné, 1977a).

(2) 인지과정과 교수

학습에 대한 Gagné의 분석은 교수에서 차이를 만드는 요인을 확인하는 것이다. 그러므로 학습의 전이 문제, 학생의 자기 관리 기능, 문제해결의 교수는 학습의 조건의 전체적인 구성요소이다.

학습의 전이. 학습의 전이 개념은 Gagné의 누가적 학습모형의 중심이다. 첫째, Gagné는 다섯 가지 학습 결과 각각에 핵심적인 선행학습 요소를 설명한다. 둘째, 지적 기능 내의 핵심적인 선행학습 요소는 두 가지 방법으로 전이된다. 핵심적인 선행학습 요소는 더 고차적인 기술과 다른 상황의 일반화에 기여한다. 덧셈, 뺄셈, 곱셈, 나눗셈의 기능이 그 예이다.

아홉 가지 교수사태에는 또한 학습의 전이가 포함되어 있다. 학습이 종결될 무렵에는 능력의 인출을 위해 단서가 제공되고, 습득한 기능을 적용해 볼 수 있는 새로운 상황이 학생들에게 소개된다.

학습방법에 대한 학습. Gagné는 학습방법에 관한 기능을 인지전략이라고 하였다(1972, 1977a). 이것은 개인이 자신의 학습, 기억, 사고를 관리하는 방법이다. Gagné는 각각의 학생들이 잠재력을 발휘하기 위하여 학습방법에 관한 기능을 학습해야 하며, 이것이 교육에서 해야 할 문제 중에 하나라고 주장하였다(Gagné, 1977a, p. 36).

문제해결의 교수. Gagné(1977a, p. 34)에 따르면 문제해결의 과정은 학습자가 새로운 문제에 대한 해법을 찾는 과정에서 이전에 학습한 규칙을 어떻게 연결시킬 것인가를 발견하는 것이라고 하였다. 문제해결의 교수에는 ① 학습자가 문제해결에 필요한 규칙을 획득했을 것과, ② 학습자에게 전혀 새로운 문제상황을 제시할 것을 요구한다(Gagné & Briggs, 1979, p. 71). 학습자는 문제의 해법을 만들어 내는 과정에서 자신의 기억으로부터 적절한 규칙을 선택하고 연합함으로써 '발견학습'을 하게 된다.

문제해결은 비록 발견학습을 포함하고 있지만, 인지전략을 학습하기 위해 제시되는 새로운 문제의 해결과는 다르다. 인지전략을 학습하기 위한 문제해결에서 학습자는 다양한 자원으로부터 정보를 선택하고 새로운 방법으로 정보를 합치는 작업을 요구하는 해결책을 **창안한다**(originating). 지적 기능과 관련된 문제해결에서 학습자는 이미 학습한 규칙을 다시 연결할 것을 필요로 하는 해결책을 **생성해 낸다**(generating).

(3) 학습의 사회적 맥락

Gagné(1977a), Gagné와 Briggs(1979)가 주장하는 방법은 교수모형의 개발보다는 교수 체제의 설계에 초점을 두고 있다. 교수모형은 교사 혹은 다른 개인이 특정한 학습자 집단을 대상으로 수업을 하거나 수업을 관리하는 역할에 초점을 두고 있다. 그러나 교수 체제는 종종 자료나 학습자 안에 존재할지도 모르는 교수의 속도나 관리와 같은 활동을 포함한다. 그 결과 교수설계와 관련된 학습의 맥락은 교수 관리의 효과성 측면에서 논의된다(Gagné & Briggs, 1979). 즉, 개인 교수, 소집단 수업, 대집단 수업에서 발생하는 교수사태의 차이점이 설명된다. Gagné와 Briggs는 또한 이러한 각 맥락에서 학생들이 갖고 있는 초기 능력의 차이가 시사하는 바를 논의하였다.

(4) 다른 관점과의 관계

Gagné는 이전의 이론가들과는 다르게 인간이 다양한 상황에서 상호작용하는 다양한 기능과 능력으로부터 자신의 이론을 전개하였다. 그는 일부 이론이 인간 학습의 복잡한 측면을 고려하지는 않았다고 주장하면서 학습의 조건에 형태주의 이론의 통찰을 통합했고, 지적 기능을 설명하면서 안내된 발견의 개념을 도입했으며, 태도를 설명하면서 Bandura의 모델링과 강화 이론을 사용하였다.

그가 주장한 학습의 조건은 또한 조작적 조건형성의 행동적 초점과 학습에 대한 인지적 접근을 연결하는 교량적 역할을 한다. 학습자는 학습에 필수적인 반응(행동 원리)과 환경적 사태(교수사태)를 습득한다. 반응은 다른 종류의 내적 능력을 반영하며 다른 종류의 내적 상태(정신적 사태)를 요구한다. 또한 인지전략으로 불리는 학습의 다양성은 초인지라고 하는 정보처리 개념을 반영하였다.

조작적 조건형성과 마찬가지로 학습의 조건에서 교수 활동은 교사 주도적으로 이루어지며, 학습자가 미리 결정된 학습 결과를 성취할 수 있도록 진행된다. 따라서 이러한 접근은 교사가 수업을 투입하고 학습의 방향과 깊이를 결정한다는 점에서 학습자 공동체로 이루어지는 사회적 구성주의와는 다르다. 또한 Gagné의 주장은 학습자의 내적 처리 활동과 교수적 지원을 논의하고 있지만, 종종 학습 결과를 구체화시키지 않는 인지적 관점과도 다르다.

2) 교실수업 전략의 개발

체제적 접근에 따르면 교실에서 이루어지는 교수설계는 교육과정과 교수를 포함하는 전체적인 과정이다. 그러므로 특별한 교수 단원의 개발은 교육과정과 단원 수준에서 진행되어야 한다.

(1) 체제 설계 모형

교수설계를 위한 체제 모형은 세 가지의 중요한 특징이 있다. 첫째, 교수는 구체화된 목적과 목표를 위해 설계된다. 둘째, 교수 개발은 매체와 다른 교수 기술을 활용한다. 셋째, 예비 실험, 자료 수정, 현장 검증 등은 설계 과정의 한 부분이다. 즉, 의도한 성취를 이룰 때까지 설계 모형은 목표를 구체화하고, 교수를 설계하고, 자료를 시험해 보고, 교수를 수정한다. 설계, 시험, 수정의 과정은 체제 모형의 주요한 특징이다. 개발은 '폐회로(closed loop)' 과정과 같다.

Gagné와 Briggs(1979)가 제안한 체제 모형은 교육과정과 교수를 설계할 때 포함시켜야 할 모든 단계를 기술하고 있다[그림 7.3]. 이 모형은 요구 평가와 목표 진술의 개발로 시작해서 과정의 최종 목표, 구체적 수행목표, 교수사태, 매체의 선택, 그리고 최종 산출물의 현장 검증 등을 포함하고 있다.

이 모형의 중요한 특징 중의 하나는 전체적인 교육과정 맥락 안에서 교수 단원 개발에 초점을 두고 있다는 것이다. 이렇게 하기 위해서 이 모형은 누가적 학습 개념을 수

국면 1: 교육과정의 틀 개발

단계 1: 요구, 장기 목표, 우선순위를 확인한다.
단계 2: 목표의 획득 가능성을 확인한다.
단계 3: 교육과정 목표를 설정한다.
단계 4: 과정 종결 후, 달성해야 할 목표를 도출한다.

국면 2: 교수의 틀 개발

단계 5: 목표를 과정과 하위 기능 구성요소로 분석한다.
단계 6: 하위 기능에 대한 수행목표를 기록한다.
단계 7: 각각의 목표에 대한 교수사태를 확인한다.
단계 8: 교수사태에 적합한 매체를 선택한다.
단계 9: 목표에 대한 평가 방법을 개발한다.

국면 3: 체제 실행

단계 10: 체제를 사용하여 가르친다.
단계 11: 형성평가를 실시한다.
단계 12: 현장 검증을 하고 수정한다.
단계 13: 체제를 총괄적으로 평가한다.
단계 14: 체제를 실행하고 보급한다.

[그림 7.3] Gagné와 Briggs의 체제 설계 모형 요약

업을 넘어 교육과정 수준으로 확장하였다. 교수를 통한 학습과 교육과정 수준 간의 관계는 다음과 같은 목표 진술을 통해 설명된다.

1. **교육과정 목표**: 학생은 특정한 국가의 사법, 행정, 경제, 정치 제도를 그 나라에서 중요시하는 사태 및 상황과 관련해서 비판적으로 분석할 수 있다.
2. **단위 목표**: 학생은 정치와 경제 제도의 관계를 설명할 수 있다.
3. **구체화적 하위 기능**: 학생은 체계를 정치나 경제로 분류할 수 있다.

모형을 설계할 때 **형성평가** 단계는 소집단 학생들을 대상으로 자료를 시험해 보는 것이다. 형성평가의 목표는 효과적으로 운영되지 않는 교수 영역을 규명해서 개선하는 데 있다. 이러한 과정을 거쳐 대집단을 대상으로 현장 검증을 한다. 현장 검증 이후에 자료를 약간 변경시킬 필요도 있을 것이다. 마지막으로 총괄평가 단계는 일반 학생들을 대상으로 자료를 평가한다. 이 평가는 교수를 통해 목표가 달성되었는지를 확인하고, 자료가 어느 집단에 효과적인가를 밝히는 데 있다.

단원 설계. 완전한 체제 모형은 과정과 교수 단원을 포함한 교육과정 개발을 위해 설계된다. 그러나 그 원리들은 개별적인 수업 단원을 설계하는 데도 활용할 수 있다.

단계 1: 수행목표를 기록하거나 선택한다.

1.1 이 단원이 끝난 후에 학습되는 최종 기능은 무엇인가?

1.2 이와 관련된 하위 기능은 무엇인가? 단원의 목표가 규칙을 사용하는 것을

학습하는 것이라면, 그와 관련된 지적 개념은 무엇인가? 인지전략을 학습하는 것이 목표라면, 관련된 지적 기능은 무엇인가?

1.3 어떤 지원적 기능이 단원의 초기 기능이고, 단원의 일부로서 가르쳐야 할 기능이 무엇인지를 결정하라.

1.4 가르칠 기능에 적절한 동사를 선택해서 수행목표의 형식으로 기록한다.

단계 2: 각각의 수행목표에 대한 교수사태를 선택한다.

2.1 각 목표에 대한 학습 유형을 확인한다. 만약 목표가 지적 기능이라면 변별 기능, 개념학습, 규칙학습, 고차원적 규칙학습으로 정의한다.

2.2 가르칠 특정 집단의 특징과 초기 기능을 규명한다(예: 읽기 수준이 평균인가 그 이하인가?).

2.3 2.1과 2.2에 따라 각 목표의 독특한 학습의 조건을 충족시킬 수 있는 교수사태를 선택한다(〈표 7.6〉 참조).

단계 3: 교수사태에 적합한 매체를 선택한다.

3.1 특정한 학습 결과를 충족시킬 수 있는 여러 가지 매체를 확인한다.

3.2 학습자의 연령이나 읽기 수준에 적당하지 않은 매체를 제거한다.

3.3 비용, 집단의 크기, 실행의 용이성 등에 근거해 교수사태에 적절한 매체를 최종적으로 선택한다.

단계 4: 목표에 적합한 검사를 개발한다.

4.1 수행에 반영된 각 목표마다 4~8가지의 항목을 기록한다. 예를 들면, "주제 찾기"를 선택할 수 있는 여러 가지의 짧은 문장을 선택한다.

4.2 목표마다 산출된 항목을 과제의 길이와 난이도를 근거로 종합한다.

3) 교실수업의 예

〈표 7.7〉에 소개된 단원은 '글의 요지 찾기' 학습을 위해 설계된 교수의 사례이다. 이 단원은 이미 학습된 개념, 즉 주제를 기초로 설계되었다. 이 단원은 교실에서 아홉 가지 교수사태를 어떻게 활용할 수 있는가를 보여 준다.

변별적인 자극을 제시하는 4단계에서 교사는 핵심적인 정보를 사용해서 요지가 무엇인가에 대하여 설명한다는 것에 주목할 필요가 있다. 이 정보는 먼저 교사에 의해서 설명된다. 그러나 나중에는 학생들이 이 정보를 활용해서 요지의 사례를 확인할 때 적용한다.

〈표 7.7〉 학급 활동의 예

학습할 능력: 학생들은 간단한 글을 읽고 글의 요지를 찾을 수 있다(4~5학년).

교수사태	교수매체	학급 활동
1. 주의집중 유도	교사의 설명	교사는 학생들에게 좋아하는 TV 쇼나 이야기의 이름을 질문한다.
2. 학습자에게 목표 설명	교사의 설명	교사는 학생들에게 쇼의 이야기를 다시 말하지 않고 그 쇼가 무엇에 관한 것인지 말해 줄 방법을 아느냐고 누군가에게 질문을 한다. 교사는 그들이 이야기의 요지를 찾는 방법을 배워서 친구에게 이야기에 대해 말해 줄 수 있을 것이라고 설명한다.
3. 선행학습의 회상 자극	교사의 설명	학습자에게 (어떤 사람이나 이야기에 대한) 주제라는 용어를 회상하도록 요청한다.
4. 변별적 자극 제시	교사의 설명과 슬라이드	슬라이드: 주제+주제에 대한 특별한 것=요지 예: 아기돼지 삼형제 요지: 아기돼지 삼형제가 집을 지었고, 늑대가 벽돌집을 제외하고는 모두 날려버렸다. 교사는 그 문장이 왜 요지인지를 설명한다.
5. 학습 안내 제공	슬라이드와 집단 토론	슬라이드: 세 문장으로 된 간단한 상황을 설정한다. 각 상황에서 하나는 요지이고 나머지는 구체적인 세부 내용이다. 교사와 학생은 선택과 올바른 선택의 근거에 대해 논의한다.
	학습 게임	학생들이 집단으로 나누어 '자연스러운 주제' 놀이를 한다(Bell & Weikert, 1985, pp. 78-83). 학생들은 세 문장이 들어 있는 그림 게임 카드를 넘기면서 요지를 선택한다. 게임판의 토큰은 쉬운 문제에 대한 답은 한 칸, 더 어려운 문제에 대한 답은 두 칸을 이동하는 데 사용된다.
6. 수행 유도	인쇄물	아동들에게 요지로 선택할 수 있는 몇 가지 예제가 간단히 제공된다. 예: 영화 E.T. 선택: 요지는 A. E.T.는 Elliott의 자전거 손잡이에 앉았다. B. E.T.는 지구에 친구들이 있음에도 불구하고 지구를 떠나 집으로 가길 원했다. C. E.T.는 Elliott 집의 인형 바구니에 숨었고 인형과 구분되지 않았다.

단계 4에서는 게임을 사용함으로써 아동들은 자신의 수행을 평가하기 전에 새로운 기능을 시험해 볼 기회를 갖게 된다. 그러므로 여기에서는 교사가 아니라 게임을 하는 과정에서 피드백을 받는다.

이 단원에서는 교수사태 5, 6, 7이 요지와 자주 혼동되는 두 가지 유형의 문장을 학생들이 경험하도록 하기 위해 반복된다. 두 종류의 문장은 주제를 설명하지 않는 일반

〈표 7.7〉 학급 활동의 예(계속)

교수사태	교수매체	학급 활동
7. 피드백 제공	교사의 설명과 집단 토론	학급은 답에 대해 논의한다. 이야기의 세부 사항이 진술되지 않도록 하면서 교수사태 5, 6, 7이 반복된다. 요지는 일반적 진술이다. 요지는 주제에 대해 뭔가 특별한 것을 설명하지 않는다. 예: 먹을 수 있는 풀을 설명하고, 밀, 쌀, 건초와 그것이 음식으로 활용될 수 있는 내용이 포함된 간단한 글을 제시한다. 선택: 이 이야기는 A. 풀을 먹는 방법에 관한 것이다. B. 풀이 자라는 방법에 관한 것이다. C. 풀의 활용에 관한 것이다. 요지를 나타내는 문장을 선택하도록 하면서 교수사태 5, 6, 7을 반복한다. 예: 나이테가 무엇이며 그것이 어떻게 생기는지, 나이테가 나무의 성장에 어떤 의미가 있는지를 설명하는 글을 제시한다. 선택: 이 이야기는 A. 점점 가까워지는 나이테에 관한 것이다. B. 비가 어떻게 나무를 성장시키는가에 관한 것이다. C. 나이테가 나무에 대해 무엇을 말해 주는가에 관한 것이다.
8. 수행 평가	인쇄물	아동들은 제시된 여러 개의 간단한 글을 읽고 요지(일반적인 것과 구체적인 것)를 선택한다.
9. 파지와 전이	집단 토론	아동들은 교수사태 1에서 말한 TV 쇼와 이야기에 대해 말한다. 교사는 각 이야기의 요지를 선택하는 방법을 소개하고, 아동들은 토론 시간에 집단으로 요지를 결정한다.

적 진술과 구체적인 세부 내용이다. 각 문장은 요지의 예와 대조되기 때문에 아동들은 그 차이를 분명하게 이해하게 된다.

파지와 전이는 아동들이 좋아하는 TV 프로그램에 대한 논의를 사용해서 첫 수업이 있은 지 며칠 뒤에 제공된다. 아동들은 나중에 회상하는 데 도움이 될 수 있는 추가적인 단서를 이 때 얻는다.

이 단원은 효과적인 교수의 중요한 특징을 보여 준다. 너무 자주, 너무 많은 정보가 학습자에게 너무 빨리 제공되면 종종 혼란과 잘못된 학습을 초래한다. 이 단원에서는 새로운 개념의 특징이 매 단계마다 하나씩 제시되어 학습자가 연습하도록 한다.

이 단원은 또한 지적 기능에 대한 중요한 필요조건을 보여 준다. 구체적으로 이러한 필요조건들은 이전 정보와 통합되고, 학습자가 상징과 상호작용하는 과정에 통합된다.

4) 이론의 재고

이전의 학습이론가들은 실험실에서 학습과정에 대한 설명을 개발해서 그것을 인간의 상황으로 확대했다. 반면 Robert Gagné는 인간 학습의 특징인 복잡성과 다양성에서 출발하여 그 다양성을 설명할 수 있는 체제를 개발하였다.

Gagné의 분석은 다양한 수행과 서로 다른 선행학습 요건으로 구별되는 다섯 가지의 학습 유형을 산출했다. 다섯 가지 유형은 언어정보, 지적 기능, 인지전략, 태도, 운동 기능이다. 덧붙여, 지적 기능에는 변별학습에서부터 고차원적 규칙학습(문제해결)에 이르는 위계를 형성하는 구체적인 네 가지 기능을 포함하고 있다. '기계적 암기학습'이나 '개념학습' 같은 명칭과는 달리 다섯 가지 유형은 교과목, 학습자의 연령, 학년 수준으로부터 독립적이다.

각각의 학습 유형은 특정 능력을 획득하기 위해 서로 다른 내적, 외적 조건을 필요로 한다. 내적 조건에는 ① 필요한 선행학습 기능과 ② 학습에 필요한 인지과정의 아홉 가지 단계가 포함된다. 외적 조건은 학습자의 인지과정을 지원하는 교수사태이다.

Gagné 이론의 주요 목표는 효과적인 교실 교수를 계획하는 것이다. 학습된 기능은 수행목표의 형태로 진술되고 학습 유형이 확인된다. 과제 분석은 선행학습을 파악하는 데 사용되고 가르칠 목표에 따라 교수사태가 선택된다.

(1) 단점

이 이론은 학습에 대한 이전 연구에서 관찰된 심리학적 과정을 확인하고, 확인된 과정과 관련된 교수사태를 정확하게 구체화하기 위해 개발되었다. 그러므로 이 이론은 교사가 교실에서 사용하는 것보다는 교육과정 설계 팀이 사용하기가 더 용이할 것이다.

(2) 교실 실제에 대한 기여

이 이론의 가장 잘 알려진 공헌은 누가적 학습의 개념을 사용한 것과, 간단한 과제에서 복잡한 과제에 이르기까지 교육과정을 설계할 수 있는 틀을 제공해 주었다는 것이다. 누가적 학습, 과제 분석, 구성요소 기능의 확인 등의 개념이 교육과정 구성요소에 포함되게 되었다.

〈표 7.8〉 Gagné의 학습의 조건 요약

기본 요소	정 의
가정	발달은 성장의 범위 내에서 누가적 학습 효과의 결과이다. 학습은 단일한 과정이 아니며, 학습의 과정은 하나의 과정으로 통합될 수 없다.
학습	환경적 자극으로부터 지원을 받는 정보처리 단계가 다양한 종류의 학습에 작용한다.
학습 결과	다섯 가지 학습 유형의 수행을 통하여 내적 능력이 나타난다.
학습의 구성요소	다섯 가지 학습 유형: 언어정보, 지적 기능, 인지전략, 태도, 운동 기능 학습의 내적 조건: 선행학습 기능과 정보처리의 9단계 학습의 외적 조건: 교수사태
복잡한 기능을 위한 교수설계	절차와 학습위계에 포함된 순차적인 기능과 관련된 교수사태를 제공한다.
교수설계의 주요 문제	학습될 능력의 확인, 목표에 대한 과제 분석, 적절한 교수사태의 선택
이론 분석	
단점	이 이론을 교실에 적용하기 위해서는 특별한 교사 훈련이 필요하다.
교실 실천에 대한 공헌	단순한 것부터 복잡한 것에 이르는 교수설계의 기제 제공, 누가적인 인간 학습의 심리적 과정 확인 인간 학습의 다양성 설명 정보처리의 구체적인 단계와 교수사태 연결

5. 생각해 볼 문제

1. 어떤 교사가 평면도형의 넓이를 구하는 단원을 계획하고 있다. 이 교사는 A＝lw, A＝w×1/2과 같은 두 가지 공식을 제시한다. 그리고 두 직사각형과 두 삼각형의 넓이를 구하기 위해 그 공식을 사용한다. 학생들에게 숙제로 몇 문제가 제시된다. Gagné의 이론에 따르면 이 교사가 잘못한 것은 무엇인가?
2. 아래의 목표를 학습 유형으로 구분하라. 만약 목표가 지적 기능이라면 그 종류를 파악하라.
   ____ a. 학습자가 입체파, 인상주의, 사실주의의 예로 그림을 분류할 수 있다.
   ____ b. 컴퓨터 분석가가 프로그램 명령의 오류로 나타난 프로그램을 수정할 수 있다.
   ____ c. 교외에 거주하는 사람이 자발적으로 재활용할 수 있는 쓰레기를 수거한다.
   ____ d. 학생들은 다른 문명국에 대한 미국의 무역 장벽을 지원하기 위한 논리적 주장을 펼 수 있다.
3. 기능 (a)와 (b)의 선행학습 요소를 최소한 두 가지 이상 확인하라.

4. 헤드 스타트(Head Start) 프로그램이 학생들의 학교 교육 실패 가능성을 줄이는 데 효과가 있는지에 대한 논의가 계속되고 있다. Gagné의 관점에 따르면 이 논쟁에서 무엇이 핵심적인 문제로 질문되어야 하는가?

참고문헌

Airasian, P. W., & Bart, W. M. (1975). Validating a priori instructional hierarchies. *Journal of Educational Measurement, 12*, 163-173.

Bandura, A. (1977). *Social learning theory*. Upper Saddle River, NJ: Prentice Hall.

Bannon-Ritland, B. (2003). The role of design in research: The integrative learning design framework. *Educational Researcher, 32*(1), 21-31.

Bell, I. W., & Weikert, J. E. (1985). *Basic media skills through games* (Vol. 1, 2nd ed.). Littleton, CO: Libraries Unlimited.

Brophy, J. (1988). Research linking teacher behavior to student achievement: Potential implications for instruction of Chapter One students. *Educational Psychologist, 23*(3), 235-276.

Clay, M. M. (1999). *An observation survey of early literacy achievement*. Portsmouth, NH: Heinemann.

Estes, W. K. (1972). Reinforcement in human behavior. *American Scientist, 60*, 723-729.

Flynn, J. L. (1992). Cooperative learning and Gagné's events of instruction. *Educational Technology, 32*(10), 53-60.

Gagné, R. M. (1962a). The acquisition of knowledge. *Psychological Review, 69*(4), 355-365.

Gagné, R. M. (1962b). Military training and principles of learning. *American Psychologist, 17*, 83-91.

Gagné, R. M. (1965a). The analysis of objectives. In R. Glaser (Ed.), *Teaching machines and programmed learning: II. Data and directions* (pp. 21-65). Washington, DC: National Education Association.

Gagné, R. M. (1965b). *The conditions of learning*. New York: Holt, Rinehart & Winston.

Gagné, R. M. (1968a). Contributions of learning to human development. *Psychological Review, 75*(3), 177-191.

Gagné, R. M. (1968b). Learning hierarchies. *Educational Psychologist, 6*, 1-9.

Gagné, R. M. (1970). Some new views of learning and instruction. *Phi Delta Kappan, 51*, 486-472.

Gagné, R. M. (1972). Domains of learning. *Interchange, 3*(1), 1-8.

Gagné, R. M. (1974a). *Expectations for school learning*. Bloomington, IN: Phi Delta Kappa.

Gagné, R. M. (1974b). *Essentials of learning for instruction*. Hinsdale, IL: Dryden.

Gagné, R. M. (1977a). *The conditions of learning* (3rd ed.). New York: Holt, Rinehart & Winston.

Gagné, R. M. (1977b). Instructional programs. In M. H. Marx & M. E. Bunch (Eds.), *Fundamentals and applications of learning*. New York: Macmillan.

Gagné, R. M. (1980a). Learnable aspects of problem solving. *Educational Psychologist, 15*(2), 84-92.

Gagné, R. M. (1980b). Preparing the learner for new learning. *Theory into Practice, 19*(1), 6-9.

Gagné, R. M. (1982). Learning from the top down and the bottom up. *Florida Educational Research Journal, 24*, 1-10.

Gagné, R. M. (1984). Learning outcomes and their effects: Useful categories of human performance. *American Psychologist, 37*(4), 377-385.

Gagné, R. M. (1985). *The conditions of learning*

(4th ed.). New York: Holt, Rinehart & Winston.

Gagné, R. M. (1986). Instructional technology: The research field. *Journal of Instructional Development*, *8*(3), 7-14.

Gagné, R. M. (Ed). (1987a). *Instructional techFoundations*. Hillsdale, NJ: Erlbaum.

Gagné, R. M. (1987b). Peaks and valleys of edupsychology. In J. A. Glover & R. R. Ronning (Eds.), *Historical foundations of educational psychology* (pp. 395-402). New York: Plenum.

Gagné, R. M. (1989). *Studies of learning: Fifty years of research*. Tallahassee, FL: Learning Systems Institute.

Gagné, R. M., & Briggs, L. J. (1974). *Principles of instructional design*. New York: Holt, Rinehart & Winston.

Gagné, R. M., & Briggs, L. J. (1979). *Principles of instructional design* (2nd ed.). New York: Holt, Rinehart & Winston.

Gagné, R. M., Briggs, L. J., & Wager, W. W. (1988). *Principles of instructional design* (3rd ed.). New York: Holt, Rinehart & Winston.

Gagné, R. M., & Driscoll, M. P (1988). *Essentials of learning for instruction*. Upper Saddle River, NJ: Prentice Hall.

Gagné, R. M., & White, R. T. (1978). Memory structures and learning outcomes. *Review of Educational Research*, *48*(2), 187-222.

Gredler, G. R. (1992). *School readiness: Assessment and educational issues*. Brandon, VT: Clinical Psychology Publishing Company.

Gredler, M. B. (1986). A taxonomy of microcomputer simulations. *Educational Technology*, *26*(3), 36-40.

Greeno, J. (1978). Nature of problem-solving abilities. In W Estes (Ed.), *Handbook of learning and cogn itive processes* (pp.239-270). Hillsdale, NJ: Erlbaum.

Griffin, S. A., Case, R., & Siegler, R. S. (1994). Right-start: Providing the central conceptual prerequisites for first formal learning of arithmetic to students at risk for school failure. In K. McGilly (Ed.), *Classroom lessons: Integratcognitive theory and classroom practice* (pp. 25-49). Cambridge, MA: MIT Press.

Jonassen, D. H., Tessmer, M., & Hannum, W. H. (1999). *Task analysis methods for instructional design*. Mahwah, NJ: Erlbaum.

McClelland, D. C. (1965). Toward a theory of motive acquisition. *American Psychologist*, *20*, 321-323.

Melton, A. W. (Ed.). (1964). *Categories of human learning*. New York: Academic.

Miller, E. J. (1990). In videodisc veritas: Interactive video at Harvard Law School. *T.H.E. Journal*, March, 78-80.

Peterson, P. (1988). Selecting students and services for compensatory education: Lessons from aptitude-treatment interaction research. *Educational Psychologist*, *23*(4), 313-352.

Piaget, J. (1970). Piaget's theory. In P. H. Mussen (Ed.), *Carmichael's manual of psychology* (pp. 703-722). New York: Wiley.

Reiser, R. A., & Gagné, R. M. (1983). *Selecting media for instruction*. Englewood Cliffs, NJ: Educational Technology.

Rothkopf, E. Z. (1970). The concept of mathemagenic activities. *Review of Educational Research*, *40*, 325-336.

Skinner, B. F. (1968). *The technology of teaching*. New York: Appleton-Century-Crofts.

Twitchell, D. (Ed.) (1991). Robert M. Gagné and M. David Merrill in conversation. *Educational Technology*, *31*(1), 34-40.

White, R. T. (1974). A model for validation of learning hierarchies. *Journal of Research in Science Teaching*, *11*, 1-3.

White, R. W. (1950). Motivation reconsidered. The concept of competence. *Psychological Review*, *66*, 297-333.

제 8 장

인지적 관점: I. 정보처리

> 두뇌는 정보의 수동적인 소비자가 아니다. … 우리의 인지 체제에 저장된 기억과 정보처리 전략은 환경으로부터 유입되는 감각적 정보들과 상호작용한다. 그뿐 아니라 이러한 정보에 선택적으로 반응하며 기억과 연관시키고, 그것에 능동적으로 의미를 부여한다. (Wittrock, 1990, p. 348)

디지털 컴퓨터의 발달은 복잡한 기계가 일련의 지시들을 이용해서 체스 경기와 같은 매우 복잡한 작업을 어떻게 수행해 낼 수 있는지를 설명해 준다. 이와 같은 발달은 우리의 정신이 곧 상징을 조작하는 일련의 과정이라는 견해를 유발시켰다. 컴퓨터와 관련해서 기억 구조를 연구했던 초기의 모형은 인지 과제를 수행할 때 작용하는 정신적 조작의 순서와 그 산물(정보)에 관심을 가졌다(Anderson, 1990).

인간의 기억을 컴퓨터와 관련시켜 설명하려는 모형은 인간의 능력을 적절하게 다루지 못한다는 비판을 받았으며, 이러한 비판은 새로운 연구를 유발시켰다. 학습자를 학습과정을 이해하고 통제할 수 있는 능력을 가진 능동적인 지식의 구조자로 보는 견해는 교육 분야에서 학습을 연구하도록 점진적으로 유도하였다(Brown & Campione, 1994, p. 231). 현재의 연구는 개개인이 텍스트와 그 밖의 정보로부터 의미를 발달시키는 방법과 학습자들이 지식을 조직하는 방법까지 포함하고 있다.

이론가들과 연구자들은 또한 초인지와 문제해결의 발달에 대해 밝히고 있다. 이와 같은 능력들은 인지적 관점에서 다루는 복잡한 기술이며, 제9장에서 자세히 논의될 것이다.

1. 학습원리

개인이 정보를 습득하고, 부호화하고, 기억하는 방식을 기본적으로 연구하는 정보처리 이론은 인지적 관점의 가장 중심된 이론이다. 그러나 Skinner의 조작적 조건형성이나 Gagné의 학습의 조건과는 달리, 정보처리 이론은 몇 가지 변수를 분명히 포함하고 있다. 이 관점을 채택하는 연구자들은 인간은 환경으로부터 감각기관을 통해 유입된 정보의 대부분을 기억할 수 있는 부호로 변환해서 추후에 사용할 수 있도록 저장한다는 일반적인 가정을 공유하고 있다. 연구자들은 이러한 가정을 바탕으로 인간 기억의 본질과 기억 속에서 지식이 표상되는 방법에 관한 가정들을 발달시켜 왔다. 학습의 필수적인 구성요소는 학습할 정보의 조직, 학습자가 이미 가지고 있는 선행지식, 그리고 정보의 지각, 이해, 저장을 포함한 모든 과정이다.

1) 기본 가정

정보처리 연구를 뒷받침하는 두 가지의 근본적인 가정은 다음과 같다. ① 기억 체제는 능동적으로 조직된 정보처리자이며, ② 선행지식은 학습에서 매우 중요한 역할을 한다. 이 두 가지 기본 가정과 관련된 것은 ① 인간 기억 체제의 본질, ② 특정한 지식 항목이 장기기억에서 표상되는 방법, ③ 장기기억 속에 들어 있는 지식의 본체에 대한 신념이다.

(1) 인간 기억의 본질

인간 기억에 대한 초기의 개념은 기억이란 단지 오랜 기간 동안 정보의 저장고나 수동적인 수집 장치와 같은 역할을 한다는 생각이었다. 그러나 1960년대에 들어서 연구자들은 인간의 기억을 모든 지식을 처리하고 조직하는 하나의 복잡한 체제로 보기 시작했다. 기억이란 수동적인 저장고만은 아니었다. 오히려 기억은 조직화되어 있을 뿐 아니라 매우 능동적인 하나의 체제였다. 즉, 인간의 기억이란 처리되어야 할 감각적 자료를 능동적으로 수집하여 그 자료를 의미 있는 정보로 변환시킨 다음, 정보의 대부분을 추후에 활용할 수 있도록 저장해 둔다. 인간 기억의 본질에 대한 관점〈표 8.1〉은 ① 기억 체제 개념, ② 상태 개념, ③ 처리 수준, ④ 연결주의자 모형, ⑤ 중다 단계 모형 등이다. 이 중 가장 지배적인 관점은 중다 단계 개념이다.

기억의 유형. 기억 체제 개념, 상태 개념, 처리 수준 개념은 인간의 기억을 상태나 수준

〈표 8.1〉 인간 기억의 개념

개념	설명	한계
중다 단계 모형	1. 정보는 기억 체제로 연결된 단계에 의해서 처리된다고 가정한다. 2. 구조는 감각등록기, 단기저장, 작동기억, 집행적 통제 과정으로 되어 있다. 3. 두뇌에 구조가 있는 것은 아니다.	1. 구조의 용량을 확증해 줄 수 있는 연구가 부족하다. 2. 두뇌 기능에서 발생할 수 있는 다양한 변인을 통합하지 않았다(Edelman, 1987). 3. 주의 깊은 절차는 처리가 아니라 두뇌의 산물이다(Iran-Nejad, Marsh, & Clements, 1992).
기억 체제 개념	1. 체제는 일화적(개인적 경험), 의미론적(일반적 지식), 절차적(환경에 적절히 반응하도록 돕는 절차)이다.	의미론적 기억과 절차적 기억 간의 차이가 명확하지 않다.
상태 개념	기억을 정보의 상태(활성화 혹은 불활성화)에 따라 개념화한다.	정보를 획득할 때 작용하는 처리 단계에 대한 설명이 없다.
처리 수준	1. 기억은 일련의 순차적, 위계적 수준에서 이루어지는 지각적 분석의 산물이다. 2. 수준은 감각적 분석, 형태 재인, 의미론적 결합이다(Craik & Lockhart, 1972; Craik, 1979).	기억될 정보의 양을 고려하지 않고 처리의 깊이를 측정하기가 어렵다(Neath, 1998).
연결주의 자망, 신경망, 병렬 분산 처리	1. 네트워크 구조 내에 노드 혹은 요소, 강도가 다른 연결 링크로 구성되어 있다. 2. 프리스비(Fresbee) 혹은 고무밴드망(요소/연결 강도)으로 설명된다(Bereiter, 1991). 3. 고무밴드의 진폭은 지식의 부분을 관통하는 투입 신호를 표상한다. 4. 고무밴드의 탄력 정도(연결 강도)는 학습을 표상한다.	1. 두뇌에 의한 자율적 학습을 설명하는 이 모형이 부적절한 이유는 연결 강도를 변화시킬 수 있는 물리적 대리자가 필요하다는 것이다(Bereiter, 1991). 2. 컴퓨터 시뮬레이션에서 최초의 연결 강도는 설계자에 의해 기계적으로 설정되어야 한다(Iran-Nejad, Marsh, & Clements, 1992). 3. 네트워크의 구조가 두뇌의 네트워크라는 보장이 없다(Iran-Nejad, Marsh, & Clements, 1992).

의 관점에서 개념화한 것이다. Tulving(1985)이 제안한 일화적 기억(episodic memory)은 기억 정보의 독특성, 즉 기억의 개인적 경험과 관련이 있다. 지난 해 태풍에서 살아남은 사람이나 지난 주에 보았던 영화처럼 일화적 기억의 각 항목들은 개인적인 '꼬리표'에 의하여 확인된다. 일반적으로 이러한 기억은 시간이나 장소를 연상함으로써 회상된다. 어려운 개념에 대한 학습은 기억할 만한 교실의 일화에 의하여 중재될 가능성이 있다(Martin, 1993).

상태 개념은 정보의 활성화 여부와 관계가 있으며 시 암송, 전화번호를 반복적으로 중얼거림, 운전 중에 친구와 잡담을 하는 것 등과 같은 활동을 설명해 준다. 반면에 처리 수준 개념은 단어나 구를 파악하는 데 적용되는 세 가지의 기본적인 처리 수준을 설명해 주지만, 좀 더 복잡한 처리 과정에 대해서는 설명해 주지 못한다.

중다 단계 모형. Broadbent(1958)의 다단계 기억에 관한 주장은 컴퓨터를 은유한 현재의 일반적인 모형에 많은 영향을 주었다. 집행적 통제에 의해 관리되는 순차적 기억 단계가 [그림 8.1]에 제시되어 있다. 여기에서 볼 수 있는 바와 같이 광대한 양의 물리적 신호들이 감각 체제에 영향을 미치는데, 대부분은 시각과 청각적인 것이다. 이 신호들의 많은 부분은 처리되지 않으며, 몇몇 신호들은 감각등록기에 아주 잠시 동안만 머무른다(0.5~2.0초 정도). 그리고 또 다른 신호들은 더 심화된 처리 과정을 거치기 위해 선별된다. 더 심화된 처리를 위해 선별된 정보들은 단기 혹은 작동기억으로 들어간다. 여기서 대부분의 정보는 어떤 의미 있는 형태로 부호화되어 장기기억으로 옮겨져 영구히 보존된다. 그러나 전화번호를 찾아서 그것을 전화를 걸 때까지만 기억하는 것과 같이 일부 정보는 그 이상 처리되지 않기도 한다. 비록 기억에 대한 단계의 개념은 인간의 두뇌 구조를 반영하지 않았지만, 이것은 학습의 과정을 설명하는 데 매우 유용하다.

연결주의자 모형. 연결주의자의 망(network)은 Thorndike의 연결주의(망은 자극-반응 쌍으로 구성되어 있다)와는 다르다. 노드(사고)가 연결을 통해 다른 노드를 활성화시킨다는 망의 개념은 William James(1890; Neath, 1998)에 의해 최초로 제안되었다. James는 다른 생각이 떠오르기 이전에 한 가지 생각이 '끊임없이 돌아다닌다'는 생각

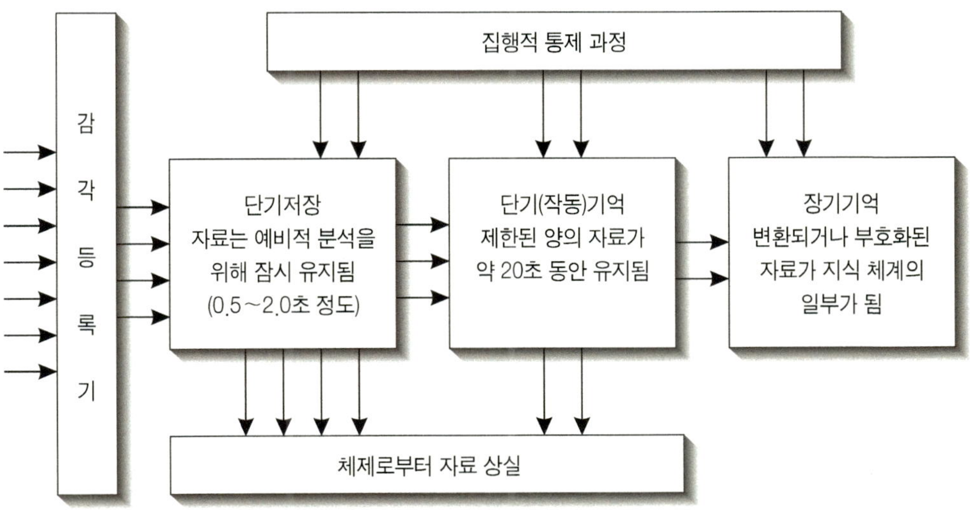

[그림 8.1] 구조적 체제로서 일반화된 인간 기억의 개념

에서 출발해 서로 다른 생각들이 빠르게 만들어지는 현상을 설명할 수 있는 네트워크 개념을 창안해 냈다.

최근 이 모형은 지식이 한 단위에서 다른 단위로 활동의 전이를 촉진시킬 수 있도록 연결(링크)되어 저장된다고 본다(Schneider & Graham, 1992).

연결주의자 모형의 개발자들(예: McClelland & Rumelhart, 1986)은 언어의 해석과 같은 활동들은 몇 가지 원천에서 나오는 정보를 동시에 처리해야 한다는 점을 지적하고 있다. 연결주의자 모형만이 그와 같은 상황을 설명할 수 있다. 정보는 어떤 고정된 형태가 아니라 정보의 연결 강도에 따라 저장되기 때문에 다수의 처리 과정이 동시에 일어난다. 예를 들면, 이 모형은 책을 읽을 때 철자와 단어의 인식, 그리고 제약에 대한 인식이 동시에 일어나고 상호작용한다고 본다. 이 모형에 의하면 **병렬 분산 처리**(parallel distributed processing)라고 하는 이 활동은 **THE CAT**와 같이 생긴 문자를 즉각적으로 'the cat'으로 인지할 수 있다는 점을 설명해 준다.

Bereiter(1991)는 '상징주의적 연결주의자' 모형이라고 할 수 있는 이 모형에서는 개념이나 명제를 나타내기 위해 요소(Frisbee)를 사용한다고 주장하였다(Holyoak, 1991; Thagard, 1989). 비록 이 모형은 상징적 표상의 획득 문제에 대해서는 약간 벗어나 있지만, 그 모형은 사람들의 사고과정을 어느 정도 설명해 준다. 즉, 그러한 모형들은 모호한 사고(또는 부정확한 표현)에서 명료한 사고로 어떻게 점진적으로 변화하는지를 설명하고 있다(Bereiter, 1991, p. 13).

(2) 지식의 표상

인간 기억 체제가 작용하는 메커니즘은 정보처리 관점에서 가장 중요한 문제이다. 또 다른 이와 동일한 정도의 중요성을 가지고 있는 문제는 정보가 기억 속에 저장되는 상징적 형태의 본질이 될 것이다. 초기의 관점은 이 기억 속에 들어 있는 특정 항목의 표상에 대하여 기술하였다. 이후의 관점들은 지식의 보다 큰 덩어리가 어떻게 조직되는가에 초점을 맞추었다.

특정 항목의 표상. 저장되는 정보의 기록이란 외부에서 유입되는 자극을 있는 그대로 복제하는 것이 아니다. 왜냐하면 감각기로부터 받아들여진 물리적인 신호들은 이 세계에 대한 완벽한 표상이라고 볼 수는 없기 때문이다. 그러므로 기억되기 위해서는 물리적인 신호가 어떤 방식으로든 변형되어야만 한다.

저장된 정보의 형태에 대해서 두 가지 주요한 견해가 있다. 그 하나는 Paivio(1971, 1983, 1986)가 제안한 이중 부호화 모형이다. 또 다른 관점은 정보란 단지 언어의 형태로 저장된다는 주장이다.

이중 부호화 모형. **이중 부호화 모형**(dual-code model)의 가장 핵심적인 특징이라면 장기기억 속에 저장되는 정보는 언어적 형태뿐만이 아니라 비언어적 형태로도 저장될 수 있다는 것이다. 이 모형은 정보를 처리하고 저장하는 데 있어서 비록 서로 연결되어 있기는 하나 각각 독립적으로 작용하고 있는 두 가지의 시스템이 존재하고 있다고 기술하고 있다. 추상적인 물체나 구체성이 없는 사태, 혹은 실체적인 물체나 사태들은 언어적인 형태로 저장된다. 예를 들면 '성공' '영혼' '진실' '능력' 등이다. 그와는 대조적으로, 비언어적인 표상은 환경적인 소리, 행동, 본능적인 감각, 그리고 다른 비언어적인 물체와 사태까지 포함된다. 예를 들어 교회 종소리, 선을 긋는 것, 단추를 누르는 것, 그리고 이를 악문 턱이나 터질 듯 고동치는 심장 등이다(Clark & Paivio, 1991).

'집'과 같은 어떤 사태나 물체들은 구체적인 특징뿐 아니라 추상적인 특징도 동시에 가지고 있어서 두 체제가 모두 적용되어 부호화될 수 있다. 언어적 표상 혹은 비언어적 표상이 활성화될 가능성은 제시된 자극(언어적 혹은 물체, 그림), 지시, 그리고 기타 맥락상의 자극이 시각적 혹은 언어적으로 정보를 처리할 수 있는 개인의 능력과 어떻게 결합되는가에 달려 있다(Paivio, 1986, p. 69).

비언어적인 부호화는 추상적인 텍스트나 기억할 항목을 더 구체적으로 회상시킬 수 있는 가능성을 많이 내포하고 있다는 면에서 중요하다(Paivio, 1983; Clark & Paivio, 1991). 이중 부호화 모형은 심상(imagery)이 언어적 부호화를 돕는 데 효과적이라고 한다. 또한 서로 분리되어 있는 요소들이 모여 하나의 심상으로 통합되면, 나중에 어떤 부분적인 실마리만 제공되더라도 전체적인 표상이 가능하도록 재활성화될 수 있다(Clark & Paivio, 1991).

시각적 심상 이론을 비판하는 사람들은 정보를 그림의 형태로 저장하는 것은 두뇌의 저장 용량을 초과하는 결과를 가져올 수 있으며, 두뇌가 어떤 그림을 읽기 위해서는 두뇌에 일종의 지각기(perceiver)가 필요할 것이라고 주장한다(Pylyshyn, 1973). 그러나 시각적 부호화를 주장하는 이론가들은 저장된 부호는 그림이 아니라 오히려 아날로그형 표상이나 아날로그형 기억이라고 주장한다. 반면에 Pylyshyn(2002)은 심상적 추론은 일반적 추론과 동일한 형태의 기제를 사용하며 단지 내용만 다를 뿐이라고 주장한다(p. 158). 예를 들어, 야구공을 공중으로 던지는 이미지를 그려 보도록 한다면 우리는 공의 곡선 궤도를 쉽게 떠올릴 수 있는데, 그것은 우리가 이전에 보았던 공의 궤도를 회상하기 때문이다(p. 159). 또한 정육면체의 모든 면을 동시에 관찰했을 때 나타날 수 있는 이미지를 그리는 데 어려움이 있는 것은 그러한 사태에 대한 지식이 없기 때문일 것이다(p. 159).

언어적 표상. 장기기억 내의 언어적 표상을 주창하는 이론가들은 정보처리 과정에서 심상이 추후의 회상에 중요하다는 것에 의문을 제기하지 않는다. 그러나 그들은 궁극적인 정보의 표상은 언어적 형태를 취하고 있으며, 이미지는 언어적 부호로 재구성될 수 있다고 주장한다.

두 가지 종류의 지식이 언어적 형태로 표상된다. 하나는 언어적 네트워크의 형태로 저장되는 선언적 지식이고, 다른 하나는 조건-행위 쌍으로 저장되는 절차적 지식이다.

선언적 지식. Noam Chomsky의 언어학에 대한 연구 성과에 영향을 받아 초기의 모형은 저장된 정보를 기본 문자열(base string, 명진이는 키가 크다.)에 비교 정보(comparative information)를 첨가하여 기술했다. Quillian(1968; Collins & Quillian, 1969)에 의해 개발된 초기의 네트워크 모형은 개념과 상위 개념들을 표현하기 위해서 노드(node)를 이용했다. '4개의 발을 가진' '털가죽이 있는' '육식 동물'과 같은 각 개념의 속성은 링크(link)나 화살표(pointer)를 통해서 첨부되었다. Quillian의 모형은 다른 문제들 이외에도 인출 시간을 설명하는 데 단점이 있어서 다른 네트워크 모형이 개발되었다.

현재 받아들여지고 있는 구조적 네트워크의 가장 일반적인 차원은 '노드'와 '링크'이다. 노드는 개념의 핵심적 요소를 나타내며 특징, 특성, 기능, 그 외의 다른 개념과 사실들을 포함하고 있는 다양한 관계들과 연결되어 있다(DiVesta, 1987, p. 212). 이 표상들의 가장 핵심적인 특성은 관계에 의해서 링크된 아이디어들의 결합이 바로 지식이라는 점이다.

John R. Anderson(1983, 1990)에 의해서 제안된 네트워크의 조직은 명제들로 구성되어 있다. 여기에서 명제란 "별개의 정보로 구분할 수 있는 가장 작은 지식의 단위, 즉 참 혹은 거짓으로 판단하는 데 필요한 가장 작은 단위의 정보이다."(Anderson, 1990, p. 123) 예를 들면, "서영이는 내 동생이다." "영주는 아름답다."이다. 즉, 명제는 의미의 원자적 단위이다(Anderson, 1990, p. 143). 인간 기억에 대한 어떤 모형은 구성요소의 처리 과정(동일한 요소 혹은 다중 요소)에 대해서는 다르게 설명하지만, 인간 기억을 Anderson과 마찬가지로 고정된 건축 구조물로 기술하고 있다(Miyake & Shah, 1999 참조).

절차적 지식. **절차적 지식**이란 어떤 특정 과제나 활동을 어떻게 수행해야 할지를 아는 것을 의미한다. 절차적 지식은 잠긴 문을 여는 것과 같은 단순한 과제에서부터 컴퓨터의 소프트웨어를 사용하는 것과 같은 복잡한 활동까지를 포함한다. 이론가들에 따르면 절차적 지식은 "만일(if) …한다면, 그러면(then) …한다."와 같이 조건-행위 쌍(condition-action pair)의 형태로 부호화된다(Anderson, 1993; Newell & Simon, 1972). 예를 들어 '만일'이 복수 주어를 의미한다면, '그러면'은 be동사 are를 취하게 될 것이다.

(3) 지식의 조직

이중 부호화 개념, 언어적 표상, 조건-행위 쌍 등은 장기기억에서 특정 정보의 가설적인 표상을 묘사하고 있다. 특히 학교 학습을 조사하는 연구자들은 종종 각 개개인이 어떻게 정보나 지식을 습득하고 이용하는지에 흥미를 가진다. 이와 같은 문헌에서 사용되는 용어 가운데에는 선행지식, 영역 지식, 도식, 내용 구체적 지식, 규범 지식 등이 있다. 이와 같은 용어들이 문헌에서 어떻게 쓰였는지를 되짚어 보면 용어에 대한 명백한 정의가 일반적으로 생략되어 있다는 사실을 알 수 있다(Alexander, 1992; Alexander, Schallert, & Hare, 1991). 그러나 Alexander 등(1991)의 분석 결과에 의하면 몇몇 다양한 용어들 간의 관계를 명백히 할 수 있었다. 연구자들은 먼저 두 가지의 광범위한 지식 범주, 즉 암시적 지식과 명시적 지식을 확인하였다. 그리고 나서 명시적 지식의 구성요소를 개념 지식과 초인지 지식으로 언급하였다.

암시적 지식과 명시적 지식. 개인의 지식에 있어서 많은 부분을 차지하는 것이 암시적 지식이다(Alexander, 1992; Alexander et al., 1991). 특히 암시적 지식(tacit knowledge)은 함축적이며, 전형적으로 의식 수준 아래에서 작용한다. 손위 사람들을 대하는 적절한 방법과 같은 사회 문화적 지식이 암시적 지식의 한 예이다.

또 다른 형태의 암시적 지식은 스크립트(대본)이다. Schank와 Abelson(1977)에 의해 처음으로 소개된 이것은 친숙하고 자주 경험할 수 있는 사건들에서 발견할 수 있는 일반적인 정보를 담고 있다. 예를 들어 '영화 보러 간다'는 스크립트 속에는 극장에 가서, 표를 사고, 간식거리를 사고, 좌석을 찾고, 영화를 보고, 극장을 떠나서, 집에 오는 것까지가 포함되어 있다. 학교 상황에서 새로운 학년이 시작되면 처음 몇 주 동안 학교에서 실행되는 주요 행사라는 스크립트는 아이들의 사회화를 목표로 하고 있다.

연구에 따르면 겨우 7개월 정도 된 아기도 이를 닦는다거나 목욕을 하고 까꿍놀이를 하는 것과 같이 보살핌을 받는 스크립트를 기억한다(Ashmead & Perlmutter, 1980).

또한 사람들은 식당에 가는 것과 같은 특정한 에피소드와 관련된 주요한 사태를 기술해 보라고 하면 거의 동일한 사태를 언급하는 경향이 있다(Anderson, 1990). 그러나 스크립트는 일단 한 번 습득되면 개인의 의식 수준 아래에서 작용하는 경향이 있다. 즉, 암시적 지식이 된다.

이와는 대조적으로 명시적 지식(explicit knowledge)은 쉽게 의식할 수 있으며, 사고의 대상이 된다(Prawat, 1989). 명시적 지식의 한 가지 일반적인 형태는 개념 지식이다.

명시적 지식의 또 다른 일반적인 종류는 **초인지** 지식이다. 초인지 지식에는 특정한 지식과 새로운 정보를 학습하는 데 필요한 일반적인 전략에 대한 지식, 계획이나 목표, 혹은 특정한 과제에 관한 지식, 학습자 자신에 대한 지식 등이 해당된다(Alexander et al., 1991). 한 가지 예를 들면, 어떤 본문 단락을 읽다가 이해하지 못하는 단어나 문장을 보았다는 지식은 이해를 돕는 '오류 교정' 전략을 촉발하는 신호가 된다(Dole, Duffy, Roehler, & Pearson, 1991). 초인지 지식은 [그림 8.1]에서 설명하고 있는 집행적 통제 과정의 기능을 한다.

개념 지식. 개념 지식은 주제 관련 지식과 정보의 의사소통에 대한 지식으로서, 이 두 가지는 모두 학습에 필수 불가결한 요소이다. Alexander 등(1991)에 의해 기술된 개념 지식은 내용 지식과 담화 지식으로 되어 있다(〈표 8.2〉 참조). 내용 지식은 개개인을 둘러싼 물리적, 정신적, 사회적 세계에 대한 정보로 구성되어 있다(Alexander et al., 1991). 담화 지식 혹은 언어적 지식은 언어의 지문 구조, 음운론, 수사학에 대한 지식들로 구성되어 있다. 담화 지식은 내용 지식과 서로 상호작용하기 때문에 매우 중요하다. 예를 들어 학습자가 어떤 상징 단어, 예컨대 '한편' '그럼에도 불구하고' '예외들은 이러하다'와 같은 것에 대한 지식을 가지고 있다면 중요한 시점에서 주의를 기울이게 되고, 적절한 시점에서 이전에 논의되었던 개념을 검증하거나 반대할 수 있게 될 것이다.

영역 지식과 학문 지식. 어떤 개념이 특정 분야나 학문의 핵심이 되어 감에 따라 이러한 개념들은 내용의 형식 체제를 구성하는 데 기여하게 된다. 두 가지의 중요한 형태는 영역 지식과 학문 지식이다. 영역 지식은 다음과 같은 두 가지 이유로 인하여 학문 지식에 비해 덜 광범위하고 덜 종합적이다. 첫째, 영역 지식은 학문이 아닌 학습의 분야를 포함할 수도 있다. 예를 들어, 야구나 컴퓨터 프로그래밍이 그것이다. 둘째, 개인은 학문을 통해 지식을 쌓아 갈 수 있으나 지식은 제한되어 있다. 대학 첫 학기의 학생이

〈표 8.2〉 명시적 지식의 두 가지 범주

내용 지식*: 물질적, 사회적, 혹은 관념적 세계의 단면에 대한 정보이다. (문학에서 내용 도식이라고 하는 추상적인 구조와 대체로 일치한다.)	**담화 지식***: 언어와 그것의 사용에 대한 지식이다(언어적 지식). (문학에서 텍스트 도식이라고 하는 추상적인 구조와 대체로 일치한다.)
비형식적이거나 형식적일 수 있다.	비형식적이거나 형식적일 수 있다.
다음의 두 단계로 조직화되거나 통합될 수 있다.	형식적 조직은 다음 유형을 포함한다.
영역 지식: ① 하나의 한정된 분야(예: 야구나 컴퓨터 프로그래밍) 혹은 ② 학문(예: 생물학)과 관련된 조직화된 지식	**텍스트 구조 지식**: 설명적인 지문의 형식 혹은 틀에 대한 이해, 학습자가 읽기를 하는 동안 활성화된 이야기의 도식이나 문법, 지문의 위계에 관한 학습자의 구성
학문 지식: 하나의 특정한 학문 분야에 속하는 기초 원리들을 중심으로 조직화된 광범위한 학문적 지식(예: 생물학, 화학)	**구문론적 지식**: 언어 관행에 대한 지식, 언어학적인 연결 **수사학적 지식**: 청중의 스타일 혹은 사용할 언어, 목소리 강도에 대한 감각

주: Alexander(1992)에서 요약함.
* 이 범주와 하위 범주는 선언적 지식과 절차상의 지식을 포함한다.

생물학이나 화학에 대하여 갖고 있는 지식의 깊이가 그 예이다.

이와는 반대로, 학문 지식은 학문으로 지정된 특정 분야에 대한 광범위한 학술적 지식을 포함한다. 특히 학문은 일련의 규칙과 개념들로 이루어진 광범위한 분야에 대한 학습이며, 지식 구조의 역사를 담고 있다. 물리학, 생물학, 화학 등을 그 예로 들 수 있다. 생물학을 전공하는 4학년 학생과 의대 3학년 학생은 학문 지식을 추구하고 있는 것이다.

도식. **도식**(schema)이라는 단어는 맨 처음 Frederick Bartlett (1932)에 의하여 '과거의 반응들의 능동적 조직'이라고 정의되었으며, 이것은 개인의 반응에 항상 작용하는 것으로 추측된다(p. 201). Bartlett(1932)는 도식의 영향을 설명하기 위한 실험으로 첫 번째 대상에게 친근하지 않은 문화권의 설화를 주고 읽도록 했다. 이 실험 대상자는 이야기를 자기의 방식으로 재해석하여 두 번째 실험 대상자에게 넘겼고, 두 번째 실험 대상자는 앞선 대상자가 수정한 버전을 읽고 다시 재해석하여 세 번째 실험 대상자에게 넘겼다. 이런 식으로 열 번째 실험 대상자에게 도달하자, 설화는 더 이상 본래의 이야기인 'The War of the Ghosts'가 아니었다. 이 이야기는 낚시 여행에 대한 이야기로 변해버렸다. 낯선 정보는 반복적으로 선행된 이야기의 재해석 과정에서 버려지고, 몇몇의 세부 내용만 남으면서 읽은 사람이 기대하는 방향으로 변해 간 것이다.

도식에 대한 최근 정의는 '세상의 어떤 단면에 대한 개인의 지식, 경험, 기대를 반영하는 조직화된 구조'이다(Neath, 1998, p. 328). 도식은 사무실에 대한 도식에서부터 사회 구조에 대한 도식에 이르기까지 다양한 단계의 지식을 표상한다.

도식은 ① 새로운 자료를 이해하는 데 적절한 틀을 제공하고, ② 목적 지향적 행동을 유도하고 환경을 탐색하며, ③ 환경으로부터 습득한 정보들 간의 간격을 메워 주는 것과 같은 기능을 하는 것으로 밝혀졌다(Alba & Hasher, 1983; Neisser, 1967). 도식이 시각적 인지와 기억에 미치는 영향에 관한 실험에서는 대학원 학생이 사용하는 사무실을 사용했다(Brewer & Treyens, 1981). 실험에 사용된 사무실에는 대학원 학생이 사용하는 방에 어울리지 않는 몇 가지의 소품, 예를 들어 두개골, 장난감 진열대, 피크닉 바구니 등이 놓여 있었다. 피험자들은 사무실에 들어가 그 곳에 있는 조교가 하는 일을 마칠 때까지 앉아서 기다렸다. 피험자는 35초가 지난 후 회의실로 안내되어 방에 대한 기억을 기록하도록 요구받았다. 재미있는 것은 피험자들은 88개의 물건을 기억해 냈는데, 이 중 19가지의 물건은 방에 없는 것이었다. 피험자가 기록했으나 방 안에 없었던 물건 중에는 책, 캐비닛, 커피잔(커피 포트는 방 안에 배치되었음), 펜, 램프 등이었다. 이러한 물건들은 '사무실'이라는 도식과 밀접하게 관련되어 있다. 따라서 연구자들은 도식 지식이 방에 대한 실제적인 정보와 결합하였다고 결론지었다(p. 228). 다시 말해, 도식이 기억을 도울 수 있지만 앞서 살펴본 연구와 같이 오류를 조장할 수도 있다(Neath, 1998).

도식이라는 용어는 Alexander 등(1991)이 확인한 핵심적인 지식 유형에 포함되어 있지 않는데, 그것은 이 용어가 몇 년에 걸쳐 제각기 다른 의미로 설명되어 명확한 정의가 내려지지 않았기 때문이다(Alba & Hasher, 1983; Hampson & Morris, 1996). 예를 들어, 도식은 ① 하나의 도식에 얼마만큼 많은 정보를 넣어야 할지 알 수 없다는 것과, ② 옵션으로서 지정될 정보의 양을 어느 정도로 할 것인지를 결정하기가 어렵다는 문제점이 있다(Hampson & Morris, 1996). 예를 들어, 방에 대한 도식에는 벽, 바닥, 천정이 포함될 것이다. 그러면 최소한의 면적이 도식에 포함되어야 하는가에 대한 의문이 제기될 수도 있다(그렇지 않으면 '방'과 '옷장'의 도식을 구별하기 어려울 것이다). 그리고 방에 대한 도식에서 창문을 옵션으로 지정해야 하는가 하는 의문도 역시 제기될 수 있다.

도식의 개념에 대한 가장 대표적인 비판은 실제로 이 개념을 사용하기에 너무나 모호하다는 것이다. 즉, 도식을 통해 모든 것을 설명할 수 있지만 어떤 것도 예견할 수 없다는 것이다(Neath, 1998, p. 331). 또한 도식의 기능은 이 장의 앞에서 다뤄진 개념 지식이나 암시적 지식과 중복되기도 한다.

(4) 요약

인간의 기억과 지식의 표상에 관한 현대의 모형이 토대를 두고 있는 두 가지의 중요한 가설은 ① 인간의 기억은 지식의 구성과 긴밀히 연결되어 있으며, ② 학습자의 선행지식은 학습에 중요한 역할을 한다는 것이다. 인간 기억의 본질에 대한 관점은 중다 단계 개념, 상태 개념, 처리 수준, 연결주의자 관점 등이다.

중다 단계 기억 모형은 정보를 처리하고 그에 수반되는 처리 과정을 거치는데 사용되는 세 가지의 구조를 규명하고 있다. 세 가지 구조는 감각저장소, 단기 혹은 작동기억, 그리고 장기기억이다. 수반되는 처리 과정은 지각, 부호화, 의미 구성, 재구성된 정보의 저장과 회상 등이다. 이와 대조적으로 상태 개념을 지지하는 연구자들은 작동기억은 단순히 정보가 활성화된 상태인 반면, 장기기억은 비활성화된 정보라고 주장한다. Tulving(1985)은 장기기억이 세 가지의 개별적 기억, 즉 일화적, 의미론적, 절차적 기억으로 구성되어 있다고 주장한다. 개인이 경험하는 개인적 사태는 일화적 기억에 저장되고, 일반적인 지식은 의미론적 기억에 저장된다. 절차적 기억은 개인이 환경에 적응하는 것을 가능하게 한다. 기억에 관한 상태 개념과 유사한 것이 처리 수준 모형이다. 특히, 처리 수준은 연속적이고 위계적인 수준에서 발생하는 지각적 분석과 관계가 있다.

한편 연결주의자 모형은 두뇌의 신경망과 관계가 있다. 기억은 요소나 단위로 이루어져서 상호작용하는 연결망으로 구성되어 있으며 연결 강도를 연결한다. 학습은 결과물을 도출하기 위해 연결 강도를 수정해 주어야 한다.

이론가들은 또한 장기기억의 지식 표상에 대해 각기 다른 주장을 하고 있다. (상징의 처리 과정을 배제하는 연결주의자 모형은 예외이다.) 이중 부호화 모형은 추상적인 대상과 사태들이 언어 형식으로 저장된다고 본다. 주위의 소리와 움직임, 감각은 비언어적 형식으로 저장된다. 추상적인 성질과 구체적인 성질을 둘 다 갖고 있는 일부 사태와 사물들은 언어와 비언어적 형식 모두로 부호화될 수 있다.

그러나 언어의 관점에서는 지식 표상의 형태를 선언적 지식과 절차적 지식으로 본다. 선언적 지식은 명제망으로 저장되며, 절차적 지식은 조건-행위 쌍의 형태로 저장된다.

보다 큰 지식의 본체 역시 유형으로 조직된다. 암시적 지식은 은연중의 지식이다. 일상생활에 대한 사회적 지식이 그 예이다. 암시적 지식은 자주 겪는 사태들에 대한 일반적인 정보를 담은 스크립트를 포함한다.

암시적 지식과 대조적으로 명시적 지식은 의식 중에 이용 가능하며, 사고의 한 부분이다. 명시적 지식은 개념 지식과 초인지 지식을 모두 포함한다. 개념 지식은 특정한 내용과 영역 혹은 학문 수준의 비교적 큼직한 정보의 체제를 포함한다. 지문 구조와 문장론에 관한 지식(담화 지식) 또한 개념 지식의 범주에 들어간다. 초인지 지식은 개념 지식을 습득하는 데 필요한 정보들을 집적한다. 초인지 지식은 학습자 개인에 관한 지식, 과제 지식, 계획과 목적에 관한 지식, 전략에 관한 지식들을 포함하고 있다.

또 하나의 체제인 도식은 실세계의 일부분에 대한 조직화된 지식, 경험, 기대로 이루어진다. 도식은 교육자들에게 유용할지 모르지만 개념이 애매모호하여 연구하는 데 한계가 있다.

2) 학습의 구성요소

정보처리의 중다 단계 모형은 각 단계에서 발생하는 각각의 처리 과정의 특징을 식별해 냈다. 이들 처리 과정은 지각(단기저장), 부호화(작동기억), 저장(장기기억), 인출(장기기억과 작동기억) 등의 네 단계로 나뉜다. 컴퓨터의 정보처리와 유사하게 인간의 정보처리 과정은 정보의 구체적 항목과 관련된 활동을 말한다. 그러나 인간의 인지는 어떠한 영역이나 학문의 전문적 지식을 개발하는 것과 같이 보다 넓은 범주의 과제도 포함한다. 또한 인지과정은 공허한 상태에서는 일어나지 않는다. 대신에, 습득된 정보는 학습의 틀에 의해 큰 영향을 받는다. 학습자의 선행지식과 학습할 정보의 특질이 이에 포함된다. 다시 말해서, 학습은 학습의 틀과 학습하는 동안 일어나는 개인의 활동 간의 상호작용을 통하여 나타나는 산물이다.

(1) 학습의 틀

학습의 틀(learning framework)은 내부 요인과 외부 요인으로 구성되어 있다. 내부 요인은 개인의 인지적 틀 안에 있는 지식의 유형(암시적 지식, 개념 지식, 초인지 지식)이다. 외부 요인은 학습할 지식의 성질과 구성이다.

학습자 지식의 역할. 개인이 학습상황에 직면하여 소유하고 있는 지식의 깊이와 다양성은 정보처리 과정의 모든 부분에 영향을 미친다. 첫째, 학습자의 암시적 지식과 내용지식 기반은 들어오는 정보를 식별하는 틀의 역할을 한다. 이러한 지식은 개인이 유사한 대상, 상징, 얼굴, 그리고 사태들을 인지하는 지각 수준에서 그 기능을 한다. 예를 들어, 아이들은 높고 나뭇잎이 많이 달린 식물을 나무라고 지각하는 반면, 어른들은 버드나무 또는 포플러 등으로 지각할 것이다.

둘째, 암시적 지식과 내용 지식은 개인이 새로운 정보를 추론하는 단계에서 주요한 결정 요소로 작용한다. 예를 들어, 당신의 친구가 브루터스라는 이름의 큰 개를 가지고 있다고 말하면, 당신은 그것이 네 다리와 털이 있고 짖는 동물이며, 자신의 영역을 보호하려는 본능이 있다는 것을 추론해 낸다(Adams, 1989). 선행지식 또한 유사한 유형의 정보들 사이에서 잠재적으로 일어날 수 있는 혼동을 최소화하는 데 일조한다. 그 예로, 『All The President's Men』에 나오는 John Dean에 대하여 읽을 때, King John이나 Pope John, 혹은 예전 학교 동창 John과 혼동하지 않는다(Adams, 1989).

더욱 중요한 것은 개인의 선행지식이 학습 속도와 일반적인 주제나 단어의 의미 파악과 같은 사실 학습에 대한 파지 점수에 영향을 준다는 것이다(Bors & McLeod, 1996). 다시 말해, 선행지식의 깊이는 학습과 긴밀한 관련을 가지고 있다는 것이다.

셋째, 해박한 지식 기반은 새로운 정보를 큰 단위로(부호화 부분 참조) 묶음으로써 단기기억을 더 효율적으로 사용할 수 있도록 해 준다. 넷째, 선행지식은 또한 정보처리 속도에 영향을 미친다. 예를 들어, 미술사학자는 특정한 형식의 중국 도자기에 대한 자세한 설명을 읽을 때 기술적인 용어들을 바로 대화에 사용할 수 있는데, 이는 그가 전에 전문가로부터 학습했기 때문이다.

학습할 지식의 구성. 학습할 정보는 강의를 포함한 교사의 설명과 지문(text passage)이다. 텍스트의 성질에 대한 연구를 통해 문자의 다의성 혹은 복잡성이 학습의 깊이와 성질에 영향을 미친다는 것을 알 수 있다. 예를 들어, 숙련자는 애매하거나 다의적인 문구를 읽을 때 일시적으로 미숙자와 같은 어려움을 느낀다(Alexander et al., 1991).

Garner(1992)의 분석에 따르면 많은 교재들이 읽기 어렵게 쓰여 있고, 주제와 관련 없는 내용을 포함하고 있으며, 학습자의 주의를 중요한 부분에 거의 쏟을 수 없게 하고, 긴 여담을 늘어놓는 경우도 있다(p. 53). 이러한 현상은 특히 나이가 어리거나 지문의 구조에 대한 지식(담화 지식의 한 요소)이 불충분한 학생들에게 문제가 된다. 그들은 중요한 내용보다는 불필요한 세부 내용을 습득하는 경향이 있다(p. 54). 흥미를 많이 주지만 주제와 관계없는 세부 내용은 중요한 내용을 기억해 낼 때 방해가 된다(Garner, 1992). 소위 매력적인 세부 내용의 효과(seductive detail effect)에 대한 초기 연구들은 결함이 많다(Goetz & Sadoski, 1995). 대학생들을 대상으로 한 연구에서는 매력적인 세부 내용인 그림이 지문의 기억을 방해하는 요소라고 보고하고 있으나(Harp & Mayer, 1998), 모든 지문에서 이러한 결과가 도출되지는 않았다(Schraw, 1998). 더 어린 학생들을 대상으로 하는 연구가 필요하다.

요약하자면, 학습자의 암시적 지식과 내용 지식은 지문이나 또 다른 정보원들과 상호작용하여 학습에 영향을 미친다. 학습자의 지식과 지문의 복잡성이 제대로 부합하지 못할 경우나, 학습자의 지식이 부정확하거나 불충분할 때 학습이 제대로 되지 않는다.

(2) 지각

지식의 내적, 외적 구성 모두 학습의 중요한 요건이 된다. 또한 학습자가 수행하는 정보처리 과정도 중요하다. 지각은 정보를 이해하는 첫 단계로서 감각등록기에 유입된 정보를 선별하고 인식하는 처리 과정이다. 환경에서 유입되는 정보는 감각계(시각, 청각, 촉각, 후각, 미각)에 의해 우선 물리적 에너지의 형태로 인식된다. 감각기관의 수용기 세포들은 물리적 에너지를 신경 신호로 변환하여 중추신경계의 감각등록기로 보낸다.

그러나 우리는 감각계에 들어오는 환경적 자극을 많이 활용할 수 없다. 따라서 감각등록기는 단순히 일시적인 저장소의 역할을 하며, 습득된 정보 중 일부는 추후의 정보처리를 위해 선택되게 된다. 시각적 이미지를 일시적으로 기억하는 것을 **영상기억**(iconic memory)이라고 하고, 청각적 자극의 일시적 저장을 **잔향기억**(echoic memory)라고 한다.

감각등록기에 등록되지 않은 정보는 유실된다. 잔여 정보는 빠르게 지식과 대조되어 예비적인 의미가 부여된다. 이러한 과정은 형태 재인이라고 불리며, 장미의 향기부터 친구의 얼굴까지 수많은 감각과 이미지를 식별하는 기능을 한다.

정보를 판가름하는 데 중요한 두 가지 요인은 학습자의 주의와 지식이다. 개인은 **주의**를 통해 학습할 특정 사태, 대상, 상징, 그리고 다른 자극제들을 선택적으로 분류하게 된다. 그러나 주의는 무한정한 자원이 아니다. 주의는 다른 대안적 자원에도 할당되어야 하는 에너지나 연료와 유사하다(Grabe, 1986 참조). 앞서 밝힌 바와 같이, 교과서 지문에 학습자의 주의를 흩으려 놓는 세부 내용이 생생하게 들어 있어 중요한 내용이 간과되는 것과 마찬가지이다. 따라서 학습자의 주의는 부호화 과정으로 보내질 정보를 판단하는 '최전방 관리자'라고 말할 수 있다.

이렇듯 주의의 제한된 용량에 대한 한 가지 해결책은 일부 핵심적 과제를 **자동화**될 때까지 훈련하는 것이다. 그런 경지에 이르면 아주 약간이거나 혹은 전혀 의식하지 못한 상태에서도 주의집중이 가능하게 된다. 예를 들어, 아이가 알파벳 철자의 모양과 이름을 학습하기 위해서는 집중과 노력이 필요하다. 이러한 단계에서 과제는 **고의적이고**

통제된 처리 과정에 의존한다. 그러나 오랜 연습과 사용을 통해서 철자를 자동적으로 지각할 수 있게 된다. 그 후 숙련자는 단어도 대부분 자동화시켜 특별히 주의를 기울이지 않고 교제에서 다루는 중요 내용의 의미와 연관관계를 이해할 수 있게 된다.

또한 개인의 지식은 지각 과정에 중요한 역할을 한다. 예를 들어, 일생의 대부분을 도시에서 생활한 사람은 큰 줄기를 가진 식물을 나무로 식별한다. 반대로 농촌에서 생활하고 대학에서 임학을 전공한 사람은 그것을 중국 느릅나무 줄기에 미국 느릅나무를 접목시킨 잡종으로 인식한다(Bruning, Schraw, & Ronning, 1995). 이와 비슷하게, 체스 마스터(고수, 숙련자)와 초보자들에게 20초간 체스판에 배열된 체스 말들의 모습을 보여 주고 기억해 내도록 한 실험이 있다(Chase & Simon, 1973). 체스 마스터들은 말의 배열을 형태로 지각한 반면, 초보자들은 체스 말을 개별 조각으로 지각했다.

(3) 부호화와 의미 구성

정보처리 과정에서 **부호화**는 정보가 기억될 준비를 하는 곳이다. 즉, 지각된 정보는 일련의 과정을 통해 비활성 상태로 차후 인출될 수 있도록 장기기억에 저장된다.

부호화 과정은 단기기억 혹은 작동기억에서 일어난다. 작동기억의 용량은 본래 '7 ± 2'이다(Miller, 1956). 그러나 이러한 분석은 학습자가 정보를 기억하기 위해 어떤 행동을 취하지 않을 경우 단기기억에 한 번에 저장할 수 있는 정보의 항목 혹은 덩어리(chunk)의 수일 뿐이다. 또한 정보의 덩어리는 그 곳에 들어 있는 정보의 양에 따라 여러 가지로 달라질 수 있다. 예를 들어, bkj라는 글자는 세 가지 덩어리로 이루어져 있지만, 숙련자가 cow라는 글자를 볼 때는 이를 하나의 덩어리로 처리할 것이다(DiVesta, 1987, p. 210).

작동기억에 정보를 보유하는 일은 막대기 위에 접시를 돌리는 곡예와 비슷하다(Anderson, 1990, p. 153). 곡예사는 접시를 차례로 돌린 다음, 다시 처음으로 돌아와 접시의 회전이 느려지거나 접시가 떨어지기 전에 접시들을 다시 빠르게 돌려 주어야 한다. 지나치게 많은 항목을 작동기억에 보유하려고 하면, 처음 입력된 항목들은 곡예사의 접시처럼 땅으로 떨어지게 된다.

부호화 전략. 정보는 단기기억에 저장되는 동시에 다양한 부호화 방법을 통해 나중에 인출될 수 있도록 기억될 수 있다. 이러한 방법들은 추후에 어떤 항목에 접근할 가능성은 ① 부호화 방법과 ② 부호화 방법이 다양할수록 추후 인출의 기회가 많다는 점에 달려 있기 때문에 중요하다(Hampson & Morris, 1996).

가장 주요한 두 가지 부호화 방법은 유지(maintenance) 혹은 **1차적 되뇌임**(primary

rehearsal)과 **정교화 되뇌임**(elaborative rehearsal)이다. 이름, 날짜, 단어의 정의 등 정보를 반복하여 암송하는 것은 유지 되뇌임이다. 그러나 이는 효과가 일시적이라는 것이 문제점이다(McKeown & Curtis, 1987). 시험을 치르기 위해 반복적으로 암기하면서 공부하면, 재인이나 언어적 회상을 요구하는 시험에서는 유리할 수 있다. 그러나 유지 되뇌임은 습득한 정보를 학생의 지식과 연결시킬 수 없기 때문에 정보가 쉽게 망각된다.

이와는 반대로, 정교화 되뇌임은 정보를 어떠한 형태로 변형시킨다. 정보는 ① 학습자의 선행지식과 연관되기 위해 부분적으로 수정될 수 있으며, ② 다른 상징으로 대체되거나(Tulving & Madigan, 1970), ③ 추후에 인출시키기 쉽도록 다른 정보와 결합하여 보완될 수도 있다. 정교화 되뇌임은 이미지 간에 연상이 가능하게 하고, 새로운 정보가 학습자의 기존 지식과 맞물릴 수 있도록 한다. 이미 학습한 정보와 인출을 돕기 위한 부가적인 단서의 추가적인 연결은 기억 구조를 정교화시키는 데 중요한 역할을 한다. 정교화의 효과에 대한 주장 중의 하나는 정교화가 추후에 정보를 인출하는 데 도움이 되는 대안적인 통로를 만들어 준다는 것이다(Anderson, 1990, p. 182). 다시 말해서 정교화 과정은 기억된 정보의 대체 가능성을 증가시켜 준다.

여러 가지 방법의 정교화 과정은 여러 종류의 정보처리에 적합하게 사용된다. 행사 날짜라든지, 단어의 철자, 주(state)의 수도 등과 같이 구체적이고 사실적인 내용 지식은 정보를 이미지나 의미를 전달할 수 있는 다른 단서와 연결할 필요가 있다. 반대로 개념이나 원리, 아이디어 등은 다른 방법으로 서로 연결되어 있다. 정교화는 개념과 원리들 간의 의미 있는 관계를 만들고 학생의 선행지식과 연결고리를 만들기 위해 사용되어야 한다.

구체적 항목의 부호화. 부호화 과정의 성질에 따라 구체적 항목과 사실들은 잊혀지거나 고립되어 별개로 저장되거나 더 큰 체제로 통합될 수 있다. 구체적 항목의 부호화를 촉진시켜 그것을 기억하도록 하는 한 가지의 방법은 부가적 평가이다. 단어 목록의 학습에 대한 연구에 의하면 최종 시험 전에 치르는 예비 시험이 회상한 단어의 수를 증가시킨다. 시험은 사람이 가진 지식의 증거를 보여 주는 중립적인 행사만은 아니라는 것이다(Dempster, 1996). 대신에, 시험은 개인이 장기기억에서 정보를 인출하여 그 정보와 다시 상호작용하도록 한다(Roediger & Guynn, 1996).

구체적 항목의 부호화 방법 중 가장 널리 알려진 것은 **기억술**(mnemonics)이다. 기억술은 "전혀 관련이 없는 다른 자료를 하나의 도구로 이용해서 자료의 학습을 촉진하는 지적 전략이다."(Turnure & Lane, 1987, p. 331) 따라서 기억술은 정교화의 한 종류라고 볼 수 있다(Turnure & Lane, 1987). 기억술은 심상과 언어적 단서를 모두 포함한다. 심상을 활용한 기억의 예를 들어 보면, roseola(풍진)라는 용어를 붉은 장미 봉오리(red rose bud)가 달린 가지의 이미지와 관련시켜 기억하는 것이다. 언어적 기억술의 예로는 일곱 가지 원색을 뜻하는 두문자어 ROY G BIV(red, orange, yellow, green, blue, indigo, violet)이 있다.

심상 이론가들은 특이하고 강렬한 심상이 평범한 심상보다 인출을 돕는 데 효과가 있다고 주장한다(예: Bower, 1970). 그러나 일반적인 심상과 특이한 심상에 대한 44건의 연구 결과를 살펴보면, 대부분의 특이한 심상들은 특정한 상황에서나 검사가 실시된 직후에만 효과가 있는 것으로 밝혀졌다(Epstein & McDaniel, 1987). 게다가 특이한 심상을 사용하는 것은 새로운 정보가 학습자의 현실 세계와 어떤 정도 부합해야 한다는 전통적인 시각에 어긋나는 것이다(Bellezza, 1996, p. 365).

일부 기억술은 학습할 정보를 조직하는 하나의 틀로 사용된다. 심상을 포함하고 있는 잘 알려진 조직화 방법은 **장소법**(method of loci)이다. 그리스의 시인이었던 Simonides로부터 기원한 것으로 알려진 이 기억술은 그리스와 로마의 연설가들이 장황한 연설문을 암기하기 위해 사용했다고 전해진다. 장소법을 사용하기 위해서는 먼저 친근한 장소, 즉 집의 방이나 자주 다니는 길 등을 선택해야 한다. 그리고 각각의 특정 장소에 기억할 항목을 연결시켜 상상한다.

중요한 사실들을 기억하기 위해 사용하는 장소법은 캐비닛을 채우면서 연구의 진행과정이나 특정 영역에 대한 내용을 시각화하는 것과 같이 다양한 방법으로 사용될 수 있다. 각각의 서랍에 주제, 기간, 혹은 이와 유사한 어떤 명칭들을 심상을 통해 붙인다. 서랍 속에 들어 있는 각각의 폴더는 부제들과 주요 행사, 사람, 혹은 다른 중요 명칭을 나타내게 된다. 학습하는 동안 학생들은 특정 서랍에 붙일 라벨을 마음속에 떠올리고, 서랍을 열어서 정보를 찾기 위해 관련 폴더를 조사하는 것을 상상한다. 예를 들어, 인간 발달에 대해 공부하는 학생들은 서랍에 **유아기**라는 라벨을 붙이고, 마음속에서 아동의 놀이 경험과 유형에 대한 정보를 **놀이**라는 폴더에 배치할 수 있을 것이다.

기억술이 정보를 효과적으로 인출하는 데 사용되기 위해서는 구성 가능성, 연결 가능성, 변별 가능성과 같은 세 가지 기준이 충족되어야 한다(Bellezza, 1996). 구성 가능성(constructibility)은 인출할 때뿐만 아니라 학습할 때에도 기억으로부터 나올 수 있는 단서의 신뢰성이다. 예를 들어, 장소법은 여러 장소들 중 하나 혹은 그 이상이 추후에 생각나지 않을 경우 효과를 발휘하지 못한다.

연결 가능성(associability)은 기억술이 학습할 새로운 정보에 쉽게 연결되어야 한다는 것이다(p. 353). 보통 시각적 심상은 추상적인 단어들보다 더 빠르게 새로운 정보들과 결합된다.

변별 가능성(discriminability)이란, 기억술은 이질적이고 차별성이 쉽게 나타나야 한다는 것이다. 만약 서로 차별성이 없다면 하나 이상의 새로운 정보가 동일한 단서에 첨가되어 혼란을 일으키거나 망각의 원인이 될 수 있을 것이다(p. 354).

개념, 원리, 아이디어의 부호화. 개념, 원리, 아이디어로 구성된 내용 지식을 부호화하는 방법은 일정한 시간 간격을 두고 다시 설명하거나 학습한 내용을 복습하는 것과 Wittrock(1990, 1992)의 생성적 학습모형을 사용하는 것이다.

연구 결과에 따르면 약간의 시간 간격을 두고 하는 설명은 단지 몇 시간 만에 많은 양을 설명했을 때보다 거의 2배 이상의 높은 효과가 있다(Dempster, 1996 참조). '시간 간격 효과(spacing effect)'라고도 불리는 이 현상은 구두 학습 과제, 덧셈, 과학 개념, 교재 학습 등에도 나타난 바 있다(Dempster, 1996).

시간 간격을 두고 읽기나 복습을 하면 학습자는 장기기억에 저장된 정보를 인출할 수 있는 기회를 가지게 되고, 두 번째 읽기를 하면서 추가적인 사실을 부호화할 수 있다. 반면에 Wittrock(1990, 1992)이 제안한 생성적 학습모형(generative learning model)은 다음의 두 가지 관계를 생성함으로써 이해가 가능하다고 주장한다. 두 가지 관계란 개념들 사이의 관계와, 학생의 선행지식 혹은 지식 기반과 새로운 정보 사이의 관계를 말한다. 생성적 학습모형에 따르면 이해를 위한 교육은 학생들이 이 두 가지 관계를 구성하도록 유도하는 과정에서 가능하다(Wittrock, 1992, p. 532). 새로운 정보들 사이의 관계 정립이 중요하다는 것은 Benton, Glover, Bruning(1983)의 연구 결과를 통해서도 지지된다. 이 연구에 의하면, 지문을 읽은 후 하나에서 3개의 추론적인 질문에 답한 학생들은 서술적인 질문을 읽은 학생들에 비해 많은 양의 아이디어들을 기억해 냈다. 또한 Spires와 Donley(1998)는 선행지식의 활성화 전략을 학습한 9학년 학생들의 이해력 점수가 주제찾기 전략을 배운 학생들의 점수에 비하여 높게 나타났다고 주장하였다.

(4) 인출

인출이라는 용어는 장기기억에 저장된 정보에 접근(access)하는 것을 의미한다. 컴퓨터 모형들에서의 인출은 신속하고 손쉽게 이루어질 수 있지만, 인출은 흔히 재구성적이며 많은 노력을 요구한다. 예를 들어, 어떤 가정의 거실에 놓인 의자를 언제 구입하였는가에 대해 집주인에게 질문을 하면, 그 주인은 기억을 더듬어 Y라는 동네의 X라는 아파트에서 살 때 구입한 것이라고 회상한다. 이 정보는 또한 집주인이 W라는 가게에서 그 의자를 세일한 사실을 기억해 내는 데에도 도움을 준다(Conway, 1996).

1970년 이전에는 정보가 필요할 때 그것을 만들어 내는 데에 실패하는 원인이 부호화에 문제에 있거나 해당 사태에 대한 기억이 퇴화된 결과로 보았다(Roediger & Guynn, 1996). 그러나 Tulving(1994)은 부호화와 기억은 성공적으로 이루어지지만 인출을 실패하게 됨으로써 특정한 정보를 회상해 낼 수 없을 가능성을 주장하였다. 즉, 특정한 사태를 기억해 내는 일은 부호화 과정과 인출 단서의 상호작용으로 이루어지는 것이며, 여기에서 인출 단서란 인출의 시점에서 개인의 인지적 환경 안에 존재하는 정보들을 말한다(p. 74). Tulving(1974)에 의하면 기억은 다른 정신적 행위들과 유사하다. 예를 들어, 밤 하늘의 별이 눈으로 볼 수 있을 정도로 밝고 별 주변으로 다른 빛이 반사되지 않을 경우에 우리는 별을 관찰할 수 있다. 이와 비슷하게, 부호화가 어떤 기억 흔적을 만들어 내고 무엇인가가 기억 흔적을 만들어 낸 사태를 상기시켜 줄 때 해당 정보를 기억해 낼 수 있다(Tulving, 1974, p. 74). 이러한 견해에 따르면 정보는 장기기억에서 이용 가능할 수 있지만, 인출 단서가 불충분하면 정보에 접근할 수 없을 수도 있다.

인출을 위한 자극제는 외적 단서, 내적 단서, 혹은 두 가지의 결합체가 될 수도 있다. 앞서 든 예시에서 의자를 구입한 날짜를 질문한 사람의 질문은 외적 단서였으며, 이 단서는 의자 주인이 살았던 동네와 아파트(내적 단서)를 기억해 낼 수 있도록 유도했고, 다시 W라는 가게가 세일했다는 것을 기억해 내도록 했다.

그 후의 검사에서도 학습자가 내적 단서를 발견해 낸다는 사실이 밝혀졌다. 범주화된 단어, 도시, 그리고 다른 정보 등을 기억해 내도록 한 실험에서 두 번째 검사를 할 때에 피험자들은 각기 다른 인출 패턴을 나타냈다. 즉, 몇몇 항목은 잊어버렸으나 첫 번째 검사에서 기억해 내지 못했던 항목들을 기억해 낸 것이다. Roediger와 Guynn (1996)은 개인이 인출을 안내해 줄 수 있는 단서를 스스로 만들어 낸다고 주장했다.

개인이 인출에 도움이 되는 정신적 단서를 만들어 낼 수 있다고 해도 부호화 과정은 인출 과정에서 매우 중요하다. 예를 들어, 심상이나 유의미성이 낮은 정보를 기억해 내기 위해 기억술을 사용하는 근본 원리는 추후에 정보에 쉽게 접근할 수 있도록 내적인 정신적 단서를 형성하는 것이다.

(5) 요약

학습의 필수 요건은 학습의 틀과 지각, 부호화, 그리고 필요할 경우 장기기억에서 정보를 불러 내는 인출의 과정이다. 학습의 틀은 ① 학습자의 선행지식, 즉 암시적 지식과 개념 지식(내용과 담화 지식), ② 학습할 정보의 성질과 구성으로 이루어진다. 학습자의 지식은 유입되는 지식을 확인하는 데에 사용되며, 새로운 정보에 대한 학습자의 추론에 영향을 미친다. 광범위한 지식은 또한 정보를 더 큰 덩어리로 부호화해서 장기기억의 용량을 효율적으로 활용할 수 있도록 해 줄 뿐만 아니라, 정보처리를 가속화하는 데 도움을 줄 수 있다.

학습할 교재는 교사의 설명과 지문으로 구성된다. 그러나 대부분의 교재는 읽기 어렵게 되어 있고 때때로 관련성이 낮은 정보를 담고 있다. 일부 지문에서는 특이하지만 관련성이 떨어지는 세부 내용을 담고 있어서 학생들의 주의를 분산시켜 중요한 정보를 놓치게 만든다.

지각은 정보를 이해하는 첫 번째 단계로 감각등록기에 들어오는 정보를 선별하고 인식하는 과정이다. 지각에 영향을 미치는 두 가지 요소는 학습자의 지식과 학습자의 주의이다. 학습자의 지식은 습득할 정보를 규명하는 과정을 돕고, 학습자의 주의는 어떤 정보를 선별하여 이후의 정보처리를 위하여 보낼 것인가를 결정하는 최전방 관리자의 역할을 한다.

부호화는 선별된 정보를 추후에 사용하기 위해 장기기억에 저장하는 일을 준비하는 과정이다. 반복적으로 정보를 암송하는 유지 되뇌임은 오직 단기간에만 효과를 발휘한다. 대신에, 정보를 변환시켜 선수지식과 연결해 주는 정교화 되뇌임이 효과적인 부호화 전략이다. 구체적인 정보를 효과적으로 정교화하는 방법에는 추가적인 시험과 기억술이 있다. 또한 인출 단서로 사용될 수 있는 기억술을 선택하는 것이 중요하다. 반면에 개념, 원리, 아이디어를 부호화할 경우에는 새로운 개념 혹은 아이디어 간에 의미 깊은 관계를 만들고, 새로운 자료와 학습자의 선행지식을 연결해 줄 필요가 있다.

2. 교수 원리

정보처리는 인지적 관점이라는 보다 큰 범위 안에 있는 특별한 관점이다. 현재 이 분야에서 이루어지고 있는 교실 연구를 통하여 교수 원리가 도출되었다.

1) 기본 가정

정보처리 관점의 기본 가정은 인간 기억 체제와 지식 표상의 본질을 기술하는 데 있다. 인간 기억은 학습되는 새로운 정보 혹은 기술을 저장하기 위해 정보를 선택하고 조직하고 부호화하는 능동적인 체제라는 가정을 바탕으로 교실 적용점을 찾아볼 수 있다. 이 관점에 따른 교수의 중요한 목표는 정보가 학습자의 지식을 풍부하게 하고, 정보를 이해하는 데 적용되는 효과적인 전략을 개발하도록 하는 것이다. 수학, 물리학, 컴퓨터 프로그래밍과 같은 교과 영역에서 교수의 목적은 학생들의 선행경험과 다른 새로운 지식에 대한 학습자의 구성을 용이하게 하는 데 있다.

2) 교수의 구성요소

교수의 주요한 구성요소는 학습의 틀을 구조화하는 것, 정보에 대한 학습자의 지각과 부호화를 촉진시키는 것, 의미를 구조화할 수 있는 전략을 가르치는 것이다.

(1) 학습의 틀

정보처리 관점에서 학습의 틀은 학습되는 정보의 조직과 학습자 지식으로 구성되어 있다. 교수의 역할은 학습자 지식이 새로운 학습과 상호작용하도록 하고, 의미 있는 방법에서 학습되는 정보를 구조화하도록 돕는 데 있다.

학습자의 선행지식 고양. 담화 지식(특히 텍스트 구조 지식)과 학습자의 영역 관련 지식 모두 학생이 교사의 설명과 교재를 이해하는 데 중요하다.

텍스트 구조 지식. Garner(1990)는 학생들의 텍스트 지식의 부족이 요약하기와 같은 유용한 이해 전략을 떠올리고 적용할 수 있는 능력을 방해한다고 한다. 구체적으로 말해서 텍스트 구조에 관한 지식, 특히 중요한 정보와 그렇지 않은 정보를 구분해 주는 조직화(organization)는 매우 중요하다(Dole et al., 1991; Garner, 1990). 텍스트 구조에 대한 이해 부족에 관한 연구에 따르면, 7학년 학생의 20%가 무작위로 나열된 7개의 문장을 논리적으로 일관성 있는 문장으로 찾아 배열하는 데 실패했다. 또한 3~4학년 학생 1/3이 무작위적으로 나열된 문장에서 주제문을 찾지 못했다(Garner et al., 1986).

텍스트 구조에 관한 교수는 독해 자료에 대한 이해를 증진시킬 수 있다(Mayer, 1984). 텍스트에 대한 구조화에 덧붙여, 신호 단어(signal word)의 파악과 이해를 가르치는 것 또한 중요하다. 신호 단어는 재료의 개념적 구조를 강조하는 내용이 없는 단어이다. 예를 들어 미리 보기 문장, 단란의 제목, 그리고 '문제점은 …'와 같은 연결어 등이다. 또한 **불행하게도, 더 중요한 것은** 같은 지시 단어(pointer word)가 신호 단어에 해당된다.

영역 지식. 연령과 능력에 관계없이 독자들은 자신의 지식 기반을 사용하여 텍스트의 의미를 해석하고 구성한다(Dole et al., 1991). 학습자의 지식이 불완전하거나, 해당 분야에 경험이 없거나 잘못된 개념을 갖고 있으면 지문을 잘못 해석할 수 있다(p. 24). 또한 학습되는 재료가 학습자의 지식 기반과 갈등을 일으키거나 모순이 있으면 학습자 지식이 일반적으로 효과적인 지문 해석에 영향을 미친다(Dochy, Segers, & Buehl, 1999 참조).

학습자의 영역 관련 지식과 텍스트 간의 관계는 고학년이 되어 갈수록 점차 중요해지기 때문에 부정확한 지식은 중요한 문제가 될 수 있다(Alexander, Kulikowich, & Jetton, 1994). 그 이유는 텍스트가 중등학교에서는 중요한 정보원이기 때문이다. 즉, 텍스트는 학생들이 영역 관련 지식을 쌓는 데 주요 자료가 된다. 그러나 역설적으로 학생들의 교과 관련 지식이 중등학교에서 좀 더 길어지고 복잡해지는 텍스트를 해석하는 데 중요한 요소가 된다(Alexander et al., 1991).

Stanovich(1986)는 학습자들의 영역 지식과 텍스트 이해 간의 관계는 **마태 효과**(Matthew effect)라고 기술하였다. 이 용어는 성경 마태복음 25장 29절의 "무릇 있는 자는 받아 풍족하게 되고 없는 자는 그 있는 것까지 빼앗기리라."라는 말씀을 바탕으로 만들어진 것이다. 이것을 학교 학습에 응용하면 교과에 대한 지식이 많은 학생들은 텍스트의 정보를 더 잘 처리할 수 있고, 그에 따라 영역 관련 지식을 더 많이 갖고 다음 학년으로 진급할 수 있을 것이다. 대조적으로, 영역 관련 지식이 빈약한 학생들은 텍스트의 정보를 잘 처리하지 못하기 때문에 계속 뒤처지게 된다(Alexander et al. 1994, p. 215).

이 문제를 다루는 한 가지 교실 전략은 독해 과제를 제시한 다음 토론을 하도록 하는 것이다. 이렇게 하는 것은 어렵거나 친숙하지 않은 개념을 명확히 하기 위해서이다. 예를 들면, 초등학생들이 읽는 텍스트에 다음과 같은 문장이 있다고 하자. "인디언들은 원추형 천막에서 주로 살았다. 캘리포니아 사람들은 단순히 흙으로 덮은 집에서 살았다. 기타 등등." 집의 양식이 생활양식, 기후, 재료의 이용 가능성 등과 어떤 관계가 있는지를 모르거나 그에 관한 지식을 활성화시킬 수 없는 아이들에게 텍스트 내용은 단순히 자의적인 문장의 나열일 뿐이다(Bransford, Vye, Adams, & Perfetto, 1989, p. 216). 학생들에게 글의 내용에 대하여 토론할 수 있는 기회를 제공하는 것은 내용을 정교화시키고 주제에 대한 선행지식을 변화시킬 수 있게 해 준다.

학습할 정보의 조직화. 앞에서 언급되었듯이, 교과서는 종종 잘 조직화되어 있지 않기 때문에 읽기가 어렵다. 영역 내의 지식과 영역 간의 지식에서 핵심이 되는 개념을 설명하기 위하여 교재를 재구조화시킨 연구도 있었다. 이에 따르면 재구조화된 재료는 교과에 대한 학습과 흥미를 증진시킨다(Alexander et al., 1994). 그러나 교재가 재구조화되어 있지 않다면, 교재를 의미 있게 조직하여 학습자에게 제공할 책임이 바로 교사에게 있다. 교재를 재구조화하는 한 가지 전략은 **선행 조직자**(advance organizer)의 사용이다. 다음 절에서 언급되는 것처럼 선행 조직자는 학생들이 책을 읽을 때 좀 더 상세한 정보를 찾을 수 있도록 안내해 주는 우산과 같은 역할을 한다. 선행 조직자들은 독자들이 주제와 관계없이 생생하게 묘사된 구체적인 내용에 집중하도록 하는 매력적인 세부 내용의 효과(seductive detail effect)에 대처하도록 도움을 줄 수 있다.

또 다른 전략은 비선형적이거나 컴퓨터의 하이퍼 카드(hypercard) 자료를 개발하는 것이다. 이렇게 개발된 자료를 활용하면 학습자들은 정보의 일부분을 선택할 수 있을 것이다. 그러나 지금까지 알려진 바로는 하이퍼 카드 텍스트의 길이가 너무 길다(Alexander et al., 1991). 그러한 텍스트는 글의 이해에 미숙한 학생들에게 문제가 될 수 있다.

고등학교 영어와 역사 수업의 보조 자료로 사용되기 위하여 개발된 하이퍼 카드는 인문이나 사회과학의 적절한 개념 구조를 설계할 때 직면하게 되는 어려움을 보여 준다. 즉, 정보 항목이 종종 다른 주제와 중복되어 연결되고 추상적 개념의 의미가 다른 개념과의 관련성에 따라 달라진다는 것이다(Spoehr, 1994). 하이퍼 카드의 모듈은 역사적 시기, 문명 운동, 미국 문화의 주제(예: 대중음악, 전쟁, 혁명) 등 세 가지 주제로 조직되었다. 학습자는 먼저 세 가지 주제 중의 하나를 선택한다. 그러고 나면 학습자는 선택한 주제의 하위 영역을 선택할 수 있게 된다. 중요한 것은 학습자가 그 중 하나를 선택하면 프로그램은 먼저 주제와 관련된 개요를 도식적으로 보여 주는 화면을 통해 선택한 주제와 관련된 전반적인 내용을 알게 된다는 것이다.

또한 학습자는 주제를 탐색해 가면서 좀 더 자세한 수준의 정보를 보게 되는데, 이 때에도 하위 주제와 관련된 개요를 볼 수 있도록 프로그램되어 있다(p. 895). 개요는 학습자들이 정보의 개념을 조직하는 데 도움을 줄 뿐만 아니라, 비효율적이고 잘못된 방식으로 정보에 접근하고 중요한 부분을 누락시키는 오류를 범하지 않도록 해 준다. 즉, 세 가지 주요 주제 안에 있는 정보는 위계적이고 측면적으로 조직되어 있다(Spoehr, 1994).

(2) 학습자의 주의집중 유도

교수 계획에서 중요한 것은 학습자들은 교사가 의도한 대로 반응하지 않는다는 것이다. 대신에 학습자들은 적극적으로 이해할 수 있는 수업에 반응한다(Shulman, 1986). 그래서 교수의 중요 측면은 우선 환경을 구조화하여 학생들의 관심이 중요한 과업에 집중하도록 하는 것이다(Bruning et al., 1995). 그리고 나서 비형식적으로 학습자의 지각에 접근하도록 하는 것이다. 본수업을 시작하기 전에 학생들의 관련된 지식을 활성화시킬 수 있는 것이 하나의 방법이 될 수 있다. 예를 들면, 열전도가 무엇이며, 열전도와 물체의 밀도 간의 관계에 대한 수업을 시작하기 전에 학생들에게 열전도와 관계된 물체의 사례를 들어 보도록 한다. 어떤 학생은 뜨거운 난로 위에 있는 금속 프라이팬의 손잡이를 말할 것이고, 또 어떤 학생은 추운 날 방의 외벽을 말할 것이다. 동일한 크기의 여러 가지 재료들을 불판 위에 올려놓고 어떤 물체는 다른 물체에 비하여 빨리 따뜻해지는지에 대해 토론을 유도할 수 있을 것이다(Bruning et al., 1995).

선행 조직자. Ausubel(1968)이 제안한 선행 조직자의 개념은 '관념적 비계(ideational scaffolding)'의 역할을 하는 매우 포괄적인 개념이다. 교수가 시작되기 전에 제시되는 선행 조직자는 좀 더 자세한 정보가 학습과정에서 통합될 수 있도록 해 주는 '우산'과도 같다. 자료는 학생들의 현재 정보와 새로운 학습을 연결해 줄 수 있도록 주의 깊게 선별되어야 한다. Ausubel(1968)에 따르면 선행 조직자는 개념적 틀을 제공하고 부호화를 용이하게 한다. 좀 더 최근에 이론가들은 선행 조직자가 학습자들의 선행지식을 활성화하기 때문에 효과적이라고 주장했다.

Ausubel(1968)은 선행 조직자의 유형을 설명적 조직자(익숙하지 않은 자료를 사용함)와 비교 조직자(학습자가 이전에 학습해서 비교적 친숙한 개념과 새로운 개념을 통합하도록 촉진함)로 구분하였다.

선행 조직자가 처음에는 어떠한 효과도 없는 것으로 알려졌지만, Corkill(1992)은 읽기 전 활동, 문단 제목, 학습목표, 개요 등이 선행 조직자로 잘못 분류되어 있다고 주장하였다. 선행 조직자 내의 아이디어와 새로운 자료 내의 아이디어 간의 관계를 학생들이 유추해 낼 수 있도록 글의 형태로 제공되는 선행 조직자는 구체적이어야 하고 실제 예를 포함해야 한다(Corkill, 1992, p. 63). 또한 선행 조직자는 학생들의 독해 수준과 일치해서 학생들이 관련된 지식에 접근하는 데 도움을 주어야 한다. 즉, 학생들의 선행 지식과 독해 수준에 따라 제시되는 선행 조직자도 달라져야 한다.

선택적 주의집중 전략 교수. 교사가 학습자의 주의집중을 촉진시키는 두 번째 과제는 학습자가 전략적 처리자가 되도록 가르치는 것이다. 첫 단계는 학습할 과제의 주요 아이디어, 사실, 개념, 일반화 등에 초점을 맞추도록 한다. 그러나 연구자들은 아동이나 성인 모두 읽기 자료를 읽을 때 전략적, 의식적, 선택적 주의집중을 하지 않는다고 주장하였다(Garner, 1992, p. 58). 즉, 사람들은 의미 있는 자료를 종종 피상적으로 처리한다(Pressley et al., 1992).

(3) 구체적 항목의 부호화 촉진

단어의 부호화에 대한 실험실 연구에 따르면 최종 검사 직전에 실시한 검사가 최종 검사에서의 기억을 향상시킨다. 이러한 결과는 초등학교 어휘 학습에 적용될 수 있다. 예를 들면, 금요일에 성적 산출을 위한 시험을 치르기 전에 수요일에 예비 시험을 치르도록 한다.

기억술은 반드시 학습해야 할 주제의 자의적 연결에 적절하다. 예를 들면, 문장과 두문자어(acronym)는 정보의 학습에 도움을 주고 추후 인출을 위한 단서의 역할을 하는 기억 증진법이다(Snowman, 1986).

학습자가 시각적으로나 언어적으로 산출한 단서는 부호화를 증진시킨다. 본래 외국어 학습을 위해 개발된 융통성 있는 기억술 중의 하나는 핵심어법(key word)이다. 이 방법은 단어 학습을 2개의 주요한 단계로 나눈다. 첫 단계는 학습자들이 외국어의 어떤 부분과 유사한 발음이 나는 영어 단어를 선택하는 것이다. 이 단계는 외국어와 영어를 음향적으로 연결하는 것이다(Atkinson, 1975, p. 821). 두 번째 단계는 심상적 연결 단계로서, 외국어 단어와 상응하는 영어의 핵심어를 사용하여 심상을 형성하는 것이다. 예를 들면, 'duck'이라는 스페인어는 'pot-o'처럼 발음된다(음향적 연결). 이를 심상적으로 연결하면 '엎어진 꽃 화분 아래 숨어 있는 오리'가 된다. 또 다른 예를 들자면, 영어의 'egg'라는 의미를 가진 스페인어 'huevo(wave-o)'를 학습하기 위하여 영어의 'wave'를 핵심어로 선택하면 '파도 위에 있는 엄청나게 큰 달걀'을 심상으로 형성할 수 있을 것이다.

핵심어법은 외국어 학습을 위해 고안되었지만 다른 학습 과제에도 적용할 수 있다. 이 방법은 의학 분야에서 발견자와 발견자의 업적을 연결하여 정의를 학습하거나(Jones & Hall, 1982), 사실을 기억하거나(Levin, 1986), 텍스트에 대한 학습(McCormick & Levin, 1984) 등에 효과적인 것으로 밝혀졌다. 심상을 활용하는 방법은 미지의 나라에 대한 정보와 같이 학습자에게 전혀 친숙하지 않은 정보를 학습하는 데도 유용하다(Pressley, Johnson, Symons, McGoldrick, & Kurita, 1989, p. 12).

정신지체나 학습에 장애가 있는 학생들에게 심상을 바탕으로 하는 전략은 여러 가지 영역에서 인출에 도움이 되는 것으로 밝혀졌다(Mastropieri & Fulk, 1990; Turnure & Lane, 1987). 정규수업에서 심상 전략을 사용한 것이 사후 검사와 추수 검사에서 효과적이라는 연구도 있다. 그러나 Turnure와 Lane(1987)은 획일적인 정보처리 기억술이 모든 학습, 기억, 사고력 문제 등에 도움이 될 것이라는 환상에서 벗어나야 한다고 주장하였다(p. 330). 효과적인 기억술이 되기 위해서는 다양한 상황에서 사용되고 연습되어야 한다. 이러한 기억 조성법과 다른 정교한 기술들은 심상이나 유의미성이 낮은 과제를 회상하는 인출 단서로 활용될 수 있다(Bellezza, 1996).

기억술은 구체적 항목의 회상을 증진시키는 것에 덧붙여, 용어들이 위계적으로 조직되어 있을 때 의미와 구조 둘 다를 전달하는 데 유용하다. Levin과 Levin(1990)은 ① 특별한 용어가 음향적으로, 철자법상으로 유사한 구체적인 대체물로 기록되며(핵심어), ② 용어 간의 연결을 그림으로 나타내는 용어 분류법을 제안하였다. 예를 들면, 엔지오스펌(angiosperm)이라는 식물은 가죽끈(pet leash)을 달고 있는 원숭이(monocotylan)를 안고 있는 천사(angel)가 되고, 원숭이는 프라이팬(pandanales)에서 화살을 쏘고 있다(arales)(p. 302). 하위 관계는 위계적으로 배열된 그림에 의하여 설명될 수 있다. 이 방법은 대학생들에 대한 직후 검사와 2개월 뒤에 치른 추수 검사에서 인출에 효과적인 것으로 나타났다. 또한 중요한 것은 기억술을 적용한 집단이 분류법 안에 들어 있는 식물 용어를 더 정확하게 맞혔다는 것이다.

(나) 전략 교수

개념, 원리, 아이디어 학습을 위해 전략을 가르치는 데에는 두 가지 이유가 있다. 하나는 학생들이 교재에 대한 자신의 이해 정도를 과대 평가하는 경향이 있다는 것이다. Bradshaw(2000)는 초등학생을 대상으로 한 연구에서 교재의 이해 정도에 대한 학생 자신의 평가와 구체적인 이해력 검사의 수행 간에는 관계가 없다는 것을 발견하였다. 전략을 가르쳐야 하는 또 다른 이유는 많은 학생들이 효과적인 전략을 사용하는 데 실패하기 때문이다. 전략은 특정한 과제의 처리에 작용한다(Pressley, Borkowski, & Schneider, 1987). 전략 교수에 있어서 중요한 문제는 의미를 구성하는 데 사용되는 전략의 유형과 전략 교수의 단계이다.

의미 구성을 위한 전략의 유형. 텍스트와 언어적인 형태로 제시된 자료의 의미 구성에 효과적인 것으로 밝혀진 전략은 요약하기와 자문하기이다. 이러한 전략을 가르치는 목적은 학생들이 자료에 나타난 단서와 교수적 문맥을 바탕으로 그들의 선행지식에 대한 의미를 구성하도록 돕는 것이다(Dole et al., 1991).

요약하기. 요약하기(summarizing)의 목적은 자료의 내용을 간단하게 하는 것과 동시에 교수의 요지를 파악하는 것이다. 효과적인 요약은 학습자가 많은 정보에서 중요한 생각과 핵심적인 생각을 종합하여 본래의 내용을 나타낼 수 있는 새로운 응집력 있는 문장을 만들어 낼 것을 요구한다(Dole et al., 1991). Brown과 Day(1983)는 여러 가지 유용한 요약 규칙을 제안하였다. 즉, ① 필요 없는 자료를 삭제한다. ② 쓸데없는 반복을 제거한다. ③ 여러 가지 용어나 사태를 상위 개념의 용어로 대체한다. ④ 글에 주제문이 없다면 주제문을 만든다.

요약하기는 독해의 의미를 증진시키는 전략으로 알려져 있다. King(1992)은 요약하기 전략이 구두(口頭) 형식으로 제시된 자료의 이해를 증진시킨다고 하였다. 그가 가르친 요약하기 전략은 주요 의견을 반영하고 있는 문장에서 주제를 찾고, 하위 주제와 관련 아이디어를 계속해서 연결하는 방법이었다.

요약하기의 효과는 중요하지 않은 정보로부터 중요한 것을 구별해 내는 학생들의 능력에 달려 있다(Dole et al., 1991). 예컨대, 연구에 의하면 훌륭한 독자는 글을 읽는 과정에서 중요한 정보를 파악하기 위하여 텍스트 구조에 관한 지식과 함께 그들의 일반적인 지식과 영역 관련 지식을 사용한다(Dole et al., 1991). Garner(1990)는 이러한 능력을 바탕으로 효율적인 전략을 사용하여 요약하는 사람과 그렇지 않은 사람을 구별하였다. 즉, 비효율적으로 요약하는 사람들은 텍스트에 있는 말을 그대로 옮기며 자신의 말로 문장을 풀이하거나 결합하지 않는다. 이와 대조적으로, 효율적으로 요약하는 사람들은 가장 중요한 내용만을 선택하고, 요약하기 규칙을 사용하며, 조리 있는 요약문을 만들어 낸다(p. 263).

자문하기. 읽기 수업을 할 때에는 교사가 질문하는 것이 관례였다. 그러나 현재의 연구는 학생들이 직접 질문을 생성해 내도록 가르치면 교수 자료에 대한 학생들의 추론과 설명을 자극하여 결국에는 이해를 촉진시킨다는 것을 보여 준다(Dole et al., 1991; King, 1991, 1992; Pressley et al., 1992).

자문하기(self-questioning)를 통해 교수에 관한 일련의 질문과 대답을 얻을 수 있다. 학습자가 상위 수준의 질문을 생성한 경우, 그 질문은 학습자가 새로운 자료를 조직하도록 하는 것과 그 정보를 기존 지식과 통합하는 것을 도와 줄 것이다. 자문하기는 또한 학습자들이 자신의 이해 정도를 점검하도록 해 주기 때문에 초인지전략에 해당된다(King, 1992).

상위 수준의 질문을 하는 것은 특히 이해를 용이하게 할 때 중요하다. Pressley 등(1992)은 선택적 주의집중과 유지 되뇌임을 유발시키는 질문은 자료의 변형에 영향을 미치지 않는다고 주장하였다. 그러한 질문이 자료의 변형에 영향을 미친다고 해도 매우 작은 영향을 미친다.

자문하기 전략은 사실을 파악하는 학습에 유용하다. 지문의 내용에 대해 '왜?'라고 질문을 해 보는 것은 정교화된 질문이다. 예를 들면, 캐나다의 지방에 관한 내용을 읽은 캐나다 대학생들에게 "왜 첫 번째 라디오 방송국이 앨버타에 세워졌는가?"와 같은 질문을 하도록 하였다(Pressley et al., 1992). 연구자들은 '왜?'라는 질문이 새로운 사실과 관련된 학생들의 선행지식을 활성화시켰을 것이라고 가정하였다(p. 98).

사고를 자극하는 질문을 만들어 내도록 하는 한 가지 방법은 구체적인 계통을 가르치는 것이다(King, 1990, 1991, 1992). 이 전략은 고등학생과 대학생들에게 적합하다. 당신은 _____을 어떻게 사용할 것인가? _____에 대한 새로운 예문은 무엇인가? _____이 왜, 어떻게, 영향을 미치는지 설명하라. 만약 ______이 일어난다면 어떻게 할 것인가?(King, 1992, p. 114) 이러한 질문은 학생들이 주제를 파악하고 자신의 선행지식이나 경험과 그것을 연결하도록 해 준다. 이러한 수준의 정교화가 Wittrock(1990) 모형의 핵심적인 요소이다.

King(1994)은 안내된 협동적 질문하기(guided cooperative questioning) 방법을 제안하였다. 교사는 학생들에게 주도적인 수업 중에 제시된 자료를 바탕으로 소집단이 짝을 이루어 사고를 자극하는 질문을 서로 하게 한다. 학생들은 두 가지 형태의 질문, 학습 기반 질문과 경험 기반 질문을 배운다. 학습 기반 질문에는 "____은 무엇을 의미하는가?" "왜 ____이 중요한가?" "어떻게 _____과 ____은 유사한가?" "____의 강점과 약점은 무엇인가?" 등이다(p. 341). 경험 기반 질문은 "만약 _____한다면 무슨 일이 일어날까?" "_____은 어떻게 사용할 수 있을까?" "우리가 전에 학습한 것과 _____을 어떻게 연결할 수 있을까?" 등이다(p. 341). 과학 학습에서는 이 두 가지 유형의 질문을 사용하는 것이 학습 기반 질문이나 과학적 개념에 대한 인지지도를 그려 보도록 하는 것보다 더 효율적이다.

자문하기 전략은 또한 초등학생들에게 주제 파악을 가르치는 데 사용할 수 있다(Williams et al., 2002). 아동들에게 먼저 이야기의 줄거리를 파악하고 주제를 만들어 내는 데 도움이 되는 네 가지 형태의 질문, 즉 "주인공은 누구인가?" "주인공이 직면하고 있는 문제는 무엇인가?" "주인공은 그 문제를 어떻게 처리하는가?" "그런 다음 무슨 일이 일어났는가?" 등을 가르쳤다(p. 236). 교사들은 이러한 네 가지 질문에 대해 학생을 모델로 사용하여 질문과 대답하는 방법을 시범 보여 주어야 한다. 학생의 시범이 효율적으로 있은 후에, 주제를 파악하는 데 사용될 수 있는 다음과 같은 네 가지 질문이 다시 제시된다. "발생한 일이 좋은 것인가, 나쁜 것인가?" "왜 그것이 좋은가(혹은 나쁜가)?" "주인공은 ____ 할 수 있다는 것을 배웠는가?" "우리는 어떻게 해야 할 것인가?"(p. 237)

마지막으로 읽기가 미숙한 학생들에게 글을 읽고 '누가' '언제' '왜' '어디에서'와 같은 질문에 대한 대답을 할 수 있는 단서를 찾으라고 가르치면 효과적이라는 연구가 있다(McGee & Johnson, 2003). 독해가 미숙하다고 파악된 6～9세의 아동들이 3주 동안 1주일에 2회씩 훈련을 받았다. 여기에 참여한 아동들은 단서를 찾는 활동을 신기하게 생각했고, 그전에는 결코 이러한 방법으로 교재를 재구조화하지 않았다고 하였다(p. 56).

전략 교수의 방법. 전략 교수에 대한 주된 비판은 학생들이 특별한 지시가 없으면 그러한 전략을 사용하지 않는다는 것이다(Pressley & El-Dinary, 1992, p. 86). 그러나 전략 교수와 함께 다른 특별한 단계를 실행하는 것은 유사한 과제로의 전이를 촉진시킨다. 전략 교수의 첫 단계는 학생들이 취해야 할 특별한 활동과 그들의 활동에 대한 이론적 근거를 결정하는 것이다. 학생들이 단락을 대충 훑어보고 지나가는 것은 그 내용이 학교 밖의 생활과 어떤 관련이 있는가를 모른다는 것이며, 이것은 학업을 소중히 생각하지 않는 요인이 된다.

다음 단계는 학교 과제나 다른 활동에서 전략을 사용하는 것이 효과적이라는 것을 보여 주어야 한다. 예를 들면, 독해 과정에서 선행지식과 텍스트에 있는 단서와 상황적 맥락을 활용하여 의미를 구성할 때 전략의 역할을 보여 주어야 한다(Dole et al., 1991). 또한 학생들에게 전략을 사용하기 전과 후에 나타난 그들의 실행을 비교해 보도록 한다(Pressley & El-Dinary, 1992).

또 다른 전략 교수의 필수적인 단계는 ① 전략을 기술하고 시범을 보이며, ② 칭찬과 교정적 피드백을 사용해서 교사가 연습을 안내하는 것이다(Pressley et al., 1989, p. 25). 또한 특별한 전략을 언제 어디서 사용할지를 가르치는 것도 중요하다. 이러한 정보는 학생들의 초인지 지식의 중요한 구성요소이다(제9장 참조).

전략은 빠른 시일에 가르칠 수 있는 것이 아니다. 의역하기, 요약하기, 자문하기 등과 같은 전략을 발달시키기 위해서는 시간과 연습이 요구된다. 전략을 가르칠 때에는 한 번에 한 가지 전략만을 가르쳐야 하고, 가르치는 전략을 충분히 습득했을 때 다른 전략을 가르쳐야 한다.

요약하자면, 성공적인 전략 교수를 특별한 학생을 위한 일종의 구제책으로 간주해서는 안 된다. 전략 교수의 목적은 모든 학생들이 정교화된 이해 기술을 발달시키도록 하는 데 있다(Pressley et al., 1989).

(5) 요약

정보처리 관점에 따른 교수의 주요 요소는 선행지식의 증진, 학습될 자료의 조직화, 학습자의 주의집중, 부호화, 의미의 구성, 텍스트와 구두 설명을 이해할 수 있는 전략 교수 등이다.

담화 지식과 영역 관련 지식은 교재와 교수 설명을 이해하는 데 중요하다. 교사들은 학생들에게 개요를 나타내는 문장, 단락의 제목, 신호 단어 등과 같은 신호들을 인식하도록 가르침으로써 학생들의 텍스트 구조 지식을 발전시키는 데 도움을 줄 수 있을 것이다. 배경지식이 빈약한 학생이나 교재가 적절하지 않게 구성되어 있을 경우에는 소집단과 학급 토론이 글의 이해에 도움이 된다.

교수 계획에서 중요하게 고려해야 할 것은 학생들은 잘 이해하는 내용에만 반응한다는 것이다. 그러므로 교수는 학습자가 학습과제에 주의를 집중하도록 하는 데 관심을 갖고 비형식적으로 학습자의 지각에 접근해야 한다. 한 가지 방법은 본시 수업을 시작하기 전에 선행지식을 활성화시킬 수 있도록 하고, 선행지식을 새로운 핵심 개념과 연결시키도록 하는 것이다. 또 다른 접근은 선행 조직자를 사용하는 것이다. 선행 조직자는 학습자가 현재 가지고 있는 정보와 새로운 개념을 연결하도록 해 주는 매우 포괄적인 개념이다. 선행 조직자는 개념의 틀로 기능할 뿐 아니라 부호화를 촉진시킨다. 또 다른 교수전략은 텍스트와 다른 재료에서 중요한 정보를 찾는 방법을 가르치는 것이다.

어휘, 날짜, 사실과 같은 구체적인 항목을 부호화하는 방법에는 예비 시험과 여러 가지 기억술이 포함된다. 운, 두문자어, 핵심어법과 같이 학습자가 생성한 방법들이 그 예이다. 외국어 학습을 설계할 경우, 먼저 외국어 단어의 일부분과 발음이 유사한 영어 단어를 핵심어로 선택한다. 그런 다음 영어 단어와 유사한 발음이 나는 외국어 단어를 연결하여 심상을 형성한다. 또한 심상 전략은 정신지체아나 학습장애아의 학습과 회상에 도움이 된다.

복잡한 정보의 의미를 구성하는 두 가지 전략은 요약하기와 자문하기 전략이다. 요약하기 전략 중의 하나는 주제를 반영하고 있는 문장을 찾고, 하위 주제와 관련된 아이디어를 계속해서 연결하는 것이다.

자문하기는 사실과 다른 유형의 정보를 학습하는 데 유용하다. 글에서 사실을 확인하여 학습할 때 '왜?'라는 질문을 하도록 하는 것이다. 자문하기 전략의 목적은 새로운 사실과 관련된 학생들의 선행지식을 활성화하는 데 있다. 단락의 의미를 생성하기 위해 사용하는 자문하기 전략에는 학습자가 새로운 예를 만들도록 하고, 핵심 개념의 사용 방법을 설명하고, 주요 아이디어 간의 관계를 확인하는 질문이 포함되어야 한다. 이런 전략의 사용은 또한 학생들의 초인지전략과 관련이 있으며, 이에 대해서는 제9장에서 논의된다.

3. 교육적 적용

정보처리 이론은 인간의 인지적 작동을 이해하기 위해서 시작되었다. 여러 가지 영역에서 학생들이 정보를 처리하는 방법에 관한 연구가 증가하고 있다(Lampert, 1990; Rohrer & Thomas, 1989; Schoenfeld, 1985). 또한 학생들의 이해를 발달시키기 위한 방법과 정보처리를 촉진시킬 수 있는 전략이 개발되었다(King, 1992, 1994; Pressley et al., 1992).

1) 교실 문제

정보처리 이론에서 다루는 교실 문제는 인지과정과 직접적으로 관련되어 있다.

(1) 학습자 특성

교실학습에서 중요한 학생들의 특성은 개인차, 학습 준비도, 동기이다. 이 중에서 개인차의 개념은 제9장에서 문제해결과 관련하여 논의될 것이다.

(2) 인지적 처리와 교수

정보처리 이론은 개인의 지각, 부호화, 기억, 인출, 정보와 지식의 적용과 같은 다양한 정보처리 과정을 연구한다. 이 관점에서는 학습의 전이에 대한 문제와 학습방법에 대한 학습 역시 논의한다.

학습의 전이. 일반적으로 학습의 전이는 특정한 맥락이나 상황에서 학습한 기술이나 지식을 나중에 새로운 맥락에 적용하는 것을 말한다. 부호화를 촉진하기 위하여 사용되는 기억 조성법과 다른 방법들은 다양한 맥락에 일반화시킬 수 있다.

그러나 적절한 선행지식이 활성화되지 않으면 전이는 일어나지 않을 것이다. 학습은 했지만 관련 지식을 활성화시키지 못하는 것을 **불활성**(inert) **지식**이라고 한다(Bransford et al., 1989; Whitehead, 1929). 불활성 지식(예: 전이 부족)의 문제는 ① 새로운 정보의 의미를 학습하기보다는 암기하는 것, ② 제한된 맥락에서 개념을 습득하는 것, ③ 노력이 부족하여 습득한 지식에 효율적으로 접근할 수 없기 때문에 발생한다(Bransford et al., 1989, p. 214). 텍스트 이해와 같이 구체적인 과제에 전략을 전이하도록 촉진하는 것은 학습자에게 자신의 학습을 관리하고 지시하도록 해 주기 때문에 중요하다.

학습방법에 대한 학습. 학습자 자신의 학습, 기억, 사고를 지시하는 **초인지**에 대해서는 제9장에서 논의될 것이다.

문제해결 교수. 제9장에서 논의될 것이다.

(3) 학습의 사회적 문맥

정보처리 이론은 환경으로부터 유입된 감각적 자료의 이해 및 기억과 관련된 인지적 기제에 초점을 두는 것은 물론, 문제해결을 위한 학습된 정보의 적용도 중요시한다. 학습의 대부분이 사회적 환경 속에서 일어남에도 불구하고, 이 이론은 아직 환경이 인지적 처리 과정에 미치는 영향에 대해서는 다루지 않고 있다.

(4) 다른 관점과의 관계

형태주의 심리학과 마찬가지로 정보처리 이론은 또한 지각을 연구한다. 그러나 형태주의 심리학자들은 시각적 자극의 재조직을 요구하는 문제해결 상황에서만 지각을 논의한다. 반면에 정보처리 이론은 지각을 정보 습득과 기억의 주요 단계 중의 하나로 취급한다.

정보처리 이론은 또한 이미 결정된 지식의 맥락 내에서 작용하는 의미 구성에 활용할 수 있는 전략을 논의한다. 그러나 구성주의자들은 그러한 제약이 지식의 '진정한' 구성을 막는다고 주장한다.

특정한 교과나 영역에 대한 지식의 이해는 정보처리 이론의 초점이다. Gagné의 학습의 조건과는 다르게 정보처리 이론은 지식을 발달시킬 수 있는 다른 유형의 인지작용을 다루지 않는다.

2) 교실수업 전략의 개발

정보처리 이론을 바탕으로 한 교수설계는 지식의 논리적 의미가 심리적 의미로 변형된다는 점에서 중요하다. 논리적 의미는 특정 영역에서 상징, 개념, 규칙의 관계이다. 심리적 의미는 학생들의 인지구조에 대한 상징, 개념, 규칙의 관계이다(Ausubel, 1968). 지식의 이해와 문제해결에 있어서 심리적인 의미를 발달시키는 것은 교과와 상호작용하는 학습자에 달려 있다.

(1) 이해

단계 1: 새로운 학습의 수용을 안내해 줄 수 있는 단서를 개발한다.

1.1 어떤 비형식적 질문이 학습자에게 이미 존재해 있는 인지구조에 접근할 것인가?

1.2 교수 단원에는 학습자들의 주의집중을 유도할 수 있는 포괄적인 학습목표가 진술되어 있는가?

1.3 새로운 지식이나 기술이 학습자들의 기존 지식을 어떻게 증진시킬 수 있을 것인가?

단계 2: 정보의 부호화를 촉진시킬 수 있는 개념적 지지를 선별하고 개발한다.

2.1 어떤 정보가 학생들의 지식과 새로운 학습을 연결짓기 위해서 선행 조직자 안에 포함되어야 하는가?

2.2 학생들에게 이미 습득한 개념, 에피소드, 심상 중 어떤 것이 새로운 용어, 정의, 개념 등을 설명하기 위해서 사용될 수 있는가?

2.3 교재의 내용을 바탕으로 제기된 질문이 학생들의 2차적 되뇌임(secondary-rehearsal)의 토대가 될 수 있는가?

2.4 학생들의 2차적 되뇌임을 촉진시킬 수 있는 논리적 요점은 무엇인가(시각적이거나 언어적 정교함)? 학생들에게 제시될 심상이나 언어적 부호화의 예는 어떤 것인가?

단계 3: 학습된 정보의 인출을 도와 줄 수 있는 단서를 개발한다.

3.1 관련된 개념, 용어, 아이디어와 비교할 수 있는 것은 무엇인가? 예컨대, 만약 개념이 'morpheme'이라면 그것은 'word'라는 용어와 비교되고, 'phoneme'과 대조를 이룰 수 있다.

3.2 단원을 종결하기 위해 어떤 추론적 질문을 사용할 것인가?

(2) 이해 전략

단계 1: 주의집중 전략을 가르친다.

1.1 중요한 자료에 학생들의 주의집중을 유도하기 위하여 우선 질문을 사용한다.

1.2 학생들이 질문할 수 있는 기회를 제공한다.

단계 2: 요약하기와 자문하기 전략을 가르친다.

2.1 주제문을 찾는 방법을 설명해 준다.

2.2 주제와 하위 주제를 연결하는 방법을 설명해 준다.

2.3 학생들이 습득한 전략을 적용하고, 피드백을 받고, 다른 상황에 응용할 수 있는 기회를 제공한다.

2.4 지문에서 정보를 획득하기 위하여 질문을 생성하는 방법을 설명해 준다.

2.5 학생들이 습득한 전략을 적용하고, 피드백을 받고, 다른 상황에 응용할 수 있는 기회를 제공한다.

3) 교실수업의 예

다음은 쓰기가 미숙한 학생의 쓰기 능력을 향상시키는 데 도움을 줄 수 있는 이야기 문법을 가르치는 전략의 예이다. 이 전략은 Graham과 Harris(1994)가 학습에 문제가 있는 학생들에게 쓰기와 자기조절 기술을 가르치기 위해 개발한 프로그램의 일부이다. 이 전략의 목적은 맥락에 근거한 전략을 학생들에게 명확하게 가르치는 데 있다.

- **최초의 회의**: 교수의 목적을 설명한다. 그런 다음 교사와 학생들은 이야기의 줄거리를 이야기하고, 이야기 문법 전략을 공부하는 목적을 말한다.
- **예비 기술 개발**: 교사와 학생들은 이야기의 줄거리(등장인물, 장소, 시간, 배경)와 이야기의 에피소드(갑자기 발생한 사태, 등장인물의 목적, 목적을 달성하기 위한 행동, 등장인물의 반응 등)를 토론한다.
- **이야기 문법 전략**: 다음은 학생들의 쓰기를 돕기 위해 교사가 가르쳐 주는 단계이다.

  1. 다른 사람들과 공유할 이야기를 생각하라.
  2. 마음을 자유롭게 하라.

3. 각 이야기의 나머지 부분을 써라(W－W－W; What＝2; How＝2).
   W－누가 주인공인가? 그 밖에 누가 이야기에 나오는가?
   W－언제 그 이야기가 시작되었는가?
   W－어디서 그 일이 일어났는가?
   주인공은 무엇을 하고, 무엇을 원하고, 다른 등장인물들은 무엇을(what) 하는가?
   다른 등장인물들에게 무슨 일(what)이 일어나는가?
   그 이야기는 어떻게(how) 끝나는가?
   주인공과 다른 등장인물들은 어떻게(how) 느끼는가? (Graham & Harris, 1994, p. 219)
4. 이야기의 각 부분에 대해 간단히 노트를 하라.
5. 이야기를 써라. 글을 쓰는 동안 위에 있는 것들의 일부분을 사용하고 확장하고 수정하라(Graham & Harris, 1994에서 요약함).

4) 이론의 재고

제2차 세계대전 중에 진행된 통신에 대한 연구와 인간의 지적 능력에 대한 컴퓨터 시뮬레이션 연구는 인간의 정신작용에 관한 새로운 연구 패러다임을 유발시켰다. 이러한 패러다임은 정신작용에 관한 정보처리 이론에 반영되었다. 이 패러다임에 따르면 인간 기억은 처리할 정보를 선택해서 나중에 사용하기 위하여 그 정보를 의미 있는 부호로 변형시키는 능동적인 조직체이다(〈표 8.3〉 참조).

이 이론의 핵심은 개인이 정보를 지각하고, 부호화하고, 나중에 사용하기 위해서 정보를 장기기억에 저장하는 과정이다. 이론가들은 정보가 부호화되어 특정한 인지구조 안에 저장된다는 데 동의한다. 널리 수용되고 있는 관점은 언어적 요소들이 서로 연결되어 있는 의미적 네트워크의 형태이다. 지식의 본체는 명시적 지식과 암시적 지식으로 범주화된다. 명시적 지식에는 영역 및 학문 지식(내용 지식), 담화 지식, 초인지 지식 등이 포함된다.

학습의 중요한 요소에는 ① 학습자의 지식과 학습될 정보의 조직으로 구성된 학습의 틀과 ② 학습자의 인지적 처리, 학습전략, 초인지 등이 포함된다. 교육적 적용은 학습자들의 선행지식 증진, 선행 조직자의 사용, 부호화와 의미 구성에 있어서 학습자가 생성한 단서 사용 등이다. 또한 심상의 사용, 심상과 단어의 조합, 학생의 요약과 자문

〈표 8.3〉 정보처리 이론의 요약

기본 요소	정 의
가정	인간 기억은 정보의 복합적이고 능동적인 조직자이다. 기억 체제는 나중에 인출하기 위하여 정보를 변형시켜 장기기억에 저장한다.
학습	환경으로부터 유입된 정보가 인지구조로 변형되는 과정이다.
학습 결과	어떤 인지구조의 형태이다. 널리 수용되고 있는 관점은 의미적 네트워크의 형태이다.
학습의 구성요소	지각, 부호화, 장기기억에 저장하는 과정
복잡 기술에 대한 교수설계	제9장 참조
교수설계에서의 주요 요소	기존 지식을 새로운 지식과 연결시키기. 즉, 학생들에게 이해를 점검하는 방법을 가르치고 처리를 촉진시킬 수 있는 학습을 구조화하기
이론의 분석	
단점	정보처리 이론은 통일된 이론적 기초가 부족하다. 관점이 너무 다양하다. 인지과정의 컴퓨터 모형은 타당성에 문제가 있을 수 있다.
교실 실제에 대한 기여	교수를 설계할 때 인지적 처리의 중요성을 확인해 주었다.

하기 전략 등도 포함된다.

(1) 단점

정보처리 이론은 인지적 기능에 대한 여러 가지 접근의 연구를 종합하고 있다. 따라서 이론은 여러 가지 연구를 통합할 수 있는 전반적인 틀이 부족하다.

(2) 교실 실제에 대한 기여

정보처리 이론은 형태주의 이론가들이 확인하려고 했던 인지과정을 더 자세히 기술하였다. 교실학습에서 부호화와 의미 구성에 작용하는 과정을 확인한 것은 이러한 과정을 지원해 주는 수업을 설계하고 이해력을 증진시킬 수 있는 전략을 가르치는 것이 중요하다는 것을 시사해 준다. 〈표 8.3〉은 정보처리 이론을 요약한 것이다.

4. 생각해 볼 문제

1. 한 학생이 생물책에서 다음과 같은 글을 읽고 있다. 동맥은 두껍고 탄력이 있으며, 심장으로부터 산소가 풍부하게 들어 있는 혈액을 몸의 각 부분으로 보낸다. 정맥은

가늘고 덜 탄력적이며, 신체의 각 부분에서 이산화탄소가 들어 있는 혈액을 심장으로 보낸다.

____ a. 학생들이 이러한 정보를 학습하는 데 도움이 될 수 있는 시각적 심상과 정교한 기억 조성법은 무엇인가?

____ b. 교사는 이러한 사실의 의미와 관계성에 대하여 어떤 정보를 제공해야 이 정보에 대한 학생들의 기억을 촉진시킬 수 있는가?

2. 다음에 제시된 'A형' 글이 'B형' 글보다 기억하기 쉬운가?

____ A형: Benjamin Franklin이 연을 날렸다. George Washington은 도끼를 숨겼다. 산타클로스는 지붕 위를 걸었다. Noah가 보트를 만들었다.

____ B형: Jim이 연을 날렸다. John이 도끼를 숨겼다. Ted가 지붕 위를 걸었다. Malcom이 보트를 만들었다(Bransford et al., 1989, p. 204).

참고문헌

Adams, M. J. (1989). Thinking skills curricula. *Educational Psychologist, 24*(1), 25-77.

Alba, J. W., & Hasher, L. (1983). Is memory schematic? *Psychological Bulletin, 93*, 203-231.

Alexander, P. A. (1992). Domain knowledge: Evolving themes and emerging concerns. *Educational Psychologist, 27*(1), 33-51.

Alexander, P. A., Kulikowich, J. M., & Jetton, J. (1994). The role of subject-matter knowledge and interest in the processing of linear and nonlinear texts. *Review of Educational Research, 64*(2), 201-252.

Alexander, P. A., Schallert, D. A., & Hare, V. C. (1991). Coming to terms: How researchers in learning and literacy talk about knowledge. *Review of Educational Research, 61*(3), 315-343.

Anderson, J. R. (1983). *The architecture of cognition*. Cambridge, MA: Harvard University Press.

Anderson, J. R. (1990). *Cognitive psychology and its implications* (3rd ed.). New York: Freeman.

Anderson, J. R. (1993). Problem solving and learning. *American Psychologist, 48*(1), 35-44.

Ashmead, D. H., & Perlmutter, M. (1980). Infant memory in everyday life. In M. Perlmutter (Ed.), *New directions for child development: Children's memory* (Vol. 10, pp. 1-16). San Francisco: Jossey-Bass.

Atkinson, R. C. (1975). Mnemotechnics in second-language learning. *American Psychologist, 30*, 821-825.

Ausubel, D. P. (1968). *Educational psychology: A cognitive view*. New York: Holt, Rinehart & Winston.

Bartlett, F. C. (1932). *Remembering*. New York: Cambridge University Press.

Bellezza, F. S. (1996). Mnemonic methods to enhance storage and retrieval. In E. L. Bjork & R. A. Bjork (Eds.), *Memory: Handbook of perception and cognition* (2nd ed.) (pp. 345-380). San Diego, CA: Academic Press.

Benton, S. L., Glover, J. A., & Bruning, R. H. (1983). The effect of number of decisions on prose recall. *Journal of Educational Psychology,*

75, 382-390.

Bereiter, C. (1991). Implication of connectionism for thinking about rules. *Educational Researcher, 20*(3), 10-16.

Bors, D. A., & McLeod, C. M. (1996). Individual differences in memory. In E. L. Bjork & R. A. Bjork (Eds.), *Memory: Handbook of perception and cognition* (2nd ed.) (pp. 411-441). San Diego, CA: Academic Press.

Bower, G. H. (1970). Imagery as a relational organizer in associative learning. *Journal of Verbal Learning and Verbal Behavior, 9*, 529-533.

Bradshaw, B.K. (2000). Do students effectively monitor their comprehension? *Reading Horizons, 41*(3), 143-154.

Bransford, J. D., Vye, N., Adams, L. T., & Perfetto, G. (1989). Learning skills and the acquisition of strategies. In A. Lesgold & R. Glaser (Eds.), *Foundations for a psychology of education* (pp. 199-249). Hillsdale, NJ: Erlbaum.

Brewer, W. F., & Treyens, J. T. (1981). Role of schemata in memory for places. *Cognitive Psychology, 13*, 207-230.

Broadbent, D. E. (1958). *Perception and communication*. London: Pergamon.

Brown, A. L., & Campione, J. C. (1994). Guided discovery in a community of learners. In K. McGilly (Ed.), *Classroom lessons: Integrating cognitive theory and classroom practice* (pp. 229-274). Cambridge, MA: MIT Press.

Brown, A. L., & Day, D. (1983). Macrorules for summarizing texts: The development of expertise. *Journal of Verbal Learning and Verbal Behavior, 22*, 1-14.

Bruning, R. H., Schraw, G. S., & Ronning, R. R. (1995). *Cognitive psychology and instructions*. Upper Saddle River, NJ: Merrill/Prentice Hall.

Chase, W. G., & Simon, H. A. (1973). The mind's eye in chess. In W. G. Chase & H. A. Simon (Eds.), *Visual information-processing* (pp. 215-281). New York: Academic.

Clark, J. M., & Paivio, A. (1991). Dual coding theory and education. *Educational Psychology Review, 3*(3), 149-210.

Collins, A. M., & Quillian, M. R. (1969). Retrieval time from semantic memory. *Journal of Verbal Learning and Verbal Behavior, 8*, 240-247.

Conway, M. A. (1996). Autobiographical memory. In E. L. Bjork and R. A. Bjork (Eds.), *Memory: Handbook of perception and cognition* (2nd ed.) (pp. 165-194). San Diego, CA: Academic Press.

Corkill, A. J. (1992). Advance organizers: Facilitators of recall. *Educational Psychology Review, 4*(1), 33-68.

Craik, F. I. M. (1979). Levels of processing: Overview and closing comments. In L. S. Cermak & F. I. M. Clark (Eds.), *Levels of processing human memory*. Hillsdale, NJ: Erlbaum.

Craik, F. I. M., & Lockhart, R. S. (1972). Levels of processing: A framework for memory research. *Journal of Verbal Learning and Verbal Behavior, 11*, 671-684.

Dempster, F. N. (1996). Distributing and managing the conditions of encoding and practice. In E. L. Bjork & R. A. Bjork (Eds.), *Memory: Handbook of perception and cognition* (2nd ed.) (pp. 317-344). San Diego, CA: Academic Press.

DiVesta, F. J. (1987). The cognitive movement and education. In J. Glover & R. Ronnings (Eds.), *Historical foundations of educational psychology* (pp. 203-233). New York: Plenum.

Dochy, F., Segers, M., & Buehl, M. (1999). The relation between assessment practices and outcomes of studies: The case of research on prior knowledge. *Review of Educational Research, 69*(2), 145-186.

Dole, J. A., Duffy, G., Roehler, L. R., & Pearson, P. D. (1991). Moving from the old to the new: Research on reading comprehension instruction. *Review of Educational Research, 61*(2), 239-264.

Edelman, G. M. (1987). *Neural Darwinism: The theory of neuronal group selection*. New York: Basic Books.

Epstein, G. O., & McDaniel, M. A. (1987). Distinctiveness and the mnemonic benefits of bizarre images. In M. A. McDaniel & M. Pressley (Eds.), *Imagery and related mnemonic processes: Theories, individual differences, and applications*. New York: Springer-Verlag.

Garner, R. (1990). Children's use of strategies in reading. In D. Bjorklund (Ed.), *Children's strategies: Contemporary views of cognitive development* (pp. 245-268). Hillsdale, NJ: Erlbaum.

Garner, R. (1992). Learning from school texts. *Educational Psychologist, 27*(1), 53-64.

Garner, R., Alexander, P., Slater, W., Hare, V. C., Smith, T., & Reis, R. (1986). Children's knowledge of structural properties of expository text. *Journal of Educational Psychology, 78*, 411-416.

Goetz, E. T., & Sadoski, M. (1995). The perils of seduction: Distracting details or incomprehensible abstractions? *Reading Research Quarterly, 30*, 500-511.

Grabe, M. (1986). Attentional processes in education. In G. Phye & T. Andre (Eds.), *Cognitive classroom learning* (pp. 49-82). Orlando, FL: Academic.

Graham, S., & Harris, K. R. (1994). The role and development of self-regulation in the writing process. In D. Schunk & B. J. Zimmerman (Eds.), *Self-regulation of learning and performance*. Hillsdale, NJ: Erlbaum.

Hampson, P. J., & Morris, P. E. (1996). *Understanding cognition*. Cambridge, MA: Blackwell.

Harp, S. F., & Mayer, R. E. (1998). How seductive details do their damage: A theory of cognitive interest in science learning. *Journal of Educational Psychology, 90*(3), 414-434.

Holyoak, M. (1991). Symbolic connectionism: A paradigm for third-generation theory of expertise. In K. A. Ericsson & J. Smith (Eds.), *Toward a general theory of expertise*. New York: Cambridge University Press.

Iran-Nejad, A., Marsh, G. E., & Clements, A. C. (1992). The figure and the ground of constructive brain functioning: Beyond explicit memory processes. *Educational Psychologist, 7*(4), 473-492.

James, W. (1890). *The principles of psychology*. New York: Henry Holt.

Jones, B. F., & Hall, J. W. (1982). School applications of the mnemonic keyword method as a study strategy for eighth graders. *Journal of Educational Psychology, 74*, 230-237.

King, A. (1990). Reciprocal peer-questioning: A strategy for teaching students how to learn from lectures. *The Clearing House, 64*, 131-135.

King, A. (1991). Effects of training in strategic questioning on children's problem-solving performance. *Journal of Educational Psychology, 83*, 307-317.

King, A. (1992). Comparison of self-questioning, summarizing, and notetaking review as strategies for learning from lectures. *American Educational Research Journal, 29*(2), 311-323.

King, A. (1994). Guiding knowledge construction in the classroom: Effects of teaching children how to question and how to explain. *American Educational Research Journal, 31*(2), 338-368.

Kulhavey, R. W., Schwartz, N. H., & Peterson, S. (1986). Working memory: The encoding process. In G. Phye & T. Andre (Eds.), *Cognitive classroom learning* (pp. 115-140). Orlando, FL: Academic.

Lampert, M. (1990). When the problem is not the question and the solution is not the answer: Mathematical knowing and teaching. *American Educational Research Journal, 27*(1), 29-63.

Levin, J. R. (1986). Educational applications of mnemonic pictures: Possibilities beyond your wildest imagination. In A. A. Sheikh (Ed.), *Imagery in the educational process* (pp. 202-265). Farmingdale, NY: Baywood.

Levin, M. E., & Levin, J. R. (1990). Scientific mnemonics: Methods for maximizing more than memory. *American Educational Research Journal, 27*(2), 301-321.

Martin, J. (1993). Episodic memory: A neglected phenomenon in the psychology of education. *Educational Psychologist, 28*(2), 169-183.

Mastropieri, M. A., & Fulk, B. J. M. (1990). Enhancing academic performance with mnemonic instruction. In T. E. Scruggs & B. Y. L. Wong (Eds.), *Intervention research in learning disabilities* (pp. 102-112). New York: Springer-Verlag.

Mayer, R. E. (1984). Aids to text comprehension. *Educational Psychologist, 19*, 30-42.

McClelland, J. L., & Rumelhart, D. E. (1986). A distributed model of human learning and memory. In J. L. McClelland & D. E. Rumelhart (Eds.), *Parallel distributed processing: Explanations in the microstructure of cognition, Vol. 2: Psychological and biological models.* Cambridge, MA: MIT Press.

McCormick, C. B., & Levin, J. (1984). A comparison of three different prose-learning variations of the mnemonic keyword. *American Educational Research Journal, 21*, 379-398.

McGee, A., & Johnson, H. (2003). The effect of inference training on skilled and less skilled comprehenders. *Educational Psychology, 23*(1), 51-59.

McKeown, M. G., & Curtis, M. E. (1987). *The nature of vocabulary acquisition.* Hillsdale, NJ: Erlbaum.

Miller, G. A. (1956). The magic number seven, plus-or-minus two: Some limits on our capacity for processing information. *Psychological Review, 63*, 81-97.

Miyake, A., & Shah, P. (Eds.). (1999). *Models of working memory.* New York: Cambridge University Press.

Neath, I. (1998). *Human memory.* Pacific Grove, CA: Brooks-Cole.

Newell, A., & Simon, H. A. (1972). *Human problem solving.* Upper Saddle River, NJ: Prentice Hall.

Niesser, U. (1967). *Cognitive psychology:* Appleton-Century-Crofts.

Paivio, A. (1971). *Imagery and verbal processes.* New York: Holt, Rinehart & Winston.

Paivio, A. (1983). The empirical case for dual coding. In J. C. Yuille (Ed.), *Imagery, memory, and cognition* (pp. 307-332). Hillsdale, NJ: Erlbaum.

Paivio, A. (1986). *Mental representations: A dual coding approach.* New York: Oxford University Press.

Prawat, R. S. (1989). Promoting access to knowledge, strategy, and disposition to students: A research synthesis. *Review of Educational Research, 59*, 1-41.

Pressley, M., & El-Dinary, P. B. (1992). Memory strategy instruction. In D. J. Hermann, H. Weingartner, A. Searleman, & C. McEvoy (Eds.), *Memory improvement: Explications for memory theory* (pp. 79-100). New York: Springer-Verlag.

Pressley, M., Borkowski, J., & Schneider, W. (1987). Cognitive strategies: Good strategy users coordinate metacognition and knowledge. *Annals of Child Development, 4*, 89-129.

Pressley, M., Johnson, C. J., Symons, S., McGoldrick, J. A., & Kurita, J. A. (1989). Strategies that improve children's memory and comprehension of text. *The Elementary School Journal, 90*(11), 3-32.

Pressley, M., Wood, E., Woloshyn, V., Martin, V., King, A., & Menke, D. (1992). Encouraging mindful use of prior knowledge: Attempting to construct explanatory answers facilitates learning. *Educational Psychologist, 27*(1), 91-109.

Pylyshyn, Z. (1973). What the mind's eye tells the mind's brain: A critique of mental imagery. *Psychological Bulletin, 80*, 1-24.

Pylyshyn, Z. (2002). Mental imagery: In search of a theory. *Behavioral and Brain Sciences, 25*, 157-238.

Quillian, M. R. (1968). Semantic memory. In M. Minsky (Ed.), *Semantic information processing* (pp. 216-270). Cambridge, MA: MIT Press.

Roediger, H. L., III, & Guynn, M. J. (1996). Retrieval processes. In E. L. Bjork & R. A. Bjork (Eds.), *Memory: Handbook of perception and cognition* (2nd ed.) (pp. 197-236). San Diego, CA: Academic Press.

Rohrer, W. D., & Thomas, J. W. (1989). Domain-specific knowledge, metacognition and the promise of instructional reform. In C. B. McCormick, G. E. Miller, & M. Pressley (Eds.), *Cognitive strategy research* (pp. 104-132). New York: Springer-Verlag.

Schank, R. E., & Abelson, R. (1977). *Scripts, plans, goals, and understanding*. Hillsdale, NJ: Erlbaum.

Schneider, W., & Graham, D. J. (1992). Introduction to connectionist modeling in education. *Educational Psychologist, 27*(4), 513-530.

Schoenfeld, A. H. (1985). Metacognition and epistemological issues in mathematical understanding. In E. A. Silver (Ed.), *Teaching and learning mathematical problem solving: Multiple research perspectives* (pp. 361-379). Hillsdale, NJ: Erlbaum.

Schraw, G. (1998). Processing and recall differences among seductive details. *Journal of Educational Psychology, 90*(1), 3-12.

Shulman, L. (1986). Paradigms and research programs in the study of teaching: A contemporary perspective. In M. C. Wittrock (Ed.), *Handbook of research on teaching* (pp. 1-36). New York: Macmillan.

Snowman, J. (1986). Learning tactics and strategies. In G. F. Phye & T. Andre (Eds.), *Cognitive classroom learning: Understanding, thinking, and problem solving* (pp. 243-275). Orlando, FL: Academic.

Solso, R. L. (1988). *Cognitive psychology* (2nd ed.). New York: Allyn & Bacon.

Spires, H. A., & Donley, J. (1998). Prior knowledge activation: Inducing engagement with informational tests. *Journal of Educational Psychology, 90*(2), 249-260.

Spoehr, K. T. (1994). Enhancing the acquisition of conceptual structures through Hypermedia. In K. McGilly (Ed.), *Classroom lessons: Integrating cognitive theory and classroom practice* (pp. 75-101). Cambridge, MA: MIT Press.

Stanovich, K. E. (1986). Matthew effects in reading: Some consequences of individual differences in the acquisition of literacy. *Reading Research Quarterly, 21*, 360-406.

Thagard, R. (1989). Explanatory coherence. *Behavioral and Brain Sciences, 12*(3), 435-502.

Tulving, E. (1974). Cue-dependent forgetting. *American Scientist, 62*, 74-82.

Tulving, E. (1985). How many memory systems are there? *American Psychologist, 40*, 385-398.

Tulving, E., & Madigan, S. A. (1970). Memory and verbal learning. *Annual Review of Psychology, 21*, 437-484.

Turnure, J. E., & Lane, J. F. (1987). Special education applications of mnemonics. In M. A. McDaniel & M. Pressley (Eds.), *Imagery and related mnemonic processes* (pp. 329-357). New York: Springer-Verlag.

Whitehead, A. N. (1929). *The aims of education*. New York: Macmillan.

Williams, J. P., Lauer, K. D., deCani, J. S., Hall, K. M., Lord, K. M., Gugga, S. S., Bak, S., & Jacobs, P. R. (2002). Teaching elementary school students to identify themes. *Journal of Educational Psychology, 94*(2), 235-248.

Wittrock, M. C. (1990). Generating processes of comprehension. *Educational Psychologist, 24*(4), 345-376.

Wittrock, M. C. (1992). Generative learning processes of the brain. *Educational Psychologist, 27*(4), 531-541.

제 9 장

인지적 관점: II. 초인지와 문제해결

> 사고와 학습에 관한 재개념화에 의하면, 어느 영역에서나 사고를 잘 하는 사람이 된다는 것은 단지 특별한 기술을 획득하는 것이 아니라 의미의 파악, 의미의 구축과 관련된 습관을 형성하는 것을 의미한다. (Resnick, 1988, p. 58)

학교에 들어가기 전 단계에서 학습과 기억을 필요로 하는 대부분의 상황은 아동의 일상 경험의 한 부분이며, 이 때에 학습을 해야 하는 이유는 아주 분명하다 (Howe, 1998). 어린 아동들은 스스로 음식을 먹고 옷을 입는 법을 배우며, 일상생활 환경에서 사람과 물건에 대한 용어를 습득한다.

반면에 학교 환경에서는 학습의 이유가 덜 분명하다. 아동이 학교 교육을 받으며 성장함에 따라 학습과제는 더욱 복잡하고 추상적이 된다. 예를 들어, 몇몇 중학교 수학 교재는 확률과 통계학의 개념을 소개한다. 또한 학생들은 교과서를 가지고 학습하고, 다양한 지식 영역의 문제해결에 자신이 학습한 것을 적용하는 것과 같은 과제들을 수행해야 한다.

자기 주도적 학습(self-directed learning)의 필요성은 정규 학교 교육과 함께 끝나지 않는다. 몇몇 원칙에 대한 지식의 빠른 성장, 일상생활에 대한 기술의 폭발적 성장, 그리고 기술적 발전은 직장을 변화시키고, 개개인에게 새로운 요구를 부여한다. 개인이 학습을 관리하고 새로운 문제를 해결하는 법을 배우는 것은 다양한 환경에서 중요한 능력이다.

1. 복잡한 학습의 본질

인지이론에 의해 연구된 기본 학습과정은 지각, 정보의 암호화, 저장, 인출 등이다. 또한 이러한 과정을 용이하게 할 수 있는 이해력 관련 전략들(예: 주의집중, 정교화, 글의 요약 등)도 연구되었다.

초기의 인지이론가들이 말하는 복잡한 과정은 학교 교과목과 연관되지 않은 문제해결과 관련된 것들이었다. 예를 들자면, Kanota의 성냥개비 문제와 소위 '옮겨 놓기' 문제 같은 것들이다. '옮겨 놓기' 문제의 한 가지 예로 'Hanoi의 탑'을 들 수 있는데, 그 문제의 목표는 한 말뚝에 위로 올라갈수록 큰 것부터 작은 것으로 차곡차곡 쌓아올려진 각기 다른 크기의 원반들을 (작은 원반 위에 그보다 더 큰 원반을 올려놓는 것이 불가능한 상태에서) 다른 말뚝으로 옮겨 놓는 것이다. 이러한 문제들을 학습하는 이유는 단순한 영역에서 전략의 개발에 초점을 두게 하며, 이러한 작업은 의미적으로 풍부한 영역으로 확대될 수 있다는 데에 있다(Schoenfeld, 1992).

초기 이후에 인지적 과정에 대한 연구는 두 가지 방향으로 확대되었다. 첫 번째 방향은 각 교과목에서의 원리에 관한 연구에서 이슈에 대한 문제해결로 연구가 확대된 것이다. 또한 물리학과 역사적 문서 분석과 같은 분야에 있어서의 초보자와 전문가 사이의 차이점도 포함된다.

두 번째 연구 경향은 학습과 사고에 있어서 구체적인 활동들의 선정 및 관리와 연관된 위계 과정에 대한 지식을 검토하는 것이다. 예를 들면, 신문을 읽기 위하여 이용되는 훑어 읽기 전략은 어려운 글에서 정보를 얻어 내기에는 적당하지 않다.

학습을 조직하고 관리하는 것에 대해서 연구하는 특별한 지식 기반의 개념은 비교적 새로운 것이다. 1970년대 초반에는 스스로 질문하고 글을 요약하는 것과 같은 독해 전략의 사용을 전혀 사용되지 않는 상태에서 자연스럽게 효과적으로 사용하는 상태로 나아가는 것으로 보였다(Harnishfeger & Bjorklund, 1990). 자발적 산물은 특별한 전략에 있어서 구성 기술의 획득과 기획 능력이 증대되는 것에 기인하는 것이다(p. 9).

1970년대 후반과 1980년대에 들어서면서 이러한 전략 사용에 대한 대안적 관점이 등장하게 되었다. 이러한 관점은 특별한 전략들의 사용을 통제하는 고차 과정 개념을 소개하였다. 초기에는 초기억(meta-memory)의 개념부터 등장하였다. 특히 초기억이란, 한 사람의 기억저장소에 관해서 말로 표현할 수 있는 지식과 기억의 수행에 영향을 주는 사람, 일, 전략 변수를 의미한다(Flavell & Wellman, 1977). 1970년대 후반의 연구 관심은 기억에 부가하여 일반적인 인지적 기능에 관한 지식으로까지 확대되었다.

초인지(metacognition)라는 용어는 이러한 확대된 초점에서 적용되었다.

1) 초인지

여기에서 중요한 이슈는, 초인지에 대한 기본적 정의와 초인지적 전략의 사용에 있어 어린 학습자와 나이 든 학습자 간의 차이점, 그리고 전문가와 초보자 간의 차이점이다.

(1) 요소

초인지와 **초인지적 지식**이라는 용어는 다양한 학자들에 의하여 다소 다른 관점에서 정의되어 왔다. 일반적으로 초인지는 사고에 관한 사고를 포함한다. 어떤 관점에서는 인지와 전략의 사용에 관한 개인의 지식을 강조한다. 또 다른 관점들에서는 지식과 인지 조절 둘 다를 강조한다(Brown, 1987; Son & Schwartz, 2003).

인지에 대한 지식. 초인지의 중요한 요소는 ① 지식과 개인 스스로의 사고에 관한 인식, ② 언제, 어디서 획득한 전략을 사용하느냐에 대한 지식이다(Pressley & McCormick, 1995, p. 2). 개인의 사고에 관한 지식은 개인 스스로의 능력에 관한 정보와 학습과정에서 생성되어 치료적인 행동이 취해지는 어려움에 대한 한계와 인지를 포함한다.

언제 어디서 획득된 전략을 사용하는가에 대한 지식은 과제와 특별한 목표가 구체화된 전략들에 적합한 상황들에 관한 지식을 포함한다. 예를 들어, 학생들은 종종 자신이 거의 배경지식을 가지고 있지 않은 어려운 글은 친숙한 주제에 대한 글과는 다르게 읽혀져야 한다는 것을 모르는 경우가 있다. 그 학생들은 읽기에 대한 중요한 초인지적 지식이 부족하다. 다시 말하면, 초인지적 지식은 중요하다. 왜냐하면 요약, 밑줄 긋기, 노트 필기와 같은 특별한 구체적 목표 전략을 배우는 것은 좋은 전략 사용자가 되기에 불충분하기 때문이다(Pressley, Borkowski, & Schneider, 1987).

Alexander, Schallert, Hare(1991)는 또한 초인지의 요소가 될 계획과 목표에 대한 지식을 고려한다. 예를 들어, 아동들은 때때로 읽기의 목적이 실수 없이 모든 단어를 발음하는 것이라고 믿는다. 그들은 또한 바람직한 읽기란 글에 대해 글자 그대로의 의미를 생각하는 것이라고 믿는다. 이러한 아동들은 읽기의 목적에 대한 충분한 초인지적 지식이 부족하다고 할 수 있다.

인지의 조절. 인지의 조절에 있어서 하나의 이슈는 초인지적 전략과 인지적 전략의 차이점이 무엇인가 하는 것이다. 이 주요한 차이점은 목표가 다르게 설정되었다는 것이다. 인지적 전략은 내용과 정보에 적용되는 반면에, 초인지적 전략은 한 사람의 사고에 적용된다. 예를 들어, Louisiana Purchase에 대해 잘 알고 있는 독자가 한 장(chapter)의 글을 읽고, 주요 요점에 관해 노트 필기를 한다. 이러한 활동들은 독해와 학습을 용이하게 하기 위하여 취해진 인지적 전략이다. 목표는 학생의 지식을 향상시키기 위한 것이다(Flavell, 1979).

나중에 이 독자는 다가오는 시험에 대비하는 것에 관심을 가진다. 그녀는 책의 각 장의 끝에 있는 질문들과 스스로 만들어 낸 질문들을 사용하여 준비 정도를 평가하기 위해 스스로를 테스트한다. 제8장에 언급된 것처럼 이러한 전략은 의미를 구축하는 데 있어 학습자를 지원하고 개인의 학습의 수준을 테스트해 보기 위한 초인지적 전략인 것이다. 수학에 있어 초인지적 평가 방법의 한 예는 학생들이 자신의 답의 합리성을 판단할 수 있는 방법이다(Van Haneghan & Baker, 1989).

연구자들은 다양한 과제에 대한 다소 다른 모델의 초인지를 제안해 왔다. 한 가지 모델은 계획, 평가, 점검의 세 가지 요소를 포함한다. 계획은 목표를 정하고, 관련 자원(시간 배분을 포함한)을 활성화하고, 적당한 전략을 선택하는 것으로 구성된다. 평가는 한 개인이 얼마나 이해하고 있는가를 결정하는 것을 포함한다.

세 번째 요소인 점검은 개인의 진보를 확인하고, 본래 선택된 전략들이 적절하지 못할 때 적합한 대안적 전략들을 선택하는 것을 의미한다. 평가 및 점검을 모두 포함한 개념으로서, 읽기를 하는 동안 글로부터 의미를 도출하는 것을 **이해 점검**(comprehension monitoring)이라고 한다. 이 용어는 이해의 질과 정도에 대한 개인의 인식을 의미하는데, 이것은 만약 한 개인이 자기가 이해하지 못하고 있다는 사실을 깨달았을 때 무엇을, 어떻게 해야 할지에 대해서 인식하는 것을 의미한다(Dole, Duffy, Roehler, & Pearson, 1991). 예를 들어, 독자는 다소 쉬운 읽기 과제를 통하여 의미를 재빨리 파악하면서, 혼동이나 다른 이해력 문제가 발생하고 탐지될 때까지는 계속 읽기를 해 나간다. Garner(1990, p. 251)는 이러한 상황을 인지적 실패(정보처리가 약화되었다.)라고 기술하였으나 초인지적 성공(글을 읽는 사람은 그 문제를 인식하고 문제에 대처한다.)이다.

연구자들은 읽기를 하는 동안 활발한 점검과 이해에 대한 통제는 개인의 글에 대한 이해 가능성과 개인의 지식을 증가시킨다고 지적한다. 글을 읽는 사람들이 이해력을 점검하고 통제하는 데 실패했을 때, 그들에게 이해의 실패를 알려 줄 수 있는, 즉 독자가 단어나 문맥을 제대로 이해하지 못하고 있음을 스스로 알게 해 주는 '단서 사건들(triggering events)'이 쉽게 발생하지 않게 된다. 그 결과 독자 스스로 자신이 글을 제대로 이해하고 있다고 착각하게 만든다.

〈표 9.1〉 학습에 있어 초인지적 활동의 모델

단계	기술	예
과제의 정의	학습과제, 이용 가능한 자원과 제약의 특성에 관한 지각의 생성	「내셔널 그래픽」 잡지에 실린 화산에 관한 읽기 과제 완성하기. 중학생에게 글이 어렵지만, 학생은 한 시간 반에 걸쳐 과제를 수행한다.
목표 설정과 계획	목표를 선택하거나 이끌어 내고, 학습과제를 검토할 계획의 수립	단원(unit)에 대한 시험에 대비하기 위한 심오한 과정을 위하여 글을 읽음, 개인적인 노트 필기와 스스로 질문해 보기 등이 필요하다.
학습 비법과 전략의 조정	두 번째 단계에서 선택된 활동들을 수행하고, 필요하다면 좋게 조정	글을 읽는 동안 대면하게 되는 어려운 용어 때문에 용어의 정의를 사전에서 찾아보기 위하여 읽기를 멈추거나 다시 읽는 과정을 거치게 된다.
학습에 적용	1. 과제, 목표, 계획, 연대성에 대한 대규모의 조정 또는 2. 미래 학습을 위한 개인의 상황(지식, 기술, 믿음, 성향, 학습 동기를 유발하는 요인)을 변경	글을 이해하는 데 주요한 어려움으로 인터넷에서 화산에 관한 기본 정보를 찾게 된다. 또는 과정을 간소화하기 위하여 어려운 자료에 관한 개인의 실력 기준을 낮춘다.

출처: Winne & Hadwin(1998)을 요약함.

학습에 있어 초인지적 활동의 모델은 이 활동들이 일어나는 네 가지 단계를 기술한다(〈표 9.1〉 참조). 즉, ① 과제를 정의하고, ② 목표를 정하고 계획하며, ③ 학습 비법과 전략들을 규정하고, ④ 학습을 적합화시키는 것 등이다(Winne & Hadwin, 1998).

만약 학습과제가 매우 친근한 것이면 첫 번째 단계는 생략하고 넘어갈 수도 있다. 각 단계는 평가된 산물(초인지적 활동)을 만들어 내고, 다음 단계에 있는 일의 상황을 개정한다. 예를 들어, 학습 과제에 대한 학생의 지각은 두 번째 단계에 있는 목표 설정을 위한 기초이다.

그 모델에 있어 각 단계에서의 활동에 영향을 미치는 학생 개인의 기준들이 중요하다. 예를 들어, '그냥 대충 넘어가자'는 태도를 가진 학생들은 두 번째 단계에서 제목을 다시 고쳐 쓰거나 글에서 같은 글씨체로 표시된 용어들을 메모하는 것과 같은 단순한 과제를 선택한다.

세 번째 단계에서 학습전략의 법칙을 점검함으로써 만들어지는 내부의 피드백은 결과적으로 조정된다. 그러나 만약 학생이 목표를 성취하는 데 어떤 비법도 이용할 수 없다고 지각하면 그 과제를 포기하게 될 수도 있다. 폭넓은 초인지적 활동인 네 번째 단계는 잘 조정되어 진행 중인 전략들에 대해 언급하지는 않는다. 대신 두 가지의 적응적 결정이 이루어진다. 하나는 과제, 목표, 계획, 전략에 대한 학생의 이해에 대해 대규모로 적응을 하는 것이다. 두 번째는 미래의 학습상황에 있어서의 비교적 지속될 변화들을 만드는 것이다. 한 가지 예를 들자면, 성공에 대한 개인적 기준을 낮추는 것이다(Winne & Hadwin, 1998, p. 285).

이러한 예들에 의해서 지적된 것처럼, 초인지적 전략들은 의식적이고 계획된 것으로 고려된다. 그 전략들은 개인의 사고과정에 대한 인식과, 만약 진보가 만족스럽지 못하다면 취해질 행동에 관한 결정을 포함한다. 그러나 몇몇 경우에 있어 초인지적 과정은 매우 자동화될 수 있다. 예를 들어, 어떤 학습 과제들은 너무 친숙해서 과제를 정의하는 것(모델의 1단계)이 무시된다(Winne & Hadwin, 1998). 더욱이, 전문적인 독자들은 축약이나 혹은 다른 어려움에 직면하기 전까지는 그들의 이해 수준에 맞게 배분된 의식적 주목 없이도 글을 부드럽고 재빠르게 처리한다. 그 때 그들은 어려움을 해결하기 위한 단계에 접어든다.

(2) 다른 내적 상태에 대한 초인지의 관계

적어도 세 가지 학습자의 내적 상태는 개인의 초인지적 기술의 수행과 상호작용하거나 혹은 그 수행에 영향을 미친다. 그 세 가지는 주제나 영역에 대한 학습자의 지식, 성취 목표 지향성, 학습자로서 스스로에 대한 믿음(Zimmerman[1995]은 개인적 대리인의 형성이라고 함)이다.

주제 혹은 영역에 대한 학습자의 지식. 처리와 평가를 위해 이용 가능한 인지적 자원은 제한되어 있다. 그러므로 주제에 관한 혹은 학문 영역에 있어서의 세부적인 지식은 개인이 그 영역에 대한 정보를 효과적으로 노력을 들이지 않고 처리하는 것을 가능하도록 한다(Bjorklund, Muir-Broaddus, & Schneider, 1990, p. 95). 다시 말하면, 초인지적 전략들은 개인이 주제에 대해 잘 알고 있을 때 독해력과 기억에 있어서 부수적 역할을 한다. 예를 들면, 생물학 교수는 환경에 대한 산성비의 영향에 관한 글을 읽을 경우에는 자신의 이해에 관해 점검할 필요가 거의 없다(Garner, 1990). 그러나 그가 거의 아무런 지식을 가지고 있지 않은 영역인 르네상스 미술에 관한 글을 읽고 있을 때, 그는 글로부터 지식을 만들어 내기 위하여 초인지적 전략들을 사용해야만 한다.

초인지적 전략은 영역에 대한 지식이 부족할 때 학습을 증진시킬 수 있다. 한 연구에 따르면, 학습 비법에 관해 풍부한 초인지적 지식을 가지고 있는, 축구에 관한 지식에 있어서 초보자들은 더 적은 초인지적 지식을 가지고 있는 초보자들보다 축구에 대해 배운 것을 더 많이 기억한다(Winne & Hadwin, 1998).

성취 목표 지향성. 성취 목표 지향성은 학문적인 과제를 수행하는 데 있어 동반된 이유를 가진 성공의 다른 개념을 일컫는다. 목표 지향성의 세 가지 종류는 숙달, 수행, 실패 회피이다(제12장의 논의 참조). 예를 들어, 숙달목표 지향적인 학생들은 새로운 능력을 개발해 나가며 자신의 능력을 남들에게 보여 주기를 바란다(Ames, 1992). 이 학생들은 기회가 주어진다면 효과적이고 고도의 초인지적 능력을 개발한다.

반대로 수행목표 지향성은 좋은 점수를 받는 것이나 해야 할 과제를 생각하는 데 초점을 둔다(Ames, 1992; Elliott & Dweck, 1988). 어떤 조사 결과에 따르면 매주 어휘를 더 많이 공부한 학생들은 자주 있는 퀴즈에 대비해 공부한 학생들보다 학기말 시험에서 더 낮은 점수를 받았다고 한다(Tuckman, 1996). 낮은 점수를 받은 이유는 자신의 지식을 넓히려고 한 것보다는 더 많은 어휘를 외우려고 한 그들의 목적 의식에 있다고 할 수 있다.

실패 회피라고 불리는 세 번째 지향성은 교실 안에서의 자신의 이미지에 몰두하는 것을 의미한다(Midgley, Kaplan, Middleton, & Maeke, 1998). 학생의 모든 관심은 수업 중 대답을 하거나 작은 그룹 활동을 할 때 어려운 부제 과제에 참여하는 것 같은 행동 등을 기피하는 것에 있다. 배우는 데 있어서 이 지향은 성과 없는 전략을 조성한다.

개인적 대리인의 형식화. 초인지적 관리 모델과 학습의 감독은 지식의 상태와 과제, 목표, 수단, 습득 과정의 추리를 강조한다. 판단을 할 때 영향을 미치는 요소는 개인적 대리인 형성(personal agency)－특정한 환경에 빈번히 직관적으로 형성되고 적용되는 믿음과 판단이다(Zimmerman, 1995). 예를 들면 누가 수학 문제를 푸는 데 자신의 실력이 형편없다고 믿는 것이다. 그 결과로 그 사람은 문제를 풀려고 하거나 자신의 노력을 관찰하려는 의지가 없다(Hacker, 1998, p. 10). 이러한 견해는 자기 효능감(self-efficacy)이라고 하며, 어떤 상황에 대처할 때 어떻게 처리를 하고 성공적으로 필요한 행동을 정리하고 실행하는 개인의 능력에 대한 믿음으로 정의 내릴 수 있다(Bandura, 1995, p. 2). 이것에 포함된 것은 학습적인 범위 안에서의 과제이다(Zimmerman, 1995). 높은 자기 효능감을 가지고 있는 사람은 도전적인 일을 하고, 어려운 일이 닥쳤을 때에도 끈기 있게 한다. 그리고 처음에 썼던 절차와 전략이 비효과적일 때 융통성 있게 자신의 지침을 바꾼다.

자기 효능감의 자극적인 구조와 목표 세움, 관리와 평가 습득을 통합하는 효과적인 학습자의 모델은 자기조절 학습 모델(models of self-regulated learning)이라고 한다

(제12장 참조; Schunk & Zimmerman, 1998 참조).

이 관점들은 노력, 인내, 그리고 과제의 선택 같은 논쟁점을 제기한다. 초인지 모델은 개인이 습득을 할 때 사용되는 특정한 초인지적 능력에 중점을 두는 반면, 자기조절 학습모형(self-regulated model)은 목표를 세우는 데에 자기 효능감과 다른 초인지적 활동의 관계에 초점을 맞춘다.

요약하면, 초인지적 능력의 발생은 세 가지 타입의 학득자의 내부 상태에 영향을 받는다. 그것은 개인의 주제 혹은 영역 지식, 개개인의 성취 목표 지향, 그리고 어떤 상황에서 자신이 얼마만큼 성공적일 수 있는지의 능력에 대한 믿음이다.

(3) 초인지적 능력의 차이

일반적으로 초인지적 능력의 차이점은 두 가지 유형의 비교에서 발견할 수 있다. 그것은 어린 아동들과 나이 든 아동들의 차이점, 숙련된 사람과 초보자 간의 차이점이다. 어린 아동들과 나이 든 아동들의 차이점은 때때로 발달상의 차이로 불린다. 그러나 대부분 아동들이 정규 교육을 받으면서 지식이 증가함에 따라 나타나는 결과이다.

어린 아동과 나이 든 아동의 차이. 어린 아동들과 나이 든 아동들의 많은 차이점이 발견되었다. 그 중에는 수업의 목적을 이해하는 범위, 다른 과제의 요구, 자신의 이해력과 지식에 관한 자각, 수학적인 실수를 감지하는 것, 전략 융통성(strategy flexibility)의 인식 등이 있다.

수업 목표와 과제 요구의 인식. 학교 교과 과정과 교실수업은 많은 목적을 가지고 있다. 예를 들어, 수학 문제를 연습하는 일반적인 목적은 학생들이 어떤 절차를 적용해야 하는지 배우기 위해서이다. 더 나아가서 선생님은 학생들이 정돈된 리포트를 수업이 끝날 때 즈음 제출하기를 바란다. 어린 아동들은 특히 외면적이고 일반적인 수업의 요구사항은 이해하지만, 이보다 폭넓은 수업의 목표는 인식하지 못한다. 그러므로 그들은 수업의 목표는 단순히 수업 내에 주어진 과제를 시간 내에 끝내야 한다는 것이다. 혹은 위에서 언급된 것같이 단순히 읽는 것의 목표는 모든 단어를 올바르게 발음해야 한다는 것이다(Alexander et al., 1991).

과제 요구 인식의 부족이 보편적인 것은 아니지만, Fang과 Cox(1999)는 유치원 아동들에게 자신이 경험한 좋았던 기억들을 적게 하면 다른 아동들이 그것을 읽고 점검하며 발표할 때 자기 수정을 한다는 것을 발견했다. 아동들은 "여기서 어떻게 해야 하지?" 그리고 "이 단어를 바꾸고 싶어."라고 말을 하기도 했다.

수업 자료를 통해 배우는 목적을 기억해야 하는 필요성을 인식하는 것은 아동기를 통해 천천히 개발되는 능력이다. 어떤 연구에서는 아동들이 정보를 기억하기 위해서 무엇을 하겠냐는 질문을 했다(Jacobs & Paris, 1987). "열심히 생각을 한다. 그리고 기억하려고 노력한다." "그 아이디어에 대해 스스로 질문을 해 본다."라는 보기가 주어졌다. 그러나 많은 아동들은 만약 이해하지 못하는 부분이 나오면 그 부분은 그냥 넘어갈 것이라고 하는 문항을 선택하였다.

어린 아동들과 나이 든 아동들의 두 번째 차이점은, 어린 아동들은 과제의 요구 사항을 인식하지 못한다는 것이다. 예를 들어, 그들은 재미로 이야기를 읽는 것과 과학이나 사회에 관한 것을 읽는 것의 차이를 못 느낀다는 것이다. 다른 말로 하자면, 아동들은 과제를 해 나가는 어려움에 영향을 미치는 요소에 관한 대충의 틀만 인식하고 있을 뿐이다(Bruning, Schraw, & Ronning, 1995). Karmiloff-Smith(1979)는 완전한 원 모양의 기찻길 트랙을 만들려는 4~9세의 아동들의 차이점을 기록한 바 있다. 4~5세의 아동들은 조각들을 닥치는 대로 집어서 그 순서대로 나열했다. 8~9세의 아동들은 그 조각들을 일자와 굽은 조각대로 구분을 한 후, 그 무리에서 하나씩 뽑아 체계적으로 원을 완성했다.

자기 이해와 인지의 점검. 연구에 의하면 아동들은 자신이 이해를 잘 하고 있는지 전혀 점검을 하지 않는다고 한다(Kuhn, 1999, p. 21). 더 나아가 아동의 발달과 함께 향상되기는 하지만 성인이 되어도 자신이 이해하고 있는지 점검하지 못하는 사람들도 많다.

증거들은 어린 아동들과 성숙한 아동들 간에 자신의 이해력을 정확히 점검하는 능력의 차이를 보여 준다(예: Garner, 1987, 1990; Jacobs & Paris, 1987). 연구에서는 이해 점검을 측정하기 위하여 오류 탐지 과제가 사용되었다. 연구 대상들은 내용 혹은 상식에서 벗어나는 내용을 읽거나 듣는다. Vosniadou, Pearson, Rogers(1988)는 1학년 아동들이 익숙한 주제의 내용을 읽어 줄 때 불일치하는 점들을 발견할 수 있다는 점을 알아 냈다. 하지만 그들은 익숙하지 않은 주제에 대해서 들을 때에 불일치하는 내용이 뒤쪽에 나왔음에도 불구하고 그것들을 발견하지 못했다. 반대로 3학년과 5학년들은 익숙하지 않은 주제에서도 불일치하는 내용을 발견할 수 있었다.

다른 연구 결과들도 오류 탐지에서 비슷한 차이점을 보고했다. 하지만 어린 아동들과 나이 든 아동들 모두 상반되는 내용을 읽을 때 비슷한 내용의 것을 읽을 때보다 더 천천히 읽는 것을 알아 냈다(이것에 대한 토론을 보려면 Garner, 1990 참조). 읽는 시간의 차이점과 보고된 상반되는 내용들을 설명하자면, 어린 아동들은 어려운 것을 이해하는 데 순간적인 이해 인식을 가지고 있을 뿐이고, 또 이것을 중요하지 않다고 간주해 버린다(Garner, 1990).

수학적인 실수와 다른 문제점의 인지. 글의 오류 탐지 개념과 관련된 것은 수학적인 오류의 발견이다. 하나의 적용은 문제를 푸는 데 있어 자신의 완성도를 체크할 수 있는 전략의 도입이다. 또 다른 적용은 단어 문제를 푸는 데 있어 논리적인 불일치의 발견이다.

Van Haneghan(1986)에 의한 조사 연구에서는 1학년, 3학년, 5학년 아동들이 자신의 등급에 적합한 개방적 문장제 문제에 답을 체크하는 전략이 다른 것을 발견했다. 1학년들은 일반적으로 알고 있는 덧셈이나 뺄셈을 손가락으로 세었다. 반대로 더 성숙한 아동들은 자신의 과제를 반대 방향에서 세로 칸을 더하는 계산적인 형식으로 체크를 했다. 관심 있게 봐야 할 것은 처음에 잘못된 답을 했던 대부분의 아동들이 체크한 것을 기초로 하여 자신의 답을 바꾸게 되지 않았던 것이다.

또 다른 연구에서는 아동들에게 '더 많은'과 '더 적은' 것에 관련된 숫자 문제가 주어졌다(Van Haneghan & Baker, 1989). 이것을 하는 데에는 문제 본문, 연산 방식의 문제, 그리고 참여하지 않는 아동의 답이 있다. 문제들은 제대로 풀린 것과 계산적이나 조작상의 실수, 풀 수 없는 문제이지만 풀린 문제 등이 있다(풀 수 없는 문제의 예로는 민수에게 22센트가 있고 은파에게 69센트가 있다면, 민수는 은파보다 얼마나 더 가지고 있냐는 질문). 연구 결과에 따르면 5학년들이 3학년들보다 더 많은 실수를 발견했다고 한다. 다양한 문제의 실수들 중에 계산적인 실수가 가장 많이 발견되었고, 답을 할 수 없는 문제들이 가장 적게 발견되었다(p. 229).

풀 수 없는 문제의 확인을 잘 못한 이유 중 하나는 아동들은 실제 상황적인 문제에서 벗어나는 단어 문제에서 '단어 문제'의 스키마를 개발한다는 것이다. 또한, 3학년과 5학년의 어떤 아동들은 원칙에 맞는 문제를 풀 수 없다고 했다. 그 이유는 다른 전형적인 문제와 다른 형태이기 때문이라고 했다(Van Haneghan, 1986). 잘못 판단된 문제의 예로는 은주가 28개의 과자를 먹고 경진이가 은주보다 13개를 더 먹었다는 것이었다. 질문은 경진이가 과자를 얼마나 더 먹었냐는 것이었는데 풀 수 없다고 설명한 이유 중 2개를 꼽으면, ① 질문에서 경진이가 과자를 몇 개 먹었는지 알려 주지 않았다는 것이었고, ② 질문에서 은주가 28개의 과자를 먹고 또 13개를 더 먹었다고 말했기 때문에 말이 안 된다고 했다(Van Haneghan, 1986. p. 225).

글쓰기를 할 때에는 다소 다른 문제 탐지 기술이 필수적이다. 특히 자신의 글을 고치는 것은 정확히 의사전달이 되지 않는 구절이나 문장을 찾는 데 달려 있다. 그러나 학생들은 종종 자신의 글을 수정하는 데 실패한다. 그 이유는 자신의 글이 정확하고 이해 가능하다고 생각하기 때문이다(Graham & Harris, 1994). Beal(1989)은 3학년 아동들이 그들보다 더 어린 아동들보다 애매모호한 문장을 더 많이 수정했다는 것을 발견했다. 수행의 차이는 주로 구절에서 실수를 찾아 내는 실력의 차이 때문이었다.

전략적 융통성의 인식. 아동의 네 번째 특징은 언제, 어떻게 다른 전략을 써야 하는지의 지식이 부족하다는 것이다. 이 초인지의 요소는 Paris, Lipson, Wilson(1983)에 의해 **조건적 지식**(conditional knowledge)라고 기술되었다. 이 조건적 지식의 부족은 아동들이 습득한 전략을 새로운 상황에 옮기지 못하는 것에 의해 나타난다.

조건적 지식의 발달은 어느 정도는 아동들이 자체적으로 개발한 원시적인 전략의 의존과 관련이 있다고 할 수 있다. 이러한 전략은 예를 들어 선택한 문장을 그대로 언어적으로 반복하는 것과 같은 요약 전략과 같은 것인데, 더 적당한 전략을 개발하는 데 오히려 방해가 된다. 더욱이 이러한 원시적 전략은 그들의 전략 융통성을 가린다.

조건적 지식의 부족은 어린 아동들에게 가장 두드러지게 나타나지만 다른 나이에서도 비슷한 경우가 나타난다. 예를 들어, 처음 대학원에 들어간 학생들은 정보나 생각을 통합하는 대신 교과서에 있는 내용을 외우는 데 집중을 한다(Garner, 1990).

인지적 성숙의 발달. 복잡한 사회에서 인식력 있는 성숙의 향상은 결코 쉬운 일이 아니고, 많은 요소들을 포함한다. 우선 그것은 내적 정신세계에 관한 지식을 향상시키는 것에 따라 좌우된다. 이 세계에 관한 기본적인 정보는 사람들이 모두 마음을 가지고 있고, 내적인 순서는 기분, 감정과는 또 다른 것이며, 사람들은 자신의 정신적인 상태에 따라서 이해하고 반응할 수 있다는 것이다(Wellman, 1985). 그렇지만 어린 아동들은 믿음, 확신, 환상, 실수 혹은 속임수에 대한 지식이 부족하다(Garner, 1990). 그러므로 그들은 글에서나 자신의 생각에서 불일치를 식별하는 능력이 부족하다. 그 반대로 나이 든 아동들은 정신에 관한 좀 더 정교한 이론을 가지고 있고, 또 언어 자체를 주관적인 생각으로 대할 수 있는 능력이 있다. 그러므로 좀 더 나이 든 아동들은 이 지식을 자신의 생각을 관리하는 데 쓸 수 있다.

두 번째로 인지적 성숙의 개발은 아동의 관심사가 아닌 일을 숙달하는 것도 포함할 수 있다. 유치원 아동들은 교실 내에서의 활동(activity)을 노는 것(play)과 작업하는 것(work)으로 구분할 수 있고, 노는 것보다 작업이 더 중요하다고 말할 수 있다(Garner, 1990). 그러나 그들은 작업을 나타낼 수 있는 과제에 자신의 인지적 노력을 덜 활용할 것이다. 자주 인용되는 사례로는 야구에서의 타점, 타율과 다른 주전 선수들의 현재와 과거의 야구 수치를 보여 줄 수 있는 학생이다. 그러나 그 학생은 역사나 다른 사실을 바탕으로 한 과목 학습은 어려워했다.

전문가와 초보자의 차이. 초인지적 기술에서 전문가와 초보자 사이에 많은 차이점들이 발견되었다. 예를 들어, 초보자와는 반대로 전문가들은 엑스레이 검사를 진단할 때, 자신의 진단 결과를 내리기 전에 모든 특정한 상황의 특징을 고려해 보았다(Lesgold et al., 1988).

읽기에서는 전문가와 초보자의 초인지적 기술의 차이가 크게 네 가지 방법으로 달랐다. 첫째, 전문가들은 읽거나 공부하는 일반적인 목적과 특별한 과제에서의 구체적인 목표에 대해 알았다(Rohrer & Thomas, 1989). 그 결과, 그들은 과제에 따라 시간과 노력을 다르게 분배했고, 특히 더 어려운 과제에 더 많은 시간과 노력을 기울였다. 또한 과제의 완성에 중점을 둔 빨리 진행되는 수업에서 전문가들은 다른 전략을 도입하는 데 사용되는 비용을 목적이 달성됐을 때의 이익에 대비하여 고려해서 비교 검토한다(Garner, 1990).

반대로 초보자들은 의미를 중점에 두고 읽지 않는다. 그들은 다른 종류의 내용과 독서 상황에도 독서 행동을 조절하지 않는다. 더 나아가 어려운 글을 읽을 때 천천히 읽지 않는다(Rohrer & Thomas, 1989).

둘째, 전문가들은 문제가 생겼을 때 그것을 깨닫고 맞추는(fix-it) 전략을 쓴다(Dole et al., 1991). 이렇게 되면 어려운 점은 더 큰 문제가 되기 전에 제기된다. 셋째, 전문가들은 어려운 문제가 생겼을 때 앞의 글을 다시 훑어보는 전략을 써서 사용 가능한 수단을 도입하고, 잠시 멈췄다가 반영하는(pause-and-reflect) 전략을 쓴다.

마지막으로 전문가들의 전략 사용 방법은 초보자들의 전략 사용 방법과 비교해 볼 때, 적어도 두 가지 주요 차이점이 있다. 전문가들은 상황에 따라 다른 전략을 쓰는 경향이 있고, 또한 그들은 다른 종류의 글이나 과제 요구에 따라 질문을 하는 전략을 도입한다(p. 248). 반대로 초보자들은 모든 경우에 하나의 전략만 사용하는 경향이 있다. 더욱이 문맥상의 힌트(context clue) 전략을 쓰라고 지시를 받았을 때, 그 전략을 쓰더라도 자발적으로 적용하지는 않는다(Rohrer & Thomas, 1989).

어떤 연구에서는 사회과학 교수들이 자신의 전문 영역에 관한 글을 소리내어 읽어 보라고 했다(Wyatt et al., 1993). 그들은 글에서 중요한 정보를 추출하는 데에 도움이 되는 전략을 적용했다. 그 전략들은 정보를 미리 예측하고 추측하는 것, 그 추측한 정보를 시험해 보는 것, 자신이 읽는 목적과 관련된 정보를 찾는 것, 본문에서 어떤 정보를 찾기 위해 아래위로 훑어보는 것, 글의 줄거리를 설명하는 것을 포함한다.

Pressley와 Afflerbach(1995)는 글읽기의 언어적 프로토콜에서 보고된 포괄적인 과정의 범주를 개발하였다. 이들은 열다섯 가지의 공통적인 과정을 찾았는데, 이는 읽기 전에 전체적으로 훑어보는 것, 중요한 정보를 찾고 그것에 더 중점을 두는 것, 그리고 중요한 정보들을 서로 연관시키며 전체적인 본문을 이해하는 것이다. 작가들은 숙련된 독서는 구조적으로 반응을 하는 독서라고 결론지었다. 즉, 독자들은 글의 단서를 이용하고, 독서 후 그 글을 반영하며, 또 자신의 독서에 대해 면밀히 점검하는 것이다(Pressley & Afflerbach, 1995; Pressley, 1995).

(4) 요약

1970년대에는 효율적인 전략들을 자발적으로 만들어 내는 것은 어떤 전략 내에서 세부 기술들을 익히고 기술들을 계획하는 것이 증가시키는 것에서부터 발생한다고 믿었다. 1980년대의 수정된 관점에 따르면 고차적 과정은 인지적 전략의 사용을 통제한다. 초인지론에 관해 말하자면, 이 지식의 기반은 두 가지의 광범위한 구성요소를 포함한다. 그것은 인지의 지식과 조절이다. 인지의 지식은 과제에 관한 지식, 전략, 수업 계획과 목적을 포함한다. 인지의 조절은 목적을 수립하는 것, 관련된 자료들을 활성화시키는 것, 적합한 전략을 선택하는 것, 이해 여부를 평가하는 것, 발달 상황을 체크하는 것, 만일 필요하다면 노력을 재구성하는 것을 포함한다. 비록 의식적이고 내부적이기는 하지만, 초인지적 과정은 고도로 자동화될 수 있다. 또한 학습자의 지식 기반이 더 충분할수록 초인지적 전략은 덜 필요해진다.

초인지적 전략의 수행에 있어 이들과 반응하고 또한 영향을 끼칠 수 있는 개인차는 학습자의 주제 또는 영역에 대한 지식, 성취목표 지향성, 그리고 개인적인 대리인에 대한 믿음을 포함한다. 숙달목표 지향성을 가진 개인들은 새로운 기술을 발전시키고, 효율적이고 복잡한 초인지적 전략들을 개발하려고 한다. 반대로, 수행목표 지향성은 일반적으로 단순하거나 표면적인 전략으로 유도하는 반면, 실패 회피는 비생산적인 점검과 평가 활동을 만들어 낸다. 개인적인 대리인에 대한 믿음, 특히 자기 효능감은 목표의 수립과 학습기간 동안 학습자의 인내와 융통성에 영향을 끼친다.

초인지에 있어 어린 아동들과 나이 든 아동들 사이의 몇 가지 발달적 차이가 확인되고 있다. 그것은 수업목표에 대한 인식, 과제 요구의 변경, 이해 점검과 수학적인 실수를 점검하는 능력, 그리고 전략 융통성에 대한 인식을 말한다. 부분적으로 이러한 차이점들은 아동들이 인식하기 시작하고, 지적인 과정들에 반응하는 그들의 지적인 성숙이 증가함에서 유래한다. 더 나아가, 초인지적 사고의 전문가들은 과제에 따라 시간과 노력을 할당하고, 문제가 발생하면 이미 정해 둔 전략들을 사용한다. 또한 전략의 사용에 있어 초보자들보다 훨씬 더 융통성이 있다.

2) 문제해결

일반적으로 **문제해결**이란 적합한 해결 방법(비록 부분적으로 익숙하다고 할지라도)이 알려져 있지 않을 때 익숙하지 않거나 새로운 과제를 처리하는 것과 관련된다(Schoenfeld, 1992, p. 354). 처음에 문제해결에 관한 연구들은 정확한 해결책을 연구하기 위해 문제를 해결하던 사람들에 의해 사용된 전략들에 초점을 맞추었다. 그러나 용어 정의 및 학교 교육과정에서 제시된 문제해결의 역할에 대한 다양한 해석들은 1990년대에 들어 문제해결에 대한 재조명을 하도록 이끌었다. 말하자면, 이제 문제의 초점이 학습자의 해석, 구성, 그리고 새로운 상황에 대한 새로운 지식의 적용에 맞춰진 것이다(Resnick, 1989). 중요한 주제는 다양한 문제의 유형, 문제해결에 있어 주요한 하위 과정, 그리고 전문가들과 초보 문제해결자들 사이의 차이점이다.

(1) 문제의 유형

공식적으로 정의 내려진 문제는 세 가지 요소, 즉 명제, 목표, 허용연산으로 구성된다. 명제(givens)는 요소들, 그것들 사이의 관계, 그리고 문제의 초기 형태를 구성하는 조건이나 제한 사항을 포함한다(Anderson, 1985; Davidson & Sternberg, 1998). 목표는 원하는 결과나 해결을 말하고, 허용연산(allowable operator)은 주어진 것들을 목표대로 변형시켜 나가는 과정이나 단계들을 일컫는다(Mayer & Wittrock, 1996).

게다가, 문제의 상황은 방해 요소들을 포함할 수 있다(Davidson & Sternberg, 1998). 그것은 학생들로 하여금 문제의 처음 형태를 원하는 결과로 변형시킬 수 있도록 하는 것을 어렵게 만드는 학생 또는 문제의 특성이다. 기능적 고착(functional fixedness)이라고 일컫는 상황이나 게슈탈트 연구자들에 의해 설정된 문제가 바로 그러한 예이다.

문헌에 있어 언급된 문제의 두 가지 유형은 잘 정의된 문제(well-defined problems)와 잘 정의되지 못한 문제(ill-defined problems)이다. 잘 정의된 문제에서 명제, 원하는 목표, 허용연산은 분명하다. 계산상의 문제는 '2.69 × .078 = ______'이 그 예이다. 잘 정의된 문제는 학교에서의 학습과의 연계성의 적용에 관한 그의 연구에서 Edward

Thorndike가 언급했던 유형이다.

잘 정의되지 못한 문제들 안에서 명제, 원하는 목표, 허용연산은 그 즉시 문제를 해결하는 사람들에게 분명해 보이지는 않는다(Mayer & Wittrock, 1996). 게슈탈트 연구자들에 의해 연구된 문제들이 그 예이다. 학교 상황에서의 한 가지 예는 "교사 지침서로 쓰일 수 있는 컴퓨터 프로그램을 만들어라."이다(p. 48). 비록 대부분의 교육 자료들은 정확히 잘 정의된 문제들을 언급하고 있지만, 현실 세계에서 대부분의 문제들은 잘 정의되지 못했다.

문제들은 규칙적인 것과 규칙적이지 못한 것으로 분류될 수 있다(Mayer, 1992; Mayer & Wittrock, 1996). 규칙적인 문제는 개인이 과거에 그 문제를 풀었고 그 해결 방법을 즉시 알게 되는 문제를 말한다. 반대로, 규칙적이지 못한 문제는 개인이 전에 해결한 적이 없고 해결 방법을 만들어 낼 수 없는 문제를 말한다. 이러한 명칭들은 게슈탈트 연구자들에 의해서 구분되는 과정인 재생적 사고, 생산적 사고와 동일하다(Katona, 1940; Wertheimer, 1945/1959). 재생적인 사고는 유사한 문제들을 해결하는 데 사용되는 과정의 적용을 말한다. 반면 생산적인 사고는 새로운 해결 방법의 구성이다.

하지만 이러한 범주들은 실제적으로 연속체의 최종점을 확인한다. 이러한 두 가지의 양 극단에는 개인이 새로운 해결 방법을 요구하지 않으며, 또한 이미 해결책이 준비되어 있는 경우도 아닌 문제들이 존재한다. 대신, 그 문제들은 새로운 방식으로 전에 사용되었던 전략을 적용시키거나, 이전의 전략을 다른 목적으로 재구성하는 것을 필요로 한다. 예를 들어, 수학에 있어 다양한 유형의 단순 단어 문제들을 해결하는 방법을 배우는 1학년 학생에 의해서 만들어진 문제들이 그것이다. 그들이 읽고 있는 책이 자기 나이보다도 얼마나 더 오래 되었는지, 그리고 얼마나 오래 된 책인지 알아 내는 것들이 그런 것이다(Fennema, Franke, Carpenter, & Carey, 1993).

(2) 선행 인지 연구

1970년대에 선행 발달된 연구들은 일반적인 문제해결(General Problem Solver; GPS)과 발견적 교수법에 대한 논의, 인공지능 연구를 포함한다.

일반적인 문제해결. Hanoi 탑 문제와 같은 과제로부터 발달한 GPS는 문제해결에 있어 세 가지 주요한 단계를 확인한다. 첫째, 문제, 명제, 법적인 연산을 나타낸다. 둘째, 목적과 하위 목적들을 설정하고 하위 목적들을 위한 해결을 시작한다. 셋째, 과정을 평가하기 위해 수단-목표 분석(means-ends analysis)을 사용한다. 그리고 필요하다면 하부 목적들을 다시 정의한다. 수단-목표 분석은 현재 상태와 원하는 상태 사이의 차이점들을 평가하고, 그 차이를 감소시키기 위해 적합한 연산자를 찾으며, 그 결과를 평가하는 것을 포함한다(Simon, 1980).

GPS는 특히 하부 목적들이 명확하게 정의 내려지고 연속적인 단계를 통해 해결되는 지시가 잘 정의된 문제에 적합하다. 하지만 많은 문제들은 이러한 범주에 들어맞지 않는다. 또 다른 어려움은 대부분의 문제들이 해결을 위해 영역 특수한 정보를 필요로 한다는 것이다. 하지만 개인들은 일반적인 문제해결 방법에서 영역 특수 전략을 얻을 수 없다.

발견적 교수법. 잘 정의된(well-defined) 문제들에 대한 관심은 문제에 대한 불확실성을 감소시키기 위해 경험에 의한 법칙을 일컫는 발견적 교수법(heuristics)에 대한 토론을 유도했다. 수단-목표 분석에 덧붙여 여러 예들은 목표 상태, 언덕 오르기, 그리고 문제를 하위 문제들로 분리하는 것으로부터 거꾸로 작용하고 있다. 언덕 오르기는 문제해결자가 목표에 접근하는 과정을 포함한다. 그러한 전략에 있어 한 가지 어려운 점은 그것들이 결국 해결책을 찾을 수도 있고 그렇지 않을 수도 있다는 것이다. 예를 들어, 경험에 의한 법칙인 뺄셈에 있어 "큰 수에서 작은 수를 제외하라."는 법칙은 때로는 실수를 유발할 것이다(예를 들면, 3－7＝－4, ＋4가 아니다).

전술한 예뿐만 아니라, Polya(1973)는 특정한 문제에 개념적인 지식과 절차적 지식을 일치시키는 데 사용되는 일반적인 발견적 전략을 포함시켰다. 이러한 예들은 특별한 경우와 유사한 상황에 대한 비슷한 문제들을 위해 스스로의 기억을 검색한다.

몇 개의 연구에서 Gick과 Holyoak(1980, 1983)은 제3장에서 언급되었던 Duncker(1945)에 의해 발전된 의학적인 문제를 사용했다. 실험 대상자들은 한 마을을 침범하려고 권력을 분산시켰던 간단한 일화를 읽은 후, 즉시 문제를 풀게 했다. 하지만 그 결과는 유사 상황의 존재가 실험 대상자들이 목표로 하는 문제를 해결하기에는 불충분하다는 것을 보여 준다. 그들에게 2개의 도움이 될 만한 이야기를 주고 그것들의 요약을 적게 한 다음, 해결 원칙의 분명한 설명이 주어졌을 때에만 대다수의 실험 대상자들(62%)에게 자발적인 전이가 발생했다.

GPS처럼 발견적 교수법의 한 가지 어려움은 대부분의 문제들은 그것을 해결하기 위해 영역 특수적 정보를 필요로 한다는 것이다. 또 다른 어려움은 경험을 기반으로 한 발견적 교수법은 문제에 의해 요구되는 핵심 사고과정을 언급하지 않는다는 것이다.

인공지능 연구. 이 연구는 인간 실험 대상자의 사고의 언어화(think-aloud protocol)로부터 유추된, 인간과 유사한 규칙으로 만들어진 컴퓨터를 프로그램하는 것을 포함한다. 이러한 인공지능 연구의 한 가지 극적인 예는 PARRY이다. PARRY는 편집증 환자로 위장을 해서 컴퓨터 단말기를 통해 의사소통을 하던 정신과 의사들마저 그 환자가 실제 존재하는지 아니면 컴퓨터 프로그램인지 분간할 수 없었던 프로그램을 말한다(Bereiter, 1991). PARRY에 포함된 규칙은 정신과 의사들의 말을 해석했던 규칙뿐 아니라 정신과 의사들의 언어에 감정적으로 반응하는 규칙을 포함한다.

PARRY와 다른 프로그램들의 성공에도 불구하고 문제해결을 분석하는 이러한 방식에 관한 우려가 발생했다(Bereiter, 1991). 한 가지 주요한 우려 사항은 컴퓨터로 실현하기 가장 쉬운 직무들은 추론의 연결을 확대시키는 것으로(p. 11), 인간에게는 가장 어려운 것이라는 사실이다. 반대로, 인간에게 가장 쉬운 과제들은 규칙 기반 체계로 되어 있는 프로그램에게는 매우 어려운 것이 된다. 예로서 연결 기억 인출(associative memory retrieval)과 형태 재인(pattern recognition)이 있다(Bereiter, 1991, p. 11). 두 번째 주요한 우려 사항은 인간의 문제해결이 컴퓨터 프로그램에서 보는 것처럼 질서 정연하거나 깔끔하지 않다는 것이다.

(3) 문제해결의 하위 과정

1970년대의 문제해결에 관한 연구는 주로 특정한 목적을 성취하기 위한 물리적인 움직임과 사물의 재구성을 요구하는 이동의 문제(move problems)를 언급했다. 최근에 학습자의 구성, 해석, 그리고 새로운 상황에 대한 지식의 적용에 초점을 두는 연구의 변화는 학생들의 사고 전략에 중점을 두고 있다. 더 나아가, 전문가들은 일반적인 발견적 전략(heuristic strategies)보다는 한 영역 내에서 원리에 대한 지식을 요구한다(Chi, Glaser, & Farr, 1991). 이러한 행위들의 중요한 점은 계획과 관찰, 결정의 평가에 있어서의 초인지적 기술이다.

〈표 9.2〉는 문제해결에 있어 네 가지 주요한 하위 과정을 보여 준다. 이 모든 것들은 초인지를 필요로 한다. 주요한 하위 과정은 문제 설명하기, 계획하기, 방해 요소 극복하기, 계획 실행하기이다(Mayer & Wittrock, 1996; Davidson & Sternberg, 1998). 더 나아가, 계획뿐 아니라 결정을 관찰하고 평가하는 초인지적 기술 또한 중요하다.

문제의 표상. 학생들은 종종 간과하기는 하지만, 이 국면은 정확히 정의된 문제이든 개방 상황(open-ended situation)이든 간에 성공적인 문제해결에 있어 필수적인 단계이다. 문제의 핵심적인 특징들을 구분하고 관계에 관한 심적 지도(mental map)를 만들어 보는 것에 있어 중요한 것은 학습자의 장기기억 내의 관련 정보들이다. 영역에 대

〈표 9.2〉 문제해결에 있어 세부 과정과 초인지적 기술의 역할

하위 과정	초인지적 기술의 역할
1. 문제 표상하기: 문제의 핵심적인 특징들을 구분하고 관계에 관한 심적 지도를 만드는 것)	1a. 핵심 문제 요소들을 확인하는 역할을 하는 장기기억으로부터 관련 정보에 접속하는 것을 돕는다. b. 명제, 그것들 사이의 관계, 목표, 제한 요소들의 '심적 지도(mental map)'를 만드는 것을 돕는다(Davidson & Sternberg, 1998). c. 필요할 때 선택적인 재기호화(recoding), 선택적인 조합, 선택적인 비교를 돕는다(Davidson & Sternberg, 1998).
2. 계획하기	2a. 구성된 설명과 함께 계획과 전략을 검토하여 선택한다(Schoenfeld, 1992). b. 필요하다면 위에서 언급된 1a를 시작한다.
3. 방해 요소 극복하기	3a. 새로운 정보를 위한 LTM을 검색하는 것을 돕는다. b. 1c를 시작한다.
4. 계획 실행하기	4a. 필요하다면 진전 상황을 점검하고 계획을 수정한다. b. 필요하다면 3으로 돌아간다.

한 비공식적이고 직관적인 지식(Alexander, Schallert, Hare 모형에서의 암묵적 지식), 내용 지식, 그리고 유사한 문제들을 위한 전략과 문제 접근법에 관한 초인지적 지식이 이에 포함된다.

하지만 일부 문제해결자들은 문제에 관한 정확하지 못한 초인지적 지식을 가지고 있다. 예를 들면, 어떤 학생들은 중요한 정보가 마지막 문장에 있기 때문에 전체 수학 문제를 읽을 필요가 없다고 생각한다(Briars & Larkin, 1994).

문제에 있어 핵심적인 관련 정보를 구분하고 난 후, 관계에 관한 심적 지도를 만들어 보는 것은 중요하다. 이러한 과정은 개인으로 하여금 조건을 체계화하고, 적합한 단계를 결정하며, 발전 상황을 쫓아가게 할 수 있도록 도와 준다(Davidson & Sternberg, 1998).

문제의 심적 지도를 구성하는 데 있어 어려운 점은 선택적인 재기호화(recoding), 선택적인 조합, 선택적인 비교이다. 선택적인 재기호화는 사전에 인지되지 못했던 요소들을 살펴보는 것을 말하고, 선택적인 조합은 새로운 방식으로 그 문제의 요소들을 조합하는 것을 말한다. 그 결과는 문제와 목표의 새로운 심적 표상(mental representation)으로 도출된다. 선택적인 비교는 문제 요소들과 이미 습득된 정보 사이의 명확하지 않은 관계의 발견을 말한다(Davidson & Sternberg, 1998, p. 58).

이러한 과정들은 게슈탈트 연구자들에 의해 일찍이 규명된 문제해결의 구성요소들을 반영한다. 특히 그것들은 '주어진 자료의 재구성(Köhler, 1969, p. 146)'을 포함하는데, 이는 목표를 재정의하거나(Duncker, 1945) 명제의 기능을 재형성하는 것과 같은 문제의 명확화와 심적으로 재정의 내리는 것을 말한다(Maier, 1930).

계획. 효과적인 문제해결자는 수행하기에 앞서 Schoenfeld(1992)에 의해 구조화된 탐색으로 확인된 전략과 전술을 재검토한다. 이 과정의 중요성은 문제해결자들로 하여금 특정한 접근법의 결과를 예측할 수 있도록 돕고, 손실이 큰 실수를 피할 수 있도록 돕는다는 것이다(Holyoak, 1995). 실행 가능한 전략을 찾아 내는 것을 실패하는 것은 문제에 대한 학습자의 심적 지도를 재구성하고 검토하는 것을 요구할 수 있다(〈표 9.2〉의 1).

문제의 표상과 계획의 중요성은 어려운 두 부분의 문제에 직면하는 학생 집단과 교수진의 문제해결 행동 내의 차이점에서 드러난다. 교수진은 문제해결에 나서기 전에 분석과 구성된 조사에 할당된 시간의 절반 이상을 소비한다(Schoenfeld, 1992). 그러나 학생들은 즉각적으로 문제를 풀기 시작한다. 또한 그들은 교수진보다 훨씬 더 많은 절차와 사실들에 접근할 수 있음에도 불구하고 문제를 해결한 사람이 거의 없었다. 교수진은 몇 개의 막연한 것을 찾는 길(wild-goose chases)을 시작했지만, 그 잘못된 길을 버리고 문제를 해결했다(p. 356)(다음에 기술되는 '문제해결의 전문가와 초보자 간의 차이' 참조).

방해 요소 극복. 계획 단계에서 발생할 수 있는 한 가지 주요한 방해 요소는 전형화(stereotype)라고 불리는 상태이다(Davidson & Sternberg, 1998). 이것은 게슈탈트 연구자들에 의해 확인된 기능적 고착과 문제 세트로 구성되어 있다. 또 다른 방해 요소는 어떤 계획이나 과정도 만들 수 없는 무능력이다. 이는 통찰력의 문제 내부에서 주로 발생한다. 한 가지 전략은 문제에 대한 새로운 관점을 줄 수 있는 암시나 유사물, 모델들을 위한 장기기억을 검색하는 것이다. 또 다른 것은 문제에서 잠시 벗어나 휴식을 취하며 생각을 다시 해 보는 것이다(Davidson & Sternberg, 1998).

계획 실행. 학생들은 흔히 정확하게 문제해결하기에 실패하는데, 그것은 그들 자신이 선택한 전략의 실행을 스스로 점검하지 않기 때문이다. 점검(monitoring)은 이미 실행된 단계나 아직 실행되지 못한 행동을 추적하기에 중요한 역할을 한다. 또한 이는 전략에 있어서 단계를 잘못 적용하는 것을 막을 수 있다. 예를 들어, Vye 등(1997)은 복잡한 다단계 문제의 해결에 있어서 6학년 학생의 2%가 개인적 실수, 13%가 계산 착오, 부적절한 자료의 이용 등이라고 제시하였다. 더 나아가 Declos와 Harrington(1991)의 컴퓨터 중심의 문제해결 연구 결과에 의하면, 점검은 중학생들의 문제해결 시간을 단축시켜 줄 뿐 아니라 오류를 감소시켜 준다고 한다.

(4) 요약

문제의 정식 요소는 명제, 목표, 그리고 주어진 정보에서 변형하는 절차나 연속적 조작 등이다. 또한 그 상황은 문제해결에서 과정을 저해하는 방해물을 포함할 수 있다.

문제를 크게 두 갈래로 분류한다면 잘 정의된(정보가 잘 드러나는) 것과 잘 정의되지 않은(정보가 잘 드러나지 않는) 것으로 볼 수 있다. 학습자의 관점으로 본다면 문제는 또한 일상적인 것(즉각적으로 해결책 인지)과 비일상적인 것(참신한 해결책 개발)으로 설명이 될 수 있다. 하지만 문제해결의 새로운 목표에 잘 맞는 최우선 전략법을 재구성하는 것은 기본적으로 필요하다.

1970년대의 인지 연구는 일차적으로 일반적인 문제해결자(GPS)의 개발 및 발견적 교수법(heuristics), 인공지능을 포함했는데, 이들의 한계는 충분한 전문 지식을 제공하지 못한 것이다. 최근 연구는 문제해결의 하위 과정과 관련 초인지 기술에 중점을 두기 시작했다. 하위 과정이란 문제의 핵심 요소를 알아 내고, 심적 지도를 창안하고, 계획하고, 장애를 극복하고, 계획을 실행하는 과정을 말한다. 또한 성공적으로 문제를 해결하기 위해서는 초인지 지식 이외에 계획, 점검, 평가 가능한 기술이 필요하다.

(5) 문제해결의 전문가와 초보자

Glaser와 Chi(1988, p. xv)에 의하면, 1960년대에 컴퓨터 프로그램에 있어서 인간 능력을 자극하려는 노력의 일환으로 전문가를 연구 대상으로 하는 것에 관심이 고조되어 왔으며, 일반적으로 전문가로 분류되는 사람들은 다음과 같은 주요한 특징을 가지고 있다고 한다. 첫째, 특정 영역 전문가가 되기 위해서는 5년 혹은 대략 10,000시간 이상이 필요하다(Hayes, 1988). 둘째, 전문가는 문제해결 전략법과 지식의 본질이 초보자와는 다르다.

지식의 차이. 초보자와 전문가의 지식은 그 양, 구성, 접근 가능성에서 상당한 차이가 발견된다. 구체적으로 말하자면, 초보자의 지식 구조는 수평면적인 것에 치우치는 반면 전문가의 지식 구조는 Newton의 만유인력의 예처럼 고차원적 원칙과 관련성이 있다(Chi, Glaser, & Rees, 1982).

이러한 전문가의 지식 구조는 문제해결을 암시하고 있다. 과학 영역의 전문가들은 초보자와는 다른 '문제 스키마(schema)'를 사용한다고 한다. 즉, 전문가들은 오랜 경험에 의해 관련된 문제해결을 위해 절차를 암호화하고 위계적 원리를 표상하면서 적절한 조건을 적용하게 된다. 시간이 지나면서 문제와 해결책이 스키마에 함께 엉켜 있어 문제해결 전략이 자동적으로 나오게 된다는 것이다. 즉, 전문가들에게 전략은 지식 기반의 한 요소가 된다.

지식의 차이는 전문가와 초보자의 단기기억과 장기기억의 효과적인 이용에도 기여한다. 그들은 회상이 덩어리로 되어 있으므로 보다 효과적으로 해결책을 찾게 된다(Bruning, Schraw, & Ronning, 1995). 예를 들어, Chase와 Simon(1973)의 체스 경기자들을 대상으로 한 연구에 따르면, 짧은 순간 체스판을 보여 준 후 다시 똑같은 상태로 재배치하라는 실험 결과, 전문가들은 80～90%의 정확성을 나타냈다고 한다. 반면 초보자들은 2～3개의 조각만 간신히 배치했다고 한다. 체스 달인들의 장기기억에는 무려 50,000개의 체스 배치도가 저장되어 있는데, 새로운 정보는 이러한 수많은 배치도의 형태로 암호화되는 것이다. 하지만 초보자들은 각 조각의 위치 암기에 의존한다고 한다(Chase & Simon, 1973).

제8장에서 지적한 바와 같이, 개인의 지식 기반 범위는 언어정보처리에 영향을 미친다. 예를 들어, 수학 교사들은 $(a+b)^2$를 한 번에 표현할 수 있으나, 기하학에 초보인 학생들은 여러 과정을 거쳐야 한다. 또한 물리학 전문가는 하나의 요소에서 혹은 덩어리로서 특별한 물리학 원리를 연결시키며 방정식을 회상한다(Bruning et al., 1995, p. 352). 따라서 비록 전문가의 단기기억 능력이 다른 사람들보다 크지 않더라도, 그들이 정보를 덩어리로 만드는(chunking) 것은 단기기억을 효과적으로 이용하게 만든다.

전략의 차이. 앞장에서 언급했듯이 전문가와 초보자는 초인지적 기술이 다르며, 문제해결 영역에 있어서 그들의 초인지적 기술은 세 가지 측면에서 다르게 나타난다. 즉, 문제 표상, 문제 접근, 자기 점검 기술이다(Glaser & Chi, 1988).

문제 표상. 수학이나 과학 영역의 전문가들은 종종 문제 표상의 구성에 시간을 투자한다(Rohrer & Thomas, 1989; Schoenfeld, 1992). 교수진과 학생들 간에 어려운 두 부분의 문제를 해결하는 경우에 나타나는 차이가 그 예가 될 수 있다. Voss(1989, p. 274)의 연구에 따르면 Michael Faraday가 전자 유도 문제의 해결책을 찾고 있을 때, 그는 문제를 표상하는데 상당한 시간을 보냈으며, 결과적으로 두 가지의 가능성 있는 해결책을 제안하기에 이르렀다. 그 다음, 이 해결책에서 연역법(deductions)이 만들어졌고

이를 실험실에서 검사하였다.

이와 비슷한 과정이 방사선 의사가 어려운 엑스레이 필름을 진단하는 실험에서 관찰되었다(Lesgold et al., 1988). 전문가들은 문제를 머릿속에서 잠시 표상한 후, 이 스키마를 바로 검사했다. 만일 확인되지 않은 경우 그 스키마는 무시되고, 다른 문제 제기를 위한 단서를 찾기 위해 그 필름을 다시 검사했다. 반면 레지던트들은 자신이 최초의 관점에서 본 것을 계속 밀고 나가려는 경향을 보였다.

문제 접근. 쉽거나 약간 어려운 문제해결을 위해 수학이나 과학 전문가들은 잘 개발된 문제 스키마를 적용하며, 문제에 주어진 정보로부터 앞으로 나아가 문제를 해결한다(working forward). 그들은 과거에 그와 같은 문제를 많이 해결했으며, 그 해결책은 거의 노력 없이 회상이 된다.

초보자들은 반대로 '역행 작업' 전략을 주로 사용하는데, 때때로 시행착오를 겪는다. 그들은 정교한 문제 스키마가 부족하기 때문에 문제에 있어 잘 모르는 것에서부터 시작해야 한다. 예를 들어, 과학 초보자들이 잘 모르는 것이 들어 있는 방정식을 풀 때, 혹시나 필요한 변수가 있지 않을까 하는 희망에 되돌아가서 문제를 푼다(Anzai, 1991). 〈표 9.3〉에 초보자와 전문가의 문제해결을 비교하였다.

전형적으로 수학과 과학 전문가는 잘 구조화된 문제를 해결하는 과제에 대한 적절한 스키마를 이용한다. 그러나 대조적으로 인문학에 이어서 전문가는 세부적 사건에 대한 맥락 구체적인 스키마를 더 많이 구성하여 이에 의존하는 경향이 있다(Spoehr, 1994; Wineburg, 1991). 즉, 전문가는 요약 수준에서 설명을 구성하는 데 있어서 지식 형태를 찾도록 요구한다(Spoehr, 1994, p. 79). 한 연구에서 훈련된 역사가들이 집단적으로 역사적으로 흩어진 반박 자료를 찾는 작업을 하였다. 첫째로 글의 검토를 위한 체계로서 서류의 근거를 찾았으며, 둘째로 그 자료들을 점검하고 서로 바꿔 검토하면서 조심스럽게 다양한 세부 자료들을 타당화하고 제거하였다. 셋째로 참고인 평가를 타당화하기 위한 수단으로 사건의 장소와 순서를 구성하였다(Wineburg, 1991). 이와 대조적으로 초보자들은 반박을 제기하지 못하고 거의 이전 자료만을 검토하는 경향이 있었다. 그들은 또한 사건의 순서 구성이나 작가의 확인에 실패함으로써 평가에 대한 설명을 가지고 논박하였다.

초인지 기술. 전문가와 초보자는 초인지 기술에서도 차이가 있는데, 첫째로 전문가들은 계획을 세우는 데 더 많은 시간을 보내고 자신의 결정에 대해 정기적으로 자기 점검을 한다. 이와 관련된 예는 앞에서 이미 언급한 바와 같이 엑스레이 진단 전문가들이

〈표 9.3〉 수학과 과학 영역의 초보자와 전문가의 문제해결자 비교

초보자	전문가
1. 지식 구조는 한 영역의 주요한 현상을 중심으로 이루어져 있다.	1a. 지식 구조는 고차 원칙과 관련하여 그 영역에 있는 현상을 나타낸다. b. 지식은 관련 문제해결을 위한 절차가 포함된 문제 스키마 형태로 이루어져 있다.
2. 단기기억과 장기기억을 효과적으로 이용하지 못하는데, 이는 지식이 서로 연관성 없이 기억에 저장되어 있기 때문이다.	2a. 단기기억과 장기기억을 효과적으로 이용하는데, 회상시 관련 정보가 한 덩어리로 나타나기 때문이다. b. 문제해결 전략법의 단계 순서가 자동화되어 있다.
3. 문제 제기를 세우는 데 시간을 거의 투자하지 않는다. 문제의 표면적인 수준만 제기한다.	3. 문제 표상의 구성에 상당한 시간을 투자한다. 아주 심도 깊은 수준의 문제 표상.
4. 처음으로 되돌아가는 역행 작업 전략에 의존하며 시행착오를 겪는다.	4. 문제에 주어진 정보를 바탕으로 앞서 나가는 순행 작업 전략에 의존한다.
5. 오류 인식에 대해 부족한 편이며 해결책 점검이 필요하다.	5. 시험하는 것이 포함된 강한 자기 점검 기술과 미세한 조율 해결책을 사용한다.

출처: "문제해결에서의 전문가" by M. T. H. Chi, R. Glaser, and E. Rees, 1982. In R. J. Sternberg(Ed.), 인간지능 심리의 향상 (Vol. 1, pp. 7-75). Hillsdale, NJ: Erlbaum; Greeno(1980)에서 요약.

특정 필름의 모든 특징들이 모두 설명될 때까지 자신의 임시 진단을 점검하고 검사하는 것과 같다(Lesgold et al., 1988). 하지만 초보자들은 자신의 결정에 대한 검사와 자기 점검을 전문가들만큼 자주 하지 않으며, 자신의 오류를 잘 인식하지 못한다.

방사선 의사 연구에서 특히 재미있는 것은 일반적으로 3~4학년 레지던트들이 전문가들이나 1~2학년 레지던트들보다 수행이 나빴다는 것이다. 이는 왕(true)초보자들은 지각적 자료에 아주 단단하게 얽매여 있는 반면, 전문가들은 가능성이 있는 스키마를 활발하게 테스트하는 경향이 높은 것으로 설명될 수 있다. 한편 3~4학년 레지던트들의 경우, 지각적인 의사결정을 인지적 추론으로 대신하는 것의 시작 단계에 있으며, 이 과정의 초기 단계에서는 활발한 검사가 가능하지 않다. 달리 말하면, 복잡한 문제해결 기술의 개발이 되지 않았다.

요약. 문제해결에 있어 전문가와 초보자의 차이점에 대한 연구는 사고하는 데 있어 지식과 초인지 기술의 역할을 지적한다. 전문가의 폭넓은 지식 기반은 단기와 장기기억력의 효과적인 사용을 가능하게 한다.

지식을 더 많이 저장하는 것에 덧붙여, 과학과 수학의 전문가는 해당 영역에서 위계

원칙을 둘러싸고 조직된 스키마에서 문제들과 절차/해결책을 암호화한다. 그들은 또한 문제의 표상을 구축하는 데 시간을 보내며, 잘 개발된 스키마를 적용하고, 과정을 통하여 전략을 테스트하고 점검한다. 인문학의 전문가들은 지식의 패턴에 대한 조사와 식별을 반영하는 상황 혹은 사건에 대한 설명을 구축한다. 그리고 그들의 새로운 연역법을 확인하고 또 재확인한다.

2. 교수 원리

초인지와 문제해결은 인지 이론가들에 의해 묘사된 복합적인 위계적 능력이다. 그러나 이러한 구조와 관련된 일련의 정의된 학습원리는 아직 개발되지 않았다. 그러므로 수업 원리는 단지 현재 개발된 것으로부터 유추될 수 있다.

1) 초인지

초인지에 대한 연구는 교실에서 초인지적 수업에 의해서 검토될 수 있는 영역들을 제안한다. 그 가운데 모든 초인지적 수업을 위한 핵심적인 수업 조건은 전략 적용, 상황, 그리고 단서에 대한 지식과 자기 점검, 평가 등이다.

(1) 일반적 교수 조건

네 가지의 일반적인 조건은 초인지에 대한 성공적인 수업을 위해 핵심적인 것들이다. 첫째, 인지전략에 대한 모든 교육은 '인식과 함께 하는 인지적 훈련'이거나 '맹목적 훈련(blind training)'에 반대되는 '알려 주는 훈련(informed training)'이어야만 한다(Brown, Armbruster, & Baker, 1986; Rohrer & Thomas, 1989). 예를 들어, 새로운 과제에 대해 이해하기 위해 쓰이는 전략들의 전이는 자동적으로 일어나지 않는다. 언제, 어디서 그것들을 이용할지에 관한 광범위한 지도는 필수적이다(Pressley, El-Dinary, Wharten-McDonald, & Brown, 1998).

둘째, 학생 성취를 평가하기 위하여 이용되는 수행 평가의 기준은 수업에서 언급된 몇 가지 유형의 초인지적 활동들을 요구한다. 만약 시험이 단지 낮은 수준의 수행만을 다룬다면, 학생들은 요구를 평가하고, 자원을 주의 깊게 할당하고, 수행을 평가하고, 진보를 점검하는 것과 관련하여 거의 얻는 이득이 없을 것이다. 예를 들어, 만약 시험이 단지 사실적인 정보만을 요구한다면 학생들은 틀에 박힌 기억을 강조하는 요약하기를 위한 전략들을 포기하지는 않을 것 같다. 대신 참신한 질문에 답하고, 새로운 문제를 풀기 위하여 본질적으로 다른 정보들의 통합을 요구하는 시험 문항들이 포함되어야 한다(Rohrer & Thomas, 1989, p. 113).

셋째, 수업은 초인지적 활동을 연관시키기 위한 지원을 제공해야만 한다. 즉, 수업은 전략 사용에 대한 점검과 평가에 대한 훈련을 제공하는 한편, 인지적 전략을 요구하는 과제들을 제시해야만 한다(Rohrer & Thomas, 1989, p. 113).

주가 되는 중요성은 수업이 인지적·초인지적 활동에 대한 요구를 감소시키는 조건인 보상의 제공을 피해야만 한다는 것이다(Rohrer & Thomas, 1989). 예를 들어, 문제는 시험 문항들이 통합적 과정을 필요로 할 때 발생한다. 그러나 학생들은 시험에 필요한 통합된 제의를 포함하는 검토 자료를 받아 왔다(p. 113). 다시 말하면, 유인물과 다른 보충물들은 초인지적 활동의 최종 결과물을 제공해서는 안 된다. 대신에 그러한 산물들이 학생들에 의해 만들어지는 것이 용이하도록 해야만 한다.

넷째, 수업은 강화를 통하여 다양한 내용에 대해 광범위한 연습을 제공해야만 한다. 이해를 위한 전략을 초인지적 기술과 동반하여 가르치는 것은 장기간의 과정이며, 이상적으로 학교 교육 기간 동안 계속되어야만 한다(Pressley et al., 1998). 교사가 학생들의 향상을 강화하는 것 이외에 전략을 이용하면서(예: "좋아, 정말 좋은 이유군.") 자기 강화법을 사용하는 것을 보여 주어야만 한다는 것 또한 중요하다(Graham, Harris, & Troia, 1998, p. 28).

전략 적용에 관한 지식. 초인지 지식의 가장 중요한 구성요소는 학습 과제에 대한 지식과 특정 학습전략을 언제, 어디서 사용해야 하는가에 대한 지식이다. 예를 들어 작문 기술을 가르치고자 하는 한 프로그램의 경우, 첫 단계는 ① 좋은 작문의 기준에 대한 배경 지식을 갖추고, ② 배워야 하는 전략, 목적, 그리고 언제 이것을 사용해야 하는지에 대해 소개를 하는 것이다(Graham et al., 1998). 독해 전략을 가르치고 있는 교사들은 전략에 대한 설명과 더불어 자연스러운 문맥에서 발생하는 다양한 예시를 통해 활용되는 방법을 보여 주어야 할 것이다(Pressley et al., 1998). 또한 학생들로 하여금 이러한 전략을 연습하고 활용하도록 하는 것은 이러한 전략을 언제, 어떻게 활용해야 하는지에 대한 지식을 구축하도록 도와 주는 필수적인 과정이다. 그 후 전략을 계속 활용하는 과정에서 학습자들은 스스로 자신들이 알고 있는 전략을 새로운 문맥과 상황에 적용하는 방법에 대한 토론을 하고, 이를 통해 전략 활용에 대한 반성적 지식을 구축하게 된다(p. 53).

Butler와 Winne(1995)은 전략의 수행에 있어 학생들이 가장 흔히 겪게 되는 세 가지 문제점을 확인하였다. 첫 번째는 조건적 지식의 부재라고 일컬어지는 것으로, 이는 전략 활용을 요구하는 과제의 조건을 인식하지 못하는 것을 뜻한다. 두 번째 문제점은 과제의 조건 혹은 단서를 잘못 인식하는 것이다. 이로 인해 잘못된 전략을 선택하고, 수행을 판단하기 위한 부적절한 기준을 선택하게 된다. 세 번째 문제점은 과제의 조건과 수행 간의 관계를 인식하지 못하는 것이다.

네 번째 문제점은 새로운 지식을 전략적으로 활용하지 못하는 것이다. 이것에 대한 한 원인으로는 새로운 개념과 전략은 기존의 전략, 즉 깊이 내재된 과정과 개념에 대립하게 된다는 것을 들 수 있다(Pressley, 1995). 또한 새로 습득한 정보를 적용하는 것은 기존의 개념에 의존하는 것보다 많은 노력을 요구한다. 마지막으로, 기존의 전략과 잘못된 판단 사이에는 새로 습득한 개념보다 훨씬 많은 면에서 연관되어 있다(p. 209). 그러므로 과제, 조건, 전략에 대한 새로운 개념이나 지식을 일부 경험하는 것만으로 정보 활용을 습득하기에는 부족하다. 새롭게 습득한 전략을 활용하는 과정에 대한 자기 점검 및 능숙한 사용은 일반적으로 몇 년씩 소요된다(Pressley, 1995. p. 209).

청년들에게 도움이 되는 도구로 읽기 전략의 초인지적 인식 목록(Metacognitive Awareness of Reading Strategies Inventory: MARSI)이 있다(Mokhtari & Richard, 2002). 30개 문항은 전반적인 읽기 전략(예: 내용 파악을 위한 글 검토), 문제해결 전략(예: 읽기 비율 조절), 지원 전략(예: 읽으며 기록) 등으로 구성된다. 이것은 읽기에서 사용되는 전략 인식의 개발에서 학생들을 돕도록 이용할 수 있다.

자기 점검과 평가. 학생들은 종종 자신의 학습과정에 대한 점검 및 평가가 갖는 중요성을 깨닫지 못한다. CBI(컴퓨터 기반 수업)에 대한 연구에 따르면, 학생들이 수업 참여를 스스로 조절할 수 있도록 하였을 때 종종 이에 적극적으로 참여하지 않는다고 한다(Steinberg, 1989). 이러한 결과는 학생들이 자신이 이해하고 있는 것을 적절히 점검하지 않는다는 것을 의미한다.

더 나아가, 전략을 가르치는 프로그램에 참여하고 있는 한 학생은 무엇인가를 모른다는 것을 인정하는 것은 자신이 바보라는 것을 인정하는 것과 같다고 하였다(Gaskins, 1994. p. 151). 이해하지 못했다는 것을 정확히 표현하는 것의 중요성을 보여 주기 위해 교사는 문제를 해결하거나 에세이를 쓰는 과정에서 점검을 하는 방법을 직접 보여 주었다. 교사가 직접 시범을 보인 혼잣말(self-talk)에는 다음과 같은 코멘트가 포함되었다. "마지막 문단에 정보가 많은데 이해를 했는지 모르겠어. 내 방식으로

표현할 수 있는지 한번 확인해 봐야지."(p. 151)

점검과 평가 활동이 노력을 요구하기 때문에 수업에는 다음을 포함해야 한다. ① 필요한 경우 교사가 직접 시범을 보이고 재현을 하고, ② 짝과 함께 연습하거나 그룹 내에서 전략을 연습할 수 있는 기회를 주며, ③ 강화 기회를 제공해야 한다. 이러한 단계는 학생들이 보다 쉽게 이러한 전략을 수행할 수 있고 전략을 사용하는 장점을 인식할 수 있을 때까지 특히 중요하다(Pressley et al., 1998).

요약. 초인지에 대한 초기 연구에서는 명시적인 수업 원리를 아직 도출할 수 없다. 그러나 세 가지 큰 영역에서 수업 과정에 대한 지침을 제공할 수 있다. 이는 초인지적 교수, 과제의 목적 및 조건에 대한 분석, 그리고 점검 및 평가에 대한 필수적인 조건이다.

초인지에 있어 성공적인 수업를 위해 필수적인 세 가지 일반적 조건은 다음과 같다. ① 적용에 대한 명확한 인식을 갖고 인지적 훈련을 수행해야 한다. ② 수행 기준 및 검사 상황은 초인지적 활동을 요구해야 한다. ③ 초인지적 활동에 대한 교수적 도움을 제공해야 한다. 중요한 것은 교실에서 나누어 주는 보조물 및 기타 학습 보조물은 초인지적 전략을 대신하거나 보상해서는 안 된다는 점이다.

수업 과정에서 간단한 학급 토론을 통해 독서 및 자습 등의 핵심 활동의 목적을 탐색할 수 있다. 또한 독서, 자습, 기타 지시적 활동을 활용하는 교실 내 활동을 고안할 수도 있다. 한편 토론을 통해 과제의 조건, 전략과 다양한 과제의 결과 간의 관계를 탐색할 수도 있을 것이다.

일부 연구자들에 따르면, 자기 점검과 평가는 학생들로 하여금 목표를 정하는 것을 요구한다고 한다. 그러므로 하위 목표를 정하는 것에 대한 지도가 도움이 될 수 있다. 또한 학생들에게 "나는 이 정보를 이해하는가?"와 같은 질문을 스스로에게 하도록 가르치는 것과, 그들의 노력의 산물을 평가하도록 가르치는 것이 특히 중요하다. 그러나 적절한 초인지적 전략을 습득하는 것은 부적절한 처리 태도를 버리는 것을 포함한다.

2) 문제해결

학교 교육과정에 있어 **문제** 및 문제해결이라는 용어는 지난 수년 간 다양하고 모순되는 의미를 지녀 왔다(Schoenfeld, 1992). Stanic과 Kilpatrick(1988)은 문제해결이 다양한 교육 관점 및 일반적 교육, 특히 수학에 있어 가장 핵심적인 용어가 되었다는 지적을 했다. 그러나 1980년대 후반부터는 교육과정에 있어서의 문제해결의 본질 및 역할을 검토하고 재구성하게 되었다.

(1) 교육과정에 대한 전통적 관점

대학의 과정들은 다양한 관점으로 문제해결 범위를 기술한다. 몇몇 예를 들어 본다면, 학생들로 하여금 창의적으로 사고하도록 가르치는 과정 및 경쟁을 위해 준비하도록 하는 과정(예: 국제 올림피아드), 미래 교사들에게 발견학습전략을 가르쳐 주는 과정, 수학 보충 과정의 새로운 접근 방식 등을 제공하는 과정 등이 있다(Schoenfeld, 1992, p. 237). 흥미로운 점은 지적 능력에 대한 일반적 개선을 목표로 하는 사고력 프로그램들이 일반적 전이에 대한 충분한 근거를 제시하지 못한다는 점이다(Mayer & Wittrock, 1996, p. 51).

초등 및 중등 교육의 반복 연습이 전통적으로 문제가 된다고 여겨져 왔다. 수학에서의 반복 연습은 학생들에게 시범을 보인 특정 수학 기술에 대한 연습 기회를 제공한다(Schoenfeld, 1992, p. 337). 목표가 주어지고 필요한 숫자가 주어진다면 학생들은 단지 그 상황에 맞는 적절한 계산을 선택하여 적용을 하기만 하면 된다. 종종 문제 혹은 과제들은 특정한 기술을 소개하기 위해 고안되며, 이는 교사 혹은 교재를 통해 시범을 보이고 있다. 그리고 학생들은 더욱 많은 문제나 과제를 연습으로 풀게 된다. 그러나 이러한 판에 박힌 수학은 반성적 사고를 손상시킨다(Pressley & McCormick, 1995, p. 415).

Lampert(1990)는 수학을 하는 것이란 교사의 규칙을 따르는 것이라는 문화적 가정에 대해 지적했다. 또한 수학적 진실은 교사가 정답을 확인했을 때 결정된다. 이와 유사하게, Schoenfeld(1985, p. 43)가 확인한 학생들의 수학에 대한 일반적 믿음으로는 "모두 풀 수 있는 문제라면 항상 10분 이내에 풀린다." "천재들만이 수학을 발견할 수 있다." 등이 있었다.

과학의 경우 문제들은 종종 실험실에서의 연구 형태를 띤다. Mergandoller, Mitman, Marchman, Packer(1987)의 분석에 따르면 세 가지 종류의 문제 형태가 있다고 한다. 명시적 연습문제들은 질문을 하고 절차를 정해 주며 획득해야 하는 해결책을 확실하게 정해 준다. 암시적 연습문제들은 문제를 제시하고 방법을 정해 준다. 통합적 문제들은 문제만을 제시한다. 그러나 7학년 과학 시간의 실험실 문제를 분석한 결과, 이러한 통합적 문제들은 존재하지 않았다. 할당된 문제의 45%가 명시적 문제였으며 55%가 암시적 문제였다(Mergandoller et al., 1987). 또한 연습문제지의 문제 중 84%와 시험문제들의 82%가 단순히 암기만 하는 지식을 요구했다.

다시 말해, 교수는 전통적으로 일반적인 영역에서의 내용에만 집중을 해 왔다. 학생들은 정해진 순서대로 한 내용 영역을 상징하는 사실과 절차를 익혀야 한다. 그러므로 문제 및 실험에 대한 정답을 맞히는 것이 강조되는 것이다.

(2) 현재의 관점

문제해결 및 관련 초인지 기술과 연관되는 하위 과정의 전개는 프로그램과 수업을 기반으로 하는 교육과정이 이러한 전략을 토대로 이루어질 것이라는 예상을 하게끔 한다. 그러나 현재로서는 일부 교육과정은 특정한 반복 문제를 포함하는 교과서 중심의 과정으로 지속되고 있다. 즉, 이러한 수업 자료들은 도전적인 학생으로 하여금 사고하도록 하는 문제를 포함하고 있지 않다.

실생활에서 수학을 사용할 수 있는 성향을 개발하고 수학을 이해하도록 도와 주는 것에 초점을 두고 있는 일부 교육과정은 '수학을 하는' 맥락에서 학생들의 전략을 강조하고 있다(Lester, Garafola, & Kroll, 1989). 여기서 문제에 접근할 수 있는 다양한 방법을 탐구하고, 해결책을 보여 주고 토론하고, 대안 해결책에 대해 토론하는 것이 요구된다. 또한 모든 학생들로 하여금 폭넓은 지식 구조를 갖추고 통합적 이해를 할 수 있도록 해 주는 것이 요구된다. 그러므로 이러한 커리큘럼의 중점은 아동들이 문제를 해결하기 위해 사용하는 다양한 전략이다. Lester와 그의 동료들(1989)은 학급 전체가 토론하는 것을 통해 문제를 해결할 수 있는 다양한 방법을 이끌어 낼 수 있다고 제안하고 있다. 팀별 혹은 소그룹별 문제해결 활동을 하는 동안, 먼저 답을 찾은 학생들에게 그들의 전략을 일반화하도록 격려할 수 있을 것이다. 마무리 활동으로 학생들은 자신들의 다양한 전략을 발표하고 이에 대해 토론할 수 있으며, 이러한 접근법은 다른 상황에 적용할 수 있도록 확장하거나 일반화할 수 있을 것이다. 교사는 학생들이 어려움을 겪을 때 단서를 제공할 수 있는 촉진자 역할을 하게 된다.

한 교육과정 접근법은 학생들이 참여하고 있는 다른 활동들로부터 문제의 내용을 도출한다. 예를 들어 책이나 저자에 대해 토론을 할 때, 학생들은 올해는 저자의 책이 몇 년이 되었는지, 자신보다 책은 몇 년이나 나이가 많은지 등에 대해 결정을 한다(Fennema et al., 1993. p. 565). 아동들은 또한 스스로 문제를 고안한 뒤 그룹별로 이를 해결하고, 그들이 사용한 전략을 나머지 학생들, 선생님과 토론한다. 이러한 활동의 결과에 따르면 모든 학생들이 교과서에 있는 1학년 수준 이상의 더 어려운 문제들을 해결했다고 한다(Fennema et al., 1993). 학생들이 사용한 전략으로는 문제를 구체적으로 표기하는 방법과 기존 알고리즘을 사용하는 방법, 그리고 보다 복잡한 알고리즘(중급 및 고급 수행 범위에서 사용하는) 방법 등이 있었다.

모든 학생들로 하여금 폭넓은 지식 구조를 개발하고 통합적 이해를 하도록 강조하는 교육과정을 적용하도록 하는 것은 교사들의 신념 및 교수 방법에 대한 재구조화를 필요로 한다. 교사는 수학과 학생들의 사고 및 학습방식에 대한 광범위한 지식 구조를 갖추어야 한다. 또한 교사는 학생들로 하여금 단서나 다른 학생들과의 협력을 통해 문제를 해결하도록 해야 한다. 즉, 학생이 문제를 푸는 과정에서 어려움을 겪을 때, 교사의 역할은 학생에게 '올바른' 절차를 가르쳐 주는 것이 아니라는 것이다.

요약. **문제** 및 **문제해결**이라는 용어는 교육과정에서 다양한 방식으로 해석된다. 초등학교 및 중학교 과정에서는 문제해결이란 주로 반복 연습이라고 해석되었다. 즉, 사실과 과정을 토대로 내용을 구조화하는 것을 나타냈다. 문제들은 특정 수학 기술을 반영하기 때문에 소개되며, 학생들은 이를 연습하고 보다 많은 문제를 통해 해결 과정에 능숙해진다. 그러므로 수학과 관련된 문화적 가정은, 학생은 교사의 법칙을 따라야 하며 목적은 정답을 얻는 것이 된다. 과학의 경우, 초점은 문제를 제시하고 수행해야 하는 과정을 제시하며, 얻어야 하는 답을 명시해 주는 연습문제에 있다.

현재 강조점은 '수학을 한다.'는 것과 수학을 이해하는 것에 맞추어져 있다. 이러한 초점은 기본적인 문제를 해결하는 데 사용할 수 있는 다양한 전략을 강조하는 것이며, 이는 이러한 전략으로부터 생겨나는 통합적 지식 구조를 개발하는 것을 의미한다. 그러나 이러한 커리큘럼을 이행하기 위해서 교사는 수학에 대한 지식 및 학생들의 사고 방식에 대한 지식을 재구성해야 한다.

3. 교육적 적용

1) 교실 문제

제8장에서는 인지적 관점에서의 학습에 관한 기본적 쟁점들을 다루고 있다. 복잡한 인지적 과정에 대한 연구를 통해 다루고 있는 쟁점으로는 '어떻게 배우는지'와 관련된 기술, 학습자들 간의 차이의 인식, 문제해결에 대한 교수 방법 등이 있다.

(1) 학습방법 기술에 관한 학습

초인지라는 용어는 스스로의 학습, 기억 및 사고를 조절하기 위해 요구되는 능력을 뜻한다. 여기에는 학습과정에서 스스로의 사고과정과 자신이 겪고 있는 어려움에 대한 인식이 포함된다. 어려움을 인식하는 것을 통해 교정 활동을 취할 수 있다.

(2) 학습자들의 차이

어린 학습자들과 나이 든 학습자들 간의 초인지 능력의 차이점이 주목되었다. 여기에는 교수의 목적 및 다양한 과업 요구에 대한 인식 정도, 자신의 이해력을 점검하고 새로운 전략을 적용하는 기술, 전략 사용에 있어서의 융통성에 대한 인식 등이 포함된다. 문제해결의 경우 초보자와 전문적 문제해결자들은 지식의 기반 및 전략의 활용에서 차이가 드러났다.

(3) 문제해결 교수

문제해결과 관련된 현재의 전망은 우선 다루어야 하는 새로운 쟁점들에 직면해 있다. 자세히 말해, 학생들은 문제를 이해하는 데 있어 같은 영역의 전문가들과 같은 습관 및 성향을 습득해야 한다는 점이다. 그러므로 수학에서의 문제해결이란 '수학을 하는 것'을 의미하며, 실생활에서의 상황을 이러한 자료와 요소들을 수량화하고 시범해 볼 수 있는 기회라고 보아야 하는 것이다.

(4) 다른 관점들과의 관계

초인지는 ① 자신의 사고에 대한 지식 및 인식, ② 스스로의 학습 활동을 점검하고 평가하고 조절할 수 있는 전략의 적용 및 지식, ③ 이러한 전략의 활용을 포함한다. Gagné는 학습, 기억, 사고과정을 조절하는 능력을 '인지적 전략'이라고 불렀다. 목표를 설정하고 점검을 하고 스스로의 학습을 평가하는 것 또한 자기 조정 모델의 구성요소이다(제12장 참조). 가장 중요한 차이점은 이러한 모델들은 또한 초인지적 전략의 수행에 영향을 미치는 동기적 요인들을 다루고 있다는 것이다. 또한 흥미로운 점은 Vygotsky의 문화-역사적 이론이 학교 교육을 받는 시기에 스스로의 사고과정의 완수와 의식적 인식, 주의집중에 대한 자기 조정을 언급하고 있다는 것이다(제11장 참조).

기존의 이론들과 연구는 일반적으로 해결책을 찾기 위해 주어진 조건 내에서 일어나는 변화 혹은 움직임과 관련하여 문제해결에 대한 개념을 정했다. Gagné의 학습조건이란 문제해결을 관련 규칙에 대한 탐색 및 적용이라고 규정하고 있다. 오늘날 인지이론의 발달에서는 문제해결 과정에서 발생하는 학습자의 내부적 하위 과정을 묘사하고 있다. 이러한 초점, 특히 문제에 대해 개개인이 갖는 개념을 강조하는 것은 게슈탈트 심리학자들이 제시했던 문제 구성 및 이해와 관련된 사항을 강조하는 것이다.

2) 교실수업 전략의 개발

단계 1: 의미 있는 문제들을 선정하고 개발한다.

1.1 어떤 실제 사회 상황들이 해결 대상이 되는 문제들의 기본으로서의 역할

을 할 수 있는가?

1.2 문제들이 해당 영역에 있어서 광범위한 운용과 원칙을 반영하는가?

1.3 학생들이 문제를 구성할 수 있는 상황이 존재하는가?

단계 2: 대안적 전략들에 대한 수업 토론에 초점을 둔다.

2.1 어떤 문제들이 팀 단위에서 다루어져야 하며, 어떤 문제들이 소집단에서 다루어져야 하는가?

2.2 어떠한 조작 혹은 다른 자료들이 학생들이 전략을 개발하는 데 도움을 주기 위하여 필요한가?

2.3 학생들이 과제에 대한 근거를 제시하고, 다른 과제의 근거에 귀를 기울이도록 재강조하기 위하여 훈련이 필요할 것인가?

3) 교실수업의 예

- **교과목**: 1학년 수학 수업에서의 더하기와 빼기
- **주제의 구성**: 문제들은 다음의 문제 형태에 따라 구성된다.
  합치기, 분리하기, 부분－부분－전체, 비교하기
- **합치기 문제의 예**: Connie는 5개의 구슬을 가지고 있다. 모두 13개의 구슬이 되도록 하려면 몇 개의 구슬이 더 필요한가?
- **비교 문제의 예**: Jim은 5개의 구슬을 가지고 있다. Connie가 Jim보다 8개를 더 많이 가지고 있다. Connie는 몇 개의 구슬을 가지고 있는가?

이와 같은 교육과정은 '수학하기(do mathematics)'를 위한 아동 학습의 예이다. 처음 며칠 동안 수업을 시작하면서 아동들은 선생님이 구성한 문제들을 풀게 된다. 이후에 아동들은 그들 스스로 문제를 구성하고 풀게 된다.

문제의 내용은 아동들이 관련된 다른 활동으로부터 나온다. 예를 들면, 책이나 저자에 대해서 토론할 때, 아동들은 저자가 올해 몇 살이고 책이 올해로 얼마나 오래 되었는지, 책이 나온 지가 그들의 나이보다 얼마나 더 오래 되었는지 등을 결정한다.

그 교육과정에서 중요한 점은 아동들이 문제를 해결하기 위하여 사용하는 다양한 전략이다. 아동들은 스스로 또래들과 선생님들이 만든 문제를 풀면서 수학과 연관을 가지게 된다. 또한 그들은 자신의 과제를 계속해서 수행하고, 어떻게 문제를 풀었는지 보고해야만 한다. 덧붙여, 그들은 자신의 생각을 다른 사람들의 접근법과 비교함으로써 그들 스스로의 사고에 대해, 그리고 그들에게는 특별한 문제의 어려움에 대해 깊이

생각하여야 한다(Fennema et al., 1993, p. 565). 마지막으로, 그들은 다른 사람들의 해결책에 귀를 기울이고 다른 해결법을 존중해야만 한다. 교사는 다양한 문제해결 전략들의 사용을 장려하고, 아동들이 그들에게 가장 적합한 전략을 사용하는 것이 중요함을 강조해야만 한다(p. 578).

아동들은 종종 소그룹으로 과제를 수행한다. 그리고 또한 교사와 함께 개별적으로 그들의 과제를 발표하고 논의하며, 전체 수업에 참여한다. 수업에서 이루어지는 토의에서 교사는 더 성숙한 전략을 사용하는 학습자들에게 문제를 해결하는 다른 방안적 대안을 생각해 보도록 요구한다. 종종 덜 성숙한 전략을 사용하는 아동들을 먼저 지정하고, 예를 들어 "3을 만들기 위한 방법은 몇 가지나 되나?"라는 질문에 대한 답을 얻는 데 있어 전략들은 6－3, 1＋1＋1로부터 3＋3＋3－3－3까지 나열될 수 있다.

4. 생각해 볼 문제

1. 아동들이 초인지전략을 배운 후에도 초인지전략의 수행에 어려움을 보이는 이유는 무엇인가?
2. 문제해결에 대한 게슈탈트 관점과 정보처리 관점의 주요한 차이점은 무엇인가?
3. 아동들이 스스로 문제를 구성하도록 하는 것의 잠재적 장점과 단점은 어떤 것들이 있는가?
4. 아동들은 종종 계속 전개될 아이디어를 자극하는 새로운 문장들을 가지고 단지 적당한 정보를 써 나감으로써 쓰기 과제에 접근한다. 그들은 어떤 형태의 초인지적 단점을 가지고 있는가?

참고문헌

Alexander, P. A., Schallert, D. L., & Hare, V. C. (1991). Coming to terms: How researchers in learning and literacy talk about knowledge. *Review of Educational Research, 61*(3), 315-344.

Ames, C. (1992). Achievement goals and the motivational climate. In D. Schunk & J. Meece (Eds.), *Student perceptions in the classroom* (pp. 327-348). Hillsdale, NJ: Erlbaum.

Anderson, J. R. (1985). *Cognitive psychology and its implications* (2nd ed.), New York: W. H. Freeman.

Anzai, Y. (1991). Learning and use of representations for physics expertise. In K. A. Anders & J. Smith (Eds.), *Toward a general theory of expertise* (pp. 64-92). New York: Cambridge University Press.

Bandura, A. (Ed.) (1995). *Self-efficacy in changing societies*. New York: Cambridge University Press.

Beal, C. (1989). Children's communication skills: Implications for the development of writing strategies. In C. McCormick, G. Miller, & M. Pressley (Eds.), *Cognitive strategy research: From basic research to educational applications* (pp. 191-214). New York: Springer-Verlag.

Bereiter, C. (1991). Implications of connectionism for thinking about rules. *Educational Researcher, 20*(3), 10-16.

Bjorklund, D. F., Muir-Broaddus, J. E., & Schneider, W. (1990). Knowledge and strategy development In D. J. Bjorklund (Ed.), *Children's strategies: Contemporary views of cognitive development*. Hillsdale, NJ: Erlbaum.

Briars, D. J., & Larkin, J. M. (1984). An integrated model of skills in solving elementary school problems. *Cognition and Instruction, 1*, 245-296.

Brown, A. L., Armbruster, B. B., & Baker, L. (1986). The role of metacognition in reading and studying. In J. Orsanu (Ed.), *Teaching comprehension: From research to practice* (pp. 49-75). Hillsdale, NJ: Erlbaum.

Brown, A. L. (1987). Metacognition, executive control, self-regulation, and other more mysterious mechanisms. In F. Weinert & R. Kluwe (Eds.), *Metacognition, motivation, and understanding* (pp. 65-115). Hillsdale, NJ: Erlbaum.

Bruning, R. H., Schraw, G. J., & Ronning, R. R. (1995). Cognitive psychology and instruction. Upper Saddle River, NJ: Merrill/Prentice Hall.

Butler, D. L., & Winne, P. H. (1995). Feedback and self-regulated learning. *Review of Educational Research, 65*(3), 245-281.

Chase, W. G., & Simon, H. A. (1973). The mind's eye in chess. In W. G. Chase & H. A. Simon (Eds.), *Visual information processing* (pp. 215-218). New York: Academic Press.

Chi, M. T. H., Glaser, R., & Farr, M. (1991). *The nature of expertise*. Hillsdale, NJ: Erlbaum.

Chi, M. T. H., Glaser, R., & Rees, E. (1982). Expertise in problem solving. In R. J. Sternberg (Ed.), *Advances in the psychology of human intelligence* (Vol. 1: pp. 7-75). Hillsdale, NJ: Erlbaum.

Davidson, J., & Sternberg, R. (1998). Smart problem solving: How metacognition helps. In D. J. Hacker, J. Dunlosky, & A. C. Graesser (Eds.), *Metacognition in educational theory and practice* (pp. 47-68). Mahwah, NJ: Erlbaum.

Declos, V. R. & Hainnington, C. (1991). Effects of strategy monitoring and proactive instruction on children's problem-solving performance. *Journal of Educational Psychology, 83*, 35-42.

Dole, J. A., Duffy, G. G., Roehler, L. R., & Pearson, P. D. (1991). Moving from the old to the new: Research on reading comprehension instruction. *Review of Educational Research, 61*(2), 239-264.

Duncker, K. (1945). On problem solving. *Psychological Monographs, 68*(5), Whole no. 270.

Elliott, E. E., & Dweck, C. S. (1988). Goals: An approach to motivation and achievement. *Journal of Personality and Social Psychology, 54*(1), 5-12.

Fang, Z., & Cox, B. E. (1999). Emergent metacognition: A study of preschoolers' literate behavior. *Journal of Research in Childhood Education, 13*(2), 175-185.

Fennema, E., Franke, M. L., Carpenter, T. P., & Carey, D. A. (1993). Using children's mathematical knowledge in instruction. *American Educational Research Journal, 30*(3), 555-563.

Flavell, J. H. (1971). First discussant's comments: What is memory development the development of? *Human Development, 14*, 272-278.

Flavell, J. H. (1979). Metacognition and cognitive monitoring: A new area of cognitive development inquiry. *American Psychologist, 34*, 906-911.

Flavell, J. H., & Wellman, H. M. (1977). Metamemory. In R. V. Kalil, Jr., & J. W. Hagen (Eds.), *Perspectives on the development of memory and cognition* (pp. 3-33). Hillsdale, NJ: Erlbaum.

Garner, R. (1987). *Metacognition and reading comprehension*. Norwood, NJ: Ablex.

Garner, R. (1990). Children's use of strategies in reading. In D. Bjorklund (Ed.), *Children's strategies: Contemporary views of cognitive development* (pp. 245-268). Hillsdale, NJ: Erlbaum.

Gaskins, I. W (1994). Classroom applications of cognitive science: Teaching poor readers how to learn, think, and problem solve. In K. McGilly (Ed.), *Classroom lessons: Integrating cognitive theory and classroom practice* (pp. 129-154). Cambridge, MA: MIT Press.

Gick, M. L., & Holyoak, K. J. (1980). Analogical problem solving. *Cognitive Psychology, 12*, 306-355.

Gick, M., & Holyoak, K. J. (1983). Schema induction and analogical transfer. *Cognitive Psychology, 15*, 1-38.

Glaser, R., & Chi, M. T. (1988). Overview. In M. Chi, R. Glaser, & M. Farr (Eds.), *The nature of expertise* (pp. xv-xxviii). Hillsdale, NJ: Erlbaum.

Graham, S., & Harris, K. (1994). The role and development of self-regulation in the writing process. In D. Schunk & B. Zimmerman (Eds.), *Self-regulation of learning and performance* (pp. 203-228). Hillsdale, NJ: Erlbaum.

Graham, S., Harris, K. R., & Troia, G. A. (1998). Writing and self-regulation: Cases from the self-regulated strategy development model. In D. J. Schunk & B. J. Zimmerman (Eds.), *Self-regulated learning: From teaching to self-reflective practice* (pp. 20-41). New York: Guilford Press.

Hacker, D. J. (1998). Self-regulated comprehension during normal reading. In D. J. Hacker, J. Dunlosky, & A. C. Gaesser (Eds.), *Metacognition in educational theory and practice* (pp. 165-191). Mahwah, NJ: Erlbaum.

Hainnishfeger, K. K., & Bjorklund, D. F. (1990). Children's strategies: A brief history. In D. Bjorklund (Ed.), *Children's strategies* (pp. 1-22). Hillsdale, NJ: Erlbaum.

Hayes, J. R. (1988). *The complete problem solver* (2nd ed.). Hillsdale, NJ: Erlbaum.

Holyoak, K. J. (1995). Problem solving. In E. E. Smith & D. N. Osherman (Eds.), *Thinking*. Cambridge, MA: MIT Press.

Howe, M. J. A. (1988). Context, memory, and education. In G. M. Davies & D. M. Thomson (Eds.), *Memory in context: Context in memory* (pp. 267-280), New York: John Wiley.

Jacobs, J. E., & Paris, S. G. (1987). Children's metacognition about reading: Issues in definition measurement, and instruction. *Educational Psychologist, 22*(2 & 4), 255-278.

Karmiloff-Smith, A. (1979). Problem solving construction and representations of closed railway circuits. *Archives of Psychology, 47*, 37-59.

Katona, G. (1940). *Organizing and memorizing*. New York: Columbia University Press.

Köhler, W. (1969). *The Task of Gestalt psychology*. Princeton, NJ: Princeton University Press.

Kuhn, D. (1999). A developmental model of critical thinking. *Educational Researcher, 28*(2), 16-25.

Lampert, R. M. (1990). When the problem is not the question and the solution is not the answer: Mathematical knowing and teaching. *American Educational Research Journal, 27*(1), 29-63.

Lesgold, A., Robinson, H., Feltovich, P., Glaser, R., Klopfer, D., & Wang, Y. (1988). Expertise in a complex skill: Diagnosing X-ray pictures. In M. Chi, R. Glaser, & M. Fan (Eds.), *The nature of expertise* (pp. 311-342). Hillsdale, NJ: Erlbaum.

Lester, F., Garofolo, J., & Kroll, D. (1989). *The role of metacognition in mathematical problem solving: A study of two grade seven classes*. Final report to the National Science Foundation of NSF project MDR 85-50346.

Maier, N. R. F. (1930). Reasoning in humans I. On direction. *Journal of Comparative Psychology, 10*, 115-143.

Mayer, R. E. (1992). *Thinking, problem solving, cognition* (2nd ed.). New York: Freeman.

Mayer, R. E., & Wittrock, M. (1996). Problem-solving transfer. In D. C. Berliner & R. C. Calfee (Eds.), *Handbook of educational psychology* (pp. 47-62). New York: Macmillan Library

References.

Mergandoller, J., Mitman, A. J., Marchman, V.A., & Packer, M. J. (1987). Task demands and accountability in middle-grade science classes. *The Elementary School Journal, 3*, 251-265.

Midgley, C., Kaplan, A., Middleton, M., & Maeke, M. (1998). The development and validation of scales assessing students' goal orientation. *Contemporary Educational Psychology, 23*, 113-131.

Mokhtari, K., & Richard, C. A. (2002). Assessing students' metacognitive awareness of reading strategies. *Journal of Educational Psychology, 94*(2), 249-259.

Newell, A., & Simon, H. A. (1972). *Human problem solving*. Upper Saddle River, NJ: Prentice Hall.

Paris, S. G., Lipson, M. Y., & Wilson, K. K. (1983). Becoming a strategic reader. *Contemporary Educational Psychology, 8*, 293-316.

Polya, G. (1973). *How to solve it* (2nd ed.). Garden City, NJ: Doubleday.

Pressley, M. (1995). More about the development of self-regulation: Complex, long-term, and thoroughly social. *Educational Psychologist, 30*(4), 207-212.

Pressley, M., & Afflerback, P. (1995). *Verbal protocols of reading: The nature of constructively rereading*. Hillsdale, NJ: Erlbaum.

Pressley, M., & McCormick, C. B. (1995). *Advanced educational psychology for educators, researchers, and policy makers*. New York: Harper Collins.

Pressley, M., Borkowski, J. G., & Schmeider, W. (1987). Cognitive strategies: Good strategy users coordinate metacognition and knowledge. In R. Vasta & G. Whitehurst (Eds.), *Annals of child development* (Vol. 5, pp. 89-129). Greenwich, CT: JAI.

Pressley, M., El-Dinary, P. B., Wharton-McDonald, R., & Brown, R. (1998). Transactional instruction of comprehension strategies in the elementary grades. In D. Schunk & B. J. Zimmerman (Eds.), *Self-regulated learning: From teaching to self-reflective practice* (pp. 42-56). New York: Guilford Press.

Resnick, L. (1988). Teaching mathematics as an ill-structured discipline. In R. Charles & E. Silver (Eds.), *The teaching and assessing of mathematical problem solving* (pp. 32-60). Reston, VA: National Council of Teachers of Mathematics.

Resnick, L. B. (1988). Developing mathematical knowledge. *American Psychologist, 44*, 162-169.

Rohrer, W. D., & Thomas, J. W. (1989). Domain-specific knowledge, metacognition, and the promise of instructional reform. In C. B. McCormick, G. Miller, & M. Pressley (Eds.), *Cognitive strategy research* (pp. 104-132). New York: Springer-Verlag.

Schoenfeld, A. (1992). Learning to think mathematically. Problem solving, cognition, and sense making in mathematics. In D. A. Grouws (Ed.), *Handbook of research on mathematics teaching and learning* (pp. 334-370). New York: Macmillan.

Schunk, D., & Zimmerman, B. J. (Eds.) (1998). *Self-regulated learning: From teaching to self-reflective practice*. New York: Guilford Press.

Simon, H. A. (1980). Problem solving and education. In D. T. Tuma & F. Reif (Eds.), *Problem solving and education: Issues in teaching and research* (2nd ed., pp. 81-96). Hillsdale, NJ: Erlbaum.

Son, L. K., & Schwartz, B. L. (2003). The relation between metacognitive monitoring and control. In T. J. Perfect & B. L. Schwartz (eds.), *Applied metacognition* (pp. 15-38). New York: Cambridge University Press.

Spoehr, K. T. (1994). Enhancing the acquisition of conceptual structures through hypermedia. In K. McGilly (Ed.), *Classroom lessons: Integrating cognitive theory and classroom practice* (pp. 75-101). Cambridge, MA: MIT Press.

Stanic, G., & Kilpatrick, J. (1988). Historical perspectives on problem solving in the mathematics curriculum. In R. Charles & E. Silver (Eds.), *The teaching and assessing of mathematical problem solving* (pp. 1-22). ReVA: National Council of Teachers of Mathematics.

Sternberg, E. R. (1989). Cognition and learning control: A literature review, 1977-1988. *Journal of Computer-Based Instruction, 16*, 117-121.

Sternberg, R. (1998). Abilities are forms of developing expertise. *Educational Researcher, 27*(3), 11-20.

Tuckman, B. W. (1996). The relative effectiveness of incentive motivation and prescribed learning strategy in improving college students' course performance. *Journal of Experimental Education, 64*, 197-210.

Van Haneghan, J. P. (1986). *Children's detection of errors in word problems: Evidence for comprehension monitoring in math* (Doctoral dissertation, University of Maryland, Baltimore County 1986). *Dissertation Abstracts International*, 47B: 2650.

Van Haneghan, J. P., & Baker, L. (1989). Cognitive monitoring in mathematics. In C. B. McCormick, G. Miller, & M. Pressley (Eds.), *Cognitive strategy research* (pp. 215-238). New York: Springer-Verlag.

Vosniadou, S., Pearson, P. D., & Rogers, T. (1988). What causes children's failures to detect inconsistencies in text? Representation vs. comparison difficulties. *Journal of Educational Psychology, 80*, 27-39.

Voss, J. A. (1989). Problem solving and the educational process. In A. Lesgold & R. Glaser (Eds.), *Foundations for a psychology of education* (pp. 251-294). Hillsdale, NJ: Erlbaum.

Vye, N. J., Goldman, S. R., Voss, J. F., Hmelo, C., Williams, S., and The Cognition and TechnolGroup at Vanderbilt (1997). Complex mathematical problem solving by individuals and dyads. *Cognition and Instruction, 15*(4), 435-484.

Wellman, H. M. (1985). The child's theory of mind: The development of conceptions of cognition. In S. R. Yussen (Ed.), *The growth of reflection in children* (pp. 169-206). Orlando, FL: Academic Press.

Wertheimer, M. (1959). *Productive thinking*. New York: Harper (original published 1945).

Wineburg, S. (1991). Historical problem solving: A study of the cognitive processes used in the evaluation of documentary and pictorial evidence. *Journal of Educational Psychology, 81*(1), 73-87.

Winne, P. H., & Hadwin, A. F. (1998). Studying as self-regulated learning. In D. J. Hacker, J. Dunlosky, & A. C. Graesser (Eds.) *Metacognition in educational theory and practice* (pp. 277-305). Mahwah, NJ: Erlbaum.

Wyatt, D., Pressley, M., El-Dinary, R. B., Stein, S., Evans, P., & Brown, R. (1993). Comprehension strategies, worth and credibility monitoring, and evaluations: Cold and hot cognition when experts read professional articles that are important to them. *Learning and Individual Differences, 5*, 49-72.

Zimmerman, B. J. (1995). Self-regulation involves more than metacognition: A social cognitive perspective. *Educational Psychologist, 30*(4), 217-221.

Part Ⅳ

인지발달 이론

학습이론들은 지식과 구체적인 기술 획득과 관련된 특별한 사건과 조건을 다룬다. 대조적으로 인지발달 이론은 우선 인간 사고의 최고 수준을 나타내는 능력을 확인한다. 그리고 인지발달 이론가들은 이러한 사고 수준을 획득하기에 필요한 사건과 조건을 기술한다. 적절히 설계되어 있는 학교 교육이 그러한 인지발달을 촉진시킬 수 있을지 모르지만, 상위 수준의 사고를 직접 가르칠 수는 없다.

대표적인 인지발달 이론가인 Jean Piaget와 Lev S. Vygotsky는 사고에 대해 다른 관점을 기술했다. 스위스 출신의 심리학자인 Piaget는 논리적 사고와 인지발달의 상위 형태로서의 복잡한 상황에 관한 추론에 관해 기술하였다. 그는 특별한 환경에서 아동과 대상의 상호작용과 개별적 조작에 대한 연구를 기초로 하였다.

이와 대조적으로 Vygotsky는 특정한 개인이 속한 문화에서 통용되는 기호와 상징이 인지발달에 필수적이라고 보았다. 그는 논리적 기억, 자발적 주의집중, 범주적 지각, 그리고 심리적 기능의 상위 형태인 행동의 자기 조직 등을 확인하였다. 그리고 그는 인간 종족의 문화적 역사를 분석하고, 특별한 문화 속에서 지식을 가진 성인과 아동 간의 상호작용을 분석하였다.

제 10 장

Jean Piaget의 인지발달론

> 학습의 적절한 개념을 제시할 때 먼저 설명해야 되는 것은 학습자가 구성하고 창안하는 방법이지, 학습자가 단지 반복하고 따라 하는 방법이 아니다. (Piaget, 1970b).

Jean Piaget의 연구는 여러 가지 점에서 발달심리학에 큰 기여를 하였다. 첫째, 그의 연구 이전에는 아동을 단순히 성인의 축소판으로 보았다. 그러나 Piaget의 이론과 연구는 아동이 사고와 경험을 구성하는 방법은 성인의 사고와 질적인 차이가 있다는 새로운 메시지가 분명히 입증해 주었다(Chandler & Chapman, 1991).

둘째, Piaget의 연구의 목적은 문제해결이나 인지 기술의 변화를 조사하는 것이 아니라 다양한 형태의 자연적 논리(natural logic), 즉 행동하고 말하며 추론하는 개인의 논리의 특징을 발견하는 것이었다(Inhelder & deCaprona, 1990, p. 39). 예를 들어, 아동은 어떤 발달 시점에서 **구체적인 예들을 보지 않고**, A가 B보다 크고 B가 C보다 크다는 것을 알면 A가 C보다 크다는 것을 안다. 또한 이 결론이 틀림없이 사실이라는 것도 안다. 한편 이와 유사하게 만일 A가 B에 포함된다면 이 때는 A보다 B가 더 많다는 것을 알고 자기 생각을 포기하지 않는다. 이것이 Piaget의 자연적 논리의 핵심이다(Borel, 1987, p. 68). 이러한 자연적 논리의 특징을 발견하기 위해서는 지식과 추론의 기원, 한 추론 형태에서 다른 추론 형태로의 전이를 발견해야 한다. 이 목표를 달성하려면 유아기의 논리적 사고의 근원, 아동기의 추론의 종류, 청소년과 성인의 추론 과정을 조사해야 된다.

셋째, Piaget가 자연적 논리의 발달을 연구하려는 접근은 그 자체가 혁신이었다. 그의 연구와 이론의 뼈대는 철학, 생물학, 심리학이었다. 그는 철학에서 유래한, "지식의 특징은 무엇인가?" "아는 것과 실제와는 어떤 관계가 있는가?" 등을 연구하였다.

Piaget는 **지식**을 **자연적 논리**로 보았다. 따라서 지식에 관한 연구는 지능에 관한 연구이다.

Piaget 이론의 두 번째 뼈대인 생물학은 지능의 본질에 대한 그의 기본 가정의 근원이 되었다. Piaget의 관점에서 유기체의 적응과 성장은 유기체가 환경에 지능적으로 적응할 때 수반되는 문제와 과정을 설명한다(Piaget, 1980)('지능에 대한 구성주의자의 견해' 참조). Piaget는 세 번째 이론적 뼈대인 심리학에서 연구 방법을 얻었다. 지능이 발달하여 환경에 적응하는 방법에 대한 해답은 심리학 연구를 통해서만 찾을 수 있다(Piaget, 1972b, p. 9).

Piaget 연구의 네 번째 기여는 아동의 사고와 추론을 대단히 상세하게 분석한다는 점인데, Beilin(1992a)은 Piaget처럼 발달심리학에서 범위와 깊이를 모두 고려하여 분석한 예가 없었다고 주장하였다. Piaget의 연구에는 아동의 언어와 사고, 인과관계와 세계에 대한 아동의 이해, 도덕 발달, 산술적 추론, 유아의 인지발달 단계, 적응 이론, 아동의 논리적 사고의 구성요소, 그리고 아동의 논리 이전 사고의 분석 등이 포함된다. Piaget가 사망한 후에 출판된 연구물에는 아동의 논리적 사고의 가능성과 필연성의 역할, 각 학문 지식의 형태에 대한 분석, 의미론 등이 기술되어 있다. 또한 스위스 제네바의 유전(발달)인식론 센터에서는 아동의 추론과 사고의 다양한 측면에 대한 실험을 수백 번 실시하였다.

불행히도 Piaget의 행동중심 모형은 영미 경험주의자들에 의해 그 모형을 잘못 해석되었다(Beilin, 1992b; Bickhard, 1997; Chandler & Chapman, 1991; Chapman, 1988; Dean & Youniss, 1991; Lorenço & Machado, 1996; Smith, 1991). 첫째, 추론 단계에 대한 Piaget의 설명은 아동 초기의 수학, 과학 교육과정 개발에 사용되었다. 그러나 Piaget는 추론 단계는 설명적 단계가 아니라고 보았다. 즉, 설명해야 되는 여러 가지 종류의 추론을 구분한 것뿐이었다(Chapman, 1988, p. 338). 둘째, 일부 학자들은 인지발달론에서 다루려고 했던 문제를 배제한 채 Piaget의 개념을 연구하였다. 결국 그의 이론은 왜곡되었다(Chapman, 1988; Chandler & Chapman, 1991; Dean & Youniss, 1991; Lorenço & Machado, 1996). 또한 어떤 학자들은 아동의 추론에 대한 실험에서 무관한 요인을 제거하고, Piaget의 실험보다 간단한 형태의 사고를 필요로 하는 과제를 사용하여 연구하였다(Chapman, 1988; Chandler & Chapman, 1991; Montangero, 1991). 그 결과 어린 나이에 어떤 복잡한 추론을 한다는 결론은 잘못되었다고 주장하였다. 더구나 Piaget의 이론에 대한 일부 해석은 매우 왜곡되어서 Piaget는 전혀 취하지 않았던 입장 때문에 비판을 받았다(Bickhard, 1997; Chapman, 1988;

Lorenço & Machado, 1996).

또한 몇몇 연구자들은 Piaget가 주장하는 개념을 검증하기 위한 도구를 개발하였다. 첫째, 이 접근은 순서, 평형, 동일성, 그리고 연구 계획의 일반화 등의 주요 구인을 제거하는 위험이 따른다(Edelstein & Schroeder, 2000). 둘째, Piaget 이론의 맥락에서 개인차 이해는 발달에 투여되는 것과 산출되는 것 모두에서의 개인 내적인 다양성을 의미한다. 일생을 거쳐 발달에 깊이 영향을 미치는 환경과 유기체 간의 실험적 상호작용이 요구된다(p. 842).

Piaget의 연구를 충분히 이해할 수 없는 이유가 최소한 세 가지가 있다. 첫째, Piaget의 연구와 그의 제네바 연구 중 일부만이 영어로 되어 있다는 것이다. 둘째, Piaget는 후기 연구에서 연구의 목적과 광범위한 목표를 재진술하지 않았기 때문에 이론을 부적절한 문제에 잘못 적용했다(Chapman, 1988). 셋째, Piaget는 실험을 계속하면서 이론을 계속 수정하고 손질하여 한때 자신을 이론의 주된 수정주의자라고 설명했다(Piaget, 1970b). 예를 들어, Piaget는 **논리-수학적**이라는 용어를 독창적으로 사용하여 아동이 수와 양에 포함된 유목(classes)과 관계에 대한 구성을 설명했다(Piaget, 1952). Piaget는 후(1971)에 논리-수학적이라는 용어의 범주를 확대해서 유기체가 자기 활동을 서로 통합하는 것까지 포함시켰다.

Piaget의 후기 저술에서는 논리적 사고 구조를 구성하는 문제, 특히 가능성과 필연성의 역할을 다시 다루었다(Piaget, 1987a, 1987b). 의미의 논리에 대한 그의 최후 연구(Piaget & Garcia, 1991)에서 Piaget는 논리적 사고의 후기 발달의 기초로서 행위들의 합의를 파악하였다.

1. 인지발달의 원리

Jean Piaget의 이론은 인간이 출생할 때부터 성인이 될 때까지 발달하는 자연적 논리에 초점이 있다. 이 이론을 이해하려면 이 이론의 근거가 되는 생물학적 가정과 지식의 정의에 함축된 의미를 이해해야 된다(Piaget, 1970b, p. 703).

1) 기본 가정

Piaget 이론의 기본 가정은 지능의 본질과 인지발달의 핵심 요인이다.

(1) 지능에 대한 구성주의자의 견해

대담한 이론적 주장을 하고 반(反)직관적 실험 자료를 사용한 Piaget의 이론이 제2차 세계대전 이후 영어권 사회에 도입되자 큰 반향이 일어났다(Beilin, 1992a, p. 191). 그의 반직관적 주장 중의 하나는 지능과 지식은 정적이 아니라 끊임없이 변화하는 과정이기 때문에 심리학자는 그 변화의 본질을 연구해야 된다는 것이다.

지능의 본질. Piaget 이론의 기본 가정은 인간의 지능과 생물학적 유기체는 서로 비슷한 기능을 하고 환경과 끊임없이 상호작용하는 조직된 기관으로서 환경에 적응하기 위해 필요한 구조를 구성한다는 것이다(Piaget, Bringuier, 1980, p. 3에서 인용).

생물학적 유기체는 유전 발달에서 수동적 행위자가 아니라는 Piaget의 견해는 연체동물에 대한 그의 연구에서 지지되었다. 그는 어떤 연체동물은 잔잔한 물의 서식지에서 바람에 불려 가는 몹시 거친 물로 운반되면서 발이 또 자라나 급류 속의 바위에 단단히 붙었다는 것을 알게 되었다. 더구나 환경의 변화에 대처하기 위해 일어난 이 생물학적 변화는 연체동물의 어떤 자손에 의해 유전되었다. 몇몇 유기체의 경우에는 다시 잔잔한 물로 돌아왔을 때일지라도 유기체에게 이런 변화가 지속되었다(Piaget, 1980).

Piaget(1980)는 지능은 환경에 적응하는 과정에서 필요한 인지구조를 구성한다는 결론을 내렸다. 인지구조는 생물학적 구조처럼 "인간의 마음에서도, 우리가 깨닫고 구성하는 외부 세계에서도 미리 주어진 것이 아니다."(Piaget, Bringuier, 1980, p. 37에서 인용) 예를 들어, 유아는 팔을 뻗어 물건을 잡고 잡아당긴다는 행동 도식에 따라 행동한다. 유아는 이런 새로운 인지구조 때문에 어떤 끈을 잡아당겨서 그 끈의 끝에 있는 물체를 잡고, 어떤 담요를 잡아당겨서 팔이 미치지 않는 장난감을 주울 수 있다(Piaget, 1967). 아동기 동안에 일어나는 다른 예를 들면, 물체 및 사건과 상호작용하는 논리적 방법을 점점 강구하고, 지각적 단서에 따라 행동하지 않는다는 것이다. 그러므로 지능은 양적 평가를 할 수 있는 어떤 정적인 특징이 아니라, 활발하고 역동적이며 변화하는 것이다. 왜냐하면 지능 자체가 형성되어 효과적인 기능을 하려면 지능에 대한 설명과 이해가 필요하기 때문이다.

지식과 지능의 관계. 학습이란 어떤 '현실' 세계에 대한 정적인 객관적 지식을 습득하는 것이라고 하는 전통적 견해는 두 가지 잘못된 가정에 근거한다(Piaget, 1970b). 한 가정은 객관적 지식이란 확인할 수 있는 물체와 사건 '바로 거기에 있는' 어떤 개체라는 것이다. 두 번째 잘못된 가정은 외부 환경과 그 환경에 있는 사람은 지식의 정의 하에서 두 개체로 분리될 수 있다는 것이다.

Piaget에 따르면, 지식이란 학습자의 활동에 의해 생성되는 어떤 과정이다. '안다는 것'은 행동한다는 것이다(Chapman, 1999, p. 32). 그리고 행동하지 않을 때 지식의 문제는 Piaget의 이론에서 거론되지 않는다(Pufall, 1988, p. 16). 더구나 지식이 생성될 때 학습자와 학습 대상이 하나가 되어 분리될 수 없다. 또한 지식은 주관적 요소가 많다. 그러므로 지식은 어떤 관계이지 선험적으로 주어진 것이 아니다.

보다 중요한 것은 학습자와 학습 대상의 관계가 항상 변한다는 것이다. "주체(지식 있는 사람)와 객체의 관계는 사전에 결정되지 않는다. 그리고 보다 중요한 것은 그 관계는 비안정적 관계라는 것이다."(Piaget, 1970b, p. 704) 예를 들어, 유아가 처음에 환경을 학습하는 방법은 모든 물건을 입 속에 넣고 나중에 흔들거나 떨어뜨리거나 밀거나 잡아당기는 것이다. 그러나 지능의 가장 복잡한 단계에서 과학자와 학자는 환경에 구체적 상징이 없을지 모르는 추상적 상징을 이용하여 이론을 정립한다. 유아 활동과 이에 대한 이론을 정립하는 과학자 간에는 계속 변화되는 발달의 연속선이 놓여 있다.

요약하면, 무엇보다 발생적 인식론(genetic epistemology)에서는 "지식을 연속적 구성물로 본다."(Piaget, 1972b, p. 17). 지식은 어떤 사람이 환경과 상호작용하여 구성되고 지능도 그렇게 구성되기 때문에, 지식과 지능을 이해하는 문제도 동일한 문제가 된다. 다시 말해, 어떤 사람이 지식이 불충분한 상태에서 지식이 충분한 상태로 진보하는 방법을 알면 지능이 환경과 어떤 식으로 상호작용하는지도 알 수 있다.

(2) 인지발달의 핵심 요인

한 형태의 추론에서 또 다른 형태의 추론으로 발달적 전이가 이루어지려면 4개의 요인이 필요하다. 그 요인은 물리적 환경, 성숙, 사회적 영향, 평형이라고 하는 과정이다(Piaget, 1977).

어떤 사람은 세계와 상호작용하여 새로운 지식을 얻기 때문에 물리적 환경과의 접촉은 매우 중요하다. 그러나 개개인의 지능이 이런 경험을 이용하지 못한다면, 이러한 접촉만으로는 지식이 발달되지 않는다. 아동은 신경계가 성숙하면 물리적 경험에서 최대 이익을 얻을 수 있기 때문에 신경계의 성숙이 중요하다. 다시 말해, 신경계가 성숙하면 인지발달이 가능하지만, 신경계가 성숙하지 못하면 인지적 성취에 큰 제한이 된다. 예를 들어, 유아가 팔을 뻗어 물건을 잡고 당기는 등의 행동 도식을 구성하려면 반드시 손과 눈을 조정해야 한다.

이처럼 신경계의 성숙은 인지발달의 중요한 조건이지만, 특정 사건은 미리 결정되지 않는다. 학습자가 환경과 어떤 접촉을 하느냐에 따라서, 그리고 학습자 자신의 활동에 따라서 학습자마다 인지발달 속도가 다르다.

세 번째 요인인 사회적 환경은 언어와 교육의 역할, 특히 타인과의 접촉을 포함한다. 자기 신념을 주관적으로 확신하는 아동은 사회적 상호작용을 하지 않으면 자기의 부정확한 생각을 변화시키는 데 필요한 행동을 시작할 가능성이 없다. Piaget(1926)는 "아동이 다른 사람의 생각에 접촉해서 자기 생각을 비추어 보려는 노력을 하지 않는다면 자기 생각을 결코 인식하지 못할 것이다."라고 하였다(p. 144). 또한 물리적 경험처럼 사회적 경험의 차이에 따라 인지구조의 발달이 빨라지거나 늦어질 수 있다(Inhelder, Sinclair, & Bovet, 1974).

앞서 말한 세 요인은 인지발달에 영향을 미치는 다른 이론가가 기술한 고전적 요인이다. 그러나 Piaget는 이 세 요인만으로는 새로운 형태의 사고를 설명할 수 없다고 주장했다(Chapman, 1988, p. 388). 네 번째 요인인 평형도 핵심 요인이다. 이 요인은 변형되고 변화되는 지적 기능에서 일정한 상태를 유지하는 일련의 과정으로 구성된다. 사람은 환경과 상호작용할 때 평형(다음 절에서 기술함)을 유지하고, 이 평형으로 말미암아 인지발달이 일관성 있고 질서정연하게 이루어진다.

(3) 요약

Piaget 연구의 목적은 자연적 논리, 즉 발달의 여러 단계에서 전개되는 추론 과정의 특징을 발견하는 것이다.

Piaget 연구와 이론의 뼈대는 철학, 심리학, 생물학의 학문이었다. 지식의 본질 그리고 지식 있는 사람과 현실 관계의 기본 문제는 철학에서 제기되었다. 이 문제에 대답하는 방법은 심리학에서 제기되었고, Piaget는 생물학에서 지능의 본질에 대한 가정을 세웠다. 특히 지능은 생물학적 유기체처럼 조직된 기관으로서 환경과 꾸준히 상호작용하고, 환경에 적응하는 데 필수적인 구조를 구성한다. 그러므로 지능은 계속 변화하는 과정이고, 지식은 학습자의 활동에 의해 생성된다. 따라서 심리학의 핵심 문제는 학습자가 지식을 구성하는 한 단계에서 다른 단계로 진보하는 방법이 된다.

한 형태의 추론에서 다른 형태의 추론으로 전이하는 것은 네 가지 핵심 요인에 따라서 달라진다. 그 요인은 물리적 환경, 성숙, 사회적 영향, 평형이라고 하는 과정이다. 평형은 큰 변화를 겪으면서도 지능의 기능을 유지하는 역할을 한다.

2) 인지발달의 구성요소

인지발달 이론은 한 단계의 추론 및 사고에서 보다 높은 단계의 추론 및 사고로의 진보를 설명하는 과정에 초점이 있다. 그래서 이 이론의 두 주요 주제에서 이 과정이 설명된다. 이 과정은 논리적 사고의 심리적 특성과 환경과 상호작용할 때 전개되는 기본 과정이다.

(1) 논리적 사고의 심리적 특성

Piaget의 이론에 있는 논리적 사고의 특성을 이해하려면 3개의 핵심 개념이 중요하다. 이 개념은 조작의 심리적 구조, 가능성과 필연성의 역할, 의미의 논리이다.

심리적 구조. 논리적 사고의 기본 단위는 Piaget(1928, 1970b)가 **조작**(operations)이라고 한 특별한 종류의 인지 활동이다. 이 기본 단위는 광의에서 논리적 추론을 지배하는 인지구조이다(Piaget, 1970a, 1970b). 그러나 조작은 정적인 정보 구조가 아니라 특정 심리적 구조를 형성하는 자료나 물체에서 이루어지는 변형으로서 내면화할 수 있고 취소할 수 있으며, 시스템으로 통합되는 작용이다(Piaget, 1970/1976a, p. 64; 1976b).

조작의 핵심 특징. 조작은 3개의 핵심 특징이 있기 때문에 다른 종류의 작용과 구별된다. 첫째, 자료나 물체의 변형은 어떤 상황의 한 특징에서 일어나는 변화가 또 다른 특징의 변화로 정확히 보상되는 변형이다. 예를 들어, 40개의 동전더미를 똑같은 수의 4개의 더미로 세분할 경우(변화)에 더미 수는 **증가**하지만(1개에서 4개로), 더미당 동전 수는 **감소**한다(40개에서 10개로). 둘째, 균형을 유지하는 이 보상의 결과로 물체나 자료의 본질은 변함없거나 일정하다. 즉, 앞의 예에서 동전의 총수는 변하지 않는다. 아동이 이 상황에서 변하지 않는 특징을 인식하는 것을 **보존**이라고 한다. 예를 들어, 한 점토 덩어리를 팬케이크 모양으로 납작하게 할 때 점토의 양이 변함없기 때문에 양이 보존된다.

조작의 세 번째 중요한 특징은 변형된 자료나 물체는 역조작에 의해 원래 모양으로 복원될 수 있다는 것이다. 예를 들어, 4개의 동전더미는 다시 40개의 동전더미로 재결합될 수 있다.

어떤 조작과 역조작을 동시에 할 수 있는 아동의 능력을 **가역성**이라고 한다. 아동은 어떤 변형에서 역변형이 동시에, 필연적으로 암시된다고 이해할 때 그 상황을 조작해서 혼동하지 않고 그 상황을 정확하게 분석할 수 있다. 아동은 그 시점에서 어떤 조작적 구조를 구성했다(다음 절의 예 참조).

다시 말해, 자료 변형과 역변형은 조작적 구조의 핵심 요소이다. 예를 들어, 2+3=5라는 덧셈의 역은 5−3=2라는 뺄셈이다. 그러나 단지 숫자를 더할 수 있는 능력이 있다고 해서 반드시 조작적 사고가 있는 것은 아니다. 아동은 틀림없이 덧셈을 뺄셈의 역으로 보고, 반대로 뺄셈을 덧셈의 역으로 본다. 즉, 하나의 존재는 다른 것의 존재를 필요로 한다(Murray, 1990, p. 199).

심리적 구조의 예. 양의 보존에 대한 실험에서 아동이 어떤 조작적 구조를 창안할 때 포함한 단계가 설명된다. 아동에게 소시지 모양으로 둘둘 말린 작은 점토 덩어리를 보여 주었다. 아동에게 점토의 양이 같은지 물어 보았을 때, 조작적 사고를 하기 전에 3단계의 발달 단계가 있다는 것을 알게 되었다. 소시지 모양의 길이에만 초점을 맞춘 아동은 (단계 I) 점토를 둘둘 마니까 점토가 더욱 얇아진다(단계 II)는 것을 알기 시작했고, 다음에 점토를 둘둘 마니까 점토가 동시에 더욱 길어지고 더욱 얇아진다는 것을 알았다(단계 III). 또한 단계 III의 아동은 소시지 모양이 다시 공 모양으로 복원될 수 있다는 것을 알 것이다. 그러나 그 단계의 아동은 길이의 변화와 폭의 변화의 보상적 관계의 관점에서 가역성을 이해하지 못한다(Chapman, 1988, p. 299).

양의 보존의 조작적 구조의 구성(단계 IV)은 점토를 말아서 생기는 길이와 두께의 보상적 변화를 아동이 미리 예측할 수 있다는 것을 의미한다. 또한 이 과정에서 일정하거나 변함이 없다는 것을 확인할 수 있다는 것을 의미한다.

[그림 10.1]은 양의 보존이라고 하는 구조를 구성하는 긍정과 보상적 부정을 보여 준

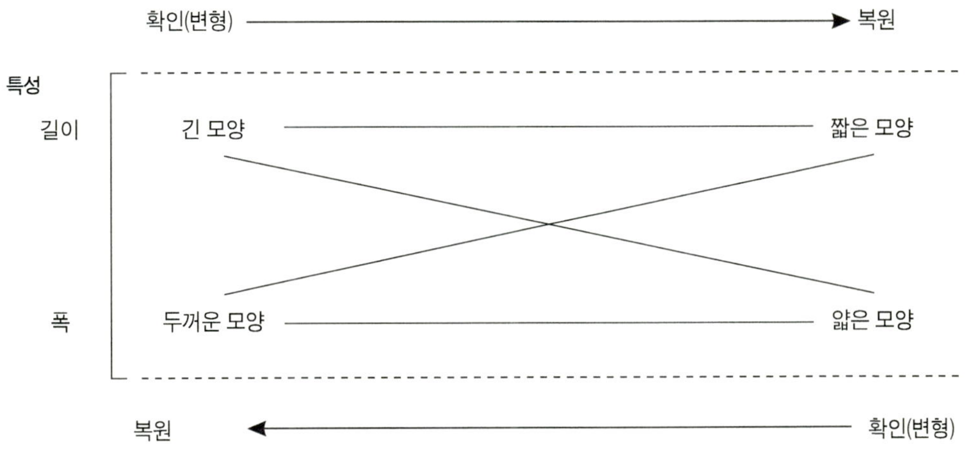

[그림 10.1] 양의 보존에 대한 심리학적 구조

다. 이 도표는 관계에 대한 자체 변형 규칙으로 확인되는 조작적 구조의 전체성을 설명해 준다(Inhelder & deCaprona, 1990, p. 53).

아동은 어떤 조작적 구조를 구성하려면 x요인과 y요인의 반대를 만들어야 된다. 더욱이 비x와 비y가 무엇인지 정확히 결정해야 되는데, 왜냐하면 하나(x, y)의 존재는 다른 것(비x, 비y)의 존재가 필요하기 때문이다(Murray, 1990, p. 199). 예를 들어, 아동이 길이가 서로 다른 12개의 막대기의 순서를 매길 때, '크다'는 것은 '작지 않다'를 의미하고 '작지 않다'는 것은 '크다'를 의미한다는 것을 동시에 깨달아야 된다. 또한 '더욱 크다'는 것은 '비교적 작지 않다'를 의미하고, 막대기는 비교에 따라서 다른 것보다 '크거나' '작을' 수 있다(Piaget, 185, p. 104). 또 다른 요인은 가능성과 필연성의 개념이 늦게 발달되는 것이다.

조작적 구조는 발달 속도가 더디기 때문에 수개월, 수년이 걸린다. 그리고 발달되려면 이전의 사고를 재구성해야 된다. 이 장기간의 과정에 있는 한 요인은 긍정적으로 관찰할 수 있는 것만 지각에 등록된다는 것이다. 이와 반대로 긍정적으로 관찰할 수 있는 것의 특징이 전개된 후에 부정은 무시되거나 천천히 구성된다(Piaget, 1985, p. 13). 또 다른 요인은 늦게 발달되는 가능성과 필연성의 개념이다.

가능성과 필연성의 역할. 가능성과 필연성이라는 요인과 이 요인의 반대 요인의 상호의존성에서 조작적 구조가 구성될 때의 핵심 개념, 즉 필연성이 설명된다. 즉, 아동은 자기가 사실이라고 알고 있는 어떤 물건이 틀림없이 사실이라고 깨닫는다. 아동과 심지어 성인도 본래의 상황에 있는 필연성을 서서히 깨닫는다(Murray, 1990, p. 192). 예를 들어, 두 연구에서 아동은 1에서 3까지의 숫자를 정확히 더할 수 있었다. 그러나 30~70%의 아동은 덧셈을 한 결과는 다른 숫자가 될 수도 있다고 생각했다(Cauley, Murray, & Smith, 1983; Murray, 1990).

필연적 지식과 '단순히 사실인' 지식은 핵심 특징이 서로 다르기 때문에 구분해야 된다. '단순히 사실인' 지식은 귀납법, 관찰 가능 사실에 대한 주목, 개연성, 사건들의 우연한 관계를 통해서 발달될 수 있다. 이와 반대로 필연적 지식(예: 수의 보존)은 연역법, (모든 사람이 얻을 수 있는) 보편성, 확실성, 상태와 업무의 필연적 관계에 의해서 얻는다(Ferreiro, 2001, p. 216).

Piaget가 말년에 실시한 연구에서 가능성과 필연성의 개념이 장기간 발달한다고 밝혀졌다(Piaget, 1987a, 1987b). 문제 해결 상황에서 이러한 개념에 대한 이해는 구체적 조작기의 후반기에 발생한다(Acredolo, 1997; Piaget, 1987a, 1987b). Beilin(1992a)은

Piaget의 이 연구를 가장 중요한 새로운 형태의 연구로 간주하였다.

전조작적 사고 단계에 있는 아동은 현실, 가능성, 필연성을 구분할 수 없다. 부분적으로 감추어진 상자를 보여 준 아동은 감추어진 부분은 보이는 부분과 틀림없이 색깔이 같다고 했다(Chapman, 1988). Piaget(1987a)는 하나의 가능성만 타당하다고 보는 이 단계를 '그릇된 필연성(pseudonecessity)'이라고 불렀다.

단계 IIA에 있는 아동은 감추어진 부분은 '초록색, 파란색, 보라색, 노란색, 하얀색'일 수 있다는 몇 가지 구체적인 공동 가능성을 생각한다(Piaget, 1987a, p. 44). 구체적 조작이 확고히 수립된 단계 IIB에서 각 가능성은 생각할 수 있는 다른 많은 가능성 중의 하나로 취급된다(Beilin, 1989, p. 115)(〈표 10.1〉 참조).

단계 II에 있는 아동은 자료에 근거하여 그릇된 가능성을 배제하려는 노력을 하기도 한다. 3마리의 동물을 칸막이 뒤에 감추어진 3마리 동물과 같은 순서로 배열하는 실험을 했다. 양, 토끼, 닭을 배열할 수 있는 6개 순서는 양－토끼－닭, 양－닭－토끼, 토끼－양－닭, 토끼－닭－양, 닭－양－토끼, 닭－토끼－양이다. 매번 배열한 후에 동물의 정확한 위치 번호를 아동에게 말해 주었다. 아동은 정보를 입수하면 어떤 가능성을 체계적으로 배제할 수 있어서 단 하나의 가능성만 남게 된다('필연적으로' 정확한 해결책)(Chapman, 1988, p. 320). 그러나 단계 II의 아동은 피드백을 받은 후 극소수의 가능성만 제거할 수 있었기 때문에, 정확히 배치된 3마리 동물 중 2마리만 얻는 것이 불가능하다는 것을 깨닫는 아동은 아무도 없었다.

단계 III의 아동은 무한한 가능성을 깨닫고 가능성을 체계적으로 배제하다가 마침내

〈표 10.1〉 가능성과 필연성에 대한 추론 단계

사고 단계	가능성	필연성
단계 I (전조작)	(a) 단일 가능성만 인식 (b) 나중에 다른 가능성을 최소한 하나 인식	(a) 지각하거나 조작하는 현실은 필연적으로 그렇게 보인다(Piaget, 1986a, p. 148). (b) 어떤 문제를 해결하려고 계속 시도할 때 없어지는 가능성을 점점 계산하지 못한다(5～7세).
단계 IIA (구체적 조작 시작)	아동은 생기는 구체적 공동 가능성에 의해 상상할 수 있다.	이전 시도에서 허위성이 증명된 가능성을 체계적으로 배제한다.
단계 IIB	각 가능성은 상상할 수 있는 많은 것 가운데 하나이다.	그러나 아동은 어떤 시도를 확대하여 계속할 때 이미 배제한 가능성을 때때로 잊어버린다.
단계 III (가설 연역적 조작)	부정 무한한 가능성은 완전한 연역이 가능하다.	가능성의 체계적 배제, 문제해결의 시도를 두 번 이상 계속할 수 있고, 그러면 필연적으로 문제를 정확하게 해결할 수 있다는 인식을 한다.

필연적인 가능성에 도달한다. 예를 들어, 동물의 순서를 정하는 문제에서 단계 III의 아동은 3마리 동물 순서와 4마리 동물 순서를 체계적으로 정했다.

이런 전이를 보면 조작적 사고 발달에 관한 실험은 단지 특정 검사에 대한 정답을 얻는 것이 아님을 알 수 있다. 또한 조작적 사고에 대한 검사에서 아동의 반응은 필연적 결론이라고 증명되어야 한다(Murray, 1990). 예를 들어, 아동에게 다른 결과가 나올 수 있는지 혹은 이 결과는 간헐적으로만 나오는지 물어 볼 수 있다(p. 188). 아동이 그런 결론을 내리게 된 이유를 유도해 내는 것도 중요하다.

의미의 논리. 조작적 사고의 논리는 외연논리라고 한다. 이 논리는 어떤 용어나 말의 진위를 다른 용어나 다른 말과의 외연이나 관계에 의해 결정된다. 부분/전체와 포함관계이다. 예를 들어, 갈색과 하얀색의 나무 구슬 모음이 있다고 하자. 이 때 "나무 구슬보다 하얀색 구슬이 더 많다."는 말은 틀린 말이다. 하얀색 구슬의 상대적 양은 그 모음에 있는 다른 유형의 구슬에 의해 결정된다.

Piaget의 최후 연구 「의미의 논리(A Logic of Meaning)」(Piaget & Garcia, 1991)는 그의 내포논리 이론 혹은 공통의미 논리의 기초가 되었다. Piaget의 견해에서 행동의 공통의미는 조작적 논리 또는 외연적 논리의 근원이다. 행동의 공통의미의 주요 원칙은 다음과 같다.

1. 지식은 항상 추론을 수반한다. 즉, 행동과 행동의 관계는 논리적 관계이다. 예를 들어, 생후 9～10개월의 영아는 비어 있는 입방체, 막대기, 작은 소상용 점토 덩어리를 주면 그 입방체에 어떤 물건을 집어넣을 것이다. 그러나 먼저 자기 입 속에 집어넣는다. Piaget와 Garcia(1991, p. 5)에 따르면 영아는 '물건을 입 속에 넣는' 행동 도식에 따라 행동하다가 다음에 내용물-그릇 행동 도식에 따라 행동했다. 따라서 이 두 행동은 공통의미가 있다. 그리고 영아는 내용물-그릇 행동 도식을 새로운 행동 도식이나 하위 행동 도식으로 확대하는데, 예를 들어 물건을 집어넣고 꺼내며, 그릇을 채우고 비우는 등의 행동 도식을 구성한다.
2. 어떤 물건의 의미에는 그 물건에 대한 설명은 물론 그 물건을 가지고 할 수 있는 행동도 포함된다(Piaget & Garcia, 1991, p. 119). 그러므로 의미는 어떤 행동 도식(명백한 도식이든 마음의 도식이든)에 흡수된다. 예를 들어, 어떤 영아에게 물건은 밀고, 열고, 잡아당기고, 닫는 등의 의미가 있다.
3. 어린아이가 행동과 행동의 관계를 예상할 수 있을 때 논리적 사고가 시작되는데, 이는 **의미관계** 혹은 **행동과 행동의 관계**라고 한다(Piaget & Garcia, 1991, p. 155).

영아는 물건을 집어넣는 행동을 하고 나서 반대로 꺼내는 행동을 할 때 행동과 행동의 관계를 맺기 시작한다. 이러한 예의 시사점은 "행동은 가역적 행동의 가능성을 암시한다."(Piaget & Garcia, 1991, p. 6)는 것이다.

아동들은 말을 하기 시작할 때 행동과 행동의 관계를 말로 표현할 수 있고, '그리고' '또는'을 사용해서 논리적 연결을 하기 시작한다. 2개의 터널(A1과 A2)은 각각 2개의 B터널로 분기하고, 2개의 B터널은 각각 2개의 C터널로 분기하는 문제가 있다. 자동차가 지나간 길을 알아보기 위해 터널에서는 창문을 가능한 조금 열어야 하고, 그 길은 리본으로 표시한다(이 문제는 분기된 12개의 터널로 구성되지만 3개의 창문을 정확한 순서로 열어야만이 해결된다). 6살짜리 아동이 A터널에서 창문을 먼저 열었는데, 이때 리본은 A1이나 A2터널에 틀림없이 있고 리본이 없는 것은 자동차가 다른 터널로 지나갔다는 것을 의미한다는 정확한 추론을 했다.

아동들이 '그리고'와 '또는'을 사용해서 논리적 연결을 하거나 하지 않을 수 있지만, 그런 논리적 연결은 아직 조작적 사고가 없이 상황에 따라서 하는 것으로서 나중에 조작적 구조가 된다. 구체적 조작은 Piaget와 그의 동료에 의해 광범위한 연구가 이루어졌지만, 의미관계 실험은 별로 이루어지지 않았다(Piaget & Garcia, 1991 참조). 따라서 이 이론의 이러한 측면은 여전히 불완전하다. 그러나 Ricco(1990)의 연구에 따르면 의미관계는 조작적 단계에서 필연성을 설명하는 데 기초가 된다.

요약. 조작적(논리적) 사고는 3개의 핵심 특징이 있기 때문에 다른 종류의 행동과 구분된다. 첫째, 어떤 변화는 또 다른 특징의 변화로 정확히 보상된다. 둘째, 물체나 자료의 본질적 성질은 변함이 없다. 그 상황에서 변하지 않는 특징을 인식하고 그것이 왜 변하지 않는지 설명할 수 있는 것을 보존이라고 한다. 셋째, 변형이나 변화된 것은 역조작에 의해 원래 모양으로 복원될 수 있다. 아동이 어떤 변형이 역변형을 동시에, 필연적으로 수반한다는 것을 이해하면 가역성의 개념이 발달된 것이다. 아동은 내적 조작적 구조가 구성되었고, 상황을 혼동하지 않고 정확하게 분석할 수 있다.

조작적 사고의 핵심 특징은 아동이 필연성의 개념을 구성한다는 것이다. 아동은 현실, 가능성, 필연성을 구분할 수 없다. 아동은 구체적 조작이 시작될 때 제한된 구체적 공동 가능성을 형성하지만 일부 가능성만 체계적으로 형성할 수 있다. 결국 아동은 무한한 가능성을 생각하고 그 가능성을 체계적으로 배제할 수 있다.

Piaget의 최후 연구에서 조작적 사고의 근원이 약술되었는데, 이 근원은 영아의 초기와 아동기의 초기 행동에서 발견된다. 기본 원칙은 지식은 항상 추론을 수반한다는 것이고, 어떤 물체의 의미는 그 물체를 가지고 할 수 있는 행동을 포함하며, 아동이 행동과 행동의 관계를 예상할 수 있을 때 논리적 사고가 시작된다는 것이다. 그러나 아동의 초기 논리적 연결은 상황에 따라서 하는 것으로서 나중에 조작적 사고가 된다.

(2) 기본 과정

지능은 생물학적 체계와 같이 환경과 상호작용하고, 환경에 적응하며, 필요하다면 새로운 구조를 만들고, 변화와 성장이 이루어지는 동안 일정한 상태를 유지한다. 그러므로 Piaget는 생물학적 개념에서 파생된 용어를 사용하여 지능과 환경이 상호작용하는 본질적 특성을 기술했다. 이 용어는 **동화**, **조절**, **평형**이라고 하는 과정이다.

동화와 조절. 외부 요소가 유기체의 구조에 통합되는 것을 **동화**(assimilation)라고 한다. 음식의 소화와 식물이 성장할 때 엽록소를 통합하는 예를 들어 보자(Piaget, 1970b, p. 307). 지적인 삶에서 동화는 외부 요소, 예를 들어 물체나 사건을 감각운동 도식이나 개념도식에 통합하는 것이다(Piaget, 1985, p. 5). 장난감을 잡는 유아, 물체를 손 안에서 저울질하는 아동, 특정 이론의 관점에서 실험을 검토하는 과학자 등이 그 예이다.

동화란 실체를 있는 그대로 수동적으로 등록하는 과정이 아니고, 환경의 자극과 자극에 대한 반응의 관계(자극 ↔ 반응)도 아니다. 오히려 행동 구조를 통해서 환경의 자극을 걸러 내어 행동 구조 자체가 풍부해지도록 하는 것이다(즉, 자극＝반응)(Piaget & Inhelder, 1969, p. 6).

동화의 중요한 요건은 정보를 이용할 수 있는 내적 구조이다. 예를 들어, 아동은 지각적 단서에 의해서만 환경에 대한 많은 결정을 내린다. 종종 아동은 적절한 동화 구조가 없기 때문에 새로운 정보를 받아들이지 않는다. 예를 들어, 물이 절반쯤 차고 한쪽으로 기울어진 병의 그림을 그리라고 하면 대체로 수위가 병 바닥선과 항상 평행되게 그린다[그림 10.2].

이런 물리적 상황에 직면한 아동은 그림과 실제의 차이를 모른다(Piaget, 1977, p. 4). 아동은 병 밖의 준거 기준에서 물을 둘 수 있는 공간 좌표계가 발달되지 않았다.

조절(accommodation)이란 내적 구조가 특정 상황의 특정한 특징에 적응하는 것이다. 예를 들어, 생물학적 구조는 음식물을 소화 흡수하는 것과 동시에 음식물의 유형과 양을 조절한다.

이와 비슷하게 내적 구조는 인지기능을 수행할 때 새로운 물체와 사건의 특정한 특징에 적응한다. 아동은 초록색 펠트 삼각형에서 잘 알고 있는 특징을 받아들이면서 그

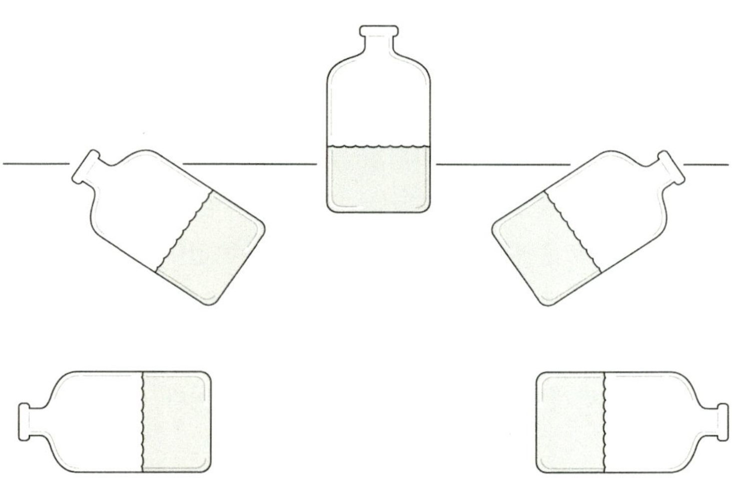

[그림 10.2] 어린 아동의 용기 속 수위에 대한 개념화는 아동의 시각에 의한다.

삼각형의 특정한 특징(이런 경우 색깔과 재료)을 조절한다.

동화와 조절은 모든 인지기능 수행 단계에서 환경과 접촉할 때 함께 기능한다. 유아는 자기가 보는 모든 것을 잡을 수 있다고 알게 되면 모든 것이 잡을 수 있는 물체가 된다(즉, 동화)(Piaget, Bringuier, 1980, p. 43에서 인용). 그러나 큰 물체는 양 손이 필요하고 작은 물체는 손가락으로 잡을 필요가 있다(조절). 이와 비슷하게 과학자와 학자의 이론은 다양한 상황에 적응하는 동화도식이다(Piaget, Bringuier, 1980, p. 43에서 인용).

인지발달에서 조절은 개인의 내적 인지구조를 수정하는 것이다. 학습자는 자기의 사고방식이 환경에서 일어나는 사건과 모순된다고 깨달을 때 이전의 사고방식을 재구성한다. 보다 높은 사고 단계에 갈 수 있는 이 재구성은 조절의 형태이다.

평형. 연속적 변화를 겪으면서 일정한 상태를 유지하는 과정을 **평형**(equilibra- tion)이라고 한다. 그러나 평형은 (고정된 상태인) 힘의 균형이 아니라 행동을 계속 조절하는 복잡하고 역동적인 과정이다(Piaget, Bringuier, 1980, p. 41에서 인용).

Piaget(1985)가 말한 평형의 일반적인 세 형태는 다음과 같다. ① 동화와 조절의 평형, ② 행동 도식과 행동 도식의 평형 혹은 하위 행동 도식과 하위 행동 도식의 평형, ③ 전체와 부분의 평형. 동화와 조절의 평형은 아동이 물체의 속성을 비교할 때 필수적이다. 평형은 대부분의 상황에서 거의 똑같이 동화와 조절의 균형을 유지한다. 그러나 때때로 동화나 조절을 잠깐 지배할 필요가 있다. 예를 들어, 상징적 놀이(동화의 지배)와 모방놀이(조절의 지배)가 있다. 그러나 평형이 이 두 유형의 아동기 활동을 조절하기 때문에 아동은 적절할 때 각 활동을 한다(Piaget & Inhelder, 1969, p. 58).

평형과 조작적 구조의 구성. 영아의 행동 도식과 후기의 논리적 조작의 구조에서 진보된 근거 중의 하나는 불균형(모순)에서 발견된다. 영아는 이런 사건으로 자기의 현 상태에서 벗어나 새로운 방향으로 나아가지 않을 수 없다(Piaget, 1985, p. 10). 그러나 불평형을 이룬다고 해서 항상 진보하는 것은 아니다. Piaget(1985)가 기술한 불평형에 대한 다양한 반응은 알파 반응, 베타 반응, 감마 반응이다. 평형의 또 다른 중요한 측면은 보다 높은 단계에서 사고를 재구성하는 과정이다. 이 과정을 '반성적 추상'이라고 한다.

알파 반응, 베타 반응, 감마 반응. 알파 반응은 ① 장애물을 무시하거나 제거하는 것, ② 장애물과의 갈등을 바꾸지 않고 자기 신념에 통합하는 것과 같이 두 가지 유형이 있다. 갈등을 무시하는 예를 들면, ① 어떤 기울어진 병에서 진짜 수위와 ② 점토 덩어리를 실린더 모양으로 길게 할 때의 폭의 변화를 깨닫지 못하는 것이다(이 예에서 단계 I 사고는 본장 앞에서 논의했다). 어떤 장애물을 핵심 신념에 맞추는 예를 들면, 어떤 아동이 지구가 평평하다고 믿고 있다가 지구가 둥글다는 말을 들으면 지구는 디스크와 같은 모양이라는 결론을 내린다(Vosniadou & Brewer, 1992).

이와 반대로 베타 반응은 사고를 수정해서 장애물에 적응하는 것이다. 예를 들어, 아동은 점토 덩어리가 길어지면서 얇아지는 것을 자기 사고에 통합한다(단계 III 사고). 그러나 모든 변화를 사전에 예측할 수 있는 어떤 새로운 인지구조가 구성되지 않았다. 이런 사고의 재구성은 감마 반응(단계 IV 사고)이다. 즉, 아동은 점토 덩어리를 소시지 모양으로 둘둘 말면 길이와 두께가 변화되고, 이 변화는 보상적 변화라는 것을 사전에 예측할 수 있다. 점토 덩어리가 길어지면서 얇아지는 것은 논리적 필연성이 있다(Piaget, 1985, p. 100).

반성적 추상. 비교적 부족한 인지구조에서 비교적 많은 인지구조로 전이하는 것을 설명하는 평형 과정은 **반성적 추상**이다(Piaget, 1986b, p. 142). 이 과정은 ① 어떤 낮은 단계에서 높은 단계로 차용된 것을 상상(반성)하고, ② 전이된 것을 인지적으로 재구성(반성)하는 과정이다(Piaget, 1985, p. 29). 예를 들어, 감각 운동적 행동을 단계별로 해서 입방체와 같이 표상적 사고 단계에 맞는 어떤 물체를 회전시키는 것이다(Piaget, 1980, p. 98). 이 과정은 시간이 흐르면서 서서히 전개되지만, 입방체에서 한 면만 볼 수 있을 때 그 이면을 시각화할 수 있다. 반성적 추상은 구체적 조작을 할 때 필수적이기 때문에 중요하다.

반성적 추상의 주제는 그 사람의 사고과정이다.(이와 반대로, **경험적 추상**은 물체에서 관찰할 수 있는 특징에만 초점을 맞추는 것이다.) 형식적 조작 단계에서 사고과정은 물리적 조작과 무관하다(구체적 조작과의 차이점). 이런 순수한 형태로 풍부한 인지구조가 발달되는 것을 반성된 추상이라고 한다(Piaget, 1980).

(3) 요약

인지발달의 구성요소는 ① 논리적 사고의 심리적 구조, ② 환경과 상호작용할 때 전개되는 기본 과정이다. 학습자가 특정 영역에서 논리적 사고를 하는 경우는 어떤 조작과 역조작을 동시에 할 수 있을 때, 일어날 수 있는 변화의 유형을 사전에 예측할 수 있을 때, 필연성에 의해 자기 결정을 지지할 수 있을 때 등이다.

논리적 사고가 발달될 때 전개되는 기본 과정은 동화, 조절, 평형이다. 동화는 학습자가 외부 요소를 자기의 내적 구조로 통합하는 것이다. 이와 반대로 조절은 학습자가 자기의 내적 구조를 조정하고 자기 사고를 질적으로 바꾸는 것이다. 평형은 학습자가 자기 사고를 바꾸는 동안 인지구조를 유지하는 일련의 과정이다. 평형은 불평형이나 인지적 갈등이 일어날 때 지적 기능을 유지하는 주요 역할을 한다. 알파 반응은 장애물을 무시하거나 새로운 정보를 왜곡해서 자기의 핵심 신념을 유지하는 것이다. 베타 반응은 사고를 수정해서 장애물에 적응하는 것이다. 이와 반대로 감마 반응은 가능한 장애물을 미리 예상해서 변형시키는 것이다. 어떤 사람이 이 반응을 보이면 새로운 인지구조가 구성된 것이다.

사고를 재구성하는 과정을 반성적 추상이라고 한다. 반성적 추상의 핵심 특징은 주제가 그 사람의 사고과정이라는 것이다. 형식적 조작 단계에서 하는 사고의 재구성을 반성된 추상이라고 한다.

3) 복잡한 추론 수준

Piaget(1967, 1970a)가 초기에 실시한 연구는 그의 사고과정에 대한 분석의 준거가 되었다. 이 준거는 감각운동기, 전조작기, 구체적 조작기, 형식적 조작기 등의 4개의 폭넓은 인지발달기 혹은 인지발달 단계로 구성된다(〈표 10.2〉 참조). 각 단계는 이전 단계를 '확대하고', 이전 단계를 새 단계에서 재구성하며, 이전 단계를 나중에 한층 더 능가하는 단계이다(Piaget & Inhelder, 1969, p. 152). Piaget의 이론에 대한 초기 신념과

〈표 10.2〉 추론 과정의 질적 변화의 요약

단 계	추론 과정
감각 운동기(0~1세)	전상징적 지능과 전언어적 지능으로 행동 도식을 전개한다. 유아는 행동과 행동의 관계를 발전시킬 때 추론을 하기 시작한다. 예: '물건을 입에 넣는' 행동 도식에서 그릇-내용물 행동 도식을 만드는 경우
전조작기(2, 3세~7, 8세)	부분적으로 논리적인 사고가 시작된다. 예: 다른 그릇에 부은 물은 같은 물이다. a=a. 그러나 이 아동은 특정한 것에서 다른 특정한 것으로 추론하고 지각적 단서에 의해 결정을 내린다. 어린 아동은 문제를 해결하는 상황에서 현실, 가능성, 필연성을 구분하지 않는다.
구체적 조작기(7, 8세~12, 14세)	구체적 물체와 관계있는 논리적 사고방식이 발달된다. 아동은 일정한 조작은 역조작을 동시에, 필연적으로 암시한다고 이해하게 된다. 문제를 해결하는 상황에서 공동 가능성이 발달되고, 그 가능성을 체계적으로 배제하는 방법이 발달된다.
형식적 조작기(14세 이상)	많은 요인이 있는 상황을 논리적으로 다룰 수 있는 능력이 시작된다. 사람들은 복합 가능성을 추론하고 그 가능성을 체계적으로 배제할 수 있다. 가설적 상황을 추론하다가 구체적 상황을 추론한다.

달리, 이 단계들은 그의 연구 목표가 아니었으며, 이 단계들은 아동이 특정 발달 단계에서 다룰 수 있는 논리적 문제를 보여 준다.

추론 과정에서 질적인 변화에 부가하여, 그 단계는 또한 아동들이 자신의 사고과정을 인식하는 것에서의 변화를 반영한다. Piaget는 세 수준을 확인하였다(Pons & Harris, 2001). 첫째는 감각운동기에 발생하는 실제적 의식이다. 이는 어린아이가 갖는 자기 활동에 대한 인식을 말한다(p. 221).

두 번째 수준은 개념적 의식으로서, 이는 구체적 조작기 사고와 관련된다. 구체적으로, [그림 10.1]의 예에 제시된 바와 같이 새로운 구체적 조작기의 구조는 개념화의 의식적 과정에 의해 수반된다(p. 221). 세 번째 수준은 반성적 의식인데, 이는 구체적 조작기 사고의 발달에 핵심적인 것이다. 여기에서 개별적으로 자신의 기능을 반영한다. 즉, 반성적 의식의 초점은 문제의 내용이라기보다 개별적 사고과정이다. 의식에 대한 Piaget의 개념에서 중요한 것은 특별한 내용에 의해 채워질 수 있는 전부가 아니라는 것이다(Ferreiro, 2001, p. 215). 그 외 다른 주요 개념과 마찬가지로, 그들 사고에 대한 의식의 발달은 과정(process)인 것이다.

추론의 주요 네 단계 중 구체적 조작사고와 형식적 조작사고는 복잡한 추론을 말한다. 두 사고는 논리적 형태의 사고이지만 질적인 차이가 있다.

(1) 구체적 조작

구체적 조작은 물체를 직접 조작하는 것과 관계가 있다. 구체적 조작 구조는 '긍정'(직접 조작)과 부정(반대)을 평형화하는 공통 특징이 있다(Piaget, 1985). 아동은 긍정과 부정을 할 때 '폐쇄적' 구체적 조작 구조가 구성된다.

구체적 조작 구조는 다음 영역과 관련이 있다. ① 수적 조작, ② 보존(수, 길이, 무게, 면적, 질량, 부피), ③ 분류(유목을 더하고 곱한다), ④ 순서관계(연속 배치). 각각의 다른 것과 상관없이 습득된다. 예를 들어, 불연속적 양의 보존은 연속적 양(무게와 질량)의 보존보다 먼저 습득된다.

어린 아동(전조작적 사고를 하는 아동)은 구체적 조작기 사고를 하는 아동과 달리 양, 무게, 부피에 대한 개념을 막연한 크기의 개념과 결합한다(Smith, 1991, p. 85). 또한 순환 추론을 하고 기준을 일관성 없이 적용하여 자기의 대답을 정당화한다.

본장의 앞절(심리적 구조)에서 수와 관계있는 구체적 조작적 사고의 예와 물질 보존의 예를 기술했다. 다른 두 유형의 구체적 조작적 사고에는 유목포함 조작 및 연속 배치가 있다. 유목포함 조작은 어떤 유목을 하위 유목으로 분류하는 것이다. 예를 들어, 꽃의 집합을 장미와 튤립으로 세분하는 것이다. 구체적 조작기 아동은 또한 '이중 분류'를 할 수 있는데, 예를 들어 꽃을 붉은 장미, 붉은 튤립, 흰 장미, 흰 튤립으로 구분할 수 있다. 이와 반대로 전조작기 아동은 한 번에 한 특징만 초점을 맞출 수 있기 때문에 붉은 장미를 식별하라는 부탁을 받을 경우 모든 붉은 장미 또는 모든 붉은색 꽃을 고를 것이다.

연속 배치는 이행성 혹은 관계의 '이전'의 특징이 있다. 만일 A=B, B=C인 경우 A=C, C=B=A이다(역도 성립한다). 또한 연속 배치는 '보다 크다(>)'와 '보다 작다(<)'라는 비대칭적 관계를 포함하는데, 예를 들어 A>B>C가 있다. 구체적 조작기 아동은 B에서 어떤 요소가 다른 요소보다 길거나 짧다고 이해한다. 구체적 조작기 아동은 어떤 연속체를 우연히 만드는 전조작기 사고를 하는 아동과 달리 가장 긴 막대기나 가장 짧은 막대기, 다음 길이의 막대기 등등을 체계적으로 찾는다. 또한 A>B>C의 반대는 C<B<A라고 입증할 수 있다.

Piaget가 처음에 실시한 이행성 실험과, 어린 아동도 연속 배치를 능숙하게 한다고 주장한 Piaget 뒤의 연구원이 실시한 이행성 실험의 차이는 흥미롭다. 첫 이행성 실험에서 아동은 한 번에 두 막대기를 보고 비교한다(A와 B, B와 C). 세 번째 막대기는 안

보인다(Lorenço & Machado, 1996, p. 145). 이 절차에서 A는 C보다 작다는 추론은 어떠한 지각적 단서에도 기반을 두지 않는다.

이와 반대로 다른 연구원은 테이블 위에 3개의 막대기를 모두 크기가 커지는 순서로 두고 시작했다. 막대기는 길이의 차이를 직접 깨달을 수 없도록 분리해 놓았다. 실험자는 A막대기와 B막대기를 아동 앞에 먼저 두고, 다시 원위치에 두었다. A막대기와 C막대기도 이와 똑같이 했다. 그리고 아동에게 A막대기와 C막대기를 비교해 보라고 했다. 이 방법의 문제점은 아동이 막대기의 크기가 커지는 방향(오른쪽이나 왼쪽)만 알면 되는 것이다(Lorenço & Machado, 1996). Chapman과 McBride(1992)는 6~9세 아동에게 표준실험과 변환실험을 했다. 변환실험에서 더 좋은 결과가 나왔지만, 아동은 비교적 큰 막대기는 오른쪽에 있었다는 변명을 했다.

(2) 형식적 조작

구체적 조작사고를 하는 아동은 어떤 설명을 할 때 경험적 자료에서만 추론할 수 있고 (Inhelder & Piaget, 1958, p. 251), 둘씩 짝을 짓기만 한다. 그러나 이 접근은 변수가 혼합될 수 있는 가능성을 고려하지 않는다. 즉, 하나의 결과는 여러 요인에 의해 초래되거나 단일 원인 요인은 원인이 아닌 변하는 여러 요인이 수반되거나 그 여러 요인에 의해 가려질 수 있다(Inhelder & Piaget, 1958, p. 282). 이런 상황에서 공변인에 의해 사건을 분류하거나 순서를 매기려는 노력은 부적절하다.

이와 반대로 형식적 조작사고를 하는 아동은 새로운 사고방식이 발달되었기 때문에 (두 요인만 있는 상황과 반대되는) 많은 요인이 있는 상황을 해결할 수 있고, 특정 상황에 있는 요인들을 결합하는 것을 모두 개념화할 수 있다. 예를 들어 붉은색, 하얀색, 튤립, 장미 등의 4개의 특징을 가정하면 형식적 조작사고를 하는 아동은 이들 특징을 결합할 수 있는 16가지의 가능성을 생각할 수 있다. 예를 들어, 흰 튤립+붉은 장미, 붉은 장미+붉은 튤립 등등이 있다. 그러나 구체적 조작사고를 하는 아동은 4개의 하위 유목(붉은 장미, 붉은 튤립, 흰 장미, 흰 튤립)만 생각할 수 있다.

이러한 예는 형식적 조작사고에 대한 핵심적 특성의 두 가지 예이다. 하나는 현실이란 개인이 모든 가능성을 생성할 수 있는 가능성에 종속되어 있다는 것이다. 두 번째는 각 가설은 몇 가지 가능한 경우(관찰)를 조합하여 진술한 것이다(Müller, 1999, p. 27). 따라서 그들은 논리적 조작에 대응하는 내복 명제적 조작인 것이다.

형식적 조작의 세 번째 특징은 가설이 각기 다른 조합 체계에 연관되어 있다는 것이다.

구체적으로, Piaget(1970a)는 16개의 가능성을 생각해 낼 수 있는 능력을 '조합적 조작'이라고 한다. Piaget(Inhelder & Piaget, 1958, p. 313)에 따르면, 이 능력은 많은 요인이 있는 상황에서 관계를 분석하는 데 필요하기 때문에 형식적 조작사고를 할 때 반드시 갖추어야 하는 능력이다.

그러나 형식적 조작사고를 하는 아동은 어떤 복잡한 상황에 직면할 때 조합표를 실제로 만들지 않고, 처음에 일부 가능한 조합을 개념화해서 가설을 체계적으로 검증하여 정확한 설명을 한다. 형식적 조작과 구체적 조작이 구분되는 중요한 특징은 그 아동이 어떤 관계를 포함하고 가설화된 관계를 검증하는 이론적 종합으로 시작한다는 것이다(Karmiloff-Smith & Inhelder, 1975).

예를 들어, 무색 액체 실험이 있다(Inhelder & Piaget, 1958). 실험자는 무색 액체가 있는 두 비커(컵)에 각각 g라는 물질을 넣는다. 새 물질이 전혀 변하지 않는 경우가 있지만 황색이 나타나는 경우도 있다. 이제 학생은 4개의 무색 액체 중 어느 액체(단독으로 혹은 다른 액체와 함께)에서 황색이 나타나는지 확인해야 된다[그림 10.3].

형식적 조작사고를 하는 아동은 가능한 조합을 생각해 내고 종종 메모한 후 검증할 것이다. 구체적 사고 단계에 있는 아동은 가능한 조합을 둘씩 검증할 것이다. 그러나 이 접근을 하면 무언가를 빠뜨리고 어떤 실수를 할 수 있다.

Piaget(1972a, p. 10)는 형식적 조작을 연구할 때, 어떤 학문적 배경에서 아동이 쉽게 이해하는 상황을 이용했다고 했다. 그러나 이런 상황을 직업 환경에 적용할 수 있는지는 문제의 여지가 있다. 다시 말해, 목수, 자물쇠 제조공 또는 기계공은 자기 직업에서 가설적 추론을 하는 것이 당연하다. 그러나 그들이 조직화된 교과목을 잘 모르면 이 연구에서 사용된 실험적 환경에 대해 형식적 추론을 할 수 없다.

이와 유사하게, DeLisi와 Stewart(1980)에 의해 수행된 연구에서 대학생들은 대학에서의 교과목 영역에서 가설적으로 추론하였다. 그러나 형식적 조작 추론은 다른 영역에서 관찰되지 않았다. 형식적 조작에 관한 몇몇 연구를 검토한 경험적 증거는 그 구인을 지지하기에 명확하지 않다고 결론지었다. 그러나 Bond(1998)의 연구는 형식적 조작사고에 관한 추론을 지원하는 형식적 조작에 대한 세심한 주의가 있어야 한다는 것을 시사해 준다. 중요한 사항은 Piaget의 표 해석을 함께 한 명제적 논리의 이용과 혼돈하지 않아야 하는 것이다. 표준에 의하면, 논리적 연관의 이용 하에서 p와 q는 다양한 방법으로 조합된다. 과제가 "만일 p라면 q이다."라는 특별한 진술이 참(true)인가 거짓(false)인가를 결정하는 것일 때는 p와 q에 관한 초기 정보가 주어진다. 그러나 piaget의 명제적 논리의 적용에서는 주어진 정보에 대한 진술의 적합성이라는 관점에

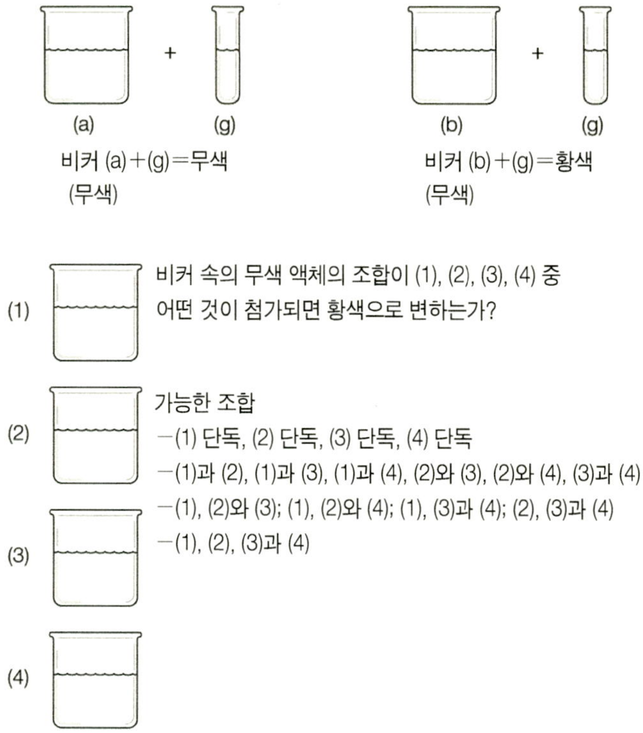

[그림 10.3] 무색 액체 실험

서 참과 거짓이 주장되지 않는다. 대신 Piaget는 대상의 경험적 행동의 기술로서 명제적 논리를 적용한다(Müller, 1999, p. 28). 즉, 그 대상은 인과 모형의 기반 위에서 가설을 검증하는 것이다.

(3) 기타 해석

Berk(1989)가 요약한 연구를 보면, 영아는 Piaget가 말한 것보다 일찍 물체의 영속성과 같이 감각운동기에서 얻을 수 있는 것을 얻는다는 것을 알 수 있다. 그러나 몇 연구자는 감추어진 물체를 찾기보다는 대상 영속성의 개념에 대한 증거로서 대상이 사라진 것에 대한 놀라움의 반응을 이용하였다(Lorenço & Machado, 1996). 물체의 지각적 배열을 바꿀 때 유아가 종종 놀라는 어려움이 있다. 따라서 유아의 반응은 대상 영속성을 신빙성 있게 나타내지 않는다. 더구나 Piaget의 말대로 감추어진 물체에 대한 마음의 표상은 18개월까지 오류가 있다.

Case(1985, 1992, 1993)가 시도한 이론적 발달의 한 노선은 Piaget의 이론에 대한 폭넓은 견해를 보유하고 새로운 개념을 소개했다. 이 견해는 신 Piaget 학파의 견해라고 하는데, Case(1992, p. 61)의 말대로 Piaget의 이론적 준거를 상당히 수정했다. 더욱이 신 Piaget 학파의 연구는 Piaget의 개념을 단순히 확대한 것도, 그 개념을 수정한 것도 아니다. 만일 수정했더라면 Piaget가 제재를 가했을 것이다(p. 62).

고전적 Piaget 이론에 따르면 아동은 자신의 인지구조를 만들고, 경험을 기존의 인지구조에 자기 경험으로 받아들이며, 보편적 연속 구조를 거치고, 이전 구조를 나중 구조에 통합한다. Case(1985, 1992, 1993)가 전개한 요소는 ① 아동발달의 일반적 요인은 아동의 주의력이나 정보처리 능력(Case, 1992, p. 72), ② 어떤 일의 성과를 분석할 때 아동의 목표와 전략 그리고 그 전략에 필요한 정보가 있어야 된다.

Case(1993)는 서로 다른 일을 하는 아동의 행동을 분석하여, 5세 미만의 아동은 보편적으로 시간을 말한다든지 돈을 바꾼다든지 하는 어떤 계산을 한다는 결론을 내렸다. 이와 반대로 5~7세 아동은 계산하고 비교하는 이런 문제에 통합된 구조가 있다. 아동이 이 통합된 구조를 다양한 상황에 적용하고 이 구조의 기능을 점점 기억하면서 이 구조는 자동 구조가 된다(p. 225).

(4) 요약

Piaget에 의해 개발된 이론에서 인간은 출생할 때부터 성인이 될 때까지 자연적 논리와 추론을 한다는 것이 규명되었다. 물리적 환경, 성숙, 사회적 영향, 평형이라고 하는 과정에 의해서 한 형태의 추론에서 다른 형태의 추론으로 전이한다.

Piaget 이론의 두 주요 개념은 논리적 사고의 심리적 특성과 지능이 기능을 할 때 전개되는 기본 과정이다. 조작적 사고 혹은 논리적 사고는 3개의 핵심 특징으로 다른 종류의 행동과 구분된다. 이 특징은 다음과 같다. ① 자료나 물체는 변형될 때마다 또 다른 특징의 변화로 정확한 보상을 받는다. ② 자료나 물체의 본질적 성질은 변함없다. ③ 변형된 것은 역조작에 의해 원래 모양으로 복원될 수 있다. 조작적 구조를 구성할 때 핵심 개념은 필연성의 개념이다. 즉, 아동은 무한한 가능성을 생각해 낼 수 있고, 그 가능성을 배제하는 방법도 생각해 낼 수 있으며, 문제를 필연적으로 해결할 수 있다.

지적 기능에서 전개되는 세 기본 과정은 동화, 조절, 평형이다. 동화와 조절은 환경과 상호작용할 때 기본 과정인 반면, 평형은 성장과 변화가 이루어지는 동안 어떤 일정한 상태를 유지한다. 장애물이나 인지적 갈등에 보일 수 있는 세 가지 반응은 알파 반응, 베타 반응, 감마 반응이다. 아동은 감마 반응을 보일 때 자기 사고를 보다 논리적 구조로 재구성하는데, 이 과정을 반성적 추상이라고 한다.

아동의 사고는 질적인 차이가 있기 때문에 4개의 폭넓은 인지발달기 혹은 인지발달 단계가 있다. 이 인지발달기는 감각운동기, 전조작기, 구체적 조작기, 형식적 조작기이다. 감각운동기에는 행동 도식 형태의 전상징적 지능이 발달되지만, 전조작기에는 부분적으로 논리적이거나 비약적인 사고가 발달된다.

구체적 조작 단계에서 아동은 다음과 같은 네 영역에서 논리적 구조가 발달된다. 숫자 조작 영역, 수, 길이, 무게, 면적, 질량, 부피의 보존 영역, 분류 영역, 순서를 매기는 관계 혹은 연속 배치 영역이다. 구체적 조작은 물리적 물체의 조작과 관계가 있다. 이와 반대로 형식적 조작사고를 하는 아동은 처음에 이론적 종합을 할 수 있기 때문에 많은 요인이 있는 상황을 해결할 수 있고, 가설화된 관계를 체계적으로 검증할 수 있다.

2. 교수 원리

Piaget의 인지발달 이론으로부터 수업 원리를 도출하기 위해서는 조심스럽고 사려 깊은 분석과 해석이 필요하다. 주된 이유는 인지발달 이론이 논리적 사고로 이끄는 사고 과정의 질적인 변화를 설명하고 있기 때문이다. 이 이론은 한 국가의 수도가 어딘지와 같은 구체적인 사실을 학습하는 것에 대해 언급하지 않는다. Piaget의 발달이론을 구체적인 목적과 목표에 기초한 평가를 위해 조직한 교육과정에 맞추려는 초기의 노력은 잘못된 해석을 낳았다. 최근 몇 년간 아동들이 인지구조를 형성하는 원리에 기초한 교육과정이 개발되고 있다.

1) 기본 가정

아동의 사고의 본질에 관한 그의 관점은 교육에 중요한 시사점을 준다(Piaget, 1970c). 아동기가 아동이 성인이 되기 위해 거쳐 가는 단순히 한 기간이라면 교육제도와 아동의 관계는 일방적일 것이다. 아동은 이미 완성된 성인 지식과 도덕성이란 결과물을 얻게 될 것이다. 교육적 경험은 교사가 조직하고 지시하며, 아동에게 전달될 것이다. 그런 교육적 분위기 속에서는 글 쓰는 것과 같은 개인적인 활동조차 자율성보다 순종을 지향할 것이다(Piaget, 1970c).

그러나 만일 아동기를 논리적 사고의 발달에서 필요하고 중요한 단계로 받아들인다면 교육이 다르게 보일 것이다. 아동의 사고 유형은 논리적 가설적 사고의 발달 단계에 필요한 질적인 변화를 가져온다. 그러므로 교육제도와 아동의 관계는 상호 보완적인 것이다(Piaget, 1970c).

Piaget는 학생들이 학습한 것들을 재발견하고 재구조화하기 위해 필요한 적극적인 방법 사용을 추천했다. 그러나 고도로 산업화되고 기술적인 사회가 탐구와 자발적인 활동을 위해 이상적인 환경이 아니라는 데 문제가 있음을 보여 주고 있다(Furth, 1980). 전문가만이 TV가 어떻게 작동하는지 알고 있을 때, 아동들은 자발적인 호기심을 어떻게 TV에 적용할 수 있을까? 또는 식물이 자라는 것을 본 적도 없을 때, 어떻게 호기심을 통조림통의 식물에 적용할 수 있을까? 문제는 아동의 지능이 충분히 성숙하지 않은 채 입학하는 데 있다. 그래서 고도의 기술(high-tech) 사회는 새로운 지식을 구조화할 수 있는 개인을 개발하는 데 있어 특별한 문제에 직면하고 있다.

2) 교수의 구성요소

지식을 언어로 전달하는 대신, 교육은 아동과 청소년에 대한 자발적인 연구를 지원하는 방법을 사용하는 것으로 설명되어야 한다(Piaget, 1973). 그런 접근 방법은 수학과 과학을 가르치는 데 특히 중요하다. 예를 들어, 수학은 실행과 연산으로 구성되어 있어 수학을 이해하는 것은 행동으로 시작되어야 한다(Piaget, 1973). 그런 교수 활동은 향후에 중등학교에서 물리 실험과 기계 실험으로 이어지는 길이, 면, 수, 기타 등등과 관련된 구체적인 연습으로 유아원에서부터 시작되어야 한다(Piaget, 1973, p. 104).

Piaget(1973)에 따르면, 기본적으로 교육에 필요한 것은 교양 과목과 과학 모두에 있어서 학생들에게 실험 과정과 자유 활동을 소개하는 것이다. 그가 추천한 해결 방법은 복합된 교육과정이다. 즉, 자기 주도적인 실험에 초점을 맞춘 과학수업과 가능한 곳에서 실험을 할 수 있는 수업 같은 것이다. 예를 들어, 일부 심리학 수업은 심리언어학에서 개인적인 실험으로 충당할 수도 있다.

물론 역사나 라틴어와 같은 과목은 학생들이 재발견할 수는 없다. 즉, 개인들이 그리스 문명에 대해 가설을 입증할 수도 없다(Piaget, 1973, p. 47). 그러나 학생들이 역사를 이해하는 데 자발적이고 조작적인 사고를 하게 되는 방법을 이해하게 되면 방법이 달라질 수도 있다.

실험을 반드시 해야 하는 조건은 학생들 스스로의 협력과 교환이 필요한 실험이다(Piaget, 1973, p. 108). 전통적인 학교에서는 흔히 교사와 학생 사이의 사회적인 교환만 인정하면서 이런 교환은 채택하지 않는다. 독립적이고 협력적인 학생 활동이 포함되어야 한다. Piaget(1973)에 따르면 지능을 이용하는 것은 비판 정신을 연습하는 것이다. 그러나 그런 객관성은 또래들끼리 주고받는 집단 상황에서만 개발될 수 있다. 특별 활동에서 상호 관심에 의해 함께 모이는 작은 학생 집단에서 자발적인 행동은 교실수업의 중요한 특징이다. 교실은 공통적으로 수행되는 실제 활동의 중심이 되어야 한다. 그래서 논리적 지능은 활동과 사회적 교류를 통해서 더욱 정교하게 된다(Piaget, 1973, p. 47).

(1) 아동의 지식 구성의 촉진

아동의 자발적인 연구를 둘러싸고 있는 교육을 조직화한다는 것은 조직된 전체로서 아동의 지능을 개발하는 데 교육적 목표를 두고 있음을 의미한다(Kamii, 1975). 취학 전 교육과정의 중요한 이슈는 직접 교수(direct teaching), 가장놀이(make-believe play)의 역할, 활동의 이용, 감각운동(sensorimotor) 활동, 그리고 교사의 역할 등에 있는 문제들이다.

직접 교수법의 문제. 아동들은 이미 만들어진 형태로 지식을 내면화하면서 배우지 않는다(Kamii & Kamii, 1990). 그러므로 추상적인 아이디어나 원리들은 언어적 전달 방식으로 가르쳐서는 안 된다(Kamii & DeVries, 1978). 첫째, 논리적 규칙은 아동의 자발적인 믿음과 상반되어서 아동을 혼란스럽게 한다. 전조작기의 아동은 자신의 의견 속에서 이런 모순을 알아차리지 못한다. 예를 들어, 어떤 아동은 나무 칼은 두껍기 때문에 물에 뜨지만 구리 철사는 길기 때문에 가라앉는다고 말한다(Kamii & DeVries, 1978, p. 32). 나무칼도 길다는 사실이 아동에게는 문제가 되지 않는다. 따라서 아동은 모순된 것을 모르기 때문에, 모든 사건에 맞는 논리적인 규칙이 혼란을 가져오는 말을 할 뿐이다.

그 밖에 아이디어를 직접적으로 가르치는 것이 지식을 구조화하는 데 있어 아동의 독창성을 억압한다(Kamii & DeVries, 1978). 아동들은 사물을 판단하는 능력에 대한 자신감을 잃고, 대신 바람직한 정답을 지적하는 교사로부터 단서를 찾는 데 초점을 맞출지도 모른다.

가장놀이. Piaget(1951)에 따르면, 취학 전 아동들의 주요 특징은 상상과 현실의 차이가 적용되지 못하는 세상에서 살고 있다는 것이다. 이런 행동은 가장놀이나 상징놀이를 통해서 어느 정도 완성된다.

가장놀이의 중요성은 그 놀이가 아동들로 하여금 낯선 외부 세계로부터 일시적으로 벗어날 수 있게 한다는 것이다. 아동들은 흥미로운 것은 쉽게 받아들이고 관심이 없거나 이해가 되지 않는 것은 쉽게 무시한다. 예를 들어, 아동은 부서지거나 타는 것에 주의를 기울이지 않고 케이크를 구울 수 있다. 또한 잘못된 행동에 대해 어른이 화를 내는 것을 보고 자신이 이해하고 있는 규칙을 다시 만든다. 다시 말해, 가장놀이는 지능적인 통제 하에서 아동이 자유롭게 느낄 수 있는 활동, 상징, 이미지의 세계를 제공한다(Furth, 1980, p. 67).

아동을 돌보는 도구로서 VCR과 TV를 사용하는 것에 대한 최근의 관심 중에 하나는 창의적인 놀이를 할 기회를 잃어버린다는 것이다. 아동은 상징놀이를 통해서 역할, 행동, 사고를 창조하는 대신 수동적으로 된다. 이렇게 수동적인 활동에 의지하면서 새로운 아이디어와 생각하는 방법을 개발하는 중요한 요소를 잃게 된다(Berk, 1989). 취학 전 교육과정에 포함되는 중요한 활동이 아동들이 자유롭게 가장놀이에 참여하는 시기이다.

활동의 이용. 취학 전 교육과정에 습관적으로 포함되는 많은 활동들이 인지발달을 위한 기회가 될 수 있다(Kamii & DeVries, 1978). 그리기, 손가락으로 그리기, 음악 게임, 요리, 연극, 그리고 다른 활동들이 Piaget식 교육과정에 쉽게 적용된다. 첫 단계는 아동들을 경험적・논리적・수학적 개념의 과정에 참여하게 하는 잠재 능력을 사전에 계획하는 동안 활동을 평가하는 것이다. 즉, 활동은 지각적인 단서만으로는 해결할 수 없는 문제들을 포함해야 한다. 물론 잘못된 방법으로 사용된다면 어떤 활동도 부적당하다. 예들 들어, 만일 교사가 산수 교육 용구인 퀴즈네르 막대를 사용하고 그 결과를 보여 주게 되면 그 막대는 부적절한 것이다(Piaget, 1973).

초기 교육과정 개발에서는 아동의 인지기능 수준 진단과 교실에서 서로 다른 수준에 맞는 특별 활동의 준비에 관해 주장했다. 30명의 아동이 있는 학급에서는 개발의 수준과 이해의 폭이 다양하게 나타날 것이다. 아동들에게 개별적으로 맞춰진 학습은 실제적이지 못하고 불필요하다(Duckworth, 1979). 첫째, 상이한 하위 시스템(수, 공간, 길이 등)에 대한 아동의 인지발달 수준을 알아보는 데 필요한 시간을 금지하고 있다. 둘째, 상이한 수준을 위해 끊임없이 다양한 활동과 경험을 제공해 줄 수 있는 노력에 의해 논리적인 문제가 발생된다.

셋째, 추론의 한 가지 형태를 떼어 내서 보여 주는 활동이나 학습은 사용되어서는 안 된다. 생각하는 방법들 가운데 갈등의 역동성을 의미하는 진보를 위해 필요한 요소가 부족하다(Inhelder et al., 1974, p. 265). 그러므로 학급 활동은 아동이 연습할 수 있는 많은 관계를 구축하고 조정하는 기회를 극대화해야 한다(DeVries, 1978, p. 85).

〈표 10.3〉 아동의 교실활동요약

활동	빨대를 사용하여 사물을 수조 속 물 위로 불기
대상	아동 1명당 빨개 1개씩, 탁구공, 크레용, 솜으로 만든 공, 비누, 종이컵, 스티로폼 조각, 둥근 팅커 장난감, 기타
추후 활동	여러 가지 사물을 이용한 경주 또는 탁구공을 이용한 하키 게임
잠재적인 논리 수학적 지식	~보다 더 가벼운, ~보다 더 무거운, ~보다 더 빠른 빨대의 각도, 바람을 부는 세기, 속도 간의 관계
추후 질문 사례	빨대 2개를 사용했을 때 무슨 일이 일어났지? 다음엔 뭘 하고 싶지?(Kamii & DeVries, 1978, p. 60)

주: Kamii, C. and Devries, R. (1978). *Physical Knowledge in Preschool Education* (Upper Saddle River, NJ: Prentice Hall)에서 요약됨.

학급에서 사용할 활동을 계획할 때 다음 두 가지 사항, 즉 감각운동 활동의 특성, 교사의 질문 사용(교사의 역할 참조)을 포함해야 한다.

감각운동 활동. Kamii와 DeVries(1978, p. 49)는 취학 전 아동의 신체적 활동을 네 가지 범주로 구분하고 있다. 아동들이 곧바로 행할 수 있고 상이한 행동이 다른 효과를 낳을 수 있는 사물을 포함해야 한다. 대상에 대한 아동 행동의 결과는 즉각적이고 관찰할 수 있어야 한다.

이런 기준에 맞는 활동으로 아동이 대상의 특징, 행동, 반응을 알아차리는 기회가 더 커진다. 또한 그런 많은 활동이 인지구조가 특정한 대상의 특징에 맞거나 행동에 대한 추론의 개발에 맞을 때 일어나는 조절(accommodation) 과정을 촉진한다.

〈표 10.3〉에 상이한 발달 수준에 적절한 4세와 5세 아동의 행동을 요약했다. 행동의 본질은 아동이 물 속에 있는 대상의 물리적 특성을 결정하도록 많은 기회를 제공해 주고 있다는 것이다. 입으로 바람을 부는 것과 대상의 빠르기 사이의 관계가 행동들 간의 관계를 발전시키는 데 기여하고 있다.

교사의 역할. Piaget(1973)는 교사가 아동이나 청소년의 자발적인 정신적 활동에 맞추는 일보다 더 힘든 일은 없다고 지적했다. 그러나 아직까지 지능 발달은 실수가 있는 건설적인 활동과 소비되는 것 같은 시간에 달려 있다(p. 107).

적극적인 방법을 사용한다는 것이 학생들이 제멋대로 한다는 것을 의미하는 것은 아니다. 대신, 교사의 역할은 교실에서의 경험을 만들고 조직하는 것이다. 둘째, 교사의 책임은 학생들이 성급하게 개발된 아이디어를 다시 생각하게 하는 것이다.

더 나아가 실험 결과로 생긴 아동의 실수를 강제로 제거시켜서는 안 된다. 아동들이 결론을 얻는 데 사용한 정보는 구체적인 문제를 정확하게 해결하는 데 부적절할지도 모른다. 그러나 그 선택은 지나칠 수 없는 특정한 발달 단계를 표현하는 것이다(Inhelder et al., 1974, p. 25). 그러므로 아동들이 문제를 수행하는 과정에서 예기치 않은 방향으로 가기 때문에 게임과 활동은 재평가되어야 한다.

활동이 실행되는 과정에서 교사의 질문은 중요한 역할을 하며 신중히 계획되어야 한다. 사용하는 어떤 질문도 단순하게 표현되어야 하며 사고를 촉진하도록 설계되어야 한다. 질문의 형태가 화려한 수사학적(rhetorical) 진술문이 되어서는 안 된다(Copple, Sigel, & Saunders, 1979, p. 213). 그러나 "이것에 대해 내게 말해 줄 수 있겠니?" 또는 "그 밖에 무엇을 느끼지?"와 같은 간접적인 질문을 통해 아동의 사고를 이끌어 낼 수 있다(Copple et al., 1979, pp. 231-232). 아동을 참여하게 하는 질문의 예는 "좀 더 많이 찾아볼 수 있니?" 그리고 "그 아동이 한 것하고 네가 한 것하고 무엇이 다르지?" 등이다(Duckworth, 1990, p. 46).

"만약에 …이라면 무슨 일이 일어날까?" 등과 같은 예상 질문도 사용될 수 있다(Kamii & DeVries, 1978). 이런 질문들은 동화와 조절을 촉진시키며, 아동들로 하여금 새로운 지식을 형성하는 데 실제 현실을 뛰어넘어 생각할 수 있도록 도와 준다. "푸딩이 뜨겁다는 것을 어떻게 알았니?"와 같은 질문은 아동들이 결론에 도달하기 위해 필요한 사고방식에 주의를 기울이도록 한다.

그러나 실제 대상에 직접 행동을 하는 것에 대해서 말하자면, 어린 아동들은 특별한 효과를 산출한 자기의 행동을 모르는 경우가 흔히 있다. 예를 들어, 4세 아동은 줄에 달린 물건을 빙빙 돌려서 몇 피트 떨어져 있는 상자 안에 때맞춰 넣을 수 있다. 9세나 10세까지는 이 목표를 달성하는 데 수반되는 방법을 설명하는 것과 그들의 행동은 다르다(Piaget, 1976b). 4세와 5세 아동들이 그런 결과를 설명하는 것과 그런 원인을 이해하는 것은 부정확할 것이다.

요약하면, 물건을 가지고 놀거나 나타나는 반응에 대한 많은 기회가 논리적 사고의 토대를 개발한다. 따라서 교육과정을 위한 중요한 요구 사항은 다양한 방법으로 실제 세상과 상호작용하고, 실수도 하며, 또래들과 상호작용을 하는 과정에서 질문에 대답할 수 있는 답을 개발하는 것이다.

(2) 조작적 사고의 촉진

Piaget의 견해에 의하면, 진정한 논리적 사고는 학습자의 관심사를 주제로 한 자기 주도적 또는 또래 협동적 연구에서 학습자에 의해 구성된다(Duckworth, 1978, 1990). 자기 주도적 실험은 과학과 수학에서 매우 중요하다고 지적하였다.

과학에서의 적용. 초등학교의 과학 과목에서 물질의 세계는 출발점이 되어야 한다(Duckwoth, 1990). 물질의 세계는 접근할 수 있고, 아동들이 전혀 생각하지 못했던 복잡성을 포함해야 한다(p. 25). 예를 들어, 어떤 2학년 학급에서 일부 아동들은 수정(crystal)에 관심이 있었다. 아동들은 자신들이 수집하고 키우고 현미경으로 조사하고 책을 읽은 것들을 가지고 수정 박물관을 만들었다. 눈송이 사진을 보고 무늬가 있는 블록으로 12면체를 만들었다. 일부 아동들은 흥미를 느껴서 그 모양 속의 형태가 1, 2, 3, 6 또는 12배가 된다는 사실을 알아 냈다. 이런 탐구를 통해서 12의 인수를 알게 되었다. 다른 아동들은 그 형태의 아름다움을 알아 냈다.

과학 교육에 대한 연구는 아동들과 좀 더 나이 많은 학생들이 과학적 개념에 대한 다양한 직관적인 믿음을 가지고 있다는 것을 지적하고 있다(Champagne, Gunstone, & Klopfer, 1985; Gilbert, Watts, & Osborne, 1985). 이런 견해들은 단순히 분리된 아이디어가 아니다. 그것들은 아이들 시각에서 세상을 이해하는 개념적 구조를 포함한다. 때때로 눈으로 보는 것으로 판단한다. 예를 들면, "그것은 증기 형태로 사라진 것이 아니라 증발한 거야. 그래서 눈으로 볼 수 없는 거지."(Gilbert, Osborne, & Fresham, 1982). 한 연구에서 19세 학생들이 모순을 알아차리지 못하고 모순적인 믿음을 갖고 있다는 것을 보여 주고 있다(Osborne & Gilbert, 1980). 예를 들면, 달 위에 서 있는 사람에게 작용하는 힘이 무엇인가 묻자, 한 학생이 "달에는 공기가 없으니까 중력이 없어요."라고 대답했다. 나중에 같은 질문을 하자 그 학생은 달에는 중력이 있지만 공기는 없다고 지적했다.

Osborne과 Gilbert(1980)에 의하면 교육과정을 변경하는 첫 단계는 학생의 현재 사고 수준을 결정하는 것이다. 그들은 학생들의 사고력을 결정하는 데 사용하기 위해 다른 이벤트(자전거타기, 골프공치기, 기타)를 개발했다. 학생들의 답변에 대한 논리적 근거를 결정하기 위해 인터뷰를 사용하는 것이 학생의 사고를 평가하기 위한 정보를 제공해 주고 있다. 일단 직관적인 신념을 확인한 뒤에 실험 활동에는 직관적 생각과 과학적 사고 사이의 인지적 갈등의 산물이 실행된다. 예를 들면, 학생으로 하여금 Newton의 기계학에 대한 잘못된 개념에 직면하게 하는 것이 물리학에서 다양한 모의 실험 과정의 목표이다(Flick, 1990; White, 1984). 일련의 실험에서 학생들은 마찰이 없는 환경(우주) 속에서 '우주선'에 대한 다양한 활동을 수행한다. 이런 방법으로 학생들은 힘, 속도, 속력에 대한 잘못된 인식을 깨닫는다.

수학에서의 구성주의. 제4장에서 지적한 바와 같이, 일부 개발자들은 교실에서의 담화(discourse)를 이용하는 교육과정에 Piaget 개념의 일부를 채택했다. 급진적 구성주의로 언급되는 한 가지 견해는 Piaget의 원리에서 도출되었다. 즉, 주요 학습과정은 인지적 갈등과 추상적 개념에 따르는 동화와 조절이다. 종종 언급되는 다른 견해(Cobb, 1995)는 다음과 같은 관점에서 Piaget의 견해를 옹호하고 있다. ① 학습자는 적극적으로 지식을 창조하며, ② 육체적·정신적 활동을 반영해서 새로운 지식을 만든다. ③ 영속적인 학습은 갈등과 혼란의 시기, 놀람 그리고 장시간에 걸쳐 일어난다. ④ 학습 기회는 사회적 상호작용 속에서 일어난다(Wood, Cobb, & Yaeckel, 1991, p. 591).

이런 견해의 예로, 어떤 2학년 학급에서 아동들이 짝을 지어 먼저 한 가지 방법 이상으로 풀 수 있는 문제들을 푼다. 뒤이어 전체 학급 토론에서 아동들은 자기 답을 정당화하고 설명하도록 기대되며, 또한 다른 학생들의 설명을 듣기를 기대하고 있다(Wood et al., 1991). 이런 상황이나 유사한 경우에 자기들의 해결책을 설명할 때 심리적으로 안정감을 느낄 수 있도록 학급의 규범을 다시 만드는 것이 중요하다. 또한 중요한 것은 교사는 학생들의 잘못된 답을 무조건적으로 받아들여야 한다는 것이다. 그러나 이 2학년 학급에서 교사는 갈등을 해결하기 위해 학생들이 노력하도록 하는 것이 학생들이 배우는 일이라는 것을 알게 되었다. 즉, 학생들의 반응은 목적 없는 것이 아니며, 교사의 역할은 학생들의 활동을 통해서 갈등과 혼란이 해결될 수 있는 환경을 만들어 주는 것이다(p. 699).

컴퓨터의 역할. 적절히 사용한다면 컴퓨터는 아동들이 Piaget 이론에서 주요 개념인 논리를 연습할 수 있는 기회를 제공해 줄 수 있다. 예를 들어, 비언어적인 컴퓨터 프로그램인 상징-그림-논리(Symbol-Picture-Logic: SPL)에서 아동들은 상징들에 의해 표상되는 규칙을 발견하고, 상징-논리 진술문을 완성하며, 논리적 필연성에 대한 통찰력을 계발한다(Furth, 1986a, 1986b). 또한 컴퓨터는 학생들이 교실에서 사용하기 불가능하거나 실천할 수 없는 물체를 조작하거나 건설하도록 도울 수 있다. 한 컴퓨터 환경은 Seymour Papert(1980)가 창안한 Turtle Geometry와 LOGO이다. LOGO에서 'turtle(거북)'은 컴퓨터로 통제되는 삼각형 상징이다. 간단한 명령으로 거북을 1°에서 359°까지 어느 각도로도 방향을 바꿀 수 있을 뿐만 아니라 앞뒤로 움직일 수 있다. 비록 학생이 펜이나 연필로 그리고 있다 해도 거북의 움직임은 흔적을 남긴다. 학생의 창의력과 상상력에 의하면 어떤 기학학적 모양도 디자인할 수 있다.

기하학적인 모양을 만드는데, 학생은 거북이 완성해야 하는 일의 종류와 거북에게 줄 컴퓨터 명령을 정하는 것을 결정한다(예: 컴퓨터 프로그램 개발). 특정한 명령을 받은 직후 예상치 못한 방향으로 거북이 가면 학생은 자신의 사고를 재조정하여 명령을 수정한다.

이런 방법으로 학생은 직사각형, 삼각형, 정사각형, 원을 디자인하는 실험을 하며, 거북을 움직이면서 사고의 전략을 바꾼다. 따라서 학생은 직접적으로 배우지 않아도 기하학적 모양을 디자인하는 전략을 배운다(Clements & Gullo, 1984; Gallini & Gredler, 1989). 그런 환경은 마이크로 세상이라고 불린다(Pufall, 1988, p. 27). 이 환경에서는 아동들이 알아야 하는 것을 규정하지 않는다. 대신, 마이크로 세상은 아동들이 지식을 구성할 수 있는 맥락 내에 있다. 그러나 컴퓨터 소프트웨어 개발자는 **상호작용적인 것**과 **구성적인 것**을 혼돈해서는 안 된다. 이 메시지는 중요하다. 왜냐하면 상호작용하는 환경을 만드는 것이 교육적으로 호소력이 있기 때문이다(Pufall, 1988). 그러나 컴퓨터와 상호작용하는 것이 아동들의 지식 구성에 필요조건이기는 하지만 충분조건은 아니다.

(3) 형식적 조작기 사고의 촉진

복잡한 상황을 설명할 수 있는 개념적 구조를 개발하기도 전에 학생들을 여러 변수가 작용하는 문제에 노출시키는 것과 관련한 문제는 Lavoie와 Good(1988)의 연구에 나타나 있다. 학생들은 5개 변수(기온, 수증기 유형, 덤핑률, 처치법, 물의 유형)가 산소와 물의 농도에 미치는 실험에 참가했다. 예상 문제를 해결할 수 있는 능력은 Piaget의 형식적 조작적 사고 단계에서 고도의 또는 적당한 초기 지식이나 실행과 관련이 있다. 성공하지 못한 학생들은 낮은 초기 지식과 구체적 조작기 사고의 단계에 머무르고 있다. Kuhn, Black, Keselman과 Kaplan(2000)은 과학 연구에서 요구되는 대변인적 분석을 방해하는 부정확한 정신적 모형을 가지고 있다고 언급했다. 이들도 산출물에 대한 변인들의 부가적 효과 개념이 부족하다. Piaget의 관점에서 그들도 형식적 조작기 사고의 복합적 명제적 논리가 부족하다.

분명히 형식적 조작기 사고는 '이미 포장된 실험'이나 이미 결정된 답을 갖고 있는 각 단원의 마지막 연습문제를 푸는 것과 같은 방법으로는 얻어질 수 없다. 개인이 자유롭게 실행하지 않은 어떤 실험도 연습이 아니고 교육적 가치가 없는 훈련에 지나지 않는다(Piaget, 1973, p. 20).

사고의 변화는 학생이 탐구로써 부정확한 생각에 직면하게 하는 상황을 통해 과학이나 물리학에서 얻어질 수 있다(Champagne et al., 1985; Kuhn & Phelps, 1979). 개입의 본질적인 특징은 '관념적 대면(ideational confrontation)'이다. 물론 그것은 Piaget가 설명하고 있는 불균형이다.

한 연구에서 형식적 추론 전략의 증거를 보여 주지 못했던 학생들에게 다른 사건들의 원인을 찾아볼 수 있는 기회가 있는 많은 문제상황을 주었다(Kuhn & Phelps, 1979). 매주 문제해결 세션을 진행하고 나서 3개월 후, 5학년 학생과 청소년들 모두 추론 전략에 변화가 보였다. 그러나 과정은 느리고 방법에 따라 균등하지 않았다. "갈등과 모순은 한 번이 아니라 여러 번 반복해서 나타나고 해결되었다."(Kuhn & Phelps, 1979) Kuhn(1979)이 실시한 또 다른 연구에서도 이와 비슷하게 나왔는데, 가장 흔한 어려움은 새로운 방법을 숙달하는 것이 아니라 부적당한 방법을 제거하지 못하는 것이다.

일부 학생들은 자신의 가설이 입증될 수 없다는 식으로 실험을 하기 시작했다(Champagne, Klopfer, & Anderson, 1980; Kuhn & Phelps, 1979). 자기의 가설에 모순이 있다는 것을 알아차린 학생들은 상반되는 자료를 무시했다. 개방적인 탐구 그 자체만으로는 가설적 추론을 개발하기에 충분하지 않다. 질문을 찾아 내고 학생들의 사고에 도전하는 것이 필수적이다.

교사들이 학생들로 하여금 설명할 수 있는 가설을 만들고 그것들을 반복적으로 테스트하도록 밀어붙이는 것이 진보에 필요하다. 비록 그렇다 하더라도, "재개념화는 느리고도 올바르지 못한 과정이 될 것이다. 그것은 많은 대안과 설명이 시도되고 실패한 후에 생길 것이다."(Champagne et al., 1980 p. 1078)

(4) 요약

Piaget 이론의 초점은 논리적 사고의 발달이다. 따라서 수업을 위한 구체적인 지침은 없다. 그러나 학생의 사고를 촉진시킬 수 있는 일반적인 지침은 그 이론에서 나온다. 첫째, 비록 추상적인 언어로 전달될 수 있는 일련의 진실이지만 지식은, 특히 수학과 과학에서 가르쳐져서는 안 된다. 지식은 자주적이고 또래 협동 연구를 통해서 학습자에 의해 구성되는 것이다. 교사의 역할은 의미 있는 문제를 제시하는 환경을 조직하고 만드는 것이다. 학생들 사이의 협력과 상호작용에는 실험이 함께 해야 한다.

취학 전 교육과정의 많은 활동은 인지발달을 위한 기회를 제공해 줄 수 있다. 블록

페인팅, 핑거 페인팅, 음악 게임과 같은 것들이 그 예이다. 교실 안에는 아동이 직접 해 볼 수 있는 물건들이 있어야 하며, 아동의 활동은 즉각적이고 관찰할 수 있는 서로 다른 결과를 낳을 수 있어야 한다. 교사의 역할은 아동들의 사고를 촉진하는 의미 있는 질문을 하는 것이다.

초등학교 수준에서, 측정과 실험을 위한 다양한 자료가 제공되어서 아동들이 하위 시스템을 개발하기 위해 사용할 수 있는 기회를 가질 수 있다. 또한 과학 실험도 과학적 개념에 대한 아동들의 직관적인 신념에 직면하도록 도와 준다. 게다가 적절히 사용한다면 컴퓨터 환경은 학생들에게 사물을 만들고 조작하고, 직관적 믿음을 직면할 수 있는 기회를 제공해 줄 수 있다.

형식적 조작기 사고 또한 자기 주도적 탐구를 요구한다. 학생들은 설명할 수 있는 가설을 만들고 실험하고, 일치하지 않는 자료를 설명할 수 있도록 격려되어야 한다. 그러나 재개념화가 되어 가는 과정은 느릴 것이다.

3. 교육적 적용

Piaget에 의해 개발된 개념은 아동들에게 풍부한 탐구 활동을 제공함으로써 취학 전과 초등학교 교실에서 실행될 수 있다. 수학과 과학에서 학습자의 커뮤니티를 개발하는 것과 같은 다른 관심사들과 결합된 Piaget의 개념은 교육과정 개발을 위해 실행되어 왔다. 학생들은 자신 있게 자기가 이해하는 방법으로 문제를 해결하고, 자신들의 답을 입증하고 설명하며 갈등과 혼란을 해결하기 위해 학급 토론에 참여한다.

교육과정의 일부는 잘못 적용되어서 학교 교육과정에 발달적 교육과정을 통합하는 데 실패했다. Kamii(1981)는 학교 교육과정과 양립할 수 있는 세 가지 일반적인 목적을 제안했다. 간단히 요약하자면, ① 상호작용하는 환경을 통해 아동들의 자율성을 계발하는 것, ② 다양한 아동들의 생각을 한 곳으로 모이지 않게 하거나 조정하는 것, ③ 학습할 때 경계심, 호기심, 통찰력 및 자신감을 계발하는 것 등이다(Kamii, 1981, p. 24). 이런 목적들은 다른 곳이 아니라 학교 교육과정에 통합될 수 있다. 더 나아가 다른 사람들의 의견을 묻고 자신의 견해를 지지하도록 주장하는 전국 수학교사 협의회(NCTM)의 정책은 Piaget의 이론과 일치한다.

1) 교실 문제

Piaget의 이론은 학문적인 학습이론도 아니고 교수이론도 아니다. 그럼에도 불구하고 몇 가지 교육적 이슈를 설명하고 있다.

(1) 학습자 특성

Piaget의 이론은 인지발달에 포함된 광범위한 이슈를 설명하고 있다. 장기 인지발달과의 관계라는 관점에서 개인차, 준비성 그리고 동기를 살펴본다.

개인차. 이 이론은 개인차에 대한 구체적인 내용을 생략했다는 점에서 일부 교육학자들로부터 비판을 받고 있다. 그러한 비판에 대한 Piaget의 반응은, 그가 초점을 둔 것은 모든 사람의 가장 일반적이고 보편적인 것의 확인이라는 것이다(Furth & Youniss, 2000, p. 123). 따라서 개인차의 문제는 이 이론의 영역 밖에 있는 문제이다. 목표는 인지발달의 일반적인 법칙을 규명하고 연구하는 것이었다.

그럼에도 불구하고, 인지구조를 획득하는 비율에 있어 문화적인 차이를 관찰해 왔다. 일부 시골 지역의 학생들은 구체적인 조작을 획득하는 데 도시 아동들보다도 늦다. 게다가 형식적 조작은 각 개인에 의해 얻어지는 것도 아니고, 전문적인 지식의 영역(예: 물리학, 법, 공학)에서 얻어지는 것도 아니다(Piaget, 1972a).

준비성. Piaget 이론에 의하면 준비성에는 두 가지 의미가 있다. 하나는 새로운 정보를 동화시키는 개인의 능력이다. 필요한 조건은 새로운 정보를 사용할 수 있는 인지적 구조이다.

준비성의 또 다른 의미는 논리적인 인지구조를 형성하거나 조작하는 것과 관련이 있다. 특히, 주제가 인지적 갈등을 경험하거나 한 차원 높은 수준에서 문제해결을 시도하지 않으면 논리적인 구조는 생기지 않는다. 준비성은 수와 공간 같은 두 가지 하위 시스템을 해결할 필요가 있는 갈등 문제를 인지하는 것이다.

Piaget는 발달의 네 가지 연속적 단계를 구분했기 때문에 가끔 성숙주의자로 잘못 비춰지고 있다. 그러나 단계의 순서를 정하는 것은 한결같다. 학습자는 환경, 활동, 사회 환경과의 상호작용 등을 경험함으로써 발달한다.

동기. Piaget(1973)는 동기의 두 가지 근원을 파악했다. 하나는 모든 단계에서 기능하는 일반적인 동기 요소, 즉 욕구이다. 다른 이론에서와 마찬가지로, 욕구는 생리적이고 정서적이고 지능적이다. 지능은 이해와 설명 모두를 요구하기 때문에 지적인 욕구는 종종 질문이나 문제의 형태로 보인다(Piaget, 1967, p. 5). Piaget의 견해에 의하면 동작, 사고 또는 감정이든 모든 행동은 욕구에 반응한다. 그의 이론에서 욕구는 불균형의 표현으로 묘사되고 있다. 욕구가 충족되면 균형이 되돌아온다.

불균형은 발달의 모든 단계에서 일반적인 욕구의 요인을 나타낸다. 동기의 두 번째 근원은 특정 연령이나 발달 단계에 나타나는 욕구의 특성이나 내용이다. 이런 세부적인 욕구는 아동이 좋아하는 것을 개발한다는 사고 체계에 달려 있다. 예를 들어, 어린 아동은 부모의 인정을 받을 행동을 할 수 있지만 10대는 동료의 인정을 얻으려고 한다.

(2) 인지과정과 수업

세 가지 중요한 교실에서의 이슈는 학습 기술의 개발, 학습의 전이의 제공, 문제해결의 교수 등이다. Piaget 이론의 맥락 내에서는 다른 의미를 가진다.

학습방법 기술의 개발. 상황에서 의미를 찾기 위해 효과적으로 자신의 행동을 조직하는 개인의 능력이나 예상한 문제를 해결하기 위해 절차를 밟는 것이 전형적으로 학습방법 기술로 정의된다. 유전적 인식론에 의하면 환경 속에서 구체적인 사물을 조작하고 경험하는 것은 지식 구성에 기초가 된다. 아동들은 문제를 발생시키고, 의문 사항을 조사하고, 자기 답을 검토하면서 학습하는 방법을 배운다.

학습의 전이. 선행학습에서 새로운 것을 배우도록 촉진하는 것이 중요한 문제이다. 학습의 전이는 자기가 가지고 있는 것을 활용하기 위해 계속되는 학습 활동을 의미한다.

그러나 인지발달은 구체적인 학습과는 다르다. 특정한 인지구조를 형성하는 것이 다음 단계의 발달로 '전이'되는 것이 아니다. 각각의 발달기간에 얻어진 인지구조는 다음 단계를 받아들일 수 있도록 학습자를 준비시키는 것이다.

문제해결 교수. Piaget(1973)에 따르면, 문제해결 기술을 직접적으로 가르칠 수는 없다. 대신, 실험 규칙과 문제해결 규칙은 반드시 학생들이 찾아 내거나 만들어야 한다. 실험과 고안해 내는 것이 문제해결 기술의 발전에 필수적이다. 부가하여 Piaget는 어떤 주제 분야에 작용하는 규칙이나 이론은 개인이 만들어 내야 하며 말로는 전달될 수 없다고 주장하였다.

(3) 학습의 사회적 맥락

교사-학생 상호작용에 초점을 맞춘 교육적 접근 방법과는 달리, Piaget(1973)는 자기 주도적 실험 상황에서 또래 간의 상호작용이 중요하다고 강조했다. 이런 유형의 상호작용만을 통해서 학생은 타인의 관점에서 문제를 보는 능력을 얻을 수 있다. 더욱이 상호 교환을 통해서 자신의 생각을 검토해 보고 다른 대안들을 찾아보며, 그들의 의견과 결론을 재구조화한다. 그러나 교사는 탐구를 촉진하는 환경을 만들어야 한다.

(4) 다른 관점과의 관계

조작적 조건, 학습의 조건, 정보처리 이론과는 달리, Piaget의 이론은 주제 영역을 구성하는 사실적이고 개념적인 정보를 설명하지 않는다. 대신 그의 원리는 자연적 논리와 전 생애에 걸친 다양한 변화 등과 같은 사건에 대한 사고와 추리에 관련된 특징을 설명한다. Vygotsky와 같이, 그는 아동들 자신의 사고에 대한 인식의 개별적 발달에 관심을 두었다. 그러나 그 과정은 다르게 개념화하였다.

따라서 Piaget가 추천하는 학급 활동과 전략은 추리와 사고 기술의 발달에 있어 학생들의 자발적인 연구에 목표를 두는 것이다. 비록 Piaget가 학급에서 또래들 사이의 질문과 상호작용을 중요하다고 했지만, 교사는 학생의 다양한 활동에 전도성이 있는 교실 환경을 만들어야 한다. 따라서 그의 견해에 따르면, 사회 구성주의가 제안하는 것처럼 목표는 학습자들의 커뮤니티가 되는 것이 아니다. 집단이 아닌 학생 개인이 학습의 소재이다. 가장놀이의 역할과 아동들의 자기 중심적 말에 대한 Piaget의 의견은 Lev Vygotsky의 견해와는 다르다. 이런 차이는 제11장에서 논의된다.

2) 교실수업 전략의 개발

Piaget의 개념을 교육과정의 어떤 수준에 적용하려면 다음과 같은 네 가지 일반적인 단계와 각 단계에서 하위 질문을 사용해야 할 수 있다.

단계 1: 전형적으로 언어적인 방법으로 가르쳤던 교육과정이나 단일 과정에서 어떤 원리들이 학생 주도적인 연구 활동으로 대체해도 좋을지 결정한다.

- 1.1 교육과정의 어느 측면이 실험에 도움이 되는가?
- 1.2 어떤 원리가 집단 상황 속에서 문제해결 활동에 도움이 되는가?
- 1.3 언어적인 해결책에 앞서 사물을 이용하는 조작할 수 있는 수준에서 어떤 주제가 소개될 수 있는가?

단계 2: 확인된 주제를 위한 학급 활동을 선택하거나 개발한다. 다음과 같은 질문 목록을 사용하여 선택한 활동들을 평가한다.

2.1 활동하는 동안 다양한 실험 방법을 활용하는가?

2.2 활동을 통해 학생들이 많은 질문을 하는가?

2.3 활동을 통해 작업을 하는 과정에서 다양한 추리 방법을 비교할 수 있는가?

2.4 지각적인 단서만을 기초로 해서는 풀 수 없는 문제인가?

2.5 그 활동은 신체적인 활동과 인지 활동을 위한 기회 모두를 유발하는 활동인가?

2.6 그 활동은 이미 학습된 구조를 더욱 풍성하게 해 줄 수 있는가?

단계 3: 문제해결 과정을 지원하는 교사의 질문 기회를 확인한다.

3.1 다음 단계를 물어 보는 질문을 사용한다(만약에 …한다면).

3.2 자발적인 질문을 하도록 하는 자료에서 확인될 수 있는 잠재적인 비교는 무엇인가?

단계 4: 각각의 활동 시행 결과를 평가하며, 성공한 것과 수정이 필요한 것을 찾는다.

4.1 활동의 어떤 측면이 가장 강한 관심과 참여를 만들었는가?

4.2 활동의 어떤 점이 무미건조하게 만들었는가? 그 활동은 한 사람 이상의 학습자가 참여하지 못하게 했는가? 다음에 시도할 대안은 무엇인가?

4.3 그 활동이 조사를 위한 새로운 전략을 개발하거나 이미 학습한 전략을 강화할 기회를 제공하고 있는가?

요약하면, 주도적인 학습 활동을 통해 학생 스스로 지식을 구성할 기회를 최대화하라. 그룹 상호작용을 통해 개발된 대답을 찾기 위한 연구와 많은 변수를 고려하는 것이 필요한 토의가 학생의 지식 구성을 증진시킬 것이다. 마지막으로, 가능하다면 말에 앞서서 구조, 규칙, 이론을 지닌 직접 경험을 학생들에게 제공하라. 그렇지 않으면 정보는 말로만 남게 되며 지식이 되지 못한다.

3) 교실수업의 예

다음의 교실수업 사례는 Magdalene Lampert(1990)가 실시한 교수의 연구와 개발 프로젝트의 한 부분에서 나온 것이다. 목표는 교실에서 수학을 이해하는 연습이 원리 속에서 수학을 아는 것을 의미하는 것과 좀 더 밀접할 수 것이 어느 방식인가를 결정하는 것이다. 이 과정의 주요 기법은 수업하는 동안 학생과 교사의 역할과 책임을 바꾸는 것이다(Lampert, 1990, p. 29).

목표는 Piaget식 교육과정을 만드는 것은 아니다. 그러나 5학년 학생들이 보여 준 지식의 구성, 교사의 역할 그리고 또래의 상호작용의 특징은 Piaget가 설명하는 인지발달을 위해 필요하다는 학습의 특징을 반영하고 있다.

- **기본 전제**: 수학을 하는 것은 교사가 인정하는 정답을 찾는 문제가 아니다. 대신, 수학은 반대 사례를 사용함으로써 관계를 조사하고 시험하는 의식적인 추측 과정으로 발전한다(Lakatos, 1976; Lampert, 1990).
- **내용**: 지수, 5학년 학급
- **목적**: 관찰할 수 있는 수의 유형을 공부함으로써 알려지지 않은 수량의 특성을 결정할 수 있다(Lampert, 1990; Polya, 1954). 또한 학생들은 수학에 대한 지식을 다루는 과정에 참여할 수 있는 태도와 자세를 습득할 수 있다(Lampert, 1990; Schoenfeld, 1985).
- **선행활동**: 수학 학습의 사용과 상호작용의 규칙은 이미 교실에서 사용되었다(Lampert, 1990). 학생의 추측과 이름이 칠판에 쓰였다. 학생이 추측한 것을 바꾸고 싶을 때, "난 내 생각을 바꾸고 싶어요."라고 말하는 것을 배웠었다. 가능한 답을 말했을 때, 이론적 설명을 기대했다. 모든 학생이 계산기를 이용해서 1^2 부터 100^2까지 제곱표를 준비했다.
- **지식의 구성**: 교사는 학생들이 숫자들의 끝수를 살펴서 표에서 유형을 발견하도록 만든다. 학생들은 적극적으로 45분 동안 찾는다. 이 수업의 열쇠는 "계산하지 않고 답을 주장하는 데 사용할 수 있는 방법을 찾아 내는 것을 포함하고 있는 수학적 내용이 수학적으로 중요하며, 학생들이 주요 아이디어에 토론하도록 하는 것"이다(Lampert, 1990, p. 46).

학생들의 첫 번째 주장은 제곱의 끝자리 수가 홀수와 짝수로 교대로 바뀐다는 것이다. 다른 주장은 10의 배수가 항상 0으로 끝나고, 5로 끝나는 수의 제곱은 항상 5로 끝난다는 것이다. 학생들은 만약 끝수가 항상 n으로 끝나면 마지막 두 자리의 숫자는 항상 n^2으로 끝날 것이라는 가설을 좀 더 연구하기 시작했다(Lempert, 1990, p. 49). 두 학생이 6의 자승은 36으로 끝난다고 주장했으나 다른 학생들은 재빨리 반증을 확인시켰다.

또한 학생들은 끝자리 숫자의 연속이 항상 0과 5로 대칭적일 것이라고 결정했다. 끝자리 숫자의 대칭적 형태를 보여 주기 위해 차트가 사용되었다. 학생들은 9나 1로 끝나는 숫자는 자승이 1로 끝나고, 2나 8로 끝나는 수의 자승은 4로 끝난다는 것을 입증했다.

마지막 구분은 5승까지 올라간 끝수를 파악하는 방법으로 바뀌었다. 7^5에 대해 토의하면서 이론적 설명을 하며 몇 개의 숫자를 제안했다. 끝 숫자의 유형이 1, 7, 9, 1, 7, 9일 것이라고 한 학생이 생각했다. 그러나 토의와 몇몇 주장을 통해 끝수의 유형이 7, 9, 3, 1, 7이라고 학생들은 결정했다. 그러므로 7^5는 7로 끝난다.

토의하는 동안 학생들 중의 하나가 7^5는 1로 끝난다고 말했다. 교사의 역할은 그 학생에게 설명과 다른 학생들의 가정이 무엇을 주장하는지 설명하도록 요구하는 것이었고, 나중에 그 학생의 생각이 바뀐 것을 설명하도록 하는 것이다. 목적은 단순히 학생이 자기의 가정을 다시 생각하게 하는 것이 아니라, 왜 마지막 숫자가 1로 끝난다고 가정했는지를 다른 학생들이 이해하도록 하는 것이다. 다시 말하면, 이런 유형의 수업에서 학생들과 교사는 모두가 '교환을 설명하는 지식'보다 교과목과 관련된 다른 관계가 있다는 것이다(Lampert, 1990, p. 53).

4) 이론의 검토

Piaget의 인지발달 이론은 지능, 지식, 환경에 대한 학습자의 관계를 재정의했다. 생물학적인 체계와 같이, 지능은 환경과 지속적인 상호작용을 하는 데 필요한 구조를 창조하는 지속적인 과정이다.

논리적 사고의 본질적인 특성은 특별한 특성과 더불어 심리적인 구조의 구성이다. 특히 학습자는 ① 상황의 변화하는(변형) 그리고 변화하지 않는(유지) 특징을 분명하게 인식하며, ② 각각의 변화에 대한 반작용을 이해하고, ③ 논리적으로 필요한 문제해결을 확인한다.

유아의 활동계획, 전조작기, 구체적 조작기, 형식적 조작기에서는 유아에서부터 성인에 이르기까지 서로 다른 사고방식을 개발하고 있다. 이렇게 더욱 더 복잡한 구조가 만들어지는 과정은 균형에 의해 통제되는 동화와 조절이다(〈표 10.4〉 참조).

Piaget에 따르면 교육의 역할은 아동의 자발적인 연구를 지원해 주는 것이다. 실제 사물을 가지고 동료들과 상호작용하고 교사가 통찰력 있는 질문을 하는 실험은 아동이 물리적이고 논리 수학적인 지식을 구성하도록 하고 있다. 교육과정에 중요한 필수사항은 아동들이 다양한 방법으로 물질세계와 상호작용하고 동료들과의 상호작용을 통해 대답을 개발하는 많은 기회를 갖는 것이다.

(1) 단점

Piaget의 아이디어를 실행하는 데 있어 중요한 문제는 지능, 지식, 학습에 대해 그가 주장한 다른 관점으로부터 발생한다. 산출물로서 지능과 지식을 보는 관점에서 과정으로서의 이런 개념을 다루는 관점으로 바꾸는 것에는 상당한 노력이 요구된다.

Piaget의 개념에 따르면, 교육과정의 개발은 그 자신이 지적한 바와 같이 상당한 작업과 노력을 요구하고 있다. 그의 이론은 논리적 사고와 독서, 글쓰기 같은 기본적인 과정의 관계를 배제하고 있기 때문에 Piaget식 교육과정을 실행하는 것은 복잡하다.

(2) 교육 현장에의 기여

Piaget의 가장 큰 공헌은 어른의 축소판으로 보던 아동에 대한 시각을 특수하고 변화하는 사고의 유형으로 변화시킨 것이다. 또 하나는 그가 직접 교수하는 교육과정의 단점을 밝혀 낸 것이다. 예를 들어, 그는 문제와 '사회화된 지식'으로 수학과 과학을 가르치는 효과를 분명하게 말하고 있다. 이에 부가하여 아동의 시각에서 세상에 대한 많은 이야기를 함으로써, 흔히 자주 인용되는 개념인 '발견학습'을 조작화하였다. 〈표 10.4〉는 Piaget의 인지발달 이론을 요약한 것이다.

〈표 10.4〉 Piaget의 인지발달 이론 요약

기본 요소	정 의
가정	생물학적 체계처럼 지능은 기능에 필요한 구조를 구성한다. 지식은 개인과 환경의 상호작용이다. 지능의 성장은 네 가지 요소(물리적 환경, 사회적 환경, 성숙, 평형)에 의해 영향을 받는다.
인지발달	유아기부터 성인기까지 논리적 사고의 성장
인지발달의 결과	선행구조(운동 스키마, 구체적 조작, 형식적 조작)로부터 새로운 구조를 구성
인지발달의 구성요소	평형화에 의해 통제되는 동화와 조절, 신체적 경험과 논리 수리학적 경험
논리적 사고의 촉진	또래의 상호작용과 교사의 질문이 있고, 실제 사물을 가지고 하는 많은 실험 기회를 제공
수업 설계의 주요 이슈	아동과 교육 간의 상보적 관계의 유지, 직접 교수와 아동의 잘못 교정의 회피
이론의 분석	
단점	기본적인 용어와 정의를 이해하기 어렵다. Piaget식 교육과정은 실행하고 유지하기 어렵다. 이 견해는 논리적 사고와 독서 같은 기본적인 학습의 관계를 배제하고 있다.
교실 현장에 기여	아동의 눈을 통해서 세상에 대해 많이 설명을 한다. 교육 속의 문제를 확인한다. 특히 사회화된 지식인 수학과 과학 과목 자주 인용되는 개념인 '발견학습'을 조작할 수 있게 한다.

4. 생각해 볼 문제

1. 한 학생이 에세이를 쓰는 데 컴퓨터 소프트웨어 프로그램을 이용하고 있다. 그녀는 더블 스페이스, 페이지 번호 등을 만들기 위해 단축키를 활용하도록 요구받았다. Piaget의 관점에 의하면 이 과정은 무엇인가?
2. 한 어린이는 종이로 부채질을 하여 얼굴에 공기가 가도록 하였다. 그 후 어느 바람 부는 날, 그는 바람을 느끼고 이는 흔들리는 나무에 의해 유발되는 것이라고 결정했다(Wolfgang & Sanders, 1981, p. 117). 이러한 인과의 표상은 어느 단계에서 일어나는가? 그 이유는 무엇인가?
3. 한 중학생 집단에서 동시에 떨어지는 물체 중 어느 것이 더 빨리 떨어지는지 질문했다. 대부분의 학생들은 무거운 것이 더 빨리 바닥에 닿는다고 예측했다. 실험을 위해서 몇 가지 물체가 주어졌을 때, 그들은 강하율에서 어떤 차이를 결정할 수 없다고 추측했다. 실수를 통해 몇몇 학생들은 무거운 물체가 빨리 떨어지지만 그 차이는 관찰하기에 너무 작다고 결론지었다. Piaget에 따르면 이 상황에서 무슨 일이 발생한 것인가?
4. 게슈탈트 심리학자들은 [그림 10.2]에 제시된 아동의 물(water) 그림을 어떻게 묘사하는가?

참고문헌

Acredolo, C. (1997). Understanding Piaget's new theory requires assimilation and accommodation. *Human Development, 40*, 235-237.

Beilin, H. (1989). *Piagetian theory. In Six theories of child development: Annals of child development 6* (pp. 85-131). Greenwich, CT: JAI Press.

Beilin, H. (1992a). Piaget's enduring contribution to developmental psychology. *Developmental Psychology, 20*(2), 191-204.

Beilin, H. (1992b). Piaget's new theory. In H. Beilin & P. Pufall (Eds.), *Piaget's theory: Prospects and possibilities* (pp. 1-20). Hills-dale, NJ: Erlbaum.

Berk, L. F. (1989). *Child development.* Boston: Allyn & Bacon.

Bickhard, M. H. (1997). Piaget and active cognition. *Human Development, 40*, 238-243.

Bond, T. G. (1998). Fifty years of formal operational research: The empirical research. *Archives de Psychologie, 66*, 221-238.

Borel, M. (1987). Piaget's natural logic. In B. Inhelder D. deCaprona, & A. Cornu-Wells (Eds.), *Piaget today* (pp. 65-75). Hillsdale, NJ: Erlbaum.

Bringuier, J. C. (1980). *Conversations with Jean Piaget* (B. M. Gulati, Trans.). Chicago: University of Chicago Press.

Case, R. (1985). *Intellectual development: Birth to adulthood.* New York: Academic.

Case, R. (1992). Neo-Piagetian theories of cognitive

development. In H. Beilin & P. Pufall (Eds.), *Piaget's theory: Prospects and possibilities* (pp. 61-104). Hillsdale, NJ: Erlbaum.

Case, R. (1993). Theories of learning and theories of development. *Educational Psychologist, 28*(3), 219-233.

Cauley, K., Murray, F., & Smith, D. (1983). Necessity in children's reasoning: Criteria for conservation and operativity. Paper presented at the Eastern Educational Research Association, Baltimore, MD.

Champagne, A. B., Gunstone, R. F., & Klopfer, L. E. (1985). Effecting changes in cognitive structures among physics students. In L. H. J. West & A. L. Pines (Eds.), *Cognitive structure and conceptual change* (pp. 163-188). Orlando, FL: Academic.

Champagne, A. B., Klopfer, L. E., & Anderson, J. H. (1980). Factors influencing the learning of classical mechanics. *American Journal of Physics, 48*(2), 1074-1079.

Chandler, M., & Chapman, M. (1991). *Criteria for competence.* Hillsdale, NJ: Erlbaum.

Chapman, M. (1988). *Constructive evolution.* New York: Cambridge University Press.

Chapman, M. (1999). Constructivism and the problem of reality. *Journal of Applied Developmental Psychology, 22*(1), 31-43.

Chapman, M., & McBride, M. (1992). Beyond competence and performance: Children's class inclusion strategies, superordinate class cues, and verbal justifications. *Developmental Psychology, 28,* 319-327.

Clements, D. H., & Gullo, D. F. (1984). Effects of computer programming in young chil's cognition. *Journal of Educational Psychology, 76,* 1054-1058.

Cobb, P. (1995). Continuing the conversation: A response to Smith. *Educational Researcher, 24*(6), 25-27.

Copple, C., Sigel, E., & Saunders, R. (1979). *Educating the young thinker: Classroom strategies for cognitive growth.* New York: Van Nostrand.

Dean, A. L., & Youniss, J. (1991). The transformation of Piagetian theory by American psychology The early competence issue. In M. Chandler & M. Chapman (Eds.), *Criteria for competence* (pp. 92-100). Hillsdale, NJ: Erlbaum.

DeLisi, R., & Stewart, J. (1980). Individual differences in college students' performance on formal operational tasks. *Journal of Applied Developmental Psychology, 1,* 201-208.

DeVries, R. (1978). Early education and Piagetian theory. In J. M. Gallagher & J. A. Easley, Jr. (Eds.), *Knowledge and development: Vol. 2. Piaget and education* (pp. 75-91). New York: Plenum.

Duckworth, E. (1978). The having of wonderful ideas. *Harvard Educational Review, 42,* 217-231.

Duckworth, E. (1979). Either we're too early and they can't learn it or we're too late and they know it already: The dilemma of "applying Piaget." *Harvard Educational Review, 49,* 297-312.

Duckworth, E. (1990). Opening the world. In E. Duckworth, J. Easley, D. Hawkins, & A. Henriques (Eds.), *Science education: A minds-on approach for the elementary years* (pp. 21-59). Hillsdale, NJ: Erlbaum.

Edelstein, W., & Schroeder, E. (2000). Full house or Pandora's box? The treatment of variability in post-Piagetian research. *Child Development, 71*(4), 840-842.

Ferreiro, F. (2001). On the links between equilibration, causality, and 'prise de conscience' in Piaget's theory. *Human Development, 44,* 214-219.

Flick, L. B. (1990). Interaction of intuitive physics with computer simulated physics. *Journal of Research in Science Teaching, 27*(3), 219-231.

Furth, H. (1980). *The world of grownups: Children's conceptions of society.* New York: Elsevier North Holland.

Furth, H. (1986a). Piaget's logic of assimilation and logic for the classroom. In G. Forman & P. Pufall

(Eds.), *Constructivism in the computer age* (pp. 37-46). Hillsdale, NJ: Erlbaum.

Furth, H. (1986b). *Symbol-picture logic (SPL)* (Vol. 2). Washington, DC: Computer Age Education.

Furth, H. G., & Youniss, J. (2000). Reflections on Piaget's sociological studies. *New Ideas in Psychology, 18*, 121-133.

Gallini, J., & Gredler, M. (1989). *Instructional design for computers: Cognitive applications in BASIC and LOGO.* Glenview, IL: Scott, Foresman.

Gilbert, J. K., Osborne, R. J., & Fresham, P. J. (1982). Children's science and its consequences for teaching. *Science Education, 6*, 623-633.

Gilbert, J. K., Watts, D. M., & Osborne, R. J. (1985). Eliciting student views using an interview technique. In L. H. T. West & A. L. Pines (Eds.), *Cognitive structure and conceptual change* (pp. 11-27). Orlando, FL: Academic.

Inhelder, B., & deCaprona, E. (1990). The role and meaning of structures in genetic epistemology. In W. F. Overton (Ed.), *Reasoning, necessity, and logic: Developmental perspectives* (pp. 333-344). Hillsdale, NJ: Erlbaum.

Inhelder, B., & Piaget, J. (1958). *The growth of logical thinking from childhood to adolescence* (A. Parsons & S. Milgram, Trans.). New York: Basic.

Inhelder, B., Sinclair, H., & Bovet, M. (1974). *Learning and the process of cognition.* Cambridge, MA: Harvard University Press.

Kamii, C. (1975). One intelligence indivisible. *Young Children, 30*(4), 228-238.

Kamii, C. (1981). Application of Piaget's theory to education: The pre-operational level. In I. Sigel, D. A. Brodzinsky, & R. M. Golinkoff (Eds.), *New directions in Piagetian theory and practice* (pp. 231-265). Hillsdale, NJ: Erlbaum.

Kamii, C., & DeVries, R. (1978). *Physical knowledge in preschool education.* Upper Saddle River, NJ: Prentice Hall.

Kamii, C., & Kamii, M. (1990). Why achievement testing should stop. In C. Kamii (Ed.), *Achievement testing in the early grades* (pp. 15-38). Washington, DC: National Associalion for the Education of Young Children.

Karmiloff-Smith, A., & Inhelder, B. (1975). If you want to get ahead, get a theory. *Cognition, 3*, 195-212.

Kuhn, D. (1979). The application of Piaget's theory of cognitive development to education. *Harvard Educational Review, 49*, 340-360.

Kuhn D., Black J., Keselman, A., & Kaplan, D. (2000). The developmentof cognitive skills to support inquiry learning. *Cognition and Instruction, 18*(4), 495-523.

Kuhn, D., & Phelps, E. (1979). A methodology for observing development of a formal reasoning strategy. *New Directions for Child Development, 5*, 45-57.

Lakatos, I. (1976). *Proofs and refutations: The logic of mathematical discovery.* New York: Cambridge University Press.

Lampert, M. (1990). When the problem is not the question and the solution is not the answer: Mathematical knowing and teaching. *American Educational Research Journal, 27*(1), 29-63.

Lavoie, D. R., & Good, R. (1988). The nature and use of prediction skills in a biological computer simulation. *Journal of Research in Science Teaching, 25*(5), 335-360.

Lorenço, O., and Machado, A. (1996). In defense of Piaget's theory; A reply to 10 common criticisms. *Psychology Review, 103*(1), 143-164.

Montangero, J. (1991). A constructivist framework for understanding early and late-developing psychological competencies. In M. Chandler and M. Chapman (Eds.), *Criteria for competence: Controversies in the conceptualization and assessment of children's abilities* (pp. 111-129). Hillsdale, NJ: Erlbaum.

Müller, U. (1999). Structure and content of formal operational thought: An interpretation in context. *Archives de Psychologie, 67*(260), 21-35.

Murray, F. B. (1990). The conversion of truth into necessity. In W. F. Overton (Ed.), *Reasoning, necessity, and logic: Developmental per-*

spectives (pp. 183-204). Hillsdale, NJ: Erlbaum.

National Council of Teachers of Mathematics (NCTM) (1989). *Curriculum and evaluation standards for school mathematics*, Reston, VA: Author.

Osborne, R. J., & Gilbert, J. J. (1980). A technique for exploring students' views of the world. *Physics Education, 15*, 376-379.

Papert, S. (1980). *Mindstorms.* New York: Basic.

Piaget, J. (1926). *Judgment and reasoning in the child.* New York: Harcourt.

Piaget, J. (1928). *Judgment and reasoning in the child.* London: Routledge & Kegan Paul.

Piaget, J. (1951). *Play, dreams and imitation in children.* New York: Norton.

Piaget, J. (1952). *The child's conception of number.* London: Routledge & Kegan Paul.

Piaget, J. (1965). *The moral judgment of the child.* New York: Free Press.

Piaget, J. (1967). *Six psychological studies* (A. Tenzer, Trans.). New York: Random House.

Piaget, J. (1970a). *Genetic epistemology* (E. Duckworth, Trans.). New York: Columbia University Press.

Piaget, J. (1970b). Piaget's theory. In P. H. Mussen (Ed.), *Carmichael's manual of psychology* (Chap. 9, pp. 703-732). New York: Wiley.

Piaget, J. (1970c). *Science of education and the psychology of the child.* New York: Orion.

Piaget, J. (1971). *The construction of reality in the child.* New York: Ballantine.

Piaget, J. (1972a). Intellectual evolution from adolescence to adulthood. *Human Development, 15*, 1-12.

Piaget, J. (1972b). The principles of genetic epistemology (W. Mays, Trans.). New York: Basic.

Piaget, J. (1973). *To understand is to invent: the future of education.* New York: Grossman.

Piaget, J. (1976a). The affective and the cognitive unconscious. In B. Inhelder & H. H. Chipman (Eds.), *Piaget and his school* (pp. 63-71). (Original published 1970).

Piaget, J. (1976b). *The grasp of consciousness: Action and concept in the young child.* Cambridge, MA: Harvard University Press.

Piaget, J. (1977). Problems in equilibration. In M. Appel & S. Goldberg (Eds.), *Topics in cognitive development: Vol. I. Equilibration: Theory, research, and application* (pp. 3-13). New York: Plenum.

Piaget, J. (1980). *Adaptation and intelligence: Organic selection and phenocopy* (S. Eames, Trans.). Chicago: University of Chicago Press.

Piaget, J. (1985). *The equilibration of cognitive structures.* Chicago: University of Chicago Press.

Piaget, J. (1987a). *Possibility and necessity* (Vol. 1). Minneapolis, MN: University of Minnesota Press.

Piaget, J. (1987b). *Possibility and necessity* (Vol. 2). Minneapolis, MN: University of Minnesota Press.

Piaget, J., & Garcia, R. (1991). *The logic of meanings.* Hillsdale, NJ: Erlbaum.

Piaget, J., & Inhelder, B. (1969). The psychology of the child (H. Weaver, Trans.). New York: Basic Books.

Polya, G. (1954). *Induction and analogy in mathematics.* Princeton, NJ: Princeton University Press.

Pons, F., & Harris, P. (2001). Piaget's conception of the development of consciousness. *Human Development, 44*, 221-227.

Pufall, P. B. (1988). Function in Piaget's system: Some notes for constructors of microworlds. In G. Forman & P. B. Pufall (Eds.), *Constructivism in the computer age* (pp. 15-35). Hillsdale, NJ: Erlbaum.

Ricco, R. B. (1990). Necessity and the logic of entailment. In W. F. Overton (Ed.), *Reasoning, necessity, and logic: Developmental perspectives* (pp. 45-66). Hillsdale, NJ: Erlbaum.

Schoenfeld, A. H. (1985). Metacognitive and epistemological issues in mathematical understanding. In E. A. Silver (Ed.), *Teaching and learning mathematical problem solving: Multiple research perspectives* (pp. 361-379), Hillsdale, NJ: Erlbaum.

Smith, L. (1991). Age, ability, and intellectual

development. In M. Chandler & M. Chapman (Eds.), *Criteria for competence* (pp. 69-91). Hillsdale, NJ: Erlbaum.

Vosniadou, S., & Brewer, W. F. (1992). Mental models of the Earth: A study of conceptual change in childhood. *Cognitive Psychology, 24*, 535-585.

Wertheimer, M. (1959). Productive thinking: New York: Harper. (Original published 1945).

White, B. Y. (1984). Designing computer games to help physics students understand Newton's laws of motion. *Cognition and Instruction, 1*(1), 69-108.

Wolfgang, C. H., & Sanders, T. S. (1981). Defending young children's play as the ladder to literacy. *Theory into practice, 20*(2), 116-120.

Wood, T., Cobb, P., & Yaeckel, E. (1991). Change in teaching mathematics: A case study. *American Educational Research Journal, 28*(3), 587-616.

제 11 장

Lev S. Vygotsky의 문화-역사적 심리발달 이론

> 문화는 독특한 행동 유형을 만들어 낸다. … 역사적 발달 과정 속에서 사회적인 인간은 자신의 행동 수단과 방식을 변화시키고, 타고난 본능과 기능을 변화시키며, 행동을 정교화시키고, 새로운 행동 유형을 창조한다. (Vygotsky, 1931/1966, p. 19)

Vygotsky의 연구는 1924년부터 1934년에 걸친 짧은 기간 동안 이루어졌으며, 1980년대 초부터 미국에 꾸준히 영향을 미치고 있다. 그러나 불행하게도 서구의 주류 학계에 소개가 제대로 되지 않아서 교육심리학에 미친 그의 공헌에 대한 분석에 있어서도 논란을 일으켰다. 어떤 학자들은 Vygotsky의 아이디어는 그 자신의 것이라기보다 자신의 시대보다 50년 전의 학자들이 내놓은 아이디어이며, Vygotsky도 그렇게 인정했다고 말한다(Cole, 1996; Valsiner, 1988; van der Veer & Valsiner, 1991). 예를 들어, 역사를 잘 모르는 서구인들은 문화가 인간 인지발달에 큰 영향을 준다는 관점이 Vygotsky에 의해 제시되었다고 믿는다. 그러나 그 개념은 Vygotsky 연구보다 60년 전에 Moritz Lazarus와 Hijam Steinthal이라는 두 독일 학자에 의해 소개되었으며, Wundt의 '제2의 심리학(second psychology)'의 기초가 되었다(제1장에서 논의). Vygotsky가 심리학에 입문했을 당시에 인류학자들은 문화, 개인 발달과 관련된 여러 가지 문제를 논의하고 있었다. 개인에 영향을 주는 문화의 성격, 문화와 사고방식의 관계(van der Veer & Valsiner, 1991), 여러 문화가 '원시' 문화에서 '선진' 문화라는 연속체 선상을 따라 발달해 가는지 등에 대한 논의였다(Cole, 1996).

Vygotsky 연구가 처음 소개되었을 때 오해를 받은 데는 몇 가지 이유가 있다. 한 가지 이유는 그 이론이 소개되면서 너무 급속하게 인기를 얻었기 때문이다. Valsiner (1988)는 Vygotsky가 갑작스럽게 유명해짐에 따라 그의 이론에 대한 깊이 있는 이해가 부족하게 되었다고 말했다. 두 번째는 번역의 어려움으로 인하여 러시아어에 일치하는 영어 어휘가 없는 경우도 있었고, 그의 많은 글 중 일부만 소개되었으며, 초기에는 몇몇 제한된 번역서에만 의존했다는 것이다. Vygotsky의 글은 1936년부터 1950년까지 출판이 금지되었다(Valsiner, 1988). 그리고 1970년대와 1980년대에 그의 이론에 대해서 미국이 관심을 가지게 되었을 때, 영어로 발표된 논문들(1969~1985년) 중에서 82.2%가 Vygotsky 아이디어의 일부를 짧게 번역한 책 2권만을 인용하고 있었다(Valsiner, 1988).

Vygotsky에 대한 오해 중에는 그가 심리학에 입문한 것과 관련해서 자주 반복되는 이야기, 근접발달영역이 그의 이론의 주요 개념이라는 믿음, 고등 인지기능의 발달에 있어서 교사와 형식적 교육, 특히 개념학습의 역할을 생략했다는 것 등이 있다. 이런 문제들은 이후 10년간에 걸쳐 그간 미출판된 Vygotsky 연구물이나 기록 문서, René van der Veer와 Jean Valsiner(1991)에 의해서 이루어진 가족과의 교신물들이 번역되고 세밀하게 연구되고, Vygotsky가 수집한 영문으로 된 책자들을 자세하게 분석해 봄으로써 오해가 풀리게 되었다.

Vygotsky는 Piaget가 탄생한 그 해인 1896년에 Minsk 근교에 있는 러시아 서부의 작은 마을인 Orsha에서 태어났다. Vygotsky는 조숙한 아이였으며 여러 가지 인지 분야에서 두각을 나타낸 것으로 알려져 있다. 청소년기에는 친구들과 함께 Hegel의 역사철학이나 사회 속에서의 개인의 역할에 대한 문제에 대해 토론하기도 했다(van der Veer & Valsiner, 1991).

대학 예비학교(gymnasium)에서는 전 과목 최고 점수를 받아 금메달을 받고 졸업했다(Valsiner & van der Veer, 2000). Vygotsky의 딸 Gita에 의하면 Vygotsky는 모스크바에 있는 2개의 대학에서 동시에 공부를 하고 1917년에 동시에 졸업했다(p. 330). 이후 Vygotsky는 고향으로 돌아와 몇몇 학교에서 가르치면서 Gomel Teacher College에 심리 실험실을 차리고, 문학 작품을 소개하고 토론하기 위해 '문학의 월요일'이란 조직을 만들고, 매주 연극 비평을 쓰고, 출판사를 공동으로 설립하고, Gomel 대학의 인간교육학과(Department of People's Education)의 연극반의 단장을 맡았다(Valsiner & van der Veer, 2000; van der Veer & Valsiner, 1991, p. 10).

1924년에 Vygotsky가 심리학에 입문한 일은 여러 가지 면에서 역사적인 사건이다. 심리학에 대한 정규 훈련을 받지 않은 한 인본주의 학자 Vygotsky가 1924년 1월 Petrograd에서 열린 제2회 Psychoneurological Congress에서 발표한 논문이 모스크바 실험심리 연구소(Moscow Institute Experimental Psychology) 소장의 관심을 받게 되었다. 그것은 반사학(reflexology)과 심리학의 연구 방법에 관한 논문(Vygotsky, 1926/1971)으로, ① 심리학이 마음과 행동을 함께 연구하는 과학이 되어야 한다는 것을 강조하고, ② 내성법은 신뢰성 있고 객관적인 데이터를 제공하지 못한다는 점과, ③ 반사학의 그 당시의 연구 방법은 미래가 없기 때문에 새로운 방법 찾아야 한다는 내용을 포함하고 있었다(p. 47).

논문이 Pavlov의 반사학에 대해 충격적인 비판을 했기 때문에 그 연구소에서 Vygotsky를 영입했다고 말들이 많았다. 그러나 독자들의 반응은 그리 충격적인 것은 아니었다(Joravsky, 1989). 그럼에도 불구하고 그 이야기가 연구소 소장인 Konstantin Kornilov를 흡족하게 할 수 있었던 이유는 Vygotsky의 논문이 Kornilov의 반응학(reactology)에 경쟁적인 학파에 대한 의문점을 제기했고, Kornilov 역시 의식적인 마음에 대한 통합적이고 객관적인 관점을 갖고 있었기 때문이다(van der Veer & Valsiner, 1991, p. 43). 또한 Kornilov와 Vygotsky는 둘 다 복잡한 사고과정을 이해하는 핵심으로 Hegel의 통합설(Hegelian synthesis)에 관심을 갖고 있었다(p. 123). 게다가 Kornilov는 연구소의 전임 소장과 그의 부하들을 해임하고서도 그의 '이상론'(주관적인 심리학)을 위해 새로운 직원을 고용하고 Vygotsky에게도 일자리를 만들어 주었다(van der Veer & Valsiner, 1991).

Vygotsky가 심리학에서 학문적 지위를 얻을 수 있었던 것은 특별한 시대적 상황 때문이었다는 점이 흥미롭다. 볼셰비키 하에 사회가 재조직되면서 이전의 전문직 계급이 붕괴되고, 대부분의 사람들이 문맹이었던 당시에 볼셰비키에 반대하지 않은 지식인은 소수에 불과했다(Fitzpatrick, 1992). Valsiner(1988)는 시대적으로 그 당시보다 10년 전이었다면 심리학이 Vygotsky에게 관심이 없었을 것이고, 10년 후라면 Vygotsky가 심리학에 관심이 없었을 것이라고 말했다.

Vygotsky의 주된 목표는 통합된 사회과학의 일부로 심리학을 재구성하는 것이었다(Joravsky, 1989; van der Veer & Valsiner, 1991). 그의 관점에서 보면, 인간의 특성이 독특하다면 심리학은 인간의 능력이 개발되는 방법을 다루어야 하며, 심리학이 인간 행동의 형성을 설명하지 못한다면 심리학은 주요 과업을 이루지 못하는 결과가 된다(Vygotsky, 1924/1979a; 1926/1997l).

더 나아가 Vygotsky는 고등 심리적(인지적) 기능의 출현을 설명하는 질적 변화를 종으로서의 인간(계통발생학) 수준과 개인(개통발생학) 수준에서 설명하면서 자신의 이론의 초점을 확장해 나갔다. 그는 그의 동료들과 함께 서구 심리학자들과 사회학자들의 글을 러시아어로 번역하여 탐구함으로써 이런 연구를 시작했다. 그러나 그는 기존의 학습이론이 인간 인지에 대해 제대로 설명하지 못한다고 판단했다(Vygotsky, 1931/1997a, pp. 65-69; Vygotsky, 1926/1997h, pp. 149-151; Vygotsky, 1931/1997l, pp. 28-39; Vygotsky, 1926/1997l; Vygotsky, 1934/1997g). 예를 들어, 구조에 대한 게슈탈트 원리를 침팬지와 아동에게서 발견할 수 있지만, 인간 인지발달의 '중요 핵심'을 설명하기에는 불충분하다는 것이다(Vygotsky, 1934/1997g, p. 212).

Vygotsky는 또한 서구의 인류학자와 민족심리학자들의 글에서 많은 개념을 이끌어 내고 분석했다(van der Veer, 1991; Vygotsky, 1930/1997f; Vygotsky & Luria, 1930/1993, pp. 79-137). 그는 그 개념들을 수정하고 보완해서 사회과학, 인문학, 역사학의 학문 간 경계를 뛰어넘는 한 이론으로 통합시켰다(Wertsch, 1985a).

자신의 이론을 개발하는 일 이외에, Vygotsky는 전쟁으로 황폐해진 나라의 다른 심리학자들과 마찬가지로 여러 가지 일을 했다. 그는 정신지체아, 맹아, 농아의 문제를 이야기했고, 임상 전문가가 되었으며, 장애 연구소(Institute of Defectology)를 설립하는 데 참여하고 그 연구소의 '과학적인 지도자'로도 임명되었다(van der Veer & Valsiner, 1991, p. 45). 그는 또한 소비에트 연방에서 아동 연구를 준비하는 데도 관여하고(van der Veer & Valsiner, 1991), 의학교수법 협의회를 조직해서 자신이 특수 아동과 그 부모들을 상세히 조사하는 것을 의사, 심리학자, 특수교육 교사들로 하여금 지켜보도록 했다(Vygodskaia, 1998).

이런 많은 활동 때문에 그는 간헐적으로 생명을 위협하는 폐결핵에 걸리게 되었다. 이 병은 그가 어렸을 때 자기 동생을 간병하다가 생긴 것이었다(van der Veer & Valsiner, 1991). Vygotsky는 1925년 여름에 학위논문 심사를 받을 수 없었으며, 1925년 10월에 공식적인 심사 없이 '예술의 심리학(The Psychology of Art)'이란 제목의 논문으로 박사 학위를 받았다.

폐결핵을 앓고 있으면서도 Vygotsky는 자신의 목적을 달성하기 위해 노력했다. 작은 단칸방 아파트에서 아내, 두 딸과 함께 살면서, 그는 새벽 2시 이후에야 자신만의 시간을 가질 수 있었고 몇 시간 글을 썼다(Wertsch, 1985a). 그는 주기적으로 입원했던 요양소의 붐비고 시끄러운 막사에서 글을 쓰기도 했다(Vygotsky의 편지 일부, van der Veer & Valsiner, 1991).

Vygotsky는 죽기 전 3년 동안에 거의 광적인 속도로 논문과 저서를 펴냈는데, 이 때 폐결핵은 말할 것도 없이 더 나빠졌고, 결국 1934년 6월 37세의 일기로 사망했다.

그의 사후에 Vygotsky의 글이 몇 개 출판되었다. 그러나 그의 이론은 '자본주의식 사고'라고 비판을 받았으며, 1936년에는 지적 풍토가 변했다. 공산당 중앙위원회(The

Central Committee of the Communist Party)는 옛 소비에트 연방에서의 모든 심리 검사를 금지했다. 동시에 주요 심리학 연구지는 거의 20년 동안 출판이 금지되었다. 후에 Vygotsky의 관점이 1950년 스탈린이 언어학에 대해 쓴 글의 관점과 다르다는 이유로 Vygotsky의 글은 1956년까지 출판되지 않았다(Wertsch, 1985a).

Vygotsky의 주요 이론은 주의, 추상, 언어, 기억, 수 조작과 추리의 발달에 있어서의 문화적 부호와 상징의 역할(Vygotsky, 1929; 1931/1997a; 1930/1999b; 1931/1997j; Vygotsky & Luria, 1930/1993), 고등 심리적 기능 혹은 고등 정신 기능이라고 하는 인지발달의 결과에 대한 설명과 논의(Vygotsky, 1931/1997j; 1931/1966; 1930-1931/1998a), 사고 발달에 있어서의 과학적인 개념의 주요 역할(Vygotsky, 1934/1987a; 1934/1987b; 1930-1931/1998b), 그리고 사고와 언어의 관계(Vygotsky, 1934/1987c; 1934/1987d) 등을 다루고 있다.

그러나 Vygotsky의 인지기능의 문화와 역사적 발달에 대한 개념은 사망시에도 아직 미완성 상태였다. 그 당시에 그가 설명하기 시작한 주제 중에는 정신 기능들 간의 위계적 관계와 정서 발달과 지적 과정에서의 정서 발달의 역할 등이 있다(Bozhovitch, 1977, p. 15; Vygotsky, 1999c).

1. 심리 발달의 원리

Vygotsky의 목표는 독특한 인간 성격을 밝히기 위해 이론과 방법이 동등하게 중요한 역할을 담당하는 심리학을 만들어 내는 것이었다.

1) 기본 가정

Vygotsky는 세 가지 가정 하에 인간의 인지기능을 분석하기 위한 틀을 구조화했다. 세 가지 가정은 인간 지능의 본질, 심리 발달을 설명하는 두 가지 계통, 즉 생물학적 계통과 문화-역사적 계통, 역동적인 심리 과정을 밝히기 위한 실험 방법 설계이다.

(1) 인간 지능의 본질

Vygotsky의 인간 지능의 성격에 대한 설명은 네 가지 주제, 즉 사람과 동물의 차이, 그의 이론의 철학적 기반, 심리적 도구, 문화가 인간의 인지발달에 미치는 영향 등을 다루고 있다.

정신활동에서의 동물과 인간의 차이. Vygotsky는 행동주의와 게슈탈트 심리학이 동물을 대상으로 인지에 대한 연구를 했다는 것에 대해 문제를 제기했다. 예를 들어, 자극－반응 패러다임은 '단지 시간적으로 외적인 일치'만을 기준으로 한 연합을 나타낸다(Vygotsky, 1931/1997i, p. 31).

게다가 피실험자가 문제를 해결할 수 있는 도구의 기능을 정신적으로 재구성함으로써 어떤 상황에 대해 이해한 것을 재구성한다는 게슈탈트 구성 원리는 침팬지와 아동에게 동일하게 적용될 수 없다(Vygotsky, 1934/1997g). 첫째, 구성된 행동이 반드시 지능적인 행동이라고 할 수 없다(p. 205). 원숭이의 목표 지향적인 행동은 실험 상황 속에서는 의미가 있지만 **실험 상황 밖에서는 의미가 없다**(p. 209). 대조적으로, 아동의 언어 능력은 아동의 행동을 자유롭게 하고 어떤 특별한 상황에 의존하지 않는 '객관적인 도구의 성격'이라는 개념을 가지게 되는 것이다(p. 214).

둘째, 게슈탈트 심리학자들이 주장하는 구조의 원리는 "닭(게슈탈트 실험에서 사용되는 동물)의 지각과 인간 사고의 가장 완벽한 모델을 대표하는 수학자의 행동이 동일하게 구성되어 있다."(Vygotsky, 1934/1997g, p. 225) 만일 그렇다면, 구조 원리는 "발달 과정 그 자체에서 발생하는 새로운 현상을 일으키기에는 역동성이 부족하다."(p. 225)

철학적 기초. Vygotsky의 이론은 세 가지 철학적 관점에 기초를 두고 있다. 하나는 Vygotsky가 좋아한 철학자인 Benedict Spinoza가 말한 이성적인 인간과 인간의 사고를 통한 열정의 통제이다(Yaroshevsky, 1989; van der Veer & Valsiner, 1991, p. 15). Vygotsky의 이론은 복잡하고 강력한 지적 기능의 개발을 통해서 인간의 행동을 지속적으로 숙달시켜 나가는 것을 설명한다.

두 번째 철학적인 영향은 변화에 대한 설명으로 G. W. F. Hegel의 변증법을 들 수 있다. 짧게 말하면, 변증법은 하나의 정립(thesis)은 그에 반대되는 반정립(antithesis)과 타협을 한 다음에 정과 반의 상호작용을 통해 질적으로 새로운 형태로 해결을 하는 통합을 포함하고 있다. 예를 들면, 존재의 기초인 질료(matter)는 절대적이고 불변하는 것으로 생각하지 않는다. 대신에 질료의 세계는 "외적으로 변하고 발달하는 과정들의 결합이다."(Kornilov, 1930, p. 250) 예로서 빛, 열, 전기, 자기장 전류, 화학적 변화, 인생과 심리적 과정들이 있다. Vygotsky(1930/1997e)는 인지발달 과정을 계속적인 '도약이나 새로운 질적 발달을 동반'하는(p. 112) '복잡한 변증법적인 과정'(Vygotsky, 1931/1997c, p. 99)으로 설명한다. 그 특성으로서는 독립적인 지적 기능의 불균형적인 발달, 어떤 사고 유형이 다른 사고 유형으로 질적으로 변하는 것, 진화와 퇴화의 복잡한 방식으로의 융합 과정, 외적 요인과 내적 요인의 복잡한 상호작용 등이 있다.

세 번째 철학적인 영향은 Karl Marx와 Frederic Engels의 일반적인 개념들이다. 그들은 인간이 다양한 세상(문화)을 창조하고 그 문화 속에서 노동이라는 수단을 통해, 인간이 세상을 독립적인 객체와 행동하는 주체로 볼 수 있다는 Hegel의 개념을 발전시켰다. Marx와 Engels는 인간이 환경을 변화시킴으로써 환경에 영향을 주고, 이런 노력을 통하여 자신의 성격을 또한 변화시킨다고 본다(Marx & Engels, Collected Works, Vol. 23, Vygotsky, 1931/1997i, p. 55에서 인용). 인간의 성격을 바꾸는 핵심적인 요소는 일의 도구이다. 게다가 선인류(pre-human)가 도구를 발명함으로써 ① 노동을 할 수 있게 되고, 협력의 필요성이 생기고, 말이 생겨나서 비로소 인간이 출현했으며(Engels, 1925/1978), ② 도구를 사용함으로써 인간이 자연과 인간 자신을 바꿔 놓게 되고, ③ 도구를 사용한 결과로 나타난 특별한 사회 조직이 인간의 정신적 삶을 결정하게 되었다(Engels, 1940). 따라서 인간의 노동은 자연과 인간의 경험을 변화시킨다. 불의 발견, 간단한 농기구의 발명, 전기의 발견이 그 예이다.

'심리적 도구'의 역할. 도구를 변화의 수단으로 정의함으로써 심리학에서 해결되지 않은 두 가지 어려운 문제를 남기게 되었다. 첫째, 비교적 간단한 행동인 도구 사용으로 어떻게 그렇게 빠른 속도의 인간 종의 돌연변이와 고도의 인지발달을 설명할 수 있겠는가? 둘째, 도구 사용, 사회 조직, 인지발달의 차이에는 어떤 관계가 있는가?

도구 사용과 인지발달 사이의 틈을 연결하는 가장 중요한 것은 Vygotsky가 **심리적 도구**라고 말한 문화적 부호와 상징이다. 이 개념의 원천으로 생각할 수 있는 표현으로 Wolfgang Köhler가 말한 "값으로 매길 수 없는 언어 도구"와 Emile Durkheim가 어떤 사회의 집단적인 대표는 "똑똑한 사고의 도구"라고 한 말이 있다(van der Veer & Valsiner, 1991, pp. 302, 206).

Vygotsky에 의하면 이런 심리적 도구(부호와 상징)는 일의 도구가 아니라, 인간 의식의 변화를 일으키고 고등 인지기능 발달의 중요한 수단이라는 점에서 중요하다. 다시 말해서, 기술적인 도구와 심리적인 도구의 중요한 차이는, 기술적인 도구는 외적 상황을 변화시키지만 심리적 도구는 직접적으로 마음에 영향을 주어서 사고의 과정에 변화를 일으킨다는 것이다(Vygotsky, 1931/1997i, p. 62). 게다가 이런 심리적 도구는 인간 역사와 문화에 따라 다르다는 것이다. 이것을 기초로 한 이론의 발달을 Vygotsky는 **문화-역사적 정신 이론**(cultural-historical theory of psyche)이라고 말했다(Leont'ev & Luria, 1968).

인간 발달에 미치는 문화의 영향. 오늘날의 인류학자들이 종 수준에서의 부호와 상징(심리적 도구)의 사용, 사회 조직과 인지발달 간의 관계에 관해 논의하고 있는 내용은 번역되지 않은 Vygotsky의 문헌에서 찾아볼 수 있다(van der Veer & Valsiner, 1991). 그것들 중에는 인간이 살고 있는 당시의 문화 속에서 사고와 언어가 더 잘 발달하고(Lévy-Bruhl, 1910/1922, 1922/1976), 각기 다른 문화는 법률, 음악, 예술, 언어, 종교, 문학, 수 체계에서의 다양한 발달을 통한 다양한 종류의 인지적 성장을 의미한다(Thurnwald, 1922). 그러나 상징 체계가 인지과정을 스스로 조정할 수 있고 그에 따라 행동을 변화시킬 수 있기 때문에, Vygotsky(1931/1966)는 Thurnwald가 제안한 것들 중에서 상징 체계만을 받아들였다(van der Veer & Valsiner, 1991).

호주에서 볼 수 있는 소위 '사자(使者)의 지팡이(messenger's wands)'로 불리는 것을 예로 들 수 있다(Leont'ev, 1959). 그것은 여러 개의 홈이 파인 커다란 막대나 나무로 된 네모로 생긴 널빤지이다. 멀리 떨어져 있는 부족에게 소식을 전하기 위해 보낼 사자에게 막대나 널빤지를 주었다.

그러나 지팡이에 새긴 금들은 임의의 글이나 음절을 나타내는 것이 아니었다. 그것은 그 사자의 기억을 돕기 위해 만든 것이었다. 새긴 금들은 그 편지 내용에 포함되어 있는 특정한 사람과 사물 그리고 수와 장소를 나타내는 것이었다. 이런 간단한 고안품의 도움으로 그 사자는 소식을 전달할 때에 내용을 재구성했다.

지팡이를 사용하는 이런 인간 특유의 사태는 ① 외적인 기억 단서를 지각하고 그것이 의미하는 아이디어를 생각해 냄으로써 뇌 속에 새로운 연결이 생기고, ② 개인이 무엇인가를 기억하기 위하여 외재적 사태를 외재적으로 사용함으로써 기억하는 과정이 구성된다는 것이다(Vygotsky, 1929/1977b, p. 69).

또한 Vygotsky(1929, Vygotsky & Luria, 1930/1993)는 Thurnwald(1922)와 마찬가지로, 상징에 있어서 문화적 다양성은 정신적 기능의 수준에서의 다양성으로 나타난다고 생각했다. 예를 들어, 파푸아뉴기니에 있는 작은 마을에서는 수를 셀 때 신체의 부분을 사용했다(Saxe, 1981). 수를 셀 때는 오른쪽 엄지손가락에서 시작해서 손, 팔, 어깨, 오른쪽 귀, 눈을 세고 다시 왼쪽으로 넘어가서 왼쪽 팔뚝과 손가락까지 내려간다. 이런 방법으로 셀 수 있는 최대 수는 29이기 때문에, 마을 사람들은 간단한 수를 더하고 빼는 문제에 대해서도 큰 어려움을 느꼈다. 게다가 셈하는 방법 때문에 더하고 뺄 수 있는 수가 제한될 수밖에 없었다.

반면에 수 체계가 발단된 문화에서는 미적분을 생각할 수 있는 사람을 만들어 낼 수 있다. 따라서 한 문화 속에서의 상징 사용의 복잡성은 개인 발달을 위한 광범위한 변수(parameter)를 제공한다.

(2) 생물학적 발달 계통과 문화-역사적 발달 계통

동물과 사람의 행동에서의 차이를 분석해 보면 두 가지 질적으로 다른 심리 발달 계통(line)을 확인할 수 있다[그림 11.1]. 하나는 진화 과정의 일부인 생물학적 요소의 계통으로, 중추신경계의 발달과 신체적 성장, 성숙이 포함된다. 인간의 경우 생물학적 요소가 생의 초기 몇 달 간의 지각, 간단한 기억과 비자발적인 주의집중의 발달을 지배한다. 이런 기초적인 정신 기능의 출현은 자연적인 혹은 원시적인 발달이라고도 말한다(Vygotsky, 1929/1977b).

동물과 사람의 생물학적인 유산의 일부는 환경 속에서 동시에 일어나는 자극들을 인식하는 것을 뜻하는 **신호화**(signalization)이다(Vygotsky, 1929/1977b, 1931/1997i, p. 55). 예를 들어, 가젤(영양)은 사자의 출현을 위험의 신호로 인식하는 것을 배운다. 마찬가지로 어린 아동은 손이 뜨거운 화로에 닿자 고통을 느낀다. 다시 화로에 접근하게 될 때 그 아동은 고통을 상기하고 조심하게 된다.

동물 행동과 인간 행동의 중요한 차이는 인간은 인간의 생물학적 유산 이상으로 진보했다는 것이다. 초기 인간은 고대 페루에서 전쟁이나 다른 사건에서 사람을 죽인 수

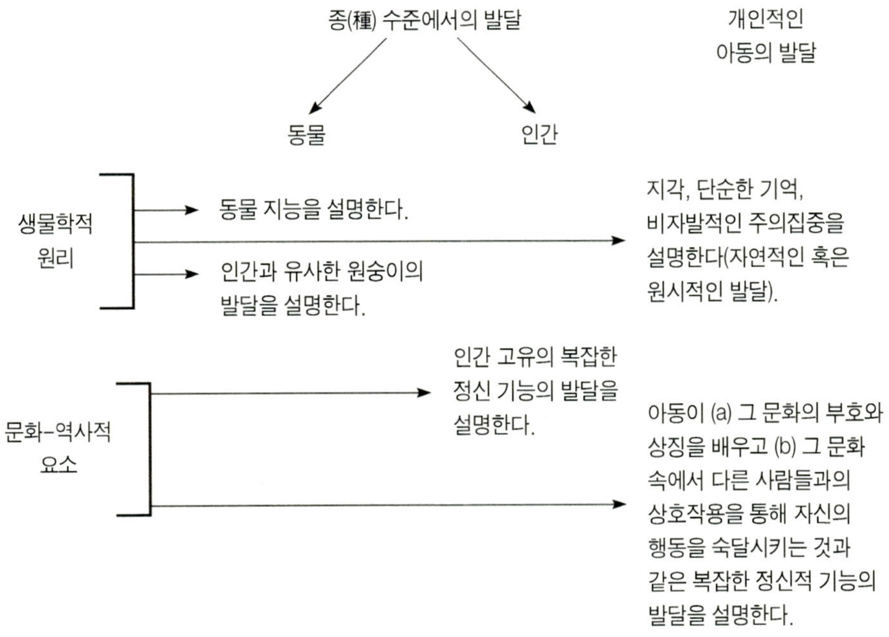

[그림 11.1] 생물학적 발달 계통과 문화-역사적 발달 계통의 영향

를 세어서 간직하기 위해 매듭을 짓는 체계(결승 문자)와 같이 문화적인 기초를 둔 부호와 상징을 만들고 사용하기 시작했다. 이렇게 부호를 만들어 내고 사용하는 것을 **의미화**(signification)라고 한다(Vygotsky, 1929/1977b; 1931/1997i, p. 55).

이러한 두 번째 발달 계통 또한 아동의 인지적 성장에 중요한 역할을 한다. 아동은 그 문화의 상징 체계를 물려받으며, 이런 체계는 복잡성에 따라 초보적인 사고 기술(예: 세기, 간단한 덧셈과 뺄셈)이나 복잡한 사고 기술(예: 미분이나 고수준의 확률 체계 계산)을 유도할 것이다. 다시 말하면, 심리 발달은 원시적(혹은 자연적인) 정신적 기능이 고등 정신의 형태로 변화하는 것을 말한다.

비록 문화-역사적 요소가 종의 발달과 그 아동의 발달에 영향을 미치지만, 세 가지 차이점을 발견할 수 있다. 첫째, 아동은 문화의 발달에서 일어났던 그 단계들을 되풀이하지 않는다. (초기 심리학자 중의 한 사람인 G. Stanley Hall은 개체 발생이 계통 발생을 되풀이하듯이 문화와 마찬가지로 아동도 같은 단계를 되풀이한다고 주장했다. 그러나 그의 이론은 과학적 근거가 없는 것으로 밝혀졌다.)

둘째, 문화의 발달 속에서 인간은 부호 체계를 창조하고 정교화시킨다. 대조적으로 아동은 이용 가능한 부호 체계와 그와 관련한 추리 과정을 숙달하고 내면화하는 활동을 한다. 셋째, 문화가 인간 종을 발달시키기 시작할 때, 종의 발달에 영향을 미치는 생물학적인 요인은 제거된다. 그러나 개인적인 아동의 인지발달에서는 생물학적인 요인이 복잡한 변환 과정 속에서 문화 발달에 종속되게 된다.

요약하면, 현대의 세련된 성인의 행동은 두 가지 다른 정신 발달의 산물이다. 하나는 동물의 종이 생물학적으로 진화하여 **호모 사피엔스** 종이 된 것이다. 두 번째는 원시적인 인간을 자신의 정신적 기능을 변화시키기 위해 부호와 상징을 사용하는 인간으로 변환시킨 역사적 발달 과정이다.

(3) 실험 발생적(발달) 방법

Vygotsky는 인지발달 과정을 복잡하고 변화무쌍한 것으로 설명한다. 그러나 실험 연구의 문제점은 이런 과정이 연구된 적이 없다는 것이다(Vygotsky, 1931/1966, p. 21). 대신에 심리 연구는 오직 자극-반응이라는 하나의 모델만 사용해 왔다. 연구하는 과정이 어떤 과정이든 상관없이 심리학자들은 개인에게 어떤 행동을 하거나 특별한 자극에 노출시키고 다양한 개인의 반응을 분석한다. 수많은 자극과 반응을 배열한 연구가 수행되어 왔지만 이런 기본적인 모델 이상의 근본적인 변화는 없었다(Vygotsky, 1931/1966, p. 21). 사회 문화적인 경험의 영향을 받아 심리적 기능이 변한다는 전제

하에 심리학이 연구되지 않는다면, 심리학은 인간 행동의 법칙을 발견할 수 없을 것이다(Leont'ev, 1977, p. 61).

인간 정신의 역동적인 기능 발달을 알아보기 위해 Vygotsky(1929/1979b)와 그의 동료들은 **실험 발생적 방법**(experimental-genetic method)을 고안해 냈다. 연구자들은 Köhler가 유인원을 대상으로 했던 실험을 모방했다(Vygotsky, 1929). Köhler는 문제를 해결할 수 있는 도구를 가까운 곳에 둔 상황에서 유인원에게 문제를 해결하도록 했다. Vygotsky와 동료들도 단어 목록 기억하기같이 아동의 능력으로 해결하기 어려운 과제를 아동에게 제공하고, 가까이에 문제해결에 도움이 되는 여러 가지 그림 등과 같은 물건을 비치했다. 연구자들은 부가적인 자극이 그냥 내버려진 채 무시되지 않고 문제해결 과정의 일부가 되어 그 과정의 성격을 변화시킬 것인지를 살펴보았다. 연구자들은 다른 연령대의 아동들에게도 그 과제를 적용해 봄으로써 연령에 따른 인지기능의 차이를 확인했다(Vygotsky & Luria, 1930/1993, pp. 175-192).

이 실험 모델을 이중 자극의 기능적 방법이라고 한다(Vygotsky, 1929, p. 430; 1984/1999a, p. 59). 즉, 아동의 행동은 각각의 기능을 가지고 있는 두 가지 자극에 의해 구성된다. 하나는 단어 세트 외우기 같은 과제 목표이고, 다른 하나는 심리적 조작을 위한 보조 수단(예: 그림 세트)으로 사용된다. 예를 들어, '금지된 색깔(forbidden colors)' 게임에서 빨간색이라고 말하거나 어떤 색이든 두 번 이상 말하는 것과 같이 '금지된' 답을 말하면 점수를 빼앗긴다. 첫 번째 자극 세트는 18개의 질문으로 "학교에 갑니까? 학교 책상 색깔은 무엇입니까? 놀이하는 것을 좋아합니까? 풀 색깔은 무엇입니까?" 같은 것들이다(Vygotsky, 1929/1979b; Vygotsky & Luria, 1930/1993, p. 191). 각각 다른 색깔로 구성되어 있는 카드 한 벌(두 번째 자극 세트)도 아동에게 주었다.

취학 전 아동들은 카드를 효과적으로 사용하지 못하고 종종 부적절한 때에 카드를 쳐다보는 것이 관찰되었다. 그러나 좀 더 나이 많은 아동들은 금지된 색깔의 카드를 옆에 제쳐두었고, 다른 색깔을 말할 때에 카드를 카드 패에 첨가했다.

여러 연령의 아동에게 이 모델을 적용한 중요한 이유는 인지과정의 원천을 밝히고, 인지과정이 다른 인지과정의 발달에 영향을 주는 원인 역동적인 연결을 밝히기 위해서였다(Vygotsky, 1930/1977a, p. 76). 이렇게 해서 '완전하게 끝난 … 자동화된 형태'가 되어버린 복잡한 반응을 다룰 필요가 없어지게 된다. 그 시점에서 과정들은 일종의 화석이 되어버린 것이다(p. 71).

(4) 기본 가정의 요약

첫째, Vygotsky는 인간 인지의 독특한 특성을 알기 위해서는 동물보다 인간을 심리학에서 연구해야 한다고 주장했다. 둘째, 그의 이론의 기초를 형성한 세 가지 철학적 관점은, 인간은 이성적이고 점차적으로 자신의 사고를 통제할 수 있게 된다는 Spinoza의 관점, 인지적인 변화는 변증법적으로 특징지을 수 있다는 Hegel의 관점, 인간이 개발한 도구는 환경은 물론 인간 자신의 본질을 변화시킨다는 관점이다.

셋째, Vygotsky는 사고의 도구로 사용되는 부호와 상징인 심리적 도구를 고등 인지 기능의 발달에 있어서 핵심이 된다고 보았다. 자신이 속한 문화의 산출물인 심리적 도구에 의해 아동이 획득할 수 있는 고등인지 사고의 범위가 정해진다. 즉, 생물학적 원리는 자연적인(혹은 원시적인) 기능의 발달을 설명하고, 자신의 문화가 가지고 있는 부호와 상징은 복잡한 사고방식의 발달에 영향을 준다.

넷째, 인지과정은 역동적이고 변화무쌍하기 때문에 역동적인 성격을 나타낼 수 있는 연구 방법을 사용해서 연구되어야 한다. 심리 연구의 목표는 대상 분석이라기보다 과정 분석이며, 실재적, 인과적, 혹은 역동적인 관계를 밝히고 인지과정의 기원에 대해 설명하는 것이다(Vygotsky, 1931/1997a).

2) 인지발달의 구성요소

주요 원리는 비자발적인 주의집중이나 단순한 기억과 같은 원시적 정신 기능이 논리적 기억과 같은 복잡한 기능으로 변화하는 것을 설명한다. 두 가지 원리는 문화적 인지발달과 발생적 발달의 일반 법칙이다. 그 외의 주요한 개념으로는 모방의 역할과 부호(sign)의 자연적인 역사가 있다.

(1) 문화적 인지발달의 두 유형

Vygotsky(1931/1966, 1981/1997m, p. 14)는 고등 정신 기능의 발달은 처음에는 관련이 없는 것같이 보이는 2개의 과정을 포함한다고 주장하였다. 고등 인지기능은 다음과 같이 발달한다.

> … 발달은 분리될 수 없도록 연결되어 있지만, 고등 행동 유형의 발달로 결코 합류될 수 없는 두 가지 형태로 구성되어 있다. 첫 번째는 언어, 쓰기, 셈하기, 그리기같이 문화적인 발달과 사고의 외적인 수단을 숙달하는 과정이고, 두 번째는 특별한 고등 정신 기능의 발달 과정이다. (Vygotsky, 1931/1966, p. 16)

다시 말해서, "발달 과정에서 아동은 문화적으로 경험한 내용을 숙달할 뿐만 아니라 사고과정의 문화적 유형도 숙달한다."(Vygotsky, 1929, p. 415) 즉 복잡한 인지기능은 인간이 상징 체계를 사용하여 인지 과제를 수행하는 통제 과정에서 발달되었다(Vygotsky, 1929/1979b). 카드 게임에서 사용된 색깔 이름을 모니터하기 위해 색 카드를 사용하는 것이 그 한 예가 된다. 한 주제 영역에서 관련된 개념의 위계를 구성하는 것도 하나의 예가 될 수 있다.

이런 설명에서 추론할 수 있는 것은 언어로 의사소통하는 학습은 고등 인지기능 발달을 위해 필요조건은 되지만 충분조건은 아니라는 것이다. 이 추론은 Vygotsky가 부호와 상징은 잠재적인 심리 기능일 뿐이라고 말한 것과 일치한다. 구체적으로 "자극은 물리적인 성질에 의해서가 아니라 … 마음과 행동에 영향을 주는 수단으로 사용되기 때문에 심리적 도구가 될 수 있다."(Vygotsky, 미출판물/1997k, p. 85) 심리적 도구와 심리적 도구의 복잡한 체계의 예로는 '언어, 다양한 형태의 계산법과 셈하기, 기억술, 대수학의 상징 체계, 예술 작품, 문학, 스키마, 표, 지도, 청사진, 모든 종류의 전통적인 부호 등'이 있다(p. 85).

(2) 발생적 발달의 일반 법칙

Vygotsky 이론의 기본 원리를 이해하기 위한 중심 주제는 발생적인 발달의 구성요소와 또래, 교사, 학습자의 역할이다('교수 원리' 부분에서 설명됨).

Vygotsky의 발생적 발달 법칙의 기초는 프랑스 심리학자 Pierre Janet가 말하는 사회 행동적 관계에 있다(van der Veer & Valsiner, 1988). 구체적으로 설명하면, 모든 고등 심리 과정은 사회적 관계의 양상을 개인에게 적용시키는 과정을 통해 발달하고, 말(word)은 지시하는 데서 시작되었기 때문에 가장 강력한 사회적 자극이다(Janet, 1926, 1929, van der Veer & Valsiner, 1988에서 인용; Vygotsky, 1931/1966).

Vygotsky(1931/1997c)는 발생적인 발달의 일반 법칙에 대하여 다음과 같이 말하고 있다.

> 아동의 문화적 발달의 모든 기능은 사회적 단계와 심리적 단계의 두 단계에 나타나는데, 처음에는 사람들 간의 정신적(intermental) 범주로서 사회적 단계가 나타나고, 그 다음에는 아동 내부의 내부 정신적(intramental) 범주로서 심리적 단계가 나타난다(p. 106).

다시 말해서, 모든 고등 정신 기능은 외적 혹은 사회적 정신 기능이 된 후에 내적 정신 기능이 된다(p. 105). 고등 기능에는 범주적 지각(categorical perception), 개념적 사고(언어적, 수리적), 논리적 기억과 자발적인(자기 조직적인) 주의집중('복잡한 사고의 본질' 부분 참조) 등이 포함된다.

발생적 발달의 법칙은 단어, 부호, 상징의 의미를 학습하는 데도 적용된다. 아이가 가리키는 제스처를 학습하는 것을 예로 들어 보자(Vygotsky, 1931/1966, 1931/1997c, p. 104). 첫째, 아이가 손에 닿지 않는 물체를 잡으려고 할 때, 그 물체를 향하여 손을 뻗는다. 그 동작은 물체를 향하여 가리키고 있다. 어머니가 도움을 주기 위해 왔을 때 그 상황은 바뀐다. 즉, 아이가 물체를 잡지 못한 동작에 대한 반응은 그 물체의 반응이 아니라 어머니의 반응이다(pp. 104-105).

후에 아이는 잡으려는 동작과 전체적인 상황을 연결시킬 수 있게 되고, 자신의 행동을 무엇인가를 가리키는 제스처로 이해한다. 여기서 그 동작의 기능은 변한다. 그 제스처는 어떤 물체를 가리키는 동작이 아니라 의사소통의 형태가 되고, 다른 사람을 가리키는 동작이 된다. 그런 다음 아이는 그 제스처를 다른 사람에 대한 신호나 지시자로 사용한다. 다시 말해서, 그 제스처의 의식적인 사용이 발달된 것이다. 또한 아이는 마지막으로 그것의 의미를 깨닫는 사람이 된다. 이 시점에서 그 제스처는 하나의 지시로 그 아동에게 내면화된다.

(3) 모방의 역할

부호나 상징의 역할을 내적으로 획득하는 과정은 자동적인 것이 아니다. 외적인 사회적 단계에서 내적인 심리적 단계로 전환하는 것은 다른 사람들이 자기에게 한 행동의 형태를 자신과 관련시켜 훈련하기 시작하는 것과 같은 전환이다(Vygogsky, 1931/1997n, p. 88).

특히 중요한 것은 그와 같은 행동이 자신의 행동을 개인적으로 숙달하는 핵심이라는 것이다(p. 88). 다시 말해서, 아동의 문화적인 발달에 있어서 기본적인 통로는 모방(imitation)이다(p. 95). 그러나 Vygotsky(1931/1997n)의 관점에서는 모방이 개인에게서 다른 사람에게로 전이되는 간단한 기제가 아니다. 모방하는 과정은 '다른 사람의 행동에 대한 의미를 어느 정도 이해'하는 것을 필요로 한다(p. 95). 예를 들어, 만일 어떤 사람이 체스에 대해 전혀 모른다면 체스 전문가가 그 방법을 가르쳐 주어도 체스 게임을 할 수 없을 것이다(Vygotsky, 1934/1987b, p. 209). 다시 말해서, Vygotsky는 모방의 의미를 '아동의 정신적 활동과 어느 정도 직접적으로 연결되는 조작'으로 한정하였다(Vygotsky, 1930-1931/1998c, p. 202).

(4) 부호의 자연적인 역사

원시적인 정신 기능, 즉 단순한 인식, 자연적인 기억, 비자발적인(수동적인) 주의집중 등은 구체적인 경험과 연결되어 있다. 이런 기능은 자극-반응 모델로 표현된다. 그러나 기억 조작과 같이 복잡한 과제는 사고에 있어서 보조 자극을 필요로 한다. 그러나 자신의 사고를 지시하는 것에 대한 학습은 복잡하고 긴 과정으로, Vygotsky(1931/1997n)는 이것을 부호의 자연적 역사라고 말했다.

〈표 11.1〉에 나타나 있듯이, 부호 사용을 처음 시도하는 단계에서는 부호의 기능을 제대로 이해하지 못한다. 그래서 여러 단어를 기억하기 위해 그림을 사용할 때, 그림과 단어를 연결하는 구체적인 의미를 만들어 내지 못한다. 그러나 세 번째 단계에서 아동은 실험 상황에 있는 부호와 자극을 분명하게 연결시킬 수 있다. 네 번째는 내적인 부호 사용 단계로서 가장 높은 발달 수준이다. 이 단계에서 개인은 스스로 생성한 자극을 통하여 기억과 주의집중을 유도하는 과정을 내면화한다. 예를 들어, 한 실험에서 어떤 사람은 해변, 우박, 드레스라는 단어를 "한 여인이 해변을 거닐고 있었는데, 우박이 내리기 시작하여 그녀의 드레스가 젖어버렸다."라는 문장을 만들어 내서 기억했다 (Leont'ev, 1959, p. 94).

Leont'ev(1959)는 단어 회상 실험에서 보조적 자극을 사용하는 능력이 연령에 따라 질적인 차이가 있다는 것을 발견했다. 피험자들에게 15개의 단어를 하나씩 읽어 주고서 나중에 기억하는 데 도움이 되는 각 단어들에 대한 그림들을 선택하도록 했다. 취

〈표 11.1〉 부호의 자연적인 역사

부호 사용의 단계	특 성	수학적 예
1. 자연적인 혹은 원시적인 단계	아동은 여러 가지 선택 반응을 외워서 기억하는 직접적인 수단을 사용하여 문제를 해결하려고 한다(기억을 통해 해결책을 떠올림).	어린 아동은 눈으로 사과 3개와 사과 7개의 모둠을 구별할 수 있다. 사과 16개와 19개의 모둠은 특별히 구별하지 못한다.
2. 부호의 중요성을 인식하는 단계	부호의 사용법을 모르면서 부호를 사용하려고 한다. 실수가 많다.	손가락을 사용해서 세기 시작하지만 실수를 하고 어떻게 손가락을 사용할지 모른다.
3. 외적으로 부호를 사용하는 단계	체계적으로 외적 부호를 자극과 일치시키고 부호와 자극을 연관시킨다.	손가락을 사용해서 정확하게 세고, 손가락을 사용해서 뺄셈(7~20)을 할 수 있다
4. 내적으로 부호를 사용하는 단계	아동은 내적으로 혹은 자발적으로 자극을 활용한다.	아동은 마음속으로 셈을 할 수 있다.

Vygotsky(1931/1997c, pp. 117-119, pp. 424-428)에서 요약함.

학 전 아동들은 사용할 수 없는 그림들을 무선적으로 선택하거나, 단어 회상에 도움이 안 되는 그림과 단어를 연결시켰다. 즉, 단지 연상을 제시하는 것으로는 아동의 기억을 향상시키는 데 충분한 도움이 되지 못한다. 이 수준의 기능은 지렛대를 누를 수는 있지만 무거운 돌을 옮기기 위해 그 기술을 사용할 줄 모르는 성인의 수행과 유사하다(Leont'ev, 1959, p. 141).

학령기 아동의 행동에서 질적인 변화가 발견되었다. 학령기 아동은 '미래로 생각되는 미래에 대한 적응'을 나타내는 단어－그림을 연계했다(Leont'ev, 1959, p. 147). 이 활동에서 단어와 그림은 하나의 복잡한 통합 구조로 결합된다. 이 조작은 원시적 혹은 자연적 기억이 지적 조작(예: 새로운 기억 형식)으로 변화되었다는 것을 나타낸다.

대조적으로, 성인은 단어와 그림을 복잡한 언어로 서로 연결하고 회상할 때에는 주로 그림을 사용하지 않았다. 기억은 자기 주도적으로 되어서 만들어진 언어적 연합이 단서로 사용된다. 중재된 기억의 이런 발달 단계는 원시적 정신과정과 고등정신과정 사이에 사고의 중간 형태가 나타난다는 것을 의미한다(Kozulin, 1990).

아동들에게 여러 가지 질문에 답하는 데 도움이 되는 색 카드를 나눠 준 실험(앞에서 설명한)에서도 이와 비슷한 단계적 발달 순서가 나타났다. 어린 아동들은 종종 부적절한 순간에 카드를 쳐다보거나, 허락되지 않은 색을 옆으로 제쳐둘 때 바로 그 색깔을 말했다(Vygotsky, 1929/1979b). 그러나 더 나이 많은 아동들은 자신의 주의를 기울이고 적절한 색을 회상하는 데 도움이 되도록 카드를 성공적으로 사용했다. 또한 대답의 질도 변했다. 예를 들어, 금지된 색이 '초록색'일 때, 잔디를 "가을에 잔디는 노란색이 된다."로 묘사하였다(Vygotsky, 1929/1979b).

(5) 언어 발달

Vygotsky(1934/1987d)의 관점에서 사고와 언어의 분석은 심리학에서 주요한 과제이며, 핵심적인 문제는 **사고와 언어의 관계**였다(p. 43). 이전에는 사고와 언어의 관계를 완전한 통합적인 관계로 보거나 완전히 독립적인 것으로 보는 극단적인 두 가지 관점이 극과 극을 오가며 우세를 다투었으나, 두 가지 관점이 다 옳은 것은 아니다(p. 44). 언어는 사고와 독립적으로 발달하기 시작하고, 이 단계를 '전지적(preintellectual)' 단계라고 한다(Vygotsky, 1934/1987c)(〈표 11.2〉 참조).

그런 다음 "어떤 한 지점에서 두 선이 교차한다. 즉, 사고는 언어적으로 되고 언어는 지적으로 된다."(Vygotsky, 1934/1987c, p. 112) 이 과정은 아동이 모든 물체는 이름을 가지고 있다는 단어(word)의 '교수적 기능(instructional function)'을 발견할 때 일어

〈표 11.2〉 아동의 언어 발달 단계

단계	특성
1. 전지적 단계	생후 첫 1년 동안의 사회적 접촉 수단. 웃음, 옹알이, 가리키기, 제스처 등
2. 순수하게 심리적인 단계	아이가 물건에는 이름이 있다는 것을 알게 되는 2년째에 언어와 사고가 함께 발생하기 시작한다. 정확한 의미도 모르는 채 많은 단어를 사용한다(예: 왜냐하면, 그러나, 언제).
3. 외적 언어가 지배적인 단계	
의사소통 가능	언어가 사회적 기능을 한다.
자기 중심적	언어는 우선 계획하고 문제를 해결하기 위한 아동의 행동에 수반되고, 그 다음에는 계획의 본질적인 요소가 된다. 외적 언어와 내적 언어 간의 '중간 연결고리'가 된다.
4. 지적 단계	외적 조작에서 내적 조작으로 옮아가는 큰 변화가 생긴다. 소리가 없는 언어가 된다.

Vygotsky(1934/1987c)에서 요약함.

나기 시작한다(Vygotsky, 1929, p. 429; Vygotsky, 1934/1987c). 그러나 아동은 초기에 그 이름을 단순히 그 물체의 또 하나의 특성으로 취급한다(Vygotsky, 1934/1987c, p. 118). 즉, "아동은 내적 구조 이전에 외적 구조를 숙달한다."(p. 118) 따라서 이 단계를 '순수하게 심리적'이라고 한다.

세 번째 단계에서는 사회적 언어가 의사소통적 언어와 자기 중심적 언어의 두 가지 유형으로 구분된다(Vygotsky, 1934/1987e, p. 74). 자기 중심적 언어는 우선 단순하게 아동의 실제 활동에 수반하여 일어난다. 그리고 자기 중심적 언어는 계획 기능이나 문제해결 기능을 맡는다(Vygotsky, 1934/1987c). 그것은 생리적으로는 외적이지만 자기 자신을 위한 언어이다(p. 114). 따라서 자기 중심적 언어는 "외적 언어에서 내적 언어로 이동하는 과도기적인 형태이다."(Vygotsky, 1934/1987e, p. 76) 아동은 언어를 사용하면서 계획하기 시작하고, 사고는 새로운 수준으로 향상된다. 행동은 더 이상 시각적인 구조에 의해 결정되지 않고, '언어적 사고라는 새로운 활동 형식에 의해' 결정된다(Vygotsky, 1930-1931/1998a, p. 115).

소득 수준이 낮은 애팔래치아 지역의 아동들을 관찰한 Berk과 Garvin(1984)의 연구는 Vygotsky의 관점을 지지하였다. 연구자들은 사적 언어의 주요 기능은 자기 안내(self-guidance)이며, 인지적인 요구가 많은 학업 과제를 수행하는 동안에 기능이 강화되는 것을 발견했다. 연구자들은 또한 도전적인 과제를 수행하면서 사적 언어를 사용하는 아동은 그렇지 않은 또래보다 더 집중적이고 과제 수행도가 높았다고 지적했다(Berk, 2000; Berk & Stuhl, 1995). 또한 학습에 어려움을 갖고 있는 아동들이 발달 시기적으로 오랜 기간 동안 사적 언어를 사용하는 비율이 높았다(Berk, 2000).

지적 발달의 마지막 단계는 자기 중심적 언어의 내면화이다. 자기 중심적 언어는 내적인 언어가 되고, 또한 아동의 사고 구조의 기본이 된다. 그러나 내적 언어는 의사소통을 위한 언어가 아니라 자신을 위한 언어이기 때문에 거의 말없이 수행된다(Vygotsky, 1934/1987f, p. 277).

요약하면, 아동의 지적 성숙은 사고의 사회적 수단인 언어의 숙달을 필요로 한다. 다시 말해서 언어적 사고는 행동의 타고난 혹은 자연적인 것이 아니다. 그것은 자연적(원시적)인 사고 유형과는 다른 문화-역사적인 특성에 의해 결정된다.

Piaget와 Vygotsky는 둘 다 언어 습득이 인지발달에 있어서 중요한 활동이라고 생각한다. 그러나 그들은 아동의 자기 중심적 언어에 대한 관점에서 다르다. Piaget는 자기 중심적 언어를 전조작적 사고의 특성으로 보고, 이것은 아동이 구체적 조작기로 옮아가면서 없어진다고 본다.

대조적으로, Vygotsky는 자기 중심적 언어를 외적 언어와 내적 언어 사이의 중요한 전환 단계로 본다. 그것은 아동이 문제해결을 학습하고 자신의 인지 활동을 관리하는 것을 학습하는 중요한 단계이다. 따라서 자기 중심적 언어는 사고를 위한 사회적 언어와 내적 언어 사이의 과도기 단계이다.

중요한 것은 내적 언어 발달은 자기 중심적 언어의 성격에 의해 결정된다는 것이다. 구체적으로 말하면, 아동이 숙달한 언어 구조는 아동의 사고 구조의 기초가 된다(Vygotsky, 1934/1987c, p. 120). 어휘가 부족하고 단어 뜻을 잘 모르는 아동은 계획하고 문제를 해결하는 데 어려움을 가지게 될 것이라는 의미이다. 다시 말해서, 내적 언어 발달이 개인의 고등 사고(고등 심리적 기능) 수준에 도달하는 것을 보장하지 않는다. 예를 들어, Vygotsky와 Luria(Luria, 1976)의 비교 문화 연구에서 글자를 모르는 농부는 실재적이고 상황적인 활동을 생각하면서 간단하게 그대로 전달할 수 있었다. 대조적으로, 교육을 받은 사람은 상황적 경험을 재구성한 추상적인 카테고리를 사용했다(Kozulin, 1984, p. 110).

(6) 장애 아동의 발달

Vygotsky의 문화-역사적 이론의 기본적인 원리는 장애 아동에게도 적용된다. 즉, 인지발달은 아동이 성인과 사회적 활동을 하는 상황 속에서 일어난다. Vygotsky가 활동할 당시에는 감각적 혹은 정신적 결함을 생물학적인 문제로 보는 관점이 우세했다. 당시에는 감각적 결함은 다른 감각 기능에서의 민감성을 향상시킴으로써 보상될 수 있다고 믿었다. Kozulin(1990)에 의하면 맹인에게는 청각과 촉각을 향상시키고 농아에게는 시각을 향상시키는 것이 그 예이다.

대조적으로 Vygotsky는 장애 조건의 문제를 우선 사회적 문제로 보았다(Gindis, 1995). 즉, 장애인들에 대한 사회의 반응이 결국 장애적 발달(defective development)을 낳는 사회적 빈곤을 만들어 낸다(Vygotsky, 1983/1993). 다시 말해서, 장애 때문에 아동과 세상의 관계가 달라지고 장애 아동이 사람들과 상호작용하는 데에 영향을 준다. 따라서 "같은 맹아라도 미국 농부의 딸인가, 우크라이나 지주의 아들인가, 독일의 공작 부인인가, 러시아의 농부인가에 따라 심리학적으로 다른 사건이 된다."(Vygotsky, 1983, p. 50; Gindis, 1995에서 인용)

앞을 못 보거나 귀가 안 들리는 것 같은 신체 장애는 아동과 세상과의 관계를 변화시키고 아동과 사람들과의 상호작용에 영향을 미친다. Vygotsky는 장애자들이 사회적 상황을 경험하기 전까지는 자신의 장애가 '비정상'이라고 생각하지 않는다는 것을 밝혔다(Gindis, 1995, p. 78).

장애는 장애를 가진 아동이 사회적 기술을 숙달하고 정보를 획득하는 데 있어서 다른 아동들이 사용하는 방법과 속도를 따라갈 수 없도록 한다. 또한 청각 장애는 말을 할 수 없고, 언어적 의사소통이 안 되고, 문화적 세계에 진입이 제한되는 문제들이 따르기 때문에 더 심각한 장애라 할 수 있다(p. 78).

Vygotsky는 장애를 1차적 장애와 2차적 장애로 나누어 설명한다. 1차적 장애는 생물학적인 원천의 결함이다. 2차적 장애는 사회적 요인으로 인하여 발생한 고등 심리적 기능의 왜곡이다. 예를 들어, 미성숙한 행동이나 유치한 감정적 반응 같은 많은 장애 조건의 증상들은 사회적 상호작용에서 획득된 2차적 결함이다.

따라서 청각적인 민감성 같은 다른 감각 기능을 훈련시키는 대신에, Vygotsky는 대안적으로 문화적 발달 수단을 통해서 신체적 결함이나 정신적 결함이 보상될 수 있다고 주장했다(Gindis, 1995). 기본적인 사회적 의사소통의 수단을 유지하면서 필요에 따라 상징적 체계도 변화되어야 한다. 브라유 점자법, 수화, 독순술(lip-reading), 지화(finger spelling) 등이 그 예이다. 그 밖에 사회는 발달에 필수적인 사회적 · 문화적 상호작용을 제공할 수 있는 특수한 심리적 도구들을 끊임없이 개발해야 한다. 신체가 마비된 사람들을 위해 호흡으로 사용할 수 있는 자판 같은 오늘날 컴퓨터 장치의 발달이 좋은 예가 된다.

(7) 요약

인지발달을 구성하는 세 가지 일반적인 원리를 확인할 수 있다. 첫째, Vygotsky(1931/1966)는 인지발달의 두 가지 유형을 설명했다. 하나는 문화의 상징 체계를 숙달하는 것이고, 다른 하나는 문화적 추리 형식을 개발하는 것이다.

둘째, 발생적 발달 법칙은 모든 복잡한 기능은 사람들 간의 사회적 상호작용으로 시작해서 점차적으로 의미를 획득하고 학습자에 의해 내면화된다고 설명한다. 그러나 성인이 학습자와 함께 사용하던 행동을 학습자가 연습하는 것이 필요하다.

셋째 원리는 언어와 다른 인위적 상징이 우선 의사소통의 형식으로 숙달되고, 그 후에 아동의 사고를 구성하고 관리하는 도구가 되는 과정을 기술한다. 예를 들어, 어린 아동은 단어들을 기억하는 단서로 그림을 사용할 줄 모른다. 그러나 성인은 종종 기억 도우미로서 복잡한 언어적 관계를 구성한다. 인위적인 상징을 자신의 사고를 구성하기 위해 사용하는 것을 배우는 긴 과정은 자신의 기억을 매개하기 위해 부가적 자극을 사용하는 것을 배우는 것으로 시작한다. 점차적으로 장시간에 걸쳐 개인은 사고를 돕기 위해 상징을 구성하는 능력을 획득한다. 이 과정을 부호의 자연적인 역사(법칙)라고 말한다.

언어 사용은 또한 아동기에 걸쳐 변하고, 사고에 있어서 상징의 사용과 마찬가지로 네 가지 단계를 따른다. 이 단계는 ① 전지적 단계, ② '순수하게(naively)' 심리적인 단계, ③ 외적 부호 사용이 지배적인 단계, ④ 내면화 단계이다.

3) 복잡한 사고의 본질

Vygotsky가 개발한 두 가지 개념화는 복잡한 사고의 본질에 대한 그의 관점을 반영하고 있으며, 하나는 고등 정신 기능이고 또 하나는 발달 개념이다.

(1) 고등정신과정

Piaget와 마찬가지로 Vygotsky(1930-1931/1998a, 1930-1931/1998b)도 청소년기 전까지는 아동이 고등정신과정을 획득하지 못한다고 믿었다. 그러나 Vygotsky는 인지발달의 결과를 범주적 지각, 개념적 사고(언어적 · 수리적), 논리적 기억(개념들 간의 연결과 관계에 기초한 기억), 자발적(자기 조직적) 주의집중 등으로 설명했다. 중요한 것은 고등 정신 기능이 단지 기초적(elementary) 기능의 연장이 아니라, 질적으로 새로운 정신 기능이라는 점이다.

〈표 11.3〉은 원시적 혹은 기초적 기능과 고등 정신 기능의 주요한 차이를 나타내고

〈표 11.3〉 원시적 기능과 고등 정신 기능의 비교

	원시적 기능	고등 정신 기능
1. 과정	단순한 지각, 자연적인 기억, 비자발적인 주의집중	범주적 지각, 논리적 기억, 개념적 사고, 자기 조정적 주의집중
2. 통제의 원천	환경으로부터의 자극	개인이 자신의 행동을 숙달하고 통제하기 위해 사용하는 '목표 자극'과 '수단 자극'
3. 역학	두 자극의 동시 발생	개인이 자극을 인위적으로 통합함으로써 새로운 연결을 생성한다.
4. 특성	즉시성. 구체적인 경험에 의해 결속된다.	(과정에 대한) 의식적 자각, 추상, 통제
5. 사고와 추론	자연적 기억에 의해 결정된다. 기존의 실재적 상황만을 재생산한다.	추상적 · 개념적 · 논리적 관계와 일반화를 사용한다.
6. 기원	생물학적 요소	문화-역사적 발달

있다. 기초적 기능은 주로 생물학적 특성에 의해 조건화된, 자연적으로 타고난 심리학적 구조이다(Vygotsky, 1931/1966, p. 31). 그것은 S－R(자극－반응) 모델로 나타낼 수 있으며 즉시성, 구체적 경험에의 의존성, 행동과 연결된 사고의 특성을 가지고 있다.

기초적 기능에서 고등 정신 기능으로 변화하게 만드는 것은 환경이 개인의 정신을 통제하다가 개인이 통제하는 것으로 변화가 일어나는 오랜 기간에 걸친 발달의 결과이다. 고등 정신 기능이 발달하기 위해서는 필수적으로 자신의 사고과정을 인식할 수 있고 어느 정도 통제할 수도 있어야 한다. 그러나 어린 아동은 자신의 사고과정을 의식적으로 알지 못하고, "학령기 아동도 자신의 사고 조작을 아직 적절하게 인식하지 못하며, 그렇기 때문에 아동은 고등 정신 기능을 충분히 숙달할 수 없다"(Vygotsky, 1930-1931/1998b, p. 65). 다시 말해서, 자신의 사고과정을 지각하는 것이 논리적인 사고의 숙달과 발달의 필수조건이다.

〈표 11.4〉는 기초적 인지기능과 고등 인지기능의 구체적인 특성을 비교하고 있다. 이미 지적했듯이 아동의 기억은 시각적 영상과 구체적인 경험에 의존하는 반면에, 청소년(고등 기능을 숙달한)의 기억은 다른 개념들과의 모든 연결과의 관계를 고려한다. 마찬가지로, 범주적 지각은 개념적 사고에 의해 통제를 받고, 자발적 주의집중은 상징들을 통해서 조직된다. 다시 말해서, 자연적 기억이 모든 것을 지배하는 기초 기능과는 달리 고등 정신 기능에서는 그 관계가 역전된다. 어린 아동에게는 "지적 능력이 곧 기억의 기능이고(기억력이 좋아야 지능적이고), 청소년에게는 기억이 곧 지적 능력이다(지능적이어야 기억력이 좋다)."(Vygotsky, 1930-1931/1998a, p. 96)

〈표 11.4〉 기초 정신 기능과 고등 정신 기능의 비교

기초 정신 기능	고등 정신 기능
단순한 기억 시각적 영상과 구체적 경험에 의존	**논리적 기억** '자료의 이해, 분석, 조직화와 직접적으로 연결된' 개념으로 기억(Vygotsky, 1930-1931/1998a, p. 98)
단순한 지각 구체적 경험에 기초	**범주적 지각** 시각적 지각과 추상적이고 개념적인 사고의 종합
불수의적 주의집중 외부로부터 통제, 다른 대상에 의해 거부되거나 매료당함	**자발적 주의집중** 내적으로 통제, 상징을 통해 주도됨
혼합적인 사고 전개념적, 특수한 것에서 특수한 것으로 사고가 이동	**개념적 사고** 모든 연결과 관계 속에서 대상을 인식하고 개념 속에서 모두가 통합(Vygotsky, 1930-1931/1998b, p. 53)

Vygotsky(1930-1931/1998a, 1930-1931/1998b, 1933/1997d)에서 요약함.

(2) 발달의 개념

Vygotsky(1963)는 Ernest Meumann의 연구를 참고로 하여 발달의 두 가지 수준에 대해 설명했다. 하나는 실제 혹은 완성된 발달 수준이다. 이 수준은 아동에게 저난이도에서 고난이도순으로 문항이 배치되어 있으며 연령별로 표준화가 되어 있는 정신 검사를 실시하여 측정할 수 있다(Vygotsky, 1930-1931/1998c, p. 201). 아동이 독립적으로 해결하는 문제가 아동의 실제 발달 수준을 나타낸다.

그러나 아동이 도움을 받아서 해결할 수 있는 문제도 마찬가지로 중요하다. 이 수준을 근접발달영역이라고 하며, 근접발달영역은 '미숙하지만 성숙하고 있는 과정'을 나타낸다(Vygotsky, 1930-1931/1998c, p. 202). Vygotsky는 학교 심리학자들에게 네 가지 전략 중에서 어느 것이든 사용해서 근접발달영역의 수준을 결정할 것을 제의했다. 그것들은 ① 문제해결하는 것을 보여 주고 나서 아동이 본대로 모방할 수 있는지 관찰한다. ② 문제를 해결하기 시작하고 아동에게 해결을 완성하도록 한다. ③ 아동에게 그 아동보다 더 발달한 아동과 협동하여 문제를 해결하도록 한다. ④ 아동에게 문제해결의 과정을 설명해 주고, 질문을 유도하고, 문제를 분석해 준다(p. 202). 다시 말해서, 이런 접근을 사용하면 "아동의 근접발달 단계나 후속의 발달 단계에서 나타나는 정신적인 성숙을 정확하게"(p. 203) 판단할 수 있다. (Vygotsky[1930-1931/1998c]는 실제 발달 수준과 근접발달영역을 결정하는 것을 **규범적인 연령 수준 진단**(normative age-level diagnostics)을 구성하는 것으로 보았다[p. 204].)

요약하면, 고등 인지기능은 문화-역사적 발달의 산출물인 인간 특유의 능력이다. 원시적인 혹은 기초적인 기능과는 달리, 고등 인지기능은 자신의 사고에 대한 의식적인 자각, 추상, 통제의 특성을 갖고 있다. 고등 인지기능은 또한 논리적 관계와 일반화를 사용한다. 아동의 실제 발달 수준과 근접발달의 영역 혹은 수준을 평가하는 것이 인지발달에 중요하다. 그러한 평가는 아직 완전히 발달하지 않았지만 성숙 단계에 있는 인지기능을 확인할 수 있도록 해 준다.

2. 교수 원리

Piaget와 마찬가지로 Vygotsky는 복잡한 인지기능을 설명하기 위해 발달 과정을 분석했다. Piaget는 인지발달의 목표로 논리적 사고의 발달을 강조했다. 대조적으로 Vygotsky는 단순한 지각, 비자발적인 주의집중과 단순한 기억이 범주적 지각, 개념적 사고, 논리적 기억과 자기 조직적 주의집중으로 변환하는 것을 설명했다.

Piaget나 Vygotsky 모두 뚜렷한 교수 원리를 개발하지 않았다. 비록 두 이론가는 모두 교수 과정의 특정한 양상에 대해서 말했지만, 수업 원리는 그들의 글에서 간접적으로만 추론할 수 있다.

1) 기본 가정

학습에 있어서 문화의 역할과 교수와 발달 간의 관계를 기초로 해서 수업에 대한 기본적인 가정을 추론할 수 있다.

(1) 문화의 역할

Vygotsky에 의하면, 문화는 학습이 일어나는 그 배경의 역할을 한다. 사회적 기능의 구조 자체가 개인의 심리적 기능의 구조를 결정한다. 즉, 의사소통의 수단이나 세상을 보는 방법과 마찬가지로 주요 개념과 아이디어도 문화가 창조한 것이다. 따라서 아동은 자신이 속한 특정 문화가 자신의 사고력을 촉진시키고 발달시킨 것과 동일한 방식으로 방법을 학습한다.

그러므로 지각, 표상, 자기 인식의 기본적인 구조가 역사적 조건에 따라 다를 수 있다. Vygotsky와 Luria는 정신과정의 문화-역사적 조성을 분석하기 위한 연구 계획을 개발했다. 그 연구는 1930년대 초에 소비에트 연방이 경제 체계와 문화의 급격한 재조직에 직면해 있을 때 벽촌에서 수행되었다(Luria, 1976). 그 연구는 우즈베키스탄과

Kirghizia의 작은 마을과 산골 목초지에서 수행되었다. 많은 연구의 비교 대상이 된 집단들은 ① 엄격한 회교 법전에 의해 통제받는 삶을 살고 있는 벽촌 마을의 Ichkari 여인들, ② 사회화된 노동(socialized labor)과 관련이 없는 벽촌 마을의 농부들, ③ 집단 농장에서 계획을 수립하고, 노동을 분배하며, 노동 산출물을 관리한 경험이 있는 노동자들, ④ 교육대학의 여학생들이었다.

과제는 심층 면담을 통해 지각과 기억 전략, 분류, 문제해결 등을 알아보는 것이었다. 피험자들에게 27가지 색깔의 양모타래를 보여 주는 과제가 있었다. 색깔의 이름을 말해 보라고 했을 때, 집단 농장 노동자들과 여대생들은 분류된 색의 명칭(빨간색, 파란색, 노란색)을 사용하고 가끔씩 밝은 노란색, 어두운 파란색 같은 수식어를 사용했다(Luria, 1976). 대조적으로, Ichkari 여자들은 낙과 붓꽃색(fruit-drop iris)이나 더럽혀진 목화색과 같은 회화적인 이름을 사용했다(p. 26).

여러 가지 타래들을 분류해 보라고 했을 때, 집단 농장 노동자들과 학생들은 보통 모든 색깔을 7개 혹은 8개의 그룹으로 배열했다. 대조적으로 Ichkari 여자들 중에는 분류할 수 없다고 하는 사람들도 있고, 실타래를 밝은 순서에 따라 배열하는 사람들도 있었다. 예를 들어 엷은 분홍색, 엷은 노란색, 엷은 푸른색으로 배열했다. 다시 말해서, 한 가지 기본 색깔을 중심으로 색들을 분류할 것이라고 생각한 실험자들의 기대는 어긋나고 말았다(Luria, 1976, p. 30). 이 연구는 물체들을 논리적인 특성에 따라 비교하고, 그것들을 잘 알려진 논리적인 범주로 일반화하는 것은 일반적인 조작이 아니라는 결론을 내렸다(Luria, 1971, p. 269).

(2) 교수와 발달의 관계

Vygotsky(1934/1962; 1934/1987b)에 의하면, 교수는 두 가지 방법으로 발달에 영향을 미친다. 하나는 훌륭한 학습은 발달에 우선하고 발달을 이끈다. 즉, 아동이 오늘 교사와 함께 성취한 과제는 내일 혼자서 할 수 있다(Vygotsky, 1934/1962, p. 104). 따라서 교수와 모방은 아동의 발달에 중요한 역할을 담당한다. "그것들은 인간 사고의 특성을 이끌어 내고 아동의 새로운 발달 수준으로 안내한다."(Vygotsky, 1934/1962, p. 104)

따라서 교수 계획은 교수가 시작될 수 있는 어떤 최소한의 인지기능의 발달이 요구되는 가장 낮은 역치(threshold)를 결정하는 것이다(Vygotsky, 1934/1962, p. 104). Montessori와 마찬가지로, Vygotsky는 아동에게 가장 잘 받아들여질 수 있는 시기에 맞는 학습 주제를 선정하여 가르치는 것이 학습 효과가 가장 크다고 믿었다. 그러므로 교사의 자질로 중요한 것은 아동의 행동과 말에 민감하고 아동에게 나타나고 있는 능력을 훈련시킬 수 있는 과제를 구성할 수 있는 능력이다.

교수가 발달에 영향을 미치는 두 번째 방법은 학교에서 읽기와 셈하기 같은 과목을 가르치는 것이다. 이런 과목에는 인식과 의도적인 통제를 필요로 하는 조작이 포함되어 있다. 덧셈이나 곱셈을 계산하고, 의식적으로 조작하고, 주제 개념에 대해 생각하는 것을 학습함으로써 복잡한 사고 기능을 발달시킬 수 있다(Vygotsky, 1934/1987b).

요약하면, Vygotsky의 이론에서 교수와 관련된 두 가지 기본적인 가정을 추론할 수 있다. 첫 번째는 문화적인 환경 속에서의 사회적 관계의 구조가 개인의 심리적 구조를 결정한다는 것이다. 두 번째는 교수는 발달에 우선하므로 발달에 막대한 영향을 미친다는 것이다.

2) 교수의 구성요소

교수의 중요한 요소는 적절한 교수 수준의 결정, 인지발달의 발생적 법칙 적용, 학생의 언어적 사고 개발이다.

(1) 적절한 교수 수준의 결정

Vygotsky(1934/1987b)는 학교 수업이 아동의 인지발달에 핵심적인 역할을 한다고 주장했다. 훌륭한 교수는 발달에 앞서야 하고 발달을 안내해야 한다. 구체적으로 "**교수는 근접발달영역에 포함되어 있는 성숙 단계의 전체 기능을 추진시키거나 일으킨다.**"(p. 212) 이 역할을 성공적으로 하기 위해서 교수는 그 학생이 '교사와 협동하여 혹은 교사의 지도 아래' 해결할 수 있는 문제에 초점을 맞추어야 한다(p. 212).

즉 교수는 발달의 하위 역치(IQ 검사의 문제같이 아동이 독립적으로 완성할 수 있는 문제)와 아동이 도움을 받아서 완성할 수 있는 문제로 나타나는 상위 역치 사이에서 일어나야만 한다(Vygotsky, 1934/1987b, p. 211). 이것이 시사하는 바는, 만일 심리 검사에 아동 인지기능의 상위 역치가 포함되어 있지 않다면, 교사는 비공식적으로 아동이 도움을 받아서 문제를 해결할 수 있는 수준을 측정하는 시간을 가져야 한다는 것이다. 이렇게 함으로써 교사는 아동에게 적절한 교수 수준에 관한 정보를 얻을 수 있다.

Vygotsky(1934/1987b)는 예컨대 수학과 같은 어느 특정한 교과목을 가르치기에 적절한 발달 단계가 있고 그 단계에 가르쳐야 한다는 것이 아니라고 주장하였다(p. 207). 그러나, 예를 들어 수학은 수업이 하위 정신 기능의 영역으로부터 고등 정신 기능의 영역으로 주의집중을 이동하는 데 중요한 영향을 미칠 수 있다(p. 207). 고등 정신 기능 중의 하나인 자발적인 주의집중은 '상징적 자극의 도움으로 개인이 자신의 행동을 통제'할 때 시작된다(Vygotsky, 1930/1999b, p. 36). 또한 "첫 번째, 두 번째, 세 번째, 네 번째 수학 수업의 성분은 수학적 사고의 발달에 영향을 주지 않을지라도, 다섯 번째 성분이 결정적일 수 있다."(Vygotsky, 1934/1987b, p. 207) 즉 그 시점에서 아동은 일반 원칙을 학습한 것이다.

또한 근접발달영역은 사회적 상호작용에서 항상 나타나는 것이 아니다. 예를 들어, 학령기 아동이 '교실에서 본 모델을 기초로 해서' 집에서 문제를 해결할 때 근접발달영역 내에서 조작을 할 수 있다(즉 전에 교실에서 교사와 함께 한 것을 재창조하는 과정을 통해 교사를 모방하는 것이다). Vygotsky(1934/1987b)는 그 '도움'이 '보이지 않게 나타난다'고 했다(p. 216). 또 하나의 예로 책, 신문, 잡지가 많은 집에서 자라고 있는, 독서광인 부모를 둔 6살 된 아동이 부모를 모방하고 구체적인 교수 없이도 읽기를 배우는 것을 들 수 있다(Valsiner, 1988, p. 148).

(2) 발생적 발달 법칙의 적용

Vygotsky에 의하면 내적인 심리 기능은 아동과 그 문화를 알고 있는 구성원 간의 상호작용에서 시작한다. 그러나 사회적 기능에서 개인적 기능으로 갑자기 뚜렷하게 변한다고 생각해서는 안 된다. 즉, 아동이 한 과제를 단순히 누구와 함께 했다고 해서 그것을 독립적으로 수행하기 시작하지는 않는다(Wertsch, 1985b, p. 158). 최근 연구에 의하면 개인 간 수준에서 몇 가지 변화가 일어나고 개인 내 수준에서도 각각 변화가 함께 일어난다고 한다. Wertsch(1985b)는 개인 간 심리 기능에서 개인 내 심리 기능으로 변화하는 데 있어서 다섯 가지 중요한 요소를 밝혔다. 그것은 아동의 인지적 준비도, 아동에게 책임감을 전이하려고 하는 성인의 의지, 성인이 특정한 행동의 중요성에 대한 '반성적 평가'를 아동에게 피드백으로 사용하기, 성인의 명확한 지도, 점차적으로 문화적으로 적절한 의미를 갖도록 과제에 대해 함께 정의를 구성해 나가기 등이다(Wertsch, 1985b, p. 166).

성인과 아동이 과제의 배경에 대해 다른 개념을 가지고 있을 수 있기 때문에 과제에 대해 함께 정의를 내리는 것이 초기에 특히 중요하다. 따라서 성인이 해야 할 일은 아동이 그 과제를 성인과 함께 할 수 있도록 아동과 의사소통하는 방법을 찾는 것이다. 이 의사소통이 개인 간 심리적 기능으로 전환하기 위한 기초가 된다(Wertsch, 1985b, p. 161).

Vygotsky(1983/1997b)는 수업하는 과정에서 아동 기억의 구체적이고 시각적인 특성을 고려하지 않는 것은 바보스럽다고 말했다(p. 224). 그러나 그는 또한 "이런 유형의 기억을 양성하는 것 또한 어리석다. 이것은 아동을 낮은 발달 단계에 머물게 하고, 구체적인 유형의 기억은 단지 더 고차적인 기억으로 가는 전환적 단계라는 것을 알아야 하며, 결국 구체적 기억은 교수 과정에서 극복되어야 하는 것이다."라고 말했다(p. 224).

또한 사회적 상호작용은 단지 첫 단계이며, 학습자의 후속 활동이 반드시 따라야 한다는 것이 중요하다. 학생은 다른 사람들이 이전에 스스로 연습했듯이 같은 방법으로 스스로 모방하고 찾아 내고 연습해야만 한다(Vygotsky, 1931/1966, p. 157).

바하마 대학의 브라질 여대생들에게 작문을 가르친 것을 한 가지 예로 들 수 있다(Fiore & Elsasser, 1982). 학생들의 일상생활과 관련 있는 생성(generative)이라는 주제로 수업을 시작했다. 이 주제의 중요성은 학생들로 하여금 개인적인 경험을 문화적, 역사적으로 적용시켜서 탐구할 수 있도록 했다는 점에 있다. 예를 들면, 결혼도 하나의 생식적 주제가 될 수 있었다. 학생들은 개인적 일화에서 시작해서 조금씩 원인과 결과, 정의, 비교와 대조 같은 더 복잡한 표현을 사용하게 되었다. 여학생들의 작문이 더 복잡하게 되면서 그 문제에 대한 더 분석적인 접근이 가능해졌다.

(3) 학생의 언어적 사고의 계발

Vygotsky 이론의 대전제는 한 문화 속에서 의사소통을 위해 사용되는 부호와 상징은 또한 인지발달을 위한 기제라는 것이다. 아동이 학교에 입학할 때, 단어 의미와 말은 언어적 사고 발달을 촉진시킬 수 있는 두 가지 기제이다. 첫째, 단어가 뜻하는 의미는 아동을 지각과 감각으로부터 자유롭게 하는 열쇠이다(Vygotsky, 1934/1987d, p. 47). 그 이유는 "단어는 하나의 독립적인 사물에만 관련되는 것이 아니라, **사물의 전체 집단이나 범주**에 관련되기 때문이다."(p. 47) 다시 말해서 심리학적으로 보면 단어 의미는 우선적으로 일반화이고, 따라서 **사고의 언어적 행동**(verbal act of thought)이다(p. 47).

그러므로 Vygotsky에 따르면 학교 수업의 한 가지 목적은 단어의 의미를 개발하는 것이어야 한다. 그러나 만일 학생들에게서 기존의 지식을 내면화하는 것을 기대한다면, 사고과정은 성장하고 변하고 개발될 필요가 없다. 즉, 작문이나 수학 같은 상징 체계를 사용하는 과목들의 수업의 목표가 지식 전수에 있다면, 이러한 과목은 복잡한 사고 기능을 개발하는 데 도움이 되지 않을 것이다(Elsasser & John-Steiner, 1977, p. 363).

둘째, "사고는 언어, 사고의 수단, 아동의 사회 문화적 경험에 의존한다."(Vygotsky, 1934/1987c, p. 120) 다시 말해서, 아동이 숙달한 언어의 구조는 아동이 사고하는 기본 구조가 된다(p. 120). 따라서 중요한 사고 기제인 내적 언어의 발달은 아동의 기본적인 언어에 의존한다. 교실에서 이 관계는 어휘가 부족한 아동이나 표준 영어가 아닌 사투리를 쓰거나 영어가 아닌 다른 언어를 사용하는 아동들에게 시사점을 제시한다.

또한 중요한 것은 학령기 아동의 내적 언어는 아직 충분히 기능을 못하는 약하고 불안정한 형태라는 것이다(Vygotsky, 1930-1931/1998b, p. 70). 그러므로 "생각하기 위해서 학령기 아동은 소리내어 사고하기(think aloud)를 해야 한다."(p. 70) 아동이 혼자 문제를 풀어서 답이 틀리면, 교사는 그 학생에게 소리를 내어 풀어 보라고 요구한다. 자신의 조작을 의식하고, 각 단계를 따르고, 자신의 사고과정을 통제하는 것을 가르치는 것 또한 중요하다(p. 71).

Vygotsky와 그의 동료들의 연구는 아동이 점차적으로 외적 부호 사용에서 내적 언어로 이동한다고 지적한다. 학교 과제는 아동이 단어 의미(일반화)를 개발시킬 수 있고, 아동이 사고 수단으로서 단어 의미의 개발을 가속화시키는 데 도움이 되어야 한다.

요약하면, 한 학생에게 적절한 교수 수준은 아동이 도움을 받아서 풀 수 있는 문제이다. 그러한 평가는 근접발달영역이라고 하는 성숙하고 있는 인지과정을 의미한다. 교실에서 또한 중요한 것은 교사나 다른 지식 있는 성인이 학교 과제를 학생과 함께 할 수 있는 발생적 발달 법칙을 적용하는 것이다. 학생은 교사와의 상호작용의 핵심인 행동 유형을 모방하고 찾아 내고 연습해야만 한다. 마지막으로, 교사는 또한 아동과 함께 일하면서, 학생이 단어 의미를 학습하고 사고의 도구로 언어를 사용하는 것을 배울 수 있도록 도와 주어야 한다.

3) 복잡한 인지기능을 개발하기 위한 교수설계

복잡한 인지기능을 개발하기 위한 중요한 문제는 '기본적인' 심리적 기능, 작문 가르치기, 과학적(주제) 개념의 역할, 또래, 교사, 학습자의 역할이다.

기본적인 심리적 기능. Vygotsky(1934/1987b)는 고등 인지기능의 기초를 형성하는 두 가지 광범위한 심리적 기능을 밝혔다. 이 두 가지 기능은 정신적 활동의 의식적인 인식과 숙달(자유로운 통제)이다(p. 208).

기본적인 기능의 중요성은 그것이 학령기에 나타나기 시작하고 학교 수업이 그것의 발달에 필수적이라는 것이다. 즉, 자기 사고의 의식과 자기 조정적인 통제는 아동의 근접발달영역 속에 있다. 예를 들어, 취학 전 아동은 구어에서는 알맞은 시제와 동사형을 사용할 수 있지만, 그런 형식이 존재한다는 것을 알지 못하고 동사를 충분히 활용할 수가 없다(p. 206). 학교 학습의 중요한 효과는 그런 행동에 대한 의식적인 인식과 통제를 개발하는 것이다. 예를 들어, 아동은 글을 쓸 때 여러 가지 동사형과 시제에 대해 알게 되고 적절한 유형을 선택할 수 있게 된다.

작문 가르치기. Vygotsky(1934/1987b)는 아동들이 왜 작문 배우기를 힘들어하는지를 밝혔으며, 그 이유는 또한 사고 발달에 도움을 줄 수 있는 설명이 된다. 첫째, 작문은 구어의 재생산이 아니라 독특한 언어 기능이다(p. 202). 글쓰기는 '단어 자체가 아니라 단어의 표상을 사용하는'(p. 202) 높은 수준의 추상성을 요구한다. 다시 말해서, "문어는 언어의 대수학이다."(p. 203)

둘째, 작문은 다른 사람과의 대화가 아니라 종이 한 장과의 대화이다. 그러므로 아동은 그 메시지의 수신기를 개념화해야만 한다. 셋째, 말하는 동기는 예컨대 다른 사람과 대화하기 전에 나타나 있다. 그러나 글쓰기에 대한 동기는 아동이 글쓰기를 배우기 시작할 때 접근하기가 어렵다(p. 203). 문어에서는 작가가 그 상황을 창조해야만 한다(p. 203). 마지막으로, 대부분의 구어와는 달리 단어와 구를 선택하는 그 과정은 의도적이고 기대되는 구문론의 순서를 반영해야만 한다.

따라서 신중함과 분석을 필요로 하는 작문은 아동의 초기 학령기에 가장 중요한 과목 중의 하나이다. 작문 학습은 아동이 의식적인 지각의 기본적인 인지기능을 개발하고 자신의 사고과정을 통제하는 것을 도와 준다(p. 211).

초등학교 저학년에서의 작문 수업은 학생들의 글쓰기 의욕을 높일 수 있도록 세심한 계획이 필요하다. 방해받지 않고 글을 읽고 쓸 수 있는 시간과 책, 그림책, 잡지를 제공하고, 다른 아동들 앞에서 연습으로 쓴 글을 낭독할 수 있는 기회를 주며, 아동이 좋아하는 작품을 출판하는 것들이 도움이 된다(Harste, Short, & Burke, 1988 참조).

주제 개념의 역할. Vygotsky가 과학적 개념이라고 부르는 주제(subject-matter) 개념의 발달 과정은 "아동 정신 발달의 전체 역사에 대한 열쇠를 안고 있다"(Vygotsky, 1934/1987b, p. 167). 한 가지 이유는 가장 간단한 발달 수준에서조차 개념은 '일반화의 행위'라는 것이다(p. 169). 그것은 '단순한 기억을 통해서는 숙달할 수 없는 복잡하고 진정한 사고의 행위'(p. 169)이다.

또 하나의 이유는 가장 높은 발달 수준에서 "개념적 사고는 현실의 기반에 존재하는 깊은 관련성을 발견하도록 하고, 현실을 통제하는 패턴을 인식하도록 하며, 논리적인 관계로 형성된 네트워크의 도움으로 인식 세계를 지배할 수 있도록 한다."는 것이다(Vygotsky, 1930-1931/1998b, p. 48). 즉, 한 영역에서의 주제 개념은 다른 개념으로 표현될 수 있고 그것은 상호 관련되는 체계를 형성한다. 주제 개념의 숙달은 학생이 그것을 쉽게 정의 내릴 수 있고, 그것을 여러 논리적 조작에 적용시키며, 그것들 간의 관계를 밝히는 것을 의미한다(Vygotsky, 1934/1987b, p. 218).

대조적으로, 자연 발생적인 혹은 일상의 개념은 이런 이점을 가지고 있지 않다. 그것들은 아동의 경험을 통해 학습되고 추상화될 수 없는 약점이 있다(Vygotsky, 1934/1987b, p. 169). 아동이 가지고 있는 '형제'에 대한 개념을 예로 들면, 형제는 "아동 자신의 풍부한 개인적인 경험 내에 포화되어 있다."(p. 178)

Vygotsky(1930-1931/1998b)는 사고의 형식(고등 인지기능이 관련되는 개념 속에서의 사고)은 사고의 내용과 분리될 수 없다고 강조했다(pp. 34-39). 즉, 대수학과 같은 복잡한 체계의 숙달은 3살 아동이 새로운 내용으로 사고의 형식을 간단히 채우는 것을 의미하지 않는다. 새로운 내용은 새로운 사고 형식을 필요로 한다(p. 35). 특히 중요한 것은 "인지라는 단어가 진정으로 의미하는 것은 과학, 예술, 다양한 문화 생활의 영역은 개념으로서만 적절하게 동화될 수 있다."는 것이다(p. 42).

이것이 중등학교 교과목에 대해 시사하는 바는, 그 영역에서의 개념들 간의 상호 관련성의 체계를 중요하게 다룰 것, 학생들에게 그것들 간의 관련성을 설명시킬 것, 많은 문제와 상황에서 그것들을 논리적으로 적용시킬 것이다.

또래, 교사, 학습자의 역할. 교수에 대한 많은 글들은 종종 Vygotsky를 인용하여 대집단과 소집단 토론을 중요한 교수 방법으로 묘사하고 있다. O'Connor(1996)는 "교실수업 토론에 대한 이 믿음은 '정신 간(intermental)' 인지 단계인 협동 혹은 공동 추리가 아동 개인의 '정신 간' 기능의 기원으로 간주된다는 점에서 Vygotsky 이론을 근거로 하여 지지를 받고 있다."(p. 495)고 말했다. 그러나 Vygotsky가 학교 환경과 관련하여 사용했을 때 **협동**(collaboration)이란 용어는 교사와 학생 간의 협동을 의미했다(Gredler & Shields, 2004). 그 한 예를 들면, "주어진 문제를 교사가 아동과 함께 해결하면서 설명하고, 정보를 주고, 질문하고, 수정해 주고, 학생이 설명하도록 한다. 그리고 아동이 문제를 해결할 때는 교사가 없어도 이전에 함께 했던 것을 독자적으로 할 수 있어야 한다."(Vygotsky, 1934/1987b, p. 216) 교사는 수업의 일부로서 학습자가 완성할 수 있는 요인에 집중할 수 있도록 학습자의 능력 밖에 있는 과제 요소를 초기에 통제해야만 한다고 말하는 교육자들도 있다. 그러나 Vygotsky는 교수 방법을 제안한 적이 없다. Vygotsky가 아동의 근접발달영역 내의 인지기능을 **평가**할 것을 제안한 것을 다른 사람들이 교수법에 반영한 결과이다.

그 외에 때로는 재인용 과정에서 일반적인 발생적 발달 법칙이 **두 사람 간**의 관계 대신에 **여러 사람 간**의 관계를 의미하는 것으로 묘사된다. 이런 사소한 잘못된 표현이

Vygotsky가 기술한 학교 환경에서의 성인-아동 협동의 개념을 혼란시키고 있다.

Vygotsky는 특정한 유형의 또래 상호작용이 인지발달에 영향을 주는 한 상황을 지칭했다. 그 상황은 아동들이 다른 아동의 진술에 대해 논쟁하는 상황으로 Piaget가 말한 토론과 마찬가지이다(Vygotsky, 1931/1966, p. 40). 아동들 간의 논쟁은 아동 개인을 위한 반성하는 과정이 된다. 즉, 이러한 상호작용은 아동의 후속되는 발달을 위한 기초가 되고, 문제에 대한 다른 관점을 깊이 생각해 볼 수 있게 한다.

대조적으로 Vygotsky(1934/1987b)는 교과목 학습에 대해서 교사 모델링, 설명, 학생이 설명하도록 하기 등을 설명한다. 교사가 언어로 표현하는 것은 학생이 자료를 학습하거나 복습할 때 개념에 대해 자문하고 설명하기 위한 기초가 되기 때문에 중요하다.

요약하면, 복잡한 인지기능을 위한 교수설계는 아동이 자신의 정신활동을 의식적으로 인식하고 통제하는 것을 개발시키는 것이다. 이런 능력은 고등 인지기능을 위한 기초가 되고 학령기에 나타나기 시작한다.

두 가지 기초적인 능력을 개발하기 위해서는 작문을 가르치는 것이 중요하다. 이런 능력과 작문과의 관계는 그것이 추상적이라는 것이다. 즉, 소리의 이미지는 상징으로 대체되어야만 하고, 특정한 청중에게는 메시지가 전달되지 않기도 하며, 단축된 내적 언어는 지적 형식으로 확장되어야만 한다. 중요한 것은 아동에게 중요한 목적을 위해 읽기와 쓰기가 조직되어야 한다는 것이다.

주제('과학적인') 개념도 고등 인지기능의 발달에 중요한 역할을 담당한다. 일상적인(자연 발생적인) 개념과 달리, 주제 개념은 대상이나 그것이 나타내는 사건에서 벗어나 체계를 또한 형성한다. 즉, 개념은 다른 개념의 용어로 표현될 수 있다. 따라서 주제 개념은 추상화 과정과 일반화 과정의 발달을 촉진한다.

교실수업에서 고등 인지기능을 개발하기 위해 필수적인 것은 교사와 학생 간의 협동이다. Vygotsky를 인용하여 교실에서의 소집단 혹은 대집단 모둠 토론의 효과를 주장하는 사람들도 있지만, Vygotsky는 교사-학생 간의 협동을 필요로 하는 구체적인 활동을 보여 주었다.

3. 교육적 적용

Vygotsky의 문화-역사적 이론은 최근에 미국에서 상당한 관심을 받고 있다. 글을 잘 못 읽는 학생들을 위한, 읽기를 가르치려는 2개의 프로그램이 교사－학생의 협동, 교사 모델링과 모방, 상징으로부터 의미 추상하기 같은 Vygotsky의 개념을 반영하고 있다. 하나는 Marie Clay(1985)가 설계한 정규 교실수업에서 읽기가 부족한 초등학교 1학년 학생들(하위 10%)을 위한 읽기 보충(Reading Recovery) 프로그램이다. 교사와 학생의 협동은 학생이 많은 출처로부터 정보를 점검하고 통합하는 것을 돕는다. 즉, 학생들은 네 가지 유형의 단서(의미적, 구문론적, 시각적, 음운론적[말소리]를 사용하는 것을 배우고, 읽으면서 의미를 개발한다(Clay & Cazden, 1990). 다른 하나는 Palinscar와 Brown이 개발한 상보적 수업(reciprocal teaching) 프로그램으로, 읽기를 잘 못하는 아동들에게 이해 전략을 가르치기 위한 것이다. 읽기에 대한 상호 가르치기는 학생들이 책을 이해했는지 점검하는 데 있어서 중요한 주관적인 판단력을 개발하도록 돕는다(Brown, 1994, p. 6).

Vygotsky의 원리는 적어도 두 가지 다른 중요한 시사점이 있다. 첫째, 문화 속에서 사용되는 부호와 상징의 의미는 우연에 맡겨 둘 수 없다는 것이다. 둘째, 그의 이론은 또한 문화를 통하여 대중매체에 기반을 둔 사회가 시사하는 바를 이해할 것을 제안한다. 역사적으로 문화의 상징 체계가 발전함에 따라 문화에 의해 산출된 사고와 새로운 것들도 발달했다. 그러나 Vygotsky 이론이 암시하는 것은 주요한 상징 체계는 동시에 발생하는 자극(영상)이며, 그에 따라 개인은 원시적인 정신 기능만을 요구한다는 심오한 뜻이 있다. 다시 말해서, 사고는 한 세대에서 다음 세대로 전진해 나갈 수 있을 뿐만 아니라 사회 속에서 퇴보할 수도 있다.

1) 교실 문제

Vygotsky 이론은 사회 문화적 배경을 인지발달과 학습의 기원으로 본다. 따라서 학습자의 특성, 인지과정, 학습상황 모두 그 관점에서 조명된다.

(1) 학습자의 특성

개인차와 준비도는 Vygotsky 이론이 구체적으로 언급하고 있는 두 가지 문제이다.

개인차. Vygotsky 이론에서 미완성인 개념들 중의 하나가 개인차이다. 그러나 Vygotsky(1930/1977a)는 기억의 질적 차이가 개인 간의 중요한 차이가 아니라고 말했다. 주의력과 추동력에 있어서 중요한 개인차가 있다. 다시 말해서, 개인차를 결정하는 중요한 성분은 자신의 능력을 사용하는 방법, 즉 성격에 있어서 그것들의 역할이다.

준비도. 인지기능이 나타나기 시작하는 근접발달영역은 준비도를 나타낸다. 준비도는 잠재적 발달을 의미하기 때문에 그것은 표준화 검사에 의하여 결정될 수 없다.

동기. Vygotsky가 죽을 당시까지 미완성으로 남아 있었던 그의 주요 관심사 중의 하나는 정서 문제였다. 그는 원시적 정신 기능이 복잡한 정신 기능으로 변환해 가듯이 원시적 감정도 동일한 일반 사이클 속에서 발달하여 도덕적, 윤리적 감정이 된다고 믿었다(Vygotsky, 1930/1977a). 또한 그는 주관적인 정서가 행동을 조정하지만 이 조정의 기제는 발달하지 않은 채 남아 있다고 믿었다.

(2) 인지과정과 교수

학습의 전이, '학습하는 방법'의 기술 개발, 문제해결 수업은 학습의 사회적 성격이라는 점에서 이 이론으로 설명된다.

학습의 전이. 모든 고등 정신 기능은 우선 지식 있는 사회 구성원과 아동 간의 상호작용으로 나타난다. 그리고 나서 Vygotsky의 관점에서의 '전이'는 개인 간 활동과 이런 활동의 내면화 사이에서 복잡한 지적 기능으로 질적인 변화를 일으킨다. 그러나 이 과정은 오랜 시간이 걸리는 것으로 우선 주요한 세 가지 단계를 거친다. 그 단계들은 의사소통을 위한 상징 체계의 사용, 정신 능력의 개발을 안내하기 위한 상징 체계의 사용, 자신의 기억과 사고를 감시하고 조정하는 내적 단서와 부호의 발달이다.

학습방법 기술의 개발. 이 문제는 미국 심리학자들에게는 익숙하지 않은 전문 용어로 설명되었다. 그러나 Vygotsky는 이것을 가장 높은 수준의 상징 사용으로 묘사하였다. 즉, 학습하는 방법은 자신의 행동을 감시하고 조정하기 위한 내적 단서를 창조하는 것이다. 이 활동은 상징을 사용하여 논리적 기억과 사고를 감시하며 학습하는 방법을 학습하는 것을 말한다.

문제해결 교수. 부호와 상징의 학습과 마찬가지로 문제해결을 학습하는 것은 사회적 상황 속에서 일어난다. 교사는 적절한 행동을 보여 주고 학습자가 그 과제를 해결해 나가는 과정을 지도한다.

(3) 학습의 사회적 맥락

사회적 배경의 두 가지 양상이 아동 학습의 성격과 범위를 결정한다. 하나는 특정한 문화의 한 구성원으로서 아동이 물려받은 역사적 발달이다. 즉, 그 문화가 파푸아뉴기니에서와 같이 원시적 셈하기 체계를 가지고 있을 수도 있고 대수학, 미적분, 복잡한 확률 체계 같은 복잡한 상징 체계를 널리 사용하고 있을 수도 있다. 아동이 물려받은 상징 체계의 성격이 그 아동이 개발할 수 있는 고등 인지기능의 범위를 제한한다.

두 번째 중요한 요소는 아동과 그 사회의 지식 있는 구성원 간의 사회적 상호작용의 성격이다. 이런 상호작용을 통해서만 아동이 중요한 상징의 의미와 사용법을 획득할 수 있고, 그에 따라 자신의 사고 능력을 발달시킬 수 있다.

Vygotsky 이론의 시사점은 상징을 전수하는 방법으로만 가르치는 문화에서는 인위적 부호의 가장 중요한 기능인 사고과정의 숙달과 개발이 불가능하다는 것이다.

(4) 다른 관점과의 관계

Piaget와 마찬가지로 Vygotsky도 개인이 고등 인지과정을 개발하는 기제에 초점을 두었다. 그러나 Vygotsky의 문화-역사적 이론은 그것들을 자기 조정적 주의집중, 범주적 개념, 논리적 기억, 개념적 사고(논리적 추론 과정 대신에)로 설명한다. Piaget 이론과 또 다른 차이점은 인지발달에 있어서 문화의 역할, 자기 중심적 언어의 역할, 그리고 학교 교과목의 중추적 역할이다. 자기 중심적 언어는 사라지는 것이 아니라 내적 언어가 된다. Vygotsky는 또한 가장놀이(make-believe play)가 아동에게 자신의 행동을 또래의 평균적인 행동보다 확장시키는 기회를 제공하기 때문에 이 놀이의 역할에 커다란 비중을 두었다.

또한 Gagné가 학습의 조건과 교수설계에 대해 논의하기 40여 년 전에 Vygotsky가 개념학습을 통한 추상화와 일반화의 인지과정의 개발에 대한 중요성을 논의했다는 점이 흥미있다. 게다가, 최근에 관심을 받고 있는 자기 조직적 학습(self-organized learning)과 특히 관련이 있는 것은 Vygotsky가 다음과 같은 것들을 밝혔다는 것이다. ① 자기 조정적 주의집중의 중요성, ② 자신의 학습을 지시하고 관리하는 데 있어서의 부호와 상징의 역할, ③ 자기 조정적 학습에서의 두 가지 중요한 기초적인 과정, 즉 발달할 인지과정에 대한 학습자의 의식적인 지각과 자기 행동에 대한 자발적 통제(숙달)이다. 그 밖에 그는 미국 심리학자들이 모델링을 소개하기 전에 모방의 중요성을 강조했다. 마지막으로 Vygotsky는 의미화와 학습자의 의미 발달에 초점을 두었기 때문에 (Piaget와 함께) 초기 구성주의자라고 말할 수 있다.

2) 교실수업 전략의 개발

Vygotsky 이론을 교실에 적용시키면 교사와 학생의 역할을 모두 바꾸어야 한다. 이상적으로는 한 교사가 2명 혹은 1명의 학생과 수업을 해야 하며, 최대한 5, 6명 이내로 제한해야 한다. Vygotsky의 광범위한 이론에서 추론한 교수 계획의 단계는 다음과 같다.

초등학교 수준

단계 1: 각 아동에 대한 적절한 교수 수준을 결정한다.

1.1 어떤 과제나 문제가 중요한 인지 능력을 반영하는가?

1.2 교사의 도움을 받아서 아동이 어떤 문제를 풀 수 있는가?

단계 2: 아동의 언어적 사고를 계발할 수 있는 상황을 확인한다.

2.1 학습할 핵심 단어의 의미는 무엇인가?

2.2 어떤 방법으로 학습자가 핵심 단어를 일반화했다는 것을 확인할 수 있는가?

모든 학년

단계 3: 학습 과제를 교사와 학생의 협동 활동으로 구성한다.

3.1 교사는 과제의 어떤 양상을 모델로 제시할 것인가?

3.2 어떤 자기 조정적 기술이 교사에 의해 모델로 제시될 것인가?

3.3 학생은 어떤 방법을 사용하여 자신의 행동을 조정하는 부호와 상징을 사용할 것인가?

3.4 교사는 학습을 도와 주기 위해 학생들에게 어떤 제안과 피드백을 줄 것인가?

단계 4: 수업을 하고 그 결과를 평가한다.

4.1 교사는 학생이 숙달하는 과정에 점차적으로 다른 개념들을 첨가했는가?

4.2 수업이 끝날 때 학생들은 독립적으로 기능할 수 있었는가?

4.3 학생들의 기술은 다른 환경과 상황에 일반화되는가?

3) 교실수업의 예

아래의 수업은 최소한의 해독력은 있지만 작문은 잘 못하는 학생을 대상으로 한 상보적 수업(Palinscar & Brown, 1984, p. 138)의 첫째 날과 넷째 날의 모습에서 따온 것이다. 수업은 점차적으로 책무성을 학생에게로 양도하는 것을 보여 주고 있다.

> **첫째 날**: 교사와 학생이 한 단락을 조용하게 함께 읽는다. 그리고 교사가 이해했는지 확인하기 위해 자기 검토 질문을 하는 것을 모델로 보여 준다. 두 번째 단락도 마찬가지로 조용히 읽는다. 두 번째 단락의 pit vipers(독사)라고 하는 독이 있는 뱀에 대한 내용으로 그 이름을 붙인 이유를 설명하고, 독사의 일종인 water moccasin[2](물뱀) 혹은 'cottonmouth'[3]의 특성을 설명하고 있다.

2) moccasin: (북미 인디언의) 밑이 평평한 노루 가죽신이나 그것과 비슷한 신, (동물) 독사의 일

교사: 이 단락은 pit vipers라고 불리는 독 있는 뱀의 몇 가지 다른 종류에 대해 이야기하고 있지. pit vipers에 대해 **왜**라는 말로 시작하는 어떤 질문을 하는 것이 좋을까?

학생: (대답 없음)

교사: "왜 그 뱀을 pit vipers라고 해요?"는 어때?

학생: 왜 음, put vipers in a pit?

교사: 다시 해 봐. "왜 그 뱀을 …라고 해요?"

학생: 왜 그 뱀을 pit vipers라고 해요?

교사: 잘했구나. 이제 water moccasin(물뱀)에 대해서는 어떻게 질문하면 좋을까?

학생: 이름?

교사: 이름에 대해 어떻게?

학생: 왜 moccasin(물뱀)이라고 해요?

교사: 꽤 잘했어. 다시 해 봐. 'cottonmouth' 이름에 대해서는 어떻게 할까?

학생: 왜 그것을 cottonmouth라고 부르죠?

교사: 잘했어. 그러나 우리는 어떤 뱀을 cottonmouth라고 부르는지 알 필요가 있어.

학생: "왜 moccasin을 cottonmouth라고 하지요?"는 어때요?

교사: 좋아. 이제 우리가 그 단락을 확실하게 이해하기 위해 질문에 답해 보자. (교사와 학생은 그 질문을 검토하고 같은 방법으로 답한다.)

넷째 날: 짧은 단락의 spinner's mate와 그 특성에 대한 내용이다.

학생: (질문 없음)

교사: 이 단락은 어떤 내용이지?

학생: Spinner's mate에 대한 내용입니다. Spinner's mate는 어떻게 …

교사: 좋아, 계속해 봐.

학생: 어떻게 spinner's mate는 …보다 더 작아요? 이것을 어떻게 말해야 해요?

교사: 천천히 해 봐. 넌 어떻게(how)라는 말을 사용해서 spinner's mate가 무엇인지 그리고 하는 일은 무엇인지 질문하고 싶어하는구나.

학생: 그들은 어떻게 대부분의 시간을 앉아서 보내죠?

종(미국 남부산)

water moccasin: 독사(북미 남부의 늪·강에 사는)

3) cottonmouth: 북미 남부의 늪·하천에 사는 늪 살모사(큰 독사), 물뱀(속칭)

교사: 거의 다 맞았어. 앉아서라는 것이 그 질문에 대한 답이야. 앉아서라는 말을 사용하지 않고 그 질문을 할 수 있겠니?

학생: 그들은 대부분의 시간을 어떻게 보냅니까?

교사: 좋아, 그러나 질문 속에 spinner's mate를 넣어야 돼. "어떻게 spinner's …?" 이제 네가 완성해 봐.

학생: Spinner's mate는 그의 대부분의 시간을 어떻게 보냅니까?

교사: 잘했어.

4) 이론의 재고

Lev Vygotsky는 Jean Piaget와 마찬가지로 인간 인지발달의 특별한 양상을 분석했다. 이 과제에 대한 두 사람의 접근은 네 가지 주요한 공통점이 있다. ① 심리적 과정을 연구하기 위한 이론적인 틀 확립, ② 발달 중에 구성되는 여러 가지 심리적 구조의 확인, ③ 최고 수준의 인지발달을 획득하기 위해 필요한 심리 과정의 분석, ④ 작은 변화들이 모여서 인지발달이 일어나는 것이 아니라 질적 변화를 통하여 인지발달이 일어난다는 주장이다.

Vygotsky는 범주적 지각, 논리적 기억, 개념적 사고, 자기 조정적 주의집중의 복잡한 정신 기능을 강조했다. 이런 능력 개발의 가능성은 아동이 어떤 문화-역사적 유산을 물려받은 문화 속에서 살고 어떤 사회적 경험을 하느냐에 따라 결정된다.

복잡한 정신 기능을 발달시키는 열쇠는 그 문화의 부호와 상징을 숙달하고 자신의 행동을 안내하고 조정하기 위해 그것들을 사용하는 것을 학습하는 것이다. 추상적인 부호를 창조하고 사용하는 것이 지각, 기억, 주의집중 같은 심리적 과정을 더 복잡한 형태로 변화시킨다.

Vygotsky에 의해 밝혀진 인지발달의 기본 원리는 문화적인 인지발달과 발생적인 발달의 일반 법칙이다. 고등 인지기능의 발달에서 가장 중요한 것은 문화적인 상징과 그 문화의 사고방식을 개발하기 위한 지식 있는 성인과의 상호작용이다. 이 과정에서 또한 중요한 것은 성인-교사와의 상호작용 중에 모델로 제시된 행동을 적용하는 과정에서의 학습자의 모방과 중재이다(〈표 11.5〉 참조).

Vygotsky 이론의 큰 단점은 죽기 전에 자신의 아이디어를 완성할 수 없었다는 것이다. 따라서 교육자들에게는 광범위한 윤곽만 제시되고 적용에 대해서는 상세한 내용이 없다는 것이다.

〈표 11.5〉 Vygotsky의 문화-역사적 이론의 요약

기본 요소	정 의
가정	1. 동물의 행동으로 인간의 인지를 설명할 수 없다. 2. 인간은 합리적이고 자신의 사고를 점차적으로 통제하는 것을 습득한다. 3. 인지발달은 변증법적 통합으로 묘사될 수 있다. 4. 인간이 개발한 심리적 도구가 자신의 사고를 변화시킨다. 5. 인지과정은 인지과정의 역동적이고 변화하는 성격을 나타내는 방법으로 연구되어야 한다.
인지발달	주어진 자극과 창조된 자극 모두를 사용하는 복잡한 정신 기능의 발달
발달의 구성요소	심리 간 단계에 처음 나타나는 활동의 내면화, 문화의 부호와 상징을 숙달하는 것과 그것을 사용하여 자신의 행동을 숙달하는 것을 학습하는 것
인지발달의 결과	자기가 조직한 주의집중, 범주적 지각, 개념적 사고와 논리적 기억을 포함하는 복잡한 정신 기능
복잡한 기술을 위한 교수설계	개념을 가르침으로써 자신의 사고에 대한 의식적 자각과 숙달을 개발시키고, 사고를 개발하기 위한 작문 수업
이론의 분석	
단점	미완성의 체계와 구체적인 지침의 부족
공헌	인지발달에 있어서 창조된 자극의 심리적 공헌에 대한 인식, 학습의 사회적 상호작용과 사회적 성격의 중요성

Vygotsky 이론의 주요 공헌으로는 학습과 발달에 있어서 문화의 역할, 심리적 기능에 있어서 부호와 상징의 심리적 공헌 인정, 그리고 학습에 있어서 사회적 상호작용의 중요성이 포함된다.

4. 생각해 볼 문제

1. 사회 경제적 수준이 낮은 학생들은 그들의 집에 잡지나 읽을거리가 부족하고, 그들의 부모도 책읽기를 일상화하고 있지 않기 때문에 학교에서 학업 수준이 낮은 것으로 보인다. Vygotsky는 이런 아동의 불리한 입장을 어떻게 설명하겠는가?
2. Vygotsky는 보충 수업을 하기 위해 컴퓨터 같은 기계적 도구를 사용하는 것을 왜 지지하지 않겠는가?
3. Vygotsky가 문어는 언어의 대수학이라고 말했을 때, 그가 의미한 것은 무엇이라고 생각하는가?

4. Schoenfeld(1985) 등은 학생들이 수학 문제를 기계적인 연습으로 접근하고 자신이 무엇을 하고 있는지 알지 못하는 것 같다고 염려했다(제9장에서 논의한 것을 참조). Vygotsky라면 어떻게 이 문제를 설명했을 것이며, 그러한 문제를 바로잡기 위해 어떤 것을 수업에 포함시켜야 한다고 주장했겠는가?
5. 사고를 계발하기 위해 작문이 어떻게 사용될 수 있는가?

참고문헌

Berk, L. E. (2000). *Child development* (5th ed.). Boston: Allyn & Bacon.

Berk, L. E., & Garvin, R. A. (1984). Development of private speech among low-income Appalachian children. *Developmental Psychology, 20,* 271-286.

Berk, L. E., & Stuhl, S. T. (1995). Maternal interactions, private speech, and task performance in preschool children. *Early Childhood Research Quarterly, 10,* 145-169.

Bozhovitch, L. I. (1977). The cultural-historical development of the mind. *Soviet Psychology, 16*(1), 5-22.

Brown, A. L. (1994). The advancement of learning. *Educational Researcher, 23*(8), 4-12.

Clay, M. (1985). *The early detection of reading difficulties* (3rd ed.). Portsmouth, NH: Heinemann.

Clay, M. C., & Cazden, C. B. (1990). A Vygotskian interpretation of Reading Recovery. In L. C. Moll (Ed.), *Vygotsky and education* (pp. 206-222). New York: Cambridge University Press.

Cole, M. (1996). *Cultural psychology.* Cambridge, MA: The Belknap Press of Harvard University Press.

Elsasser, N., & John-Steiner, V. P. (1977). An interactionist approach to advancing literacy. *Harvard Educational Review, 47*(3), 355-369.

Engels, F. (1940). *Dialectics of nature.* New York: International.

Engels, F. (1925/1978). *Dialectic on culture.* Berlin: Dietz Verlag.

Fiore, K., & Elsasser, N. (1982). Strangers no more: A laboratory literacy curriculum. *College English, 44,* 115-128.

Fitzpatrick, S. (1992). *The cultural front: Power and culture in revolutionary Russia.* Ithaca, NY: Cornell University Press.

Gindis, B. (1995). The social/cultural implications of disability: Vygotsky's paradigm for special education. *Educational Psychologist, 30*(2), 77-81.

Gredler, M., & Shields, C. (2004). Does no one read Vygotsky's words? Commentary on Glassman. *Educational Researcher, 33*(2), 21-25.

Harste, J., Short, K. G., & Burke, C. (1988). *Creating classrooms for authors.* Portsmouth, NH: Heinemann.

Janet, P. (1926). De l'angoisse a l'extrase. Vol. I. Paris: Alcan.

Janet, P. (1929). De l'angoisse a l'extrase. Vol. II. Paris: Alcan.

Joravsky, D. (1989). *Russian psychology: A critical history.* Cambridge, MA: Basil Blackwell.

Kornilov, K. N. (1930). Psychology in the light of dialectical materialism. In C. Murchison (Ed.), *Psychologies of 1930* (pp. 243-278). Worcester, MA: Clark University Press.

Kozulin, A. (1984). *Psychology in Utopia.* Cambridge, MA: MIT Press.

Kozulin, A. (1990). *Vygotsky's psychology: A biography of ideas.* Cambridge, MA: Harvard University Press.

Leont'ev, A. N. (1959). *Problems of mental*

development. Moscow: Publishing House of the Academy of Pedagogical Sciences RSFSR.

Leont'ev, A. N. (1977). The dialectical method in the psychology of memory. *Soviet Psychology, 16*(1), 53-69.

Leont'ev, A. N., & Luria, A. R. (1968). The psychological ideas of L. S. Vygotsky. In B. B. Wolman (Ed.), *Historical roots of contemporary psychology* (pp. 338-367). New York: Harper & Row.

Lévy-Bruhl, L. (1910/1922). *Les onctions mentales dans les societes inferieures.* Paris: Alcan.

Lévy-Bruhl, L. (1922/1976). *La mentalite primitive.* Paris: Retz.

Luria, A. R. (1971). Towards the problem of the historical nature of psychological processes. *International Journal of Psychology, 6*(4), 259-272.

Luria, A. R. (1976). *Cognitive development: Its cultural and social foundations.* Cambridge, MA: Harvard University Press.

Luria, A. R. (1979). *The making of mind: A personal account of Soviet psychology.* Cambridge, MA: Harvard University Press. (Edited by M. Cole & S. Cole)

O'Connor, M. C. (1996). Managing the intermental: Classroom group discussion and the social context of learning. In D. I. Slobin, J. Gerhardt, A. Kyratzis, & J. Guo (Eds.). *Social interaction, social context, and language.* Mahwah, NJ: Erlbaum.

Palinscar, A. S., & Brown, A. L. (1984). Reciprocal teaching of comprehension-fostering and comprehension-monitoring activities. *Cognition and Instruction, 1*(2), 117-175.

Saxe, G. B. (1981). Body parts as numerals: A developmental analysis of numeration among the Oksapmin in Papua New Guinea. *Child Development, 52,* 306-316.

Schoenfeld, A. H. (1985). Metacognitive and epistemological issues in mathematical understanding. In E. A. Silver (Ed.), *Teaching and learning mathematical problem solving: Multiple research perspectives* (pp. 361-379). Hillsdale, NJ: Erlbaum.

Thurnwald, R. (1922). Psychologie des primi-tiven Menschen. In G. Kafka (Ed.), *Handbuch der vergleichenden Psychologie Band 1.* (pp. 147-320). Munchen: Verlag von Ernst Reinhardt.

Valsiner, J. (1988). *Developmental psychology in the Soviet Union.* Bloomington, IN: Indiana University Press.

Valsiner, J., & van der Veer, R. (2000). *The social mind: Construction of the idea.* New York: Cambridge University Press.

van der Veer, R. (1991). The anthropological underpinnings of Vygotsky's thinking. *Studies in Soviet Thought, 42,* 73-91.

van der Veer, R., & Valsiner, J. (1988). Lev Vygotsky and Pierre Janet. *Developmental Review, 8,* 52-65.

van der Veer, R., & Valsiner, J. (1991). *Understanding Vygotsky: A quest for synthesis.* Cambridge, MA: Blackwell.

Vygodskaia, G. (1995). Remembering father. *Educational Psychologist, 30*(2), 57-59.

Vygodskaia, G. (1998). Afterword. In K. Topping & S. Ehly (Eds.), *Peer-assisted learning* (pp. 329-332). Mahwah, NJ: Erlbaum.

Vygotsky, L. S. (1929). The problem of the cultural development of the child. *Journal of Genetic Psychology, 36,* 415-434.

Vygotsky, L. S. (1962). *Thought and language.* Cambridge, MA: Massachusetts Institute of Technology. (Original work published 1934)

Vygotsky, L. S. (1963). The problem of learning and mental development at school age. In B. Simon & J. Simon (Eds.), *Educational psychology in the U.S.S.R.* (pp. 21-34). London: Routledge & Kegan Paul.

Vygotsky, L.S. (1966). Development of the higher mental functions. In A. N. Leont'ev, A. R. Luria, & A. Smirnol (Eds.), *Psychological research in the U.S.S.R. Vol. I* (pp. 11-45). Moscow: Progress. (Original work published 1931)

Vygotsky, L. S. (1977a). Talks on psychological systems, notes. Cited in L. I. Bozhovitch, The cultural-historical development of the mind. *Soviet Psychology, 16*(1), 5-22. (Original work published 1930)

Vygotsky, L. S. (1977b). The development of higher psychological functions. *Soviet Psychology, 16*, 60-73. (Original work published 1929)

Vygotsky, L. S. (1979a). Consciousness as a problem in the psychology of behavior. *Soviet Psychology, 17*(4), 3-35. (Original work published 1924).

Vygotsky, L. S. (1979b). The development of higher forms of attention in childhood. *Soviet Psychology, 18*(1), 67-115. (Original work published 1929)

Vygotsky, L. S. (1983). *Sobraniye sochinenii* [Collected works] (Vol. 5). Moscow: Pedagogika.

Vygotsky, L. S. (1987a). An experimental study of concept development. In R. W. Rieber & A. S. Carton (Eds.), *Problems of general psychology, Vol. 1. Collected works* (pp. 121-166). New York: Plenum. (Original work published 1934)

Vygotsky, L. S. (1987b). The development of scientific concepts in childhood. In R. W. Reiber & A. S. Carton (Eds.), *Problems of general psychology, Vol. 1. Collected works* (pp. 167-241). New York: Plenum. (Original work published 1934)

Vygotsky, L. S. (1987c). The genetic roots of thinking and speech. In R. W. Rieber & A. S. Carton (Eds.), *Problems of general psychology, Vol. 1. Collected works* (pp. 101-120). New York: Plenum. (Original work published 1934)

Vygotsky, L. S. (1987d). The problem and the method of investigation. In R. W. Rieber & Carton (Eds.), *Problems of general psychology, Vol. 1. Collected works* (pp. 43-52). New York: Plenum. (Original work published 1934)

Vygotsky, L. S. (1987e). The problem of speech and thinking in Piaget's theory. In R. W. Rieber & Carton (Eds.), *Problems of general psychology, Vol. 1. Collected works* (pp. 53-91). New York: Plenum. (Original work published 1934)

Vygotsky, L. S. (1987f). Thought and word. In R. W. Rieber & A. S. Carton (Eds.), *Problems of general psychology, Vol. 1. Collected works* (pp. 243-285). New York: Plenum. (Original work published 1934)

Vygotsky, L. S. (1993). *The fundamentals of defectology. Vol. 2, Collected works.* New York: Plenum. (Original work published 1982)

Vygotsky, L. S. (1997a). Analysis of higher mental functions. In R. W. Rieber (Ed.), *The history of the development of higher mental functions, Vol. 4. Collected works* (pp. 65-82). New York: Plenum. (Original work published 1931)

Vygotsky, L. S. (1997b). Cultivation of higher forms of behavior. In R. W. Rieber (Ed.), *The history of the development of higher mental functions, Vol. 4. Collected works* (pp. 221-229). New York: Plenum. (Original work published 1983)

Vygotsky, L. S. (1997c). Genesis of higher mental functions. In R. W. Rieber (Ed.), *The history of the development of the higher mental functions, Vol. 4. Collected works* (pp. 97-119). New York: Plenum. (Original work published 1931)

Vygotsky, L. S. (1997d). Mastering attention. In R. W. Rieber (Ed.), *The history of the development of the higher mental functions, Vol. 4. Collected works* (pp. 153-177). New York: Plenum. (Original work published 1983)

Vygotsky, L. S. (1997e). Mind, consciousness, the unconscious. In R. W. Rieber & J. Wollock (Eds.), *Problems of the theory and his-tory of psychology, Vol. 3. Collected works* (pp. 109-121). New York: Plenum. (Original work published 1930)

Vygotsky, L. S. (1997f). Preface to Buhler. In R. W. Rieber & J. Wollock (Eds.), *Problems of the theory and history of psychology, Vol. 3. Collected works* (pp. 163-173). New York: Plenum. (Original work published 1930)

Vygotsky, L. S. (1997g). Preface to Koffka. The problem of development in structural psychology: A critical investigation. In R. W. Rieber & J. Wollock (Eds.), *Problems of the theory and history of psychology, Vol. 3. Collected works* (pp. 195-232). New York: Plenum. (Original work published 1934)

Vygotsky, L. S. (1997h). Preface to Thorndike. In R. W. Rieber & J. Wollock (Eds.), *Problems of the theory and history of psychology, Vol. 3. Collected works* (pp. 147-161). New York: Plenum. (Original work published 1926)

Vygotsky, L. S. (1997i). Research method. In R. W. Rieber (Ed.), *History of the development of the higher mental functions, Vol. 4. Collected works* (pp. 27-63). New York: Plenum. (Original work published 1931)

Vygotsky, L. S. (1997j). *The history of the development of the higher mental functions, Vol. 4. Collected works*. New York: Plenum. (Original work published 1931)

Vygotsky, L. S. (1997k). The instrumental method in psychology. In R. W. Rieber & J. Wollock (Eds.), *Problems of the theory and history of psychology, Vol. 3. Collected works* (pp. 85-89). New York: Plenum. (Archival manuscript)

Vygotsky, L. S. (1997l). The methods of reflexological and psychological investigation. In R. W. Rieber & J. Wollock (Eds.), *Problems of the theory and history of psychology, Vol. 3. Collected works* (pp. 35-49). New York: Plenum. (Original work published 1926)

Vygotsky, L. S. (1997m). The problem of the development of higher mental functions. In R. W. Rieber (Ed.), *The history of the development of higher mental functions, Vol. 4. Collected works* (pp. 1-26). New York: Plenum. (Original work published 1931)

Vygotsky, L. S. (1997n). The structure of higher mental functions. In R. W. Rieber (Ed.), *History of the development of higher mental functions, Vol. 4. Collected works* (pp. 83-96). New York: Plenum. (Original work published 1931)

Vygotsky, L. S. (1998a). Development of higher mental functions during the transitional age. In R. W. Rieber (Ed.), *Child psychology, Vol. 5. Collected works* (pp. 83-149) (M. J. Hall, Trans.). New York: Plenum. (Original work published 1930-1931)

Vygotsky, L. S. (1998b). Development of thinking and formation of concepts in the adolescent. In R. W. Rieber (Ed.), *Child psychology, Vol. 5. Collected works* (pp. 29-81) (M. J. Hall, Trans.). New York: Plenum. (Original work published 1930-1931)

Vygotsky, L. S. (1998c). The problem of age. In R. W. Rieber (Ed.), *Child psychology, Vol. 5. Collected works* (pp. 187-205). New York: Plenum. (Original work published 1930-1931)

Vygotsky, L. S. (1999a). Methods of studying higher mental functions. In R. W. Rieber (Ed.), *Scientific legacy, Vol. 6. Collected works* (pp. 57-60). New York: Plenum. (Original work published 1984)

Vygotsky, L. S. (1999b). The function of signs in the development of higher mental processes. In R. W. Rieber (Ed.), *Scientific legacy, Vol. 6. Collected works* (pp. 27-38). New York: Plenum. (Original work published 1930)

Vygotsky, L. S. (1999c). The teaching about emotions. In R. W. Rieber (Ed.), *Scientific legacy, Vol. 6. Collected works* (pp. 71-235). New York: Plenum. (Original work written 1930)

Vygotsky, L. S., & Luria, A. R. (1993). *Studies in the history of behavior: Ape, primitive, and child.* Hillsdale, NJ: Erlbaum. (Original work published 1930)

Wertsch, J. V. (Ed.) (1985a). *Culture, communication and cognition: Vygotskian perspective.* Cambridge, U.K.: Cambridge University Press.

Wertsch, J. V. (1985b). Introduction. In J. V. Wertsch (Ed.), *Culture, communication and cognition: Vygotskian perspective* (pp. 1-18). Cambridge, U.K.: Cambridge University Press.

Yaroshevsky, M. (1989). *Lev Vygotsky*. Moscow: Progress Publishers.

Part V

사회적 맥락 이론

Vygotsky의 문화-역사적 이론에 의하면 사회 환경은 인지발달에 상당한 영향을 미친다. 개인에 미치는 다른 측면의 사회적 영향에 대해 Albert Bandura의 사회인지 이론, 학업동기 모델과 이론들이 설명하고 있다.

사회인지 이론에서의 주요 개념은 한 개인이 다른 사람의 행동과 그에 따른 사회적 결과를 관찰함으로써 학습한다는 것이다. 대중매체에서 제시되는 실물 모델과 상징적 모델에 의해서도 학습이 이루어진다. 학습에 영향을 주는 요소들은 모델의 특성과 관찰된 상황을 처리하는(인지과정) 학습자의 능력이라고 본다. 그러나 학습과 수행은 또한 학습자 자신이 그 수행을 성공적으로 해낼 수 있다는 자기효능감(self-efficacy)이라고 하는 자기 믿음에 달려 있다고 한다.

이와 대조적으로, 기대가치 모델, 목표 지향성 모델, 귀인이론에서는 동기에 영향을 주는 개인 특성과 학습 환경에 대해 설명한다. 기대가치 모델은 학습자가 가지고 있는 성공에 대한 기대와 성공에 부여하는 가치 그리고 동기를 지지하는 믿음을 강조하고 있다. 목표 지향성 모델은 학습자의 의도와 그 결과를 중요하게 생각하는데, 학습자의 의도란 학습자가 학습을 시도하고 몰두하기로 결정하는 것을 의미한다. 귀인이론은 성취와 관련된 결과에 대한 개인이 지각하는 원인이 무엇인가와 그 원인에 따라 후속 행동이 어떻게 연결되는가에 대해 설명한다.

제 12 장

Albert Bandura의 사회인지 학습이론

사고의 주된 기능은 자신의 삶에 영향을 주는 사태를 예측하고 그것을 통제하는 방법을 개발하는 것이다. (Bandura, 1995, p. 6)

학습과 동기에 영향을 주는 요인을 사회적, 인지적, 개인적 요인으로 설명하고 있는 최근의 사회인지 이론은 뱀 공포증 환자를 대상으로 한 Bandura의 임상 실험에서 시작되었다. 뱀 공포증 치료에 효과적인 방법은 환자에게 언어로 설득하는 방법과 일반인들이 뱀을 만지는 것을 관찰하도록 하는 것보다 뱀 공포증에서 회복된 사람이 뱀을 만지는 모습을 관찰하도록 하는 것이었다.

그의 초기 연구는 친사회적 행동과 반사회적 행동의 학습에 있어서 행동 모델의 역할(Bandura, 1969, 1971a; Bandura & Walters, 1963)과 행동 수정에 있어서 모델의 역할을 밝히는 것이었다(Bandura, 1965, 1971b). 그 후 학습에 영향을 미치는 사회적 요인과 인지적 요인들을 밝혔으며, 그 요인으로는 상징을 사용하는 능력과 의도적이고 계획적으로 행동하는 능력들이 있다. 또한 이 이론은 관찰자의 가치, 태도, 행동양식에 영향을 주는 대중매체의 영향도 포함하고 있다.

1980년대 이후에는 지각된 자기 효능감(perceived self-efficacy)과 자기 조정 학습(self-regulated learning)의 개념이 이 이론의 주요 관심사가 되었다. 자기 효능감은 새롭거나 불확실한 요소를 가지고 있는 과제를 성공적으로 해낼 수 있다는 자신의 능력에 대한 개인적인 믿음이며, 교사 효능감도 자기 효능감에 포함된다(Bandura, 1977a, 1997). 자기 조정 학습은 학습 중에 감정적, 인지적, 환경적 자원을 결집하기 위한 학생의 노력과 자신의 발전에 대한 자기 관찰, 판단과 반응을 말한다(Bandura, 1986; Schunk & Zimmerman, 1998; Zimmerman, 2001).

1. 학습원리

Bandura의 사회인지 이론은 자연스러운 환경에서 일어나는 학습을 설명하려고 한다. 실험실 환경과는 달리, 사회적 환경은 모델의 행동과 그 행동 결과의 관찰을 통해서 개인이 복잡한 기술과 능력을 획득할 수 있는 많은 기회를 제공한다.

1) 기본 가정

사회인지 이론의 기본 가정은 학습과정의 성격과 학습의 결과에 대한 것이다.

(1) 학습과정의 성격

사회인지 이론에서 관찰학습의 정의는 이전의 모방학습이 가지고 있는 것으로 밝혀진 약점을 기반으로 하고 있다.

모방학습에 대한 다른 관점들. 학습자가 모델 행동을 모방하고 모방에 대해 강화를 받으면 후에 그 행동을 반복한다고 여전히 주장하는 이론도 있고, 행동 모방은 아동과 성인 간의 특별한 관계의 결과라고 주장하는 이론도 있다. 아동과 성인 간의 관계에 따라 아동에게는 동성 부모와의 동일시, 양육, 힘, 질투 등이 나타난다.

그러나 Bandura(1969)는 이런 기제로 아동의 모방 행동에 대한 많은 부분을 설명하기에는 충분하지 않다고 보았다. 예를 들어, 성역할 행동에 대한 학습은 다양한 사태에 의해 촉진된다. 아이의 방을 분홍색이나 파란색으로 꾸민다든지, 부모가 아이의 성별에 따라 특정한 옷이나 장난감을 골라 준다든지, 성역할에 적절한 행동에 대해 보상을 해 주는 것들이 예가 될 수 있다(Bandura, 1969, p. 215).

관찰학습에 대한 초기 연구들 또한 양육관계가 모방의 필수조건이 아니라고 지적했다. 더욱이 공격자에 대한 두려움이 공격적인 행동을 모방하는 충분조건이 되는 것도 아니다. 오히려 공격자를 모방하고 싶어하는 충동은 물리적 힘과 언어적 힘을 통해 물질적인 자산을 획득하고 타인을 통제할 수 있는 지배력에서 생겨난 것이다.

연구자들은 친사회적 행동과 마찬가지로 반사회적 행동을 설명하기 위한 다양한 기제를 제시했다. 어떤 연구는 욕구 좌절이 좌절 충동을 활성화시켜서 공격성을 일으키게 된다고 믿는다. 그러나 **욕구 좌절**(frustration)이라는 용어는 1차원적인 정신 상태를 말하는 것이 아니다. 그것은 신체적 공격, 모욕, 박탈, 괴롭힘, 목표 좌절, 패배 등과 같은 혐오적인 조건을 말한다(Bandura, 1979, p. 329).

더 중요한 것은 이러한 조건들로부터 나오는 혐오스러운 자극에 대한 반응이 다양하게 나타난다는 것이다. 다양한 반응으로는 중퇴나 사직, 성취, 마약과 술로 인한 자기 마취, 공격 등이 있다. 게다가 수백만의 사람들이 박탈감 속에 살고 있지만 그들 중에 사회적 동요를 일으키는 사람은 비교적 소수일 뿐이다. 따라서 사회과학에서 관심을 가져야 할 문제는 왜 그러한 조건에서 공격이 발생하는가에 대한 것이 아니라, 왜 풍요로운 사회에서 빈민가에 살고 있는 대다수의 사람들이 체념하고 절망적으로 살아가는가에 대한 문제이다(Bandura, 1979, p. 333).

개인과 환경 간의 관계를 1차원적으로 보는 학습에 대한 다른 관점들도 있다. 즉, 환경적 요소나 개인적 요소가 학습을 통제한다고 보았다. 그러나 Bandura는 이런 간단한 관계로는 복잡한 행동의 발달을 설명할 수 없다고 주장했다.

학습에 대한 가정. 이전의 이론가들도 친사회적 행동과 반사회적 행동을 설명하기 위한 여러 가지 기제를 제안했다. 그러나 학습자가 ① 다른 사람의 행동을 관찰함으로써 정보를 추출하고, ② 어떤 행동을 받아들이고 행동으로 나타낼 것인지에 대한 결정을 할 수 있다는 설명은 없었다. 사회인지 이론의 기본 가정은 이러한 관찰과 의사결정 과정이 친사회적 행동과 반사회적 행동을 획득하는 중요한 기제라는 것이다.

게다가 복잡한 행동의 획득은 환경과 개인 간의 단순한 1차원적인 관계로 설명되지 않는다. 환경이 행동에 미치는 대부분의 영향은 다양한 개인 내적인 요인에 의해 중재된다. 따라서 Bandura(1978)는 학습을 설명하기 위해 Kurt Lewin이 먼저 제안한 세 가지 요소, 즉 행동(behavior: B), 환경(environment: E), 그리고 지각과 행동에 영향을 주는 내적 사태(P)를 포함시켰다. Bandura의 관점에서는 **상보적 결정론**(reciprocal determinism)이라고 불리는 세 가지가 서로 얽힌 관계가 이 세 가지 요인들 간에 존재한다. 예를 들어 주장성 훈련 후에 개인의 행동은 새로운 환경에서의 반응을 활성화한다(Bandura, 1977b). 이 반응은 다시 개인에게 자신감을 주고, 그것은 다시 다음 행동을 중재하게 된다.

환경, 내적 사태, 행동 간의 관계는 종종 복잡하고 미묘하다. 성별이나 인종 같은 어떤 개인적인 특성 때문에 사회적으로 차별 대우를 받게 되는 경우가 종종 있다. 개인적인 자아개념은 다시 그 사회적인 차별 대우에 의해 영향을 받게 되고 그 편견들이 변화되거나 혹은 유지된다. 또한 각 요소에 의한 상대적인 영향은 개인과 상황에 따라 다양할 것이다. 예를 들어, 행동과 행동의 내재적 피드백은 자신의 즐거움을 위해 피아노를 치는 사람에게는 중요한 영향을 미친다. 대조적으로, 도서관에서 어떤 책을 대출해 갈 것인가를 결정할 때는 인지적 요소가 지배적이다(Bandura, 1986, p. 24).

(2) 학습의 결과

대부분의 학자들은 학습과 수행을 같은 것으로 보거나 수행이란 학습이 실제로 일어났다는 표시라고 생각한다. 대조적으로 Bandura는 나중에 수행이 될 수도 있고 수행이 안 될 수도 있는 내적인 행동 부호(code)가 획득된다고 믿는다. 따라서 학습과 수행은 두 가지 독립적인 사태이다. 학습은 미래 행동을 위한 지침으로 작용하는 언어적, 시각적 부호의 형태를 가진 상징적 표현의 획득으로 정의된다. 학급에서 싸움대장과 싸우는 형을 본 아동을 예로 들어 보자. 급우들로부터 감탄을 받는 것을 보고 그 관찰자는 어떤 상황에서는 싸우는 것이 정당하고 보상도 받는다는 결론을 내리게 된다. 그 어린 아동은 그 행동도 학습하고, 미래의 적절한 시기에 그 행동을 수행할 수 있는 경향성도 학습한다.

시각적 부호는 단순한 정신적 복사라기보다 사태의 특징을 추상화하는 것으로(Bandura, 1986) 활동, 장소, 사물들이 포함된다. 예를 들면 테니스, 뉴올리언즈, 에펠탑이 있다. 언어적 부호로는 언어 상징, 수, 악보, 모르스 부호 등이 있다(Bandura, 1971b). 시각적이든 언어적이든 상징 부호의 중요성은 많은 양의 정보를 기억되기 쉬운 형태로 저장한다는 점에 있다(Bandura, 1977b, p. 26).

요약하면 사회학습이론의 세 가지 가정은 다음과 같다. 첫째, 학습과정은 학습자의 인지적 과정과 의사결정 능력을 필요로 한다. 둘째, 학습은 환경, 개인 요인, 행동의 삼원적 상호관계로 설명된다. 셋째, 학습은 행동의 언어적 부호와 시각적 부호의 획득으로 나타나며, 학습된 결과는 후에 수행될 수도 있고 수행되지 않을 수도 있다.

2) 학습의 구성요소

자연적인 환경에서는 개인이 모델의 행동을 관찰하는 것과 자신의 행동의 효과를 통해 새로운 행동을 학습한다. 학습의 구성요소는 행동 모델, 모델 행동의 결과, 학습자의 내적 과정 그리고 지각된 자기 효능감이다.

그러나 행동은 다양한 환경과 다양한 조건 속에서 나타나고 관찰된다. 학습이 일어나기 위해서 모델 행동, 강화, 학습자의 인지과정이 어떤 필요성을 충족시켜야만 한다.

(1) 행동 모델

행동 모델의 역할에 있어서 중요한 문제는 모델의 효과, 모델 자극의 유형, 모델의 특성, 관찰자의 특성이다.

모델의 효과. 모델 행동의 중요한 기능은 정보를 관찰자에게 전달하는 것이다. 이 기능은 세 가지 방법 중에서 하나의 방법으로 일어날 수 있다. 하나는 모델 행동이 다른 사람들에게 비슷한 행동을 하게 하는 사회적 길잡이의 역할을 한다. 예를 들어, 세련된 만찬회에서 손님은 각 요리에 적절한 은식기를 선택하기 위해 여주인의 행동을 관찰한다.

어두운 측면으로는 사회적 관심을 불러일으키는 끔찍한 사태가 단서로 사용되어 모방 범죄를 일으키게 된다는 점이다. 예를 들어, 1961년 쿠바에서 처음으로 비행기 공중 납치 사건이 있은 이후에 14년 동안 71개국에서 비슷한 비행기 납치 사건이 발생했다(Bandura, 1979, p. 325). 또한 최근의 학교 총기 사건이 대중매체를 통해 집중적으로 반복 보도되는 문제는 그 사태에 대해 전 국민의 관심을 야기시킴과 동시에, 사회적으로 소외된 사람들에게는 모방 범죄의 단서를 강력하게 제공한다.

둘째, 모델링의 효과는 학습자가 특정한 행동의 수행에 대한 억제력을 강화하거나 약화시키는 것이다. 개인의 억제력은 특히 모델이 그 행동에 대해 벌을 받거나 혹은 다른 혐오스러운 결과를 당하게 될 때 강화된다. 그러나 비난할 만한 행동에 오랫동안 노출되면 관찰자들의 행동에 영향을 줄 수도 있다. 예컨대 대중매체의 폭력성에 대한 오랜 기간에 걸친 연구에 의하면, 대중매체의 폭력성이 사람들에게 폭력적인 행동을 일으키게 하는 한 요소가 된다고 한다. 2000년 7월 6개의 전문기관이 매체의 폭력성이 아동에게 미치는 악영향에 대한 1,000개 이상의 연구 결과를 분석해서 공동 성명을 발표했다(Bushman & Anderson, 2001, p. 480).

학습자가 특별한 행동 수행에 대한 억제력을 약화시키는 것은 두 가지 방식으로 일어난다. 하나는 비난받을 만한 행동에 대해 처벌이 제대로 이루어지지 않은 경우이다(이 장의 후반부에서 상세하게 설명된다). 다른 하나는 방어적인 폭력성을 보여 주는 경우로서, 문제해결을 위해 폭력에 대해 타당성을 부여하게 된다(Bandura, 1973, p. 33). 폭도를 진압하기 위해 권위자가 언어적, 신체적 폭력을 사용하는 예를 들 수 있다. 그와 같은 모델에 반복적으로 노출되면 개인의 폭력적인 해결 방법의 사용에 대한 저항을 약화시키는 결과로 나타난다.

셋째, 모델의 영향은 새로운 형태의 행동을 보여 주는 것이다. 모델은 아동과 성인 모두에게 사회화 과정에서 특히 중요하다. 교육적, 사회적, 정치적 관례뿐만 아니라 언어, 사회적 관습, 가족 관습 등을 수없이 많은 상황 속에서 모델을 통해 학습한다.

모델링 자극의 유형. 기능적으로 정의하면, 모델은 관찰자가 중요한 정보를 추출하고 그에 따라 행동할 수 있는 조직적인 자극의 배열로 구성되어 있다. 두 가지 중요한 모델링 자극의 유형은 실제 모델과 상징적 모델이다. 실제 모델은 가족 구성원, 친구, 직장 동료, 그리고 개인이 직접적인 관계를 맺고 있는 사람들이다.

이와 대조적으로 상징적 모델은 행동을 그림으로 나타낸 것이다. 현대 미국 사회에서는 대중매체를 통해 가장 광범위하게 모델이 노출된다. 상징적 모델은 세상의 여러 가지 모습에 대해 직접적인 경험을 통해 학습하던 것을 대체해 준다(Bandura, 1982a, 1986). 예를 들어, 대부분의 사람들은 수술실, 형사 법정, 형무소 등의 모습에 대한 지식을 대중매체를 통해 얻게 된다. 한 보고서에 의하면, 학령기 전까지 아동이 TV 시청으로 보내는 시간이 대학 강의실에서 보낼 시간보다 많다고 한다(Gerbner & Gross, 1976, p. 176). 또 다른 보고서에 의하면, 대부분의 아동들은 잠자는 시간을 제외하고는 다른 어떤 활동보다 더 많은 시간 동안 TV를 본다고 한다(Berk, 1989; Carpenter, Huston, & Spear, 1989; Huston, Watkins, & Kunkel, 1989). 또한 초등학교를 졸업하기 전까지 일반적으로 아동은 8,000건 이상의 살인과 100,000건 이상의 폭력 장면을 TV를 통해 본다(Huston et al., 1992). 일반 성인들의 하루 평균 TV 시청 시간은 3시간이라고 한다(Robinson & Godbey, 1997).

그러나 TV에 반영되는 것은 실제 상황이 아니다. 예를 들면, FBI 조사에서는 범죄의 0.2%가 살인인데 비하여 TV에 나오는 실생활을 배경으로 한 범죄는 그 중 50%가 살인이다(Oliver, 1994; Bushman & Anderson, 2001에서 인용). 또한 대중매체에 의해 가족 문제가 1시간 이내에 해결되고, 범인은 법에 비추어 반드시 처벌을 받으며, 피해자는 상처나 고통을 거의 받지 않는 것으로 비추어져서 잘못된 문화적인 관점이 조장된다. 이런 '삶의 현실'은 아무도 가르쳐 주지 않지만, 누구나 학습하는 잠재적 교육과정이다(Gerbner, 1974). 따라서 여러 상황에 대한 관객의 지식은 상징적인 허구에 기초하고 있거나 왜곡되어 있을 수 있다.

모델의 특성. 학습과정에서 중요한 요소 중의 하나는 학습자가 모델에 주의집중하는 정도이다. 일상적인 직장 동료와 또래는 다른 모델보다 학습자의 주의집중을 유도하는 데 더 효과적이다. 어린 아동들에게는 또래와 성인 모델 모두 사회화 과정에서 중요한 역할을 한다.

모델에 대한 반응은 세 가지 상황적인 특성에 영향을 받는다(Bandura, 1986, p. 207). 하나는 모델의 특별한 속성이나 성격이다. 중요한 모델 특성은 관찰자와의 연관성과 신뢰성이다. 관찰자에게 영향력이 있는 모델은 권위가 있거나, 믿음직하게 보이거나, 한 집단을 대변하거나, 관찰자의 야망을 안내하기 위한 믿을 만한 기준을 제공하거나, 관찰자에게 비교가 되는 현실적인 참조 모습을 제공한다(Rosenthal & Bandura, 1978, p. 636).

교실에서 연령과 능력이 비슷한 다른 사람이 과제를 성공적으로 수행하는 것을 관찰하는 것은 관찰학습의 가능성을 높여 준다(Schunk, 1987). 한 연구에서는 뺄셈을 잘 못하는 아동들이 교사와 동료 모델들이 문제를 해결하는 것을 관찰한 후에 능력이 향상되었다고 보고했다(Schunk & Hanson, 1985).

그런 상황에서 관찰자는 유명한 모델의 행동에 주의를 집중하는 경향이 있다. 일반적인 외모, 말, 스타일, 연령과 전문성을 나타내는 단서들이 과거 성공의 지표로 해석된다(Bandura, 1986, p. 208). 그러나 모델이 되는 행동의 결과가 알려지지 않았을 때 이런 특성이 가장 큰 영향을 미친다는 점이 중요하다(Bandura, 1986).

학습에 영향을 주는 세 번째 자극 특성은 그 상황에 이미 존재하는 내재적인 보상의 정도이다. TV를 보는 것이 그 예이다. 그 활동 자체가 관찰자에게 만족스럽다(Bandura, 1971c).

관찰자의 특성. 상황 특성 이외에 관찰자의 특성 또한 모델링 효과에 대한 반응에 영향을 준다(Bandura, 1986). 어떤 연구에 의하면 특히 자신감이 부족하고 자존감이 낮은 사람들이 성공적인 모델의 행동을 따라 하기 쉽다고 한다. 그런 특성은 예컨대 10대들이 록 스타들의 옷과 머리 모양을 모방하는 경향성을 일부 설명해 준다.

그러나 능력을 계발하기 위해 모델링이 분명하게 사용될 때, 더 재능이 있고 모험을 좋아하는 사람들이 능숙한 모델을 관찰함으로써 가장 큰 이득을 얻는 경향이 있다(Bandura, 1986, p. 208). 다시 말해서, 분명한 목적을 갖고 있는 사람들은 가치 있는 기술의 표본인 모델을 선택한다. 이런 관찰자는 자신의 능력에 대한 자신감이 부족하기 때문에 타인에게로 향하는 자신감이 없는 관찰자들과는 크게 다르다(Bandura, 1986, p. 208).

요약. 모델이 보여 주는 행동은 자연적인 상황에서 이루어지는 학습의 핵심적 요소이다. 모델 행동은 다음의 세 가지 방법 중 한 가지 방법으로 관찰자에게 정보를 전달하는 기능을 한다. 그 세 가지 방법은 다른 사람들에게 비슷한 행동을 하도록 하는 단서 제공, 학습자의 특정한 행동의 수행에 대한 억제력을 강화하거나 약화시키는 것, 새로운 행동양식을 보여 주는 것이다.

모델의 두 가지 주요한 유형은 실제 모델과 상징적 모델이다. 실제 모델은 가족 구성원, 교사, 친구, 직장 동료, 관계가 절친한 타인들이다. 상징적 모델은 대중매체같이 행동을 그림으로 나타내는 것들이다. 그러나 대중매체는 종종 세상에 대한 허구적 관점을 제공하기도 한다. 따라서 관찰자는 다양한 상황에 대해 왜곡된 관점을 얻게 될 수 있다.

관찰자가 모델에 반응하는 데에 영향을 미치는 세 가지 상황적인 특성이 있다. 그것은 모델의 특성, 특정한 행동 과정에 대한 불확실성의 정도, 그 상황에 존재하는 내재적인 보상의 정도이다.

모델에 대한 반응은 또한 관찰자의 특성에 의해 영향을 받을 수도 있다. 어떤 연구는 낮은 자신감을 가지고 있는 관찰자는 성공적인 모델의 행동을 받아들이는 경향이 있다고 지적한다. 그러나 모델링이 특정한 능력을 계발하기 위해 사용될 때는 재능이 있고 모험을 즐기는 관찰자가 모델링을 통해 가장 큰 이익을 얻는 경향이 있다.

(2) 행동의 결과

조작적 조건형성은 학습자가 행동한 것에 직접적으로 영향을 미치는 결과만 다룬다. 대조적으로 사회인지 이론은 두 가지 다른 유형도 포함한다. 그것은 대리적 결과와 스스로 부과한 결과이다. 대리적 결과는 다른 사람의 행동을 관찰한 결과와 관련된다. 즉, 모델이 특정한 행동에 대해 강화나 벌을 받고, 모델에게 주어지는 결과가 관찰자에게 감정적인 효과를 일으킨다. 그런 결과의 두 가지 유형이 대리 강화와 대리 벌이다. 학습에서 또한 중요한 것은 대리적, 그리고 자신이 부과한 결과와 환경이 수행을 위해 전달하는 직접적인 결과와의 상호작용이다.

대리 강화. 대리 강화가 일어나기 위해서는 모델이 특정한 행동을 한 것에 대해 강화가 주어져야 하고, 정적인 감정적 반응이 관찰자에게 일어나야만 한다. 이 효과는 TV 광고에 의해 널리 사용된다. 예를 들어, 유명한 배우가 출연하여 칼로리가 낮은 특정한 음식을 먹고 체중이 감량된 모습을 보여 준다. 잘생긴 남자 배우가 연미복을 입고 나와 고급차를 보여 주고 고급 옷을 입은 다른 사람들과 어울려 파티장으로 간다. 이런 상황에서 특정한 시청자 집단에게 나타나는 대리 강화는 날씬함이나 사회적 지위 획득과 관련된 정적인 감정이다.

마찬가지로, 슬롯머신을 할 때 다른 사람들이 돈을 따는 것을 보거나 듣는다 (Kazdin, 1989, p. 197). 큰 소리와 번쩍거리는 불빛으로 다른 사람들에게 돈 딴 사람

〈표 12.1〉 대리적 결과의 주요 효과

대리 강화	대리 벌
어떤 상황에서 어떤 행동이 적절한가에 대한 정보를 전달한다.	어떤 상황에서 어떤 행동이 적절하지 않은가에 대한 정보를 전달한다.
관찰자의 즐겁고 만족스러운 정서반응을 일으킨다.	모델 행동의 모방을 억제하게 하는 경향이 있다(금지 효과).
반복적인 강화 후에 유인적 동기 효과가 생기고, 행동이 기능적 가치를 획득한다.	기능적 행동이 전달되지 않았기 때문에 모델의 지위를 평가절하하는 경향이 있다.

을 알려 준다. 또한 경기를 광고하면서 지난 대회에서 우승한 사람들의 즐거워하는 모습을 보도하는데, 이것은 어떤 독자들에게 정적인 감정 반응을 일으킬 수 있다.

감정적인 반응 이외에 대리 강화는 또한 어떤 상황에서 어떤 행동이 적절한가에 대한 정보를 전달한다. 세 번째 효과는 모델 행동이 반복적으로 강화될 때 일어난다. 개인적으로 그 결과가 획득될 수 있다고 생각할 때 다른 사람들의 성공적인 행동에 대해 강화가 주어지는 것을 보면, 그 관찰자는 비슷한 결과에 대한 기대를 갖게 된다. 관찰자는 같은 혹은 비슷한 행동을 수행하는 것에 대한 동일한 강화 결과를 기대한다. 다시 말해서, 한 행동에 대한 모델의 계속적인 강화는 관찰자에게 성공을 기대하게 한다. 그런 행동을 **기능적 가치**(functional value)를 획득한 것으로 묘사한다(Bandura, 1971b). (세 가지 효과에 대한 요약은 〈표 12.1〉 참조)

초등학교 3학년생들을 대상으로 한 학기 동안 관찰한 연구에서(Goetz, 1976), 학생들은 제 시간에 마치고, 정답을 맞히고, 과제를 숙달하는 것이 중요하다고 말했다. 이런 행동은 학생들에게 놀 수 있는 시간을 벌어 주었고 기능적 가치를 가지게 된 것이었다.

대리 벌. 대리 강화와 마찬가지로 모델이 받는 벌은 세 가지 중요한 효과를 전달하는 경향이 있다. 첫째, 벌을 받을 가능성이 있는 적절하지 않은 행동에 대한 정보가 전달된다. 둘째, 폭력적인 행동을 모방하는 것을 억제하는 경향이 나타날 가능성이 있다(억제 효과).

마지막으로, 관찰자에게 전달된 행동이 성공적이지 못하기 때문에 모델의 지위가 평가절하되는 경향이 있다. 만일 모델이 부당한 처우에 대항하는 것과 같이 동료 집단에 의하여 높이 평가를 받는 행동을 하면, 벌은 모델의 지위를 높여 줄 수 있다.[4] 그러나 일반적으로 모델의 지위는 평가절하된다.

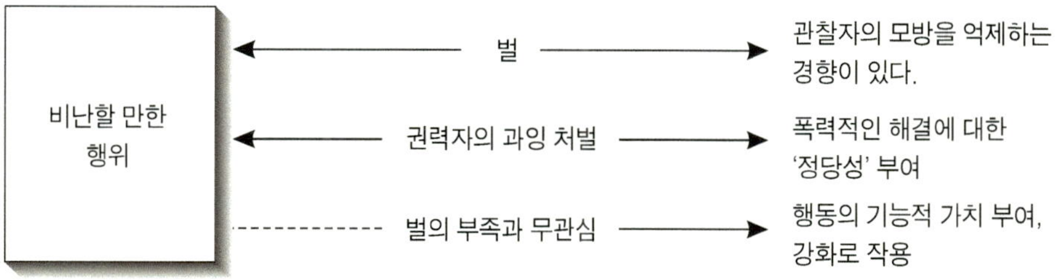

[그림 12.1] 비난할 만한 행위에 대한 조치의 효과

벌이 주어지거나 주어지지 않음에 따라 다른 결과가 일어날 수 있다. 한 가지 결과는 관찰자가 강화 주체(reinforcing agents)에 대한 가치평가의 변화이다(Bandura, 1977b, p. 51). 힘의 오용은 관찰자에게 분노를 일으키고, 행위자의 힘에 대한 정당성을 약화시킨다. 부당한 벌을 관찰하면 분노한 관찰자들은 자신의 행동에 대해 스스로 견책하는 것에서 해방될 수 있다. 그 결과 순종보다는 반항(transgression)이 더 커진다. 경찰이 어떤 빈민 지역이나 사회의 특정 하위 집단 구성원의 범죄에 대에 과잉 진압하는 예를 들 수 있다. 이런 경우에 그 하위 집단의 다른 구성원들이 파괴와 폭동을 일으키는 후속 사태가 발발하게 된다[그림 12.1].

벌의 부재. 벌이 예상되면 보통 금지된 행동의 모방을 억제한다. 그러나 위반에 대해 벌이 주어지지 않으면 암묵적 승인으로 받아들여지게 된다. 한 예로, 교실에서 교사가 시험 감독을 철저히 하지 않으면 부정행위가 일어난다. 만일 부정행위에 대한 처벌이 없으면, 학생들은 다음 시험에서 더 많은 부정행위를 하는 경향이 있다. 벌이 주어지지 않음으로써 행동이 기능적 가치를 획득하게 된 것이다.

마찬가지로 공격적인 행동이 처벌을 받지 않거나, 사람들이 승인하는 것같이 혹은 무관심한 것같이 반응하면 공격성은 비슷한 상황에서 승인되는 것으로, 일어날 수 있는 것으로 생각하게 된다(Bandura, 1973, p. 129). 관찰자는 폭력성에 대한 기능적 가치를 획득하게 되는 것이다.

금지된 행동에 대한 벌의 부족은 교실수업에서 중요한 시사점을 제공한다. 예를 들어, 한 중학교 교실에서 교사가 처음에 학생들의 수업 방해 행동을 무시하고 계속 수업을 진행하거나 행동을 그만두도록 지적하지 않고, 손을 쓸 수 없는 지경이 될 때까지

4) 원칙적인 행동에 대해 벌을 받을 때 지위가 가장 향상되는 경향이 있다. Albert Bandura와의 개인적인 대화, 1983. 7. 27.

내버려 두었다(Moskowitz-Hayman, 1976, p. 288). 학년이 끝날 무렵에 학생들은 의자, 연필, 책을 던지고, 교실 내에서 돌아다니고, 서로 때리고, 웅성웅성하고, 노래하고, 크게 떠들었다. 수많은 연구 결과들이 수업 방해 행동을 초기에 그리고 지속적으로 지적하는 것이 중요하다는 것을 지지하고 있다(Doyle, 1986; Good & Brophy, 1987 참조).

모델에게 불리한 것이 주어지지 않는 결과는 공포증 환자 치료와 같은 상황에서 잘 활용될 수 있다. 예를 들어, 뱀 공포증 환자는 모델이 아무런 불리한 결과 없이 뱀을 만지는 것을 보고서 공포와 불안을 줄이는 경험을 했다.

그러나 대리적 결과의 영향은 절대적인 것이 아니라 상대적이다. 그 영향의 정도는 관찰자가 결과의 유형과 행동의 유형을 어떻게 평가하느냐에 따라 다양하다(Bandura, 1977b, p. 119). 그 밖에 만일 관찰자가 그 모델에게 일어난 일이 자신과는 관련이 없다고 믿으면 관찰된 결과는 최소한의 영향을 미친다. 예를 들면, 한 군인의 신체적 폭력이 일반인들에게 폭력성 모방을 증가시킬 확률은 낮다(Bandura, 1971b). 또한 대리 강화와 직접적인 강화는 대부분의 상황에서 함께 작용한다. 따라서 두 가지 유형의 강화 효과를 구분하기는 어렵다.

자기 강화. 직접 강화와 대리 강화 모두 환경에 의해 전달된 결과와 관련이 있다. 출석을 잘해서 받는 금별, TV 퀴즈쇼에서 받은 상, 흉악한 범죄로 인한 수감 등은 사회의 구성원이나 주체에 의해 개인에게 주어지는 것이며, 그것들은 다른 사람들의 행동에 영향을 줄 수 있다. 반면에 자기 강화는 사회가 전달한 결과와는 독립적이다. 그리고 자기 강화는 개인이 의식적으로 장려해야만 한다. 어린 아동들은 음식이나 신체적 접촉 같은 즉각적인 물리적 결과와 다른 물질적인 보상에 반응한다. 그리고 나서 승인하거나 부인하는 사회적 반응을 포함하는 상징적 결과가 나타나고 사회적 계약 조건이 따르며, 강화가 되든지 벌이 되든지 한다. 마지막으로 개인은 자기 평가적(self-evaluative)이고 자기 생산적(self-produced)인 결과를 구축할 수 있게 된다(Bandura, 1978, p. 103).

자기 강화에는 세 가지 하위 요소, 즉 스스로 규정한 행동 기준, 개인 통제 하의 강화 사태, 자신의 강화 주체로서의 개인이 있다.

일반적으로 개인은 스스로 수행 기준을 세우고, 자신의 수행이 그 기준에 맞는지 혹은 초과하는지에 따라 자신의 행동에 대해 스스로 보상하는 방법으로 반응하는 경향이 있다. 마찬가지로 자신의 수행이 그 기준에 미치지 못하면 스스로 비난하는 방법으로 반응한다. 따라서 비록 인간이 쥐나 침팬지같이 강화에 반응하지만, 사고하고 스스로 지시하는 인간의 능력은 쥐나 침팬지에게는 없다. 인간과 달리, "쥐와 침팬지는 칭찬해 줄 만한 일을 했을 때 등을 두드려 주거나 궁지에서 헤어나지 못했을 때 자신을 꾸짖는 일이 없다."(Bandura, 1971b, p. 249)

외적 결과와의 상호작용. 스스로 부여한 결과의 한 가지 중요한 특성은 그것이 외적 결과와 함께 자주 작용한다는 것이다(Bandura, 1974). 이 두 가지 강화 자원은 상충적이거나 상보적이다. 외재적 보상이 자기 비난(self-condemnation)보다 더 크면, 외재적 보상은 상대적으로 비효과적이다. 그 예로, 모든 과목에서 A점수를 받기 위해 애쓰는 학생이 있다. 다른 학생들이 C와 D를 받는 특정한 과목에서 자신이 B를 받는 것은 개인적인 기준에 미치지 못한다. 최고점을 받는 것은 작은 위안이 될 뿐이다.

두 번째 일어날 수 있는 갈등의 유형은 개인이 높은 가치를 부여하는 행동(즉 믿음이 보상의 가치를 가지는 행동)에 대해 환경이 외재적 벌로 작용하는 경우에 일어난다. 불순응자(nonconformist), 반대자, 극단적인 예로 순교자가 이 범주에 속한다. 순교자들은 자기 가치에 대한 자각이 너무 강력하게 특정한 믿음과 연결되어 있기 때문에 자신의 가치를 버리기보다 고통과 죽음까지도 받아들인다.

요약. 조작적 조건형성과 마찬가지로 사회인지 이론에서 행동의 결과는 학습에 중요하다. 그러나 조작적 조건형성과는 달리, 이 이론은 학습자의 행동에 대한 강화 이외의 다른 결과도 포함한다. 그것들은 대리적 결과와 자기가 부여한 결과이다. 대리 강화에서는 모델이 특별한 행동에 대해 강화를 받고, 관찰자에게는 긍정적인 감정적 반응이 일어난다. 대리 강화는 또한 적절한 행동에 대한 정보도 전달한다. 게다가 관찰자가 개인적으로 달성할 수 있다고 생각되는 모델의 행동에 대해 반복적인 강화가 주어지면 관찰자에게 비슷한 결과에 대한 기대를 갖게 한다. 그런 행동은 관찰자를 위한 기능적 가치를 가진다.

마찬가지로 모델에게 주어진 대리 벌도 중요한 효과를 전달한다. 첫째, 부적절한 행동에 대한 정보가 전달된다. 둘째, 모델에게 주는 벌은 관찰자가 모방하는 것을 억제하는 효과가 있다. 셋째, 모델의 지위가 평가절하된다. 그러나 과잉 처벌은 관찰자에게 자신의 행동에 대한 자기 검열을 해제시킨다.

부적절한 행동에 대한 처벌과는 대조적으로, 처벌의 부재는 그런 행동에 대한 암묵적 승인을 암시한다. 예를 들어, 폭력에 대하여 벌이 제공되지 않거나 무관심하게 되면 관찰자들은 그것을 비슷한 상황에서 용납되고 기대되는 것으로 생각한다. 교실수업에 시사하는 바는 수업 방해 행동은 초기에 그리고 지속적으로 지적되어야 한다는 것이다.

대리적 결과가 중요하지만 관찰자에 대한 영향은 절대적이라기보다는 상대적이다. 영향의 정도는 관찰자가 행동의 결과와 행동을 어떻게 평가하느냐와 모델의 중요성에 따라 다르다.

직접적 혹은 대리적 강화와 달리, 자기 강화는 개인이 자신의 행동에 대해 주는 것이다. 일반적으로 개인은 스스로 수행 기준을 세우고, 자신의 수행이 그 기준에 맞느냐 혹은 초과하느냐에 따라 자기 보상하는 방법으로 자신의 행동에 반응하는 경향이 있다. 또한 그들은 만일 수행이 그 기준에 미치지 못하면 자기를 비난하는 방법으로 반응하는 경향이 있다. 자기 견책이 외재적 보상보다 크면 외재적 보상은 상대적으로 효과가 없다. 또한 개인이 가치를 높게 부여하는 행동에 외재적 벌이 제공된다면 그 벌의 효과는 거의 없다.

(3) 학습자의 내적 과정

사회인지 이론에서 인지과정은 학습에서 중심적인 역할을 한다. 학습자가 부호화하고, 일시적 경험을 상징적 형태로 저장하고 미래 결과로 표상하는 사고 능력은 인간 행동을 획득하고 수정하는 데에 중요하다.

사태와 잠재적 결과에 대한 인지과정은 학습자의 행동을 안내한다. 예를 들어, 집주인은 보험을 들기 위해 집이 타버릴 때까지 기다리지 않는다. 보험에 들지 않은 결과로 경험할 수 있는 잠재적 손실에 대한 지식은 집주인으로 하여금 보호를 위한 보험에 들도록 하는 자극이 된다(Bandura, 1971b).

학습과 수행 과정을 설명하는 네 가지 구성요소는 주의집중, 파지, 운동 재생산, 동기화 과정이다(Bandura, 1971a, 1977b). 행동의 모델, 학습자의 인지과정, 학습과 수행의 관계가 [그림 12.2]에 나타나 있다.

주의집중 과정. 새로운 행동은 주의집중되지 않고 정확하게 지각되지 않으면 획득될 수 없다(Bandura, 1977b). 그러나 학습자의 주의집중 과정은 여러 가지 요소에 의해 영향을 받는다. 여기에는 모델의 특성, 행동의 특성과 기능적 가치, 관찰자의 특성이 포함된다. 모델의 성공적인 행동은 관찰자에게 주의를 집중하고 부호화하도록 하는 경향이 있다.

주의집중에 영향을 주는 관찰자의 특성으로는 복잡성과 관련성이 있다. 예를 들어 모델이 하는 말이 너무 길어지면, 너무 복잡해서 어린 아동들은 그것을 처리할 수 없

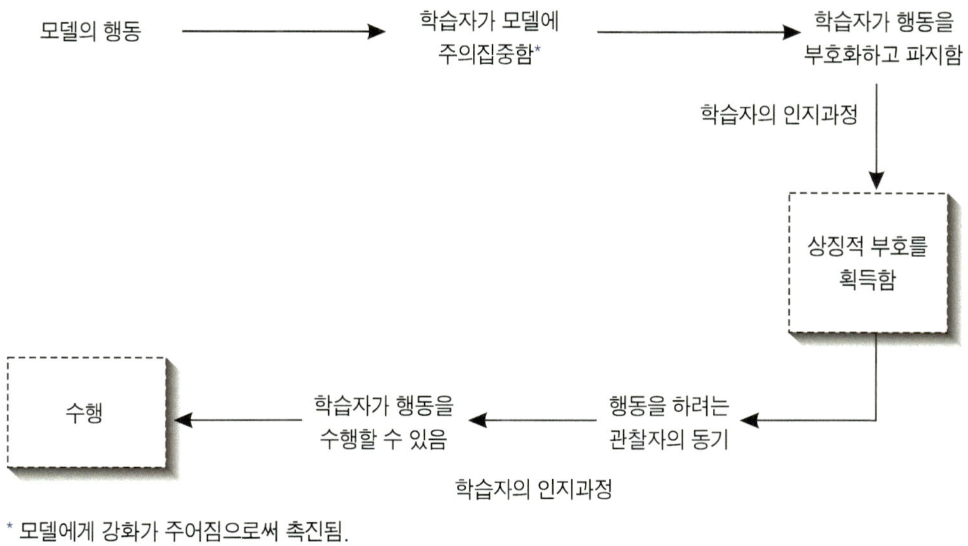

[그림 12.2] 사회인지 이론에 따른 관찰학습이 일어나는 절차

다. 그러나 시각적인 모델과 함께 반복적으로 제시되면 아동들도 긴 대사를 처리할 수 있다. 'Sesame Street'에 나오는 동물 캐릭터와의 대화가 그 예가 된다.

일반적으로 관련성이란 관찰자가 느끼는 행동의 중요성을 말한다. 예를 들어, 자동차 운전을 배우는 것은 10대에게는 중요하지만 2살 난 아동에게는 중요하지 않다.

주의집중 과정에 영향을 주는 관찰자 특성으로는 지각 태세(perceptual set), 관찰 기술, 각성 수준, 과거 수행, 감각 능력(sensory capacity)이 있다(Bandura, 1977b, p. 23). 학습자의 각성 수준과 지각 태세는 관찰할 활동의 선택에 영향을 주는 반면에, 관찰 기술은 처리의 정확성에 영향을 준다.

모델로부터의 학습은 또한 계속되는 사태를 감시하고 해석하는 관찰자의 기술에 의존한다. 예를 들어, 유치원 아동은 TV에서 방영된 것과 같은 장면을 다시 보여 주면 같은 사태가 다시 일어난 것이라고 믿는다(Rice, Huston, & Wright, 1986). 또한 Huston과 동료들(1989, p. 426)에 의하면 유치원 아동은 프로그램 내용과 광고를 구별하지 못한다고 한다. 따라서 상징적 모델로부터 정보를 추론하는 발달상의 차이가 사태의 해석에 영향을 준다.

파지 과정. 파지 과정은 행동을 상징적으로 부호화하고 시각적 부호나 언어적 부호로 기억에 저장하는 일을 맡고 있다. 관찰한 행동을 부호화하고 파지하지 않는다면 관찰한 효과가 모델이 없는 상황에서는 없어지기 때문에 파지 과정이 중요하다(Bandura, 1977b).

중요한 한 파지 과정이 되뇌임(rehearsal)이다. 개인이 마음속으로 그 행동을 하는 것을 상상하는 정신적 되뇌임과 운동 되뇌임(외적 행동)은 기억 보조자로 중요한 역할을 한다. 정신적 되뇌임은 학습자가 내적으로 사태를 표상하는 것을 필요로 한다. 이런 표상은 그 후에 운동 되뇌임을 안내한다.

물론 파지 과정은 학습자의 발달에 영향을 받는다. 행동을 명칭 형태로 표상하고 언어적 단서와 시각적 단서로 생성하는 능력은 파지를 향상시킨다.

운동 재생산 과정. 관찰자가 상징적 부호를 획득한 후에 획득한 행동을 수행하는 것은 학습자의 운동 재생산과 강화 과정에 달려 있다. 운동 재생산은 인지 수준에서의 반응 선택과 조직을 포함하고, 후속적으로 그것의 실행이 따른다(Bandura, 1977b). 파지 과정과 마찬가지로 운동 재생산은 개인의 발달 수준에 의해 영향을 받는다.

동기 과정. 관찰학습에서 동기 요인으로 기능하는 세 파지 과정은 직접(외적) 강화, 대리 강화, 자기 강화이다. 행동 모델 과정 중에 모델에게 주어지는 강화(관찰자에게는 대리 강화)는 학습자가 관찰하는 행동에 주의집중하고 부호화하도록 동기화하는 데 중요하다.

(4) 자기 효능감의 역할

자기 효능감이라고 하는 구성개념은 자신의 능력에 대한 신념이며, 이런 신념은 또한 학습자를 특별한 방법으로 동기화시킨다. 자기 효능감에서 중요한 문제는 근본적인 특성, 효능감 믿음의 자원, 그리고 심리 과정에 미치는 영향이다.

정의. 지각된 자기 효능감이란 특별한 상황을 다루는 데 요구되는 행동을 조직하고 실행할 수 있다는 자신의 능력에 대한 믿음이다(Bandura, 1995, p. 2). 그런 판단은 새롭고, 예측 불가능하고, 종종 긴장되는 상황에 전형적으로 적용된다(Bandura, 1986; Bandura & Schunk, 1981).

자기 효능감은 자아개념과는 다른데, 자아개념은 일반적인 사정(general assessment)을 의미한다. 자아개념은 몇 가지 자기 반응(인기에 대한 자기 인식 같은)을 포함하는 포괄적인 구성개념이다(자아개념과 자기 효능감의 차이에 대한 자세한 논의는 Bong & Clark, 1999 참조). 이에 비해서 자기 효능감은 내용과 관련한 판단이며, 학문 영역에서의 자기 효능감이란 자신이 특별히 학문적 과제를 성공적으로 수행할 수 있다는 믿음을 일컫는다(Zimmerman, 1995a, p. 218).

효능감 기대는 반응 결과 기대와 혼돈해서는 안 된다. 반응 결과 기대는 특정한 행동이 특정한 결과를 가져올 것이라는 믿음이다. 그러나 효능감 기대는 요구되는 행동을 성공적으로 실행하기 위한 자신의 능력에 대한 믿음이다(Bandura, 1977b, p. 193). 예를 들어, 멀리뛰기에서 가장 높은 점수를 받았을 때 기대되는 사회적 인정, 박수갈채와 자기 만족감은 결과 기대이다. 자신이 6피트 높이뛰기를 성공적으로 할 수 있다는 믿음은 효능감 판단이다(Bandura, 1986, p. 391).

지각된 자기 효능감은 자기 평가를 포함한다. 그것은 고정된 행위가 아니며, 단순히 무엇을 할 것인가를 아는 것 이상의 것이다(Bandura, 1982b). 자기 평가에는 개인적인 요소와 상황적 요소가 포함된다. 예를 들어, 상황 파악을 잘할 수 있는 학생들은 종종 자신이 부적절하다는 판단을 한다(Zimmerman, 1986). 대학생들 중에는 양적 통계적 방법과 연관된 과목을 택하기를 두려워하기 때문에 종종 진로 선택에 제한을 받는 학생이 있다(Henderson, 1986).

잘못된 자기 평가 때문에 부정확할 수도 있는 자기 효능감을 갖게 되는 경우도 있다. 예를 들면, 수학에서 아동들은 가끔 '잘못된 연산 방식(buggy algorithms)'에 의존한다. 그것은 아동들이 체계적이지만 부정확한 전략으로 계산 문제를 해결할 때 자주 사용된다. 그런 전략을 알고, 또 그것들을 잘 적용할 수 있는 것 때문에 (가끔 정확한 답을 찾을 수도 있지만) 잘못된 자기 효능감을 갖게 된다(Schunk, 1995, p. 214).

효능감 믿음의 원천. 자신의 개인적인 효능감에 대한 믿음에 영향을 미치는 네 가지 요소가 있다(Bandura, 1986, 1995). 그것은 숙달 경험, 대리 경험, 사회적 설득, 생리적 상태와 정서적 상태이다.

숙달 경험은 성공에 필요한 자질을 불러일으키는 개인의 능력에 대한 가장 확실한 증거를 제공한다(Bandura, 1982a, 1995). 성공이 효능감 판단을 높이는 경향이 있는 반면에, 반복된 실패는 그 판단을 낮추는 경향이 있다. 강한 효능감을 갖고 있는 개인에게는 가끔 실패하는 경험이 효능감 판단에 거의 영향을 미치지 않을 것이다. 이와 반대로, 실패는 자신의 능력에 대한 확신이 없는 개인에게 치명적이다.

학생들의 자기 효능감을 높여 주기 위해 숙달 경험을 설계할 때는 쉽게 성공할 수 있도록 구성해서는 안 된다. 쉬운 성공만 경험하는 사람들은 빠른 결과를 기대하는 경향이 있기 때문에 실패를 경험하면 쉽게 낙담한다(Bandura, 1995). 또한 숙달 경험을 통한 효능감을 계발하기 위해서는 적절한 행동 절차를 수행하기 위한 인지적 능력과 행동적 능력 습득이 포함되어 있어야 한다. 그리고 나서, 개인은 자신이 성공하기 위해 필요한 능력을 갖고 있다는 확신을 하게 된 뒤에야 실패에 직면했을 때 견뎌 낼 수 있다.

사회적 모델에 의해 제공되는 대리 경험도 자기 효능감에 영향을 준다. 비슷한 사람이 성공적으로 수행하는 것을 관찰하면 자신의 효능감 평가를 높일 수 있다. 대리 경험은 특히 어떤 상황에 대한 직접적인 경험이 극히 적거나 전혀 없을 때 효과적이다. 모델은 또한 환경적 요구에 대처하기 위한 효과적인 전략과 긍정적 태도를 보여 준다(Bandura, 1995, p. 4).

효능감 믿음의 세 번째 원천은 언어적 설득으로서, 개인의 가벼운 자기 의심을 극복하는 데에 도움이 된다. 설득은 개인으로 하여금 자신의 개인적인 결점에 주목하지 않도록 하고, 다른 사람보다 더 잘한 것보다 향상이 되었다는 점에 성공의 기준을 두도록 하는 데에 도움을 줄 수 있다. 그러나 영향을 미치는 다른 요인 없이 설득만으로는 높은 수준의 개인적인 효능감을 계발할 수 없다.

생리적 · 정서적 상태 또한 효능감에 대한 정보를 제공할 수 있다. 사람들은 개인은 스트레스 반응과 긴장을 느끼면 수행을 잘 못할 것이라고 판단하는 경향이 있다(Bandura, 1995, p. 4). 따라서 개인적인 효능감을 바꾸는 한 방법은 스트레스와 부정적인 정서적 경향성을 줄이는 것이다. 그 외에 사람들은 긴장의 첫 신호를 더 집중된 노력이 필요하다는 지표로 이해하는 것을 배워야 한다. 높은 자기 효능감을 가지고 있는 사람들은 상승된 긴장을 자신의 노력을 경주하기 위한 신호로 지각하는 경향이 있다.

심리 과정에 미치는 영향. 자기 효능감 믿음이 간접적으로 인간 기능에 영향을 미치는 네 가지 주요한 과정이 있다. 그것은 인지적, 동기적, 정서적 그리고 선택 과정들이다(Bandura, 1995). 자기 효능감이 높은 사람들은 성공적 각본을 구성하는 반면에, 자기 효능감이 낮은 사람들은 그렇지 못하다. 구체적인 큰 노력이 요구되는 상황에서 높은 자기 효능감은 계속적으로 분석적 사고가 가능하도록 하는 반면에, 낮은 자기 효능감은 변덕스러운 책략과 사고과정을 수반한다(Wood & Bandura, 1989).

효능감 믿음은 어떤 유형의 목표를 세울 것인가, 얼마만큼 노력을 할 것인가, 당면한 어려움에 어느 정도 인내할 것인가에 영향을 미침으로써 동기를 향상시키거나 제한한다. 낮은 효능감은 노력을 감소시키고 쉽게 포기하게 만드는 경향이 있다.

개인 효능감에 의해 영향을 받는 정서적 과정으로는 불안, 좌절, 우울이 있다

(Bandura, 1993, 1995). 효능감은 혼란스러운 사고의 통제와 어려운 상황을 이겨 내도록 돕는다. 예를 들어 흡연자들을 대상으로 한 연구에 의하면, 스트레스 상황에서의 금연에 대한 지각된 자기 효능감이 다시 흡연하는 것과 관련이 있고, 한 번 흡연을 한 후에 자제심을 갖는 것과 관련이 있다. 자기 효능감이 낮은 사람들은 모두 다시 흡연한다(Bandura, 1982b, p. 131). 다시 말해서, 높은 자기 효능감은 어려운 상황에 대처할 수 있도록 하는 긍정적인 심리적 환경을 조성한다.

마지막으로, 효능감 믿음은 사람들이 선택하는 활동과 환경의 유형에 영향을 준다(Bandura, 1995). 즉, 사람들은 자신이 감당할 능력이 없다고 생각되는 활동과 환경을 회피한다(p. 10). 대조적으로, 효능감이 강한 사람들은 어려운 과제를 도전으로 받아들인다. 그 결과 그런 관점은 개인적인 성취를 촉진하게 된다(Bandura, 1986).

〈표 12.2〉에는 자기 효능감이 과제와 관련된 효과와 장기적인 효과에 대해 요약되어있다. 〈표 12.2〉에 나타나 있듯이, 자기 효능감이 낮은 사람들은 자신의 결점에 주목하고, 포부 수준이 낮으며, 자신의 능력을 육성시켜 줄 수 있는 풍부한 환경을 회피한다. 또한 흥미 있는 것은 자기 효능감 믿음으로 수학 성취도(Pajares, 1996; Pajares & Graham, 1999), 글짓기 성취도(Pajares, Miller, & Johnson, 1997; Zimmerman & Bandura, 1994)를 예측할 수 있고, 고등학교에서 학교 성적이 높은 학생과 낮은 학생

〈표 12.2〉 지각된 높은 효능감과 낮은 효능감 효과의 비교

	높은 자기 효능감	낮은 자기 효능감
과제 관련 행동	1. 어려움에 직면하면 노력이 강화된다. 2. 어려움에 직면하면 이미 습득된 기술이 강화된다. 3. 상황이 필요로 하는 것에 노력과 주의가 집중된다.	1. 노력이 약화된다. 2. 어려움에 직면하면 과제를 완전히 포기한다. 3. 개인적인 결점과 어려움에 주의가 집중된다. 문제가 확대된다.
장기 효과	4. 적극적으로 다양한 활동과 경험을 함으로써 자기 개발에 도움이 된다. 5. 힘든 상황에서 스트레스를 거의 받지 않는다. 6. 실패의 원인을 능력의 부족보다 노력의 부족으로 돌린다. 7. 도전적인 목표를 세우고 지속적으로 흥미를 가지며 적극적으로 관여한다.	4. 풍부한 환경과 활동을 회피함으로써 자기 개발을 방해한다. 5. 다양한 수행 상황에서 불안과 스트레스를 겪는다. 6. 개인적인 단점에 주목함으로써 자신의 기술을 효과적으로 사용하지 못한다. 7. 스트레스를 회피하기 위한 한 가지 기제로서 포부 수준을 낮춘다.

출처: 『*Social Foundations of Thought and Action: A Social-Cognitive Theory*』 by A. Bandura, 1986, Upper Saddle River, NJ: Prentice Hall.

을 구분할 수 있다고 하는 것이다(Zimmerman & Martinez-Pons, 1986).

요약. 지각된 자기 효능감은 새롭거나 예측할 수 없는 요소를 가지고 있는 상황을 성공적으로 대처할 수 있다는 자신의 능력에 대한 믿음이다. 지각된 자기 효능감은 자기 평가와 관련이 있고 그것은 고정된 행동이 아니다. 비슷한 학업 능력을 가지고 있는 학생들도 특정한 과목에 대한 효능감은 다를 수 있다.

효능감 믿음에 영향을 주는 네 가지는 숙달 경험, 대리 경험, 사회적 설득, 그리고 생리적・정서적 상태이다. 사람들은 상황에 대한 핵심적인 인지 기술과 행동 기술을 획득함으로써 숙달 경험을 하게 되고, 숙달 경험과 성공 경험이 가장 확실한 능력에 대한 증거이다. 대리 경험은 관찰자가 모델과 동일시할 수 있을 때 도움이 될 수 있고, 언어적 설득은 가벼운 자기 의심을 방어하는 데 도움이 된다. 수행의 취약성을 알려 주는 생리적, 정서적 상태 수준은 감소시키거나 노력을 더 해야 한다는 신호로 받아들이도록 해야 한다.

자기 효능감 믿음은 개인의 인지적, 동기적, 정서적, 그리고 선택 과정에 영향을 미침으로써 간접적으로 인간 기능에 영향을 준다. 자기 효능감이 높은 사람들은 성공 시나리오를 쓰고, 도전적인 목표를 설정하고, 어려움에 처해서도 인내하고, 혼란스러운 사고를 통제한다. 또한 활동이나 과제의 선택뿐만 아니라 진로 선택도 자기 효능감의 영향을 받는다. 사람들은 자신이 대처할 수 있는 능력 밖이라고 생각하는 상황은 회피한다.

3) 복잡한 학습의 본질

다른 이론들과 달리, 사회인지 이론은 복잡한 학습을 나타내는 사고나 행동의 형태를 설명하지 않는다. 사회인지 이론은 어떤 영역이나 분야에 있어서 높은 수준의 수행을 획득하는 데 필요한 핵심적인 요소에 대해 설명한다. Bandura(1986)에 의하면 복잡한 능력을 획득하는 데 필요한 핵심적인 요소는 개인의 자기 조정 체계이다. 중요한 주제는 체계의 구성요소와 자기 조정 체계가 발달하는 방법이다.

(1) 개인적, 행동적, 환경적 영향

자기 조정 체계의 주요 목적은 학습과 수행에 영향을 미치는 개인적, 행동적, 환경적 영향의 원천을 조정하는 것이다. 전략 지식과 초인지 지식 이외에 개인적인 영향으로는 지각된 자기 효능감, 학습자 목표, 학습자 가치와 흥미, 타인(부모, 교사, 동료) 지각, 학습 환경(교실, 도서관, 집) 지각 등이 있다(Zimmerman & Martinez-Pons, 1992; Schunk, 1995). 자기 조정 학습자는 학습을 진취적인(proactive) 기업(enterprise)으로 생각한다. 그들은 스스로 목표를 설정하고, 정확하게 자기 점검을 하고 학습전략을 선택하는 데 필요한 많은 자원을 가지고 있다(Zimmerman, 1998).

자기 효능감은 목적 수준의 설정과 사전에 설정한 목적을 달성하지 못했을 때의 반응에 영향을 미치기 때문에 자기 조정에서 중요하다. 목표 설정과 자기 평가는 어느 영역에서나 마찬가지지만, 특히 혁신적인 개발이 요구되는 영역에서 탁월한 성취를 위해 매우 중요하다. 스스로 세운 기준과 강화는 초기에 사회로부터 제지당하던 개발을 지탱해 나간다. 공적인 인정이 없을 때, 자신의 기준에 맞추기 위한 자기 강화는 예술가나 혁신자의 창의적 노력을 유지시킨다. 그러나 너무 엄격한 기준은 스스로 만든 실망감에 빠지게도 한다(Bandura, 1986). 예를 들어, 세계를 깜짝 놀라게 할 신동으로 촉망받으며 바이올린 연주를 시작한 바이올린 연주자는 이제 나이 45세에 머리가 벗겨지고 지구상에서 가장 실망하고 있는 사람일 수 있다(Bandura, 1986, p. 357).

세 가지 중요한 행동적인 영향은 자기 관찰, 자기 판단과 자기 반응이다. 자기 관찰은 자기 행동에 대한 세심한 주의를 하는 것을 필요로 하는 반면에, 자기 판단은 자신의 현재 수행과 이미 설정한 목표를 비교하는 것을 말한다(Schunk, 1995, p. 77). Graham과 Harris(1994)는 이 세 가지 과정과 관련하여 Ernest Hemingway의 일화를 설명했다. Hemingway는 거의 매일 자신이 사용한 단어들을 표로 기록했다(자기 관찰). 그리고 원래 계획한 것보다 그 양이 적을 때에는(자기 판단) 낚시하는 시간을 줄였다고 한다(자기 반응)(p. 206).

학습과 관련된 중요한 행동 유형들을 기록하는 것은 자기 관찰에 도움이 된다. 대학생들을 돕기 위해 개발된 한 수업에서 대학생들에게 한 주 동안 30분 간격으로 행동 일지를 쓰도록 했다. 학생들은 그 기록을 보고 놀랐는데, 거기에는 얼마나 많은 시간을 게으름을 피우거나 비생산적인 활동으로 보내는지 나타나 있었다(Zimmerman, Greenberg, & Weinstein, 1994).

자기 조정 과정에 있어서 열쇠가 되는 환경적 영향은 성취 결과이다. 사람들은 성취에 대한 정보를 받고, 그것이 목표를 달성했는지 결정하며, 그것에 따라 적절하게 자신의 행동을 수정한다. 만일 성취가 이미 설정한 목표에 도달하지 못하면, 사람들은 자신의 전략을 바꾸거나 노력을 더 하거나 목표를 낮춘다.

측정 문제. 동기, 자기 효능감, 혹은 자기 조정 같은 관찰할 수 없는 구성개념의 측정은 문제를 가지고 있다. 그런 구성개념은 직접적으로 관찰할 수가 없고, 구성개념의 존재는 개인이 특정한 구성개념을 가지고 있을 때만 일어나는 것으로 확인되는 행동으로부터 추론되어야 한다. 일반적인 측정 방법으로는 체크리스트나 다른 검사 도구를 사용하여 실험실이나 자연 상황에서 행동을 관찰하는 방법과, 자신의 사고와 전형적인 행동에 대한 자기 보고식 방법이 있다.

자기 효능감과 자기 조정의 측정에는 다음과 특별한 문제가 있다. 첫째, 역동적인 구성개념으로 묘사되는 자기 효능감에 대한 자료는 횡단적인 스냅 사진의 형식으로 되어있다(Henson, 2002, p. 142). 둘째, 자기 조정 능력에 대한 자기 보고식 방법을 사용한 초기 연구에는 여러 가지 측정 요소들이 포함되어 있다(Gredler & Garavalia, 2000a; Gredler & Schwartz, 1997; Pintrich & DeGroot, 1990). 셋째, 어떤 자기 보고식 도구는 우선적으로 인지 능력과 초인지 능력을 측정한다(예: 당신은 얼마나 정보를 잘 기억합니까?). 넷째, 어떤 평가에서는 새롭고 애매한 요소를 가지고 있는 상황을 대처하고 숙달할 수 있다고 생각하는 개인적인 믿음보다 기본적인 능력에 초점을 맞추는 경향이 있다. 작문 능력에 대한 검사 도구에 예를 들면, "길고 복잡한 보고서를 쓸 때, 나는 모든 문법적인 실수를 찾아 낼 수 있고 모두 수정한다." 혹은 "나는 장황하거나 혼란스러운 문장을 완벽하게 다시 쓸 수 있다."와 같은 문항이 포함되어 있다.

어떤 학생들은 자신의 자기 조정 능력을 과대 평가하는 경향이 있다(Pajares, 1996). 한 연구에 의하면, 지각된 자기 효능감 능력 측정에서 가장 높은 점수를 받은 8명의 대학원 신입생들이 GRE 점수와 Miller 유추 검사(Miller Analogy Test)에서 가장 낮은 점수를 받았다(Schwartz & Gredler, 1998). 또한 신입생 225명 중에서 SAT 점수나 고등학교 성적이 입학 조건에 미치지 못해서 조건부로 입학한 학생과 자격을 충분히 갖추어 정식으로 입학한 학생의 자기 조정 능력의 믿음에 있어서는 차이가 없었다(Gredler & Garavalia, 2000b).

(2) 자기 조정 체계의 발달

Bandura(1977a, 1978, 1986)는 개인적 요소, 행동, 환경 간의 세 가지 상호작용에 의해 자기 조정 체계가 개발된다고 설명한다. 교사, 부모, 직장 동료, 또래 등과 같은 다양한 모델이 행동의 기준 설정과 자기 관리를 위한 정보의 원천이 된다. 그러나 사람들은 듣거나 보는 모든 것을 수동적으로 수용하지 않는다(Bandura, 1986). 대신에 개인적인 요소가 모델이 보여 주는 여러 상황에서의 행동들을 보고 일반적인 기준을 발달시키는 데 영향을 미친다. 예를 들어, 초기 아동기에는 아동들 서로 간에 혹은 사람 모양

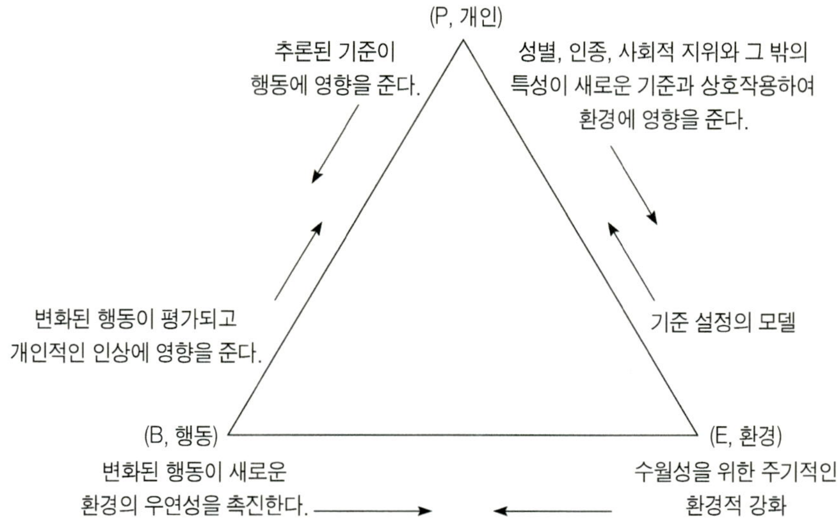

[그림 12.3] 자기 조정 체계 발달의 상호 결정론

의 인형이나 동물 인형에게 주는 승인과 처벌이 모델링과 직접 경험을 통해 획득한 기준을 나타낸다(Bandura, 1986, p. 372).

개인의 자기 조정 행동은 환경에 영향을 준다. 환경은 다시 자기 점검과 평가 기술에 영향을 준다. 자기 점검과 평가 기술은 또한 내적 기준을 유지하는 데 도움을 준다(Bandura, 1986)[그림 12.3]. 사전 수행에 대한 피드백이 현재의 노력에 대한 정보를 제공하기 때문에 자기 조정은 순환적이다(Zimmerman, 2001, p. 4).

외적 강화로는 수월성에 대한 보상과 자신에게 부당하게 자기 보상을 제공하는 사람들에 대한 부정적 제재(벌)가 있다(Bandura, 1977b, 1978; Bandura, Mahoney, & Dirks, 1976). 그 예로는 뛰어난 학업 성취에 대한 보상으로 장학금이나 상을 주는 것이다. 상, 공적인 승인, 금전적 보상 등은 힘든 스포츠 경기를 치른 승리자들을 강화한다(예: 인디애나폴리스 500마일 경주, 윔블던 테니스 대회, 올림픽 등). 부적 제재로는 속임수로 마라톤 우승을 한 Rosie Roiz와 같이 눈속임에 대해 공적인 불명예가 주어지는 것이다.

개인이 사용하는 행동 기준과 자기 강화는 특정한 과제와 개인의 전문성 간의 관계에 의존한다. 예를 들어, 수학자는 기초 수학 문제를 풀었다고 해서 자기 보상을 받을 만하다고 생각하지 않을 것이다. 한편 인문과학자는 공학 기술 검사에서 형편없는 점수를 받아도 그렇게 나쁘다고 생각하지 않을 것이다(Bandura, 1971b). 특히 숙제를 완성하는 것이나 대중 앞에서 연설하기같이 어려운 과제나 회피하고 싶은 활동에 대해 자기 강화를 하는 것이 중요하다. 자기 보상을 함으로써 새로운 행동을 시도하는 것과 유능한 수행에 의해 활성화될 환경적 우연성 간의 틈을 연결할 수 있다.

만일 다른 상황이 제시된다면 개인, 환경, 행동 간의 세 가지 방식의 상호작용은 또한 자기 평가 능력을 유리시켜버릴 수 있다. 그 결과로 나타나는 것이 비난할 만한 행동과 비인간적인 행동의 발달과 유지이다(Bandura, 1977a, 1979, 1986). 이전 이론들은 도덕적 행동을 양심, 초자아 혹은 내면화된 도덕적 부호 같은 여러 가지 내적인 '감시견(watchdog)'으로 설명했다. 그러나 그런 이론들로는 다른 모든 면에서 도덕적인 사람이 비인간적인 행동을 하는 것을 설명하기가 어렵다(Bandura, 1982a, p. 351).

사회인지 분석에 의하면 자기 평가 반응으로부터 유리시키는 과정을 통해 그런 행동이 수행된다고 한다. 이렇게 자기 평가와 행동을 유리시키는 분리 책략으로는 도덕적 정당화(목적이 수단을 정당화한다), 희생자의 비인간화('gooks'[5])나 'wetbacks'[6] 같은 용어 사용하기), 완곡어법 등이 있다. 완곡어법의 역할은 비난할 만한 혹은 악의적인 행동을 온화한 표현을 사용함으로써 '무해하게(sanitize)' 보이도록 하는 것이다. 일상생활에서도 부정적인 상황이나 행동을 가장하기 위해 완곡어법이 사용된다. 예로는 4/4분기 이권 후퇴(주식 이익 배당금의 하락)(Evans, 1989, p. 43), 기업 축소(종업원 해고), 청부업자의 계약 완수(살인) 등이 있다.

피해자 학대를 정당화하기 위해 피해자를 비인간화시켜서 피해자를 오히려 탓하는 행동들이 법을 지키는 온순한 시민을 갑자기 가해자로 변화시키는 것은 아니다(Bandura, 1982a). 그 과정은 오히려 과도한 자기 검열을 작동시키지 않는 데서 시작하여 점차적으로 조금씩 변한 행동의 결과이다. 반복된 수행을 통해 심리적 불편함과 자기 비난이 조금씩 사라지고 거의 무감각하게 잔인한 행동을 하게 된다(Bandura, 1982a, p. 354).

이런 분석을 통해 두 가지 중요한 점을 발견할 수 있다. 첫째, 자기 체계는 어떤 영역에서의 성취한 기술과 잠재력 개발에 결정적인 요소이다. 둘째, 자기 평가 반응의 발달이나 자기 평가 반응의 철퇴도 자동적인 과정이 아니다. 그것은 개인과 환경 간의 상호작용에 의해 결정된다.

---

5) 〈미 속어〉 오물, 때, 난폭한 사람, 〈경멸〉 동양인, 동남 아시아인, 검은 외국인(특히 중동인)

6) 〈미 구어, 경멸〉 미국에 불법 입국하는 멕시코인(Rio Grande 강을 헤엄쳐서 넘어오는)

요약. 자기 조정 체계는 목표, 결과, 행동에 대한 정보적인 인지구조와, 행동을 지각하고 평가하고 조정하는 인지과정으로 구성된다. 자기 체계는 자신의 행동, 자기 관찰, 자기 판단, 자기 반응의 기준을 포함한다. 자기 조정 학습의 목표는 영향을 미치는 개인적, 행동적, 사회 환경적인 요인의 원천을 조정하는 것이다. 개인은 스스로 목표를 설정하고, 자신의 행동에 주의를 기울이며(자기 관찰), 자신이 수행한 것을 사전에 설정한 목표와 비교한다(자기 판단). 비교를 통해 그들은 자신에게 보상을 주거나 더 높은 목표를 설정할 수 있고, 그 목표에 도달하기 위해 더 노력을 경주하거나 목표를 낮출 수 있다.

어느 영역에서나 숙달된 수행을 하기 위해서는 목표 설정과 자기 평가가 필요하다. 익숙한 예로 콘서트 피아니스트와 다른 예술가들을 들 수 있다. 자기 스스로 부여한 기준과 강화는 사회의 저항을 받기 쉬운 혁신적인 것을 개발할 때 특히 중요하다. 자기 효능감은 개인이 활동 선택, 노력과 인내, 그리고 실패에 대한 관대함에 영향을 주기 때문에 자기 조정에 중요하다.

자기 효능감, 자기 조정과 관련된 측정 문제로는 측정되는 구성개념이 분명하게 구체화되어야 한다는 것과, 자신의 능력에 대한 자기 평가와 자기 효능감을 구별하는 검사 도구가 개발되어야 한다는 것이다.

자기 조정 체계의 개발은 환경, 개인, 행동 간의 세 가지 상호작용 방법에 의존한다. 개인은 다른 사람들의 행동에서 정보를 추출하고, 개인적인 요소가 그런 행동으로부터 일반적인 기준의 개발에 영향을 미친다. 개인의 행동은 환경과 개인적인 반응에 모두 영향을 미친다. 그 결과는 다시 환경 속에서 개인적인 지각과 후속 행동에 영향을 미친다. 어떤 상황에서는 세 가지 상호작용이 자기 평가 능력을 제지하게 하고, 환경에서 금지된 비난받을 만한 행동의 발달로 나타나게 된다.

2. 교수 원리

사회인지 이론을 기반으로 한 교수이론은 아직 개발되지 않았지만, 사회인지 이론의 원리는 교실수업에 중요한 시사점을 제공하고 있다. 사회인지 이론은 운동 기술과 인지 기술의 획득에 성공적으로 적용되었다. 초기에 적용된 인지 기술에는 언어 법칙, 개념 형성, 문제해결이 있다(Rosenthal & Zimmerman, 1973, 1976, 1978 참조). 최근에는 학습전략을 가르치기 위해 모델링이 사용되었다. 예를 들면, 단락에서 주요 아이디어 찾기, 글자맞추기, 자신의 학습 점검하기 등이 있다. 제8장과 제9장에 나오는 교사 모델링에 대한 설명을 상기해 보아라.

1) 기본 가정

사회인지 이론의 원리를 지지하는 세 가지 중요한 가정은 교실수업에도 적용될 수 있다. 그것은 ① 학습자의 인지과정과 의사결정은 학습의 중요한 요소이다. ② 환경, 개인, 행동 간의 세 가지 상호작용으로 학습이 발생한다. ③ 학습의 결과는 행동의 시각적 부호와 언어적 부호이다.

2) 교수의 구성요소

사회인지 이론에서 학습의 핵심 요소는 행동 모델, 모델에게 주는 강화, 학습자의 모방 행동의 인지적 처리이다. 따라서 교수의 요소는 교실에서의 적절한 모델 확인하기, 행동의 기능적 가치 설정하기, 학습자의 자기 효능감을 촉진시킬 수 있는 학습자의 내적 과정 안내하기이다.

(1) 적절한 모델 확인

교실에서 교사와 학생은 모두 여러 가지 학문적 행동과 사회적 행동의 실제 모델이 될 수 있다. 청소년에게는 특히 동료 모델의 영향이 강조된다. 그러나 교사는 교실에 대한 책임을 지고 있으며, 책임감, 권위, 성실, 학생 개인과 전체 학생의 안녕에 대한 관심에 있어서 중요한 모델이 된다(Brophy & Putnam, 1979, p. 196). 교사들은 정서적 성숙, 합리성, 상식, 그리고 맡은 바의 책임 완수에 대한 모델이 되어야 한다(Brophy & Putnam, 1979).

소방수, 경찰, 의사, 간호사 등 아동의 관심을 받고 있는 공동체 구성원들을 교실에 초청하여 같이 시간을 보내도록 할 수 있다. 그러나 최대한의 효과를 얻기 위해서는 공동체에 참여할 수 있는 계획적인 프로그램이 필요하다. 시간 때우기같이 보이는 방문이나 면담 혹은 금요일에 자율 시간을 주는 것은 효과가 없을 것이다. 그런 활동들은 책임감 있는 성인이 되는 것이 중요하지 않다는 잘못된 메시지를 전달하거나, 자기 가치감을 높여 주는 데 도움이 되지 않을 수도 있다.

상징적인 모델도 친사회적 행동 발달에 효과적인 영향을 줄 수 있다. 'Sesame Street'와 'Rogers 아저씨의 이웃' 같은 프로그램에 대한 연구에 의하면, 모방된 친사회적 행동이 아동의 협동심과 우정을 향상시킨다고 한다(Leifer, 1976 참조).

실제 모델과 상징적 모델 모두 추상적 인지 법칙, 문제해결 전략과 연속적인 복잡한 운동을 가르칠 수 있다(Carroll & Bandura, 1982; Rosenthal & Bandura, 1978; Rosenthal & Zimmerman, 1978 참조).

실제 모델이나 상징적 모델의 선택은 종종 현실적인 상황에 달려 있다. 인지적 기술과 운동 기술을 가르치기 위해서는 실제 모델을 사용하는 것이 바람직하다. 실제 모델은 학생들 앞에서 신체적인 동작을 보여 주고 학생들이 질문하는 기회를 제공할 수 있기 때문이다. 화학 시간에 교사가 실험실 도구의 사용 방법을 직접 보여 주는 것도 한 예가 된다.

상징적 모델링의 가장 큰 장점은 학생들이 그 모델을 여러 번 볼 수 있다는 것이다. 예를 들어, 한 연구에서 헤드스타트(Head Start) 교실의 아동들에게 양치질하는 것을 가르치기 위해 비디오테이프가 사용되었다(Murray & Epstein, 1981). 본 저자가 지도한 한 프로젝트에서 교사가 교실에서 수업하는 비디오테이프를 교생 실습을 나갈 학생들에게 보여 주었다. 학생들은 그 테이프를 여러 차례 보았고, 매번 볼 때마다 유익하고 재미있는 것을 찾을 수 있었다고 했다.

모델을 선택하는 것 이외에 또 다른 중요한 고려 사항은 모방할 행동의 선택이다. 모방할 행동은 관찰자에게 흥미로워야 하고 학습자가 이해할 수 있는 수준의 복잡성을 보여 주어야 한다. 또한 모델의 지위와 유형도 중요하다. 아동은 다정하고 힘센 사람의 행동을 차갑고 특징 없는 사람의 행동보다 더 잘 기억하는 경향이 있다고 지적했다(Baldwin, 1973).

그러나 영향력 있는 모델은 꾸밈새에 주의를 기울여야 한다. 어린 아동들은 권위자의 용모에서 피드백을 받기 때문에 요란한 꾸밈새는 모델 행동으로부터 아동의 주의를 다른 곳으로 빼앗아 갈 수 있다. 이러한 잠재적인 문제는 모델링하는 동안에 최소한의 반응을 나타내면서 관련된 행동에 집중할 수 있도록 언어적 지시를 함으로써 통제될 수 있다.

(2) 행동의 기능적 가치의 설정

사회인지 이론에 의하면 사람들은 강화를 예측할 수 있는 환경에서 일어나는 사태에 주목한다(Bandura, 1977b, p. 85). 그들은 강화를 예측할 수 없는 사태를 무시하는 경향이 있다. 그러므로 Bandura(1977b)는 정적 결과에 대한 기대를 할 수 있도록 수업해야 한다고 주장했다. 그런 기대는 과제 집중도를 높인다.

강화가 기대되는 사태는 학습자에게 기능적 가치를 갖게 하고 그 사태에 주의집중하게 할 것이다. 교실에서 학생들에게 새로운 학습의 유용성을 설정하는 것은 중요하다. 예를 들어, 많은 1학년 학생들은 숙제를 해서 내용을 숙달하는 것보다 숙제를 다 마치는 것 자체를 그 목적으로 생각한다(Anderson, 1981).

또한 학습전략을 가르칠 때는 학생들은 그것을 언제 사용하고 왜 사용하는지를 학습해야만 한다(제9장에서 설명한 초인지 지식). 예를 들어, 훑어보기는 책의 내용을 사전에 검토하기 위한 전략이다. (이 전략이 단지 어려운 단어나 문장을 뛰어넘는 방법으로 사용된다면 역효과를 가져올 것이다.) 책 훑어보기의 필요성을 알고 그 전략을 사용하는 학생에게는 책 훑어보기가 틀림없이 도움이 된다(Paris, Lipscom, & Wilson, 1985, p. 304). 그렇지 않다면 그것은 교사의 지시를 무조건 따르기 위해 사용될 뿐일 것이다.

교실에서 사회적 행동의 기능적 가치를 정립하는 것 또한 중요하다. 조용하게 공부하고 규칙에 따라 쉬는 또래 모델에게 강화를 주는 것은 급우들이 그런 행동을 따라 하는 데 영향을 줄 수 있다.

그러나 강화를 사용하는 데 있어서 두 가지 주의해야 할 점이 있다. 첫째, 대리 강화는 **암묵적 강화**(implicit reinforcement)와 다르다. 모범적인 행동에 대해 한 학생에게는 칭찬하고 다른 학생들에게는 칭찬을 하지 않아도 모범적인 행동을 한 모든 학생에게 강화한 것이라고 교사는 생각할 수 있다. 그러나 칭찬을 받지 못한 학생들은 자신의 행동의 결과(예: 강화가 주어지지 않는 것)를 벌로 받아들일 수 있다.

두 번째 주의할 점은 아름다움과 마찬가지로 강화도 보는 사람의 눈에 달려 있다는 것이다. 2명의 학생에게 같은 칭찬을 해도 두 학생에게 다른 효과가 나타날 수 있다. 마찬가지로, 기대되는 벌이 주어지지 않으면 승인의 의미로 전달될 수 있다. 그러면 행동의 제지가 감소되고, 이전에 금지되었던 행동이 더 자유롭게 수행된다(Bandura, 1971a). 따라서 교실에서 위반 행동이 일어날 때는 분명하게 명시된 법칙을 적용하고 그 법칙이 일관성 있게 유지되도록 해야 한다.

(3) 학습자의 내적 과정 지도

이 이론에서 권장하는 교수 활동은 학습할 기술의 유형에 따라 다소 다르다. 인지 기술과 운동 기술에서 중요하게 다루어야 할 점들이 각각 다르다. 그러나 두 가지 수업 모두를 위해 관찰한 행동을 시각적 영상이나 언어적 상징으로 부호화할 수 있는 기회와, 모방한 행동을 정신적으로 되뇌임을 할 수 있는 기회가 주어져야 한다. 모방을 통해 이루어진 수행이 상징적으로 기억 속에 부호화되지 않고 되뇌임을 통해 안정되지 않으면, 기억 부호와 행동 모두 나중에 인출될 수 없을 것이다(Bandura & Jeffrey, 1973). 또한 학습자의 개인적인 효능감을 촉진시키는 것도 중요하다.

운동 기능. 골프, 스키, 테니스같이 복잡한 운동 기술의 성공적인 수행은 개인의 운동 감각적 피드백의 내적 점검에 의존한다. 권장되는 전략은 비디오테이프에 녹화된 모델의 출현, 개념적 표상을 개발하기 위한 기회, 모니터에 의한 시각적 피드백을 받으면서 연습하는 것이다(Carroll & Bandura, 1982). 이러한 전략은 백스트로크 같이 학습자의 시각적 영역 밖에 있는 새로운 운동 기술을 가르칠 때 성공적일 수 있다.

가장 중요한 것은 학습자가 기술을 신체적으로 실행하기에 앞서 정신적으로 되뇌임을 해야 한다는 것이다(Jeffrey, 1976). 정신적 되뇌임은 후속 수행을 위해 조직적 기능을 수행한다. 또한 너무 일찍 운동 수행을 강조하면 기억 부호가 불안정하기 때문에 파지를 어렵게 할 수 있다.

모델링 후에 지연된 자기 관찰 또한 사회적 기술과 의사소통 기술을 위해 매우 유용하다. 예를 들어, 학생들은 연설이나 토론을 하면서 자세, 목소리 크기, 제스처, 발표와 반응 유형에 대해 고쳐야 할 핵심적인 정보를 얻을 수 있다.

개념적 행동. 초기 연구들은 아동에게 제시된 상황들 속에서 일관성을 찾아보라고 지시했을 때 모델로부터 판단 규칙을 추론할 수 있다고 했다(Rosenthal & Zimmerman, 1978; Zimmerman & Rosenthal, 1974). 그러나 교실에서는 모델링만 사용하는 것보다는 다른 언어적 지시를 함께 사용할 때 더 효과가 큰 것으로 나타났다(Schunk, 1986). 모델링 중에 언어를 사용할 때는 중요한 정보가 전달될 수 있도록 언어 선택에 있어서 신중해야만 한다. 그 밖에 학습자에게 외향적인 반응을 요구하면 안 된다. 언어적 반응을 조직하고 산출하는 것이 연속적인 행동을 관찰하는 것을 방해하는 것으로 보인다(Zimmerman & Rosenthal, 1974).

학습자 효능감 촉진하기. 충동적인 아동은 새롭거나 애매한 과제에 직면했을 때 자기 통제 기술을 활용하는 것이 중요하다. Meichenbaum과 Goodman(1971)은 충동적인 아동의 행동 관리를 위해 개발한 프로그램에서 언어화된 자기 지시와 모델링을 사용하였다. 그 방법은 학습부진아의 자기 조정 훈련을 위해 사용되었다(Fox & Kendall, 1983; Loper & Murphy, 1985 참조).

우선 한 성인이 자신의 학습을 점검하는 세 가지 측면에서 혼잣말하는 것을 보여 준다. 그것은 문제 정의("내가 뭘 해야 하지?"), 과제에 중점을 둔 자기 지시("이제 멈추고 그 지시를 반복하라."), 자기 강화와 자기 평가("좋아, 나는 잘하고 있어." "괜찮아, 난 잘할 수 있을 때까지 천천히 할 수 있어.")이다(Meichenbaum & Goodman, 1971).

모델을 관찰한 후에 학생들은 네 단계 훈련을 받는다. ① 지도를 받으면서 모델을 모방한다. ② 큰 소리로 말하면서 과제를 수행한다. ③ 낮은 목소리로 말하면서 연습한다. ④ 소리 나지 않게 말하면서 연습한다.

교실에서의 학생들의 자기 효능감은 자신과 능력이 비슷하다고 생각되는 동료가 성공하는 것을 관찰함으로써 촉진될 수 있다. 뺄셈을 잘 못하는 아동들 중에서 교사와 동료 모델을 관찰한 학생들이 교사만 관찰하거나 관찰할 모델이 없는 학생들보다 자기 효능감, 인내, 성취도에서 높은 점수를 받았다(Schunk & Hanson, 1985).

교사 효능감의 역할. 교사 효능감이란 교사 자신이 학생들의 학업에 영향을 미칠 수 있는 능력을 가지고 있다고 믿는 정도를 말한다(McLaughlin & Marsh, 1978, p. 84). 구체적으로 말하면, 교사 효능감은 "학생들이 어려워하거나 동기 유발이 되어 있지 않더라도 학생들로부터 원하는 학습 결과를 이끌어 낼 수 있는 자신의 능력에 대한 교사의 판단"이다(Tschannen-Moran, & Woolfolk Hoy, 2001, p. 783). 교사 효능감이 학생들의 학업 성취와 관련이 있고 효과적인 학교(effective schools)의 교사들이 강한 효능감을 갖고 있다는 몇몇 연구가 보고되었다(Guskey, 1987, 논의를 위해서는 Tschannen-Moran, Woolfolk Hoy, & Hoy, 1998 참조).

교사 효능감의 한 모델에 의하면 교사 효능감은 두 가지 동시적인 결정으로 구성된다. 하나는 수업 과제 분석으로서 학습을 촉진하는 가능한 자원에 견주어 본 과제의 어려움에 영향을 미치는 요소들이고, 다른 하나는 교사 개인의 교수 능력에 대한 자기 지각이다(Tschannen-Moran et al., 1998, p. 228). 다시 말해서, 학생 효능감과 마찬가지로 교사 효능감은 중학생들에게 확률을 가르치는 것과 같은 특별한 상황과 관련된다.

효능감은 목표 설정, 열정의 수준, 수업에 투자하는 노력을 포함한 다양한 교사 행동에 영향을 미친다. 강한 효능감을 가지고 있는 교사는 새로운 아이디어에 더 개방적이고, 학생들에게 도움이 될 수 있는 여러 가지 다른 방법을 기꺼이 실험하려고 하며, 수업에 더 많은 열성을 보인다(Allinder, 1994; Ashton & Webb, 1986; Tschannen-Moran & Woolfolk Hoy, 2001, pp. 783, 784). 그들은 또한 권위적이지 않고 갈등하고 있는 학생들과 함께 하면서 학생들에게 성공하기 위해 필요한 도움을 제공하고 학생들의 성취에 대해 칭찬해 준다(Gibson & Dembo, 1994). 그 외에 그들은 학생들의 학문적 자기 지시(self-direction)를 계발하는 것을 지원한다(Woolfolk & Hoy, 1990).

대조적으로 교수 효능감이 낮은 교사들은 학업 성적을 향상시키기 위해 우선적으로 외적 동기와 부정적인 벌에 의지하는 통제 지향적인 방법을 사용하는 경향이 있다. 그런 교사는 또한 비학업적인 활동에 더 많은 시간을 소비하고 학생들이 답을 모르면 쉽게 포기한다(Gibson & Dembo, 1984; Woolfolk & Hoy, 1990). 그들은 또한 학생들을 제대로 가르칠 수 없는 이유가 학생들의 능력 수준이 낮기 때문이라고 한다(Bandura, 2000, p. 4).

그러나 교사 효능감은 독립적으로 작용할 수 없다. Bandura(2000)는 자기 효능감은 세 가지 통로를 통해 인지발달과 성취에 핵심적인 역할을 한다고 주장했다. 그 세 가지 통로는 "자신의 학습 활동을 조정하고 학업 과제를 숙달하기 위한 학생의 효능감 믿음, 학생들의 학습을 동기 유발시키고 향상시키기 위한 개인적인 교사의 효능감 믿음, 그리고 그들 학교가 의미 있는 학업 향상을 성취할 수 있다는 교사의 집단적인(collective) 효능감"이다(p. 4). 집단적인 교사 효능감은 학교 교사들이 학생들의 학업에 긍정적인 영향을 미칠 수 있을 것이라는 교사들의 지각이다(Goddard, Hoy, & Woolfolk Hoy, 2000, p. 486). 그러나 그것은 단순히 각 교사들이 가지고 있는 지각의 총합이 아니다. 집단적인 교사 효능감이란 "한 학교 조직의 전체 교사들의 능력에 대한 개인적인 지각"이다(Henson, 2002, p. 142). Bandura(1997)는 집단적 효능감의 개념을 "특정한 사회적 체계 전체로서의 수행 능력"(p. 469)에 대한 집단 구성원이 공유하고 있는 개념으로 설명했다. 초기 연구는 교사들 간의 일치된 목표가 집단적 교사의 힘(agency)의 지표라고 했다. 그러나 바라는 결과를 산출하기 위한 집단적 능력에 대한 공유된 믿음이 집단적 힘의 열쇠가 된다(Bandura, 2000, p. 4).

3) 복잡한 기술을 위한 교수설계

사회인지 이론은 복잡한 기술을 학습하는 방법을 세 가지로 설명한다. 하나는 복잡한 과제를 성공적으로 수행하기 위하여 모델링과 효과적인 전략을 가르치는 것이다. 읽기에서 단어의 의미를 알아 내기 위해 단어를 분석하고 문맥을 이용하는 것이 예가 된다. 두 번째는 자신의 학습을 지시하고 점검하기 위해 모방한 전략을 적용하는 것이다. 세 번째는 학습자의 자기 조정 체계를 개발하는 것이다. 또한 교실에서 중요한 것은 높은 자기 효능감을 가지고 있는 유능한 교사이다.

학습 전략은 정보의 이해와 과제의 수행을 돕는 체계적인 계획이다(Schunk, 1989). 이런 전략의 학습에서 중요한 것은 관찰할 수 없는 과정을 말로 하는 모델링이다. 이렇게 해서 인지과정과 초인지과정을 학생들에게 분명하게 보여 줄 수 있다. 제9장에서 교사가 단락을 분명하게 이해하지 못하는 것을 말로 표현하고 그것을 다시 읽어야겠다고 말하고, 자신의 말로 요약하는 것을 보여 준 예를 생각해 보라.

연구에 의하면 그런 교수 방법이 학업 성취가 낮은 학생들에게 중요하다. 다른 학생들과 달리, 성취 수준이 낮은 학생들은 이런 기술을 자발적으로 개발하지 못한다(Brophy, 1988; Corno, 1986). 학습 동기가 있다 해도 성취 수준이 낮은 학생들은 기계적 암기나 다른 비효과적인 학습 기술에 의존하는 경향이 있다. 제11장에서 소개된 학생들의 교과 이해력을 높이기 위한 네 가지 전략을 가르치는 상보적 교수법을 생각해 보라(Palinscar & Brown, 1984). 처음에 교사가 이런 전략을 보여 준다. 그리고 나서 학생들이 능통하게 되면, 그들은 다른 학생들을 위한 또래 모델이 된다.

읽기와 쓰기를 가지고 자기 조정을 훈련시키고 있는 1학년의 2개 교실에서 교사가 학생들에게 선택할 수 있게 하고, 도전을 통제할 수 있는 기회를 제공하며, 지원을 하고, 위협적이지 않은 피드백을 제공하는 것을 관찰할 수 있었다(Perry, VandeKamp, Mercer, Nordby, 2002, p. 9). Graham과 Harris(1994)는 이전 연구를 기초로 해서 작문 영역에서 자기 조정을 개발시키기 위해 다음과 같은 제안을 하였다. ① 작문을 즐길 수 있고 흥미 있는 활동으로 만들어라. ② 학생들이 주도적으로 시작하고 힘을 쓰도록 기회를 제공하라. ③ 자기 조정을 필요로 하는 작문 과제를 사용하라(개인적인 경험을 이야기하는 것은 안 된다). ④ 자기 조정 모델이 되고 학생들이 작문을 할 때 도움이 되는 전략을 제공하라(p. 223).

3. 교육적 적용

사회인지 이론은 교육에 중요한 두 가지 함의를 가지고 있다. 첫째, 모델링은 학습자를 위한 중요한 정보 자원이다. 사회인지 이론은 아동이 가족 모델이나 다른 사람들뿐만 아니라 대중매체 속의 모델로부터도 정보를 획득하는 상황을 설명한다. 둘째, 성공적인 학습자가 되기 위해서는 개인적인 효능감과 자기 조정 기술이 중요하다.

1) 교실 문제

사회인지 이론은 교실 상황에서의 문제점들을 다룬다. 또한 학습자의 특성과 학습을 위한 사회적 환경의 양상도 언급한다.

(1) 학습자 특성

개인차, 준비도, 학습을 위한 동기는 수업과 상호작용을 하는 학생 특성이다. 개인차와 준비도는 관찰을 통한 학습이라는 면에서 사회인지 이론에서 논의된다.

개인차. 학습자들은 관찰한 행동을 추론하고, 부호화하고, 기억하는 능력에 있어서 다르다. 그들은 또한 모델에 대한 감수성도 다르다. 예를 들어, 자연을 사랑하는 사람이 골똘하게 관찰하고 있는 행동은 다른 사람에게는 지루하고 재미없게 생각될 것이다. 특정한 모델에 대한 감수성은 그 행동에 대한 관찰자의 평가와 그 행동의 관찰된 모델(혹은 상황), 관찰자의 지위나 상황 간의 비슷한 정도에 따라 다르다.

교실에서 초기 학령기 이후에는 학교나 교사가 설정한 학습 결과의 기능적 가치가 학생들에 따라 다르다. 어떤 학생들은 열심히 학습 활동에 열중하고, 많은 학생들은 다소 소극적으로 순응하며, 학습 결과의 사회적 가치를 지각하지 못하는 나머지 학생들은 반사회적인 행동을 할 수도 있다.

준비도. 학습자의 발달 수준과 특정한 모델에 대한 감수성은 개인의 관찰학습능력을 결정하는 두 가지 중요한 요소이다. 학습자의 지각 형태와 기대되는 강화의 정도가 그 모델에 주의집중할 것인가 혹은 무시할 것인가를 결정하는 데 영향을 미친다. 모방한 행동의 중요한 특징을 추출하는 능력과 나중에 실수 없이 기억하는 능력 또한 학습의 정도와 정확성에 영향을 준다. 예를 들어, 어린 아동은 복잡한 연속적인 행동을 처리할 수 없다. 어린 아동에게는 짧고 분명하게 시각적으로 순서대로 반복 제시하는 것이 필요하다.

동기. 비록 어떤 행동들은 직접 강화로 촉발되지만(예: 목마름, 기아, 아픔 등에 자극받는 행위), 동기의 기본적인 원천은 인지적으로 기반을 두고 있다(Bandura, 1977b, p. 161). 두 가지 유형의 인지적 동기 유발 요인이 있다. 하나는 특정한 행동에 대한 미래 결과의 인지적 표상이다. "과거 경험이 어떤 행동은 가치 있는 결과를 가져오고, 어떤 행동은 적절한 효과가 없으며, 또 어떤 행동은 미래 문제를 피하게 할 것이라는 기대를 하게 한다."(Bandura, 1977b, p. 18)

둘째, 인지적 동기 유발 요인은 학습자의 기준 설정, 자기 가치 기제와 관련되기 때문에 자기 강화라고 부를 수 있다. 이런 동기 유형은 앞에서 논의한 개인의 자기 조정 체계의 일부로 발달한다.

(2) 인지과정과 교수

학습 전이, 개인의 학습하는 기술 개발, 그리고 문제해결 수업은 교육에 있어서 인지적으로 중요한 문제이다. 세 가지 중에서 사회인지 이론은 첫 번째 문제를 논의한다.

학습 전이. 전이에 대한 개념은 두 가지 방법으로 사회인지 상황에서 연구되었다. 하나는 공포증 환자를 위한 다양한 치료법의 연구이다. 참여하는 모델링 하나만 사용하는 것보다 자기 주도적 숙달 경험이 일반화된 위협 상황에 전이되는 데에 더 효과적인 것으로 나타났다(Bandura, 1976; Bandura, Adams, Beyer, 1977).

인지적 행동의 모델링은 비슷한 과제에 대한 즉각적인 전이와 지연된 전이를 모두 제공한다. 개념 획득, 언어적 규칙 학습, 문제해결 전략들은 비슷한 상황에 일반화되었다(Schunk, 1981; Zimmerman & Rosenthal, 1974).

(3) 학습을 위한 사회적 상황

사회인지 이론은 자연적인 환경에서의 학습 문제를 다룬다. 따라서 그것은 사람들이 일상생활을 하면서 서로에게서 학습하는 기제를 구체적으로 묘사한다. 다양한 모델(가족, 동료, 영화, 텔레비전) 관찰, 또래와 다른 사람들에게 전달되는 강화는 모두 학습에 중요한 영향을 준다. 특히 사회인지 이론은 매체 지향적인 사회에서의 학습은 미묘하게 침투하는 방법으로 교실 넘어 학습으로 확대되는 교육 체계를 상기시킨다.

(4) 다른 관점과의 관계

Bandura의 사회인지 이론은 자연적인 상황에서의 학습을 묘사한다. 또래와 타인들(모델)을 관찰하며, 학습자는 자신과 관련이 있는 행동을 추출하고 후에 그 행동을 실행한다. 모델링과 모델의 강화에 대한 Bandura의 개념은 Gagné의 태도 영역에서 중요한 요소이다. 나아가 인지이론가들은 교사 모델링, 학습의 언어화와 초인지전략을 강조한다. 사회인지 이론이 학습자의 주의집중과 파지 과정을 설명하고 있지만, 이런 과정들은 Gagné의 내적 조건이나 정보처리 단계와는 달리 상세하게 설명되지 않았다.

조작적 조건형성과 마찬가지로 사회인지 이론은 직접 강화와 자기 강화를 다 포함한다. 중요한 차이는, 사회인지 이론은 모델에게 주는 강화를 관찰하는 심리적인 효과인 대리 강화를 포함한다는 것이다.

복잡한 학습을 위해 핵심적인 자기 조정 체계는 점검과 평가를 하는 초인지 기술을 포함한다. 그러나 자기 조정 체계 역시 목표 설정, 학습자 가치와 흥미, 학습 환경에 대한 지각, 학습자 자기 효능감을 포함한다.

교실 환경에서 사회인지 이론은 수업이란 교사가 관리하고 지도하는 것이며 개인 학생이 학습의 중심이라고 가정한다. 따라서 학습자의 공동체가 우선적이라고 보는 사회적 구성주의자의 관점과는 구별된다.

2) 교실수업 전략의 개발

관찰학습을 위한 교수설계에서는 모델이 되는 행동과 학습에 필요한 처리 과정을 주의 깊게 분석하는 것이 중요하다.

단계 1: 모델이 되는 행동을 분석한다.

1.1 행동의 성격은 어떤 것인가? 근본적으로 개념적인가, 운동적인가, 혹은 정서적인가, 아니면 어려운 단락을 다시 읽기나 노트하기 같은 학습전략인가?

1.2 행동의 연속적인 순서는 무엇인가?

1.3 연속적인 순서에서 관찰하기 어렵거나 잘못된 행동이 일어나기 쉬운 단계 같이 결정적으로 중요한 단계는 무엇인가?

단계 2: 행동의 기능적 가치를 설정하고 행동 모델을 선택한다.

2.1 승진을 위해 필수적인 도구를 조작하는 것을 학습하는 것같이 행동이나 전략이 '성공 예측'을 가지고 있는가?

2.2 만일 행동의 성공 예측도가 약하다면, 어떤 모델이 가장 성공을 잘 예측하겠는가? 예로는 또래, 교사, 목표 집단의 호감을 받고 있는 모델들이 있다.

2.3 실제 모델이어야 하는가, 상징적 모델이어야 하는가? 비용, 한 집단 이상을 위해 경험을 반복할 필요성, 행동의 기능적 가치를 전달하기 위한 기회 등을 고려하여 결정하라.

2.4 행동에 대해 모델이 어떤 강화를 받게 되는가?

단계 3: 교수 절차를 개발한다.

3.1 운동 기술에 있어서 '이렇게 하지 말고' '이렇게 하라'는 언어적 부호를 사용할 것인가?

3.2 여러 순서 중에서 어떤 단계를 천천히 보여 줄 것인가? 이런 단계를 대체하지 않고 보충하는 언어적 부호는 무엇인가?

3.3 전략 학습을 위해서 관찰할 수 없는 과정과 혼잣말을 모델링해야 할 것인가?

단계 4: 학습자의 인지적 · 운동적 재생 과정을 안내하기 위한 교수를 실행한다.

운동 기술:

4.1 모델을 제시한다.

4.2 학생들에게 상징적 되뇌임을 위한 기회를 제공한다.

4.3 학생들이 시각적 피드백과 함께 연습하도록 한다.

개념적 행동:

4.1 말을 하면서 모델을 제시한다.

4.2 개념이나 법칙이라면 학생들에게 모델 행동을 요약할 기회를 준다.

4.3 문제해결 학습이나 전략 적용 학습이라면 참여하는 모델링을 할 수 있는 기회를 제공한다.

4.4 다른 상황에 일반화시킬 수 있는 기회를 제공한다.

4.5 학생들이 적용을 분석하고 목표를 설정하는 것을 도와 준다.

3) 교실수업의 예

다음 예에서 모델 행동은 노트하기 기술이다. 대상자들의 연령은 10세에서 14세이며, 학년은 초등학교 6학년에서 중학교 2학년이다.[7)]

처음에 교사가 책을 읽고 노트하기 전략을 보여 준다. 이 연습이 중요한 것은 교사가 특별한 회상 단서가 다른 것을 회상하도록 선택되는 과정을 보여 주기 때문이다. 교사는 생각나는 단서를 '소리내어 말하기'를 해야 하고, 나쁜 단서를 거부하는 이유도 소리내어 말해야 한다. 교사의 시범 후에 학생들은 다음 두 번의 연습에서 노트할 것을 제안한다. 이 활동은 학습 초기에 교정적인 피드백을 제공한다. 그리고 나서 학생들은 스스로 노트하기 연습을 완성한다. 이 활동은 개념적 행동에 필요한 상징적 부호화와 정신적 되뇌임을 제공한다.

녹음 테이프를 듣고 노트하기를 보여 주는 추후 연습은 학생들이 다양한 상황에서 글로 쓰인 자료를 가지고 노트하기 기술을 연습한 후에 시작해야 한다. 말하는 것을

7) Southern California 대학교의 Sharon Cohn이 설계한 예임.

들으면서 노트하는 것은 학습하기 어려운 기술이다. 그것은 듣기 기술이 좋아야 하고 일시적인 청각 기억의 사용에 대한 연습이 충분해야 한다. 이 기술을 가르치기 위해서는 노트하기 연습 이전에 듣기 연습과 음성 자료의 기억 연습이 필요할 수 있다.

교사는 학생들이 듣거나 읽은 자료를 기억하는 것을 돕기 위해 노트하기의 중요성을 설명한다. 또한 훌륭한 노트하기 전략은 시험을 위해 중요한 정보를 기억하는 데 도움이 되어야 한다.

실제로 교실에서 연습을 시작하기 전에, 교사와 학생은 그 기술을 학습하는 우선 목표를 정한다. 예를 들면, 그들은 그 목표를 짧은 글 속에서 세 가지 중요한 점을 잘 기억하기 위한 단서를 개발하는 것이라고 결정할 수 있다.

그리고 나서 교사는 네 단락으로 된 읽기 자료를 나눠 주고, 자신이 첫 단락을 소리 내어 읽는 동안에 학생들은 마음속으로 조용히 읽으라고 한다.

OHP 위에 노트하기 형식을 보여 주는 투명지를 올린다. 투명지는 '회상 단서'와 '노트'로 이름 붙여진 두 열로 나누어져 있다. 교사는 중요한 포인트를 지적하면서 첫 번째 단락을 이야기한다. 그리고 '노트' 열 아래에는 그 단락을 요약하는 두 문장을 기록하고, '회상 단서' 열에는 그와 연상되는 단서를 기록한다. 교사는 이런 문장과 회상 단어가 학생들이 그 단락을 기억하는 데 어떻게 도움이 되는지 말로 보여 준다.

그런 다음 교사는 다른 2개의 단락을 가지고 같은 방법으로 시범을 보여 준다. 각 단락을 큰 소리로 읽고 난 후에, 교사는 몇 가지 노트할 것을 말하고 하나 혹은 2개의 문장과 그 단서를 적절한 열에 기록한다. 이 연습에서 중요한 것은 학생들이 교사가 단락을 분석하고 요약 문장을 선택하는 방법을 관찰하도록 하는 것이다.

그리고 나서 학생들과 교사는 학생들의 제안을 받아들이면서 두 번 혹은 세 번 연습을 함께 한다. 이 활동 후에 학생들은 자신이 다른 자료에서 선택한 짧은 글을 가지고 노트하기를 혼자서 한다.

교사는 학생들 자신이 선택한 짧은 글에 대해 학생들이 독립적으로 노트한 것을 검토하고, 각 학생들에게 초기에 설정한 목표에 얼마나 근접했는지 피드백을 준다. 과제를 어려워하는 학생들에게는 수정 방법을 제시해 준다.

(1) 노트하기 연습을 위한 읽을거리[8)]

Baltimore 경으로 알려진 영국 출신의 유명한 귀족인 George Calvert에게 1,000만 에이커의 토지가 하사되었다. Charles 1세 왕이 하사한 그 땅은 Chesapeake Bay 근처에

---

8) W. Pauk, How to Study in College(New York: Houghton Mifflin, 1962)가 제안함.

위치해 있었고, 이 선물로 George Calvert는 막강한 권력을 행사할 수 있게 되었다. 그는 봉건 시대의 장원과 비슷한 영지를 만들 수 있었고, 주민을 농노같이 부릴 수 있었다. 그는 또한 법을 어겨서 고발된 주민들에 대해서 검사와 판사의 역할을 했다. George Calvert는 식민지 지배자 혹은 토지 소유자로 불렸으며, 그의 식민지는 사유 식민지로 알려졌다.

무상토지 불하를 증명하는 양도 증서에 왕의 날인이 찍히기 전에 George Calvert가 죽고 그의 아들이 첫 번째 소유자가 되었다. 그 식민지는 Charles 1세의 아내인, Queen Henrietta Maria의 이름을 따서 Maryland로 알려졌다. Calvert 가족은 구교도였기 때문에 그들은 Maryland에 구교도 식민지를 세우려고 했다.

1634년 첫 정착민(개척자)이 도착해서 St. Mary's 마을을 세웠다. 그 정착민은 식량과 다른 생필품들을 근처에 있는 부유한 식민지인 Virginia에서 얻을 수 있었다. 그들은 영국에서 배가 올 때까지 기다릴 필요가 없었다. 그들은 금을 찾기 위해 시간을 허비하지 않았다. 대신에 그들은 곧 담배를 재배하기 시작했다.

회상 단서	노트
Calvert	Baltimore 경인 George Calvert는 Chesapeake Bay 근처에 있는 넓은 땅의 사유 식민지 주인이었다.
사유 식민지	그는 막강한 권력을 가졌고 그의 땅은 사유 식민지였다.
Maryland	Calvert의 아들이 Maryland라고 하는 식민지의 첫 소유자였다. Calvert의 가족은 구교도였기 때문에 Maryland를 구교도 식민지로 만들고 싶어했다.
담배	Maryland의 초기 정착민들은 담배를 재배하기 시작했다.

(2) 노트하기 연습 II

이 연습에서 교사는 미리 음성 테이프에 본문을 녹음했다. 학생들에게 이야기할 수 있는 시간을 주기 위해 잠깐씩 간격을 끊으면서 녹음했다. 모델링 과정에서 교사는 녹음된 테이프의 각 단락을 틀어 주고 테이프가 돌아가는 동안 노트하는 방법을 보여 준다. 그녀는 테이프의 짧은 중지 기간 동안에 투명지 위에 기억 단서와 단편 문장을 쓴다. 테이프는 각 단락의 끝에서 중단되고, 교사는 단편 문장을 완성한다.

시범을 보여 준 후에 학생들과 교사는 짧은 단락 몇 개를 함께 완성한다. 이 연습은 듣기와 받아쓰기를 동시에 해야 하기 때문에 일반적으로 학생들에게는 꽤 어렵다. 그러므로 학생들의 기술이 획득될 때까지는 아주 짧은 단락만 사용해야 한다.

(3) 테이프에 녹음된 단락[9)]

17세기에 일단의 종교 개혁자들이 영국에 거주하고 있었다. 이 개혁자들은 영국 성공회에 대해 비판적이었다. 그러나 그들은 교회로부터 분리되고 싶어하지 않았다. 그들은 내부적으로 교회를 개혁하고 정화시키기를 원했다. 이 개혁가들을 청교도라고 했다.

기억 단서	단편 문장	완성된 문장
개혁	영국 국교회(성공회)	청교도들은 성공회를 개혁하고 정화시키기를 원했다.
정화		

4) 이론의 재고

Albert Bandura의 사회인지 이론은 모방 행동의 학습에 대한 이전 접근들을 분석하는 것으로 시작했다. 이전의 이론들은 친사회적 행동과 반사회적 행동을 하는 것을 설명하기 위한 다양한 기제들을 제안했다. 그 중에는 모방에 대한 강화, 양육, 힘, 질투, 좌절 등이 있다.

대조적으로, Bandura는 친사회적 행동과 반사회적 행동 모두의 획득을 설명하기 위한 하나의 패러다임을 제안했다. 그 구성요소로는 모델 행동, 모델 행동에 뒤따르는 결과, 학습자의 인지과정이 있다〈표 12.3〉. 관찰자가 행동을 학습하도록 기여하는 모델이 받는 결과로는 대리 강화, 대리 처벌, 기대되던 처벌의 부재가 있다. 이런 결과는 기능적 가치를 갖는 행동을 알리는 신호가 되고, 그에 따라 관찰자에게 유용하다. 후에 관찰자가 성공적인 수행을 하는 것은 부분적으로는 학습자의 인지과정(주의집중, 파지, 운동 재생산, 동기)에 의존한다.

Bandura에 의하면 학습은 환경, 개인의 내적 사태, 개인의 행동 간의 세 가지 상호작용(상호 결정론)으로 표현된다. 또한 그 이론에는 어떠한 분야에서든 특출한 수행의 개발에 필요한 성분인 자기 조정 체계의 발달이 포함된다. 개인적인 자기 효능감, 목표 설정, 자기 평가, 자기 주도적인 보상과 처벌 등이 그 체계에 포함된다.

(1) 단점

Bandura는 환경과의 상호작용에서 학습자의 자기 주도성과 자기 효능감의 중요성을 확인했다. 그러나 제한된 교실 상황에서 학습자의 조정 체계와 효능감을 계발하는 것

9) J. A. Garraty et al., American History(New York: Harcourt, 1982) 의역.

〈표 12.3〉 Bandura의 사회인지 이론의 요약

기본	요소 정의
가정	학습은 환경, 개인적 요소, 학습자의 인지과정을 포함하는 행동 간의 세 가지 상호작용이다.
학습의 요소	모델 행동, 모델의 결과, 학습자의 인지과정
학습된 결과	이후에 수행이 될 수도 있고 안 될 수도 있는 언어적 부호와 시각적 부호
복잡한 기술을 위한 교수설계	구성요소 기술 외에 학습자의 효능감과 자기 조정 개발
교수설계에서 중요한 문제	실습하기 전에 정신적 되뇌임 제공, 필요한 때에 강화나 처벌 제공, 과도한 처벌을 하지 않기
이론의 분석	
단점	다른 우선적인 교실 활동과 함께 자기 효능감과 자기 조정을 적용하기가 어렵다.
공헌	대중매체로부터 획득하는 다양한 태도와 행동을 설명한다. 집단 상황에서의 강화와 처벌의 기제를 상세하게 설명한다. 학습에서 자기 효능감의 중요성을 보여 준다.

은 어려운 과제이다.

(2) 교실 실제에 대한 기여

한 가지 중요한 공헌은 교실 상황에서 모델의 역할과 강화와 처벌에 대한 상세한 설명을 한 것이다. 즉, 대리 강화와 마찬가지로 다른 사람에게 처벌하거나 처벌하지 않는 것 모두 교실 상황에서 작동한다. 또 하나의 공헌은 학습에서 개인적인 효능감의 역할을 확인한 것이다.

4. 생각해 볼 문제

1. 제3장에서 아동의 공포를 탈조건형성하는 테크닉으로서 아동이 무서워하던 물건을 다른 아동이 무서워하지 않는다는 것을 보여 주었다. 사회인지 이론에 의하면 왜 이 테크닉이 성공적이었는가?
2. 다음 상황에서 어떤 유형의 강화나 처벌이 작동할 것 같은가?
   ____a. 3명의 같은 반 학생들이 연습문제를 조용하게 다 완성하도록 하기 위해 일찍 도서관으로 가는 것을 허락했다.
   ____b. 어려운 기말 시험을 준비하고 있는 한 학생이 자신에게 만일 시험을 잘 보

면 해변에서 하루를 보낼 것을 약속한다.

____c. Kazdin(1989)은 수업을 방해하는 학생들에게 타임아웃을 주었을 때 교실에서 비슷한 일들이 일어나는 빈도가 줄어드는 경향이 있었다고 말했다.

3. 모델이 보여 주는 행동이나 믿음이 그 모델에게 긍정적인 결과를 가져다 주는 TV 광고를 묘사하라.

4. 완곡어법으로 '극단적인 편견으로 종식(termination with extreme prejudice)'과 '내포되지 않은 엔진 결함(uncontained engine failure)'의 의미는 무엇인가? 대중매체를 통해 읽거나 들은 완곡어법에는 어떤 다른 것들이 있는가?

참고문헌

Allinder, R. M. (1994). The relationship between efficacy and the instructional practices of special education teachers and consultants. *Teacher Education and Special Education, 17*, 86-95.

Anderson, L. M. (1981). Student responses to seat-work: Implications for the study of students' cognitive processing (Research Series No. 102). East Lansing, MI: The Institute for Research on Teaching, Michigan State University.

Ashton, P. T., & Webb, R. B. (1986). *Making a difference: Teachers' sense of efficacy and student achievement*. New York: Longman.

Baldwin, A. L. (1973). Social learning. In F. Kerlinger (Ed.), *Review of research in education* (Vol. 1, pp. 34-57). Itasca, IL: Peacock.

Bandura, A. (1965). Behavioral modification through modeling practices. In L. Krasner & L. Ullman (Eds.), *Research in behavior modification* (pp. 310-340). New York: Holt, Rinehart & Winston.

Bandura, A. (1969). Social-learning theory of identificatory processes. In D. A. Goslin (Ed.), *Handbook of socialization theory and research* (pp. 213-262). Chicago: Rand McNally.

Bandura, A. (1971a). *Psychological modeling: Conflicting theories*. Chicago: Aldine-Atherton.

Bandura, A. (1971b). *Social learning theory*. Upper Saddle River, NJ: Prentice Hall.

Bandura, A. (1971c). Vicarious and self-reinforcement processes. In R. Glaser (Ed.), *The nature of reinforcement* (pp. 228-278). New York: Academic.

Bandura, A. (1973). *Aggression: A social learning analysis*. Upper Saddle River, NJ: Prentice Hall.

Bandura, A. (1974). Behavior theory and the models of man. *American Psychologist, 29*, 859-869.

Bandura, A. (1976). Social learning perspective on behavior change. In A. Burton (Ed.), *What makes behavior change possible?* (pp. 34-57). New York: Brunner/Mazel.

Bandura, A. (1977a). Self-efficacy: Toward a unifying theory of behavioral change. *Psychological Review, 84*(2), 191-215.

Bandura, A. (1977b). *Social learning theory*. Upper Saddle River, NJ: Prentice Hall.

Bandura, A. (1978). The self-system in reciprocal determinism. *American Psychologist, 33*, 344-358.

Bandura, A. (1979). Psychological mechanisms of aggression. In M. von Cranach, K. Foppa, W. Lepenies, & D. Ploog (Eds.), *Human ethology: Claims and limits of a new discipline* (pp.

316-379). New York: Cambridge University Press.

Bandura, A. (1982a). The self and mechanisms of agency. In J. Suls (Ed.), *Psychological perspectives on the self* (Vol. 1). Hillsdale, NJ: Erlbaum.

Bandura, A. (1982b). Self-efficacy mechanism in human agency. *American Psychologist, 37*, 122-147.

Bandura, A. (1986). *Social foundations of thought and action: A social-cognitive theory*. Upper Saddle River, NJ: Prentice Hall.

Bandura A. (1993). Perceived self-efficacy in cognitive development and functioning. *Educational Psychologist, 28*(2), 117-148.

Bandura, A. (1995). Exercise of personal and collective self-efficacy in changing societies. In A. Bandura (Ed.), *Self-efficacy in changing societies* (pp. 1-45). New York: Cambridge University Press.

Bandura, A. (1997). *Self-efficacy: The exercise of control*. New York: W. H. Freeman.

Bandura, A. (2000). A sociocognitive perspective on intellectual development and functioning. Extended abstract of the E. L. Thorndike Award address. *Newsletter for Educational Psychology, 23*(2), 1-4.

Bandura, A., Adams, N., & Beyer, J. (1977). Cognitive processes mediating behavioral change. *Journal of Personality and Social Psychology, 35*, 125-138.

Bandura, A., & Jeffrey, R. W. (1973). Role of symbolic coding and rehearsal processes in observational learning. *Journal of Personality and Social Psychology, 26*, 122-130.

Bandura, A., Mahoney, M. J., & Dirks, S. J. (1976). Discriminative activities and maintenance of contingent self-reinforcement. *Behavior Research and Therapy, 14*, 1-6.

Bandura, A., & Schunk, D. H. (1981). Cultivating competence, self-efficacy, and intrinsic interest through proximal self-motivation. *Journal of Personality and Social Psychology, 41*, 586-598.

Bandura, A., & Walters, R. H. (1963). *Social learning theory and personality development*. New York: Holt, Rinehart & Winston.

Berk, L. E. (1989). *Child development*. Boston: Allyn & Bacon.

Bong, M., & Clark, R. E. (1999). Comparison between self-concept and self-efficacy in academic motivation research. *Educational Psychologist, 34*(3), 139-154.

Brophy, J. (1988). Research linking teacher behavior to student achievement: Potential implications for instruction of Chapter 1 students. *Educational Psychologist, 23*(3), 235-286.

Brophy, J., & Putnam, J. (1979). Classroom management in the elementary grades. *Classroom management. The eightieth yearbook of the National Society for the Study of Education* (pp. 182-216). Chicago: University of Chicago Press.

Bushman, B. J., & Anderson, C. A. (2001). Media violence and the American public. *American Psychologist, 56*(6/7), 477-489.

Carpenter, C., Huston, A., & Spear, L. (1989). Children's use of time in their everyday activities during middle childhood. In M. Block & A. Pellegrini (Eds.), *The ecological content of children's play*. Norwood, NJ: Ablex.

Carroll, W., & Bandura, A. (1982). The role of visual monitoring in observation learning of action patterns: Making the unobservable observable. *Journal of Motor Behavior, 14*, 153-167.

Corno, L. (1986). The metacognitive control components of self-regulated learning. *Contemporary Educational Psychology, 11*, 333-346.

Doyle, W. (1986). Classroom organization and management. In M. C. Wittrock (Ed.), *Handbook of research on teaching* (3rd ed., pp. 392-431). New York: Macmillan.

Evans, R. I. (1989). *Albert Bandura, the man and his ideas—a dialogue*. New York: Praeger.

Fox, D., & Kendall, P. (1983). Thinking through academic problems: Applications of cognitive-behavior therapy to learning. In T. Kratochwill (Ed.), *Advances in school psychology* (Vol. 3, pp. 269-301). Hillsdale, NJ: Erlbaum.

Gerbner, G. (1974). Teacher image in mass culture: Symbolic functions of the "hidden curriculum." In D. R. Olson (Ed.), *The form of expression: Communication and education. The seventy-third yearbook of the National Society for the Study of Education* (pp. 470-497). Chicago: University of Chicago Press.

Gerbner, G., & Gross, L. (1976). Living with television: The violence profile. *Journal of Communication, 26*(2), 173-199.

Gibson, S., & Dembo, M. H. (1984). Teacher efficacy: A construct validation. *Journal of Educational Psychology, 76*, 569-582.

Goetz, J. (1976). Behavioral configurations in the classroom: A case study. *Journal of Research and Development in Education, 9*(4), 36-49.

Good, T. L., & Brophy, J. E. (1987). *Looking in classrooms* (4th ed.). New York: Harper & Row.

Goddard, R., Hoy, W. L., & Woolfolk Hoy, A. (2000). Collective teacher efficacy: Its meaning, measure, and impact on the student achievement. *American Educational Research Journal, 37*(2), 479-507.

Graham, S., & Harris, K. (1994). The role and development of self-regulation in the writing process. In D. Schunk & B. Zimmerman (Eds.), *Self-regulation of learning and performance: Issues and educational applications.* Hillsdale, NJ: Erlbaum.

Gredler, M., & Garavalia, L. (2000a). Students' perceptions of their self-regulatory and other-directed study strategies: A factor analysis. *Psychological Reports, 86*, 102-108.

Gredler, M., & Garavalia, L. (2000b, April). *The role of components of student regulation of learning, aptitude, and prior grades in explaining achievement.* Paper presented at American Educational Research Association, New Orleans.

Gredler, M., & Schwartz, D. (1997). Factorial structure of the self-efficacy for self-regulated learning scales. *Psychological Reports, 81*, 51-57.

Greenfield, P. (1984). *Mind and media: The effects of television, video games, and computers.* Cambridge, MA: Harvard University Press.

Guskey, T. R. (1987). Context variables that affect measures of teacher efficacy. *Journal of Educational Research, 81*, 41-47.

Henderson, R. (1986). Self-regulated learning: Implications for the design of instructional media. *Contemporary Educational Psychology, 11*, 405-407.

Henson, R. K. (2002). From adolescent angst to adulthood: Substantive implications and measurement dilemmas in the development of teacher efficacy research. *Educational Psychologist, 37*(3), 137-150.

Huston, A. C., Donnerstein, E., Fairchild, H., Feshbach, N. D., Katz, P. A., Murray, J. P., Rubenstein, E. A., Wilcox, B. L., & Zuckerman, D. (1992). *Big world, small screen: The role of television in American society.* Lincoln: University of Nebraska Press.

Huston, A., Watkins, B., & Kunkel, D. (1989). Public policy and children's television. *American Psychologist*, 424-433.

Jeffrey, R. S. (1976). The influence of symbolic and motor rehearsal in observational learning. *Journal of Research in Personality, 10*, 117-126.

Kazdin, A. (1989). *Behavior modification in applied settings* (4th ed.). Pacific Grove, CA: Brooks/Cole.

Leifer, A. D. (1976). Teaching with television and film. In N. L. Gagné (Ed.), *The seventy-fifth yearbook of the National Society for the Study of Education* (pp. 302-334). Chicago: University of Chicago Press.

Loper, A. B., & Murphy, D. M. (1985). Cognitive self-regulatory training for underachieving children. In D. L. Forrest-Pressley, G. E. MacKinnon, & T. G. Waller (Eds.), *Metacognition, cognition, and human performance* (pp. 223-265). Orlando, FL: Academic Press.

McLaughlin, M. W., & Marsh, D. D. (1978). Staff development and school change. *Teachers College Record, 80*, 70-94.

Meichenbaum, D. H., & Goodman, J. (1971).

Training impulsive children to talk to themselves: A means of developing self-control. *Journal of Abnormal Psychology, 77*, 115-126.

Moskowitz-Hayman, G. (1976). Success strategies of inner-city teachers: A year-long study. *Journal of Educational Research, 69*, 683-689.

Murray, J., & Epstein, L. (1981). Improving oral hygiene with videotape modeling. *Behavior Modification, 5*(3), 360-371.

Oliver, M. B. (1994). Portrayals of crime, race, and aggression in "reality-based" police shows: A content analysis. *Journal of Broadcasting and Electronic Media, 38*, 179-192.

Pajares, F. (1996). Self-efficacy beliefs in academic settings. *Review of Educational Research, 66*(4), 543-578.

Pajares, F., & Graham, D. (1999). Self-efficacy motivation constructs and mathematics performance of entering middle school students. *Contemporary Educational Psychology, 24*(2), 124-139.

Pajares, F., Miller, M. D., & Johnson, M. J. (1997). Gender differences in writing, self-beliefs of elementary school subjects. *Journal of Educational Psychology, 91*(1), 30-61.

Palinscar, A. S., & Brown, A. L. (1984). Reciprocal teaching of comprehension-fostering and comprehension-monitoring activities. *Cognition and Instruction, 1*(2), 117-175.

Paris, S., Lipscom, M., & Wilson, K. (1985). Becoming a strategic reader. *Contemporary Educational Psychology, 8*, 293-316.

Perry, N. E., VandeKamp, K. O., Mercer, L. K., & Nordby, C. J. (2002). Investigating teacherstudent interactions that foster self-regulated learning. *Educational Psychologist, 37*(1), 5-15.

Pintrich, P., & DeGroot, E. (1990). Motivational and self-regulated learning components of classroom academic performance. *Journal of Educational Psychology, 82*(1), 33-40.

Rice, M. C., Huston, A. C., & Wright, J. C. (1986). Replays as repetitions: Young children's misinterpretations of television forms. *Journal of Applied Developmental Psychology, 7*, 61-76.

Robinson, J. P., & Godbey, G. (1997). *Time for life: The surprising ways Americans use their time.* University Park, PA: The Pennsylvania State University Press.

Rosenthal, T. L., & Bandura, A. (1978). Psychological modeling: Theory and practice. In S. L. Garfield & A. E. Begia (Eds.), *Handbook of psychotherapy and behavior change: An empirical analysis* (2nd ed., pp. 621-658). New York: Wiley.

Rosenthal, T. L., & Zimmerman, B. J. (1973). Organization, observation, and guided practice in concept attainment and generalization. *Child Development, 44*, 606-613.

Rosenthal, T. L., & Zimmerman, B. J. (1976). Organization and stability of transfer in vicarious concept attainment. *Child Development, 47*, 110-117.

Rosenthal, T. L., & Zimmerman, B. J. (1978). *Social learning theory and cognition.* New York: Academic.

Schunk, D. H. (1981). Modeling and attributional effects on children's achievement: A self-efficacy analysis. *Journal of Educational Psychology, 73*, 93-105.

Schunk, D. H. (1986). Verbalization and children's self-regulated learning. Contemporary *Educational Psychology, 11*, 347-369.

Schunk, D. H. (1987). Peer models and children's behavioral change. *Review of Educational Research, 57*(2), 149-174.

Schunk, D. (1989). Self-efficacy and achievement behaviors. *Educational Psychology Review, 1*(3), 173-208.

Schunk, D. (1995). Inherent details of self-regulated learning include student perceptions. *Educational Psychologist, 30*(4), 213-216.

Schunk, D. H., & Hanson, A. (1985). Peer models: Influence on children's self-efficacy and achievement. *Journal of Educational Psychology, 77*(3), 313-322.

Schunk, D., & Zimmerman, B. (Eds.). (1998).

Self-regulated learning: From teaching to self-reflective practice. New York: Guilford Press.

Schwartz, L., & Gredler, M. (1998). The effects of self-instructional materials on goal setting. *Journal of Research and Development in Education*, *31*(2), 83-89.

Tschannen-Moran, M., & Woolfolk Hoy, A. (2001). Teacher efficacy: capturing an elusive construct. *Teaching and Teacher Education*, *17*, 783-805.

Tschannen-Moran, M., Woolfolk Hoy, A., & Hoy, W. K. (1998). Teacher efficacy: Its meaning and measure. *Review of Educational Research*, *68*(2), 202-248.

Wood, R. E., & Bandura, A. (1989). Impact of conceptions of ability on self-regulatory mechanism and complex decision making. *Journal of Personality and Social Psychology*, *56*, 407-415.

Woolfolk, A., & Hoy, W. (1990). Prospective teachers' sense of efficacy and beliefs about control. *Journal of Educational Psychology*, *82*, 81-91.

Zimmerman, B. (1986). Becoming a self-regulated learner: What are the key subprocesses? *Contemporary Educational Psychology*, *11*, 370-404.

Zimmerman, B. (1995a). Self-efficacy and educational development. In A. Bandura (Ed.), *Self-efficacy in changing societies* (pp. 202-231). Hillsdale, NJ: Erlbaum.

Zimmerman, B. J. (1998). Developing self-fulfilling cycles of academic regulation: An analysis of exemplary instructional models. In D. H. Schunk & B. J. Zimmerman (Eds.) *Self-regulated learning: From teaching to self-reflective practice* (pp. 1-19). New York: Guilford Press.

Zimmerman, B. J. (2000). Attaining self-regulation: A cognitive perspective. In M. Boekarts, P. R. Pintrich, & M. Zeidner (Eds.), *Handbook of self-regulation* (pp. 13-39). San Diego: Academic.

Zimmerman, B. J. (2001). Theories of self-regulated learning and academic achievement: An overview and analysis. In B. J. Zimmerman & D. Schunk (Eds.), *Self-regulated learning and academic achievement* (2nd ed.) (pp. 1-37). Mahwah, NJ: Erlbaum.

Zimmerman, B. J., Greenberg, D., & Weinstein, C. E. (1994). Self-regulating academic study time: A strategy approach. In D. H. Schunk & B. J Zimmerman (Eds.), *Self-regulation of learning and performance: Issues and educational applications* (pp. 181-199). Hillsdale, NJ: Erlbaum.

Zimmerman, B. J., & Martinez-Pons, M. (1986). Development of a structured interview for assessing student use of self-regulated learning strategies. *American Educational Research Journal*, *23*, 614-628.

Zimmerman, B. J., & Martinez-Pons, M. (1992). Perceptions of efficacy and strategy use in the self-regulation of learning. In D. Schunk & J. Meece (Eds.), *Student perceptions in the classroom* (pp. 185-207). Hillsdale, NJ: Erlbaum.

Zimmerman, B. J., & Rosenthal, T. L. (1974). Observational learning and rule-governed behavior by children. *Psychological Bulletin*, *81*, 29-42.

제 13 장

인지모형과 학업동기 이론

> 동기를 연구하는 심리학자들과 교육학자들은 아동의 사고가 행동에 미치는 영향에 관심을 가졌다. 즉, 학교에서 수행하는 아동의 중요한 선택, 학업 과제에 대한 참여, 자율학습을 효과적으로 할 수 있는 능력 등에 관심을 가졌다. (Dweck, 2002, pp. 80-81)

동기는 심리학 이론이나 교육 현장에서 흥미를 갖는 중요한 구인이다. 동기에 대한 구체적인 정의는 다양하지만, 동기는 개인이 특별한 활동을 선택하고 계속 그 활동을 하도록 하는 데 중요한 역할을 하는 과정이다. 초기 동기이론은 학생들이 학업에 참여하는 요인으로 본능, 특질, 의지 등과 같은 내적 힘을 제안했다.

20세기 중반 이래로 동기에 대한 심리학적 모형과 이론은 학습 참여에 대하여 일반적으로 접근하는 대신에 성취동기에 초점을 맞추기 시작하였다. 즉, 성공과 실패로 판단될 수 있는 상황이 연구의 대상이 되었고, 자신의 능력에 대한 학습자의 신념이 주요 연구 문제가 되었다(Nicholls, 1982).

이후의 관점들은 동기의 중요한 요인으로 학습과 성취 과정에 대한 학생들의 인지와 정의 문제를 다루기 시작하였다. 예를 들면, John W. Atkinson(1958, 1964)의 성취동기 모형은 성공을 추구하고 실패를 피하려고 하는 개인의 성향을 핵심적인 동기 요인으로 간주하였다. 성공을 추구하려는 동기가 높은 사람은 과제에 참여할 가능성이 높다는 것이다. 그러나 실패를 피하려는 성향이 높은 사람은 성취 과제를 피하려고 할 것이라고 본다. 또한 학생들은 다양한 방법으로 과제 완성을 지연시키거나 자신에게 불리한 조건을 스스로 만든다(Covington, 1992). Atkinson 모형에서 중요한 것은 성공에 대한 학생의 기대와 성취에 대한 자부심과 같은 성공에 대한 유인가(incentive value)이다.

동기에 대한 또 다른 접근은 과거 사태의 원인에 대한 이해가 그 사람의 미래 행동에 영향을 미친다는 관점이다. 이 관점은 Fritz Heider(1958)로부터 시작되었다. 그는 일반인들이 생각하는 특정한 사태의 원인을 조사하였다. 인간 행위의 결과와 관련된 두 가지 조건은 개인 내에 있는 요인과 환경에 있는 요인이다. 그의 연구는 더 발전되어 Rotter(1966)는 통제 소재라는 개념을 사용하여 내적 통제 소재와 외적 통제 소재의 연속체 상에 있는 인간 행동의 원인을 구체화시켰다. 열심히 일한 결과로 강화(긍정적 결과)를 받았다고 믿는 사람은 자신의 운명을 통제할 수 있다고 믿는다. 따라서 이들은 스스로 자신의 일을 착수하고 그 일에 대해 책임을 진다. 수업에 지각한 이유를 막연한 외적 상황에 돌리기보다는 집에서 늦게 출발하여 주차할 곳을 찾지 못해 지각한 것으로 받아들인다.

반면에 어떤 행동의 결과를 외부에서 찾는 사람은 자신의 행동과 결과 간에는 직접적인 연관이 없다고 지각한다. 대신 운, 운명, 타인의 힘에 의해서 특정한 결과가 나타난다고 본다. 그러므로 시험에서 D학점을 받은 학생은 자신의 능력(내적 소재) 때문이 아니라 교사의 편견(외적 소재) 때문에 그러한 성적을 받았다고 믿는다. 이러한 개념적 틀을 응용하여 deCharms(1968)은 자율적 행위자와 타율적 행위자의 개념을 제안했다. 자율적 행위자(origin)는 환경을 변화시킬 의도로 행동을 시작한다. 그러나 타율적 행위자(pawn)는 환경에 의해서 자신이 통제당한다고 지각한다.

동기에 대한 이러한 초기 모형이 개발된 이래로 사회는 점차 복잡해지고 학교 교육도 더 중요하게 되어 가고 있다. 일반적으로 직업 세계에서는 고등학교 졸업장 이상의 것을 요구하고 있고, 고등교육을 받기 위해서는 특별한 요구 조건을 충족시켜야 한다. 그러므로 동기에 대한 연구도 실험실을 넘어 교실을 대상으로 하고 실세계와 관련된 다양한 요인들을 통합하고 있다. 최근 성취 관련 동기 연구는 기대가치 모형, 목표 지향성 모형, 귀인이론 등을 중심으로 이루어지고 있다.

1. 동기의 원리

이전 장까지는 특별한 기술과 능력의 성취에 필요한 요인을 기술하거나 인지적 성장에 핵심적인 조건과 관련된 학습이론이나 인지발달에 대하여 논의하였다. 이 장에서는 학생의 성취 관련 활동에 영향을 미치는 요인에 초점을 맞추고 있는 동기모형과 이론에 대해서 살펴보겠다.

1) 기본 가정

동기이론은 크게 세 가지 가정을 바탕으로 분석될 수 있다. 개인의 동기는 환경 요인과 개인 내 요인 간의 복잡한 상호작용으로부터 발달된다(Wigfield & Eccles, 2002a). 사회적 규준 중에는 타인의 수행 결과(Weiner, 1974a), 학생의 성패에 대한 교사의 반응(Weiner, Graham, Taylor, & Meyer, 1983), 교실목표 구조의 유형(Ames, 1992b), 학생의 이전 성취사(Weiner, 1985b; Wigfield & Eccles, 2002b), 능력의 본질에 대한 신념(Dweck, 2002) 등이다.

둘째, 학습자는 정보의 능동적 처리자이다. 자신의 능력에 대한 평가와 외부 정보에 대한 해석이 성취 관련 동기에 포함된다. 셋째는 두 번째 가정과 관련이 있는데, 학생의 동기, 요구, 목표는 명시적 지식이라는 것이다. 즉, 학생들은 이러한 신념을 반영할 수 있고 다른 사람에게 전달할 수도 있다(Murphy & Alexander, 2000, p. 38).

동기의 구성요소에 대한 많은 연구들이 학생들의 자기 보고에 의존하기 때문에 이러한 가정은 중요하다. 자기 보고식 연구에 면접을 사용하는 것도 있지만, 일반적으로 연구자들은 학생들이 반응할 수 있도록 구체적 문항이 포함된 질문지를 사용한다. 예를 들어, 나는 이 수업 시간에 가능한 한 많은 것을 배우기를 원한다. 이 과목에서 좋은 성적을 얻는 것이 중요하다. 나는 좋은 점수를 얻기 위해 열심히 공부한다. 학생들의 반응은 5간 척도나 7간 척도로 측정된다. 예를 들어, 1＝전적으로 아니다, 5＝전적으로 그렇다. Wigfield(1994)는 질문지 형태는 학생들의 신념을 단지 간접적으로만 측정할 수 있을 뿐이라고 주장하였다. 학생들은 스스로 정의를 생성하기보다는 연구자가 미리 정의한 구인에 반응하기 때문이다(p. 61).

일반적인 가정에 덧붙여서 동기에 대한 각각의 관점은 그들의 관점과 관련된 구체적인 가정을 갖고 있다. 예를 들면, 귀인이론은 성취 결과(성공과 실패)의 원인에 대한 개인의 지각에 초점을 둔다. 귀인이론의 핵심적인 가정은 동기의 주요 원천(Weiner, 1979), 사람의 신념 체제와 미래의 행동에 영향을 미치는 결과의 원인에 대한 인지적 분석, 정보의 복잡한 근원이 되는 결과에 대한 인과적 추론 등에 대한 이해를 탐구하는 것이다. 따라서 인과적 추론은 단일 차원이 아니다. 예를 들면, 능력과 노력 부족 요인은 실패에 대한 내적 귀인이다. 그러나 이 둘은 다른 결과를 유도한다. 능력이 부족해서 좋은 성적을 얻지 못했다고 지각하는 학생은 다음 시험에서도 실패할 것이다. 그러나 노력이 부족해서 실패했다고 생각하는 학생은 다음 시험은 잘 볼 수 있을 것이라고 기대할 것이다. 노력은 변화를 가져올 수 있기 때문이다(Eswara, 1972; Rosenbaum,

1972; Weiner, Neurenberg, & Goldstein, 1976). 또한 노력이 부족한 것은 능력이 부족한 것보다 더 많은 처벌을 받는다(Rest, Neirenberg, Weiner, & Heckhausen, 1973; Weiner & Kukla, 1970; Weiner & Peter, 1973). Rotter(1966)의 통제 소재와 같은 단일 차원의 인과적 추론은 부적절하다.

반면에 목표 지향성 모형은 학생의 성취 관련 목표에 대한 동기의 역할에 초점을 맞춘다. 목표 지향성 이론의 가정 중의 하나는 교실의 목표 지향성은 학생들의 개인적인 목표 지향성에 영향을 미칠 수 있다는 것이다(Ames, 1992b).

요약하자면, 현재 동기적 관점이 갖고 있는 공통적인 가정은 ① 개인의 동기는 개인 내적 요인과 환경적 요인 간의 복잡한 상호작용을 통해서 발달한다. ② 개인은 정보의 능동적인 처리자이다. ③ 학생들은 자신의 신념을 반영할 수 있고 다른 사람에게 그 신념을 전달할 수 있다. 또한 각각의 동기적 관점은 나름대로 구체적인 가정을 갖고 있다.

2) 동기 과정의 구성요소

성취 관련 맥락에서 세 가지 동기 유형을 분석해 볼 수 있다. 이들은 동기와 동기 과정에 영향을 미치는 요인이 무엇인가에 대해 다른 가정을 한다. 세 가지 모형 혹은 이론은 기대가치 모형, 목표 지향성 모형, 귀인이론이다.

(1) 기대가치 모형

최근 기대가치 모형은 Atkinson(1958) 모형을 확장한 것이다. 그러나 Atkinson 모형과는 달리, 최근 모형은 학생들이 교과목이나 주제(이 모형에서는 '과제'라고 함)를 선택하는 데 작용하는 사회심리학적 이유에 초점을 맞추고 있다. 따라서 성취 관련 행동에 직접적으로 영향을 미치는 것으로 확인된 기대와 가치는 전적으로 동기적 구인이라기보다는 인지적인 것이라고 정의한다(Wigfield & Eccles, 1992, pp. 278-279).

이 모형의 기본 전제는 성공에 대한 학생의 기대와 가치가 성취 관련 행동의 중요한 동기적 결정자라는 것이다(Wigfield & Eccles, 2002b, p. 91). 이 모형에서는 일반적으로 영역 수준에서 측정되는 '과제'가 중요하다. 즉, 과제는 구체적인 활동이 아니라 수학, 생물학, 사회와 같은 교과목이나 특별한 주제이다(Wigfield & Eccles, 2000, p. 72; Wigfield & Eccles, 2002b, p. 94).

이 모형에서는 동기 과정에 영향을 미치는 다섯 가지 성취 관련 행동, 즉 선택, 지속성, 노력의 정도, 인지적 관여, 실제 수행을 확인하였다. 즉, 동기적 신념은 학생이 생

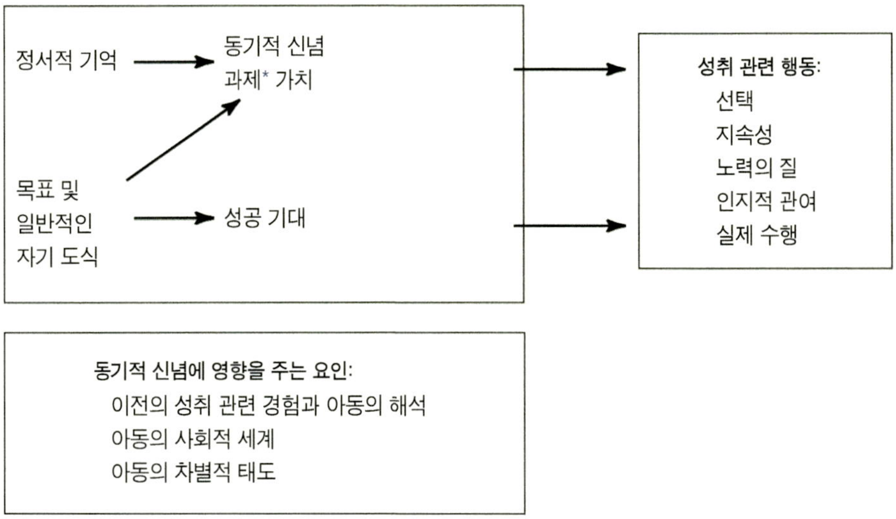

*영역 수준에서 전형적으로 측정(예: 수학)

[그림 13.1] 기대가치 모형의 핵심적 구성요소 요약

물학 과목을 선택하는 데 영향을 미칠 뿐 아니라, 어려움에 직면했을 때 그 과제를 지속적으로 수행할 수 있을지의 여부, 투입하는 노력, 최종 성적 등에 영향을 미친다.

과제가치와 성공에 대한 기대와 같이 두 가지 핵심적인 동기적 신념은 다른 성취 관련 신념에 의해서 직접적으로 결정된다([그림 13.1] 참조). 이와 관련된 신념은 아동의 정서적 기억과 목표 및 일반적인 자기 도식(self-schemata)으로 요약된다.

과제(영역)가치와 기대가치. 학생의 유능성으로는 특정한 교과목을 수강하기 위한 학생의 선택을 설명하는 데 불충분하기 때문에 과제가치는 이 모형에서 중요한 구성요소이다. 어떤 과목에 유능한 학생일지라도 그 과목이 학생에게 가치 있지 않으면 그 학생은 그 과목을 선택하지 않을 것이다(Wigfield & Eccles, 2002b, p. 94).

이 모형에서 과제가치는 획득가치, 내재적 가치, 활용가치, 비용 등으로 구성되어 있다(Eccles et al., 1983; Wigfield & Eccles, 1992). 획득가치는 특정 영역에서 수행을 잘하는 것이 중요하다는 것과 관계가 있으며, 내재적 가치는 과목에 대한 학생의 흥미나 즐거움과 관계가 있다. 아동의 수학에 대한 신념은 ① 수학을 잘하는 것이 중요한지 혹은 그렇지 않은지, ② 다른 활동에 비해 수학을 잘하는 것이 중요한지 그렇지 않은지를 통하여 측정할 수 있다.

내재적 가치는 아동에게 수학 공부나 수학 숙제를 하는 것이 얼마나 즐거운가를 묻는 질문을 통해 측정된다(Wigfield & Eccles, 2000, p. 70). 이러한 측정에서 흥미의 수준은 즐거움의 지표로 간주된다.

활용가치는 교과목이나 영역이 아동에게 얼마나 유용한가와 관계가 있다. 활용가치는 학교에서 배우는 것이 학교 밖에서 쓸모가 있다고 생각하는가와 같은 진술문을 통해 측정된다. 학교에서 배우는 식물에 대한 주제는 집에서 정원을 관리하는 데 도움이 될 것이다(Wigfield & Eccles, 2000, p. 70). 이러한 방법으로 다양한 과제의 유용성을 측정할 수 있다.

비용은 다른 활동을 선택하지 않고 학교 공부와 같은 활동을 선택하는 정도와 관계가 있다. 그러나 이 모형에서는 주로 세 가지 형태의 하위 가치(중요성, 내재적 가치, 유용성)에 대한 자료를 수집한다.

모형에서 기대가치는 특정 과제를 잘 수행할 수 있을지에 관한 아동의 신념이다. 아동들은 금년에 수학을 얼마나 잘할 수 있을 것이라고 기대하는지, 혹은 수학에서 새로운 내용을 얼마나 잘 학습할 수 있을 것인지에 대한 질문을 받는다(Wigfield & Eccles, 2000, p. 70). 기대가치는 부분적으로 특정한 과목에 대한 아동의 성공 능력에 의하여 측정된다. 이것은 예측이 가능하다.

과제(영역)가치와 기대의 직접적인 결정자. 과제가치와 기대의 직접적인 결정자는 아동의 정서적 기억과 자신의 목표 및 일반적 자기 도식이다(Wigfield & Eccles, 2002b). 정서적 기억은 과제에 참여할 것을 예상함으로써 활성화되고 이전의 유사한 경험과 결합된 긍정적 혹은 부정적 정서를 담고 있다(Pintrich & Schunk, 2002, p. 62). 예를 들어, 미적분과 같은 고급 수학 과목에 대한 학생의 선택은 대수학과 같은 이전에 자신이 수강했던 과목에 대한 정서적 반응과 관계가 있다.

동기적 신념을 지지해 주는 또 다른 요인은 목표와 자기 도식이다. 이것은 학생의 장·단기 목표, 이상적 자아에 대한 학생의 지각, 과제 곤란도에 대한 지각, 자신의 유능성에 대한 학생의 지각 등으로 구성되어 있다. 예를 들어, 자신이 남을 도울 수 있다고 생각하는 학생이 있다고 하자. 그 학생의 단기 목표는 방학 중에 병원에서 자원봉사자로 활동하는 것이고 장기적 목표는 사회사업가가 되는 것이 될 수 있을 것이다(Pintrich & Schunk, 2002, p. 62).

이 모형은 능력에 대한 신념을 특정한 영역에 대한 자신의 현재 능력에 대한 지각으로 정의한다(Wigfield & Eccles, 2000). 능력 신념은 현재에 초점이 있다는 점에서 미래에 초점을 두고 있는 성공 기대와 다르다. 능력 신념을 측정하는 문항의 예는 수학을 얼마나 잘하는가? 다른 과목과 비교해서 수학을 얼마나 잘하는가? 학급의 다른 학생들과 비교해서 수학 성적이 어느 정도 된다고 생각하는가? 등이다(p. 70). 다시 말해서, 이전의 유사한 과제에 대한 학생의 경험에 따른 정서적 기억, 목표, 개인적 정체성, 능력 지각, 과제 난이도 등이 특정 과목에 대한 성공 기대와 가치를 직접적으로 결정한다.

동기적 신념에 영향을 미치는 요인. 동기적 신념에 영향을 미치는 요인은 아동의 사회적 세계, 사회적 경험, 환경, 이전의 성취 관련 요인에 대한 아동의 지각, 아동의 태도이다. 이 모형에 따르면 아동의 사회적 세계에 포함되는 중요한 요인은 성 고정관념, 교과에 대한 문화적 고정관념, 이전의 성취 관련 경험이다(Wigfield & Eccles, 2002b). 예를 들어, 아동의 사회적 세계에서 문화적 고정관념은 라틴계 아이들은 수학을 잘 못하기 때문에 엔지니어가 될 수 없다는 것이다. 동기적 신념에 영향을 미치는 중요한 지각은 고정관념에 대한 아동의 지각과 이전의 성취 관련 경험에 대한 아동의 해석이다.

요약. 현재 기대가치 모형은 Atkinson(1958) 모형을 확장한 것이지만 두 가지 점에서 서로 다르다. 현재의 모형은 학생의 선택에 대한 사회심리학적 이유와 영역이나 교과를 의미하는 과제에 초점을 두고 있다. 동기적 신념의 핵심은 과제가치(획득, 내재적, 활용, 비용), 아동이 잘할 수 있을 것이라고 믿는 정도와 관련된 기대가치이다. 이러한 신념들은 선택, 지속성, 노력, 실제 수행에 직접 영향을 미친다.

과제가치와 기대는 아동의 정서적 기억과 목표 및 일반적 자기 도식에 의해 직접 결정된다. 정서적 기억은 이전의 유사한 경험과 연합된 긍정적 혹은 부정적 정서적 반응으로 구성되어 있다. 목표는 장·단기 목표로 되어 있고, 자기 도식은 이상적 자아에 대한 지각, 과제 곤란도에 대한 지각, 자신의 유능성에 대한 지각으로 구성되어 있다. 이러한 신념에 영향을 미치는 요인은 아동의 사회적 세계, 이전 사회적 경험에 대한 지각, 태도이다.

(2) 목표 지향성 모형

기대가치 모형과는 대조적으로 목표 지향성 모형은 학생들이 학습 과제에 참여하는 이유를 설명한다(Anderman, Austin, & Johnson, 2002; Pintrich & Schunk, 2002). 예컨대 생물학을 수강하는 어떤 학생의 목표가 A학점을 받는 것이라고 한다면, A학점을 받겠다는 말로는 그 학생이 생물학을 수강하게 된 이유를 설명해 줄 수 없다. 그러나 목표 지향성 모형은 수강하는 이유가 새로운 개념을 배우고자 하는 데 있는지, 자신의 유능성을 드러내고자 하는 것인지, 아니면 다른 이유가 있는지를 탐구한다.

목표 지향성은 '학생이 학습 활동에 참여하고 접근하는 방법을 결정하는 일련의 행동적 의도'로 정의된다(Meece, Blumenfeld & Hoyle, 1988, p. 514). 목표 지향성은 학생의 인지전략, 과제 선택, 유능성 지각 등에 영향을 미친다(Ames, 1992a; Ames & Archer, 1988; Anderman et al., 2002; Dweck, 1989; Elliott & Dweck, 1988; Jagacinski & Nicholls, 1987; Pintrich & Zusho, 2002). 이러한 모든 것들은 또한 정보가 장기기억에 저장되는 것과 관계가 있다(Anderman et al., 2002). 목표 지향성은 학생들이 자신의 성취 관련 활동들을 점검하기 위하여 사용하는 정보의 유형에 영향을 미친다. 예를 들면, 다른 학생보다 공부를 더 잘하는 것을 목표로 하는 학생은 다른 학생들의 성적을 점검할 것이고 우수성을 인정받기 위해 노력할 것이다(Pintrich, 2000, p. 473).

본래 학생들의 목표 구조에 대한 개념은 학습과제에 참여하는 목적이 대비되는 두 가지의 일반적인 경향성으로 나뉜다. 예를 들어, 학습목표와 수행목표(Deweck, 1986; Elliott & Dweck, 1988), 숙달목표와 수행목표(Ames & Archer, 1988; Ames, 1992b)이다. 이와 유사하게 학생이 가장 성공적이라고 느끼는 참여의 유형에 따라 과제 관여 목표와 자아 관여 목표로 나뉜다(Jagacinski & Nicholls, 1987; Jagacinski, 1992; Nicholls, 1984, 1989).

이 모형의 발달과 함께 일부 이론가들은 목표 지향성이 다면적이라고 제안한다. 이러한 관점에 대해서는 학습 혹은 노력 지향성, 수행목표 지향성, 과제 혹은 실패 회피 부분에서 논의될 것이다.

학습과 관련된 목표 지향성. 학습 혹은 노력 지향성과 관련된 세 가지 유형이 〈표 13.1〉에 요약되어 있다. 이러한 목표 지향성은 과제 숙달과 자신의 학습 향상에 초점을 맞추고 있으며, 성취 관련 과제에 심도 있게 접근하도록 한다.

학습과 관련된 목표 지향성에서 학생의 성공은 새로운 과제를 숙달하고, 새로운 기술의 학습에 진전이 있으며, 도전적 과제에 참여할 때 즐거움을 느끼는 것으로 정의된다. 숙달목표와 관련된 핵심적 신념은 노력과 결과는 정비례 관계에 있다는 것과, 성취 관련 행동이 시간이 지나도 유지된다는 것이다. Dweck(1989)은 또한 학습목표 지향적인 아동들은 지능이 역동적이며 증가한다는 관점을 갖고 있다고 주장하였다. 즉, 지능이란 고정된 실체가 아니라는 것이다.

〈표 13.1〉 학습과 관련된 목표 지향성

지향성	정 의
학습목표(Dweck, 1986, 1989, 2002; Dweck & Leggett, 1988)	자신의 유능성 증진, 지능의 증가적 이론과 관련된 지향성이다.
숙달목표(Ames & Archer, 1988; Ames, 1992b)	새로운 기술을 개발하고 과제를 이해하려고 하거나 자기 참조적 기준에 의해 숙달감을 성취하려고 한다(Ames, 1992b, p. 262).
과제 초점 목표(Anderman & Midgley, 1997; Kaplan & Midgley, 1997; Maehr & Midgley, 1991; Midgley et al., 1998)	자신의 유능성을 증가시키고 과제를 숙달하려고 한다.
과제 지향성(Nicholls, 1984, 1989)	학생이 특정한 과제에 관여했을 때 느끼는 성공감 혹은 즐거움의 정도이다.

수행목표 지향성. 본래 목표 지향성 이론은 수행목표나 자아 관여 목표 지향성을 학습에 부정적인 영향을 미치는 것으로 파악하였다. 〈표 13.2〉에서 볼 수 있는 바와 같이 수행목표는 우수한 수행을 보여 주려는 데 초점이 있다. 목표는 다른 사람들보다 잘하거나 노력을 조금만 하고 성취를 잘하는 것이다. 이러한 유형의 목표는 자신의 능력에 초점을 맞추고, 자기 가치는 수행에 대한 능력 지각에 의해서 결정된다. 사회적 비교 정보(다른 학생들은 얼마나 잘하며, 그들은 노력을 얼마나 하는가)가 능력에 대한 자기 판단의 기준이 된다. Dweck(1989)은 또한 수행목표를 가지고 있는 아동들은 지능

〈표 13.2〉 수행목표 지향성

지향성	정 의
수행목표(Ames & Archer, 1988; Ames, 1992b; Anderman & Midgley, 1997; Dweck, 1986, 1989, 2002; Elliott & Dweck, 1988; Kaplan & Midgley, 1997; Maehr & Midgley, 1991)	다른 학생들보다 더 잘함으로써 자신의 우수함을 보여 주려고 한다.
자아 관여 목표(Jagacinski & Nicholls, 1987; Jagacinski, 1992; Nicholls, 1984, 1989)	자신이 다른 사람보다 더 많이 알고 있을 때 즐거움을 느낀다.
(a) 수행 접근	다른 학생들보다 더 잘함으로써 자신의 능력을 긍정적으로 판단한다.
(b) 수행 회피 (Elliot, 1997; Elliot & Church, 1997; Harackiewicz et al., 2002; Middleton & Midgley, 1997)	자신의 능력이 부정적으로 판단되는 것을 회피하려고 한다.

이 고정되어 있다는 '실체적' 지능 개념을 갖고 있다고 하였다.

Elliot(1997, 1999; Elliot & Church, 1997)에 의하면 본래의 목표 구조의 개념으로는 성취 관련 행동과 성취 결과를 설명하기에 불충분하다. 구체적으로 말해서, 수행목표나 숙달목표 모두 공부를 게을리하거나 과제에 몰두하지 않는 것, 과제 완성을 지연시키는 것, 도움을 구하려고 하지 않는 것 등과 같은 부정적 처리를 설명할 수 없다. 따라서 그는 수행 접근 지향성과 수행 회피 지향성을 구분하였다. 수행 회피 지향적인 학생들은 친구들에게 멍청하다는 소리를 듣는 것을 두려워하고, '쉬운' 질문을 하지 않으려 하며, 학교 성적이 나빠지는 않을까 종종 걱정한다(p. 180).

일부 연구(예: Harackiewicz, Barron, Tauer, & Elliott, 2002)는 숙달목표와 수행 접근 목표 모두 대학생의 학업 성공과 관련이 있다는 것을 발견하였다. 또한 다른 연구들은 수행 접근 목표를 과제가치(예: Bong, 2001), 노력 정도(예: Elliot, McGregor, & Gable, 1999), 수행(예: Lopez, 1999) 등과 같은 다른 변인과 연결하였다. 이러한 발견은 목표 이론에 수행 접근과 수행 회피 지향성을 포함하도록 유도하였다(예: Harackiewicz, Barron, Pintrich, Elliot, & Thrash, 2002). 그러나 Kaplan과 Middleton (2002)은 동의하지 않았다. 그들은 숙달목표, 수행목표, 그리고 다양한 목표들의 결합이 바람직하느냐의 여부는 성취 맥락에서 표현된 목적에 달려 있다고 주장하였다(p. 648). 즉, 자료를 숙달하고 이해하고도 높은 점수를 받지 못하는 교육적 맥락에 의문을 제기해야 한다는 것이다(p. 648).

일반적으로 수행목표가 갖는 한 가지 문제는 수행목표 지향성이 성취 관련 과제에 피상적인 참여를 유도한다는 것이다. 수행 회피 지향성은 피상적인 학습 참여를 최소화한다고 할지라도 부적절한 목표 지향성이다.

기타 목표 지향성. 연구자들은 과제 회피와 실패 회피를 측정하였다. 과제 회피는 성취 목표의 부재와 과제의 요구 조건을 단지 수행해서 통과하려는 데 목적이 있다(Archer, 1994; Elliot, 1999, p. 184). 예를 들면, 모든 과제가 쉽고 시험도 어렵지 않을 때 성공감을 느끼는 경우이다(Torkildsen & Nicholls, 1998).

실패 회피는 교사의 질문에 반응하지 않는 것과 같이 자기 방어 전략을 사용해 교실에서 어리석게 보이는 것을 피하려는 것이다(Middleton & Midgley, 1997). Brophy (1999)는 실패를 통제 불가능한 원인으로 돌리는 학생들은 무능하게 지각되는 것을 막으려 하고 다른 사람으로부터 자신의 무능함을 숨기려 한다고 주장하였다(p. 76).

요약. 목표 지향성 모형은 학생들이 학업 과제에 참여하는 이유를 밝히려고 한다. 목표 지향성의 중요성은 학생의 인지전략, 과제 선택, 유능성 지각, 그리고 정보가 장기 기억에 저장되는 것과 관계가 있다는 것이다. 본래 이 모형은 목표 지향성을 학습목표 지향성, 수행목표 지향성과 같이 이분법적으로 구분하였다. 학습이나 노력과 관련된 목표를 지향하는 학생들은 새로운 과제를 숙달하고, 새로운 기술의 학습에 진전이 있으며, 도전적 과제에 참여할 때 즐거움을 느낀다. 또한 학습목표 지향적인 아동들은 지능이 역동적이며 증가한다는 관점을 갖고 있다고 주장하는 연구자도 있다.

반면에 수행목표나 자아 관여 목표를 가지고 있는 학생들은 우수한 수행을 보여 주려는 데 초점이 있다. 이러한 목표 지향성의 목적은 다른 사람들보다 잘하거나 노력을 조금만 하고 성취를 잘 하는 것이다. 사회적 비교 정보가 능력에 대한 자기 판단의 기준이 된다. 수행목표를 가지고 있는 아동들은 지능은 고정되어 있다고 본다.

일부 연구자들은 수행목표 지향성은 수행 접근과 수행 회피로 분리되어야 한다고 주장한다. 수행 회피는 친구들에게 멍청하다는 소리를 듣는 것을 두려워하고 학교 성적이 나쁘지는 않을까 종종 걱정하는 것을 말한다. 수행목표 지향성은 성취 관련 과제에 피상적인 참여를 유도한다는 문제점이 있다. 연구자들이 확인한 두 가지 기타 목표 지향성은 과제 회피(단지 통과하는 데만 목적이 있음)와 실패 회피(무능하게 지각되는 것을 막으려고 자기 방어적 전략을 사용함)이다.

(3) 귀인이론

기대가치 모형과 목표 지향성 모형은 성취 관련 과제에 접근하고 참여하는 것에 대한 예상과 가치, 이유를 기술하고 있다. 또한 목표 지향성은 긍정적, 부정적 학습전략과 관계가 있다.

그러나 귀인이론은 성취 관련 결과에 뒤따르는 개인의 사고, 정서, 기대를 다루고 있다(Weiner, 1980b). 이 이론은 또한 도움주기 행동(Weiner, 1979, 1980a, 1980c, 1982, 1983, 1995), 특이한 특성과 행동에 관한 아동의 반응 설명(Juronen, 1991, 1992), 부정적 사태에 관한 아동의 반응 분석(Graham, Hudley, & Williams, 1993; Hudley & Graham, 1993) 등에 적용된다.

성취 관련 상황에서 이 이론은 다음과 같은 세 가지 가정을 바탕으로 하고 있다. ① 이해를 탐구하는 것이 행동의 주요 동기원이다. ② 성취 결과에 대한 귀인은 정보의 복잡한 근원이다. ③ 미래의 행동은 이전 결과에 대해 원인 지각에 의해 부분적으로 결정된다.

귀인 과정은 성취 관련 결과와 더불어 시작된다. 개인은 먼저 자신의 수행을 평가한

다음, 그 결과를 성공과 실패의 연속체 상에서 개인적으로 평정한다. 그런 다음 개인은 원인을 파악하거나 가능한 원인을 반성적으로 찾아보려고 한다. 결과에 대한 원인 탐구는 성공을 기대했는데 실패한 것과 같이 예상하지 못한 결과가 나왔을 경우에 종종 시작된다.

결과를 성공과 실패로 판정하고 나면 성공의 경우에는 만족감이나 행복감, 실패의 경우에는 좌절감이나 화가 나는 것같이 정서적 반응이 발생한다. 예를 들면, 운동경기에서 승리한 사람은 승리의 원인이 열심히 훈련한 결과이든지 상대방의 실력이 부족해서든지 혹은 행운이 있어서든지 행복감을 경험하게 될 것이다(Weiner, 1985a).

개인이 특정한 결과에 대하여 귀인을 하기 위해 사용하는 정보원에는 개인의 과거 성공사, 사회적 규준, 다른 사람의 수행 기록 등이다(Weiner, 1974a, 1977). 성취 관련 결과에 대한 원인 추론과 귀인의 중요성은 이러한 것들이 특별한 정서를 유발시킨다는 것이다. 이러한 감정과 일부 귀인의 특징이 미래 결과에 대한 개인의 기대에 영향을 미친다.

귀인과 귀인의 차원. 성취 영역에서 결과에 대한 원인을 여러 가지로 파악할 수 있을 것이다(Weiner, 1985b). 예를 들어, 실패는 노력 부족이나 능력 부족, 미숙한 전략 사용, 나쁜 운이나 교사의 편견, 동료들의 방해 등으로 귀인될 수 있을 것이다. 그러나 성공과 실패에 대한 전형적인 귀인은 능력, 노력, 과제 난이도, 운이다(Weiner, 1972). 그 밖에 기분, 질병, 피로, 타인의 도움 등이 있다. 그러나 Weiner(1985a)에 따르면 성공과 실패의 가장 지배적 귀인은 능력과 노력이다. 다시 말해, 성공은 높은 개인의 능력과 (혹은) 열심히 노력한 것으로 귀인되고, 실패는 능력 부족과 (혹은) 노력 부족으로 귀인된다.

귀인 과정에서 중요한 것은 귀인의 특성 혹은 차원이다. 중요한 귀인 차원은 안정성, 인과성의 소재, 통제 가능성이다. 핵심적 질문은 다음과 같다. 특정한 귀인은 안정적인가 아니면 불안정적인가, 내적인가 아니면 외적인가, 개인의 통제 하에 있는가 아니면 다른 사람에 의해 통제되는 사태인가? 예를 들어 능력은 내적, 안정적, 통제 불가능한 요인이며 노력은 내적, 불안정적, 통제 가능한 요인이다. 반면에 운은 외적, 불안정적, 통제 불가능한 요인이다.

귀인의 차원은 다음의 두 가지 방법 중 하나의 형태로 동기에 영향을 미친다. 하나는 미래의 목표 성취에 대한 기대이고, 다른 하나는 특별한 차원이 구체적인 정서적 반응을 생성한다. 정서적 반응에는 자부심, 자기 존중감, 자신감, 화, 부끄러움, 만족감,

무기력감, 죄의식 등이 포함된다.

최근에는 안정성 차원만이 미래의 목표 기대에 영향을 미치는 것으로 보고 있다. 예를 들어, 수학에서의 성공을 안정적 요인인 능력으로 귀인하게 되면 미래에도 성공할 가능성이 많다. 또한 실패를 능력 부족으로 귀인하는 학생은 장래에도 실패할 것이라고 기대하고, 자신에게는 실패를 성공으로 바꿀 수 있는 능력이 없다고 믿을 가능성이 많다(Weiner, 1979). 따라서 성취 관련 과제에 노력을 거의 혹은 조금밖에 하지 않으려고 할 것이다.

정서적 반응. 귀인이론에서 정서는 추후 행동의 동기원이 되기 때문에 중요하다. "귀인은 우리가 무엇을 느끼는가를 알려 주고, 우리가 느끼는 감정은 무엇을 할 것인가를 알려 준다."(Weiner, 1983b, p. 69) 반감, 체념, 무능감을 경험한 사람은 성취 관련 상황에서 더 이상 시도하려 하지 않을 것이다. 반면에 감사나 안도감을 느끼는 사람은 고마움을 표현하기 위해 동기화될 것이다. 유능감을 경험한 사람은 성취 관련 상황에 자신감을 갖고 접근하게 될 것이다.

긍정적 결과가 나타나면 개인은 자신감, 자존감, 만족감 등을 경험할 것이다(〈표 13.3〉 참조). Kant는 인과성의 소재와 자부심의 관계를 "모든 사람이 맛있는 식사를 즐겁게 할 수 있지만 요리사만이 자부심을 느낄 수 있다."라고 기술하였다(Weiner, 1985a, p. 561). 반대로 성공을 운이나 다른 사람의 도움과 같이 외적 요인으로 귀인하는 것은 자존감이나 미래의 동일한 과제에 대한 참여에 영향을 미치지 못한다(Weiner, 1982). 예를 들어, 학점을 후하게 주는 교수(외적 요인)로부터 받은 A학점은 자부심을

〈표 13.3〉 성취에 대한 인과적 추론에 의해 생성된 정서

결과/차원 연결	정서적 반응
긍정적 결과	
내적 요인	자부심과 자존감
통제 가능한 요인	자신감
안정적 요인	최고조의 자부심, 자존감, 자신감(내적 요인에 대하여)
통제 불가능한/외적 요인	감사
부정적 결과	
내적 원인	당혹감, 죄책감, 수치심
통제 가능한 요인	죄책감
안정적 요인	내적, 통제 가능한 요인과 연관된 수치심, 반감, 체념의 극대화
통제 불가능한/외적 요인	분노

불러일으킬 수 없다. 외적 요인에 의한 성공은 감사하는 마음을 갖도록 할 뿐이다.

성공을 내적 요인으로 귀인하는 것은 개인의 자아상 형성에 영향을 미친다. 마찬가지로 실패를 내적 요인으로 귀인하는 것은 개인의 자아상에 부정적인 영향을 미친다. 일부 연구(Brown & Weiner, 1984; Covington & Omelich, 1984; Jagacinski & Nicholls, 1984)에서는 수치심과 연관된 정서(불명예, 황당함, 굴욕, 수치)는 능력 부족과 연관되며, 죄책감과 연관된 반응은 노력 부족과 연관되어 있다. 수치심이나 죄책감보다 더 부정적인 정서는 안정성과 능력에 대한 통제 불가능한 요인(태도)과 관계가 있다. 반대로, 통제 가능한 노력은 죄책감을 유발시키나 이보다 더 강력한 감정인 수치심은 통제감을 유발시키지 않는다. Graham과 Weiner(1996)는 "죄책감은 목표 지향적 행동양식을 유발시키지만, 수치심은 과제를 회피하도록 만드는 동기의 방해자"라고 하였다(p. 72).

마찬가지로 수치심과 관련된 정서는 종종 동기나 행동에 방해가 된다. 반면에 죄책감과 관련된 정서는 책망하는 행동, 징벌과 같은 행동을 야기한다(Hoffman, 1982; Weiner, 1985a). 따라서 실패를 안정적이고 통제 불가능한 요인으로 귀인하게 되면 강한 부정적인 정서를 유발시키고, 미래의 성취 관련 행동을 하는 데 동기화되지 않을 것이다.

성공 결과와 비슷하게 안정성 영역은 능력 부족과 같이 실패의 내적인 요인에 의해 형성된 정서를 최대화시킨다. 일반적으로 반감, 체념, 무기력과 같은 정서가 발생할 것이다. 그러나 노력 부족과 같은 불안정적 요인으로부터 발생하는 감정은 미래에까지 영향을 미칠 가능성이 적다.

귀인 과정에 대한 또 다른 예는 경기를 잘하지 못한 어린이 야구단 선수에서 볼 수 있다. 다른 아이들은 경기를 잘했지만 이전부터 경기를 잘못했던 어떤 소년이 있다고 하자. 그 소년 역시 연습을 통해 실력을 향상시키기 위하여 노력하였다. 그 소년은 과거의 성공사, 사회적 비교, 자신의 노력 정도 등을 바탕으로 자신이 야구에 소질이 없어(능력 부족) 실패한 것이라고 결론을 내릴 것이다(Weiner, 1985b, p. 566).

인과적 추론의 선행 요소. 앞에서 살펴본 바와 같이 개인은 귀인의 원인을 찾기 위해 여러 가지 정보를 사용한다. 여기에는 개인의 성공사, 사회적 비교, 수행 유형(Weiner, 1977, p. 181), 개인의 자기 도식이라고 하는 성공과 실패에 대한 개인의 믿음, 개인적 성향 등과 같은 구체적인 정보 단서가 포함된다.

개인의 과거 성공사는 능력이나 노력으로 귀인하도록 하는 주요 결정 요소이다

(Weiner, 1974a). 이전의 지속적인 성공 사례는 성공을 능력으로 귀인하도록 하는 반면에, 평범한 성공사는 성공을 노력으로 귀인하도록 할 것이다. 다른 한편으로, 과거에 지속적으로 실패를 했을 경우에는 이번의 성공을 운으로, 실패를 능력 부족으로 귀인할 것이다.

사회적 규준과 다른 사람의 성공사 또한 정보원이 된다. 만약 다른 사람이 실패한 과제를 성공적으로 수행한 사람은 자신을 유능하게 지각할 것이다(Weiner, 1974a, p. 53). 유사하게 다른 사람이 성공적으로 수행한 과제를 자신이 실패한 경우에는 능력 부족으로 귀인할 것이다.

개인의 인과적 도식과 성격 또한 귀인에 영향을 미친다. 인과적 도식의 충분조건은 성공은 능력 아니면 노력에 달려 있다고 보는 것이다(Weiner, 1974a). 인과적 도식의 필요조건은 능력과 노력이 성공에 필수적이라는 신념이며, 종종 어려운 과제에서의 성공을 설명하기 위해 능력과 노력을 선택한다. 능력이 높은 아동들은 자신의 성공을 능력과 많은 노력 모두에 귀인하는 경향이 있다(Dai, Moon, & Feldhusen, 1998). 아동들에 의하여 만들어지는 인과적 추론과 관련된 중요한 성격적 특성은 자아개념이다. 자아개념이 높은 초등학생은 성공하기 위해서는 기술과 능력이 필요하다는 것을 신뢰한다. 이들은 또한 성공을 하게 되면 자아개념이 낮은 아동들에 비하여 스스로에게 더 많은 보상을 한다(Ames, 1978; Ames, Ames, & Felker, 1977).

발달 수준 역시 귀인에 영향을 미친다. 유치원과 초등학교 1학년 아동 대부분은 자신에 대한 능력 지각과 성공에 대한 기대가 높다. 이들은 더 나이 든 아이들에 비하여 성공과 실패를 운으로 돌리는 경향이 더 많다(Wigfield & Harold, 1992, p. 102).

요약. 귀인이론의 기초는 성공과 실패 결과에 대한 개인의 귀인과 그것의 차원이다. 일반적으로 귀인은 능력, 노력, 과제 난이도, 운이다. 그 밖의 기분, 질병, 피로, 타인의 도움도 귀인에 포함된다. 특별한 귀인에 영향을 주는 요인은 구체적 정보 단서, 개인의 인과적 도식, 개인의 성향 등이다.

귀인의 인과적 의미는 안정성, 인과성 소재, 통제 가능성이라는 이분법적 차원에 의해 결정된다. 안정성 차원은 미래의 목표 기대에 영향을 미치고 각 차원은 또한 특별한 정서를 유발시킨다(〈표 13.4〉 참조). 인과성 소재는 주로 개인의 자존감과 관계가 있다. 자기 자신에게 귀인하는 것은 자기 가치감을 향상시키거나(긍정적 산출 결과) 혹은 부정적 자아상(부정적 성취 결과)을 유발한다.

〈표 13.4〉 성취 관련 주요 귀인의 속성 요약

귀인	차원	결과
능력	내적	유능감, 무능감, 자부심, 수치심이 생긴다.
	안정적	동일한 결과가 다시 일어날 것을 기대한다. 자부심과 수치심이 증가하고, 실패할 경우 체념과 반감이 커진다.
	통제 불가능	실패할 경우 체념과 반감이 커진다.
노력	내적	성공할 경우 자부심이 생긴다.
	불안정	성공할 것이라는 기대가 감소하지 않는다.
	통제가능	자부심이나 죄책감이 커진다.
운	외적	자아상이 변하지 않는다.
	불안정	성공할 것이라는 기대가 감소하지 않는다.
	통제 불가능	성공이나 실패했을 경우 놀라게 된다.
타인	외적	자아상이 변하지 않는다.
	불안정	성공할 것이라는 기대가 감소하지 않는다.
	(결과 수령인에 의하여) 통제 불가능	도움이 된 경우에는 감사가 생기지만 방해가 된 경우에는 화가 난다.
과제 난이도	외적	성공할 경우에 자존감이 증가하지 않는다.
	안정적	동일한 결과가 다시 일어날 것을 기대한다.
	통제 불가능	실패할 경우 우울하고 좌절감을 느낀다.

(4) 요약

성취 관련 맥락에서 동기적 과정은 세 가지 형태로 분석할 수 있다. 그것은 기대가치 모형, 목표 지향성 모형, 귀인이다. 이러한 세 가지 형태의 기본 가정은 ① 개인의 동기는 개인 내 요인과 환경적 요인 간의 복잡한 상호작용을 통해 발달한다. ② 학생은 능동적인 정보처리자이다. ③ 학생의 동기, 목표, 혹은 귀인은 다른 사람에게 전달될 수 있는 명시적 지식이다.

세 가지 형태 각각은 성취 관련 상황에서의 지속성, 과제 선택, 인지적 참여, 수행을 각기 다른 요인으로 기술한다. 기대가치 모형은 핵심적인 동기를 과제에 대한 가치와 성공 기대로 간주한다. 이 모형에서 과제라는 용어는 수학이나 사회와 같은 영역이나 과목이다. 이러한 동기 과정의 직접적인 결정자는 학생의 정서적 기억, 목표 및 자기 도식이다. 이러한 요인에 기여하는 것은 학생의 사회적 세계, 그 세계에 대한 학생의 해석, 이전 성취 관련 경험, 태도이다.

대조적으로 목표 지향성 모형은 학생들이 학업 과제에 참여하는 이유를 밝히려고 한다. 개인적 목표 지향성은 학생의 인지전략, 과제 선택, 유능성 지각에 영향을 미치기 때문에 중요하다. 두 가지 일반적인 지향성은 학습, 노력, 혹은 숙달목표 지향성과 수행이나 자아 지향성이다. 학습이나 숙달목표를 지향하는 학생들은 새로운 과제를 숙달하고 자신의 유능성을 증가시킨다. 이들은 또한 지능의 증가적 개념을 갖고 있는 경향이 있다.

현재 수행목표 지향성은 수행 접근과 수행 회피 두 가지 하위 범주로 구분하고 있다. 수행 접근의 목표는 다른 사람들보다 잘하거나 노력을 조금만 하고 성취를 잘하는 것이다. 대조적으로 수행 회피 목표는 무능하게 지각되는 것을 막으려는 것이다. 수행목표를 가지고 있는 아동들은 지능이 고정되어 있다고 본다.

세 번째 동기 형태는 귀인이다. 이 이론은 어떤 과제 수행의 성패에 대한 개인의 결정과 결과의 원인을 다룬다. 귀인을 파악하는 정보원은 개인의 성공사, 사회적 규준, 타인의 수행이다. 일반적으로 귀인 요인은 능력, 노력, 과제 난이도, 운이다. 귀인의 속성 혹은 차원은 정서적 반응과 미래에 대한 기대를 형성하는 데 핵심적 요인이다. 이러한 차원은 안정성, 인과성 소재, 통제 가능성이다. 예를 들면, 성공을 타인의 도움으로 귀인하면 감사의 마음은 생기지만 자부심은 생기지 않는다. 그러므로 타인의 도움은 자존감이나 미래의 과제 참여에 영향을 미치지 않는다.

특히 중요한 귀인은 능력과 노력 요인이다. 부정적 결과를 능력 부족으로 귀인하면 수치심이 생겨 과제를 수행하려고 하지 않을 것이다. 또한 능력 부족은 안정적, 내적, 통제 불가능한 요인이기 때문에 장래에도 동일한 부정적인 결과가 나올 것으로 기대한다.

3) 다른 경험이 동기 신념에 미치는 누가적 효과

개입이 필요한 두 가지 다른 동기 형태를 파악할 수 있다. 하나는 아동들의 동기가 학년이 올라갈수록 변한다는 것이고, 또 하나는 '학습된 무기력'이라고 알려진 극도로 부적절한 동기 형태이다.

학교 교육을 통한 변화. 아동들의 동기적 신념은 불변하는 것이 아니라 시간이 지남에 따라 변화한다(Anderman et al., 2002, p. 203). 아동의 유능감과 각기 다른 과제에 대한 성공 기대는 일반적으로 중학교에 들어가면서 감소하기 시작한다(Wigfield & Eccles, 2002b). 이러한 감소는 특히 수학에서 나타나는데, 종종 고등학교 때까지 지속된다. 또한 학교 교과의 중요성과 유용성, 그리고 흥미에 대한 아동의 평정은 더 어린 아동들의 평균적인 평정보다 더 낮다(Eccles & Midgley, 1989; Wigfield, 1994;

Wigfield & Eccles, 1992).

성취 결과에 관한 귀인성향 역시 어린 시절을 통해 변한다. 어린아이들에게서 능력 추론을 보여 주는 미묘한 단서를 찾기란 쉽지 않다. 즉, 어린 아동들은 열심히 노력하면 성공한다고 믿는 경향이 있다.

11~12세 된 아동들은 자신의 능력에 대하여 상대적인 평가를 하기 시작한다. 이 때가 되면 아동들은 노력, 능력, 과제 난이도, 운과 같은 개념을, 비록 그 이유를 설명하지 못하지만 어른들이 사용하는 방식으로 사용한다(Thorkildsen & Nicholls, 1998). 그들의 평정은 성적표와 일치하고 실패를 경험하면 자신감과 성공 기대가 감소한다 (Dweck, 1989; Nicholls, 1978; Ruble & Rhales, 1981). 예컨대, 만일 학생이 좋지 않은 수학 성적을 자신의 능력 부족으로 귀인한다면, 그 학생은 자신의 전반적인 자기 가치를 보호하기 위하여 수학에 대한 가치를 낮게 설정하려고 할 것이다(Pintrich & Schunk, 2002; Steele, 1988; Wigfield & Eccles, 1992).

동기가 변하는 이유 중의 하나는 아동들은 그들이 받는 피드백을 점점 더 잘 이해하게 되고 일부 자기 평가가 부정적으로 되어 간다는 것이다. 또한 학교 환경의 본질이 변한다. 평가가 중요하게 되고 아동 간의 경쟁이 증가하게 된다(Wigfield & Eccles, 2002b, p. 97). 더욱이 초등학교 때 더 구체적이었던 학습 과제가 점점 더 추상적이 되어 간다(Dweck, 1989). 초등학교 저학년 시기에는 학생들이 학교에서 받는 피드백의 절반 이상은 학업 수행이 아니라 교실에서 해야 할 행동과 수행에 관한 것이다 (Pintrich & Blumenfeld, 1985).

연구 결과에 의하면 성공에 대한 아동의 능력 신념과 기대의 감소에 부가하여 청소년기까지 숙달목표는 감소하고 수행목표는 증가한다(Anderman & Anderman, 1999; Anderman et al., 2002, p. 209). 여러 연구들은 교실 풍토가 수행목표 지향적이면 학생들은 종종 과제 완성을 지연시키는 것과 같은 자멸적(self-handicapping) 전략이 나타나는 수행목표를 갖게 된다고 한다(Ames & Archer, 1988; Anderman & Anderman, 1999; Anderman & Midgley, 1997; Midgley, Anderman, & Hicks, 1995; Urban, Midgley, & Anderman, 1998).

전술한 바와 같이 아동의 동기가 변하는 이유는 아동의 정보처리 기술과 학교 맥락의 변화 간의 상호작용 때문이다. 그러나 또 다른 이유는 학교 맥락에 더 큰 책임이 있다고 본다. 첫째, 중학교의 교수 방법이 초등학교와 다르고(예: Anderman & Maehr, 1994; Eccles & Midgley, 1989), 교사와 학생 간의 상호작용이 적으며, 학생이 의사를 결정할 수 있는 기회가 부족하고, 성적을 엄격하게 산출한다(Anderman et al., 2002;

Eccles et al., 1993). 일부 학교는 성적과 수행에 초점을 맞추어서 '미니 고등학교'의 기능을 한다(Anderman et al., 2002, p. 211). 학생들은 학교 조직과 갈등을 일으키는 자율성과 통제에 대한 강한 요구를 발달시킨다.

학습된 무기력과 숙달목표 지향성. 성공을 거의 경험하지 못해 자아개념이 낮은 학생들은 실패를 능력 탓으로 돌리며, 성공과 자신의 행동 간에 연관성을 찾지 못하는 경향이 있다. 어떤 행동의 결과가 자신의 행동과는 관계가 없다는 믿음은 원래 '학습된 무기력(learned helplessness)'이라고 알려진 구인으로 연구되었다(Seligman, 1975). 처음 실험에서 전기충격으로부터 벗어날 수 없는 상황에 처한 개들은 꼬리를 흔들고 짖고 뛰어 봐도 쇼크에서 벗어날 수 없다는 사실을 알게 되었다. 그 다음 실험에서는 개가 장벽을 넘으면 쇼크를 피할 수 있는 상황에 이전 실험에 참여한 개들을 넣었는데, 이 때 개들은 처음에는 미친 듯이 몇 초 동안 뛰어다니다가 나중에는 포기하고 쇼크를 그대로 받았다. 다시 말해서, 통제할 수 없는 충격을 경험한 이후에 동물들은 반응할 동기를 상실하고 의기소침하여 분노하게 된다. 동물들은 반응이 성공적이었다고 해도 그 반응이 효과가 있다는 것을 학습하는 데 오랜 시간이 걸렸다(Seligman, 1975, p. 22).

인간이 경험하는 무기력의 주요 특징은 특정한 결과가 오직 자신에게만 발생하는 것인지 아니면 다른 사람에게도 비슷한 일이 발생하는지에 대한 믿음과 관계가 있다. 예를 들어, 어떤 학생이 의과 대학에 들어가기 위하여 열심히 공부했지만 계속 실패했다고 하자. 이 학생은 결국 자신이 무능하다는 결론에 도달할 것이다. 이 경우에 이 학생은 다른 학생들은 그 결과(의과 대학 입학)를 이용할 수 있지만 자신은 그 결과를 획득할 수 있는 능력이 없다고 믿는다. 이 때 이러한 사태의 원인은 개인 내부에 있으며, 이러한 현상은 개인적인 무기력과 관계가 있다(Abramson et al., 1980, p. 11). 개인적인 무기력의 문제는 실패에 대한 귀인과 마찬가지로 낮은 자존감을 유발시키는 내적 귀인이다.

비슷한 능력 수준에 있는 아동들은 실패에 대하여 다른 방식으로 반응한다는 연구 결과가 있다(Diener & Dweck, 1978; Dweck, 1975). 학습된 무기력에 처한 아동들은 실패를 능력 부족과 같은 안정적 요인으로 귀인한다. 그들은 실패에 대하여 해결책과 무관한 진술을 하거나 전형적 혹은 경멸적 반응을 한다. 예를 들어, "나는 멍청해." "나는 기억력이 좋지 않아." 등의 반응을 보인다(Diener & Dweck, 1978). 또한 아동의 문제해결 전략이 갑자기 부적절하게 된다. 한 연구에 따르면 학습된 무기력을 보이는 아동들은 변별력을 측정하는 문제상황에서 네 번째 문제가 제시되었을 때 이들 중 2/3가 부적절한 반응을 보였다고 한다.

반대로 숙달 지향적 아동들은 자신의 실수를 인정하나 그것을 실패로 보지 않는다(Dweck & Licht, 1980, p. 199). 그들은 자신의 실수를 운이 없었다거나 노력이 부족했다거나 시험이 공정하지 못했다라는 것과 같은 불안정한 요인으로 귀인한다. 예를 들어, "난 좀 더 천천히 읽으면서 내용을 이해하려고 노력해야 해."와 같은 자기 지시적인 말을 한다(Diener & Dweck, 1978, p. 459). 숙달 지향적 아동들은 실패에 직면해서도 성숙된 전략을 사용하려고 한다. 그러나 이러한 아동들과 학습된 무기력을 보이는 아동 간의 큰 차이는 숙달 지향적 아동들의 변하지 않는 낙관적인 태도이다(Dweck & Licht, 1980, p. 201).

두 집단은 성공에 대한 반응도 다르다. 연구에 의하면 학습된 무기력을 보이는 아동들은 성공을 능력 탓으로 돌릴 가능성이 적으며, 자신이 성공한 횟수를 과소 추정하였다. 그들은 또한 다른 학생들이 더 잘하며 자신은 그들보다 더 못할 것이라고 예측하였다(Diener & Dweck, 1980). 그러나 숙달 지향적 학생들은 성공을 자신의 능력 탓으로 돌렸으며, 성공의 횟수도 정확하게 예측하고, 자신이 남들보다 잘하며 계속적으로 성공할 것이라고 기대하였다.

무기력을 보이는 아동들의 기본적인 문제점은 자신이 어떤 결과를 결정하거나 변경시킬 수 있다고 보지 않는다는 것이다. 그들은 어려운 상황을 자신이 극복할 수 없을 것이라고 간주하는 경향이 있다. 중요한 요소는 어려운 상황의 발생이 아니라 오히려 개인의 행동이 특정 사태를 어떻게 지각하느냐이다(Dweck, 1975, p. 75).

교실 상황은 학생들을 학습된 무기력에 처하도록 할 위험성이 있다. 교실에서 학생들의 서열을 매기는 평가를 자주 사용하면, 자신감이 부족한 학생들은 비효과적인 전략으로 반응하고 결과를 능력 부족으로 귀인할 것이다. 그러나 과제가 개인의 정신을 연마한다는 것과 같이 학습이라는 관점에서 제시될 때, 부적절한 전략으로 반응하는 경향은 줄어들 것이다(Elliott & Dweck, 1988).

요약. 개입이 필요한 두 가지 다른 동기 형태는 아동들의 동기가 중학교 동안에 변한다는 것과 '학습된 무기력'으로 알려진 부적절한 동기 형태이다. 아동들의 동기적 신념, 특히 수학에 대한 학습 동기 저하는 종종 고등학교 때까지 지속되고, 학생들은 학교 교과의 중요성과 유용성을 점점 낮게 평가한다. 연구에 따르면 학생들의 숙달목표 지향성은 감소하며 수행목표 지향성은 점점 증가한다.

동기적 신념이 하락하는 이유 중의 하나는 아동이 11～12세가 되면 능력과 노력의 관계를 구별한다는 것이다. 즉, 아동들은 자신이 받는 피드백을 점점 더 잘 이해하게 된다. 또한 중학교의 학습 환경은 초등학교와는 다르다. 아동들 간의 경쟁이 증가하게 되고 학습 과제가 점점 더 추상적이 되어 가며 평가가 더 중요시된다.

학습된 무기력이라는 개념은 성공을 거의 경험하지 못해 자아개념이 낮은 학생들과 관련이 있다. 이들은 성공과 자신의 행동 간의 연관성을 찾지 못하는 경향이 있다. 이들은 자신의 실패를 능력 부족과 같은 안정적 요인으로 귀인한다. 이들은 실패에 직면해서도 포기하지 않고 다양한 전략을 사용해 보려고 하는 숙달 지향적 학생들과 다르다.

무기력을 보이는 아동들의 기본적인 문제점은 자신이 어떤 결과를 결정하거나 변경시킬 수 없다는 생각을 갖고 있다는 것이다. 그러므로 그들은 어려운 상황을 자신이 극복할 수 없을 것이라고 간주하는 경향이 있다. 교실에서 학생들의 서열을 매기는 평가를 자주 사용하면 학생들을 학습된 무기력에 처하도록 할 위험성이 있다.

2. 교수 원리

정규 교육 상황에서 학생들은 학교에서 잘하는 것이 중요한 목표라는 것을 알게 된다. 학생들은 학교생활을 통해 공식적이든 비공식적이든 계속적인 성취 관련 상황에 직면하게 된다. 이러한 상황에서 성취 결과에 대한 학생들의 추론은 그들의 동기적 신념 발달에 중요하다. 학습이론이나 인지발달 이론과 달리 동기이론은 직접적으로 교수 원리를 제안하지 않고 있다. 그러나 동기이론은 학생들의 동기에 영향을 미치는 교실 수업의 특성을 확인하였다.

1) 기본 가정

기대가치 모형, 목표 지향성 이론, 귀인이론에서 공유하고 있는 가정이 교실수업에도 적용된다. 이들 모형의 기본 가정은 ① 개인의 동기는 개인 내적 요인과 교실 환경에서 발생하는 요인 간의 복잡한 상호작용을 통해 발달한다. ② 학생은 능동적인 정보처리자이고 교실 맥락의 해석자이다. ③ 학생들은 다른 사람의 피드백을 받아들이고 다른 사람에 대한 자신의 지각을 말할 수 있다.

2) 학생의 동기에 대한 교실의 영향

교실 맥락은 교사와 학생 간의 수많은 상호작용이 발생하는 곳이다. 이러한 상호작용은 학생의 능력과 학생의 동기 신념에 대해 교사와 학생이 어떻게 지각하고 있는지를 알 수 있는 정보원이다. 여기에서는 교실의 목표 구조, 학생의 수행에 대한 교사의 반응, 학습목표 지향성 실행에 대해 논의될 것이다.

(1) 교실의 목표 구조

Ames(1992; Ames & Archer, 1988)는 목표 지향성을 논의하면서 교실의 목표 지향성이 학생들의 목표 지향성에 영향을 미친다고 주장하였다. 교실에서의 활동과 강조는 학습목표 지향성 혹은 수행목표 지향성이라는 두 가지 범주로 나눌 수 있고 교실 환경이 학생에게 영향을 미칠 수 있다. 숙달 지향적인 교실은 노력, 향상, 도전, 학생이 향상과 숙달감을 경험할 수 있는 환경 등을 강조한다.

대조적으로 수행목표 지향적인 교실에서는 능력 지각, 공공연한 평가, 최고의 수행 등에 초점을 맞춘다. 예를 들면, 점수를 공개하고 학생의 프로젝트나 성적의 진전 정도를 공개하거나 우수한 프로젝트와 성취를 선별하여 전시하는 것이다(Ames, 1992b, p. 264). 성적을 산출할 수 있는 과제의 빈번한 제공, 우수하게 수행한 과제만을 전시하는 것, 여러 학생들 앞에서의 긍정적 혹은 부정적인 피드백 등도 수행목표 지향적인 교실에서 볼 수 있는 것들이다(Stipek & Daniels, 1988). 이러한 일들은 학생들이 자신의 능력에 대해 의문을 갖고 자신을 부적절하게 판단할 수 있는 계기가 된다(Ames, 1984; 1992a, Mac Iver, 1987; Stipek, 1981).

교실 실제와 학생들의 목표 지향성은 서로 연결되어 있다는 것을 지지해 주는 연구가 많다(예: Anderman & Young, 1994; Meece, 1991; Meece, Blumenfeld & Hoyle, 1988). 또한 어떤 연구는 교실의 목표 구조와 학생의 학습전략 간의 관계를 확인하였다. 12개 학교에 재학 중인 3~6학년의 570명에 대한 연구에서 수행 지향적인 교실목표가 수학과 읽기에 대한 학생의 가치 저하와 관련이 있는 것으로 나타났다(Anderman et al., 2001). 중학생을 대상으로 한 연구에서는 교실에서의 수행목표가 학생들의 수행 접근, 수행 회피 목표 모두와 관계가 있는 것으로 밝혀졌다. 또한 과제 회피 목표는 자멸적 전략의 예측자이다(Middleton & Midgley, 1977; Midgley & Urdan, 2001). 자멸적 전략에는 마지막 순간까지 과제 완성을 미루는 일과 교실에서 다른 사람에게 도움 요청을 하지 않는 것이 포함된다.

중등학교에서 학습목표를 지향하기가 어려운 것은 성적 산출에서의 변화이다. 초등학교에서는 기술 연마와 향상, 지적 발달 등에 초점을 맞춘다. 하지만 중등학교는 사회적인 경쟁과 비교에 초점을 맞춘 수행 지향적인 구조이다(Anderman & Midgley, 1997; Covington, 1999; Wigfield, Eccles, & Pintrich, 1996). 평가에 대한 기준이 더 엄격하고 다른 학생과의 상대적 기준에 의해 평가된다. Covington(1999; Covington & Teel, 1996)은 이러한 구조를 '능력 게임'이라고 부른다. 아주 경쟁이 심하고 제로섬 게임(zero-sum game)과 같은 환경에서 오직 몇 명의 학생만이 보상(좋은 점수)을 받을 수 있다. 한 학생이 승리하면(좋은 점수) 다른 학생들은 반드시 패배해야만 한다(낮은 점수). 소수만이 좋은 점수를 받을 수 있는 교실은 자기 가치는 성공과 관련이 있다는 개념을 학생들에게 형성시키고(Covington, 1999), 학생들이 수행 접근, 수행 회피, 실패 회피 지향성을 갖도록 유도한다. Anderman과 Maehr(1994)는 청소년들의 동기 문제는 주로 교실에서 수행목표를 지향하기 때문에 발생한다고 주장하였다.

(2) 학생의 수행에 대한 교사의 반응

교사가 교실에서 지향하는 목표 지향성은 학생의 개인적 목표 지향성, 학생이 교실에서 사용하는 전략과 관계가 있다. 교실에서 학생의 성패에 대한 교사의 반응(형식적 혹은 비형식적 평가)은 또한 산출 결과에 대한 학생의 귀인에 영향을 미친다.

구체적으로, 교사는 학생의 수행을 성공과 실패로 평가하고 그 결과에 대해 귀인하며, 그에 따른 피드백을 한다. 언어적 피드백과 비언어적 피드백(예: 얼굴 표정, 망설임) 모두 학생에게 메시지를 전달한다. 성패의 반응에 대한 연구를 통하여 이러한 결론을 내릴 수 있다. 교사에게 가설적 상황을 제시하고 수행한 연구가 있었다. 피험자들은 성공적 조건에서 능력보다는 노력에 보상을 하고, 실패할 경우에는 능력 부족보다는 노력 부족을 더 질책하였다.

다른 연구에서는 교사가 실패한 것에 대해 화를 내는 상황을 제시했을 때, 아동이나 성인 모두 그 원인을 노력 부족이라고 추론하였다. 교사가 동정심을 보인 경우에 대해서는 능력이 부족해서 학생이 실패했기 때문에 교사가 동정했을 것이라고 추론하였다(Graham & Weiner, 1983; Weiner, Graham, Stern, & Lawson, 1982). 학생의 능력이 부족해서 실패했다고 지각될 때, 다른 사람들은 그 학생을 동정한다(Graham, 1984, 1988, 1990). 동정심은 ① 교사가 해당 학생에게 좀 더 어려운 과제를 부여하는 것을 막게 하고, ② 교사가 더 많은 도움을 주도록 유도하여 학생이 학습에 대한 책임을 모면하게 할 수 있다(Weiner, 1980d, p. 10). 학생이 원하지 않는 교사의 일방적인 도움은 학생으로 하여금 교사가 자신의 능력을 낮게 판단하고 있다는 생각을 갖도록 할 수 있다. 그러한 행동은 또한 학생에게 부정적인 정서적 기억을 갖도록 하여 교과목의 가치를 절하시키고 과제 회피 목표 지향성을 갖도록 할 수 있다.

교사의 행동이 학생의 부정적인 정서적 신념 형성을 조장하는 또 다른 예가 있다. 교사는 수행을 잘못할 것이라고 기대하는 학생에게는 학습의 기회를 많이 제공하지 않아 좋지 않은 성적이 나오도록 한다는 것이다. Good(1980)은 학습 성과가 낮은 학생이 교사에게 다르게 취급되는 방법 11가지를 제시했다. 즉, 이들은 교사나 집단으로부터 멀리 떨어져 앉고, 과제와 노력에 대한 요구를 많이 받지 않으며, 교사로부터 많은 관심을 받지도 못한다. 교사로부터 관심을 덜 받는 예는 시선을 맞추는 일이 적고, 대답할 기회를 거의 주지 않으며, 답변 시간을 많이 주지 않고, 학생의 오류에 대한 피드백이 구체적이지 않다(p. 88). 한 연구에서는 5학년 학생에게 가상적인 똑똑한 학생(G)과 능력이 낮은 학생(E)에 대하여 교사의 기대를 평가하라고 요구하였다. 그 결과 교사는 능력이 낮은 학생에게는 과제에 참여할 것이라는 기대조차 하지 않을 것이라고 하였다(Thorkildsen & Nicholls, 1998).

Good(1980)은 교사는 능력이 부족한 학생들을 무시하지 않고, 그들의 요구를 충족시킬 수 있는 교실 구조를 형성해야 한다고 주장하였다. 학생들에게 피드백을 제공하지 않는 것은 학생들에게 부정적인 메시지를 전달하는 것과 같다. Rohrkemper와 Brophy(1983)는 교사의 정서적 반응은 일반적으로 그 이후의 행동에 영향을 미치는데 이것 역시 능력에 대한 메시지를 전달한다는 것을 발견했다. Pintrich와 Blumenfeld(1985)는 과제에 대한 교사의 피드백이 교사나 동료 학생과의 상호작용보다 아동이 자신의 능력과 노력을 어떻게 예측하는가를 알 수 있는 정보라는 것을 발견하였다.

(3) 학습목표 지향성 실행

학습목표를 지향하는 교실은 융통성 있는 집단 구성, 학생의 기술 수준에 따른 다양한 과제, 준거에 의한 평가, 빈번한 집단 프로젝트 제공, 또래 지원 격려, 학생의 과제에 대한 실제적인 피드백 등의 특징이 있다(Stipek & Daniels, 1988). 구체적이고 명확하게 정의된 기준에 의해 평가를 실시하는 것이 중학생들의 부정적인 성취목표를 약화시키는 데 효과적이라는 연구가 있다(Teel, DeBruin-Parecki, & Covington, 1998). 또한 학생들에게 의사결정을 하도록 하고 도전적인 과제를 설계하도록 허용하는 것이 학습목표 지향적인 교실 풍토 조성에 도움이 된다(〈그림 13.2〉 참조).

협동학습은 긍정적인 학습 환경에 기여할 수 있다. 예를 들어 소집단 학습이나 Jigsaw 방법, TGT(Team, Game, Tournament), STAD(Student Teams and

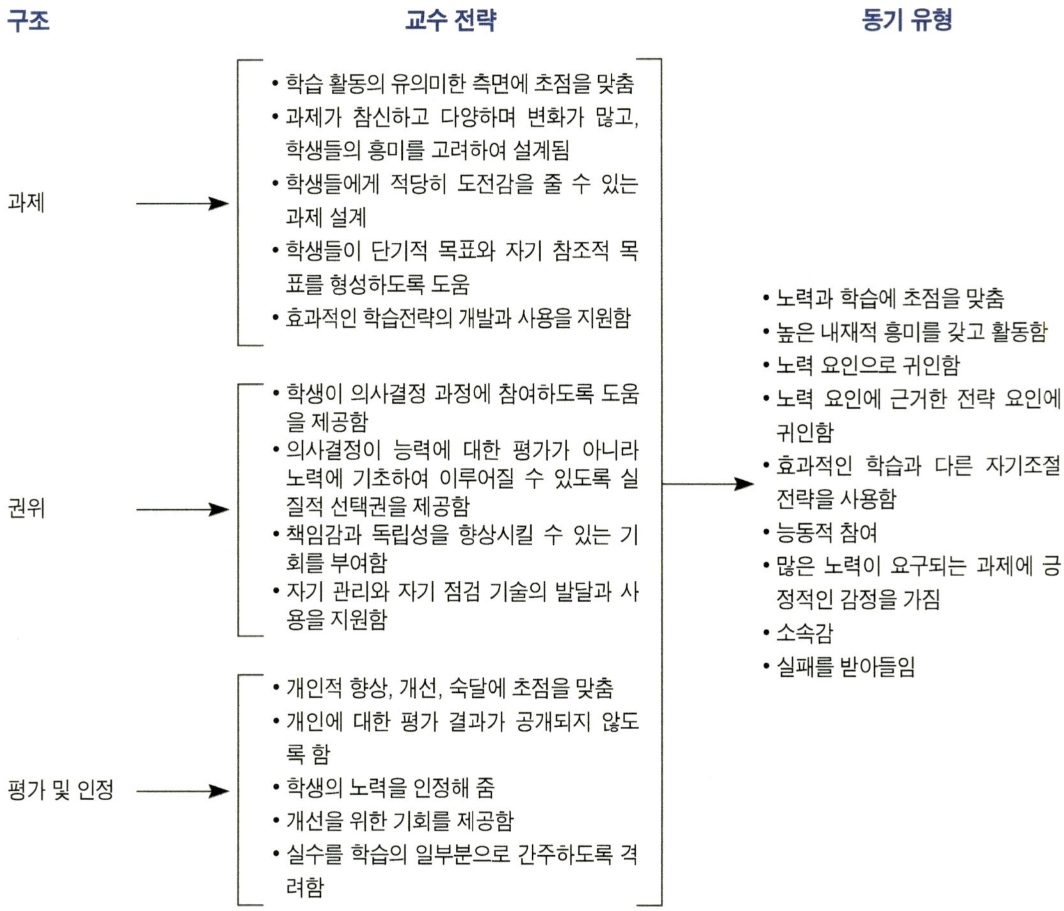

[그림 13.2] 숙달목표 지향성에 필요한 교실 구조와 교수 전략(Ames, 1992)

Achievement Divisions) 등을 실시하는 것이다. 소집단을 활용하여 수업을 할 경우, 학생들은 일반적으로 대주제 안에서 소주제를 선택하고 2~6명이 한 집단이 되어 전체 학생들 앞에서 발표할 자료를 준비한다. Jigsaw 방법에서는 동일한 부분을 담당한 학생들이 서로 모여 과제를 학습한 다음, 자신의 집단으로 돌아가서 배운 내용을 구성원들에게 설명한다(Aronson, Stephan, Sikes, Blaney, & Snapp, 1978). TGT와 STAD는 집단별로 공부한 내용을 공식적인 방법으로 평가를 받아 진전 정도에 대한 피드백을 받는 수업 방법이다. Jigsaw 방법으로 과학 박물관에 대한 수업을 했을 때, 학생들은 많은 시간을 투자해서 전시할 작품을 만들었다(Hidi, Weiss, Berndorff, & Nolan, 1998).

최근 연구들은 교사가 학생들을 존중하고 지원해 주며 학습의 본질에 대한 교사의 표현이 숙달 혹은 학습 지향적 교실을 유지하는 데 중요하다고 한다(Patrick, Anderman, Ryan, Edelin, & Midgley, 2001). 다음은 숙달목표 지향적인 5학년 2개 학급을 관찰한 내용을 요약한 것이다.

학생의 참여. 한 교실에서 교사는 학급 규칙을 학생들에게 만들도록 함으로써 학생들을 학급에 참여시켰다. 수학 문제에 대해 토론할 때, 두 학급의 교사 모두 자원하는 학생은 물론 모든 학생들을 토론에 참여시켰다. 학생들은 문제를 풀이하는 과정에서 전략을 사용하도록 격려를 받았으며 서로의 전략을 동료들과 공유하였다.

자율성. 학생들에게 수업 중에 자유를 많이 주어서 학생들은 학습이나 다른 학생들을 방해하지 않는 한 동료들과 이야기를 할 수 있었고, 연필깎기를 사용할 수도 있었다(Patrick et al., 2001, p. 46). 그들은 또한 개인적으로 공부를 할 것인지 집단으로 할 것인지를 선택할 수 있었고, 자율학습 시간에 과제를 마치도록 하는 규칙이 있었다.

인정과 지원. 교사는 학습에 대한 학생의 노력에 대하여 따뜻하게 칭찬을 해 주었는데, 그 칭찬은 과제와 관련되고 분명하고 일관성이 있고 신뢰할 만하였다(p. 47). 예를 들면, 한 학생이 소리내어 책을 읽기 시작할 때 한 단어를 더듬더듬 읽다가 마침내 잘 읽었다. 교사는 그에게 포기하지 말라고 하면서 글을 잘 읽을 수 있다고 말해 주었다(p. 47). 또한 여러 학생들이 대답하기 위하여 손을 들었을 때, 학생들이 손을 많이 드는 것을 보니 우수한 학생들만 모인 학급이라고 말했다.

교사들은 학생들에게 긍정적인 기대를 전하는 말을 했다. 교사들은 어려운 과제일지라도 학생들이 그 과제를 할 수 있을 것이라는 말을 종종 하였다(p. 47). 교사들의 피드백은 구체적인 학업 활동을 바탕으로 제시되었으며, 향상을 위한 구체적인 제안이 포함되었다.

학습의 본질. 숙달목표 지향적인 2명의 교사 모두 학습은 하나의 과정이라는 것을 강조하였다. 한 교사는 보고 듣고 실제로 해 보는 것이 학습과 관계가 있다고 말하고, 학급의 학생들이 세 가지 방법을 모두 사용해 보도록 하였다. 2명의 교사는 이해하고 향상되는 것이 정답을 말하는 것보다 훨씬 중요하다고 강조하였다(p. 45). 또한 학생이 실수하면 다른 전략이 필요한 것으로 받아들였다.

교사가 이러한 방식으로 교실을 구조화하는 것의 중요성이 323명의 7~8학년 학생들을 대상으로 한 조사에서 밝혀졌다. 연구 결과 교사의 배려와 지원, 학업 과제에 대해 동료들과 상호작용할 수 있는 기회 제공, 교사의 상호 존중 격려가 학습에 더 도움이 되며 더 많은 참여를 유도하는 것으로 나타났다(Ryan & Patrick, 2001).

(4) 요약

기대가치 모형, 목표 지향성 이론, 귀인이론에서 공유하고 있는 세 가지 가정이 교실수업에도 적용된다. 네 번째 가정은 동기가 과제 구체적이라는 것이다.

학교 교육에서 학생의 동기적 신념에 영향을 미치는 두 가지 요소는 교실의 목표 구조와 학생의 각기 다른 능력에 대한 교사의 반응이다. 숙달 지향적인 교실은 노력, 향상, 도전, 학생이 향상과 숙달감을 경험할 수 있는 환경 등을 강조한다. 대조적으로 수행목표 지향적인 교실에서는 능력 지각, 공공연한 평가, 최고의 수행 등에 초점을 맞춘다.

또한 학생의 수행 결과에 대해 교사는 귀인을 하고 그에 따라 학생에게 언어적, 비언어적 피드백을 하며, 이것은 학생들에게 전달된다. 교사는 학생의 실패를 노력 부족으로 귀인할 경우 일반적으로 화를 낸다. 교사가 동정을 표현한다든지 일방적으로 도움을 제공할 경우, 학생들은 그것을 자신의 능력이 부족한 결과라고 해석한다. 능력이 낮다는 것을 전달하는 메시지는 교사로부터 학생을 멀리 떨어져 앉도록 한다든지, 학생과 시선을 잘 맞추지 않는다든지, 교사의 질문에 대한 대답의 기회를 적게 주는 것 등이다.

학습목표를 지향하는 교실의 특징에는 융통성 있는 집단 구성, 학생의 기술 수준에 따른 다양한 과제, 준거에 의한 평가, 빈번한 집단 프로젝트 제공, 또래 지원 격려, 학생의 과제에 대한 실제적인 피드백 등이 포함된다. 교실의 목표 구조를 숙달 지향적으로 운영하는 2명의 교사를 관찰한 결과, 학생들이 교실 규칙을 만들도록 하고 많은 자율성을 주며, 학생의 노력을 인정해 주고 지원해 주며, 학습과정에서 이해와 향상에 초점을 맞추고 있는 것으로 나타났다.

3) 동기 변화를 위한 프로그램 개발

두 가지 형태의 부적절한 동기 유형을 확인할 수 있다. 하나는 학생들의 동기적 신념이 중학교에 재학하는 동안 하락한다는 것이다. 여기에는 능력에 대한 신념, 성공 기대, 학교 과제의 중요성과 유용성, 수행목표 지향성의 증가 및 숙달목표 지향성의 감소, 실패에 대한 귀인성향의 노력에서 능력으로의 변화 등이 포함된다(Anderman & Anderman, 1999; Anderman et al., 2002; Eccles & Midgley, 1989; Wigfield, 1994;

Wigfield & Eccles, 1992, 2002b).

이러한 신념을 발달시킨 학생들은 자멸적 전략과 회피 전략을 어느 정도 사용한다. 그 결과 이들은 한 과목 혹은 그 이상의 과목에 필요한 중요한 지식이나 기술이 부족하게 된다. 그러므로 개인별 혹은 집단별로 기술을 발달시키는 것이 중요하다. 또한 이 과정에서 중요한 것은 학생들에게 먼저 과제를 선택할 수 있는 자율성을 제공하고, 학생의 노력을 인정해 주고 지원해 주며, 실수는 학습의 한 과정이라는 것을 알려 줄 수 있는 피드백을 제공하는 것이다.

학생들이 학교 학습에 가치를 부여하고 중요하게 생각하며, 지식과 기술의 이해와 향상에 초점을 두도록 하는 것이 중요하다. 일부 연구에서는 학생의 부적절한 행동과 교실목표 간 관계를 조사하였다(Kaplan & Maehr, 1999; Kaplan, Gheen, & Midgley, 2002; Roeser, Midgley, & Urdan, 1996). 학교에서 부적절한 행동은 교실에서 학생의 능력이나 다른 학생들보다 더 잘하는 것에 가치를 둔다고 학생들이 지각했을 때 더 많이 나타난다(Kaplan, et al., 2002, p. 203). 대조적으로 이해와 학습을 중요시한다고 지각된 교실에서는 부적절한 행동이 많이 발생하지 않는다. 즉, 숙달 지향적 교실에서는 학생들이 회피 목표와 전략을 발달시킬 수 있는 기회가 적어진다.

일반적으로 대부분의 귀인 재훈련 프로그램은 실패를 능력의 부족으로 귀인하는 것과 같이 부적절하고 바람직하지 못한 귀인성향을 바꾸어 노력 부족으로 귀인하도록 고안된 것이다. 그러나 귀인 모형에 따르면 성공과 실패의 결과는 둘 다 다루어져야 한다. 다시 말해서, 무작위적인 사태를 다룰 것이 아니라 성공은 능력, 노력과 관계가 있는 것으로 귀인되어야 예측 가능하다는 것이다. 능력과 노력 둘 다 내적 요인이며 노력의 정도는 개인에 의하여 통제가 가능하다. 다른 한편으로, 실패는 개인이 노력으로 통제할 수 있다고 지각되었을 때 미래의 결과가 바뀔 것이라고 예측할 수 있다.

그러나 학생들이 도전적인 과제를 찾고 그 일을 지속하는 데 필요한 높고 안정적인 기대를 형성하도록 하기 위해서는 다양한 변인에 관심을 가져야 한다. 여기에는 위험을 감수할 수 있는 환경과 지원, 도전할 만한 과제, 학습 지향적 맥락 등이 포함된다(Dweck, 1989, p. 118).

귀인 변화 프로그램은 적어도 세 가지 단계를 포함해야 한다. 첫 번째 단계는 현재 아동의 경험에서 실패를 유발시킨 사태의 귀인적 단서를 분석하는 것이다. 두 번째는 학생에게 귀인에 대한 단서로서 작용하는 교사의 대안적 행동을 분석하고 그 대안을 실시하는 것이다. 예를 들어, 노력과 부분적으로나마 완전하게 수행한 부분에 대해 긍정적이고 타당한 피드백을 해 주어야 한다. 세 번째는 현실성을 바탕으로 설정된 목표를 달성할 수 있는 대안적인 전략이 중요하다는 신념을 촉진시키기 위해 집단 활동을 하는 것이다.

3. 교육적 적용

동기이론이 교육에 기여한 바는 교실에서 발생하는 상호작용을 분석한 것이다. 교실 학습 환경에서 연구자들은 학생과 교사의 행동을 분석하고 개입하는 데 필요한 틀을 제시했다(Ames, 1992b; Ames & Archer, 1988; Anderman et al., 2001; Covington, 1999; Dweck, 1989; Eccles et al., 1983; Elliot, 1999; Elliot & Dweck, 1988; Jagacinski & Nicholls, 1987; Stipek & Daniels, 1988). 좀 더 넓은 의미에서 귀인이론은 우리 문화가 성공을 어떻게 정의하는가를 보여 준다. Frieze, Francis, 그리고 Hanusa(1983)는 미국에서 성공을 어떻게 정의하고 있는가를 분석하였다. 미국에서의 성공은 경쟁적인 상황 속에서 남들보다 잘하는 것이었다. 이러한 사회적 가치에서 일부 사람들은 실패라는 범주에 들어갈 수밖에 없다. 반대로 다른 문화에서는 성공을 집단의 성공과 협동으로 정의한다. 최소한 귀인이론은 성공을 노력과 학습된 기술의 활용으로 정의하고 있다(Frieze et al., 1983).

1) 교실 문제

동기적 관점들은 학생의 특성, 인지적 과정 및 교수, 학습에 대한 사회적 맥락에서 학교 학습에 적용될 수 있다.

(1) 학습자의 특성

교육의 주요 특징은 개인차, 학습 준비도, 동기를 포함한다. 동기적 관점들은 개인차나 학습 준비도를 직접적으로 다루지는 않는다.

개인차. 동기 모형과 이론들은 개인의 동기적 신념에 영향을 미치는 다양한 요인(예: 개인의 성취사, 학습자의 사회적 맥락)을 확인하였다. 그러나 동기이론들은 개인을 변별하는 이러한 요인들의 특별한 유형을 확인하지 않았다.

학습 준비도. 비록 준비도는 동기적 관점에서 아직 연구되지 않았지만 시사하는 바는 분명하다. 성공에 대한 낮은 기대, 낮은 과제가치, 수행 회피 지향적, 과제 혹은 실패 회피 지향성, 실패에 대한 능력 부족 귀인 등이 학생이 수업을 받아들이는 데 영향을 미친다.

동기. 학습이론들은 일반적으로 동기를 학생의 학습을 창출에 내는 원리로 본다. 대부분 이러한 이론들은 학생의 동기에 영향을 미치는 환경적 조작에 관심을 둔다. 예를 들어 학생들의 주의를 집중시키는 방법, 인센티브의 역할, 학생들과 관련이 있고 의미가 있는 흥미로운 자료를 만드는 것 등이다(Weiner, 1974b). 대조적으로 동기이론은 특정한 교실 풍토와 학생의 특성을 동기의 중요한 근원으로 간주한다. 교실 풍토에는 숙달목표 지향성, 학생의 성패에 대한 교사의 정서적 반응, 자율성 지원, 노력에 대한 인정 및 지지 등이 포함된다.

(2) 인지과정과 교수

교육에서 세 가지 중요한 인지과정은 학습의 전이, 문제해결 교수, 학습방법에 대한 학습이다. 자멸적 전략과 회피 전략에 대한 연구는 이러한 전략들이 차후의 과제에 부적절한 문제해결 행동으로 전이된다는 것을 보여 준다. 학습방법에 대한 학습은 학습과정에서 발생하는 학생의 실수를 하나의 단서로 간주하는 숙달목표 지향적인 교실에서 습득될 수 있을 것이다.

(3) 학습의 사회적 맥락

목표 지향성 모형과 귀인이론은 학생의 동기에 영향을 미치는 교실의 양태를 설명하려고 한다. 숙달목표 지향적인 교실은 학습을 촉진하는 풍토를 만든다. 이러한 교실은 학생들의 자기 관리 기술을 발달시키도록 돕고, 경쟁을 피하도록 하며, 합당한 과제를 제시한다. 귀인이론은 능력에 대한 학생의 신념에 교사가 중요한 영향을 미친다고 본다.

(4) 다른 관점과의 관계

학습과정과 인지발달 이론과는 다르게 동기이론은 학습자를 학교 학습을 위한 동기발달의 주요 요인으로 간주한다. 비록 학습자들은 사회적 맥락과 과거 경험을 바탕으로 정보를 해석하지만, 성취 관련 과제에 참여하도록 하거나 그렇지 않도록 하는 일련의 신념을 발달시킨다.

귀인이론과 사회인지 이론의 일부 개념은 상호 보완적이다. 성공을 노력 혹은 능력과 노력에 귀인하는 학습자는 또한 자기 효능감이 긍정적인 자기조절 학습자이다.

2) 교실수업 전략의 개발

동기적 관점을 교실에 적용할 경우에는 학생들의 성취 관련 행동에 수동적으로 반응하는 것보다는 오히려 적극적인 전략이 필요하다는 것을 시사해 준다. 또한 경쟁적인 성취보다는 학습과정을 강조하는 교실 풍토가 필요하다는 것을 제안해 준다. 그러한 교실 풍토는 자기 가치의 판단과 추후의 기대 형성에 영향을 미치는 성공과 실패를 판단할 수 있는 기회를 최소화한다. 대신에 학습목표는 학습전략의 향상, 대인 간 경쟁이 최소화된 수업 시간, 수업 결과에 대한 귀인으로 능력 부족을 최소화하는 피드백을 강조한다. 즉, 학습이 건설적인 노력을 통해 성취된다는 믿음을 강화할 수 있도록 학급이 구성된다. 다음은 긍정적이고 적극적인 학습 환경 개발을 위한 전략이다.

단계 1: 학습과정이나 전략의 관점에서 교실목표를 재구성한다.

1.1 학습전략을 강조하기 위해 어떠한 목표들이 재확인되어야 하는가?

1.2 현재 사용하고 있는 과제 중에서 어떤 것이 학생들에게 참신하고 다양하며 흥미를 고취시킬 수 있도록 변형될 수 있는가?

단계 2: 적절한 평가 방법을 확인한다.

2.1 학습을 향상시키기 위해 학생들의 실수를 찾아 낼 수 있는 공식적인 평가를 어디에서 실행할 것인가?

2.2 교실에서는 학생의 학습 진전 정도나 성적을 보여 주는 그래프 대신에 학생들이 완성한 과제를 모든 학생들이 번갈아 가며 전시할 수 있도록 되어 있는가?

2.3 교실에서는 학생들의 능력이 아니라 노력의 결과에 대하여 지속적인 보상이 제공되고 있는가?

2.4 학생들은 자신이 배운 것을 보여 줄 수 있는 다양한 기회를 제공받고 있는가?

단계 3: 학생들 간의 경쟁을 줄이고 효과적인 과제 접근 전략을 개발하고 노력을 촉진시킬 수 있는 교실 활동들을 확인한다.

3.1 전체 학급 학생들이 함께 참여하는 활동과 집단이나 자율학습의 형태로 운영되는 활동의 비율은 어느 정도 되는가(예: 80 : 20)?

3.2 학생들의 의사결정을 향상시키기 위해 과제를 어떻게 변화시킬 수 있는가?

3.3 어떠한 소집단 활동을 사용해서 학습의 협동적 본질을 향상시킬 것인가?

3.4 학생의 노력이나 학습전략을 향상시키기 위해 가능한 개인별 혹은 집단별

게임에는 어떤 것이 있는가?

단계 4: 적절한 귀인 메시지를 전달할 수 있는 언어적 피드백을 개발한다.

4.1 칭찬이 적절하게 사용되는가(예: 쉬운 일을 성공했을 경우에 칭찬하지 않기, 어려운 과제를 성공적으로 수행한 것은 물론, 적절한 전략을 사용하거나 과제를 끝까지 완수한 것도 칭찬하기)?

4.2 성공적으로 수행하지 못한 것에 동정을 하는 대신에 사용될 수 있는 교사의 건설적인 전략은 무엇인가?

4.3 학생들이 자신의 학습에 책임을 지도록 격려하기 위해 어떠한 전략을 사용할 것인가?

3) 교실수업의 예

두 가지 예를 살펴보겠다. 하나는 STRATAGEM(Belll, 1982)으로 알려진 학습이고, 또 하나는 집단 학습이다.

(1) STRATAGEM

STRATAGEM은 시험을 준비하는 학생들에게 스트레스를 줄이고, 특정 교과에 있는 문제를 사용하여 학생들의 사고력을 배양하는 데 목적이 있다. 이 게임은 고등학교와 대학교에서 성공적으로 사용되었고 중학교에서도 성공적이라는 연구도 있다.

이 게임은 협동학습의 일종으로 2~4명의 학생들이 번갈아 가며 자신들 바로 앞에 놓여 있는 3×5 크기의 카드에 적혀 있는 질문에 대답하는 것이다. 각 팀에는 1명의 은행원과 두 팀의 게임 참여자가 필요하다. 이 게임은 학급의 전체 학생들이 팀을 나누어 동시에 실행될 수 있다.

각 팀에는 1,000달러의 게임머니가 게임 시작과 동시에 제공된다. 팀은 문제를 풀기 전에 아직 읽지 않은 질문을 대답하는 데 돈을 걸게끔 되어 있다. 학생들은 10~50달러까지 다양한 액수의 돈을 걸 수 있다. 금액을 결정하는 과정에서 팀이 사용할 수 있는 정보는 질문에 표시된 코딩 정보이다. 코딩 정보는 질문 카드의 반대쪽에 있기 때문에 팀원들은 볼 수 있다. 질문은 세 가지 수준으로 코딩되어 있다(1=회상, 2=적용, 3=추론). 질문의 주제 또한 나열되어 있다. 예를 들면, "학생들에게 자신이 방금 읽은 이야기를 그림으로 그리도록 요구한다." 이것은 수준 2(적용)이며 주제는 정보처리 이론이다.

돈을 걸고 나면 1명이 질문 카드에 적힌 질문을 큰 소리로 읽는다. 그런 다음 팀원들은 3～4분 동안 가능한 답을 생각해 낸다. 다른 팀의 멤버들 또한 답을 생각해 내려고 애쓴다. 만약 팀이 수준 1에 해당되는 질문을 맞히면 은행원은 내기한 금액을 준다. 수준 2에 속하는 질문에 정답을 말하면 은행원은 내기 금액의 2배, 수준 3의 경우에는 내기 금액의 3배를 주게 된다. 따라서 10달러를 내기 금액으로 걸었다면 수준에 따라 20달러, 30달러를 얻게 된다. 마찬가지로 50달러를 내기 금액으로 걸었다면 순차적으로 100달러, 150달러의 내기 금액을 문제의 난이도에 따라 얻게 된다.

학습과정과 팀이 돈을 모두 잃어버리는 일이 없도록 틀린 대답이나 불완전한 대답을 할 경우에는 단지 내기를 건 금액만 차감하게 된다. 다시 말해서, 질문의 수준에 따라 보상을 하는 것은 정확한 대답을 한 경우에만 해당된다.

각 팀이 답을 말하면 은행원이나 교사가 가지고 있는 답과 비교하게 된다. 실제로는 정확한 답을 맞힌 후에 두 팀은 몇 분 동안 예상되는 다음 질문에 대한 답을 의논할 시간을 갖게 된다. 게임에 대한 학생들의 흥미가 줄지 않도록 하고, 토론이 학습에 기여하기 때문에 이처럼 간단한 토론을 허락한다.

여기에서 교사의 역할은 팀을 순회하면서 질문이 정확하게 이해되었는지 확인하는 것과, 학생들의 토론이 게임에 방해되지 않도록 하는 것이다. 45분의 수업 시간 동안 25～30개의 질문이 사용될 수 있다. 50개의 준비된 문제 중 2/3가 적용과 추론을 요구하는 문제이다. 제시되는 문제는 토론을 통하여 학습을 촉진시킬 수 있어야 한다. 게임의 적정 시점은 학생들이 구체적으로 시험 준비를 시작하기 전인 시험 1～2주 이전이 좋다. 이 방법은 게임에서 제시되는 문제에 대한 수행과 학습을 모두 강조한다.

(2) 요지 찾기 교수

이 전략에 따른 교수사태는 교사에 의해 제시된다(제7장 참조).

1. 주의집중 유도
2. 학습목표 제시
3. 회상 자극
4. 변별적 특성(주제＋주제와 관련된 것＝요지)과 그에 따른 2～3개의 예 제시
5. 학습 안내 제공: 이 과정은 소집단의 형태로 행해진다. 각 집단에게 좋아하는 영화나 TV 프로그램 네 가지 정도를 선택하도록 해서 요지를 파악하고 왜 그것이 요지가 되는가를 기술하도록 한다. 각 집단이 활동을 하고 있으면 교사는 필요한 피드백을 제공한다. 구체적인 이야기를 포함시키는 것과 요지를 찾는 것의 차이를 알려 준다. 각 집단이 선택한 프로그램의 요지를 전체 학급 앞에서 발표하도

록 함으로써 마무리한다.

6. 수행 유도
7. 피드백 제공

6과 7의 사태에서는 진단을 할 수 있는 문서화된 자료가 필요하다. 학생들은 4줄 정도로 되어 있는 8개의 이야기가 적힌 종이를 받는다. 학생들이 요지를 제대로 작성하는 데 필요한 부분을 중심으로 제시한다.

8. 평가
9. 파지 및 전이 제공

8과 9는 제7장에 제시된 'Natural Topics'라는 게임을 사용한다.

4) 동기적 관점에 대한 고찰

기대가치 모형, 목표 지향성 이론, 귀인이론은 성취 관련 과제에 대한 학생들의 참여에 초점을 두고 있다(〈표 13.5〉 참조). 이들 이론에 따르면 동기는 환경적 요인과 개인적 요인 간의 복잡한 상호작용을 통해 발달하고, 개인은 능동적인 정보처리자이며, 성취 관련 신념은 명시적 지식이다. 기대가치 모형은 학생의 성공 기대가 과제 선택, 지속성, 노력 정도, 인지적 참여, 실제 수행 등을 결정한다고 주장한다. 이러한 가치에 직접

〈표 13.5〉 동기적 관점의 요약

기본 요소	정 의
가정	동기는 내적 요인과 외적 요인 간의 복잡한 상호작용을 통해 발달한다. 개인은 능동적으로 정보를 처리한다. 성취 관련 신념은 명시적 정보이다.
동기적 과정	성취 관련 신념의 핵심적 결정자는 성공 기대와 과제가치, 성취목표 지향성, 성패에 대한 귀인이다.
동기의 구성요소	1. 기대와 가치에 직접적으로 영향을 미치는 학생의 정서적 기억, 목표, 자기 도식 2. 숙달, 수행 접근, 수행 회피 지향성 3. 주요 귀인(능력, 노력, 과제 난이도, 기분 혹은 질병, 운)과 차원(인과성 소재, 안정성, 통제 가능성)
단점	구체적인 교실 절차가 아직 개발되지 않았다.
교실 실제에 대한 공헌	부적절한 학생의 활동에 기여할 수 있는 교실 활동과 경쟁적 교실에 내재해 있는 문제를 확인하였다. 교실에서 작동하는 정서적 사태에 대한 연구와 분석을 위한 틀을 제공하였다.

적으로 영향을 주는 것은 학생의 정서적 기억과 목표 및 자기 도식이다. 학생의 사회적 세계와 그것에 대한 지각, 사전 성취 경험이 학생의 신념에 영향을 미친다.

목표 지향성 이론은 학생이 과제에 참여하는 이유가 인지전략, 과제 선택, 능력 지각에 미치는 영향에 관심을 갖는다. 여기에는 두 가지 주요한 형태가 있는데, 하나는 긍정적 과제 전략을 유도하는 숙달 혹은 학습목표 지향성이고, 또 하나는 수행목표 지향성이다. 수행목표 지향성은 수행 접근과 수행 회피로 나뉘는데, 자신의 능력을 드러내려고 동기화되거나 자신에게 불리하다고 판단되는 것을 피하려고 동기화된 상태를 말한다. 수행목표 지향성은 교과목에 대한 피상적인 참여를 유도한다.

귀인이론은 이해에 대한 탐구가 인간 행동의 주요한 동기원이라고 본다. 귀인은 성패에 대한 원인 추론에 의해 결정되며, 일반적인 귀인 요인은 능력, 노력, 과제 난이도, 운, 타인, 기분, 질병 등이다. 이러한 요인들은 인과성 소재, 안정성, 통제 가능성에 따라 다르며, 미래의 결과에 대해 다른 기대를 갖도록 하고, 다른 정서적 반응을 유발시킨다.

많은 학생들의 성공 기대, 능력에 대한 신념, 노력의 효과성에 대한 신념 등은 중학교에 들어가면서 일반적으로 하락하기 시작한다. 이러한 하락은 학생들이 자멸적 전략과 다른 회피 전략을 사용하도록 한다. 그러나 학생들에게 과제에 대한 선택권을 제공하고 노력을 인정해 주고 지원해 주는 숙달목표 지향적인 교실은 학생들이 지식과 학습에 가치를 두도록 할 수 있다.

(1) 단점

동기적 관점에 따라 교실에서 실행할 수 있는 구체적인 절차가 아직 개발되지 않았다.

(2) 교실 실제에 대한 기여

동기적 관점은 미국 교육의 주요 문제를 확인하였다. 경쟁적인 학습 풍토가 여러 가지 문제를 야기시키고 있다. 경쟁은 그 특성상 누군가를 맨 꼴찌로 만들어야 하기 때문에 학생들이 학습에 장기적 가치를 두는 것을 제한한다. 이러한 관점은 교실에서 이루어지고 있는 많은 정서적 사태에 대한 연구와 분석을 위한 틀을 제공해 준다.

4. 생각해 볼 문제

1. 기대가치 모형에 의하면 획득가치와 내재적 가치 간의 차이는 무엇인가?

2. 기대가치 모형과 목표 지향성 모형은 '목표'에 대하여 각각 어떻게 설명하고 있는가?
3. 수행목표 지향성을 수행 접근과 수행 회피로 구분하는 근거는 무엇인가?
4. 성공에 대한 귀인과 Bandura의 자기 효능감 개념 간의 관계는 무엇인가?
5. 학습자가 갖고 있는 지능 이론은 성취 결과의 귀인에 영향을 미치는 교실 사태와 어떻게 상호작용하는가?

참고문헌

Abramson, L. Y., Garber, J., & Seligman, M. E. P. (1980). Learned helplessness in humans: An attributional analysis. In J. Garber & M. E. P. Seligman (Eds.), *Human helplessness: Theory and applications* (pp. 3-33). New York: Academic.

Ames, C. (1978). Children's achievement attributions and self-reinforcement: Effects of self-concept and competitive reward structure. *Journal of Educational Psychology, 70*, 345-355.

Ames, C. (1984). Competitive, cooperative, and individualistic goal structures: A motivational analysis. In R. Ames & C. Ames (Eds.), *Research on motivation in education* (Vol. 1, pp. 177-207). New York: Academic.

Ames, C. (1992a). Achievement goals and the motivational climate. In D. Schunk & J. Meece (Eds.), *Student perceptions in the classroom* (pp. 327-348). Hillsdale, NJ: Erlbaum.

Ames, C. (1992b). Classrooms: Goals, structures, and student motivation. *Journal of Educational Psychology, 84*(3), 261-271.

Ames, C., & Archer, J. (1988). Achievement goals in the classroom: Students' learning strategies and motivational processes. *Journal of Educational Psychology, 80*(3), 260-267.

Ames, C., Ames, R., & Felker, D. W. (1977). Effects of a competitive reward structure and valence of outcome on children's achievement attributions. *Journal of Educational Psychology, 60*, 1-8.

Anderman, L. H., & Anderman, E. M. (1999). Social predictors of changes in students' achievement goal orientation. *Contemporary Educational Psychology, 25*, 21-37.

Anderman, E. M., & Maehr, M. L. (1994). Motivation and schooling in the middle grades. *Review of Educational Research, 64*, 287-309.

Anderman, E. M., & Midgley, C. (1997). Changes in goal orientation, perceived academic competence, and grades across the middle-school levels. *Contemporary Educational Psychology, 22*, 260-298.

Anderman, E.M., Austin, G. G., & Johnson, D. M. (2002). The development of goal orientation. In A. Wigfield & J. S. Eccles (Eds.), *Development of achievement motivation* (pp. 197-222). San Diego: Academic.

Anderman, E. M., & Young, A. J. (1994). Motivation and strategy use in science: Individual differences and classroom effects. *Journal of Research in Science Teaching, 31*(8), 811-831.

Anderman, E. M., Eccles, J. S., Yoon, K. S., Roeser, R., Wigfield, A., & Blumenfeld, P. (2001). Learning to value mathematics and reading: Relations to mastery and performance-oriented instructional practices. *Contemporary Educational Psychology, 26*, 76-95.

Archer, J. (1994). Achievement goals as a measure

of motivation in university students. *Contemporary Educational Psychology, 19*, 430-446.

Aronson, E., Stephan, C., Sikes, J., Blaney, N., & Snapp, P. (1978). *The Jigsaw classroom*. Beverly Hills, CA: Sage.

Atkinson, J. W. (1958). Towards experimental analysis of human motivation in terms of motives, expectancies, and incentives. In J. W. Atkinson (Ed.), *Motives in fantasy, action, and society* (pp. 288-305). Princeton, NJ: Van Nostrand.

Atkinson, J. W. (1964). *An introduction to motivation*. Princeton, NJ: Van Nostrand.

Bell, M. E. (1982). STRATAGEM: A problem-solving game for use in revision. *Simulation/Games for Learning, 12*(4), 157-164.

Bong, M. (2001). Between- and within-domain relations of academic motivation among middle and high school students: Self-efficacy, task value, and achievement goals. *Journal of Educational Psychology, 93*, 23-34.

Brophy, J. (1999). Toward a model of the value aspects of motivation in education: Developing appreciation for particular learning domains and activities. *Educational Psychologist, 34*(2), 75-86.

Brown, J., & Weiner, B. (1984). Affective consequences of ability versus effort ascriptions: Controversies, resolutions, and quandaries. *Journal of Educational Psychology, 76*, 146-158.

Covington, M.V. (1992). *Making the grade: A self-worth perspective on motivation and school reform*. New York: Cambridge University Press.

Covington, M. V. (1999). Caring about learning: The nature and nurturing of subject-matter appreciation. *Educational Psychologist, 34*(2), 127-136.

Covington, M. V., & Teel, K. M. (1996). *Overcoming student failure: Changing motives and incentives for learning*. Washington, DC: American Psychological Association.

Covington, M. V., & Omelich, C. L. (1984). Task-oriented versus competitive learning structures: Motivational and performance consequences. *Journal of Educational Psychology, 76*, 1038-1050.

Dai, Y. D., Moon, S. M., & Feldhusen, J. F. (1998). Achievement motivation and gifted students: A social cognitive perspective. *Educational Psychologist, 33*(2/3), 45-64.

deCharms, R. (1968). *Personal causation*. New York: Academic.

Diener, C. I., & Dweck, C. S. (1978). An analysis of learned helplessness: Continuous changes in performance, strategy and achievement cognitions following failure. *Journal of Personality and Social Psychology, 36*, 451-462.

Diener, C. I., & Dweck, C. S. (1980). Analysis of learned helplessness II: The processing of success. *Journal of Personality and Social Psychology, 39*, 940-952.

Dweck, C. S. (1975). The role of expectations and attributions in the alleviation of learned helplessness. *Journal of Personality and Social Psychology, 31*, 674-685.

Dweck, C. S. (1986). Motivational processes affecting learning. *American Psychologist, 41*, 1040-1048.

Dweck, C. S. (1989). Motivation. In R. Glaser & A. Lesgold (Eds.), *The handbook of psychology and education* (Vol. 1, pp. 187-239). Hillsdale, NJ: Erlbaum.

Dweck, C.S. (2002). The development of ability comparisons. In A. Wigfield & J. S. Eccles (Eds.), *Development of achievement motivation* (pp. 57-88). San Diego: Academic.

Dweck, C., & Leggett, E. (1988). A social-cognitive approach to motivation and personality. *Psychological Review, 95*, 256-273.

Dweck, C. S., & Licht, B. G. (1980). Learned helplessness and academic achievement. In J. Garber & M. Seligman (Eds.), *Human helplessness: Theory and application* (pp. 197-221). New York: Academic.

Eccles, J. S., & Midgley, C. (1989). Stage-environment fit: Developmentally appropriate classrooms for young adolescents. In C. Ames & R.

Ames (Eds.), *Research on motivation in education* (Vol. 3, pp. 139-186). San Diego: Academic.
Eccles (Parsons), J., Adler, T. F., Futterman, R., Goff, S. B., Kaczala, C. M., Meece, J. L., & Midgley, C. (1983). Expectancies, values, and academic behaviors. In J. T. Spence (Ed.), *Achievement and achievement motivation* (pp. 75-146). San Francisco: W. H. Freeman.
Eccles, J. S., Midgley, C., Wigfield, A., Miller-Buchanan, C., Reuman, D., Flanagan, C., & MacIver, D. (1993). Development during adolescence: The impact of stage-environment fit on young adolescents' experiences in schools and families. *American Psychologist, 48*, 90-101.
Eliot, A. J. (1999). Approach and avoidance motivation and achievement goals. *Educational Psychologist, 35*(3), 169-189.
Elliot, A. J., McGregor, H. A., & Gable, S. (1999). Achievement goals, study strategies, and exam performance: A mediational analysis. *Journal of Educational Psychology, 91*(3), 549-563.
Elliot, A. J. (1997). Integrating the "classic" and "contemporary" approaches to achievement motivation: A hierarchical model of approach and avoidance motivation. In M. Maehr & P. Pintrich (Eds.), *Advances in motivation and achievement* (Vol. 10, pp. 243-279). Greenwich, CT: JAI Press.
Elliot, A. J., & Church, M. A. (1997). A hierarchical model of approach and avoidance achievement motivation. *Journal of Personality and Social Psychology, 72*, 218-232.
Elliott, E. E., & Dweck, C. S. (1988). Goals: An approach to motivation and achievement. *Journal of Personality and Social Psychology, 54*(1), 5-12.
Eswara, H. A. (1972). Administration of reward and punishment in relation to ability, effort, and performance. *Journal of Social Psychology, 87*, 139-140.
Frieze, I., Francis, W., & Hanusa, B. (1983). Defining success in classroom learning. In J. Levine & M. Wang (Eds.), *Teacher and student perceptions* (pp. 3-28). Hillsdale, NJ: Erlbaum.
Good, T. (1980). Classroom expectations: Teacher-pupil interactions. In J. H. McMillan (Ed.), *The social psychology of school learning* (pp. 70-122). New York: Academic.
Graham, S. (1984). Communicating sympathy and anger to black and white children: The cognitive attributional consequences of affective cues. *Journal of Personality and Social Psychology, 47*(1), 40-54.
Graham, S. (1988). Can attribution theory tell us something about blacks? *Educational Psychologist, 23*(1), 3-21.
Graham, S. (1990). Communicating low ability in the classroom: Bad things good teachers sometimes do. In S. Graham & V. S. Folkes (Eds.), *Attribution theory: Applications to achievement, mental health, and interpersonal conflict* (pp. 17-36). Hillsdale, NJ: Erlbaum.
Graham, S., & Hudley, C. (1992). An attributional approach to aggression in African-American children. In D. Schunk & J. Meece (Eds.), *Student perceptions in the classroom* (pp. 75-93). Hillsdale, NJ: Erlbaum.
Graham, S., Hudley, C., & Williams, E. (1992). Attributional and emotional determinants of aggression among African-American and Latino young adolescents. *Developmental Psychology, 28*, 731-740.
Graham, S., & Weiner, B. (1983). Some educational implications of sympathy and anger from an attributional perspective. In R. Snow & M. Farr (Eds.), Aptitude learning, and instruction: Vol. 3. Conative and affective policy analysis (pp. 199-221). Hillsdale, NJ: Erlbaum.
Graham, S., & Weiner, B. (1996). Theories and principles of motivation. In D. C. Berliner & R. C. Calfee (Eds.), *Handbook of educational psychology* (pp. 63-84). New York: Macmillan.
Harackiewicz, J. M., Barron, K. M., Tauer, J. M., & Elliot, A. J. (2002). Predicting success in college: A longitudinal study of achievement goals and ability measures as predictors of interest and performance from freshman year through

graduation. *Journal of Educational Psychology, 94*(3), 562-575.

Harackiewicz, J. M., Barron, K. M., Pintrich, P. R., Eliot, A., & Thrash, F. (2002). Revisions of achievement goal theory: Necessary and illuminating. *Journal of Educational Psychology, 94*(3), 638-645.

Heider, F. (1958). *The psychology of interpersonal relations*. New York: Wiley.

Hidi, S., Weiss, J., Berndorff, D., & Nolan, J. (1998). The role of gender, instruction, and a cooperative learning technique in science education across formal and informal settings. In L. Hoffman, A. Krapp, K. Renninger, & J. Baumert (Eds.), *Interest and learning: Proceedings of the Sceon Conference on interest and gender* (pp. 301-316). Kiel, Germany: IPN.

Hoffman, M. L. (1982). Development of prosocial motivation: Empathy and guilt. In N. Eisenberg-Borg (Ed.), *Development of prosocial behavior* (pp. 281-313). New York: Academic.

Hudley, C., & Graham, S. (1993). An attributional intervention to reduce peer directed aggression among African-American boys. *Child Development, 64*, 124-138.

Jagacinski, C. M. (1992). The effects of task involvement and ego involvement on achievement-related cognitions and behaviors. In D. H. Schunk & J. Meece (Eds.), *Student perceptions in the classroom* (pp. 287-306). Hillsdale, NJ: Erlbaum.

Jagacinski, C. M., & Nicholls, J. G. (1984). Conceptions of ability and related affects in task involvement and ego involvement. *Journal of Educational Psychology, 76*, 909-919.

Jagacinski, C. M., & Nicholls, J. G. (1987). Competence and affect in task involvement and ego involvement: The impact of social comparison information. *Journal of Educational Psychology, 79*, 107-114.

Juvonen, J. (1991). Deviance, perceived responsibility, and negative peer reactions. *Developmental Psychology, 27*, 672-681.

Juvonen, J. (1992). Negative peer reactions from the perspective of the reactors. *Journal of Educational Psychology, 84*, 314-321.

Kaplan, A., & Maehr, M. L. (1999). Achievement goals and student well-being. *Contemporary Educational Psychology, 24*, 330-358.

Kaplan, A., & Midgley, C. (1997). The effect of achievement goals: Does level of perceived academic competence make a difference? *Contemporary Educational Psychology, 22*, 415-485.

Kaplan, A., Gheen, M., & Midgley, C. (2002). Classroom goal structure and student disruptive behavior. *British Journal of Educational Psychology, 72*, 191-211.

Kaplan, A., & Middleton, M. J. (2002). Should childhood be a journey or a race? *Journal of Educational Psychology, 94*(3), 646-648.

Lopez, D. F. (1999). Social cognitive influences on self-regulated learning: The impact of action-control beliefs and academic goals on achievement-related outcomes. *Learning and Individual Differences, 11*, 301-319.

Mac Iver, D. (1987). Classroom factors and student characteristics predicting students' use of achievement standards during self-assessment. *Child Development, 58*, 1258-1271.

Maehr, M. L., & C. Midgley (1991). Enhancing student motivation: A school-wide approach. *Educational Psychology, 26*, 399-427.

Meece, J. L. (1991). Students' motivational goals and the classroom context. In M. Maehr & P. Pintrich (Eds.), *Advances in motivation and achievement: Goals and self-regulatory processes* (Vol. 7) (pp. 261-285). Greenwich, CT: JAI.

Meece, J. L., Blumenfeld, P. C., & Hoyle, R. (1988). Students' goal orientations and cognitive engagement in classroom activities. *Journal of Educational Psychology, 80*, 514-525.

Middleton, M., & Midgley, C. (1997). Avoiding the demonstration of lack of ability: An underexplored aspect of goal theory. *Journal of Educational Psychology, 89*, 710-718.

Midgley, C., & Urdan, T. (2001). Academic

self-handicapping and achievement goals: A further examination. *Contemporary Educational Psychology, 26*, 61-75.

Midgley, C., Anderman, E. M., & Hicks, L. (1995). Differences between elementary and middle school teachers and students: A goal theory approach. *Journal of Early Adolescence, 15*, 90-113.

Midgley, C., Kaplan, A., Middleton, M., Maehr, M. L., Urdan, T., Anderman, L., Anderman, E., & Roeser, R. (1998). The development and validation of scales assessing students' achievement goal orientation. *Contemporary Educational Psychology, 23*, 113-131.

Murphy, P. K., & Alexander, P. (2000). A motivated exploration of motivation terminology. *Contemporary Educational Psychology, 25*, 3-53.

Nicholls, J. G. (1978). The development of the concepts of effort and ability, perception of academic attainment, and the understanding that difficult tasks require more ability. *Child Development, 49*, 800-814.

Nicholls, J. G. (1984). Achievement motivation: Conceptions of ability, subjective experience, task choice, and performance. *Psychological Review, 91*, 328-346.

Nicholls, J. G. (1989). The competitive ethos and democratic education. Cambridge, MA: Harvard University Press.

Patrick, H., Anderman, L. H., Ryan, A. M., Edelin, K. C., & Midgley, C. (2001). Teachers' communication of goal orientation in four fifth-grade classrooms. *Elementary School Journal, 102*(1), 35-58.

Pintrich, P. R. (2000). The role of goal orientation in self-regulated learning. In M. Boekarts, P. R. Pintrich, & M. Zeidner (Eds.), *Handbook of self regulation* (pp. 451-502). San Diego: Academic.

Pintrich, P.R., & Schunk, D. H. (2002). *Motivation in education: Theory, research, and applications* (2nd ed.). Upper Saddle River, NJ: Merrill/Prentice Hall.

Pintrich, P. R., & Blumenfeld, P. C. (1985). Classroom experiences and children's self-perceptions of ability, effort, and conduct. *Journal of Educational Psychology, 77*, 646-657.

Pintrich, P.R., & Zusho, A. (2002). The development of academic self-regulation: The role of cognitive and motivational factors. In A. Wigfield & J. S. Eccles (Eds.), *Development of achievement motivation* (pp. 249-284). San Diego: Academic.

Rest, S., Neirenberg, R., Weiner, B., & Heckhausen, H. (1973). Further evidence concerning the effects of perceptions of effort and ability on achievement evaluation. *Journal of Personality and Social Psychology, 28*, 187-191.

Roeser, R.W., Midgley, C., & Urdan, T. C. (1996). Perceptions of the school psychological environment and early adolescents' behavioral functioning in school: The mediating role of goals and belonging. *Journal of Educational Psychology, 88*, 408-422.

Rohrkemper, M., & Brophy, J. (1983). Teachers' thinking about problem students. In J. Levine & M. Wang (Eds.), *Teacher and student perceptions* (pp. 75-103). Hillsdale, NJ: Erlbaum.

Rosenbaum, R. M. (1972). *A dimensional analysis of the perceived causes of success and failure.* Unpublished doctoral dissertation, University of California, Los Angeles.

Rotter, J. B. (1966). Generalized expectancies for internal versus external control of reinforcement. *Psychological Monographs, 80*(1, Whole No. 609).

Ruble, D. N., & Rhales, W. S. (1981). The development of children's perceptions and attributions about their social world. In J. Harvey, W. Ickes, & R. Kidd (Eds.), *New directions in attribution research* (Vol. 3, pp. 3-26). Hillsdale, NJ: Erlbaum.

Ryan, A.M., & Patrick, H. (2001). The classroom social environment and changes in adolescents' motivation and engagement during middle school. *American Educational Research Journal, 38*(2), 437-460.

Seligman, M. E. P. (1975). *Helplessness.* San Francisco: Freeman.

Steele, C. (1988). The psychology of self-affirmation: Sustaining the integrity of the self. In L. Berkowitz (Ed.), *Advances in experimental social psychology* (Vol. 21, pp. 261-302). New York: Academic.

Stipek, D. J. (1981). Children's perceptions of their own and their classmates' ability. *Journal of Educational Psychology, 73,* 404-410.

Stipek, D. J., & Daniels, D. H. (1988). Declining perceptions of competence: A consequence of changes in the child or in the educational environment? *Journal of Educational Psychology, 80*(3), 352-356.

Teel, K. M., DeBruin-Parecki, A., & Covington, M. V. (1998). Teaching strategies that honor and motivate inner-city African American students: A school university collaboration. *Teaching and Teacher Education, 14,* 479-495.

Thorkildsen, T. A., & Nicholls, J. G. (1998). Fifth-graders' achievement orientation and beliefs: Individual and classroom differences. *Journal of Educational Psychology, 90*(2), 179-201.

Urdan, T., Midgley, C., & Anderman, E. M. (1998). Classroom influences on self-handicapping strategies. *American Educational Research Journal, 35,* 101-122.

Weiner, B. (1972). *Theories of motivation from mechanism to cognition.* Chicago: Markham.

Weiner, B. (1974a). An attributional interpretation of expectancy-value theory. In B. Weiner (Ed.), *Cognitive views of human motivation* (pp. 51-69). New York: Academic.

Weiner, B. (1974b). Motivational psychology and educational research. *Educational Psychologist, 11,* 96-101.

Weiner, B. (1977). An attributional approach for educational psychology. In L. Shulman (Ed.), *Review of research in education* (Vol. 4, pp. 179-209). Itasca, IL: Peacock.

Weiner, B. (1979). A theory of motivation for some classroom experiences. *Journal of Educational Psychology, 71,* 3-25.

Weiner, B. (1980a). A cognitive (attribution)-emotion-action model of motivated behavior: An analysis of judgments of help-giving. *Journal of Personality and Social Psychology, 39,* 186-200.

Weiner, B. (1980b). *Human motivation.* New York: Holt, Rinehart & Winston.

Weiner, B. (1980c). "May I borrow your class notes?" An attributional analysis of judgments of help-giving in an achievement-related context. *Journal of Educational Psychology, 72,* 676-681.

Weiner, B. (1980d). The role of affect in rational (attributional) approaches to human motivation. *Educational Research, 9,* 4-11.

Weiner, B. (1982). The emotional consequences of causal ascriptions. In M. S. Clark & S. T. Fiske (Eds.), *Affect and cognition: The 17th annual Carnegie symposium on cognition* (pp. 185-208). Hillsdale, NJ: Erlbaum.

Weiner, B. (1983b). Speculations regarding the role of affect in achievement-change programs guided by attributional principles. In J. Levine & M. Wang (Eds.), *Teacher and student perceptions* (pp. 57-73). Hillsdale, NJ: Erlbaum.

Weiner, B. (1985a). An attributional theory of achievement motivation and emotion. *Psychological Review, 92*(4), 548-573.

Weiner, B. (1985b). *Human motivation.* New York: Springer-Verlag.

Weiner, B. (1993). On sin versus sickness: A theory of perceived responsibility and social motivation. *American Psychologist, 48*(9), 957-965.

Weiner, B. (1995). *Judgments of responsibility: A foundation for a theory of social conduct.* New York: Guilford.

Weiner, B., & Kukla, A. (1970). An attributional analysis of achievement motivation. *Journal of Personality and Social Psychology, 15,* 1-20.

Weiner, B., & Peter, N. (1973). A cognitive-developmental analysis of achievement and moral judgments. *Developmental Psychology, 9,*

290-309.

Weiner, B., Graham, S., Stern, P., & Lawson, M. (1982). Using affective cues to infer causal thoughts. *Developmental Psychology, 18,* 278-286.

Weiner, B., Graham, S., Taylor, S., & Meyer, W. (1983). Social cognition in the classroom. *Educational Psychologist, 18,* 109-124.

Weiner, B., Neirenberg, R., & Goldstein, M. (1976). Social learning (locus of control) versus attributional (causal stability) interpretations of expectancy of success. *Journal of Personality, 44,* 52-68.

Wigfield, A. (1994). Expectancy-value theory of achievement motivation: A developmental perspective. *Educational Psychology Review, 6,* 49-78.

Wigfield, A., & Eccles, J.S. (1992). The development of achievement task values: A theoretical analysis. *Developmental Review, 12,* 265-310.

Wigfield, A., & Eccles, J. S. (2000). Expectancy-value theory of achievement motivation. *Contemporary Educational Psychology, 25*(1), 68-81.

Wigfield, A., & Eccles, J. S. (2002a). Introduction. In A. Wigfield & J. S. Eccles (Eds.), *Development of achievement motivation* (pp. 1-11). San Diego: Academic.

Wigfield, A., & Eccles, J. S. (2002b). The development of competence beliefs, expectancies for success, and achievement values from childhood through adolescence. In A. Wigfield & J. S. Eccles (Eds.), *Development of achievement motivation* (pp. 91-120). San Diego: Academic.

Wigfield, A., & Harold, R. D. (1992). Teacher beliefs and children's achievement self-perceptions: A developmental perspective. In D. Schunk & J. Meece (Eds.), *Student perceptions in the classroom* (pp. 95-121). Hillsdale, NJ: Erlbaum.

Wigfield, A., Eccles, J., & Pintrich, P. (1996). Development between the ages of 11 and 25. In R. C. Calfee & D. C. Berliner (Eds.), *Handbook of educational psychology* (pp. 148-187). New York: Macmillan.

Zucker, G. S., & Weiner, B. (1993). Conservatism and perceptions of poverty: An attributional analysis. *Journal of Applied Social Psychology, 23,* 925-943.

에필로그

> 서로 대립되는 관점들은 경험적 발견을 유도하는 새로운 가설의 생성 능력에 따라 발전하거나 퇴보하거나 아니면 무한정 공존한다. (Lakatos, 1970)

인류 역사에 있어서 초기 철학자들과 교육자들은 학습의 과정을 설명해 주는 사태를 이해하려고 노력하였다. 철학자들은 먼저 실제 세계의 본질에 대한 자신들의 특별한 신념과 일치하는 지식의 본질을 정의하려고 하였다. 만일 지식을 선천적으로 갖고 있는 사고라고 정의한다면, 학습이란 그러한 사고의 형태와 실체를 획득하는 과정이 되어야 한다. 반면에 지식이 감각적 경험으로 정의된다면, 학습이란 감각을 통하여 획득된 정보가 체계적인 방법으로 조직되는 과정이다.

인류 문명사의 초기에 지식이란 성직자, 왕, 철학자와 같은 일부 엘리트 집단들의 필수품으로 간주되었다. 그 당시의 사회는 생존을 위하여 다양한 영역의 복잡한 기술을 많은 사람들에게 교육시킬 필요성을 느끼지 못했다. 그러므로 학습에 대한 설명은 교육 실제를 위한 처방적 기능을 하는 것으로 간주되지 않았다.

그러나 그 때 이후 사회와 문화는 발달하고 변하게 되었다. 이러한 변화에는 이용가능한 지식 기반과 다음 세대로 지식이 전수되는 방법의 지속적인 확장이 포함된다.

18～19세기 물리적 현상을 설명하는 과학의 발전은 경험적 자료로부터 학습원리를 도출해 내는 데 관심을 갖도록 하였다. 또한 교육은 적어도 읽기, 쓰기, 셈하기와 같은 기초 기능을 배워야 하는 것으로 간주되었다. 따라서 조직화된 지식의 습득은 더 이상 소수의 사람들에게만 한정되지 않았다.

물리적 현상에 관한 과학적 탐구가 확대되어 감에 따라 연구자들은 인간의 정신적 사태를 실험적으로 연구하게 되었다. 그 결과 실험적 방법으로 학습을 분석하는 학문으로서 심리학이 출현하였다.

1. 학습이론의 공헌

학습에 대한 초기 이론들은 새롭고 탐구되지 않은 영토를 설명하려고 했는데, 21세기의 관점에서 볼 때 이것은 여러 가지 면에서 매우 원시적이었던 것처럼 보인다. 그럼에도 불구하고, 초기 이론들은 연구를 위한 경험적 패러다임을 제공해 주고, 실험실이나 학교 맥락에서 체계적으로 연구할 수 있는 기본 개념을 알려 주었다. 더욱이 그러한 이론들은 20세기 초의 사회적 요구에 적절한 것이었다. 대부분의 사람들은 셈하기, 읽기와 같은 기초적인 기술을 습득해야 했다. 소수의 사람들만이 학자와 사상가가 되었다. Pavlov의 고전적 조건형성과 Thorndike의 도구적 조건형성은 자극과 반응을 연계함으로써 이러한 기본적인 학습상황을 연구하였다. 고전적 조건형성은 자극 간의 짝짓기를 통하여 자극과 반응의 연결을 입증하였고, 도구적 조건형성은 결과를 사용해서 자극과 반응이 연결된다는 것을 입증하였다. 비록 형태주의 이론에 의해 문제해결에서의 지각의 역할이 연구되었지만, 문제는 퍼즐 형태이거나 비교적 기계적인 학교 문제였다. 형태주의의 개념인 기능적 고착과 문제 배치는 이러한 문제해결 상황에서 제기될 수 있는 어려움과 관련되었다.

고전적 조건형성은 모든 행동이란 설명될 수 있다는 Watson의 장담을 입증하는 데 실패했다. 그러나 이 패러다임은 달력의 날짜나 특별한 위치와 같은 중립 자극에 대한 정서적 반응을 다루었다.

행동주의는 복잡한 기술의 습득을 설명할 수 없어서 1930년대 말 침체되기 시작했는데, 그 때 B. F. Skinner가 조작적 조건형성을 제안하였다. 행동 변화의 핵심을 반응 결과에 맞춘 조작적 조건형성은 행동수정 프로그램, 교수기계, 읽기와 기타 영역에서의 프로그램 학습 등을 유발시켰다. Skinner의 원리가 유행하게 되면서 잘못 적용된 것도 있었지만, 새로운 행동을 개발하는 데 핵심적인 역할을 한다는 강화의 원리는 매우 큰 영향을 주었다.

제2차 세계대전 도중 군인 훈련의 필요성과 구소련의 위협은 학습에 대해 새로운 의문을 갖게 하였다. 장비를 조작하고 수리하도록 가르치는 과정에서 복잡한 과제를 구성하는 기술을 반드시 가르쳐야 했다. 이전에는 연구되지 않았던 기술의 하위 요소가 Robert Gagné의 학습의 조건에서 핵심이 되었다.

스푸트니크호 발사로 시작된 1960년대의 교육과정 개혁에서 미국의 학교 교육이 많은 학자와 과학자를 길러 내지 못했다는 문제점이 제기되었다. 이러한 문제를 해결하기 위하여 지적 기능을 상징의 변별에서 문제해결까지로 구분한 Gagné의 이론이 많이 적용되었다.

제2차 세계대전 이후에 시작된 통신에 관한 연구와 컴퓨터의 출현은 인간 학습의 또 다른 문제를 제기하였다. 인간도 컴퓨터가 특정한 과제를 처리하는 방식으로 정보를 처리하는가? 이러한 의문은 오랫동안 소외되었던 정신의 처리 과정에 관한 연구자들의 관심을 불러일으켰다. 그 이후의 연구 발달을 인지혁명이라고 불렀다. 이것은 주요한 패러다임이 정보처리와 문제해결에서 내적 인지적 조작에 있었기 때문이다.

Piaget의 이론과 1960년대의 연구를 통하여 다른 차원의 인지과정이 소개되었다. Piaget는 자연적 논리 발달의 풍부함과 복잡성, 유아의 언어 이전 논리에서 과학자들의 인지적으로 복잡한 사고에 이르기까지의 광범위한 질적 변화를 기술하였다. 그의 연구는 아동의 사고는 성인의 사고를 단지 축소해 놓은 것이 아니며, 아동의 사고과정은 성인과는 매우 다르다는 것을 설명해 주었다.

1960년대와 1970년대 인지혁명에서 흥미로운 것은 심리학, 특히 교육심리학이 이전의 관점에서 벗어나 새로운 과점을 채택했다는 것이다(Pintrich, 1994). Piaget 추종자들에 의한 인지발달에 대한 관심과 정보처리 이론에 의해 촉발된 인지과정에 대한 관심은 이론 발달과 교육에 대한 시사점 모두에 큰 영향을 주었다. 즉, 인지혁명은 심리학과 교육심리학에서 다루는 기본 개념을 바꾸어 놓았다. 연구의 대상이 되는 기본적인 구인은 자극과 반응 형태의 관찰 가능한 사태 대신에 정신 구조, 활동, 기술, 내적 세계를 보여 주는 인지과정이 되었다(p. 138). 현재 인간 정신의 내적 작동을 설명하는 관점 간에는 불일치를 보이고 있다. 그럼에도 불구하고 이러한 관점들은 William James와 다른 초기 심리학자들이 제안한 문제에 초점을 맞추고 있다.

1960년대 이후 전자매체의 발달은 사회 전반이나 교육제도 모두에 또 다른 차원을 도입시켰다. 특히 텔레비전에 의해서 전달되는 영상, 아이디어, 맥락, 신념과 행위는 개인이 접촉하는 보다 더 넓은 사회적 실체를 바꾸어 놓았다. Albert Bandura의 사회 인지 이론은 모델이 관찰자에게 미치는 영향에 대한 분석을 통하여 이러한 새로운 실체를 다루었다. 그에 따르면 학습의 대부분은 타인에게 제공되는 강화와 벌이 그것을 관찰하는 사람의 특별한 행동에 영향을 미치는 간접적인 과정을 통하여 이루어진다.

서구 사회는 다른 측면에서 더 복잡하게 되었다. 컴퓨터가 산업체의 필수적인 도구가 됨으로써 노동 시장에서는 정보처리와 문제해결에 능숙한 사람을 필요로 하게 되었다. 따라서 인지심리학은 그러한 과제의 핵심적인 학습을 다루는 데 중요한 역할을 하게 되었다.

또한 통신과 일터에서 컴퓨터를 많이 사용함으로써 학습이 특정한 맥락에 한정되지 않게 되었다. 현재 일부 회사의 종업원들은 가정에서 컴퓨터를 사용하여 자신의 업무를 수행한다.

컴퓨터를 사용한 재택 근무는 기술과 동기 수준이 높고 자기 주도적인 사람을 필요로 하게 되었다. 그러나 20세기 말까지 동기는 이론 발달에서 핵심적인 문제가 아니었다. 최근 Bandura의 사회인지 이론과 다른 동기적 관점들은 동기를 학습과 성취에 통합되는 요소로 간주하였다. 그는 전문적 지식과 자기 주도성에 있어서 개인 효능감의 역할과 개인 조절 체제의 발달에 대해 기술하였다. 다른 관점들은 학업동기나 성취 관련 결과에 대한 귀인을 연구하였다.

21세기가 시작되면서 다양한 문화적 배경을 가진 사람들이 주류로 등장하게 됨에 따라 교육과 일터에 새로운 질문을 제기하였다. Vygotsky의 문화-역사적 이론은 학습의 실체와 형태를 결정함에 있어 학습자가 속한 문화의 기호와 상징의 역할을 강조하였다. 기호와 상징은 학습되고 그것을 사용하는 방법이 학습을 유도한다는 점을 새롭게 강조하게 되었다. 이 이론의 시사점은 다른 문화적 배경을 갖고 있는 사람들은 함께 모여 공동의 문제를 해결할 수 있으며, 교육과 일터에서는 상호 이해할 만한 의사소통 형태를 발달시키는 것이 필수적이라는 것이다.

이 책에서는 일곱 가지 이론을 학습, 교육적 맥락과 관련해서 논의하였다. 각각의 이론들은 학습의 본질이나 인지발달에 관한 특별한 가정을 바탕으로 원리를 개발하였다. 각 이론은 교실문제를 해결할 수 있는 통찰을 제공해 주었고, 인간 학습을 이해하는 데 주된 공헌을 하였다(〈표 1〉 참조).

2. 현재의 쟁점

최근 이론과 연구들은 학습과정에 작용하는 많은 복잡성을 탐구하고 있다. 그러나 학습과 교수를 이해하려는 이론과 연구들은 개념적, 이론적, 사회적 문제에 직면해 있다. 즉, ① 이론 개발과 이해 간의 괴리(개념적), ② 정서와 동기의 중요성(이론적), ③ 학습에서 공학의 역할(이론적), ④ 실제 교실 맥락과 이론 간의 괴리(사회적), ⑤ 학교에 입학하는 아동들 간의 불균형(사회적), ⑥ 보편적 이론과 구체적 이론 간의 대립 등이다.

〈표 1〉 7가지 현대 이론에 대한 간략한 요약

이론	가정 요약	기본 요소	교수설계에서 주요 문제	주요한 공헌
B. F. Skinner의 조작적 조건형성	학습이 행동이다. 행동적 변화, 빈번한 반응의 출현은 환경적 사태와 조건의 함수이다.	$(S^{D})-(R)-(S^{reinf.})$	자극 통제의 전이, 강화의 시기 적절성, 처벌 회피	준비도와 같은 상태 분석, 교실 실제에 대한 분석, 개별화된 학습 자료
Robert Gagné의 학습의 조건	다양한 형태의 인간 학습이 연구의 초점이다. 학습은 단일한 과정 이상이며, 이러한 변별적 처리는 하나에서 다른 것으로 적용될 수 없다.	다섯 가지 다양한 학습 각각은 내적 조건과 외적 조건을 갖고 있다.	학습될 능력의 확인, 적절한 교수사태 선택, 누가적 학습을 위한 과제분석	누가적 학습 내의 심리적 과정 확인, 인간 학습의 다양성 설명, 정보처리 단계와 연결된 교수활동
정보처리 이론	인간 기억은 복잡하고 학습을 새로운 인지구조로 변형시키는 정보처리자이자 조직자이다.	지각, 부호화, 장기기억 저장, 초인지 지식과 과정, 문제해결 과정	새로운 학습을 도식에 연결, 이해를 위한 인지처리 도움 제공, 초인지 기술 발달, 문제해결	새로운 정보의 학습에서 능동적인 처리 확인, 학습자 주도적 기술 발달, 문제해결 모형 개발
Jean Piaget의 인지발달 이론	지능은 기능에 필요한 인지구조를 구성한다. 지식은 학습자와 환경 간의 상호작용적 과정이다.	동화와 조절, 평형화, 물리적 경험, 논리 수학적 경험	교사의 질문에 대한 또래 간의 상호작용과 지원을 통해 물리적 대상을 실험해 볼 수 있는 풍부한 기회 제공	아동의 시각을 통한 세계에 대한 풍부한 기술, 현재 교육과정이 갖고 있는 문제 확인, 발견학습을 조작적으로 정의함
Lev Vygotsky의 문화-역사적 이론	인간의 인지발달 과정은 역사적 발달의 일부분이다.	특정 문화의 기호와 상징을 숙달하는 과정, 학습자의 행동을 안내하고 숙달하기 위하여 상징의 사용법을 배움	고차원적 인지 기술 개발에 있어서 교과목에 있는 개념의 역할, 가르치는 동안 근접발달영역 창조	인지발달에 있어서 창조된 자극의 심리적 기여도 인정, 학습에 있어서 사회적 상호작용과 사회적 협동의 중요성
Albert Bandura의 사회인지 이론	학습은 환경, 개인적 요인, 행동 간의 상호작용의 결과이다.	모델의 행동, 직접 강화, 대리 강화, 자기 강화, 학습자의 인지적 과정	모델, 강화, 되뇌임 제공, 효율성과 학습자의 자기조절 개발	사회적 맥락에서 모델을 통한 학습과 매체의 역할 기술, 자기조절 체제 개발

〈표 1〉 일곱 가지 현대 이론에 대한 간략한 요약(계속)

이론	가정 요약	기본 요소	교수설계에서 주요 문제	주요한 공헌
인지모형과 학업동기이론	학업동기는 환경적 요인과 학습자의 내적 요인 간의 복잡한 상호작용으로 발생한다. 학생들은 정보의 능동적인 처리자이다. 학생의 동기와 목표는 명시적 정보이다.	핵심적 동기 요인, 성공 기대, 목표 지향성, 결과의 성패에 대한 자기 귀인	숙달목표 지향적 교실 운영, 학습자에게 의사결정권 부여, 자율성, 인정과 지원	신념과 행위 간의 심리적 연계 확인, 교실활동과 아동의 자신에 대한 신념 간의 심리적 연계 확인

이론 개발과 이해 간의 괴리. 이론이 신속하게 알려지게 됨에 따라 이론을 잘못 이해하고 잘못 적용하는 경우가 종종 있다. Valsiner(1998)는 이론에 대한 이해의 깊이는 이론의 대중성과 반비례한다고 주장하였다. 이론에 대한 오개념이 옳지 않다면 그 이론은 의심을 받게 되고 신뢰를 잃게 된다. 한 가지 예로 1960년대 초에는 소위 프로그램 학습 자료가 유행하였다. 그것은 표면적으로 Skinner의 프로그램 수업과 유사했다. 그러나 프로그램 학습 자료를 개발한 사람들은 교수 절차를 주의 깊게 설계하는 대신에 교재 본문의 몇 문장을 삭제하고 빈 칸으로 남겨 두었다. 미숙하게 설계된 자료로 인하여 발생한 문제는 개별화 교수의 기초로 조작적 조건형성을 적용하는 것에 대하여 비판을 유발시켰다.

좀 더 최근의 예로는 Piaget 학파의 인지발달 이론을 교육과정에 적용하려는 시도와 Vygotsky 지지자들이 주장하는 집단 중심 학교 수업이다. 그 결과 교육과정이나 교수 모두 이론에서 제안하고 있는 시사점을 제대로 반영하지 못하고 있다.

오늘날처럼 출판물이 홍수를 이루고 인터넷을 통해 정보가 급속하게 확산되는 시기에 이러한 문제를 다루기는 쉽지 않다. 이러한 문제를 다루는 방법에는 Vygotsky와 Piaget 이론의 지지자들이 연구의 원자료를 확인하는 것과 같이 이론적 해석의 근거를 명확하게 하고, 이를 바탕으로 제안된 시사점을 비교하는 것이다.

정서와 동기의 중요성. 자기조절 구인은 오늘날 학교와 사회가 직면하고 있는 많은 문제를 해결하고자 하는 교육자를 비롯하여 여러 사람들에게 매우 중요하게 간주되고 있다(Pintrich, 1994, p. 140). 또한 직업 세계의 급속한 변환과 정보, 지식의 급증은 자신의 학습에 가치를 두고 새로운 정보를 활용할 수 있는 자기 주도적 학습자를 필요로 하고 있다. Brophy(1999)는 이론은 학습자가 교과와 학습에 가치를 부여할 수 있는 방법을 다루어야 한다고 주장하였다. 학생들이 특정 교과 영역에 대한 통찰을 발달시키도록 하기 위하여 강화의 구조화와 교과를 열성적으로 수행하는 모델의 필요성을 제안한 그의 주장은 매우 유용하다. 그러나 이론과 연구는 학습에 대한 긍정적 성향 발달에 영향을 미치는 기타 다른 개인적, 사회적 요인도 탐구해야 한다.

학습에서 공학의 역할. Bandura의 사회인지 이론은 전자매체 속의 모델을 연구했지만, 대부분의 이론들은 사물이나 환경적 사태들과 상호작용하는 개별 학생의 학습에 대한 문제를 연구하였다. 그러나 개발되어야 할 것은 컴퓨터 공학의 다양한 활용을 위하여 교사－학생 상호작용, 학생 간 의사소통, 학생과 교과 간 의사소통이다. 정보의 구조, 질문의 성질, 정보적 피드백의 본질, 강화 계획 등이 공학과 관련해서 다루어져야 할 주제이다. 이러한 문제에 대한 연구를 어렵게 하는 것은, 통신매체를 사용하여 다른 문화권의 교실에서 학습하는 학생들과 정보를 교환할 경우 문화 간의 독특성이 사라질 가능성이 있다는 것이다(Fabos & Young, 1999). 예를 들어, 미국과 뉴질랜드 학생들 간에 컴퓨터를 통한 교류를 촉진시키는 프로젝트에서 학생들은 동일한 텔레비전 쇼와 동일한 음악을 듣는 것으로 나타났다. 이러한 교류는 미국의 매체가 세계에 많이 분포되어 있다는 의미이지만, 이러한 방법을 통해서는 학생의 배경과 문화적 맥락에 대한 심도 있는 이해를 촉진하지 못할 것이다.

실제 교실 맥락과 이론 간의 괴리. 일반적으로 학습과정을 설명하는 이론들은 학습을 연구하기 위하여 특정 영역 내에 있는 구체적인 구성요소와 복잡한 기술, 능력을 학습하는 데 요구되는 과정들을 확인한다. 이러한 것들은 어떤 면에서 이상적인 구성요소이다. 그러나 많은 교실에서는 표준화 검사에 대한 부담과 학생의 성취도를 바탕으로 한 교사의 임금 설정 등으로 인하여 다른 변인들이 학습과정에 들어오게 되었다. 교과내용의 범위와 성취도 검사가 가장 우선시되고 있다. 교수 원리는 학습과 인지발달 이론의 주요 목표가 아니라 부수적 목표가 되고 있다. 그러나 초임 교사와 경력이 많은 교사 간의 차이에 덧붙여, 교사가 ① 핵심 개념을 확인하고, ② 학습방법에 대한 학습전략을 교과목 학습에 통합시킬 수 있는 방법이 연구되어야 한다.

학교에 입학하는 아동들 간의 불균형. 교재의 특성이나 숫자를 가르치는 것과 같이 기본 개념을 가르치는 프로그램에 대해서는 이전 장에서 논의하였다. 학교에 입학하는 아동들 간에는 학교에서 수업을 받기 이전에 알고 있어야 할 개념에 서로 차이가 있다는 점에서 이러한 프로그램이 필요하다. 선행학습능력은 Gagné의 학습의 조건 부분에서 논의되었고 준비도에 대해서는 다른 이론에서 다루었다. 또한 Vygotsky는 각기 다른 문화마다 각기 다르게 사용하는 상징과 기호를 인지발달의 지표로 보았다. 그럼에도 불구하고 세상 지식, 환경 내의 사태와 사물을 기록하기 위한 관찰 전략 등의 관점에서 학습 준비도의 본질을 다룰 구체적인 구인이 필요하다.

보편적 이론과 구체적 이론 간의 대립. Piaget 이론, 사회인지 이론, 학업동기 모형 등은 모두 학습에 대한 보편적인 관점을 택하고 있는 이론이다. 이러한 이론의 목적은 맥락, 환경, 학습자에게 보편적으로 적용될 수 있는 학습의 원리, 인지발달, 동기 등을 정의하는 데 있다. 반면에 Vygotsky 이론은 인지발달의 주요 변인으로 문화적 맥락을 확인한다. 문화가 갖고 있는 상징 체제의 정교성 정도와 문화 내의 사고 방법이 학습의 영역을 설정해 준다. 더욱이 유능한 성인과의 사회적 상호작용이 학습의 핵심적 구성요소이다. 따라서 그의 이론은 개인과 맥락 간의 장벽을 무너뜨린다.

Vygotsky는 학습에서 문화의 역할이라고 하는 새로운 관점을 제공하였다. 그러나 연구자들과 이론가들은 너무 구체적이어서 일반화가 어렵게 되는 것을 경계해야 할 것이다. Bronfenbrenner(1993)는 보편적 이론과 구체적 이론 모두 필요하다고 주장하였다. 보편적 이론은 학습상황 전반에서 볼 수 있는 과정, 활동, 기술 등에 관한 정보를 제공해 줄 수 있다. 그러면 구체적 이론은 보편적 이론을 다양하게 적용함으로써 발생하는 문제점을 구체적으로 파악하여 보완하는 것이다. 각 이론은 서로를 필요로 하기 때문에 특정 관점만 고집해서는 안 된다.

마지막으로 현 시대는 정치 경제적 측면에서 급변하고 있다. 현 시대는 농업이나 산업을 바탕으로 한 생산 중심 시대에서 정치적 경제가 전자(電子)에 의하여 주도되는 인공공학 시대로 바뀌었다(Gordon, 1991, p. 99). 이러한 변화로 인하여 나타난 결과 중의 하나는 교육이 사회의 생존에 중요한 요인이 되었고, 교육이 급속하게 증가하는 복잡한 과정에 대처해야 한다는 것이다. 이러한 문제에 덧붙여 이론을 통하여 연구되어야 할 실제적 문제는 다음과 같다.

1. 전자적 차원에서 이루어지고 있는 개인 간 상호작용을 다루기 위한 문화에 대한 재정의
2. 사고와 학습을 숙달하기 위해 공학을 이용할 때 학습에 포함된 복잡성
3. 급변하는 직업 세계와 학습 환경을 지원해 주는 인간의 역할

다시 말해서, 현대 사회는 지금보다 훨씬 더 복잡한 문제를 다룰 수 있는 학습이론의 개발을 요구할 것이다. 이러한 노력은 이미 시작되었고, 우리가 바라는 최선의 이론이 아직 출현하지 않았을 뿐이다.

참고문헌

Bronfenbrenner, U. (1993). The ecology of cognitive development: Research models and fugitive findings. In R. H. Wozniak and K. W. Fischer (Eds.), *Development in cognition* (pp. 3-44). Mahwah, NJ: Erlbaum.

Brophy, J. (1999). Toward a model of the value aspects of motivation in education: Developing appreciation for particular learning domains and activities. *Educational Psychologist, 34*(2), 75-86.

Fabos, B., & Young, M. D. (1999). Telecommunication in the classroom: Rhetoric versus reality. *Review of Educational Research, 69*(3), 217-259.

Gordon, E. W. (1991). Human diversity and pluralism. *Educational Psychologist, 26*(2), 145-155.

Lakatos, I. (1970). Falsification and the methodology of scientific research programmes. In I. Lakatos & A. Musgrave (Eds.), *Criticism and the growth of knowledge* (pp. 59-89). Cambridge, U.K.: Cambridge University Press.

Pintrich, P. R. (1994). Continuities and discontinuities: Future directions for research in educational psychology. *Educational Psychologist, 29*(3), 137-148.

Valsiner, J. (1988). *Developmental psychology in the Soviet Union*. Brighton: Harvester Press.

용어해설

Abstraction(추상, 비현실적 관념), empirical(경험적): 대상의 물리적 특성을 내적으로 구성하는 과정이다.

Abstraction(추상, 비현실적 관념), reflective(반성적): 상위 수준에서 대상의 행동을 조정하거나 재구성하는 과정이다.

Accommodation(조절): ① 내적 인지구조를 구체적 상황에서 특별한 특성에 적응시키는 것이다. ② 사고가 재구성될 때 발생하는 내적 인지구조의 수정이다.

Advance organizer(선행 조직자): 학습자의 기존 지식과 새로운 학습 간의 개념적 연결이 가능하도록 하는, '우산'과 같은 역할을 하는 진술이다.

Affect(정서): 특별한 산출의 결과로 나타난 일반적, 구체적 감정. 일반적 감정에는 행복과 좌절이 포함되고 구체적 감정에는 감사, 자부심, 무능감, 죄책감 등이 포함된다.

Antecedent information(선행 정보): 개인이 성패의 원인에 대한 귀인을 하기 이전에 이용할 수 있는 정보원이다. 여기에는 성공사, 사태 및 사태와 관련된 개인의 신념, 성취 욕구와 같은 개인의 성향이 포함된다.

Applied behavioral analysis(응용 행동 분석): Skinner의 실험적 행동 분석을 교실과 병원 같은 실제 상황에 적용시키는 것으로 **유관성 관리**(contingency management)라고도 한다.

Assimilation(동화): 환경에 있는 어떤 정보가 대상의 내적 구조와 통합되는 과정이다. 그러나 대상이 어떤 정보를 소극적으로 기록하는 것은 아니다.

Attention(주의): 유입되는 자극을 처리하는 과정으로, 흔히 집안에서 들리는 소리에 주의를 집중하는 것처럼 자동적일 수 있고 특이한 소음, 질문, 문제, TV 프로그램 등에 주의를 집중하는 것처럼 의도적일 수도 있다.

Attitudes(태도): 특정한 사태, 대상, 개인에게 접근하거나 벗어나도록 개인의 성향을 지배하는 능력이다.

Attribution(귀인): 특정한 결과의 원인에 대한 개인의 추론이다.

Autonomy(자율성): 독립적으로 존재할 수 있는 능력으로 외부의 통제 없이 이루어지는 과정이나 활동이다.

Aversive stimuli(혐오 자극): 회피나 탈출을 찾게 되는 개별 자극이다.

Axon(축색): 뉴런의 '꼬리'로서 주기능은 세포체에서 다른 뉴런으로 신경신호를 전달하는 것이다.

Behaviorism(행동주의): 환경의 조건이나 사태와 행동 간의 관계를 연구하는 접근법이다.

Capabilities(능력): 학습자가 장래에 많은 수행을 할 수 있도록 기억이 변화된 것으로, 이것은 학습의 결과로 나타난다.

Causality dimensions(인과성 차원): 다른 결과를 유도해 내는 귀인의 특성으로 통제 소재(원인의 근원), 안정성(일시적 요인 혹은 영구적 요인), 통제성(개인의 통제 가능성 여부)으로 되어 있다. 예를 들면, 내적이고 안정적인 귀인은 외부 혹은 불안정적 요인과는 달리 개인의 자기 가치에 강하게 영향을 미친다.

Classical (reflex) conditioning(**고전적 조건형성**): 특별한 자극에 대한 생리적 반응에 따른 절차는 새로운 자극에 대한 반응으로 훈련된다.

Cognitive behavior(**인지행동**): 살아 있는 유기체의 동화와 조절 능력이 외부로 나타나서 눈으로 관찰할 수 있는 것이다.

Cognitive strategy(**인지전략**): 비교, 설명, 요약과 같이 이해를 촉진시키기 위해 행하는 활동이다.

Cognitive structures(**인지구조**): 개인이 환경과 상호작용하는 것을 주관하는 내적 구조로서 내재화된 행동이다.

Concept learning(**개념학습**): 대상이나 사태를 범주로 구분하는 기술이다.

Concrete operations(**구체적 조작**): 처음으로 나타나는 논리적 사고 유형으로 7, 8세에 시작해서 11, 12세까지 계속된다.

Conditional procedure(**조건적 절차**): 위계상의 특정 시점에서 대안적 절차에 관한 의사결정이 요구되는 일련의 절차이다.

Conditioned response(**조건반응**: CR): 새로운 자극에 대한 반응으로 훈련된 반사반응이다.

Conditioned stimulus(**조건자극**: CS): 훈련 후 반사반응을 유도하는 새로운 자극이다.

Connectionism(**연결주의**): Thorndike의 학습이론과 유사어로서, 연결은 자극과 자발적 행동 간에 형성되는 것이라는 것을 의미한다.

Constructivism(**구성주의**): 지식이란 인간이 구성하는 것이라고 보며, 구성주의에는 몇 가지 관점이 있다. 급진적 구성주의는 Piaget 이론에서 파생된 것으로 학습자의 지식을 적응과 같은 개념으로 본다. 교사의 역할은 아동의 사고방식에 도전하는 것이다. 이와 대조적으로 사회적 구성주의자는 지식을 사회적 산출물로 본다.

Contingency-governed behavior(**유관성에 지배된 행동**): 행동의 변화를 유발시키는 행동 결과에 대한 변화이다.

Culture(**문화**)

조작적 조건형성에서의 문화: 한 집단이 유지하고 있는 유관성으로 정의되는 일련의 사회적 관습이다. 그런 유관성이 그 집단 구성원 각각의 행동을 조성하고, 또한 사회적 관습과 의식을 후세의 젊은 사회 구성원에게 전수한다.

Vygotsky 이론에서의 문화: ① 자기 주도적 사고에 필수적인 언어적 부호와 그 외 다른 부호를 전달하고, ② 생득적인 개인 간의 상호작용을 통해 인지발달의 작인(agent) 역할을 하는 사회이다.

Vygotsky의 문화-역사적 이론에서의 문화: 아동이 성장하는 특정한 사회적 맥락이다. 사회적 맥락에는 과거의 역사적 업적과 현재의 관습과 의식이 포함된다.

Dendrites(**수상돌기**): 다른 뉴런들로부터 신호를 받는 나뭇가지 모양의 돌기이다.

Developmental(genetic) epistemology(**발달적[발생적] 인식론**): 미숙한 사고에서 시작하여 성숙한 사고에 이르게 되는 논리적 사고의 성장에 관한 연구이다.

Differential reinforcement(**변별 강화**): 다른 것을 배제하는 것에 대한 특별한 반응에 대한 강화이다.

Discriminative stimulus(**변별 자극**: SD): 반응이 강화될 때 계속적으로 존재하는 것에 의해 대상의 행동이 전반적으로 통제되는 자극이다. 예를 들어, 빨간색과 초록색 신호와 "소금 좀 건네주세요."와 같은 언어적 자극이 여기에 포함된다.

Disequilibrium(**탈평형**): 인지발달 과정에서 나타나는 불균형 상태로서 탈평형화 단계를 거쳐 더 높은 수준의 평형화 단계로 발달한다. 예를 들어, 어떤 상황에 대한 아동의 인지적 판단이 갈등을 일으킨다.

Drive reduction(**충동 감소**): 충동(예: 기아, 갈증 등)과 반응 간의 연관을 강화시키는 생물학적 요구에 대한 만족을 의미한다.

Dual-code model(**이중 부호화 모형**): 정보는 장기기억에 시각적이거나 언어적 형태로 저장될 수 있다고 본다.

Einstellung: Problem set(문제 배치)를 참조하라.

Elaboration(정교화): 자극이 장기기억에 저장되어 추후 인출을 위해 변형되는 기제 중의 하나이다.

Elicited responses(유도된 반응): 특별한 자극에 의해 유인되는 자극이다.

Emitted responses(방출된 반응): 알려지지 않은 연관 자극에 의한 행동이 확인될 수 있는 행동이다.

Encoding(부호화): 정보가 장기기억에 저장되어 추후 인출하는 데 사용될 수 있도록 자극을 변형시키는 과정이다.

Environment(환경): 행동이 발생하는 상황이다. 환경은 잠재적 환경과 실제 환경 둘 다 포함한다. 잠재적 환경은 개인이 반응한 후에 발생할 수 있는 가능한 결과의 범위를 말한다. 실제 환경은 개인이 행동한 결과로서 발생하는 상황의 모든 변화를 말한다. 학습자의 행동은 잠재적 환경을 실제 환경으로 변화시킨다.

Equilibration(평형화): 개인이 '진정한' 평형을 추구하는 과정에서 나타나는 일련의 조정된 인지발달 과정이다. 여기에는 알파, 베타, 감마 반응과 반사적 추상이 포함된다.

Equilibrium(평형): 나중에 나타나는 구성에 의해 이전 단계의 사고가 변형되는 일시적인 이해 수준이다. 예를 들어, 구체적 조작사고는 전조작사고가 탈평형화 단계를 거쳐서 평형을 이룬 상태다.

Events of instruction(교수사태): 학습의 내적 과정을 지원해 주는 일련의 외부 자극이다. 각각의 학습 사태는 그에 적합한 자극 상황이 존재한다. 일련의 교수사태는 학습의 외적 조건을 구성한다.

Expectancy(기대): 어떤 수행이 특정한 결과를 가져올 것이라는 예측이다.

Experimental analysis(실험적 분석): 변인을 확인하기 위해 사용되는 방법론으로서, 행동도 하나의 변인이 된다. 행동을 관찰 가능하고 조작 가능한 물리적 조건으로 설명한다.

Experimental-genetic (developmental) method(실험-발생적[발달적] 방법): 심리학자들이 특정한 과정의 원인 역동적 근원을 연구하는 실험적 방법이다. 실험 발생적 방법에는 ① 피험자들에게 어려운 과제를 풀도록 하고서 부가적인 자극이나 방해 요소를 제시하는 방법과 ② 어린 아동의 행동과 더 나이 든 아동의 행동을 비교하는 방법이 있다.

Explicit knowledge(명시적 지식): 의식적으로 쉽게 이용할 수 있고 사고의 대상이 되는 지식이다.

External conditions of learning(학습의 외적 조건): 학습의 단계를 지원해 주도록 의도적으로 계획된 일련의 사태로서 교수사태라고도 한다.

Extinction(소거): 강화받지 못함으로 인해 방사된 반응이 결국 사라지거나 약화되는 것이다.

Formal operational period(형식적 조작기): 가설적 추론이 성숙한 시기이다.

Fossilized behavior(화석화된 행동): 너무나 오래 된 발달 역사를 가지고 있기 때문에 기계적 혹은 자동적으로 수행되는 활동이나 행동이다. 연구의 문제점은 그런 행동의 내재적 특성과 원인 역동적 근원을 발견하기가 어렵다는 것이다.

Functional fixedness(기능적 고착): 문제해결자가 한 상황의 요소들을 다른 관계에서 혹은 다른 방법으로 지각하지 못하는 것이다.

Functional value(기능적 가치): 특정한 행동의 유용성. 행동의 유용성은 관찰된 행동이 긍정적인 결과를 가져다 줄 때 만들어진다.

General law of genetic development(발생적 발달의 일반 법칙): 아동의 문화적 발달의 모든 기능은 우선 사람들 간의 사회적 수준(상호 심리적)에서 나타나고, 그 다음에 아동의 내면에서(내부 심리적) 나타난다.

Goal orientation(목표 지향성): 성취 관련 과제에 참여하는 학생의 목적 혹은 이유이다.

Higher psychological (mental) functions(고등 심리[정신] 기능): 인간 특유의 심리 과정이다. 고등 심리 기능에는 기억, 자발적 주의집중, 그리고 인위적으로 혹은 자발적으로 자극을 만들어 내는 활동과 자신의 행동을 숙달하고 조정하는 활동 등이 있다.

Implicit reinforcement(**암묵적 강화**): 같은 행동에 대해 한 학생에게는 칭찬하고 다른 학생들에게는 칭찬을 하지 않아도 행동을 한 모든 학생에게 강화한 것이라고 교사는 생각할 수 있다. 그러나 칭찬을 받지 못한 학생들은 그것을 벌로 받아들일 수 있다

Inhibition(**억제, 금지**): 새로운 자극의 안내에 의해 초래되는 반응의 감소이다.

Insight(**통찰**): 지각의 장을 재조직해서 사물을 새로운 시각으로 보도록 한다.

Instructional event(**교수사태**): 학습의 외적 조건을 참조하라.

Instructional system design(**교수 체제 설계**): 모든 단계에서 정보, 자료, 이론적 원리를 중심으로 만들어진 구성요소들을 위계적으로 선택하고, 그 산물을 개발 도중이나 개발의 말미에 실세계 상황에서 검증되도록 구체화된 교수 목적과 목표를 개발하는 것이다.

Instrumental conditioning(**도구적 조건화**): Thorndike가 새로운 자극에 대한 자발적 행동의 연합을 설명하기 위하여 사용한 용어이다.

Intellectual skills(**지적 기능**): 상징을 활용해서 환경과 상호작용하는 조직화된 인간의 능력이다. 지적 기능에는 변별학습, 개념학습(구체적인 개념과 정의된 개념), 규칙학습, 고차원적 규칙학습(문제해결) 등이 포함된다.

Intelligence(**지능**): 물리적, 사회적 환경에 대한 개인의 적응이다. 지능은 매 순간 개인이 세상사에 대처하는 과정에서 성장하고 발달하고 변하는 과정이다.

Internal conditions of learning(**학습의 내적 조건**): 동기와 학습을 촉진시키는 처리 단계와 같은 학습자의 내적 상태이다.

Keyword method(**핵심어법**): 새로운 어휘, 특히 외국어 학습을 위한 기억 조성법이다. 학습할 단어를 의미와 단어를 시각적 이미지로 결합하여 부호화한다.

Knowledge(**지식**): Piaget 이론에서 지식이란 개인과 대상 간의 구성적인 상호작용이다. 지식은 환경 속에 있는 이미 정의된 어떤 실체도 아니고 이미 구성되어 있는 타고난 인지구조도 아니다.

Latency(**잠재기**): 자극과 반응 사이의 시간이다.

Latent learning(**잠재학습**): 수행될 수도 있고 수행되지 않을 수도 있는 기술의 획득이다.

Law of equivalence(**등가 법칙**): 어떤 개념이라도 같은 수준의 일반론 수준에서 다른 개념을 사용하여 다양하게 표현하는 것이 가능하다. 예를 들어, '1'은 '3－2' '4－3' '5－4' '2/2' '4/4' 등과 같이 표현될 수 있다.

Law of contiguity(**근접성의 법칙**): 운동은 순환에 의한 동일한 운동에 뒤따르는 것이라는 점을 수반하는 자극을 조합하는 원리이다.

Learning(**학습**): 인간이 다양한 유형의 기술, 지식, 태도 등을 습득하는 과정이다. **조작적 조건형성**(operant conditioning)에서는 학습을 어떤 반응이 발생할 확률의 변화로 정의한다. Gagné의 **학습의 조건**(conditions of learning)에서는 인간이 독특한 능력을 습득하는 과정을 학습이라고 정의하며, **정보처리 이론**(information-processing theories)에서는 개인의 기억이 한 상태에서 다른 상태로 변형되어 하나 혹은 그 이상의 능력을 유발시키는 일련의 인지처리 과정이라고 정의한다.

Learning hierarchy(**학습위계**): 어떤 능력을 학습하기 위해서 필요한 기능을 간단한 것에서 복잡한 것까지 조직해 놓은 일련의 지적 기능이다

Learning task analysis(**학습과제 분석**): 지적 기능의 학습에 필요한 선행학습 요소를 결정하는 과정이다.

Memory, Episodic(**일화적 기억**): 개인적 혹은 자서전적 정보로 되어 있어 매우 기억이 생생하다는 특징이 있다.

Memory, Long-term(**장기기억**): 망각되지 않으면 특정한 사태를 미래에 회상하는 데 사용할 수 있도록 활성화되지 않은 상태로 있는 정보이다.

Memory, Procedural(**절차적 기억**): 개인이 환경에 적절하게 반응하도록 해 주는 정보이다.

Memory, Semantic(의미론적 기억): 지식의 일부분을 구성하고 있는 일반적 정보이다(예: 역사적 사실, 기술적 정보, 주소, 전화번호, 기타 지식의 본체).

Memory, Short-term(단기기억): 정보가 활성화된 상태를 의미하며 작동기억(working memory)라고도 한다.

Metacognition(초인지): 무엇에 관한 지식, 자신의 사고와 학습, 그리고 자신의 사고와 학습을 다시 주도하고 점검하며 안내하는 전략을 사용하는 것에 대한 인식이다.

Method of loci(장소법): 자극을 기억에 부호화하고 저장하는 것을 돕는 데 사용하는 연합적 기제이다. 이것은 기억해야 할 자극을 자신의 집에 있는 방, 친숙한 도로의 표지판과 같이 친숙한 장소에 연결하여 생생한 심상을 구성하는 방법이다.

Microworld(미시적 세계): 학습자가 지식을 구성할 수 있는 맥락이나 환경이다. 일반적으로 컴퓨터 소프트웨어에 비유된다.

Model(모델): 환경적 사건에 의해 전달된 중요한 정보를 관찰자가 실제로 먼저 수행해 보지 않고도 추출할 수 있도록 조직된 자극이다.

Modeling(모델링): 보여 준 행동이 학습의 자극이 되는 과정이다. 모델의 가장 중요한 기능은 정보를 전달하는 것이다.

Motor skill(운동 기능): 개인이 특정한 육체적 행동을 수행하도록 하는 능력이다.

Natural history (law) of the sign(기호의 자연적인 역사[법]): 자신의 행동을 지도하는 기호를 사용하는 활동이 경험하는 일련의 변화 과정이다. 기초적인 정신 기능과 고등 정신 기능 사이의 여러 변화하는 단계들이 있다.

Natural or primitive development(자연적 혹은 원시적 발달): 생후 몇 달 동안 아동발달에 있어서 생물학적 발달 원리가 지배적인 것을 말한다. 자연적 혹은 원시적 발달에는 지각, 간단한 혹은 자연적인 기억, 그리고 비자발적 주의집중의 발달이 포함된다.

Natural selection(자연 선택): 특정한 행동들이 종의 생존에 의해 강화되는 과정이다.

Negative utility(부정적 유용성): 최종 결과에 대한 변동 비율 스케줄이 대상에게 장기적인 손실을 준다.

Neurotransmitter(신경전달물질): 뉴런에서 다른 뉴런으로 시냅스를 거쳐서 신호를 전달하는 화학적 전달 물질이다.

Operant(자발적, 조작적): 어떠한 결과나 변화를 산출하는 환경에 대한 행위나 작동에 대한 반응이다.

Perceived self-efficacy(지각된 자기 효능감): 긍정적인 결과를 이끌어 낼 수 있는 행동을 성공적으로 수행할 수 있다는 믿음.

Personal helplessness(개인적 무기력): Seligman이 제안한 개념으로, 다른 사람들은 특정한 성취를 할 수 있지만 자기 자신은 불가능하다고 지각하는 상태이다.

Phases of learning(학습의 단계): 환경에서 유입되는 자극을 새로운 능력으로 전환하기 위하여 정보를 처리하는 아홉 가지 내적 단계이다.

Phi phenomenon(파이 현상): 매우 짧은 순간에 2개의 조명이 발사되어 빛이 움직이고 있는 것같이 지각되는 현상이다.

Philosophy(철학): 외부 세계와 개인의 내부 세계에 대한 일관성 있고 통일된 관점을 제공해 주는 조직화된 신념 체제이다. 철학은 실체의 본질을 먼저 정의함으로써 개발된다. 따라서 "진리란 무엇인가?"와 "지식이란 무엇인가?"라는 질문에 정의를 가지고 일관성 있게 대답한다.

Prägnanz(좋은 형태): "심리적 조직은 지배적인 상황이 허용되는 한 항상 가장 좋다."라고 하는 형태주의의 법칙이다.

Primitive psychological (mental) functions(원시적 심리[정신] 기능): 동물의 심리 과정의 연장선 상에 있는 기초적인 심리 과정이다. 원시적 심리 기능으로는 지각, 간단한 기억, 비자발적 주의집중, 그리고 멀리 있는 물체를 끌어당기기 위해 줄을 사용하는 것과 같이 실제 도구를 사용하는 지능 등이 있다.

Problem set(문제 배치): 개인이 특별한 의식적 행동을 하도록 미리 결정짓게 하는 문제 혹은 상황에 대한 관점이다.

Problem solving(문제해결): 일반적으로 문제해결은 장애가 있고 해법이 알려지지 않은 새롭고 친숙하지 않은 과제의 해결을 포함한다. Gagné의 학습의 조건에서 문제해결은 문제해결에 적절한 일련의 규칙을 회상하고 적용하는 기술이며 고차원적 규칙학습이라고도 한다.

Procedures(절차): 별개의 운동 기능이 복잡한 활동으로 조직되는 것을 의미하며, 흔히 관련된 개념과 규칙의 학습을 요구한다. 예를 들면, 개구리를 해부하는 행동이다.

Program(프로그램): 최종적인 행동의 발생이 확인될 때까지 행동을 조형하는 유관성 변화이다.

Propositional network theories(명제적 망 이론): 장기 기억 속의 정보는 언어적 형태로만 되어 있다는 입장이다. 이 관점은 언어정보의 망은 노드와 노드를 연결하는 통로로 구성되어 있다고 본다.

Punishment(벌): 행동적 상황에서 정적 강화물의 철회 혹은 부적 강화물이 첨가되는 것이다.

Reciprocal determinism(상호 결정론): 개인과 환경 상호간에 미치는 영향이다.

Reciprocity(상호성): 일련의 순서가 상호 교환될 수 있다는 것을 의미한다. 예를 들어, A>B>C이라면 C<B<A이다.

Rehearsal, elaborative(정교화 되뇌임): 저장과 추후의 인출을 위하여 자극을 수정하는 과정으로 구성적(constructive) 되뇌임 혹은 정교화라고도 한다.

Rehearsal, primary (1차적 되뇌임): 기억에 정보를 파지하기 위하여 반복하는 과정으로 유지(maintenance) 되뇌임이라고도 한다.

Reinforcement(강화): 행동의 재현 가능성을 증가시키는 반응에 대한 결과이다.

Negative reinforcement(부적 자극): 행동을 강화시키는 자극의 종료 혹은 철회이다. 또한 도피 조건형성이라고도 알려져 있다.

Positive reinforcement(정적 자극): 유기체의 행동이 행동의 빈도를 증가시키는 새로운 자극을 '산출하는' 상황이다.

Vicarious reinforcement(대리 강화): Bandura에 따르면 긍정적 결과를 관찰함으로써 모방이 형성된다고 한다.

Conditioned or secondary reinforcers(조건화된 강화물 혹은 2차 강화물): 1차 강화와 반복된 연합을 통하여 강화된 힘을 획득하게 되는 자극이다. 예를 들어, 영아가 젖을 먹는 동안 흔들어주고 껴안아 주는 것 등이 포함된다.

Contrived reinforcers(인위적 강화물): 환경에 의해 제공되는 것이 아닌 인공적인 강화물이다.

Generalized reinforcers(일반화된 강화물): 다양한 상황에서 기능하는 강화물이다.

Natural reinforcers(자연적 강화물): 환경에 의해 제공되는 비혐오적 피드백이다.

Representational systems(표상체제): 학습자의 기억 속에 저장된 상징적 부호이다. 시각적 부호는 생생한 이미지이고 언어적 부호는 언어적 상징, 숫자, 악보 등이다.

Resistance to extinction(소멸의 저항): 지원적 조건이 제거된 후에도 그것을 지속하고자 하는 반응 경향이다.

Reversibility(가역성): 조작적 구조의 핵심적인 특성이다. 시작점으로 되돌아가 작용하려는 역량이다. 예를 들어, 덧셈은 뺄셈을 통해 되돌아 간다.

Rule learning(규칙학습): 예측하고 노력의 양을 결정하거나 결과를 산출하기 위하여 규칙을 회상하고 적용하는 기술이다.

Scaffolding(비계): 학습 초기에 학습자의 능력 밖에 있는 과제 요소들을 통제하는 과정을 서술하기 위해 최근에 소개된 용어이다.

Schedules of reinforcement(강화 스케줄): 상황에 따른 강화의 제공이다.

Interval schedule(간격 스케줄): 시간의 경과에 따라 강화물을 제공한다. 고정 간격 스케줄(예: 매 5초마다)이나 변동 간격 스케줄(예: 5초, 8초, 12초마다)이 가능하다.

Ratio schedule(비율 스케줄): 나타난 반응의 횟수에 따라 강화물을 제공한다. 고정 비율 스케줄(예: 매 5번째 반응)이나 변동 비율 스케줄 (예: 5번째, 10번째, 13번째 반응)이 가능하다.

Schema(도식): 지식의 구조와 관련된 용어로서 합의된 정의가 없으며, 일반적으로 선행지식과 동의어로 사용된다.

Scientific concepts(과학적 개념): Vygotsky에 의하면, 정규 학교 교과목에서 학습되는 영역 특수적 개념이다.

Scientific empiricism(과학적 경험주의): 면밀하게 설계된 실험이나 '통제된 경험'을 통해서 얻은 사실들의 축적이다.

Self-efficacy(자기 효능감): 특정한 결과를 만들기 위해 요구되는 행동을 자신이 성공적으로 수행할 수 있다는 감각이다.

Self-perception(자기 지각): 자신의 행동에 대해 다르게 반응하는 개인의 능력이다.

Self-reinforcement(자기 강화): 자신의 행동에 대해 개인이 부여하는 기대나 평가적인 결과이다.

Signalization(신호화): 즉각적으로 도움이 되는 사건이나 파괴적인 사건의 출현을 나타내는, 모든 종류의 자연적인 사건들 간의 자연스러운 연관성을 모방하거나 반영하는 연결 시스템이다.

Signification(기호화): 인위적인 신호인 기호를 만들고 사용하는 것이다.

Signs(기호): 고등 정신 기능의 직접적인 원인이 되는 인위적인 혹은 자생적인 자극이다.

Social behavior(사회적 행동): 개인이 실제 모델이나 상징적 모델의 관찰을 통해 행동, 태도, 혹은 정서반응을 모방하려는 경향이다.

Spontaneous concepts(자발적 개념): 아동이 일상생활 속에서 가족 구성원, 다른 사람들과 상호작용하는 과정에서 자연스럽게 학습하게 되는 개, 고양이, 배고픔 등과 같은 개념들이다.

Stimulus generalization(자극 일반화)

classical conditioning(**고전적 조건형성에서의 자극 일반화**): 동일한 반사를 유발시키는 유사한 자극의 경향성이다.

operant conditioning(**조작적 조건형성에서의 자극 일반화**): 조작적 반응 전반에 걸쳐 통제하려는 일반적인 특성을 공유하는 둘 이상의 자극 경향성이다(예: 아동의 'p'와 'P'에 대한 언어적 확인)

Stimulus-response(S-R) theories(자극-반응 이론): 학습을 특정한 자극과 특정한 반응 간의 연결로 정의하는 행동주의 이론이다.

Strategy(전략): 과제를 처리하는 데 적용되는 일련의 행위이다.

Symbolic code(상징적 부호): 장기기억 속에 있는 정보의 표상이다. 이론가들은 표상의 형태(언어적인지 혹은 시각과 언어적인지)에 대하여 견해가 다르다.

Symbolic model(상징적 모델): 영화나 TV 등을 통해서 보는 실제 모델의 시각적 이미지이다.

Synaps(시냅스): 뉴런에서 뉴런으로 메시지가 전달되는 뉴런 간의 작은 공간이다.

Tacit knowledge(암시적 지식): 일반적으로 무의식적으로 작용하는 지식이다.

Teacher efficacy(교사 효능감): 자신이 학생들의 성취에 영향을 미칠 수 있는 능력을 가지고 있다고 생각하는 그 믿음의 정도이다.

Terminal contingency(최종 유관성): 복잡한 행동과 근접하거나 혹은 하위 기술과 연관된 일련의 차별적 강화로서, 기대되는 복잡한 행동 세트이다. 그러한 행동이 자연스러운 환경에서 발생될 확률은 거의 0에 가깝다. 대신 행동은 조심스럽게 계획된 행동 순서와 강화를 통해 조형되어야 한다. 예를 들어, 비둘기가 볼링을 하는 것이나 학생이 학기말 보고서를 작성하는 것 등이다.

Transfer of learning(학습의 전이): 유사한 과제에 대한 선행학습의 결과로 특별한 학습과제를 쉽게 처리할 수 있다.

Transitivity(이행성): 일련의 대상 사이의 관계를 나타내는 속성이다. 즉, A＞B＞C이면 A＞C이다. 유사하게 A＝B이고 B＝C이면 A＝C이다.

Unconditioned response(무조건반응: UCR): 특별한 자극에 따라 자연적으로 발생하는 반사반응이다.

Unconditioned stimulus(무조건자극: UCS): 특별한 반사반응에 자연적으로 뒤따르는 자극이다.

Varieties of learning(학습의 다양성): 최소한 하나의 독특한 학습의 요구 조건에 의해 변별되고, 다른 수행의 결과를 가져오며, 교과목, 학년, 학습자에게 일반화시킬 수 있는 다섯 가지 인간 학습의 범주이다. 학습의 다섯 가지 범주는 언어정보, 지적 기능, 인지전략, 운동 기능, 태도이다.

Verbal information(언어정보): 명칭과 사실, 산문이나 시에 대해 유의미하게 연결된 선택, 조직화된 지식의 본체 등을 습득하는 학습된 결과 중의 하나이다.

찾아보기

〈ㅊ〉

〈ㅌ〉

〈ㅍ〉

〈ㅎ〉

〈기타〉

역자 소개

이경화

숙명여자대학교 대학원 교육학과(교육학 박사, 교육심리학 전공)
현) 숭실대학교 인문대학 평생교육학과 교수
세종영재교육연구원장

〈저 · 역서 및 논문〉
영재교육 5판(공역, 2005, 박학사)
유아영재교육(공저, 2004, 학문사)
학습전략과 교육(공역, 2001, 교육과학사)
4, 5세 유아의 창의적 능력과 창의적 성격(논문, 2001)
자기조절전략 활용의 상보적 수업이 유아의 독해력과 자기조절 학습 및 초인지 능력 향상에 미치는 효과(논문, 2004) 외 다수

최병연

고려대학교 대학원 교육학과(교육학 박사, 교육심리학 전공)
미국 Purdue 대학교 영재교육연구소 박사후 과정 연구원
현) 전주교육대학교 초등교육과 교수

〈저 · 역서 및 논문〉
교수-학습의 이론적 탐색(공저, 2001, 원미사)
교육심리학(공저, 2004, 교육과학사)
창의성 계발과 교육(공역, 2004, 학지사)
자기 결정성 학습동기 이론의 교육적 적용(논문, 2002) 외 다수

김정희

미국 University of Southern California(철학 박사, 교육심리학 전공)
현) 홍익대학교 교육대학원 조교수

〈저 · 역서 및 논문〉
지능과 능력(2002, 시그마프레스)
지혜, 지능 그리고 창의성의 종합(2004, 시그마프레스)
교육심리학(공역, 2004, 시그마프레스)
The Relationship of Creativity Measures to School Achievement to Preferred Learning and Thinking Style, Educational and Psychological Measurement, 55, (논 문, 1995) 외 다수

교수-학습의 이론과 실제, 5판

Learning and Instruction:
Theory into Practice, 5/e

초판 인쇄	2006년 2월 25일
초판 발행	2006년 3월 1일
편 저	Margaret E. Gredler 지음
역 자	이경화 · 최병연 · 김정희 옮김
발 행 인	홍진기
발 행 처	아카데미프레스
주 소	122-900 서울시 은평구 역촌동 58-9 부호아파트 102동 상가3호
전 화	(02)2694-2563
팩 스	(02)2694-2564
전자우편	info@academypress.co.kr
웹사이트	www.academypress.co.kr
등 록 일	2003. 6. 18, 제313-2003-220호
I S B N	89-91517-12-9

정가 22,000원